AF825177

Damm/Link

NotarFormulare Umwandlungsrecht

N O T A R F O R M U L A R E

H E R A U S G E G E B E N V O M
D E U T S C H E N N O T A R V E R E I N

NotarFormulare Umwandlungsrecht

Muster – Verträge – Erläuterungen

von

Dr. Dr. Matthias Damm,
Notar in Ludwigsburg

und

Stefan Link
Notar in Bruchsal

DeutscherNotarVerlag

Zitiervorschlag:
Damm/Link, NotF Umwandlungsrecht, § 1 Rn 1

Benutzer-Hinweis für Muster
Für den Download der Mustertexte gehen Sie auf
https://www.notarverlag.de/nf-umwandlungsrecht
Dort erhalten Sie Zugriff auf das zip-Archiv: nv_6192_musterdownload.zip

Hinweis
Die Ausführungen in diesem Werk wurden mit Sorgfalt und nach bestem Wissen erstellt. Sie stellen jedoch lediglich Arbeitshilfen und Anregungen für die Lösung typischer Fallgestaltungen dar. Die Eigenverantwortung für die Formulierung von Verträgen, Verfügungen und Schriftsätzen trägt der Benutzer. Herausgeber, Autoren und Verlag übernehmen keinerlei Haftung für die Richtigkeit und Vollständigkeit der in diesem Buch enthaltenen Ausführungen und der per Download bereitgestellten Daten.

Anregungen und Kritik zu diesem Werk senden Sie bitte an
info@notarverlag.de
Autoren und Verlag freuen sich auf Ihre Rückmeldung.

Copyright 2024 by Deutscher Notarverlag, Bonn
Umschlaggestaltung: gentura, Holger Neumann, Bochum
Satz: Reemers Publishing Services GmbH, Krefeld
Druck: Hans Soldan Druck GmbH, Essen
ISBN 978-3-95646-192-7

Das Werk einschließlich aller seiner Teile ist urheberrechtlich geschützt. Jede Verwertung außerhalb der engen Grenzen des Urheberrechtsgesetzes ist ohne Zustimmung des Verlages unzulässig und strafbar. Das gilt insbesondere für Vervielfältigungen, Übersetzungen, Mikroverfilmungen und die Einspeicherung und Verarbeitung in elektronische Systeme.

Bibliografische Information der Deutschen Bibliothek
Die Deutsche Bibliothek verzeichnet diese Publikation in der Deutschen Nationalbibliografie; detaillierte bibliografische Daten sind im Internet über
http://dnb.d-nb.de abrufbar.

Vorwort

Eine erfolgreiche Konzernumstrukturierung oder den Zusammenschluss bzw. die Aufspaltung größerer Wirtschaftseinheiten zu begleiten, ist nicht nur intellektuell anspruchsvoll – der Berufsträger empfindet auch sehr unmittelbar die Auswirkungen seines Handelns. Dabei ist der Rechtsanwender gelegentlich selbst überrascht, wie das Umwandlungsrecht hilft, mit verhältnismäßig geringem Aufwand große Wirkungen zu erzielen. Das große Problem ist: Der „normale" Notar[1] hat im Jahr nur wenige Umwandlungsvorgänge zu betreuen, so dass jeder Umwandlungsvorgang immer wieder von Neuem intensive Einarbeitung und Unsicherheit mit sich bringt. Auch das Personal einer im besten Sinne normalen Notariatskanzlei ist zwar firm im Vorbereiten von Grundstückskaufverträgen, Grundschulden, Vorsorgevollmachten, einfachen Übergaben oder Berliner Testamenten, bei Umwandlungsvorgängen können sich aber die meisten Notare nur auf sich selbst oder ihre Sozien verlassen – nicht zuletzt vor zwingenden Verfahrens- und Fristanforderungen, deren Missachtung erhebliche Haftungsgefahren nach sich zieht.

Das vorliegende Buch wendet sich deshalb an die 95 % der Notare, die sich nicht ständig mit dem Umwandlungsrecht befassen und schnell und sicher die Beantwortung ihrer drängendsten, aktuellen Rechtsfragen benötigen. Die Autoren sind selbst Praktiker – wissenschaftliche Auseinandersetzung mit dem Thema, Darstellung von Meinungsstreitigkeiten und Desiderate an Rechtsprechung und Gesetzgeber finden sich zwar, jedoch nur soweit diese notwendig sind, um dem praktischen Bedürfnis des Lesers zu dienen. Damit einher geht ein Verzicht: Das vorliegende Buch kann unmöglich jeden (noch so exotischen) Nebenfall abbilden. Dies ist aber für die Praxis nicht notwendig. Die allermeisten Leser werden es verschmerzen, dass sich beispielsweise weder die Vermögensübertragung eines VVaG auf ein öffentlich-rechtliches Versicherungsunternehmen (§§ 180–184 UmwG) noch der Formwechsel einer KGaA in eine oHG findet. Bei über 300 möglichen Umwandlungsvorgängen nach dem UmwG[2] muss sich ein am Normalfall ausgerichtetes Praktiker-Buch auf die „Essentials" konzentrieren – oder um mit *Goethe* zu sprechen: *„In der Beschränkung zeigt sich erst der Meister"*.[3] Die Autoren sind sich sicher, dass damit den Lesern mehr gedient ist.

So möchte das Buch drei Ansprüchen genügen.

- Erstens möchte es für angehende Notare, Notarassessoren oder Notare, die nur selten Umwandlungsvorgänge betreuen, ein straffes Lehrbuch sein, dass auf

1 Es gilt wie immer: Die Notarinnen sind natürlich genauso angesprochen wie die männlichen Kollegen. Lediglich der Einfachheit halber ist im Folgenden nur vom „Notar" die Rede.

2 Vgl. für viele *Stoye-Benk/Cutura*, Handbuch Umwandlungsrecht, 2. Kap. Rn 14.

3 *Goethe*, Natur und Kunst.

verhältnismäßig kleinem Raum einen Überblick über das Umwandlungsrecht, sein Herkommen, seine Bedeutung und seine tragenden rechtlichen Grundlagen bietet.

- Zweitens möchte es – nicht zuletzt vor dem Titel der Reihe, in der es erscheint – die wichtigsten Formulare zur Verfügung stellen, um die meisten Umwandlungsvorgänge, die sich im „normalen" Notariatsbetrieb stellen, rechtssicher abbilden zu können.
- Und drittens möchte es Nachschlagewerk für sich konkret stellende Rechtsfragen im Einzelfall sein und den Notaren mit Check-Listen, Übersichten und Ablaufplänen praktische Werkzeuge an die Hand geben, um sämtliche rechtlichen Fallstricke und Probleme schnell und schematisch lösen zu können. Insbesondere mit den Check-Listen und Vorgaben für die Handlungsabläufe kann eine Delegierung von Arbeitsabläufen an spezialisierte Mitarbeiter in der Kanzlei erfolgen.

Kurz: Das Buch möchte ein Begleiter des Notars im Alltag sein.

Ein nicht zu unterschätzender Einfluss auf das (gesellschaftsrechtliche) Umwandlungsrecht hat das Umwandlungssteuerrecht. Umwandlungsvorgänge haben immer und meist sogar hauptsächlich eine steuerliche Komponente. Sehr oft ist sie die eigentliche Motivation, einen Umwandlungsvorgang vorzunehmen. Hier gilt wie überall: Der Notar muss über Steuerrecht nicht belehren (außer über Fragen des Grunderwerbsteuer- oder Erbschaft- und Schenkungsteuerrechts), und wenn er nicht zusätzlich eine entsprechende Ausbildung hat, sollte er es auch bleiben lassen. Trotzdem: Ein zielführender Hinweis zum richtigen Zeitpunkt kann den Mandanten nicht nur viel Geld sparen – derartiger steuerrechtlicher Sachverstand und unternehmerisches Gespür trennen für die meisten Kunden die Spreu vom Weizen. Ein Notar, der hier punktet, kann nachhaltig Mandanten an sich binden. Dabei sollte es das Ziel des Notars nicht sein, die Mandanten steuerrechtlich zu beraten. Er sollte aber ihre Motivation verstehen und in der Lage sein, steuerlichen Beratungsbedarf zu erkennen und alternative zivilrechtliche Lösungen vorzuschlagen. Letztlich kann dies immer nur ein Angebot an die Kunden sein, die Vorschläge des Notars noch einmal durch die steuerberatenden Berufsträger überprüfen zu lassen. Da die Autoren „nur" notarielle Berufsträger sind, sind sie stolz, mit Herrn *Tobias Appl* einen Experten auf dem Gebiet des Unternehmens- und Umwandlungssteuerrechts für die steuerlichen Hinweise in ihrem Buch gewonnen zu haben.

Der Leser muss sich ständig folgendes Prinzip des Umwandlungsrechts vor Augen halten, und schon ist sehr viel gewonnen: Alles, was das Umwandlungsrecht erlaubt, ginge auch ohne dieses. Das UmwG will erlauben und vereinfachen. Es möchte den Akteuren Mittel an die Hand geben, ihre wirtschaftlichen, steuerlichen und organisatorischen Ziele einfach und schnell zu erreichen und dabei die berechtigten Interessen Dritter (Minderheits-Gesellschafter, Gläubiger, Arbeitnehmer, Behörden, Rechtsverkehr) schützen. Dieser Grundsatz durchzieht das gesamte Rechtsgebiet und hilft den notariellen Berufsträgern bei ihrer Arbeit.

Schließlich ist das Umwandlungsrecht auch ein Feld nicht enden wollender Reformen – MoPeG, UmRUG, Stiftungsrechtsreform, Gesetz zur Modernisierung des Körperschaftsteuerrechts – dies sind nur einige Gesetzes-Reformen, die ihren Niederschlag in diesem Werk gefunden haben und die zum Zeitpunkt der Entstehung erst wenige Monate in Kraft waren oder jedenfalls ihre Schatten vorauswerfen. Auch in Zukunft gilt: Es bleibt spannend: Kaum ein Rechtsgebiet entwickelt sich so schnell wie das Gesellschaftsrechts, von dem das Umwandlungsrecht ein Teil ist.

Die Literatur ist auf dem Stand von Juli 2023.

Wie bei jedem Formularbuch gilt, dass die Formulare nie unbesehen verwendet werden sollten, sondern immer auf den jeweils einzelnen Fall angepasst werden müssen. Jeder Berufsträger ist insoweit selbst verantwortlich; eine Haftung für die Muster können weder der Verlag noch die Autoren übernehmen.

Das Ziel von uns allen muss immer sein, besser zu werden. Daher freuen wir uns über Rückmeldungen aus dem Kreis der Leserschaft: *Wo haben sich Fehler eingeschlichen? Was hat geklappt? Wo gab es Probleme? Welches Registergericht wünscht die Einhaltung welcher Usancen? Welche Muster sollten wir ergänzen?* Hinweise, Lob und konstruktive Kritik sind stets willkommen! Schreiben Sie uns daher gerne! Sie erreichen uns unter folgenden Kontaktdaten:

- Dr. Dr. Matthias Damm
  Notar in Ludwigsburg
  Pflugfelder Straße 22
  71636 Ludwigsburg
  damm@damm-mayer.de
- Stefan Link
  Notar in Bruchsal
  Kaiserstraße 8
  76646 Bruchsal
  stefan.link@notar-link-bruchsal.de

Die Autoren danken jeweils ihren Ehefrauen und Familien für das Verständnis und die Geduld, mit denen sie über die vielen Unzulänglichkeiten der Autoren hinweggesehen haben. Ein weiterer Dank geht an das Team des Verlages für die Begleitung bei der Erstellung des Manuskripts.

Ludwigsburg und Bruchsal im August 2023

Die Autoren

Inhaltsverzeichnis

Musterverzeichnis

§ 4 Formwechsel

§ 5 Gesetzlich nicht im UmwG geregelte, aber praktisch wichtige Formen der Umwandlung

Abkürzungsverzeichnis

a.A.	andere Ansicht
a.a.O.	am angegebenen Ort
Abs.	Absatz
AG	Amtsgericht
AktG	Aktiengesetz
AO	Abgabenordnung
Aufl.	Auflage
BayObLG	Bayerisches Oberstes Landesgericht
BeckRS	Beck-Rechtsprechung
Beschl.	Beschluss
BetrVG	Betriebsverfassungsgesetz
BeurkG	Beurkundungsgesetz
BewG	Bewertungsgesetz
BFH	Bundesfinanzhof
BGB	Bürgerliches Gesetzbuch
BGBl	Bundesgesetzblatt
BGH	Bundesgerichtshof
BMF	Bundesministerium der Finanzen
BR-Drucks	Drucksache des Bundesrats
BStBl	Bundessteuerblatt
BT-Drucks	Drucksache des Bundestags
BWNotZ	Zeitschrift für das Notariat in Baden-Württemberg
bzw.	beziehungsweise
d.h.	das heißt
DNotI-Report	Informationsdienst des Deutschen Notarinstituts
DNotZ	Deutsche Notar-Zeitschrift
DrittelbeteiligungsG	Gesetz über die Drittelbeteiligung der Arbeitnehmer im Aufsichtsrat
DStR	Deutsches Steuerrecht
e.K.	eingetragener Kaufmann
e.V.	eingetragener Verein
EBITDA	Betriebsergebnis vor Zinsen, Steuern und Abschreibungen auf Sachanlagen und immaterielle Vermögensgegenstände
EStDV	Einkommensteuer-Durchführungsverordnung
EStG	Einkommensteuergesetz
EWIVAG	Gesetz zur Ausführung der EWG-Verordnung über die Europäische wirtschaftliche Interessenvereinigung

f.	folgend
ff.	folgende
gem.	gemäß
GesRRL	Richtlinie über bestimmte Aspekte des Gesellschaftsrechts
GF	Geschäftsführer
ggf.	gegebenenfalls
GmbH	Gesellschaft mit beschränkter Haftung
GmbH & Co. KG	Gesellschaft mit beschränkter Haftung & Compagnie Kommanditgesellschaft
GmbHG	Gesetz betreffend die Gesellschaften mit beschränkter Haftung
GmbHR	GmbH-Rundschau (Zeitschrift)
GNotKG	Gerichts- und Notarkostengesetz
GrEStG	Grunderwerbsteuergesetz
GwG	Geldwäschegesetz
h.M.	herrschende Meinung
HGB	Handelsgesetzbuch
HRA	Eintrag in Abteilung A im Handelsregister
HRB	Eintrag in Abteilung B im Handelsregister
Hs.	Halbsatz
i.S.d.	im Sinne des/der
i.S.v.	im Sinne von
i.V.m.	in Verbindung mit
i.W.	in Worten
Kap.	Kapitel
KG	Kommanditgesellschaft
KGaA	Kommanditgesellschaft auf Aktien
KStG	Körperschaftsteuergesetz
KV	Kostenverzeichnis
LG	Landgericht
m.w.N.	mit weiteren Nachweisen
max.	maximal
MgVG	Gesetz über die Mitbestimmung der Arbeitnehmer bei einer grenzüberschreitenden Verschmelzung
Mio.	Millionen
MittBayNot	Mitteilungen des bayrischen Notarvereins
Nr.	Nummer
NZG	Neue Zeitschrift für Gesellschaftsrecht
OLG	Oberlandesgericht

PartGG	Partnerschaftsgesellschaftsgesetz
phG	persönlich haftender Gesellschafter
PublG	Publizitätsgesetz
Rdn	Randnummer (intern)
Rn	Randnummer (extern)
RNotZ	Rheinische Notarzeitschrift
SCE-VO	Verordnung über das Statut der Europäischen Genossenschaft (SCE)
SE	Europäische Gesellschaft (Societas Europaea)
SEEG	Gesetz zur Einführung der Europäischen Gesellschaft
SE-VO	Verordnung über das Statut der Europäischen Gesellschaft (SE)
sog.	sogenannte/r/s
SpruchG	Gesetz über das gesellschaftsrechtliche Spruchverfahren
StGB	Strafgesetzbuch
U.E.	Unseres Erachtens
u.U.	unter Umständen
UG	Unternehmergesellschaft
UmRMitbestG	Gesetz zur Umsetzung der Bestimmungen der Umwandlungsrichtlinie über die Mitbestimmung der Arbeitnehmer bei grenzüberschreitenden Umwandlungen, Verschmelzungen und Spaltungen
UmRUG	Gesetz zur Umsetzung der Umwandlungsrichtlinie
UmwG	Umwandlungsgesetz
UmwRL	Gesetz zur Umsetzung der Umwandlungsrichtlinie
UmwStE	Umwandlungssteuergesetz
UmwStG	Umwandlungssteuergesetz
Urt.	Urteil
UStG	Umsatzsteuergesetz
UVZ	Urkundenverzeichnis
v.	vom
VA	Verwaltungsakt
Var.	Variante
vgl.	vergleiche
VR	Vereinsregister
Ziff.	Ziffer

Literaturverzeichnis

Altmeppen, GmbHG Kommentar, 10. Aufl., München 2021

Binz/Sorg, Die GmbH & Co. KG im Gesellschafts- und Steuerrecht. Handbuch für Familienunternehmen, 12. Aufl., München 2018

Böttcher, Umwandlungsrecht. Gesellschaftsrecht. Steuerrecht. Verfahrensrecht. 2. Aufl., Baden-Baden 2019

Brandis/Brandis, Ertragsteuerrecht. UmwStG 2006, 161. EL, 2022

Diehn, Notarkostenberechnungen. Muster und Erläuterungen zum Gerichts- und Notarkostengesetz (GNotKG), 8. Aufl., 2022

Engl, Formularbuch Umwandlungen, 5. Aufl., 2020

Ettinger/Jaques, Beck'sches Handbuch Unternehmenskauf im Mittelstand, 3. Aufl., München 2021

Formularbuch Recht und Steuern, 10. Aufl. 2021

Fuhrmann/Wälzholz, Formularbuch Gesellschaftsrecht. Muster und Erläuterungen für alle Rechtsformen, Konzerne und Umwandlungen mit Steuer- und Kostenanmerkungen, 3. Aufl., Köln 2018

Goette/Habersack/Kalss, Münchener Kommentar zum Aktiengesetz, 3. Band, 5. Aufl., München 2022

Habersack/Wicke, beck-online.GROßKOMMENTAR. UmwG, München 2022

Heckschen/Herrler/Münch, Beck'sches Notar-Handbuch, 7. Aufl., 2019

Herrler, Gesellschaftsrecht in der Notar- und Gestaltungspraxis, 2. Aufl., München 2021

Hopt, u.a., Handelsgesetzbuch, 41. Aufl., München 2022

Kallmeyer, Umwandlungsgesetz. Verschmelzung, Spaltung und Formwechsel bei Handelsgesellschaften, 7. Aufl., Köln 2020

Korintenberg (Begründer), Herausgegeben von: Otto/Sikora/Tiedtke, GNotKG: Gerichts- & Notarkostengesetz, 22. Aufl., München 2022

Kraft/Redenius-Hövermann, Umwandlungsrecht, 2. Aufl., Tübingen 2020

Lappe/Gattringer, Carce-out-Transaktionen. Recht, Steuern und Bilanzen bei Ausgliederung und Verkauf von Unternehmensteilen, 2. Aufl., München 2021

Lieder/Wilk/Ghassemi-Tabar, Münchener Handbuch Gesellschaftsrecht, Band 8: Umwandlungsrecht, Gesellschaftsrecht, Insolvenzrecht, Steuerrecht, Bilanzrecht, Arbeitsrecht, Kartellrecht, Öffentliches Recht, 5. Aufl., München 2018

Limmer, Handbuch der Unternehmensumwandlung, 6. Aufl., Köln, 2018

Lutter, Umwandlungsgesetz, Kommentar mit systematischer Darstellung des Umwandlungssteuerrechts und Kommentierung des SpruchG, 6. Aufl., Köln 2019

Lutter/Hommelhoff, GmbH-Gesetz, Kommentar, 20. Aufl., Köln 2022

Maulbetsch/Klumpp/Rose, Umwandlungsgesetz, 2. Aufl., Heidelberg 2017

Meyer-Sparenberg/Jäckle, Beck'sches M&A, 2. Aufl., München 2022

Noack/Servatius/Haas, GmbH-Gesetz, 23. Aufl., München 2022

Prinz/Kahle, Beck'sches Handbuch der Personengesellschaften, 5. Aufl., München 2020

Reichert, GmbH & Co. KG, 8. Aufl., München 2021

Rödder/Herlinghaus/van Lishaut, UmwStG, 3. Aufl. 2019

Rowedder/Schmidt-Leithoff, GmbHG-Gesetz, 6. Aufl., München 2017

Säcker/Rixecker/Oetker/Limperg, Münchener Kommentar zum Bürgerlichen Gesetzbuch, Bände 1, 2, 3 und 8: 9. Aufl., andere Bände: 8. Aufl., München 2019–2022

Sagasser/Bula/Brünger, Umwandlungen. Verschmelzung – Spaltung – Formwechsel – Vermögensübertragung – mit Vertragsmustern, 5. Aufl., München 2017

Schöner/Stöber, Grundbuchrecht, 16. Aufl., München 2020

Schmitt/Hörtnagl, Umwandlungsgesetz. Umwandlungssteuergesetz, 9. Aufl., München 2020

Semler/Stengel/Leonard, Umwandlungsgesetz, 5. Aufl., München 2021

Stoye-Benk/Cutura, Handbuch Umwandlungsrecht für die rechtsberatende und notarielle Praxis, 4. Aufl., Heidelberg 2021

Süß/Wachter, Handbuch des internationalen GmbH-Rechts, 4. Aufl., Bonn 2022

Wachter, Praxis des Handels- und Gesellschaftsrechts, 5. Aufl., Bonn 2021

Widmann/Bauschatz, UmwStG – eKommentar, 2023

Widmann/Mayer, Umwandlungsrecht. Umwandlungsgesetz, Umwandlungssteuergesetz, Loseblattwerk mit 198. Aktualisierung, 2022

§ 1 Einleitung

A. Definition der Umwandlung

1 Das Umwandlungsgesetz enthält keine Definition des Umwandlungsbegriffs (obwohl dies nach dem Wortlaut von § 1 Abs. 2 UmwG eigentlich zu erwarten wäre).[1] § 1 Abs. 1 UmwG regelt abschließend die Möglichkeiten der Umwandlung nach deutschem Recht.[2] Rechtsträger „mit Sitz im Inland“[3] können umgewandelt werden

1. durch Verschmelzung,
2. durch Spaltung (Aufspaltung, Abspaltung, Ausgliederung),
3. durch Vermögensübertragung,
4. durch Formwechsel.

2 Die wohl herrschende Ansicht legt zunächst angelehnt an den Gesetzgeber einen engen Umwandlungsbegriff[4] zugrunde und betrachtet als „Umwandlungen“ lediglich die Strukturmaßnahmen, welche das Umwandlungsgesetz (UmwG) vorsieht, wenngleich anerkannt ist, dass es auch weitere Strukturmaßnahmen mit ähnlichen Wirkungen außerhalb des UmwG gibt.[5]

3 Für die Zwecke des vorliegenden Buches soll unter Umwandlung **grds. der Umwandlungsbegriff des UmwG** zugrunde gelegt werden. Darüber hinaus sind aber auch die „Umwandlungen im weiteren Sinne“, also weitere gesellschaftsrechtliche Strukturmaßnahmen außerhalb des UmwG (zum Beispiel ein Anwachsungsmodell nach § 738 Abs. 1 BGB a.F./§ 712 Abs. 1 BGB n.F.), immer vor Augen zu haben, da diese für den gestaltenden Rechtsanwender von ebenso großer Bedeutung sind. Schließlich gibt es noch eine genuin steuerrechtliche Betrachtung des Umwandlungsrechts, in dessen Rahmen man von „steuerlicher Umwandlung“ bzw. „**Umwandlung im steuerlichen Sinn**“ sprechen kann. Eine solche steuerliche Maßnahme kann eine Umwandlung im Sinne des UmwG sein aber auch eine Umwandlung

1 *Kallmeyer/Marsch-Barner/Oppenhoff* in: Kallmeyer, UmwG, § 1 Rn 6; *Pickhardt*, DB 1999, 729 (729).

2 BT-Drucks 12/6699, S. 80; *Kallmeyer/Marsch-Barner/Oppenhoff* in: Kallmeyer, UmwG, § 1 Rn 6.

3 Diese Formulierung ist nicht mehr ganz zeitgemäß, vielmehr ist sie unionsrechtlich überformt und mittlerweile durch die §§ 305 ff. UmwG auch im nationalen Recht durch Regelungen zu grenzüberschreitenden Sachverhalten flankiert worden, vgl. unten § 1 Teil. F. Frühere Streitstände zu der Thematik dürften sich im Wesentlichen erledigt haben, siehe *Drygala* in: Lutter, UmwG, § 1 Rn 5.

4 *Lieder*, MüHdb d. GesR, Bd. VIII, § 3 Rn 1; a.A. *Hofmann/Riethmüller*, JA 2009, 481; *Pickhardt*, DB 1999, 729 (729 f.).

5 Dies stellte bereits der historische Gesetzgeber klar: „Bisher schon bestehende andere Methoden, die Struktur eines Unternehmensträgers zu verändern, wie z.B. die Anwachsung nach § 105 Abs. 2 HGB in Verbindung mit § 738 BGB oder andere Arten der Umstrukturierung öffentlich-rechtlicher Anstalten, wie die Verschmelzung von Sparkassen aufgrund Landesrechts, bleiben erhalten.“, siehe: BT-Drucks 12/6699, S. 80.

im weiteren Sinne oder sogar eine rechtliche Operation, die der Ziviljurist nur schwerlich als „Umwandlung“ begreifen wird, die aber für den Steuerrechtler ebenso zum Werkzeugkasten (steuer-)optimierter Unternehmensgestaltung und -umstrukturierung gehört.

4 Die Vorstellung solcher rein steuerlichen Maßnahmen (die nicht auch zivilrechtliche Umwandlungen oder jedenfalls Umwandlungen im weiteren Sinne sind) wird im vorliegenden Buch eher am Rande erfolgen – im Mittelpunkt steht die für den Notar vorherrschende zivilrechtliche Betrachtung. Es ist jedoch u.E. notwendig und hilfreich, die vielfältigen, oftmals steuerrechtlichen Motivationslagen, von Unternehmensumstrukturierungen zu verstehen.

Umwandlungsrecht 5

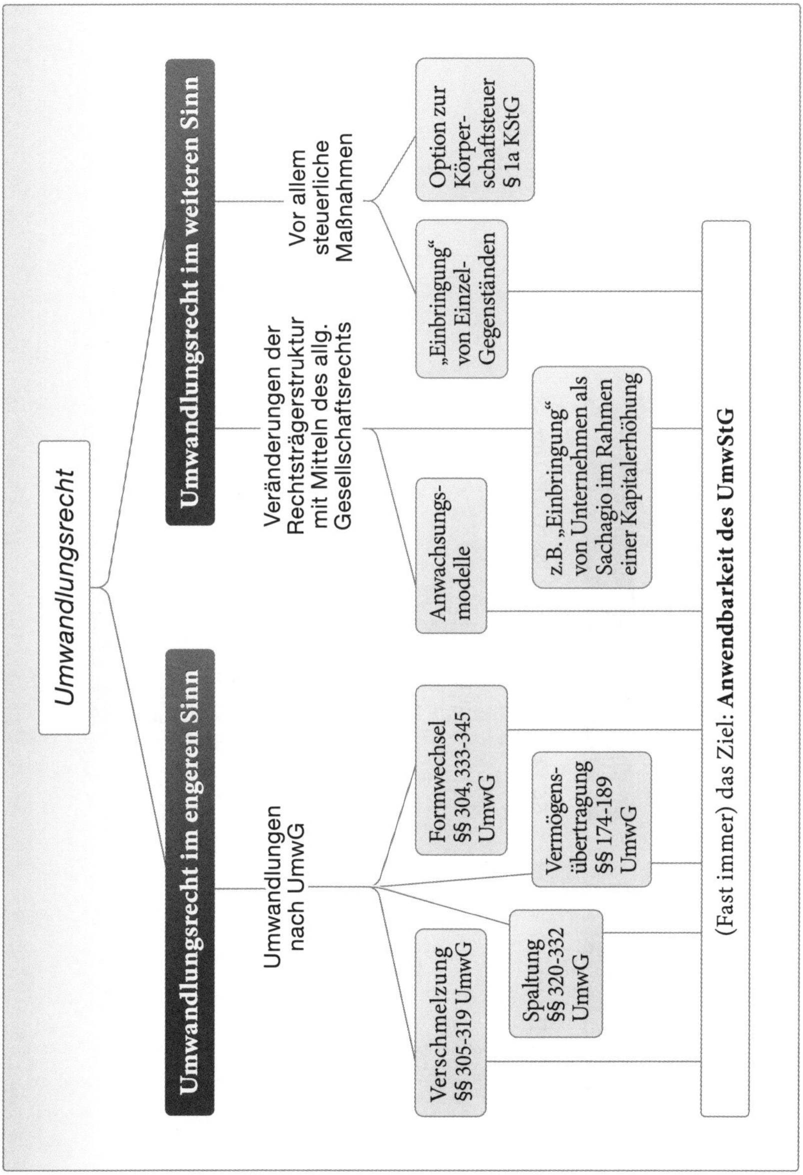

6 Umwandlungen nach dem UmwG

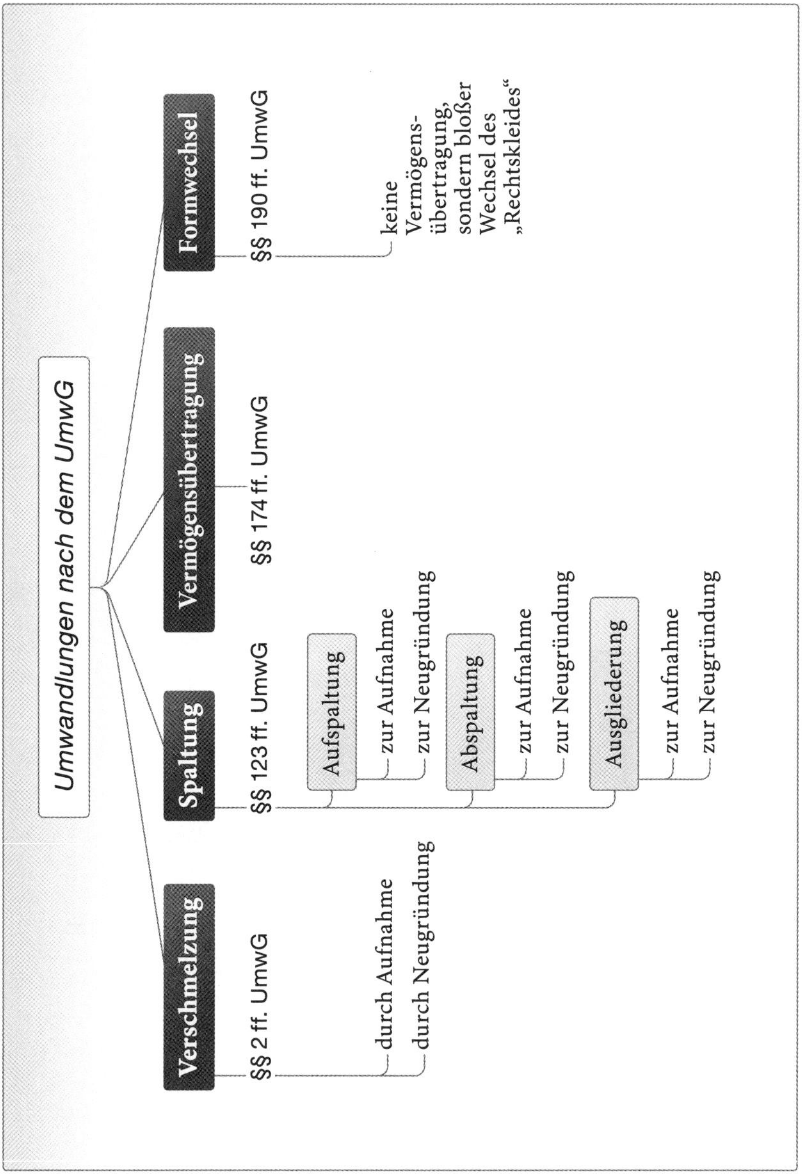

B. Bedeutung des Umwandlungsrechts

I. Rechtsform(-Beratung) 2.0, Generationenwechsel und Schenkungen

Bewusste Rechtsformwahl und ergebnisoffene Rechtsformberatung sollten am Anfang jeder unternehmerischen Tätigkeit stehen. Leider ist die Rechtsform des Unternehmens in der Praxis bis zu einem gewissen Zeitpunkt nicht selten zufällig: Viele Unternehmer gründen entweder, ohne sich hierüber besondere Rechenschaft abzulegen, „wegen der Haftung" oder auf Anraten des Steuerberaters eine GmbH oder GmbH & Co. KG oder sie tun schlicht gar nichts und sind somit, je nach Personenanzahl, Einzelkaufmann, GbR bzw. oHG. Dabei wird das Thema Haftung bei einer solchen „Rechtsformwahl" generell falsch eingeschätzt. So spricht abgesehen von Nachfolgethemen („*Sterben müssen wir alle, aber bitte nicht als Einzelkaufmann*") wenig gegen eine dauerhafte Rechtsform des Einzelkaufmanns. Entsprechend häufig und verbreitet ist demnach diese Rechtsform. Sollte der Notar, gerade im Kontext eines Umwandlungsvorgangs, in die Situation kommen, den Mandanten das Für und Wider verschiedener Rechtsformen aufzuzeigen, könnten folgende Aspekte genannt werden: 7

Personengesellschaften sind, was die Deckung gerade spontaner privater Finanzbedarfe angeht, deutlich flexibler und unkomplizierter als GmbH (und erst recht AG). Wer eine GmbH gründet, bei der er als Allein- oder Mehrheitsgesellschafter Herr im Hause ist oder sich wenigstens so fühlen will, wird häufig nicht damit einverstanden sein, die finanzielle Sphäre der Gesellschaft als seinem direkten Zugriff entzogene eigenständige Einheit zu betrachten und zu beachten. Dass sich ferner grds. die Art der Besteuerung bei Personen- und Kapitalgesellschaften fundamental unterscheidet, kann vom Notar jedenfalls angesprochen und aufgezeigt, im Gespräch mit dem Steuerberater sodann vertieft werden.[6] U.U. lassen sich die gewünschten Ergebnisse hier bereits durch eine Option zur Körperschaftsbesteuerung (§ 1a KStG) erzielen, sodass es zivilrechtlicher Operationen in einem solchen Fall nicht mehr bedarf.[7] 8

Eine für viele Wünsche optimale Kombination und somit das Beste aus zwei Welten verspricht die GmbH & Co. KG: Hier werden die flexiblen Vorteile der Personengesellschaft mit der Haftungsbeschränkung der Kapitalgesellschaft kombiniert; im Jahre 2017 haben ca. 154.700 Unternehmen diese Rechtsform gewählt – was für deren erhebliche wirtschaftliche Bedeutung und Attraktivität spricht.[8] Ist 9

6 Vgl. hierzu auch *Schiffers* in: Prinz/Kahle, Beck'sches Handbuch der Personengesellschaften, § 1 Rn 54 ff. mit einer instruktiven Darstellung der Entscheidungskriterien einer Rechtsformwahl.

7 Diese Möglichkeit besteht seit dem 1.1.2022 durch Einführung des KöMoG, vgl. BGBl I 2021, S. 2050. Siehe hierzu auch *Brühl/Weiss*, DStR 2021, 1617.

8 Siehe *Liebscher* in: Reichert, GmbH & Co. KG, 1. Kapitel § 2 Rn 2 ff.

die GmbH & Co. KG also der Tipp schlechthin? Es kommt darauf an: Schon die einfache Typenkombination aus Personen- und Kapitalgesellschaft in Gestalt der GmbH & Co. KG überfordert nicht wenige Marktteilnehmer und führt zu Verwirrung und Problemen. Das fängt mit dem simplen Befund an, dass zwei Gesellschaften vorliegen statt einer. Die Folgen hieraus sind nicht nur höhere laufende Kosten durch Doppelstrukturen, sondern auch grundlegende Missverständnisse in Bereichen wie Vertretung, Geschäftsführung und Vermögenszuordnung.

10 Eine sich hieraus praktisch häufig ergebende Folge ist, dass ein Einzelkaufmann im Rentenalter beim Notar vorstellig wird mit dem Wunsch, „seine Kinder an der Firma zu beteiligen." Folgende Stichworte können dieser Beratungssituation als Leitplanken zugrunde gelegt werden:

- Eintragung als Fundament der Zugänglichkeit des UmwR;
- Ablauf: alles auf einmal oder gestaffelte Umsetzung;
- Dokumente und Fristen;
- sinnvolle Schritte;
- zeitliche und sachliche Planung;
- rechtliche Umsetzung;
- steuerliche Umsetzung;
- fakultative Schenkung – Rechtsformwechsel als Bedingung?

II. Umwandlungsrecht und sekundäre Rechtsformwahlfreiheit

11 Das Umwandlungsrecht erlaubt Unternehmen eine Anpassung ihrer Unternehmensstruktur an veränderte Rahmenbedingungen oder andere Organisationserfordernisse; darüber hinaus ermöglicht es das Changieren eines Unternehmens zwischen den verschiedenen Gesellschaftsformen, und sichert so die sekundäre Rechtsformwahlfreiheit:[9] Die Rechtsform des Unternehmens und seine Organisationsstruktur müssen nichts Statisches sein, sondern stehen zur Disposition der handelnden Akteure. Das Umwandlungsrecht bietet eine Schnittstelle für die verschiedenen Rechtsformen des Gesellschaftsrechts.

12 Die Fallgestaltungen und Motivationslagen in der Praxis sind vielfältig – z.B. Reorganisation einer hierarchischen Unternehmensstruktur in selbstständige Einheiten oder Verbindung bislang selbstständiger Unternehmen zur Nutzung von Synergien, der Erweiterung von Produktpaletten etc.[10] Insbesondere in Konzernstrukturen können Umwandlungsvorgänge auf einfache und kostengünstige Weise Unternehmensverbände umstrukturieren und Einheiten verschieben. Durch eine Hintereinanderschaltung der verschiedenen Umwandlungsvorgänge lässt sich das jeweils ge-

9 *Bayer* in: Lutter, UmwG, Umwandlungsrecht, Einleitung I, Rn 1; *Lieder* in: MüHdb d. GesR, Bd. VIII, § 2 Rn 2.

10 Vgl. *Lieder* in: MüHdb d. GesR, Bd. VIII, § 2 Rn 1; *Bayer* in: UmwG, Einleitung I – Umwandlungsrecht, Rn 1 ff.

wünschte Ergebnis unmittelbar (wenn auch in logische Zwischenschritte aufgeteilt) erreichen. Diese Hintereinanderschaltung mehrerer Umwandlungsvorgänge nach „Art eines Baukastenverfahrens" ist grds. zulässig,[11] allerdings muss die jeweilige Kombination immer für den konkreten Einzelfall überprüft werden, um einen Verstoß gegen das sog. Analogieverbot des § 1 Abs. 2 UmwG zu vermeiden.[12] Eine so geschaffene Unternehmens-Einheit kann schließlich auch aus dem Gesamt-Unternehmensverbund veräußert werden (sog. *carve out*).[13] Die Umwandlung ist dann die Vorbereitung einer Unternehmensveräußerung.

Beispiel: 13

Durch den Erwerb eines Unternehmens droht in einem bestimmten Marktsegment eine beherrschende Marktstellung des erwerbenden Konzerns, was wiederum die Gesamt-Transaktion gefährdet. Auf der Verkäuferseite können bereits anlässlich des Verkaufs die Unternehmensteile herausgenommen werden, welche die Übernahme durch den Erwerber gefährden könnten. Nach der Umstrukturierung steht dem Verkauf nichts mehr im Weg.[14]

Verschmelzungen der Tochter- auf die Muttergesellschaft (**upstream merger**)[15] 14
dienen häufig der Vereinfachung von Strukturen und der Kostenersparnis. Verschmelzungen von Mutter- auf Tochtergesellschaft (**downstream merger**),[16] können dazu verwendet werden, den Erwerbskredit in die Bilanz der Tochtergesellschaft zu überführen (**debt push down**).[17]

Merke: 15

Dies kann betriebswirtschaftlich sinnvoll sein, trotzdem ist bei dieser Gestaltungsvariante Vorsicht geboten! Weisen Sie die Beteiligten darauf hin, dass bei einer solchen Abwärtsverschmelzung eine verdeckte Gewinnausschüttung im Sinne von § 8 Abs. 3 KStG droht, falls sie bei der übernehmenden Tochtergesellschaft zu einer nicht zulässigen Unterdeckung des Stammkapitals unter Verstoß gegen die Kapitalerhaltungsvorschriften (§§ 30 f. GmbHG) führt.[18]

11 *Kallmeyer/Marsch-Barner/Oppenhoff* in: Kallmeyer, UmwG, § 1 Rn 21, einen Begriff von *K. Schmidt*, ZIP 1998, 181, 185 aufgreifend.

12 Siehe hierzu unten Rdn 28; siehe *Stengel* in: Semler/Stengel/Leonard, UmwG, § 1 Rn 71.

13 Vgl. *Lappe/Gattringer*, Carve-Out-Transaktionen; siehe auch *Meyer/Rabe*, NZA 2016, 78, 80 f.

14 Dieses Beispiel findet sich in: *Bischke/Röhrig* in: Meyer-Sparenberg/Jäckle, Beck'sches M&A-Handbuch, § 33 Rn 6.

15 *Lieder* in: MüHdb d. GesR, Bd. VIII, § 2 Rn 2: *„De[r] insgesamt praktisch häufigste Fall"*.

16 Siehe ausführlich *Klein/Stephanblome*, ZGR 2007, 351 ff.

17 *Lieder* in: MüHdb d. GesR, Bd. VIII, § 2 Rn 15; *Sagasser* in: Sagasser/Bula/Brünger, Umwandlungen, § 8 Rn 4.

18 *Rödder/Wochinger*, DStR 2006, 684, 684 (im Übrigen allerdings ertragsteuerliche Neutralität auch bei negativem Buchvermögen der Mutter); *Sagasser* in: Sagasser/Bula/Brünger, Umwandlungen, § 11 Rn 242.

16 **upstream merger**

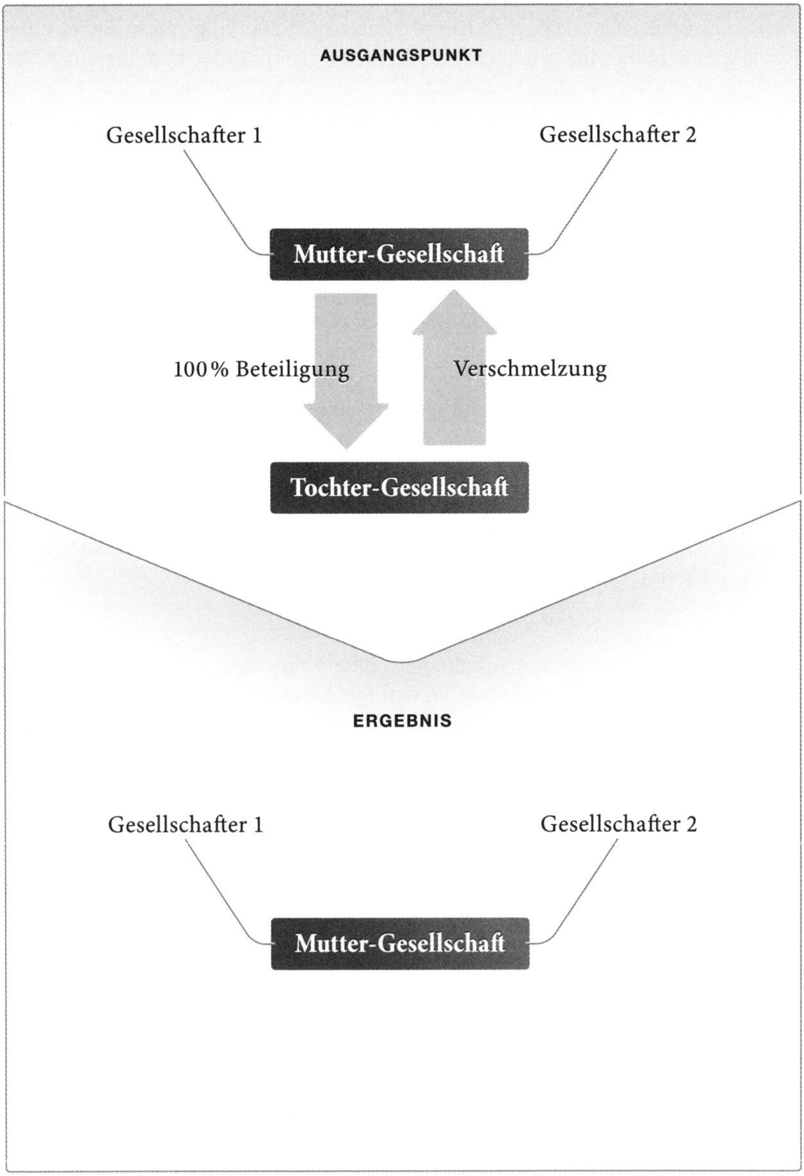

downstream merger 17

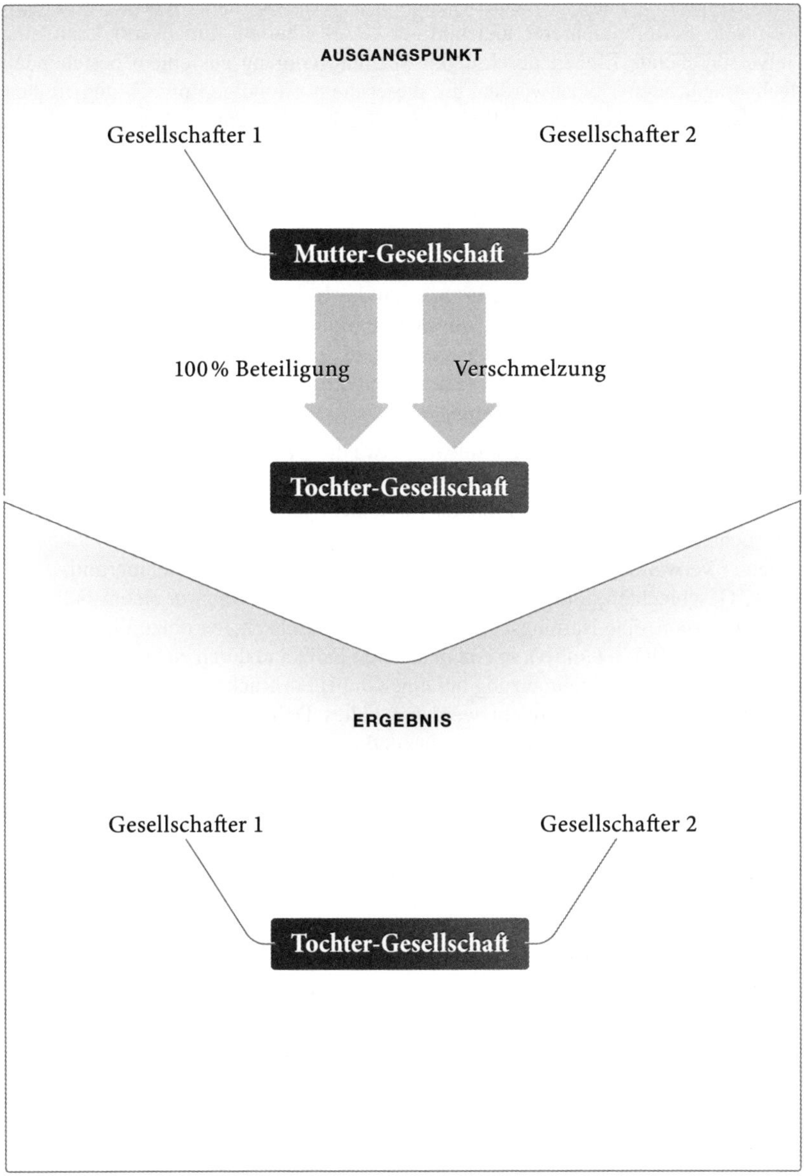

18 Eine Verschmelzung von Schwestergesellschaften (**sidestep merger**)[19] dient ebenfalls der Vereinfachung, z.B. zur Beseitigung von Doppel- und Mehrfachstrukturen nach dem Erwerb mehrerer gleichartiger Gesellschaften. Umgekehrt kann eine vielversprechende Einheit durch einen Spaltungsvorgang aus einem bestehenden Rechtsträger herausgelöst werden, um dieser die notwendige Entwicklungsfreiheit (innerhalb oder außerhalb des Konzerns) zu geben. Bei einem Zusammenschluss von Gleichen (**merger of equals**) lässt sich die Liquidation eines oder mehrerer Rechtsträger vermeiden und durch die Anteilsgewährungspflicht an die Anteilsinhaber eines übertragenden Rechtsträgers können zwei Fliegen mit einer Klappe geschlagen werden: Die Gesellschafter des übertragenden Rechtsträgers müssen ihre Gesellschafterstellung nicht aufgeben, zugleich dient die Gewährung von Anteilen als Gegenleistung für das Einbringen des bisherigen Unternehmens und erfordert so weniger Liquidität.[20] Viele weitere Motive sind denkbar: Eine Umwandlung kann die Übernahme eines Unternehmens im Einzelfall erschweren oder – und dies dürfte vielfach sogar der Hauptgrund sein – sie dient der steuerlichen Optimierung der wirtschaftlichen Tätigkeit.[21]

19 Ein Beispiel für einen Formwechsel wäre etwa die Umwandlung einer oHG in eine AG: Weg von einer personalistischen Struktur hin zu einer Organisationsform deren Ziel letztlich die Generierung größerer Kapitalmengen ist – freilich „erkauft" durch die Nachteile einer AG (Trennung von Kapital und Management, höhere Fixkosten, höherer Verwaltungsaufwand, Publizitätserfordernisse, Arbeitnehmermitbestimmung, Geschlechterquote usw.). Das Umwandlungsrecht kann in einem Fall dazu genutzt werden, eine Haftungsbeschränkung der Gesellschafter einzuführen (Formwechsel von oHG in GmbH), in einem anderen Fall kann durch einen Formwechsel in eine oder durch Verschmelzung auf eine GmbH ein Rückzug einer börsennotierten AG von der Börse erreicht werden („kaltes Delisting").[22] Ein eigener Forschungsgegenstand und Anlass umfassender und nicht endender juristischer Diskussionen ist schließlich die GmbH & Co. KG, deren organisatorische Veränderungen sich innerhalb und außerhalb des Umwandlungsrechts im engeren Sinne abspielen können.[23]

20 Der „Werkzeugkasten" ist keineswegs auf das Umwandlungsrecht (im engeren Sinne) beschränkt: Auch andere Mittel des Gesellschaftsrechts können im Einzelfall zur Verfügung stehen, um eine Umstrukturierung der unternehmerischen Binnenorganisation zu erreichen oder weitere Probleme zu lösen – etwa ein Unternehmenskauf (in Form von **share deal** oder **asset deal**), um wichtige Elemente eines

19 *Bula/Thees* in: Sagasser/Bula/Brünger, Umwandlungen, § 10 Rn 168.

20 *Hoger/Hoger* in: MüHdb d. GesR, Bd. VIII, § 6 Rn 3, 5.

21 Vgl. auch *Hofmann/Riethmüller*, JA 2009, 481; *Lieder* in: MüHdb d. GesR, Bd. VIII, § 2 Rn 3.

22 Zu diesem Begriff siehe: OLG Düsseldorf, Beschl. v. 30.12.2004 – I-19 W 3/04 AktE, NZG 2005, 317 Ls. 1; *Ihrig* in: Semler/Stengel/Leonard, UmwG, § 226 Rn 11.

23 Vgl. für viele: *Binz/Sorg* Die GmbH & Co. KG, (dort insbesondere die §§ 29 und 30).

fremden Unternehmens der eigenen Konzernstruktur einzuverleiben,[24] oftmals verbunden mit einem Unternehmensvertrag (§ 291 Abs. 1 AktG).

Das Umwandlungsrecht des UmwG dient der Vereinfachung und ist vom Gesetzgeber als Erleichterung organisatorischer Strukturmaßnahmen in Unternehmen konzipiert, woraus sich sein Erfolg in der Praxis erklärt. Pointiert könnte man sagen: Man kann jedes Ziel auch ohne das UmwG erreichen, allerdings geht es mit dem UmwG meistens deutlich einfacher. 21

Diesen Vorteilen stehen gewisse Nachteile gegenüber, insbesondere die sehr schematische und oft etwas umständliche Verfahrensweise bei Umwandlungen im engeren Sinne.[25] Weitere Nachteile können im Einzelfall hinzukommen, etwa wenn der übernehmende oder neu gegründete Rechtsträger erstmals dem MitbestG unterfällt oder Führungskräfte, die man eigentlich halten möchte, das Unternehmen verlassen, weil sie sich in den neuen Strukturen nicht adäquat beschäftigt finden.[26] 22

C. Historisch-genetische Betrachtung des heutigen Umwandlungsrechts und Rechtsquellen

I. Rechtsgeschichte

Die Zeitrechnung des aktuellen Umwandlungsrechts beginnt am 1.1.1995 mit dem Inkrafttreten des Umwandlungsgesetzes von 1994.[27] Durch die Vereinheitlichung der bis dahin „zerklüfteten Rechtsmaterie"[28] verband der Gesetzgeber im Wesentlichen drei Ziele: Kodifikation bereits bestehender umwandlungsrechtlicher Regelungen in einem Gesetzeswerk, Erweiterung der möglichen Umwandlungsmaßnahmen, insbesondere bei Schließung bestehender Lücken in den Möglichkeiten der Unternehmensumwandlung und Erweiterung des Schutzes Dritter, also insbesondere von Gläubigern, Minderheitsgesellschaftern und Arbeitnehmern der an der Umwandlung beteiligten Unternehmen.[29] 23

Um das heutige Umwandlungsrecht für die praktische tägliche Arbeit des Kautelarjuristen zu begreifen, genügt zumeist ein Rekurs auf die Entstehung des UmwG von 1994/1995 in den 1980er und frühen 1990er Jahren sowie auf die Jahre seither; weiter zurückreichende Betrachtungen haben in den allermeisten Fällen lediglich 24

24 Zu dieser allgemein möglich bleibenden Umstrukturierung durch Institute außerhalb des UmwG, siehe *Lutter/Bayer* in: Lutter, UmwG, Einleitung I – Umwandlungsrecht Rn 55 f.; zum Unternehmenskauf instruktiv *Korch*, JuS 2018, 521 ff.

25 *Lieder* in: MüHdb d. GesR, Bd. VIII, § 2 Rn 8 f., 16 ff., 27 f.

26 *Hoger/Hoger* in: MüHdb d. GesR, Bd. VIII, § 6 Rn 7.

27 Als Art. 1 des Gesetzes zur Bereinigung des Umwandlungsrechts (UmwBerG) v. 26.10.1994 (BGBl I, S. 3210). Nach Art. 20 des Gesetzes tritt dieses am 1.1.1995 in Kraft.

28 *Lieder* in: MüHdb d. GesR, Bd. VIII, § 1 Rn 5.

29 BT-Drucks 12/6699, S. 1, 79.

rechtshistorischen Reiz. Dies gilt allerdings nicht für eine vertiefte wissenschaftliche Betrachtung, denn eine Reihe von Strukturprinzipien des heutigen Umwandlungsrechts fanden sich bereits in den Vorgänger-Kodifikationen zum UmwG. Insbesondere das SpTrUG[30] und das LwAnpG[31] anlässlich der Wiedervereinigung und der Abwicklung der ostdeutschen Wirtschaft haben zusammen mit der jeweils hierzu ergangenen höchstrichterlichen Rechtsprechung eine große Bedeutung für die folgende Rechtsentwicklung gehabt.[32]

II. Rechtsquellen

25 Die grundlegende Kodifikation des heutigen Umwandlungsrechts ist das UmwG in der jeweils aktuellen Fassung. Auf nationaler Ebene wird dieses materiell-rechtlich ergänzt durch das BGB, sowie die gesellschaftsrechtlichen Spezialkodifikationen, insbesondere im HGB, GmbH, AktG, GenG etc. Im Falle einer Verschmelzung durch Neugründung beispielsweise, sind jeweils die Gründungsvorschriften des neu zu gründenden Rechtsträgers zu beachten.[33] Steuerrechtlich ist das UmwStG die zentrale Materie, allerdings sind die weiteren Steuergesetze, insbesondere GrEStG oder das KStG, zu beachten. Verfahrensrechtliche Vorgaben für das Registerverfahren können sich aus dem FamFG oder der HRV ergeben.

26 Die vorstehende Aufzählung ist nicht abschließend – im unmittelbaren oder mittelbaren Zusammenhang mit einer Umwandlung können potentiell fast alle Rechtsvorschriften von Relevanz sein, die irgendwie Unternehmensbezug haben, so etwa das MitbestG oder auch die Gewerbeordnung (bei den meisten Strukturvorgängen des Umwandlungsrechts benötigt die „neue Einheit“ trotz der Gesamtrechtsnachfolge des UmwG, eine neue Gewerbeerlaubnis).

27 Zunehmend wird das Unionsrecht relevant für das nationale Umwandlungsrecht. Das gilt einmal vor dem historischen Hintergrund einer Beeinflussung der Entwicklung des deutschen Umwandlungsrechts durch europarechtliche Vorgaben und auch gegenwärtig durch die bereits derzeit zu beachtende Richtlinie (EU)

30 Gesetz über die Spaltung der von der Treuhandanstalt verwalteten Unternehmen vom 5.4.1991 (BGBl I, S. 854) zuletzt geändert durch Art. 8 Abs. 9 BilanzrechtsreformG vom 4.12.2004 (BGBl I, S. 3166).

31 Landwirtschaftsanpassungsgesetz vom 3.7.1991 (BGBl I, S. 1418) zuletzt geändert durch Art. 40 2. Kostenrechtsmodernisierungsgesetz vom 23.7.2013 (BGBl I, S. 2586).

32 Ein kurzer instruktiver Überblick über die historische Entwicklung seit dem 19. Jahrhundert und dann schließlich unmittelbar für die Gesetzesentstehung des UmwG von 1994 findet sich bei *Lutter/Bayer* in: Lutter, UmwG, Einleitung I Rn 5 ff.

33 Siehe unter § 1 Rdn 108 ff. dieses Buches.

2017/1132,[34] welche eine Reihe verschiedener früherer europarechtlicher Normen bündelt,[35] und selbst laufender Änderung unterliegt.[36] Nach mehreren richtungsweisenden Entscheidungen des EuGH zu grenzüberschreitenden Umwandlungen in den letzten Jahren (insbesondere in den Rechtssachen **Cartesio**,[37] **VALE**[38] und **Polbud**[39]), die jeweils auf eine Durchsetzung der unbeschränkt zu gewährenden Niederlassungsfreiheit gegen beschränkende nationale Vorgaben hinausliefen, beschäftigen die entsprechenden Themen laufend den Unions-Gesetzgeber.[40] Und diesem folgend (und die unionsrechtlichen Vorgaben umsetzend) rückten für den nationalen Gesetzgeber die Fragen der transnationalen Umwandlung in den Fokus, die zum 1.3.2023 schließlich in das UmRUG und die Schaffung einheitlicher Regelungen in den §§ 305 ff. UmwG geführt haben.

D. Strukturprinzipien des Umwandlungsrechts im engeren Sinn

I. Numerus clausus-Prinzip

1. Typenlimitierung und Typenfixierung

Es gilt das Numerus clausus-Prinzip,[41] das im Umwandlungsrecht zwei konkrete Ausformungen erfahren hat: Typenlimitierung (bzw. umwandlungsrechtliches Analogieverbot) und Typenfixierung (zwingendes Recht).[42] Der Grundsatz der Typenlimitierung beschränkt die Varianten-Wahl der Umwandlung, also des zur Verfügung stehenden Werkzeugkastens: Eine Umwandlung im Sinne des § 1 Abs. 1 UmwG ist ausschließlich in den im UmwG geregelten Fällen möglich – es sei denn, sie ist durch ein anderes Bundes- oder Landesgesetz ausdrücklich vorgesehen (§ 1 Abs. 2 UmwG). Eng verknüpft hiermit ist der Grundsatz der Typenfixierung: Von den Vorgaben des UmwG kann nur abgewichen werden, wenn dies ausdrücklich 28

34 Richtlinie (EU) 2017/1132 des Europäischen Parlaments und des Rates vom 14.6.2017 über bestimmte Aspekte des Gesellschaftsrechts, Abl. Nr. L 169, S. 46.

35 Siehe ebd., Erwägungsgrund 1: RL 82/891/EWG und 89/666/EWG des Rates und LD 2005/56/EG, 2009/101/EG, 2011/35/EU und 2012/30/EU des EUR. Parlaments und des Rates.

36 Vgl. Art. 92 der Verordnung (EU) 2021/23 des Europäischen Parlaments und des Rates vom 16.12.2020, Abl. Nr. L 22/1, S. 1, 94.

37 EuGH, Urt. v. 16. 12. 2008 – C-210/06 CARTESIO Oktató és Szolgáltató bt, NJW 2009, 569.

38 EuGH, Urt. v. 12.7.2012 – C-378/10 (VALE Építési kft), NJW 2012, 2715.

39 EuGH, Urt. v. 25.10.2017 – C-106/16 (Polbud – Wykonawstwo sp. zo.o.), NJW 2017, 3639.

40 Siehe zu diesen Rechtssachen vor dem EuGH und zum Company Law Package: § 1, Teil F. dieses Buches.

41 BT-Drucks 12/6699, S. 80; *Drygala* in: Lutter, UmwG, § 1 Rn 50 ff.

42 Für die Begriffe Typenfixierung und -limitierung: *Lieder* in: MüHdb d. GesR, Bd. VIII, § 4 Rn 4; für die Begriffe des umwandlungsrechtlichen Analogieverbotes und des zwingenden Rechts vgl.: *Drygala* in: Lutter, UmwG, § 1 Rn 58, 61, dieser ist allerdings kritisch zu dieser Terminologie.

zugelassen ist. Es sind lediglich ergänzende Bestimmungen in Verträgen, Satzungen oder Willenserklärungen zulässig, es sei denn, das UmwG enthält eine abschließende Regelung (§ 1 Abs. 3 UmwG).

29 Die Bedeutung des Numerus clausus-Prinzips ist umstritten.[43] Feststeht, dass die durch das UmwG gebotenen Mittel der Unternehmensumstrukturierung abschließend sind und die Normen weitestgehend strenges Recht darstellen. Allerdings ist sowohl was die Typenlimitierung als auch die Typenfixierung betrifft, zu differenzieren.

30 Das Bürgerliche Recht im Allgemeinen und das Gesellschaftsrecht im Besonderen kennen Rechtsinstitute, die zu ähnlichen Ergebnissen führen können wie die Umwandlungen des UmwG. Hierzu zählen insbesondere Anwachsungskonstellationen nach § 738 Abs. 1 BGB a.F/§ 712 Abs. 1 BGB n.F. oder die Einbringung einer einzelkaufmännischen Unternehmung in eine Kapitalgesellschaft als Sacheinlage. Dies ist Spiegel der Natur des UmwG als „Erleichterungsrechts" und somit unechte Ausnahme: Natürlich bleibt alles erlaubt und möglich, was schon immer erlaubt und möglich war. Die besonderen Rechtsfolgen des UmwG können in diesen Fällen jedoch nicht gelten. Der rechtsberatend tätige Kautelarjurist muss die verschiedenen Rechtsinstitute und „Zweige" des Umwandlungsrechts beherrschen, um (zumeist nach Rücksprache mit dem Steuerberater) dem Mandanten die jeweils auf den konkreten Einzelfall am besten passende Strukturmaßnahme empfehlen zu können. Nach hier vertretener Ansicht ist das wahrscheinlich der schwierigste und wichtigste Akt der Rechtsgestaltung: Mit Verstand aus dem Baukasten der unterschiedlichen Rechtsinstitute in Bezug auf ein vorgegebenes Ziel das Beste auszuwählen.

2. Mischverschmelzungen und Kettenumwandlungen

31 Aus dem Analogie-Verbot des § 1 Abs. 2 UmwG folgt eine differenzierte Betrachtung von sog. Mischumwandlungen. Der Begriff der Mischumwandlung wird in der Literatur nicht einheitlich verwendet. Soweit hierin eine „Kombination verschiedener Elemente von im UmwG vorgesehenen Umwandlungsarten zu einer neuen Umwandlungsform" verstanden wird,[44] kommt ein Verstoß gegen das Analogieverbot des § 1 Abs. 2 UmwG in Betracht, wenn diese Umwandlungsform nicht ausdrücklich im Gesetz vorgesehen ist.[45]

32 Umwandlungsvorgänge unter Beteiligung von Rechtsträgern verschiedener Rechtsformen sind nach dem Gesetzeswortlaut ausdrücklich bei Verschmelzung und Spal-

43 Vgl. *Sagasser* in: Sagasser/Bula/Brünger, Umwandlungen, § 2 Rn 10 ff.

44 *Stengel* in: Semler/Stengel/Leonard, UmwG, § 1 Rn 69; vgl. *Schnorbus* in: Rowedder/Schmidt-Leithoff, GmbH-Gesetz, Anhang zu § 77 Rn 20;

45 *Schnorbus* in: Rowedder/Schmidt-Leithoff, GmbH-Gesetz, Anhang zu § 77 Rn 20; *Stengel* in: Semler/Stengel/Leonard, UmwG, § 1 Rn 69.

tung zulässig (vgl. § 3 Abs. 4 und § 124 Abs. 2 UmwG).[46] Die Kombination verschiedener Umwandlungsarten kann ebenfalls zulässig sein, insbesondere da der Gesetzgeber sich nicht grds. gegen diese gewandt hat und den Akteuren möglichst weitgehende Handlungsspielräume eröffnen wollte.[47] Allerdings ist für jeden Einzelfall zu differenzieren, ob dieser noch den gesetzlichen Vorgaben entspricht oder bereits als unzulässig zu qualifizieren ist.

Unzweifelhaft **zulässig** sind etwa: 33

- Spaltung zur Aufnahme, welche eine Kombination von Spaltung und Verschmelzung darstellt;[48]
- Kombination von Abspaltung und Ausgliederung (ein Teil der Anteile an dem übernehmenden Rechtsträger wird an die Anteilseigner des übertragenden Rechtsträgers und ein Teil dem übertragendenRechtsträger selbst gewährt) – der kombinierte Vorgang muss sich in die einzelnen Grundspaltungsformen zerlegen lassen;[49]
- UmwG-entsprechende parallele Spaltung von übertragenden Rechtsträgern mit anschließender Verschmelzung der entstehenden Rechtsträger in einem gesonderten Rechtsakt – im Gegensatz zur verbotenen sog. verschmelzenden Spaltung;[50]
- Kettenumwandlungen (Umwandlung eines übernehmenden Rechtsträgers im zeitlichen Zusammenhang mit einer auf ihn erfolgenden Verschmelzung).[51]

Merke:

Bei Kettenumwandlungen sollte entweder mit unterschiedlichen Stichtagen gearbeitet werden[52] oder mit aufschiebenden Bedingungen.[53] Andernfalls kann problematisch sein, wie die Umwandlungen (insbesondere steuerlich) zu berücksichtigen sind. Es ist davon auszugehen, dass die Beteiligten kein Wahlrecht haben, sondern es vielmehr auf nicht vollständig von den Beteiligten zu

46 Diese Fälle verstand der historische Gesetzgeber von 1994/1995 als „Mischverschmelzungen", da das bis dahin geltende Recht grundsätzlich von einer Verschmelzung von Rechtsträgern derselben Rechtsform miteinander ausgegangen war, vgl. BT-Drucks 12/6699, S. 97.

47 Ein Beispiel für diese gesetzgeberische Intention ist die Begründung zu § 123 Abs. 4 UmwG für Spaltungsvorgänge, die sich aber verallgemeinern lässt: Absatz 4 lässt neben der Spaltung zur Aufnahme oder zur Neugründung auch Mischformen beider Spaltungsarten zu, um den Unternehmensträgern möglichst viel Spielraum zu gewähren.

48 §§ 126–134 UmwG

49 *Hörtnagl* in: Schmitt/Hörtnagl, UmwG, UmwStG, § 123 UmwG Rn 14–17; *Schwanna* in: Semler/Stengel/Leonard, UmwG, § 123 Rn 20.

50 *Stengel* in: Semler/Stengel/Leonard, UmwG, § 1 Rn 73.

51 *Schlösser/Reichl/Rapp* in: Sagasser/Bula/Brünger, Umwandlungen, § 11 Rn 39 ff.

52 So ausdrücklich *Maulbetsch* in: Maulbetsch/Klumpp/Rose, UmwG, § 5 Rn 97: *„Auch bei Kettenumwandlungen sind die Stichtage präzise zu benennen. Aus Vorsichtsgründen ist es zu empfehlen, jeweils unterschiedliche und aufeinander folgende Tage für die Stichtage zu wählen"*.

53 Siehe OLG Hamm, Beschl. v. 19.12.2005 – 15 W 377/05, DNotZ 2006, 378.

beeinflussende Sachverhalte ankommt, wie die zivilrechtliche Wirksamkeit der Verträge[54] bzw. die Eintragung der Umwandlungsvorgänge im Handelsregister.[55]

34 Unzweifelhaft **unzulässig** sind:

- Sog. verschmelzende Spaltung (gleichzeitige Spaltung mehrerer übertragender Rechtsträger unter gleichzeitiger Verschmelzung auf übernehmende Rechtsträger);[56]
- Kombination von Aufspaltung und Ausgliederung, denn die Abspaltung und die Ausgliederung setzen den Fortbestand des übertragenden Rechtsträgers voraus, wohingegen er bei der Aufspaltung erlischt.[57]

II. Rechtsträgerprinzip

35 Die „Umwandlung von Unternehmen" ist unscharfe (genau genommen sogar dogmatisch falsche) juristische Alltagssprache. § 1 Abs. 1 UmwG spricht von den Umwandlungsmöglichkeiten von „Rechtsträgern". Der Blick auf die Gesetzgebungsgeschichte verdeutlicht, dass es sich um eine bewusste Entscheidung des Gesetzgebers handelt.[58] Das Unternehmen selbst ist als ein Vermögensbestandteil ein Objekt, während der Rechtsträger als „juristische Einheit" das Zuordnungssubjekt dieses Unternehmens darstellt.[59] Denkbar sind Rechtsträger, die kein Unternehmen im betriebswirtschaftlichen Sinne betreiben, denen jedoch trotzdem die Möglichkeiten des UmwG nicht verschlossen bleiben sollen.[60] Klassischer Anwendungsfall ist die Holding-Gesellschaft.

36 Hinzukommt, dass die (Teil-)Rechtsfähigkeit von Personengesellschaften außerhalb des HGB Mitte der 1990er Jahre noch nicht geklärt war, die Terminologie des

54 *Schlösser/Reichl/Rapp* in: Sagasser/Bula/Brünger, Umwandlungen, § 11 Rn 41.

55 *Klingberg/Loose* in: Brandis/Heuermann, UmwStG 2006, 144. EL Okt. 2018, § 2 Rn 34.

56 *Stengel* in: Semler/Stengel/Leonard, UmwG, § 1 Rn 73; vgl. *Mayer* DB 1995, 861, 862, wonach dies im Referentenentwurf von 1992 noch vorgesehen war.

57 *Hörtnagl* in: Schmitt/Hörtnagl, UmwG, UmwStG, § 123 UmwG Rn 17; *Schwanna* in: Semler/Stengel/Leonard, UmwG, § 123 Rn 20.

58 *Drygala* in: Lutter, UmwG, § 1 Rn 3.

59 *Drygala* in: Lutter, UmwG, § 1 Rn 3.

60 BT-Drucks 12/6699, S. 71.

UmwG jedoch auch den in diesem Gesetz genannten Gesamthandsgemeinschaften als Trägern von Rechten und Pflichten die Strukturmaßnahmen des UmwG eröffnet.[61] Umgekehrt hat die Aufnahme von Personengesellschaften in den Begriff des Rechtsträgers (im Falle von § 191 Abs. 2 UmwG sogar der GbR) dazu beigetragen, die Anerkennung der Rechtssubjektivität von Personengesellschaften im deutschen Recht voranzutreiben.[62]

III. Grundsatz der Universalsukzession bei „übertragenden Umwandlungen" bzw. Grundsatz der Identität beim Formwechsel

Ein grundlegender Vorteil von Vermögensübertragungen nach dem UmwG ist der Grundsatz der Universalsukzession im Falle von Verschmelzungen und Formwechseln bzw. der Grundsatz der partiellen Universalsukzession bei Spaltungsvorgängen.[63] Universalsukzession bedeutet den einheitlichen und zeitgleichen Übergang *uno actu* einer Gesamtheit von Rechten und Pflichten von einem Rechtsträger auf einen anderen ohne Beachtung der für die jeweilige Einzelrechtsnachfolge an den verschiedenen Gegenständen geltenden Grundsätzen.[64] Am besten bekannt ist dem Juristen das Prinzip aus dem Erbrecht, das ebenfalls vom Prinzip der Universalsukzession (§ 1922 Abs. 1 BGB) beherrscht wird. Der Gesetzgeber operiert mit dem Instrument der Universalsukzession jedoch insgesamt zurückhaltend. Es ist die Ausnahme zur Singularsukzession – deshalb kann es auch keine ungeregelten Analogien im Umwandlungsrecht im engeren Sinne geben (was letztlich wiederum zum oben genannten *Numerus clausus*-Prinzip des Umwandlungsrechts im engeren Sinne führt). 37

Allerdings unterscheidet sich die Konstellation bei Umwandlungsfällen von der erbrechtlichen Ausgangssituation dadurch, dass der Todesfall und mit ihm der Anlass der Universalsukzession von den Betroffenen nach dem gesetzlichen Leitbild nicht absichtlich herbeigeführt wird. Außerdem findet ein gesetzlich angeordneter Von-selbst-Erwerb statt, den der Erblasser zwar im Sinne der Testierfreiheit steuern 38

61 *Lieder* in: MüHdb d. GesR, Bd. VIII, § 4 Rn 2.

62 *Drinhausen/Keinath*, BeckOGK, UmwG, § 3 Rn 4; *Lieder*, in MüHdb d. GesR, Bd. VIII, § 4 Rn 3. Siehe hierzu explizit die epochemachende Entscheidung BGH, Urt. v. 29.1.2001 – II ZR 331/00, NJW 2001, 1056 (1057): „*Auch der Umstand, dass im neuen Umwandlungsrecht (§§ 190ff., 226ff.) Kapitalgesellschaften im Wege des identitätswahrenden Formwechsels in Personengesellschaften – auch in Gesellschaften bürgerlichen Rechts, vgl. § 191 II Nr. 1 UmwG – umgewandelt werden können, lässt sich auf der Grundlage der hier vertretenen Auffassung ohne weiteres, aus Sicht der traditionellen Auffassung aber – wenn überhaupt – nur mit Mühe erklären*".

63 Siehe jeweils für den Grundsatz der Universalsukzession die einschlägige Kommentarliteratur zu § 20 UmwG, etwa *Marsch-Barner/Oppenhoff* in: Kallmeyer, UmwG, § 20 Rn 1 ff.; zur partiellen Gesamtrechtsnachfolge siehe: *Bayer/Vetter* in: Lutter, UmwG, § 123 Rn 9 ff.

64 *Lieder* in: MüHdb d. GesR, Bd. VIII, § 4 Rn 16 f.

kann, aber nicht muss und sich hierbei auch gewissen Beschränkungen, insbesondere der Beteiligung der engeren Familie am wirtschaftlichen Status in Form des Pflichtteilsrechts, ausgesetzt sieht. Die Universalsukzession des § 1922 Abs. 1 BGB ist jedoch ein Von-selbst-Erwerb, der gesetzlich angeordnet ist, das Gleiche gilt für die Fälle des § 1416 Abs. 2 BGB (Gesamtgut in der ehelichen Gütergemeinschaft), § 738 Abs. 1 BGB a.F./§ 712 Abs. 1 BGB n.F. (Anwachsung) oder der §§ 46, 88 Satz 2 BGB (Vermögensanfall an den Fiskus). Im Falle der Universalsukzession nach dem UmwG ist umstritten, ob es sich um eine solche aufgrund Rechtsgeschäfts oder kraft Gesetzes handelt.[65]

39 Unabhängig von der (weitgehend irrelevanten) Entscheidung dieses Streitstandes sind die Folgen für die Praxis eine erhebliche Erleichterung. § 20 Abs. 1 Nr. 1 UmwG bestimmt, dass bei Verschmelzungen das Vermögen der übertragenden Rechtsträger einschließlich der Verbindlichkeiten auf den übernehmenden Rechtsträger übergeht. Anders als bei dem normalerweise geltenden Grundsatz der Singularsukzession, werden sämtliche erfassten Vermögensgegenstände gewissermaßen „in einem Rutsch" übertragen. Das gilt insbesondere für Grundstücke, für deren Erwerb hier die Eintragung im Grundbuch nicht konstitutiv, sondern lediglich berichtigend ist (wie im Erbfall), oder für Forderungen und Schuldverhältnisse im Allgemeinen. Einer Zustimmung der anderen Vertragsparteien (vgl. §§ 414 f. BGB) bedarf es gerade nicht. Auch komplexe wirtschaftliche Verflechtungen lassen sich durch die Entscheidung des Gesetzgebers für die Universalsukzession im Wesentlichen bruchfrei auf den Rechtsnachfolger übertragen. Eine Ausnahme kommt allenfalls für höchstpersönliche Rechtspositionen in Betracht oder öffentlich-rechtliche Genehmigen, die nicht auf den Rechtsnachfolger übergehen können bzw. nicht übertragen werden; allerdings ist der Übergang von öffentlich-rechtlichen Genehmigungen, Erlaubnissen, Konzessionen etc. eben der Regelfall.[66]

40 *Merke:*

Die Verschmelzung also solche stellt keinen wichtigen Grund für eine außerordentliche Kündigung im Sinne von § 314 Abs. 1 BGB dar. Hierfür bedarf es besonderer Umstände, die die weitere Erbringung der Dienste durch den übernehmenden Rechtsträger unzumutbar machen; insoweit seien aber, nach Ansicht des OLG München, keine hohen Anforderungen zu stellen.[67] Letztlich soll es sich um eine unternehmerische Entscheidung des betroffenen Unternehmens handeln, die der gerichtlichen Kontrolle in weiten Bereichen entzogen sei. U.E. betont das Gericht – womöglich angetrieben durch den konkreten Einzelfall – die Kündigungsmöglichkeiten etwas zu stark: Denn von der Kündigungsfestigkeit der Verschmelzung dürfte nicht allzu viel übrigbleiben, wenn an-

65 Zu dem Streitstand vgl. *Lieder* in: MüHdb d. GesR, Bd. VIII, § 4 Rn 23 ff.

66 *Vossius* in: Widmann/Mayer, UmwR, § 20 Rn 248 ff.

67 OLG München, Urt. v. 29.8.2022 – 33 U 4846/21, MittBayNot 2023, 172, Ls. 2 m. Anm. *Wicke*.

schließend die Kündigung dann doch in das unternehmerische Belieben des Vertragspartners gestellt wird.[68] Die weitere Entwicklung bleibt hier abzuwarten.

Merke: **41**

Die Überprüfung des Übergangs höchstpersönlicher Rechtspositionen oder öffentlich-rechtlicher Genehmigungen ist nicht die Aufgabe des Notars, wohl aber des die Umwandlung begleitenden Rechtsanwalts. Trotzdem sollte der Notar das nötige Problembewusstsein zeigen, soweit er im Vorfeld in die Beratungsprozesse eingebunden ist. Einige öffentlich-rechtliche Genehmigungen sind z.B. rechtsformbezogen (z.B. eine Erlaubnis zum Betreiben von Bankgeschäften nach § 32 KWG kann wegen § 2b KWG nicht durch einen eingetragenen Einzelkaufmann erlangt werden), der übernehmende Rechtsträger muss also die passende Rechtsform haben. Andere stellen auf die Eigenschaft einer bestimmten (natürlichen) Person ab, insbesondere deren Zuverlässigkeit (vgl. z.B.: § 20 Abs. 2 Satz 2 LuftVG, §§ 2, 4 GastG). Letztere gehen nicht im Wege der Gesamtrechtsnachfolge auf den übernehmenden Rechtsträger über; es kommt jedoch die Neuerteilung der Erlaubnis in Betracht, wenn die entsprechende Person weiterhin bei dem übernehmenden Rechtsträger tätig ist.[69]

Merke: **42**

Bedarf wiederum die Übertragung bestimmter Gegenstände im Falle der Singularsukzession einer öffentlich-rechtlichen Genehmigung (z.B.: der Landwirtschaftsbehörde nach ASVG BW bzw. GrdstVG), so entfällt das Genehmigungserfordernis im Falle der Universalsukzession im Rahmen einer Verschmelzung jedenfalls nach deutschen Recht.[70] Nach Art. 105 Abs. 3 der RL 2017/1132/EU können die Mitgliedstaaten jedoch für die Wirksamkeit der Übertragung bestimmter, von der übertragenden Gesellschaft eingebrachter Vermögensgegenstände, Rechte und Pflichten gegenüber Dritten besondere Formalitäten erfordern.

Merke: **43**

Vorsicht bei Vermögensgegenständen im Ausland! Grds. erfasst die Universalsukzession auch Vermögensgegenstände im Ausland; wichtig für die Beteiligten ist jedoch, dass die betreffende Rechtsordnung den Vorgang nach deutschem Umwandlungsrecht anerkennt. Wenn dies nach dem Ortsrecht (*lex rei sitae*) zweifelhaft ist, sollte der deutsche Rechtsberater jedenfalls darauf hinweisen,

68 Ebenso *Wicke*, in der grundsätzlich zustimmenden Besprechung zu dem vorgenannten Urteil.

69 *Vossius* in: Widmann/Mayer, UmwR, § 20 Rn 250–252.

70 *Vossius* in: Widmann/Mayer, UmwR, § 20 Rn 247.

dass u.U. neben dem Verschmelzungsvertrag noch ein weiterer Vertrag zwischen den beteiligten Rechtsträgern geschlossen werden sollte. Der Hinweis und der zu schließende Vertrag erfolgen im besten Fall im Vorfeld – sonst steht das Erlöschen des übertragenden Rechtsträgers dem Vertragsschluss möglicherweise im Wege. Nach Art. 105 Abs. 3 Satz 2 der Richtlinie 2017/1132/EU v. 14.6.2017 (Gesellschaftsrechtsrichtlinie) kann bei Verschmelzungen innerhalb der EU nachträglich auch noch der übernehmende oder übertragende Rechtsträger besondere Formerfordernisse erfüllen. Sonst kommt eventuell auch eine Nachtragsliquidation des übertragenden Rechtsträgers in Betracht.[71] Trotzdem: Über ausländisches Recht muss der Notar nicht beraten.

44 Im Falle von Verschmelzungen ist die Universalsukzession notwendigerweise die Übertragung des gesamten Vermögens des übertragenden auf den übernehmenden Rechtsträger (totale Universalsukzession).[72] So kann man ebenfalls den Formwechsel deuten, oder man geht davon aus, dass der Rechtsträger sich durch den Formwechsel selbst nicht verändert, sondern lediglich sein „Rechtskleid" wechselt, im Wesen jedoch unverändert ist[73] – unabhängig von dieser metaphysischen Spekulation ändert sich für den Praktiker nichts: Das Vermögen der „A-GmbH" und der „A-AG" sind nach dem Formwechsel identisch. Beim Formwechsel bedarf es beispielsweise keiner Unbedenklichkeitsbescheinigung des Finanzamts[74] (anders als bei anderen Vorgängen nach dem UmwG).

45 Problematischer war die Universalsukzession in der historischen Konstellation Mitte der 1990er Jahre bei Spaltungskonstellationen, in denen nicht der gesamte Vermögensbestand von einem Rechtsträger zum anderen wechselt, sondern lediglich bestimmte Unternehmensteile. Die Anerkennung einer Universalsukzession bei Spaltungsvorgängen (heute § 131 Abs. 1 Nr. 1 UmwG) etablierte sich deutlich später als im Falle von Verschmelzungen (heute § 20 Abs. 1 Nr. 1 UmwG). Rechtshistorisch erfolgte dies nach der deutschen Einheit und den Regelungen des SpTrUG und des LwAnpG.[75] Der Gesetzgeber hat sich in den §§ 123 ff. UmwG bei Spaltungsfällen gegen eine Singularsukzession gewandt und vielmehr ebenfalls eine Übertragung einer Vermögensgesamtheit *uno actu* vorgesehen, wenn auch nicht notwendigerweise des gesamten Vermögens des übertragenden Rechtsträgers (partielle Universalsukzession).[76] Das Vermögen des übertragenden Rechtsträgers, bei Abspaltung und Ausgliederung der abgespaltenen oder ausgegliederten Teile oder

71 Zu dieser Konstellation: *Marsch-Barner/Oppenhoff* in: Kallmeyer, UmwG, § 20 Rn 5. Ebenso: *Wiersch* in: BeckOGK, UmwG, § 131 Rn 7.

72 *Lieder* in: MüHdb d. GesR, Bd. VIII, § 4 Rn 20.

73 Siehe instruktiv: *K. Schmidt*, JuS 2010, 447 (Besprechung zu BGH, Urt. v. 27.11.2009 – LwZR 15/09).

74 BFH, Beschl. v. 4.12.1996, II B 116/96, GmbHR 1997, 136.

75 Siehe hierzu BT-Drucks 12/6699, S. 71 f.

76 Siehe *Leonard* in: Semler/Stengel/Leonard, UmwG, § 131 Rn 7.

die abgespaltenen oder ausgegliederten Teile des Vermögens einschließlich der Verbindlichkeiten gehen entsprechend der im Spaltungs- und Übernahmevertrag vorgesehenen Aufteilung jeweils als Gesamtheit auf die übernehmenden Rechtsträger über (§ 131 Abs. 1 Nr. 1 UmwG).

IV. Bestimmtheitsgrundsatz

Es muss stets transparent sein, welche Vermögenspositionen übergehen; die jeweilige Zuordnung jeder einzelnen Vermögensposition muss klar bestimmbar sein.[77] Im Falle einer Verschmelzung mit totaler Universalsukzession ist der Grundsatz trivial, da stets sämtliche Vermögensgegenstände des übertragenden Rechtsträgers auf den übernehmenden Rechtsträger übergehen; hier lässt sich mit Hilfe sog. All-Klauseln arbeiten. Problematisch sind aber Spaltungsfälle, die vom Grundsatz partieller Universalsukzession geprägt sind. 46

Der Spaltungs- und Übernahmevertrag muss jedenfalls die genaue Bezeichnung und Aufteilung der Gegenstände des Aktiv- und Passivvermögens, die an jeden der übernehmenden Rechtsträger übertragen werden, sowie der übergehenden Betriebe und Betriebsteile unter Zuordnung zu den übernehmenden Rechtsträgern enthalten (§ 126 Abs. 1 Nr. 9 UmwG). Nach vorherrschender Ansicht genügt es, wenn die einzelnen Gegenstände aus Sicht der Vertragsparteien hinreichend konkret bezeichnet sind.[78] Der Gesetzgeber wollte, wie sich aus den Materialien ergibt, keine übergroßen bzw. übergenauen Anforderungen stellen.[79] Der BGH lässt auch in diesem Fall gewisse All-Klauseln zu, die sich auf „sämtliche zu dem Teilbetrieb gehörenden Gegenstände" beziehen.[80] Wegen des die notarielle Tätigkeit beherrschenden Prinzips, stets den sichersten Weg zu wählen, sollte bei der Formulierung auf eine möglichst genaue, objektive Beschreibung der Gegenstände geachtet werden, allerdings sind zusammenfassende Bezeichnungen einer Vielzahl von Gegenständen und gleichartigen Vermögenspositionen meist sachgerecht und oft unumgänglich. Hier kann man sich insbesondere an der Teilbetriebsbilanz und den allgemeinen bilanzrechtlichen Grundsätzen für Sachgesamtheiten orientieren. 47

Eine Ausnahme hiervon gilt lediglich für Grundstücke, da § 126 Abs. 2 Satz 2 UmwG ausdrücklich auf § 28 GBO verweist. Es muss sichergestellt sein, dass durch den Rechtsübergang, der sich außerhalb des Grundbuchs vollzieht, nicht Rechtsunsicherheit eintritt; deshalb müssen Grundstücke und Rechte an Grundstü- 48

77 *Lieder* in: MüHdb d. GesR, Bd. VIII, § 4 Rn 36.

78 *Lieder* in: MüHdb d. GesR, Bd. VIII, § 4 Rn 37.

79 BT-Drucks 12/6699, S. 119: „*Bei der Übertragung von Betrieben oder Teilbetrieben wird es häufig ausreichen, daß bei betriebswirtschaftlicher Betrachtungsweise ein Gegenstand oder eine Verbindlichkeit dem Geschäftsbetrieb eines bestimmten Unternehmensteils zuzurechnen ist*".

80 BGH, Urt. v. 8.10.2003 – XII ZR 50/02, NZG 2003, 1172.

cken in dem notariell zu beurkundenden Vertrag so bezeichnet werden, wie dies der Notar auch bei einer Einzelübertragung tun würde.[81]

49 *Merke:*

Die Missachtung von § 28 GBO im Rahmen einer Spaltung ist ein geradezu klassischer Fehler und ist unbedingt zu vermeiden. Es gilt: keine All-Klauseln bei Grundstücken, sondern genaue Auflistung!

V. Umwandlungsrechtlicher Bestandsschutz – Heilungswirkung der Eintragung

1. Normen, Zweck

50 Ein weiteres (für die Rechtsanwender, insbesondere die Notare segensreiches) Proprium des Umwandlungsrechts ist der umwandlungsrechtliche Bestandsschutz. Die Eintragung der Verschmelzung in das Register des Sitzes des übernehmenden Rechtsträgers hat insbesondere die Wirkung, den Mangel der notariellen Beurkundung

- des Verschmelzungsvertrags,
- erforderlicher Zustimmungs- und/oder
- erforderlicher Verzichtserklärungen (vgl. z.B.: §§ 8 Abs. 3, 9 Abs. 3, 12 Abs. 3 UmwG) einzelner Anteilsinhaber

zu heilen (§ 20 Abs. 1 Nr. 4 UmwG). Mängel der Verschmelzung lassen diese Wirkungen der Eintragung unberührt (§ 20 Abs. 2 UmwG). Ein Gleiches gilt wegen der Parallelvorschriften §§ 131 Abs. 1 Nr. 4 bzw. 202 Abs. 1 Nr. 3 UmwG für die Spaltung und den Formwechsel.[82]

51 Die Regelungen sichern das Vertrauen des Rechtsverkehrs in den Bestand des Umwandlungsvorganges („*You can't unscramble eggs…*"). Andernfalls könnte es noch nach Monaten oder Jahren Bedenken geben, ob der Umwandlungsvorgang rückgängig gemacht werden müsste, oder sogar im schlimmsten Fall der Vertragspartner gar nicht existiert, weil die zugrundeliegende Umwandlungsmaßnahme unwirksam/nichtig ist. Außerdem ersparen sich die Beteiligten hohe „Reparatur"-Kosten, die andernfalls anfallen würden. Es handelt sich um komplexe Transaktionen, deren Rückabwicklung mit unverhältnismäßigem Aufwand verbunden wäre; die Benach-

81 BT-Drucks 12/6699, S. 119.

82 Vgl. *Kort*, AG 2010, 230, 230 f., wonach die Auslegungsregeln zu § 20 UmwG (Verschmelzung) und § 131 UmwG (Spaltung) nach ganz herrschender Auffassung identisch sind.
Die Ausführungen und Belege, die in der Folge im Wesentlichen Bezug nehmen auf die Verschmelzung, gelten *mutatis mutandis* auch für die Spaltung bzw. den Formwechsel.

teiligung von Drittinteressen soll vielmehr auf andere Weise, etwa durch die Haftung der Beteiligten geschützt werden.[83]

2. Reichweite des Bestandsschutzes

Vor der Eintragung des Umwandlungsvorgangs in das Handelsregister können die Mängel der Beschlüsse unbeschränkt geltend gemacht werden.[84] § 14 Abs. 1 UmwG bestimmt ausdrücklich, dass eine Klage gegen die Wirksamkeit eines Verschmelzungsbeschlusses (möglich ist und) binnen eines Monats nach der Beschlussfassung erhoben werden muss. Bei der Anmeldung der Verschmelzung zum Handelsregister müssen die zuständigen Vertretungsorgane erklären, dass eine Klage gegen die Wirksamkeit eines Verschmelzungsbeschlusses nicht oder nicht fristgemäß erhoben oder eine solche Klage rechtskräftig abgewiesen oder zurückgenommen worden ist. Tritt dieser Umstand erst im Nachhinein ein, haben die Vertretungsorgane dem Registergericht auch nach der Anmeldung hierüber eine Mitteilung zu machen. Liegt die Erklärung nicht vor, so darf die Verschmelzung nicht eingetragen werden, es sei denn, dass die klageberechtigten Anteilsinhaber durch notariell beurkundete Verzichtserklärung auf die Klage gegen die Wirksamkeit des Verschmelzungsbeschlusses verzichten (§ 16 Abs. 2 Satz 1 und 2 UmwG). 52

Derartige Verfahren verhindern also die Eintragung der Verschmelzung, sodass die nachfolgend beschriebenen Heilungserfolge gerade nicht eintreten sollen. Wegen der großen wirtschaftlichen Bedeutung der Verschmelzung und zur Verhinderung von Obstruktionen dieses für die Unternehmen wichtigen Schrittes (u.U. aufgrund keiner oder wenig erfolgsversprechender Rechtsmittel) sieht § 16 Abs. 3 UmwG die Möglichkeit vor, die Eintragung dennoch durch einen Feststellungs-Beschluss des entscheidenden Gerichts, dass die Erhebung der Klage der Eintragung nicht im Wege steht, durchzusetzen. Vor der Eintragung können fehlerhafte Beschlüsse eventuell noch durch Nachholung oder Wiederholung der Beschlüsse bzw. durch Bestätigungsbeschluss (vgl. § 244 AktG) geheilt werden.[85] 53

Außerdem werden die zuständigen Registergerichte (vgl. § 19 Abs. 1 und 2 UmwG) von Amts wegen die Mängel der Verschmelzung beachten und die Verschmelzung schlicht nicht eintragen.[86]

> *Merke:* 54
>
> Der Notar sollte seinen Mandanten klar machen, dass auch ein faktischer Vollzug der Verschmelzung vor der Eintragung rechtlich vollkommen irrelevant ist

83 Vgl. *Leonard/Simon* in: Semler/Stengel/Leonard, UmwG, § 20 Rn 84; *Lieder* in: MüHdb d. GesR, Bd. VIII, § 4 Rn 38 f.

84 *Marsch-Barner/Oppenhoff* in: Kallmeyer, UmwG, § 20 Rn 36.

85 *Marsch-Barner/Oppenhoff* in: Kallmeyer, UmwG, § 20 Rn 36.

86 *Marsch-Barner/Oppenhoff* in: Kallmeyer, UmwG, § 20 Rn 37.

– anders als in anderen Konstellationen finden die Grundsätze zur Behandlung von fehlerhaften gesellschaftsrechtlichen Akten keine Anwendung.[87] Der vermeintlich „schlaue" Unternehmer, der meint, Fakten schaffen zu können und mit einer Politik der vollendeten Tatsachen seine Ziele durchsetzen zu können, muss vor sich selbst geschützt werden.

55 **Nach der Eintragung** der Verschmelzung (Gleiches gilt wegen § 131 UmwG und § 202 UmwG auch für Spaltung und Formwechsel, sodass wenn im Folgenden von „Verschmelzung" die Rede ist *mutatis mutandis* dies auch für die anderen Umwandlungsmaßnahmen gilt) im Handelsregister bleibt sie wirksam, selbst wenn der Verschmelzungsvertrag nicht vollständig oder fehlerhaft beurkundet worden ist oder auch an schweren materiell-rechtlichen Mängeln leidet.[88] Die Heilung gilt vollumfänglich und endgültig – eine Rückabwicklung oder „Entschmelzung" (auch mit einer Wirkung *ex nunc*) scheidet aus.[89]

56 Fraglich ist in diesen Fällen allerdings, mit welchem Inhalt der „geheilte" Verschmelzungsvertag bestehen bleibt; bei einem unvollständigen oder teilweise nichtigen Vertrag bedarf es einer ergänzenden Vertragsauslegung (§§ 133, 157 BGB).[90] Auch mündliche Zusatzvereinbarungen werden wirksam – der Vorhalt, sie seien nicht beurkundet worden, verfängt gerade nicht.[91] Ob die Heilung auch eintritt, wenn gar keine Beurkundung stattgefunden hat oder nur eine solche, die unzulässigerweise im Ausland erfolgte, ist umstritten: Der Wortlaut und die Intention des Gesetzgebers, einen maximalen Bestandsschutz zu garantieren, sprechen jedoch dafür, auch diese extremen Fehler als geheilt anzusehen.[92] Allerdings dürfte diese letzte Frage vor dem Hintergrund sehr genau arbeitender Handelsregister-Richter bzw. -Rechtspfleger eher akademischer als praktischer Natur sein.

87 BGH, Urt. v. 18.12.1995 – II ZR 294/93, NJW 1996, 659, 659 Ls. 1.

88 OLG Hamburg, Urt. v. 17.8.2007 – 11 U 277/05, DNotZ 2009, 227, 229; *Lieder* in: MüHdb d. GesR, Bd. VIII, § 4 Rn 40 f.

89 BayObLG, Beschl. v. 15.10.1999 – 3Z BR 295/99, NZG 2000, 50, 50 f.; OLG Hamburg, Urt. v. 17.8.2007 – 11 U 277/05, DNotZ 2009, 227, 229 f.; OLG Frankfurt a.M., Beschl. v. 26.5.2003 – 20 W 61/03, NJW-RR 2003, 1122, 1122 f.; *Kort*, DStR 2004, 185, 190; *Leonard/Simon* in: Semler/Stengel/Leonard, UmwG, § 20 Rn 91; *Lieder* in: MüHdb d. GesR, Bd. VIII, § 4 Rn 40; in diese Richtung zielend und vom *„umfassenden Bestandsschutz"* sprechend, aber eine endgültige Entscheidung wohl vermeidend: BGH, Urt. v. 5.10.2006 – III ZR 283/05, DStR 2007, 357, 359 f.; a.A. *K. Schmidt* ZIP 1998, 181, 187 f. (die entgegenstehende Ansicht jedoch als wohl h.M. anerkennend); differenzierend: *Vossius* in: Widmann/Mayer, Umwandlungsrecht, § 20 UmwG Rn 376 (möglicher schuldrechtlicher Anspruch im Intra-Gesellschafter-Verhältnis).

90 *Grunewald*, ZGR 2009, 647, 660; *Hoger* in: MüHdB GesR VIII, § 8 Rn 150.

91 *Marsch-Barner/Oppenhoff* in: Kallmeyer, UmwG, § 20 Rn 32; *Vossius* in: Widmann/Mayer, Umwandlungsrecht, § 20 UmwG Rn 369.

92 Wie hier: *Leonard/Simon* in: Semler/Stengel/Leonard, UmwG, § 20 Rn 82; a.A. *Vossius* in: Widmann/Mayer, § 20 UmwG Rn 370.

Die weitgehende Heilung selbst mündlicher Abreden bedeutet aber keine völlige Narrenfreiheit: Erfasst werden nicht alle Nebenabreden, welche die Vertretungsorgane der jeweiligen Gesellschaften ausgehandelt, aber nicht ausreichend dokumentiert und beurkundet haben, sondern nur solche, über die jedenfalls die Anteilsinhaber gemäß § 13 UmwG einen entsprechenden (notariell beurkundeten) Beschluss gefasst haben.[93] Eine Sonderabrede, welche den Anteilsinhabern nicht bekannt war, weil sie ihnen verschwiegen wurde und nicht zum Beschluss vorgelegt worden war, wird somit nicht Bestandteil des Gesellschaftsvertrages.[94] 57

Die Eintragung in das Register heilt ebenfalls das Fehlen eines Verschmelzungsberichts oder einer Verschmelzungsprüfung.[95] Geheilt wird das Fehlen einer familien- oder betreuungsgerichtlichen Genehmigung.[96] 58

Trotz der Heilungswirkung gilt: Die von dem Mangel Betroffenen können zwar nicht versuchen, im Rahmen von Restitutionsansprüchen eine Rückgängigmachung des Umwandlungsvorgangs herbeizuführen; sie können aber Schadensersatz von den für den Mangel Verantwortlichen verlangen.[97] § 25 Abs. 1 UmwG begründet ausdrücklich eine Schadensersatzpflicht für die Mitglieder des Vertretungsorgans und eines eventuellen Aufsichtsorgans des übertragenden Rechtsträgers bezüglich eines möglichen Schadens, den dieser Rechtsträger, seine Anteilsinhaber oder seine Gläubiger durch die Verschmelzung erleiden. Die Regelung gilt auch für Spaltungsvorgänge (§ 125 UmwG[98]) und Formwechsel (§ 205 UmwG).

Ein Verstoß gegen kartellrechtliche Vorgaben, die eigentlich ein Vollzugsverbot statuieren können (vgl. § 35 GWB), wird zunächst durch die Eintragung der Verschmelzung in das Handelsregister gemäß § 20 Abs. 1 Nr. 4, Abs. 2 UmwG geheilt. Dies gilt sowohl für das deutsche Recht (vgl. § 41 Abs. 1 Satz 3 Nr. 2 UmwG) als auch für das europäische Kartellrecht.[99] Allerdings kann sich die Angelegenheit für die Unternehmen als Pyrrhus-Sieg herausstellen. Der Verstoß gegen die öffentlich-rechtlichen Normen kann weitere Sanktionen (etwa Bußgelder) nach sich ziehen. Die Aufsichtsbehörden haben darüber hinaus die Möglichkeit, die Rückabwicklung des Umwandlungsvorgangs durch eine öffentlich-rechtliche Entflech- 59

93 *Leonard/Simon* in: Semler/Stengel/Leonard, UmwG, § 20 Rn 83; *Marsch-Barner/Oppenhoff* in: Kallmeyer, UmwG, § 20 Rn 32.

94 LAG Nürnberg, Urt. v. 26.8.2004 – 2 Sa 463/02, ZIP 2005, 398 (400 f.); *Leonard/Simon* in: Semler/Stengel/Leonard, UmwG, § 20 Rn 83; *Marsch-Barner/Oppenhoff* in: Kallmeyer, UmwG, § 20 Rn 32.

95 *Leonard/Simon* in: Semler/Stengel/Leonard, UmwG, § 20 Rn 84.

96 *Vossius* in: Widmann/Mayer, Umwandlungsrecht, § 20 UmwG Rn 387.

97 *Leonard/Simon* in: Semler/Stengel/Leonard, UmwG, § 20 Rn 91; *Vossius* in: Widmann/Mayer, Umwandlungsrecht, § 20 UmwG Rn 376 (allerdings zu weitgehend, wenn er einen Anspruch auf Naturalrestitution für möglich erachtet).

98 *Schwanna* in: Semler/Stengel/Leonard, UmwG, § 125 Rn 11.

99 *Vossius* in: Widmann/Mayer, Umwandlungsrecht, § 20 UmwG Rn 384 ff.

tung (§ 41 Abs. 3 GWB) zu erzwingen und können so den wirtschaftlichen Erfolg der zunächst rechtlich gesicherten Maßnahme wieder zunichtemachen.[100]

60 Keine Heilung durch § 20 Abs. 1 Nr. 4 UmwG erfahren andere Fehler des Verschmelzungsvorgang, die sich nicht auf einen Mangel der notariellen Beurkundung des Gesellschaftsvertrages und ggf. erforderlicher Zustimmungs- oder Verzichtserklärungen beziehen, also insbesondere Fehler der Verschmelzungsbeschlüsse (§ 13 UmwG), eventuell erforderlicher Sonderbeschlüsse (vgl. etwa § 65 Abs. 2 UmwG) oder notwendiger Kapitalerhöhungsbeschlüsse.[101] Das gilt sowohl für Formmängel als auch sonstige Mängel. Als Beschlussmängel können die allgemeinen Nichtigkeits- und Anfechtungsgründe auftreten (vgl. §§ 241, 243 AktG).[102] Für diese Mängel greift § 20 Abs. 2 UmwG ein und sichert das Vertrauen des Rechtsverkehrs in die im Handelsregister vollzogene Verschmelzung.[103] Das bedeutet: Die Verschmelzung als solche bleibt wirksam und ist nach den Bestimmungen des Verschmelzungsvertrages durchzuführen.[104] Allerdings kann der fehlerhafte Beschluss nicht mehr wiederholt oder bestätigt werden und auch die Nachholung eines fehlenden Sonderbeschlusses nach § 65 Abs. 2 AktG kommt nach Eintragung der Verschmelzung nicht mehr in Betracht.[105]

61 Dieser Schutz der Verschmelzung führt so weit, dass Fehler, die zur Unwirksamkeit oder sogar Nichtigkeit der Kapitalerhöhungsbeschlüsse (bzw. der vorausgehenden Kapitalherabsetzung im Rahmen eines Kapitalschnitts vor der Kapitalerhöhung) des übernehmenden Rechtsträgers führen, keine Auswirkung haben. Vielmehr werden diese gewissermaßen als Annex der Verschmelzung zur Gewährleistung der Wirksamkeit der Verschmelzung als unumkehrbar und damit als wirksam angesehen, denn ansonsten würden die Gesellschafter/Anteilsinhaber des übertragenden Rechtsträgers ihre Mitgliedschaftsrechte am übertragenden Rechtsträger verlieren, aber keine neuen Anteile/Mitgliedschaftsrechte am übernehmenden Rechtsträger erhalten.[106]

100 *Vossius* in: Widmann/Mayer, Umwandlungsrecht, § 20 UmwG Rn 384 f.

101 *Rickers/Cloppenburg* in: BeckOGK, UmwG, Stand 1.7.18, § 20 Rn 131; *Vossius* in: Widmann/Mayer, Umwandlungsrecht, § 20 UmwG Rn 371.

102 *Marsch-Barner/Oppenhoff* in: Kallmeyer, UmwG, § 20 Rn 41; siehe eine Aufzählung in: *Leonard/Simon* in: Semler/Stengel/Leonard, UmwG, § 20 Rn 92.

103 *Lieder* in: MüHdb d. GesR, Bd. VIII, § 4 Rn 36; *Winter* in: Schmitt/Hörtnagl, § 20 UmwG Rn 110.

104 BGH, Beschl. v. 3.5.1996 – BLw 54/95, NJW 1996, 2165, Leitsätze (allerdings zum seinerzeitigen LwAnpG); *Grunewald* in: Lutter, UmwG, § 20 Rn 85 ff. m.w.N. *Marsch-Barner/Oppenhoff* in: Kallmeyer, UmwG, § 20 Rn 41.

105 *Marsch-Barner/Oppenhoff* in: Kallmeyer, UmwG, § 20 Rn 41.

106 BGH, Beschl. v. 21. 5. 2007 – II ZR 266/04, NZG 2007, 714, Ls. 3; OLG Frankfurt, Beschl. v. 24.2.2012 – 20 W 504/10; AG 2012, 461, 463, Rn 28 ff.; *Grunewald* in: Lutter, UmwG, § 20 Rn 85; *Marsch-Barner/Oppenhoff* in: Kallmeyer, UmwG, § 20 Rn 41.

3. Verstoß gegen Eintragungsvorschriften

Eine Eintragung der Verschmelzung zuerst beim übernehmenden und dann beim übertragenden Rechtsträger entgegen § 19 Abs. 1 UmwG ist unschädlich.[107] 62

Verstöße gegen Eintragungsvorschriften können auch geschehen, wenn entgegen der §§ 53, 66 UmwG zuerst die Verschmelzung und dann die Kapitalerhöhung eingetragen wird. Nach einer Mindermeinung ist in diesem Falle die Kapitalerhöhung unwirksam, die Verschmelzung muss also noch einmal in das Register eingetragen werden.[108] Die herrschende Meinung lehnt dies allerdings ab. Die Wirksamkeit der Verschmelzung soll außer Frage stehen. Daher kann auch der damit verbundene Kapitalerhöhungsbeschluss (oder -herabsetzungsbeschluss) gewissermaßen nicht aus der Kette herausgebrochen werden.[109]

4. Grenzen des Bestandsschutzes

Eine Beschränkung des umwandlungsrechtlichen Bestandsschutzes kann nur in be- 63
sonders krassen Ausnahmefällen angenommen werden, etwa wenn schon kein Fall einer Umwandlung im Sinne von § 1 UmwG gegeben ist, z.B. weil der Vertrag bzw. die notwendigen Beschlüsse vollständig fehlen oder wenn die gewählte Umwandlungsform oder die Gesellschaftsform, in die umgewandelt werden sollte, nicht dem Gesetz entspricht.[110] Die Reichweite dieser Beschränkung ist freilich nicht scharf gezogen und sollte in der Praxis auf offensichtliche Fälle beschränkt sein, in denen es gewissermaßen nichts zu heilen gibt. Die höchstrichterlich entschiedenen Fälle hatten mit Vorgängen im Zuge der Wiedervereinigung und der Umwandlung von ostdeutschen volkseigenen Betrieben in den 1990er Jahren zu tun.[111] Auch wenn der BGH seinerzeit teilweise eine Bestandssicherung nicht annahm, kann davon ausgegangen werden, dass es sich um eine historische Sonderkonstellation ge-

107 *Vossius* in: Widmann/Mayer, Umwandlungsrecht, § 20 UmwG Rn 379.

108 *Vossius* in: Widmann/Mayer, Umwandlungsrecht, § 20 UmwG Rn 378, der jedoch eine Heilungsmöglichkeit über § 242 AktG für möglich hält.

109 *Grunewald* in: Lutter, UmwG, § 20 Rn 85 ff. m.w.N.

110 BGH, Urt. v. 29.6.2001 – V ZR 186/00, BeckRS 2001, 7163; BGH, Urt. v. 7.11.1997 – LwZR 1/97, NJW 1998, 229; BGH, Beschl. v. 3.5.1996, BLw 54/95, NJW 1996, 2165; OLG Frankfurt, Beschl. v. 24.1.2012 – 20 W 504/10, NZG 2012, 596, 597; *Grunewald* in: Lutter, UmwG, § 20 Rn 81 („*nur in […] rein theoretischen Extremfällen*“); *Lieder* in: MüHdb d. GesR, Bd. VIII, § 4 Rn 36.

111 BGH, Urt. v. 7.11.1997 – LwZR 1/97, NJW 1998, 229; BGH, Beschl. v. 3.5.1996, BLw 54/95, NJW 1996, 2165.

handelt hatte[112] und dass die besseren Gründe dafür sprechen, einen Verstoß etwa gegen den Numerus clausus zwar durchaus als Eintragungshindernis zu betrachten, nicht aber als die Rechtswirkung des § 20 Abs. 2 UmwG beseitigenden Tatbestand nach bereits erfolgter Eintragung.[113] Das Vertrauen des Rechtsverkehrs in im Handelsregister eingetragene Umwandlungsvorgänge muss sakrosankt sein.

64 Schließlich ist noch klarzustellen, dass die Heilungswirkung der §§ 20 Abs. 1 Nr. 4, Abs. 2 bzw. 131 Abs. 1 Nr. 4, Abs. 2, 202 Abs. 1 Nr. 3, Abs. 3 UmwG nur die vom UmwG vorgesehenen Wirkungen erfasst. Darüberhinausgehende Veränderungen, etwa ein Wechsel im Gesellschafterbestand in einem Zug mit der Verschmelzung und außerhalb der Anteilsgewährung oder parallel laufende Vermögensverschiebungen auf einen nicht an der Umwandlung beteiligten Rechtsträger, sind nicht erfasst.[114]

VI. Schutz von Drittinteressen

65 Umwandlungsvorgänge von Unternehmen betreffen nicht nur die jeweils beteiligten Rechtsträger, sondern können auch erhebliche Auswirkungen auf außenstehende Dritte („Stakeholder“) haben. Gesamtrechtsnachfolge bedeutet Übergang des Vermögens mit allen Aktiva und Passiva auf den übernehmenden Rechtsträger, was die Rechtsbeziehungen zu Dritten einschließt.[115] Typischerweise gliedern sich diese Dritten in drei Kategorien:

- Gläubiger (bzw. allgemein Vertragspartner),
- Anteilsinhaber (insbesondere in der Minderheit),
- Arbeitnehmer.

66 Die Universalsukzession führt dazu, dass Arbeitnehmer und andere Vertragspartner plötzlich einen anderen Arbeitgeber bzw. Schuldner/Gläubiger vor sich sehen, ohne hierauf Einfluss nehmen zu können. Eine Reihe von Regelungen des Umwandlungsrechts erklärt sich aus dem Ziel von Gesetzgebung und Rechtsprechung diese Dritten vor sich daraus ergebenden Nachteilen zu schützen.

112 *Vossius* in: Widmann/Mayer, Umwandlungsrecht, § 20 Rn 392.

113 Sehr umstritten! Wie hier: *Böttcher* in: Böttcher/Habighorst/Schulte, § 1 Rn 43; *Grunewald* in: Lutter, UmwG, § 20 Rn 80 f.; *K. Schmidt* ZIP 1998, 181, 188 f.; *Schulte* in: Böttcher/Habighorst/Schulte, Umwandlungsrecht, § 20 Rn 42 ff.; aA BGH, Urt. v. 7.11.1997 – LwZR 1/97, NJW 1998, 229; BGH, Beschl. v. 3.5.1996, BLw 54/95, NJW 1996, 2165; die Entscheidungen BGH, Urt. v. 29.6.2001 – V ZR 186/00, BeckRS 2001, 7163 und OLG Frankfurt, Beschl. v. 24.1.2012 – 20 W 504/10, NZG 2012, 596, 597 setzen sich mit dieser Problematik nicht vertieft auseinander, so dass sie nicht autoritativ entschieden ist; *Lieder* in: MüHdb d. GesR, Bd. VIII, § 4 Rn 41.

114 *K. Schmidt*, ZIP 1998, 181, 189.

115 *Leonard/Simon* in: Semler/Stengel/Leonard, UmwG, § 20 Rn 12.

1. Gläubiger

Eine Verschmelzung oder eine Spaltung kann zu einem Austausch des Vertragspartners führen. Nach dem Grundsatz der Universalsukzession tritt der Rechtsnachfolger vollständig in die jeweiligen Rechtspositionen des übertragenden Rechtsträgers ein. Ein Widerspruchsrecht haben die jeweiligen Vertragspartner nicht. Auch der Formwechsel kann problematisch sein: Der Wandel des Rechtskleides führt nicht selten zu einem veränderten Haftungsregime. Womöglich hat der Vertragspartner dem betroffenen Unternehmen besonders vertraut, weil es sich um eine oHG gehandelt hat und die Gesellschafter daher persönlich hafteten. Er bleibt jedoch an die Verträge gebunden, auch wenn ihm plötzlich eine GmbH gegenübersteht, mit der er womöglich den ursprünglichen Vertrag nicht abgeschlossen hätte. Der Gläubiger hat zwar ein berechtigtes Sicherungsinteresse, kann aber die unternehmerische Entscheidung der sekundären Rechtsformwahl seines Schuldners nicht beeinflussen. Und selbst wenn sein Schuldner, etwa im Falle einer Verschmelzung zur Aufnahme, derselbe bleibt, kann es zu Nachteilen für den Gläubiger kommen, da sich auch die Verbindlichkeiten des aufnehmenden Rechtsträgers um die des übertragenden Rechtsträgers vermehren.[116] **67**

a) Sicherheitsleistung

Den Gläubigern der an der Verschmelzung beteiligten Rechtsträger ist daher Sicherheit zu leisten, soweit sie nicht Befriedigung verlangen können, jedoch nur wenn sie binnen sechs Monaten nach dem Tag, an dem die Eintragung der Verschmelzung in das Register des Sitzes desjenigen Rechtsträgers, dessen Gläubiger sie sind, bekannt gemacht worden ist, ihren Anspruch nach Grund und Höhe schriftlich anmelden (§ 22 Abs. 1 Satz 1 UmwG). Darüber hinaus müssen sie glaubhaft machen, dass durch die Verschmelzung die Erfüllung ihrer Forderung gefährdet wird (§ 22 Abs. 1 Satz 2 UmwG). Die Gläubiger sind in der Bekanntmachung der jeweiligen Eintragung auf dieses Recht hinzuweisen (§ 22 Abs. 1 Satz 3 UmwG). Sinn und Zweck des § 22 UmwG ist es, die Gläubiger vor einem Verlust ihrer Forderungen zu schützen, welche sich unmittelbar durch die Verschmelzung ergeben. Die Norm ist entsprechend für die Spaltung (§ 125 Satz 1 UmwG) und den Formwechsel (§ 204 UmwG) anwendbar. Absatz 2 der Norm schließt den Schutz für Fälle aus, in denen die Gläubiger des Schutzes nicht bedürfen, weil sie im Falle der Insolvenz ein Recht auf vorzugsweise Befriedigung aus einer Deckungsmasse haben, die nach gesetzlicher Vorschrift zu ihrem Schutz errichtet und staatlich überwacht ist. Hierzu zählen der Deckungsstock von Versicherungsunternehmen (§§ 76 ff. VAG) oder von Hypothekenbanken (vgl. § 30 PfandBG) und nach herr- **68**

116 *Marsch-Barner/Oppenhoff* in: Kallmeyer, UmwG, § 22 Rn 1.

schender, aber nicht unumstrittener Meinung Versorgungsansprüche gegen den Pensionssicherungsverein (§§ 7 ff. BetrAVG).[117]

69 Für grenzüberschreitende Umwandlungen sehen § 314 UmwG (für die Verschmelzung), § 328 UmwG (für die Spaltung) und § 341 UmwG (für den Formwechsel UmwG explizit Regelungen zum Gläubigerschutz vor.

Exemplarisch sei kurz auf die Regelungen zum transnationalen Verschmelzungsrecht eingegangen: § 314 UmwG zielt für den Fall der Hinausverschmelzung auf den Schutz der Gläubiger der an der grenzüberschreitenden Verschmelzung beteiligten deutschen übertragenden Gesellschaft; diese verlieren nicht nur den ihnen bekannten Schuldner, sondern sehen sich ohne ihr Zutun ausländischen Haftungsregimen gegenüber. Im Gegensatz zu § 22 UmwG, der einen nachgeordneten Gläubigerschutz gewährt, soll § 314 UmwG sicherstellen, dass die Gläubiger ihre Interessen bereits vor Vollzug der grenzüberschreitenden Verschmelzung geltend machen können.[118]

b) Schadenersatzpflicht der Verwaltungsträger des übertragenden Rechtsträgers

70 Die Mitglieder des Vertretungsorgans und, wenn ein Aufsichtsorgan vorhanden ist, des Aufsichtsorgans eines übertragenden Rechtsträgers sind als Gesamtschuldner zum Ersatz des Schadens verpflichtet, den dieser Rechtsträger, seine Anteilsinhaber oder seine Gläubiger durch die Verschmelzung (bzw. wegen § 125 UmwG durch die Spaltung oder wegen § 205 UmwG durch den Formwechsel) erleiden; Mitglieder der Organe, die bei der Prüfung der Vermögenslage der Rechtsträger und beim Abschluss des Verschmelzungsvertrags ihre Sorgfaltspflicht beobachtet haben, sind von der Ersatzpflicht befreit (§ 25 Abs. 1 UmwG). Die Norm erlaubt also für die Gläubiger (sowie für die Anteilsinhaber und für den übertagenden Rechtsträger, dessen Existenz für die Durchsetzung der Ansprüche gemäß Absatz 2 der Norm fingiert wird) einen direkten Durchgriff auf die Organmitglieder und stellt in dieser Form eine Ausnahme im Gesellschaftsrecht dar.[119]

71 Die Regelung (§ 25 UmwG für die Verschmelzung, §§ 25, 125 UmwG für die Spaltung und § 205 UmwG für den Formwechsel) lässt andere Ansprüche, insbesondere gegen den übernehmenden Rechtsträger unberührt.[120] Solche können sich etwa durch den Übergang nach § 20 UmwG ergeben, wenn sich der übertragende Rechtsträger die Handlungen seiner Organe über § 31 BGB (analog) zurechnen las-

117 *Rieder* in: BeckOGK, § 22 Rn 44; *Seulen* in: Semler/Stengel/Leonard, UmwG, § 22 Rn 58 f. (im Ergebnis zustimmend, allerdings den Ausschluss bereits wegen Abs. 1 Satz 2 annehmend und nicht wegen Abs. 2 der Norm).

118 Siehe *Klett* in: Habersack/Witte, beck-online.Großkommentar, UmwG, § 314 Rn 1 ff.

119 *Leonard* in: Semler/Stengel/Leonard, UmwG, § 25 Rn 1.

120 *Leonard* in: Semler/Stengel/Leonard, UmwG, § 25 Rn 22.

sen muss.[121] Allerdings führt die Bekanntmachung im Rahmen von § 22 UmwG dazu, dass die betroffenen Gläubiger ihre Ansprüche anmelden und Sicherheitsleistungen verlangen können. Erfolgte die Bekanntmachung ordnungsgemäß und haben die Gläubiger es unterlassen, ihre Rechte nach § 22 UmwG einzufordern, ist hierin ein Mitverschulden zu sehen, was die Bedeutung von § 25 UmwG einschränkt.[122]

c) Nachhaftung bei der Spaltung

Betrachtet man die verschiedenen Umwandlungsarten Verschmelzung, Spaltung 72
und Formwechsel genauer, dann erkennt man, dass insbesondere die Spaltung erhöhte Gefahren für außenstehende Dritte haben und namentlich Gläubigerinteressen erheblich beeinträchtigen kann. Das vom Prinzip der Spaltungsfreiheit beherrschte deutsche Recht erlaubt es, Aktiva und Passiva weitgehend frei und damit auch sehr ungleichmäßig auf verschiedene Rechtsträger zu verteilen. Als „Korrelat zur Spaltungsfreiheit" hat der Gesetzgeber daher in den §§ 133 und 134 UmwG entsprechende Regelungen zum Schutz von Gläubigern bei Spaltungskonstellationen geschaffen, wobei § 134 UmwG im Wesentlichen eine Arbeitnehmerschutznorm bei Umstrukturierungsmaßnahmen unter Bildung einer Holding-Struktur ist.[123]

§ 133 Abs. 1 Satz 1 UmwG ordnet eine Nachhaftung der beteiligten Rechtsträger 73
als Gesamtschuldner für die Verbindlichkeiten des übertragenden Rechtsträgers, die vor dem Wirksamwerden der Spaltung begründet worden sind, an. Die weiteren allgemeinen Regeln des Handels- und Gesellschaftsrechts bleiben unberührt. Durch diese Ausweitung der Haftung auf sämtliche beteiligte Rechtsträger wollte der Gesetzgeber Missbrauchskonstellationen verhindern und letztlich auch die „volle Parallele zur Verschmelzung her[stellen], bei der der übernehmende Rechtsträger auch kraft Gesamtrechtsnachfolge für die Verbindlichkeiten der übertragenden Rechtsträger einzustehen hat."[124] Außerdem tritt noch ein Anspruch auf Sicherheitsleistung hinzu,[125] welcher allgemein in § 22 UmwG bereits für die Verschmelzung bekannt ist und so ebenfalls dem gesetzgeberischen Ziel eines Gleichlaufs des Gläubigerschutzes in den verschiedenen Umwandlungsarten dient.[126] § 133 Abs. 1 Satz 2 Var. 2 UmwG stellt insofern noch einmal ausdrücklich klar, dass § 22 UmwG (über § 125 UmwG) nicht verdrängt wird, sondern ebenfalls Anwendung findet.

Allerdings gilt diese Fortgeltung der Haftung nicht unbeschränkt: Das Gesetz un- 74
terscheidet letztlich zwischen Hauptschuldner (demjenigen Rechtsträger, dem nach

121 *Grunewald* in: Lutter, UmwG, § 25 Rn 6.

122 *Leonard* in: Semler/Stengel/Leonard, UmwG, § 25 Rn 24, auf die insgesamt geringe Bedeutung der Norm hinweisend.

123 *H. Fischer* in: Böttcher/Habighorst/Schulte, Umwandlungsrecht, § 133 UmwG Rn 1.

124 BT-Drucks 12/6699, S. 122.

125 *H. Fischer* in: Böttcher/Habighorst/Schulte, Umwandlungsrecht, § 133 UmwG Rn 2.

126 BT-Drucks 12/6699, S. 121 f.

dem Spaltungsplan die Verbindlichkeit zugewiesen ist) und Mithafter, deren Mithaftung im Wesentlichen auf fünf (und in Ausnahmefällen auf zehn) Jahre begrenzt ist.[127]

d) Allgemeine Regelungen des Gesellschaftsrechts

75 § 133 Abs. 1 Satz 2 Var. 1 UmwG stellt für den Fall der Spaltung ausdrücklich klar, dass die allgemeinen Regelungen der §§ 25, 26, 28 HGB unberührt bleiben. Grds. lässt sich sagen, dass das Umwandlungsrecht den Gläubigern die gewöhnlichen Gläubigerschutzrechte des allgemeinen Gesellschaftsrechts belässt. Wird im Falle einer Verschmelzung durch Neugründung (§ 2 Nr. 2 UmwG) beispielsweise eine GmbH gegründet, so gelten für diese auch die aus dem allgemeinen Gesellschaftsrecht bekannten Gläubiger-Schutzvorschriften, insbesondere zur Aufbringung des Stammkapitals und zur Kapitalerhaltung etc. Zwar unterscheiden sich die verschiedenen Gesellschaftsformen erheblich in ihrem jeweiligen Haftungsregime und ein Wechsel des Haftungsregimes kann für einen Gläubiger erhebliche Nachteile haben, dennoch verbleiben den Gläubigern stets die Mindeststandards, welche die Rechtsordnung für den Schutz jedes Vertragspartners im jeweils geltenden Haftungsregime vorsieht.

2. Anteilsinhaber: Minderheitsschutz

a) Dogma der Anteilsgewährung

76 Der Anteilsinhaber/Gesellschafter etc. eines übertragenden oder formwechselnden Rechtsträgers muss grds. nach der Strukturmaßnahme immer noch Anteilsinhaber/Gesellschafter etc. sein: Die Umwandlungsmaßnahme soll im Grundsatz die Rechtsform des Rechtsträgers ändern, nicht den Bestand der Anteilsinhaber. Dieser Grundsatz findet sich an verschiedenen Stellen des UmwG sowohl für die Verschmelzung (§§ 2, 20 Abs. 1 Nr. 3 UmwG) als auch die Spaltung (§§ 123 Abs. 1, 131 Abs. 1 Nr. 3 UmwG) als auch den Formwechsel (§ 202 Abs. 1 Nr. 2 UmwG). Augenscheinlich geht das Umwandlungsrecht von einer Mitgliedschaftsperpetuierung[128] bzw. Mitgliederidentität[129] aus. § 5 Abs. 1 Nr. 2 UmwG zeigt beispielsweise für Verschmelzungsvorgänge, dass die Anteilsgewährpflicht ein **wesentlicher Bestandteil** des Rechtsgeschäfts ist. Sie stellt die Gegenleistung für die Mehrung des Vermögens auf Seiten des aufnehmenden Rechtsträgers dar.[130]

77 Der Grundsatz, dass die Anteilseigner des übertragenden Rechtsträgers stets auch Anteile am übernehmenden Rechtsträger erhalten, wird als Dogma der Anteils-

127 Siehe § 133 Abs. 3 UmwG. Vgl. auch *H. Fischer* in: Böttcher/Habighorst/Schulte, Umwandlungsrecht, § 133 UmwG Rn 56.

128 *Lieder* in: MüHdb d. GesR, Bd. VIII, § 4 Rn 49.

129 *Schröer/Greitemann* in: Semler/Stengel/Leonard, § 5 UmwG Rn 10.

130 *Mayer* in: Widmann/Mayer, Umwandlungsrecht, § 5 UmwG Rn 19.

gewährungspflicht bezeichnet.[131] War dieser Grundsatz im UmwG 1994 noch strenger im Gesetz verankert, hat der Gesetzgeber den Grundsatz durch das Zweite Gesetz zur Änderung des Umwandlungsrechts[132] im Jahre 2007 an einigen Stellen gelockert.[133] Dabei betrifft das Dogma der Anteilsgewährungspflicht zunächst nur die Frage, ob Anteile gewährt werden müssen – das „Wie" ist dann auf einer zweiten Ebene zu klären.[134]

Merke: 78

Zwar lässt sich im Grundsatz noch von einem Dogma der Anteilsgewährungspflicht sprechen: Insbesondere in Konzern-Konstellationen hat der Gesetzgeber aber im Laufe der Jahre Ausnahmen geschaffen: Insbesondere beim **upstream merger** (Tochter auf Mutter) gilt der Grundsatz nicht.

Merke: 79

Bei Kapitalgesellschaften als übernehmendem Rechtsträger kommen für die zu gewährenden Anteile vier Quellen in Betracht: Neuschaffung durch Kapitalerhöhung, eigene Anteile des übernehmenden Rechtsträgers, voll eingezahlte Anteile am übernehmenden Rechtsträger aus dem Vermögen des übertragenden Rechtsträgers (diese werden durch den übernehmenden Rechtsträger erworben und können daher ausgegeben werden), Übertragung von Anteilen am übernehmenden Rechtsträger durch Anteilsinhaber.[135]

Eng verbunden mit dem Grundsatz der Anteilsgewährung ist der Grundsatz einer 80
Kontinuität der Gesellschafter, wobei es sich jedoch nicht um einen Selbstzweck handelt, sondern vielmehr um das Ziel, Minderheitsgesellschafter (insbesondere des übertragenden Rechtsträgers) zu schützen.[136] Abweichungen hiervon sind möglich, wenn der Sinn und Zweck des Grundsatzes nicht gefährdet ist: Beim Formwechsel einer Kommanditgesellschaft in eine GmbH ist das Ausscheiden des persönlich haftenden Gesellschafters mit Wirksamwerden des Formwechsels möglich.[137] Dies gilt auch für den umgekehrten Fall: So kann im Falle eines Formwechsels einer GmbH in eine KG der Komplementär auch erst mit Wirksamwerden des

131 *Wicke*, ZGR 2017, 527–541 m.w.N.
132 Zweites Gesetz zur Änderung des Umwandlungsgesetzes vom 19.4.2007 (BGBl I, S. 542).
133 Vgl. *Weiler*, NZG 2008, 527.
134 *Mayer* in: Widmann/Mayer, Umwandlungsrecht, § 5 UmwG Rn 56.2.
135 *Mayer* in: Widmann/Mayer, Umwandlungsrecht, § 5 UmwG Rn 56.1.
136 So auch *Luy*, notar 2020, 351, 360.
137 KG, Beschl. v. 19.12.2018 – 22 W 85/18, DNotZ 2019, 384.

Formwechsels in die Gesellschaft eintreten.[138] Allerdings ist die Frage nicht abschließend höchstrichterlich entschieden,[139] sodass vorsichtige Stimmen in der Literatur weiterhin empfehlen, eine treuhänderische Minimalbeteiligung des künftigen persönlich haftenden Gesellschafters bereits vor der Umwandlungsmaßnahme sicherzustellen (sog. Treuhandmodell).[140] Ein gesetzlich geregelter Ausnahmefall vom Grundsatz der Gesellschafterkontinuität beim Formwechsel ist schließlich noch der Formwechsel mit Beteiligung einer KGaA (vgl. §§ 219 Satz 2, 221 Satz 1, 247 Abs. 2 UmwG) und beim VVaG.[141]

81 *Merke:*

Der Eintritt eines neuen Gesellschafters im Rahmen eines Formwechsels ist nur möglich, wenn diesem alle Gesellschafter zugestimmt haben und diese Einigung notariell beurkundet worden ist.[142]

Unter ähnlichen Vorzeichen stellt die sich die Frage bei der Verschmelzung zweier GmbH & Co. KG, bei dem nur eine der Komplementär-GmbHs als Gesellschafterin in der Gesellschaft bleiben soll.[143]

b) Flankierende Grundsätze

82 Die vorstehenden Ausführungen zum Formwechsel sind jedoch nicht unbesehen verallgemeinerungsfähig. Während es beim Formwechsel stets nur einen, das Rechtskleid wechselnden Rechtsträger gibt, der u.U. einen weiteren Gesellschafter als Komplementär aufnimmt, sind bei Verschmelzungen mindestens zwei Rechtsträger betroffen, so dass sich ein Beziehungsgeflecht der verschiedenen Anteilseigner ergeben kann, das zu einer komplexen Gemengelage führen kann; in einer solchen Situation ist jedenfalls der Grundsatz der Personenidentität der Gesellschafter zu beachten. Darüber hinaus könnte es aber zu Verwerfungen kommen, wenn etwa der nicht am Kapital der Gesellschaft beteiligte Komplementär einer GmbH & Co.

138 OLG Oldenburg, Beschl. v. 19.12.2019 – 12 W 133/19, BWNotZ 2020, 60.

139 BGH, Urt. v. 9.5.2005 – II ZR 29/03, DNotZ 2005, 864, 865, zeigt jedoch, dass der BGH (dort in einem obiter dictum) davon ausgeht, dass im Rahmen eines Formwechsels auch ein neuer Gesellschafter der Gesellschaft beitreten können muss.

140 DNotI-Report 2020, 28 f.: „*Das OLG Oldenburg sieht sich im Einklang mit den oben skizzierten Entscheidungen. Dass sich das sog. Treuhandmodell (d.h. eine treuhänderische Minimalkapitalbeteiligung vorweg) nun für die Praxis erledigt hat, lässt sich dennoch bis zu einer höchstrichterlichen Entscheidung nicht ohne Weiteres sagen. In anderen OLG-Bezirken dürfte Rücksprache mit dem Registergericht zu empfehlen sein*“.

141 Siehe auch BT-Drucks 12/6699, S. 136.

142 Zur Form: Implizit OLG Oldenburg, Beschl. v. 19.12.2019 – 12 W 133/19, BWNotZ 2020, 60, 61 Rn 8; zweifelnd, aber auch Sicherheitsgründen zur notariellen Beurkundung ratend: *Chilevych*, GmbHR 2020, 329 f. (Urteilsanmerkung).

143 Siehe unten unter § 2 I – Verschmelzung unter Beteiligung von Personengesellschaften. Die Möglichkeit bejahend: *Limmer*, Handbuch der Unternehmensumwandlung, Rn 793.

KG auch nach dem Umwandlungsvorgang (z.B.: bei Verschmelzung auf eine GmbH) noch beteiligt wäre – der Komplementär muss aus dem Gesellschafterverband ausscheiden, weil das GmbH-Recht keine Beteiligung ohne Kapitalanteil kennt.[144] Gelegentlich findet sich für diesen Topos der Begriff der Quotenidentität.[145]

Der Grundsatz der Quotenidentität fordert, dass nicht nur der Bestand der Anteils- 83
inhaber konstant bleibt – auch das Verhältnis der Beteiligungen der Anteilseigner eines jeden Rechtsträgers zueinander vor und nach der Verschmelzung soll grds. gleichbleiben.[146] Ausnahmen von diesem Grundsatz können sich ergeben bei einem (erlaubten) Abweichen vom Grundsatz der Anteilsgewährungspflicht oder wenn der übertragende Rechtsträger eigene Anteile hält.[147]

Schließlich müssen die einem Anteilseigner am übernehmenden Rechtsträger ein- 84
geräumten Anteile/Mitgliedschaftsrechte etc. möglichst weitgehend die gleichen Rechte verkörpern, die er am übertragenden Rechtsträger hatte. Dieser „Grundsatz der Gattungsidentität", ist ein Ausfluss des Gleichbehandlungsgrundsatzes, allerdings lässt er sich vielfach nicht streng verfolgen, weil die unterschiedlichen Rechtspositionen, die aufeinander abgestimmt werden müssen, sehr unterschiedlich sein können.[148] Den Inhabern von Rechten an einem übertragenden Rechtsträger, die kein Stimmrecht gewähren, insbesondere den Inhabern von Anteilen ohne Stimmrecht, von Wandelschuldverschreibungen, von Gewinnschuldverschreibungen und von Genussrechten, sind gleichwertige Rechte an dem übernehmenden Rechtsträger zu gewähren (§ 23 UmwG). Diese Regelung ist zwingend und kann im Verschmelzungsvertrag nicht abbedungen werden.[149]

Umgekehrt sind widersprechende Gesellschafter einer Personen(handels)gesell- 85
schaft jedoch zu schützen, da weiterhin eine persönliche Haftung drohen kann, die sie unter den geänderten Bedingungen nunmehr ablehnen würden. § 41 UmwG i.d.F. vom 1.1.2024 bestimmt daher: Widerspricht ein Anteilsinhaber eines übertragenden Rechtsträgers, der für dessen Verbindlichkeiten persönlich unbeschränkt haftet, der Verschmelzung, ist ihm in der übernehmenden oder der neuen Personenhandelsgesellschaft die Stellung eines Kommanditisten zu gewähren; das Gleiche gilt für einen Anteilsinhaber der übernehmenden Personenhandelsgesellschaft, der für deren Verbindlichkeiten persönlich unbeschränkt haftet, wenn er der Verschmelzung widerspricht.

144 *Marsch-Barner/Oppenhoff* in: Kallmeyer, UmwG, § 5 UmwG Rn 5.

145 *Schröer/Greitemann* in: Semler/Stengel/Leonard, UmwG, § 5 Rn 17 f; *Heckschen* in: Westermann/Wertenbruch, Handbuch Personengesellschaften, 78. Lieferung 10.2020, Die Umwandlung von Personengesellschaften, Rn 5080, 5083.

146 *Schröer/Greitemann* in: Semler/Stengel/Leonard, UmwG, § 5 Rn 17.

147 *Schröer/Greitemann* in: Semler/Stengel/Leonard, UmwG, § 5 Rn 18, zu weiteren Ausnahmen.

148 *Schröer/Greitemann* in: Semler/Stengel/Leonard, UmwG, § 5 Rn 19 ff.

149 *Cé Müller* in: Henssler/Strohn, GesR, § 23 Rn 6.

c) Abfindung ausscheidender Gesellschafter

86 Die §§ 29–34 UmwG regeln die Verpflichtung zur Zahlung einer Barabfindung, sowie eine Erleichterung der Veräußerung von Anteilen, die den Anteilsinhabern des übertragenden Rechtsträgers gewährt werden müssen. § 29 UmwG regelt die Voraussetzungen eines solchen Abfindungsanspruchs, § 30 UmwG die Ermittlung der Höhe der Barabfindung und § 31 UmwG die Frist für die Annahme des Barabfindungsangebots. Die §§ 32 und 34 UmwG regeln Fragen des Gerichtsverfahrens im Zusammenhang mit dem Abfindungsangebot.

87 In den in § 29 UmwG bestimmten Fällen hat der übertragende Rechtsträger seinen Anteilsinhabern, die mit der Verschmelzung nicht einverstanden sind, den Erwerb ihrer Anteile bzw. ein Ausscheiden gegen angemessene Barabfindung zu ermöglichen. Die Möglichkeit des Ausscheidens gegen Barabfindung wird so durch das Gesetz als für alle Verschmelzungsvorgänge verbindlich vorgeschrieben, bei denen die Voraussetzungen des Absatzes 1 Sätze 1 und 2 der Norm vorliegen. Das UmRUG hat hier insoweit die Änderung gebracht, dass nicht mehr der übernehmende, sondern nunmehr der übertragende Rechtsträger seinen Anteilsinhabern das entsprechende Angebot unterbreiten muss. Aus der Sicht des Gesetzgebers sollte diese „dogmatische Korrektur" wegen des Grundsatzes der Universalsukzession keine Auswirkungen auf die Praxis haben.[150]

88 Hierbei ist zu berücksichtigen, dass nach der Systematik der §§ 29 ff. UmwG die dissentierenden Anteilsinhaber zunächst allerdings Anteilsinhaber des übernehmenden Rechtsträgers werden und nach Vollzug der Verschmelzung die 2-Monats-Frist des § 31 UmwG nutzen dürfen, um auszuscheiden. Hierin liegt eine bewusste Entscheidung des Gesetzgebers, die er im Falle der grenzüberschreitenden Gesellschaft gerade nicht so getroffen hat: Im Falle der grenzüberschreitenden Verschmelzung ist der Stichtag des Fristbeginns für die Annahme des Angebots– die Frist beträgt ebenfalls zwei Monate – der Tag, an dem die Versammlung der Anteilsinhaber der übertragenden Gesellschaft die Zustimmung zum Verschmelzungsplan beschlossen hat (vgl. § 313 Abs. 3 UmwG). Anteilsinhaber, die das Angebot auf Abfindung angenommen haben, werden abweichend von § 20 Abs. 1 Nr. 3 Satz 1 UmwG mit Wirksamwerden der Verschmelzung nicht Anteilsinhaber der übernehmenden oder neuen Gesellschaft (§ 313 Abs. 4 UmwG). Hintergrund für diese Differenzierung ist der Einfluss des grenzüberschreitenden Umwandlungsvorgangs auf das Gesellschaftsstatut selbst.[151]

d) Spruchverfahren

89 Das gesellschaftsrechtliche Spruchverfahren ist vorgesehen, um bei unternehmerischen Strukturmaßnahmen den Minderheitsgesellschaftern, die Anspruch auf ange-

150 BT-Drucks. 20/3822, S. 71.

151 *Goette*, DStR 2023, 157, 158.

messenen Ausgleich bzw. Abfindung haben, effektiven Rechtsschutz zu gewähren, ohne dass die Strukturmaßnahme durch Anfechtungsklagen blockiert wird. Nachdem die Regelungen des Spruchverfahrens zunächst vor allem im UmwG und im AktG verstreut waren, fasste der Gesetzgeber diese im Jahre 2003 im SpruchG zusammen. Das Gesetz wurde in den vergangenen Jahren, insbesondere zuletzt im UmRUG, fortentwickelt. Ziel des SpruchG war von Anfang an, ein gestrafftes und kurzes Gerichtsverfahren zu ermöglichen.[152]

Das UmRUG schuf insbesondere folgende Neuerungen: Es öffnete das Spruchverfahren für Anteilsinhaber des übernehmenden Rechtsträgers, was mit der Erweiterung des Klageausschlusses gegen den Zustimmungsbeschluss des übernehmenden Rechtsträgers einhergeht. Im Rahmen des UmRUG wurde ein neuer § 10a in das SpruchG eingeführt zur Ermöglichung der Gewährung zusätzlicher Aktien anstelle barer Zuzahlungen und deren prozessualer Durchsetzung. Das neue SpruchG kennt nun einen generellen Anwaltszwang (§ 5a SpruchG)[153] und dehnt die Bestimmungen zum gemeinsamen Vertreter im Falle von Anträgen auf Bestimmung einer Zuzahlung, zusätzlich zu gewährender Aktien oder einer Barabfindung für alle grenzüberschreitenden Umwandlungen, also auch bezogen auf grenzüberschreitende Spaltungen und Formwechsel, aus.[154] **90**

3. Arbeitnehmer

a) Arbeitsrecht der Umwandlung

Der Gesetzgeber hat keine geschlossene Systematik des Arbeitsrechts in der Umwandlung geschaffen. Arbeitsrechtliche Aspekte werden im Gesetz vielmehr nur vereinzelt und über die verschiedenen Teile der Kodifikation behandelt (insbesondere §§ 5 Abs. 1 Nr. 9, Abs. 3, 35a, 126 Abs. 1 Nr. 11, Abs. 3, 132, 132a, 133 Abs. 3, 134, 194 Abs. 1 Nr. 7 Abs. 2, 307 Abs. 2 Nr. 16, 308 Abs. 1 Satz 2 Nr. 4b, 309, 310, 335 Abs. 2 Nr. 14 UmwG).[155] Der Grund für diese Zurückhaltung liegt an der Materie, welche ein großes Bündel verschiedener juristischer Vorgänge umfasst, von denen einige kaum Auswirkungen auf die Arbeitnehmer haben (z.B.: Formwechsel einer kleinen GmbH in eine kleine AG) zu Betriebsaufspaltungen (im arbeitsrechtlichen Sinne – nicht im steuerrechtlichen) oder Verschmelzungen, die die Arbeitnehmer mit einem neuen Arbeitgeber und eventuell neue Tarifverträge konfrontiert. Die meisten rechtlichen Fragen werden so unmittelbar durch das jeweilige Fach- **91**

152 BT-Drucks 15/371, S. 1.

153 *Schmidt*, NJW 2023, 1241, 1246.

154 *Goette*, DStR 2023, 157, 163 f.

155 *Willemsen* in: Kallmeyer, UmwG, Vorbemerkung zu § 322 Arbeitsrechtliche Auswirkungen der Umwandlung, Rn 1 (für die alte Rechtslage).

recht (z.B.: Kündigungsschutzrecht, Mitbestimmungsrecht etc.) beantwortet, wobei der Wechsel der Rechtsform bzw. des Rechtsträgers hinzukommen.[156]

92 Für die notarielle Praxis sind hauptsächlich die Regelungen zur Versendung des Verschmelzungs-, Spaltungs- und Übernahmevertrages oder des Umwandlungsbeschlusses an den Betriebsrat relevant bzw. die Aufnahme der Auswirkungen des jeweiligen Umwandlungsvorgangs auf die Arbeitnehmer in den genannten Urkunden. Der Notar hat hier auf die formalen Aspekte der notwendigen Angaben zu achten und auf die Dokumentation der fristgerechten Versendung hinzuwirken. Die konkreten arbeitsrechtlichen Auswirkungen sind aber Gegenstand der Betreuung durch die entsprechenden Fachberater.

b) Beteiligung bzw. Information des Betriebsrats

93 Für die Arbeitnehmer kann die Umwandlung ihres Arbeitgebers erhebliche Folgen haben. Im Gesetzgebungsverfahren des UmwG 1995 war dieser Punkt besonders sensibel und führte zur Aufnahme einer Reihe von Vorschriften, die die Arbeitnehmerinteressen schützen sollen.

94 Der Verschmelzungsvertrag muss die Folgen der Verschmelzung für die Arbeitnehmer und ihre Vertretungen sowie die insoweit vorgesehenen Maßnahmen aufzeigen (§ 5 Abs. 1 Nr. 9 UmwG). Das Gleiche gilt bei der Spaltung und beim Formwechsel (§§ 126 Abs. 1 Nr. 11, 194 Abs. 1 Nr. 7 UmwG). Dies betrifft die unmittelbaren Folgen der Umwandlung auf die Arbeitsverträge, der Übergang des Arbeitsverhältnisses, Kündigungsschutz, Geltung von Tarifverträgen, Betriebsvereinbarungen und die Folgen für die Arbeitnehmervertretungen und die Arbeitnehmer-Mitbestimmung.[157] Mittelbare Folgen des Umwandlungsvorgangs sind jedoch nicht erfasst.[158] Sind bei einem Rechtsträger keine Arbeitnehmer beschäftigt, genügt eine entsprechender Hinweis.

95 Darüber hinaus ist der Vertrag oder sein Entwurf spätestens einen Monat vor dem Tage der Versammlung der Anteilsinhaber jedes beteiligten Rechtsträgers, die über die Zustimmung zum Verschmelzungsvertrag beschließen soll, dem zuständigen Betriebsrat dieses Rechtsträgers zuzuleiten (§ 5 Abs. 3 UmwG). Die Zuleitung ist dem Handelsregister nachzuweisen (vgl. § 17 Abs. 1 UmwG a.E.). Der Vertrag ist vollständig an den Betriebsrat zuzuleiten.[159] Der Betriebsrat kann zwar auf die Monatsfrist des § 5 Abs. 3 UmwG verzichten, nicht jedoch auf die Zuleitung des Verschmelzungsvertrages an sich.[160] Sollte dem Betriebsrat ein Entwurf des Vertrages

156 *Willemsen* in: Kallmeyer, UmwG, Vorbemerkung zu § 322 Arbeitsrechtliche Auswirkungen der Umwandlung, Rn 2 f. (für die alte Rechtslage).

157 *Drygala* in: Lutter, UmwG, § 5 Rn 88 ff.

158 Umstritten. Wie hier: *Drygala* in: Lutter, UmwG, § 5 Rn 103–115 m.w.N.

159 *Heidinger* in: Henssler/Strohn, GesR, UmwG, § 5 Rn 39.

160 OLG Naumburg, Beschl. v. 17.3.2003 – 7 Wx 6/02, NZG 2004, 734, Ls. 3.

zugesendet worden sein, dann sollte der später geschlossene Vertrag mit dem zugesendeten Entwurf identisch sein. Allerdings kann von einer erneuten Übersendung abgesehen werden, wenn die Veränderungen keinerlei Auswirkungen auf die Arbeitnehmer haben können.[161]

c) Auswirkungen der Umwandlung auf die Arbeitnehmer

aa) Allgemein

Die Auswirkungen einer übertragenden Umwandlung (Verschmelzung, Spaltung) sind typischerweise gravierender für die Arbeitnehmer als ein bloßer Formwechsel, in welchem der Rechtsträger als solcher unverändert bleibt und nur sein Rechtskleid ändert.[162] Im Falle der übertagenden Umwandlungen gehen nur bei der Verschmelzung (§ 2 UmwG), der Aufspaltung (§ 123 UmwG) und der Vermögensvollübertragung in jedem Fall Arbeitsverhältnisse über, soweit diese beim übertragenden oder aufzulösenden Rechtsträger bestanden haben. Anders ist es in Fällen, in denen im Rahmen partieller Gesamtrechtsnachfolge (insbesondere bei Abspaltung und Ausgliederung, § 123 Abs. 2 und 3 UmwG) stets im Einzelfall zu prüfen sein wird, ob das jeweilige Arbeitsverhältnis erfasst ist oder nicht.[163] 96

Die Arbeitsverhältnisse beim übertragenden Rechtsträger gehen mit Eintragung der Umwandlung im Handelsregister am Sitz des übernehmenden Rechtsträgers auf diesen über.[164] Die früher relevante Frage, ob dieser Übergang aufgrund Gesetzes oder Rechtsgeschäft erfolgt, ist mittlerweile durch den Gesetzgeber entschieden. § 613a Abs. 1 BGB erfordert einen Betriebs(teil)übergang durch Rechtsgeschäft. Nach § 35a UmwG bleibt die Norm durch die Wirkungen der Eintragung einer Verschmelzung, Spaltung oder Vermögensübertragung unberührt; § 613a Abs. 3 BGB setzt die Geltung der Norm auch im Umwandlungsrecht voraus.[165] 97

Bei einer gesellschaftsrechtlichen Gesamtrechtsnachfolge rückt der neue, also der übernehmende, Rechtsträger in die Arbeitgeberstellung ein.[166] Der Übergang des Arbeitsverhältnisses erfolgt mit sämtlichen Rechten und Pflichten. Hierzu zählen insbesondere Ansprüche der Arbeitnehmer aus Versorgungszusagen einschließlich unverfallbarer Anwartschaften; im Übrigen sind auf Wartezeiten die Dienstzeit beim übertragenden Rechtsträger anzurechnen.[167] 98

161 *Heidinger* in: Hennsler/Strohn, Gesellschaftsrecht, UmwG, § 5 Rn 43.

162 *Willemsen* in: Kallmeyer, UmwG, Vorbemerkung zu § 322 Arbeitsrechtliche Auswirkungen der Umwandlung, Rn 4.

163 *Willemsen* in: Kallmeyer, UmwG, Vorbemerkung zu § 322 Arbeitsrechtliche Auswirkungen der Umwandlung, Rn 5.

164 *Rieckers/Cloppenburg* in: BeckOGK, § 20 Rn 91.

165 *Drygala* in: Lutter, UmwG, § 5 Rn 89.

166 BAG, Urt. v. 21.2.2008 – 8 AZR 157/07, NZA 2008, 815.

167 Vgl. hierzu bereits BAG, Urt. v. 5.10.1993 – 3 AZR 586/92 –, juris, Leitsätze.

bb) Tarifverträge und Betriebsvereinbarungen

99 Rechtsnormen des Tarifvertrages, die den Inhalt, den Abschluss oder die Beendigung von Arbeitsverhältnissen ordnen, gelten unmittelbar und zwingend zwischen den beiderseits Tarifgebundenen, die unter den Geltungsbereich des Tarifvertrages fallen (§ 4 Abs. 1 TVG). Bei Verschmelzungen und Spaltungen stellt sich die Frage, ob diese normative Wirkung des Tarifvertrags für den übernehmenden Rechtsträger fort gilt oder nicht. Nach § 4 Abs. 5 TVG gilt zunächst eine Nachwirkung; in letzterem Falle würden diese Regelungen nach § 35a UmwG in Verbindung mit § 613a Abs. 4 BGB zum Inhalt des jeweils individuellen Arbeitsverhältnisses werden. Diese letztere Konstellation stellt also die Auffangregelung dar, falls keine kollektivrechtliche Fortgeltung angenommen werden kann. Jedenfalls können die Regelungen zwischen (neuem) Arbeitgeber und Arbeitnehmer – auch zuungunsten des Arbeitnehmers – geändert werden, wobei jedoch § 35a UmwG i.V.m. § 613a Abs. 1 Sätze 2–4 UmwG ein einjähriges Verschlechterungsverbot zum Schutz der betroffenen Arbeitnehmer statuiert.[168]

100 Bei sog. Firmentarifverträgen ist der übertragende Rechtsträger selbst Partei des Vertrages; die Regelung des Tarifvertrages gelten wegen § 20 Abs. 1 Nr. 1 UmwG für den übernehmenden Rechtsträger – bei einer Verschmelzung kommt es zu einer kollektivrechtlichen Fortgeltung.[169] Diese dürfte aber nicht die Arbeitnehmer des aufnehmenden Rechtsträgers erfassen mit der Konsequenz einer sog. Tarifpluralität;[170] allerdings hat hier das BAG auch bereits anders entschieden, wenn es judiziert: Wird ein Unternehmen, bei dem ein Haustarifvertrag gilt, nach § 20 Abs. 1 Nr. 1 UmwG auf ein anderes Unternehmen verschmolzen, gilt der Haustarifvertrag beim aufnehmenden – bisher tariflosen – Rechtsträger weiter. Dieser ist damit tarifgebunden i.S.v. § 3 Abs. 1 TVG, so dass der Haustarifvertrag grds. auch für die Arbeitsverhältnisse der bei ihm beschäftigten Mitglieder der tarifschließenden Gewerkschaft gilt.[171]

101 Sog. Verbandstarifverträge folgen aus einer Aushandlung einer Gewerkschaft mit einem Arbeitgeberverband (dem der übertragende Rechtsträger angehört haben musste). Die Verbandsmitgliedschaft ist jedoch ein höchstpersönliches Recht und geht nicht nach § 20 Abs. 1 Nr. 1 UmwG auf den übernehmenden Rechtsträger über. Eine kollektivrechtliche Fortgeltung kommt nur in Betracht, wenn der übernehmende Rechtsträger ebenfalls Mitglied des betroffenen Arbeitgeberverbandes ist oder der Verbandstarifvertrag nach § 5 TVG für allgemeinverbindlich erklärt wurde und der übernehmende Rechtsträger in den räumlichen, persönlichen und fachli-

168 *Drygala* in: Lutter, UmwG, § 5 Rn 94.

169 *Willemsen* in: Kallmeyer, UmwG, Vorbemerkung zu § 322 Arbeitsrechtliche Auswirkungen der Umwandlung, Rn 79.

170 *Willemsen* in: Kallmeyer, UmwG, Vorbemerkung zu § 324 Rn 24.

171 BAG, Urt. v. 15.6.2016 – 4 AZR 805/14, ZIP 2017, 37–45.

chen Anwendungsbereich des Tarifvertrages fällt; andernfalls bleibt es gemäß § 613a Abs. 1 Sätze 2–4 BGB bei der individualrechtlichen Fortgeltung.[172]

cc) Die Sondernorm des 134 UmwG

Spaltet ein Rechtsträger sein Vermögen in der Weise, dass die zur Führung eines Betriebes notwendigen Vermögensteile im Wesentlichen auf einen übernehmenden oder mehrere übernehmende oder auf einen neuen oder mehrere neue Rechtsträger übertragen werden und die Tätigkeit dieses Rechtsträgers oder dieser Rechtsträger sich im Wesentlichen auf die Verwaltung dieser Vermögensteile beschränkt (sog. Anlagegesellschaft), während dem übertragenden Rechtsträger als Betriebsgesellschaft diese Vermögensteile bei der Führung seines Betriebes zur Nutzung überlassen werden, und sind an den an der Spaltung beteiligten Rechtsträgern im Wesentlichen dieselben Personen beteiligt, so haftet die Anlagegesellschaft auch für die Forderungen der Arbeitnehmer der Betriebsgesellschaft als Gesamtschuldner, die binnen fünf Jahren nach dem Wirksamwerden der Spaltung aufgrund der §§ 111–113 BetrVG begründet werden. Dies gilt auch dann, wenn die Vermögensteile bei dem übertragenden Rechtsträger verbleiben und dem übernehmenden oder neuen Rechtsträger oder den übernehmenden oder neuen Rechtsträgern zur Nutzung überlassen werden (§ 134 Abs. 1 UmwG). **102**

Die Norm ist intransparent formuliert; sie schafft als Sonderregelung zu § 133 UmwG eine Haftungsverschärfung für bestimmte Arbeitnehmeransprüche im Falle der (gesellschaftsrechtlich zu verstehenden) Betriebsaufspaltung ab. Sie gilt – allerdings mit differenziertem Regelungsgehalt – ausschließlich für Ansprüche aus §§ 111 ff. BetrVG und betrieblicher Altersversorgung. Hinsichtlich aller sonstigen Arbeitnehmeransprüche verbleibt es somit bei der Grundregelung des § 133 UmwG.[173] **103**

E. Arten von Umwandlungen

I. Verschmelzung

1. Einleitung

Die Verschmelzung ist im zweiten Buch des Umwandlungsgesetzes, §§ 2–122 UmwG, geregelt. Der Aufbau des zweiten Buches des Umwandlungsgesetzes folgt sehr schematisch dem typischen in Allgemeinen und Besonderen Teil getrennten Aufbau. So enthalten die §§ 2–38 Allgemeine Vorschriften zur Möglichkeit der Verschmelzung und zur Verschmelzung durch Aufnahme bzw. durch Neugründung, und die §§ 39–122 enthalten jeweils die besonderen Vorschriften zu den verschiede- **104**

172 Siehe hierzu auch *Drygala* in: Lutter, UmwG, § 5 Rn 92 ff.

173 *Willemsen* in: Kallmeyer, UmwG, § 134 UmwG Rn 1.

nen Regelungen zur Verschmelzung, je nachdem welche Rechtsträger daran beteiligt sind.

105 Das Umwandlungsgesetz kennt zwei verschiedene Arten von Verschmelzungen:[174] Umwandlung können stattfinden entweder **im Wege der Aufnahme** durch Übertragung des Vermögens eines Rechtsträgers oder mehrere Rechtsträger (übertragende Rechtsträger) als Ganzes auf einen anderen bestehenden Rechtsträger (übernehmende Rechtsträger) oder **im Wege der Neugründung** durch Übertragung der Vermögen zweier oder mehrerer Rechtsträger (übertragende Rechtsträger) jeweils als Ganzes auf einen neuen, von ihnen dadurch gegründeten Rechtsträger (§ 2 Nr. 1 und 2 UmwG). Das Rechtsinstitut der Verschmelzung steht nur Rechtsträgern im Sinne des UmwG zur Verfügung, wobei die Zahl der verschmelzungsfähigen Rechtsträger durch den Gesetzgeber in § 3 UmwG limitiert ist. An der Verschmelzung können als übertragende Rechtsträger auch aufgelöste Rechtsträger beteiligt sein, wenn die Fortsetzung dieser Rechtsträger beschlossen werden könnte (§ 3 Abs. 3 UmwG). Nach dem Wortlaut von § 2 UmwG ist das Institut der Verschmelzung durch zwei weitere Elemente charakterisiert:

- Verschmelzungen finden immer unter Auflösung der übertragenden Rechtsträger ohne gesonderte Abwicklung statt;
- dies erfolgt grds. gegen Gewährung von Anteilen oder Mitgliedschaften des übernehmenden oder neuen Rechtsträgers an die Anteilsinhaber des oder der übertragenden Rechtsträger. Allerdings gilt dieses „Dogma der Anteilsgewährungspflicht“ nicht unumstößlich, vielmehr kann im Falle der Verschmelzung von Kapitalgesellschaften auch von der Mitgliedschaftsperpetuierung abgesehen werden, sofern alle in Anteilsinhaber eines übertragenden Rechtsträgers hierauf verzichten[175] (vgl. § 54 Abs. 1 S. 3 und § 68 Abs. 1 S. 3 UmwG, welche durch den Gesetzgeber im Jahre 2007 eingeführt wurden).[176]

106 Das UmwG sieht folgende Möglichkeiten der Verschmelzung vor:[177]

174 *Hoger/Hoger* in: MüHdb d. GesR, Bd. VIII, § 6 Rn 9.

175 *Drinhausen/Keinarth*, BeckGOK UmwG, § 2 Rn 16.

176 *Wicke* in: BeckGOK UmwG, § 5 Rn 13.

177 Umwandlungssteuererlass, BMF v. 11.11.2011, BStBl I 2011, S. 1314 ff., Rn 01.10.

auf von	PershG/ PartG	GmbH	AG	KGaA	eG	eV/ wirtsch. Verein	gen. Prü- fungsver- band	VVaG	nat. Per- son
PershG/PartG	§§ 2–38 §§ 39–45	§§ 2–38 §§ 39–45 §§ 46–59	§§ 2–38 §§ 39–45 §§ 60–77	§§ 2–38 §§ 39–45 § 78	§§ 2–38 §§ 39–45 §§ 79–98	- *(§ 99 Abs. 2)*	- *(§ 105)*	- *(§ 109)*	- *(§ 3 Abs. 2 Nr. 1)*
GmbH inkl. UG	§§ 2–38 §§ 39–45 §§ 46–59	§§ 2 –38 §§ 46–59	§§ 2–38 §§ 46–59 §§ 60–77	§§ 2–38 §§ 46–59 § 78	§§ 2–38 §§ 46–59 §§ 79–98	- *(§ 99 Abs. 2)*	- *(§ 105)*	- *(§ 109)*	§§ 2–38 §§ 46–59 §§ 120–122
AG	§§ 2–38 §§ 39–45 §§ 60–77	§§ 2–38 §§ 46–59 §§ 60–77	§§ 2–38 §§ 60–77	§§ 2–38 §§ 60–77 § 78	§§ 2–38 §§ 60–77 §§ 79–98	- *(§ 99 Abs. 2)*	- *(§ 105)*	- *(§ 109)*	§§ 2–38 §§ 60–77 §§ 120–122
KGaA	§§ 2–38 §§ 39–45 § 78	§§ 2–38 §§ 46–59 § 78	§§ 2–38 §§ 60–77 § 78	§§ 2–38 § 78	§§ 2–38 § 78 §§ 79–98	- *(§ 99 Abs. 2)*	- *(§ 105)*	- *(§ 109)*	§§ 2–38 § 78 §§ 120–122
eG	§§ 2–38 §§ 39–45 §§ 79–98	§§ 2–38 §§ 46–59 §§ 79–98	§§ 2–38 §§ 60–77 §§ 79–98	§§ 2–38 § 78 §§ 79–98	§§ 2–38 §§ 79–98	- *(§ 99 Abs. 2)*	- *(§ 105)*	- *(§ 109)*	- *(§ 3 Abs. 2 Nr. 1)*
eV/wirtsch. Verein	§§ 2–38 §§ 39–45 §§ 99–104a	§§ 2–38 §§ 46–59 §§ 99–104a	§§ 2–38 §§ 60–77 §§ 99–104a	§§ 2–38 § 78 §§ 99–104a	§§ 2–38 §§ 79–98 §§ 99–104a	§§ 2–38 §§ 99–104a	§§ 2–38 §§ 99–104a §§ 105–108	- *(§ 109)*	- *(§ 3 Abs. 2 Nr. 1)*
gen. Prüfungsver-band	- *(§ 105)*	- *(§ 105)*	- *(§ 105)*	- *(§ 105)*	- *(§ 105)*	- *(§ 105)*	§§ 2–38 §§ 105–108	- *(§ 105)*	- *(§ 3 Abs. 2 Nr. 1)*
VVaG	- *(§ 109)*	- *(§ 109)*	§§ 2–38 §§ 60–77 §§ 109–113	- *(§ 109)*	- *(§ 109)*	- *(§ 109)*	- *(§ 109)*	§§ 2–38 §§ 109–119	- *(§ 3 Abs. 2 Nr. 1)*
nat. Person	-	-	-	-	-	-	-	-	-

2. Verschmelzung zur Aufnahme und Verschmelzung durch Neugründung

107 Gesetzestechnisch ist die Verschmelzung durch Aufnahme als Grundfall konzipiert, während die Verschmelzung im Wege der Neugründung auf dieser aufsetzt.[178]

Für die Verschmelzung zur Aufnahme sind folgende Schritte einzuhalten:[179]

- Beteiligung verschmelzungsfähiger Rechtsträger (§ 3 UmwG);
- Abschluss des Verschmelzungsvertrag (§ 4–7 UmwG);
- evtl. Verschmelzungsbericht (§ 8 UmwG);
- evtl. Verschmelzungsprüfung (§ 9–12 UmwG);
- evtl. Beteiligung des Betriebsrates (§ 5 Abs. 3 UmwG);
- Zustimmungsbeschluss der beteiligten Rechtsträger (§ 13 UmwG), ggf. mit Kapitalerhöhungsbeschluss der aufnehmenden Gesellschaft;
- Verzichtserklärungen der Gesellschafter der Beteiligten Rechtsträger auf Klagen gegen die Verschmelzungsbeschlüsse oder jedenfalls Verfristung der Klagemöglichkeit (§ 14 UmwG);
- Vorlage der Schlussbilanz des übertragenden Rechtsträgers (nicht älter als acht Monate) (§ 17 Abs. 2 UmwG);
- Anmeldung der Verschmelzung zu den Handelsregistern der beteiligten Rechtsträger (§ 16 Abs. 1 UmwG).

108 Auf die Verschmelzung durch Neugründung sind die Vorschriften zur Verschmelzung zur Aufnahme mit nur sehr geringen Ausnahmen entsprechend anzuwenden. An die Stelle des übernehmenden Rechtsträgers tritt der neue Rechtsträger, an die Stelle der Eintragung der Verschmelzung in das Register des Sitzes des übernehmenden Rechtsträgers tritt die Eintragung des neuen Rechtsträgers in das Register. Auf die Gründung des neuen Rechtsträgers sind grds. die für dessen Rechtsform geltenden Gründungsvorschriften anzuwenden, wobei Vorschriften, die für die Gründung eine Mindestzahl der Gründer vorschreiben, nicht anzuwenden sind und den Gründern des neuen Rechtsträgers die übertragenden Rechtsträger gleichstehen (§ 36 Abs. 1 u. 2 UmwG). Das bedeutet, dass die Satzung dem Verschmelzungsvertrag beizufügen ist und mitzubeurkunden ist.[180] Die weiteren Ausführungen gehen vom gesetzlichen Regelfall, der Verschmelzung zur Aufnahme aus.

178 *Hoger/Hoger* in: MüHdb d. GesR, Bd. VIII, § 6 Rn 10.

179 *Schwedhelm/Stenert* in: Schwedhelm, Die Unternehmensumwandlung, GmbH ←→ GmbH, Verschmelzung, Rn 983.

180 *Schwedhelm/Stenert* in: Schwedhelm, Die Unternehmensumwandlung, GmbH ←→ GmbH, Verschmelzung, Rn 1187.

Verschmelzung zur Aufnahme 109

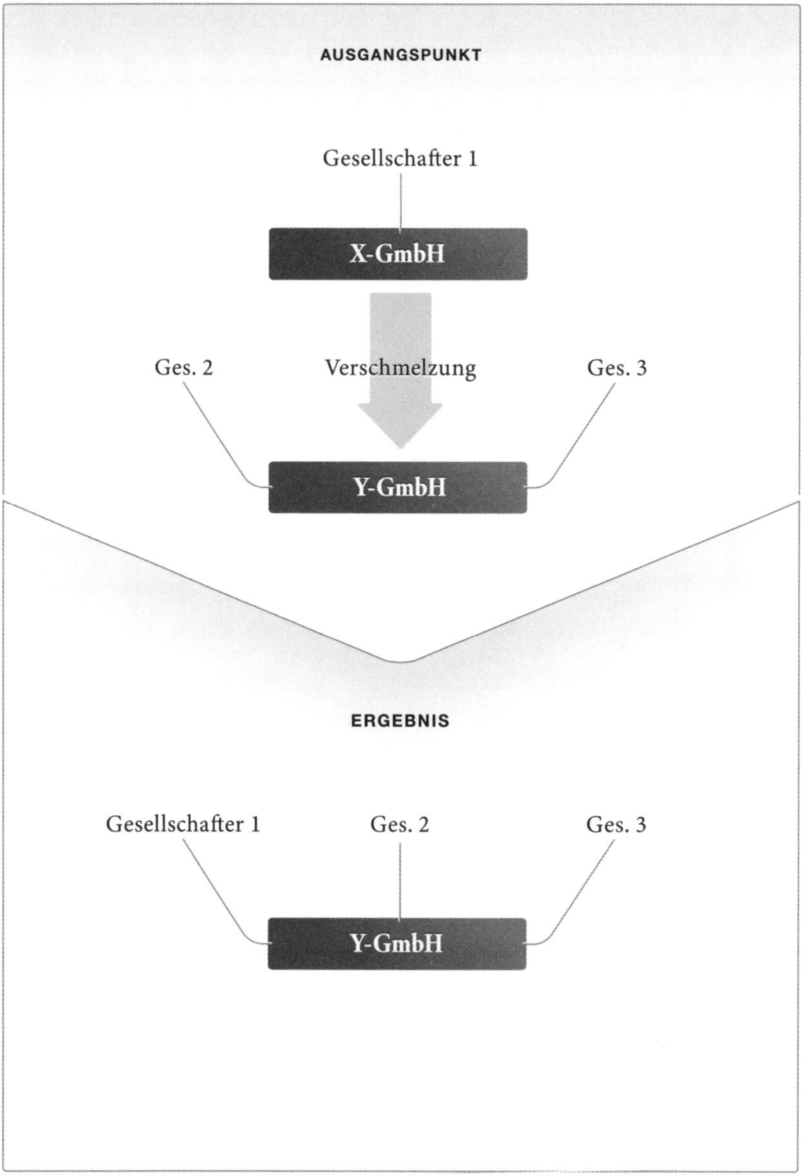

110 **Verschmelzung durch Neugründung**

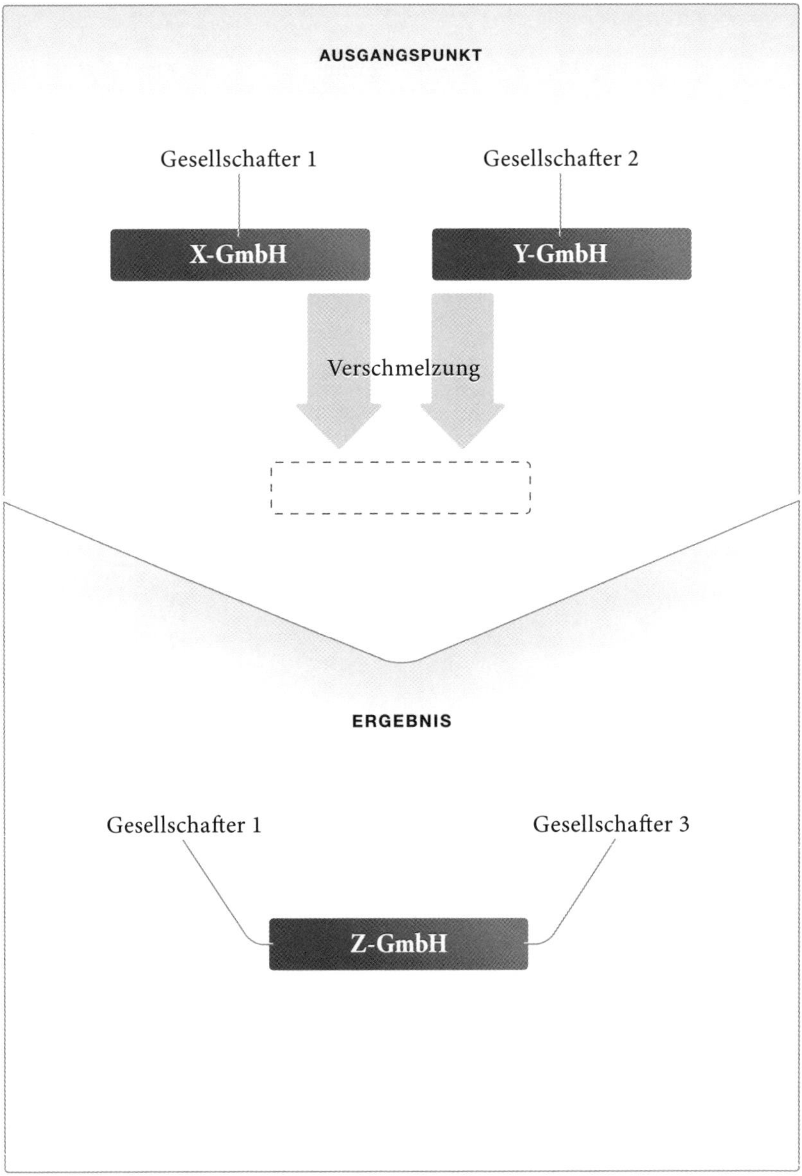

3. Verschmelzungsvertrag

Der Verschmelzungsvertrag ist in den §§ 4–7 UmwG geregelt. Die Vertretungsorgane der an der Verschmelzung beteiligten Rechtsträger schließen einen Verschmelzungsvertrag (§ 4 Abs. 1 Satz 1 UmwG), dieser wird also zwischen den Rechtsträgern selbst geschlossen (und nicht etwa zwischen den Gesellschaftern der Rechtsträger). Der Vertrag muss notariell beurkundet sein (§ 6 UmwG) und muss mindestens die Angaben aus § 5 Abs. 1 UmwG enthalten. Dies sind: 111

- den Namen oder die Firma und den Sitz der an der Verschmelzung beteiligten Rechtsträger (Nr. 1);
- die Vereinbarung über die Übertragung des Vermögens jedes übertragenden Rechtsträgers als Ganzes gegen Gewährung von Anteilen oder Mitgliedschaften an dem übernehmenden Rechtsträger (Nr. 2);
- das Umtauschverhältnis der Anteile und gegebenenfalls die Höhe der baren Zuzahlung oder Angaben über die Mitgliedschaft bei dem übernehmenden Rechtsträger (Nr. 3);
- die Einzelheiten für die Übertragung der Anteile des übernehmenden Rechtsträgers oder über den Erwerb der Mitgliedschaft bei dem übernehmen
- den Rechtsträger (Nr. 4);
- den Zeitpunkt, von dem an diese Anteile oder die Mitgliedschaften einen Anspruch auf einen Anteil am Bilanzgewinn gewähren, sowie alle Besonderheiten in Bezug auf diesen Anspruch (Nr. 5);
- den Zeitpunkt, von dem an die Handlungen der übertragenden Rechtsträger als für Rechnung des übernehmenden Rechtsträgers vorgenommen gelten (Verschmelzungsstichtag) (Nr. 6);
- die Rechte, die der übernehmende Rechtsträger einzelnen Anteilsinhabern sowie den Inhabern besonderer Rechte wie Anteile ohne Stimmrecht, Vorzugsaktien, Mehrstimmrechtsaktien, Schuldverschreibungen und Genussrechte gewährt, oder die für diese Personen vorgesehenen Maßnahmen (Nr. 7);
- jeden besonderen Vorteil, der einem Mitglied eines Vertretungsorgans oder eines Aufsichtsorgans der an der Verschmelzung beteiligten Rechtsträger, einem geschäftsführenden Gesellschafter, einem Partner, einem Abschlussprüfer oder einem Verschmelzungsprüfer gewährt wird (Nr. 8);
- die Folgen der Verschmelzung für die Arbeitnehmer und ihre Vertretungen sowie die insoweit vorgesehenen Maßnahmen (Nr. 9).

In der Praxis sollte der Notar den § 5 Abs. 1 UmwG als einen abzuhandelnden Katalog betrachten und dabei jeden einzelnen Punkt „abarbeiten". Für die Verschmelzung unter Beteiligung von Gesellschaften mit beschränkter Haftung verlangt § 46 Abs. 1 GmbH noch, dass der Verschmelzungsvertrag zusätzlich für jeden Anteilsinhaber eines übertragenden Rechtsträgers den Nennbetrag des Geschäftsanteils zu bestimmen, den die übernehmende Gesellschaft mit beschränkter Haftung ihm zu gewähren hat. Der Nennbetrag kann abweichend von dem Betrag festgesetzt wer- 112 den, der auf die Aktien einer übertragenden Aktiengesellschaft oder Kommanditgesellschaft auf Aktien als anteiliger Betrag ihres Grundkapitals entfällt. Sollen die zu gewährenden Geschäftsanteile im Wege der Kapitalerhöhung geschaffen und mit anderen Rechten und Pflichten als sonstige Geschäftsanteile der übernehmenden Gesellschaft mit beschränkter Haftung ausgestattet werden, so sind auch die Abweichungen festzusetzen. Sollen Anteilsinhaber eines übertragenden Rechtsträgers schon vorhandene Geschäftsanteile der übernehmenden Gesellschaft erhalten, so müssen die Anteilsinhaber und die Nennbeträge der Geschäftsanteile, die sie erhalten sollen, im Verschmelzungsvertrag oder in seinem Entwurf besonders bestimmt werden (§ 46 Abs. 1–3 UmwG).[181] Auch wenn § 46 Abs. 3 UmwG vom Wortlaut her nicht eindeutig ist, sollten in diesem Fall die konkreten Anteile auch mit ihren Nummern bezeichnet werden, da die Norm letztlich nur klarstellende Funktion hat und eine klare Zuordnung ermöglichen will.

4. Verschmelzungsbericht

113 Die Vertretungsorgane jedes der an der Verschmelzung beteiligten Rechtsträger haben grds. einen ausführlichen schriftlichen Bericht zu erstatten, in dem Folgendes rechtlich und wirtschaftlich erläutert und begründet wird:

- die Verschmelzung,
- der Verschmelzungsvertrag oder sein Entwurf im Einzelnen, insbesondere
  - das Umtauschverhältnis der Anteile einschließlich der zu seiner Ermittlung gewählten Bewertungsmethoden oder die Angaben über die Mitgliedschaft bei dem übernehmenden Rechtsträger sowie
  - die Höhe einer anzubietenden Barabfindung einschließlich der zu ihrer Ermittlung gewählten Bewertungsmethoden.

Der Bericht kann von den Vertretungsorganen auch gemeinsam erstattet werden; die entsprechende Legaldefinition findet sich in § 8 Abs. 1 Satz 1 UmwG und wurde durch das UmRUG 2023 angepasst. Auf besondere Schwierigkeiten bei der Bewertung der Rechtsträger sowie auf die Folgen für die Beteiligung der Anteilsinhaber ist hinzuweisen (§ 8 Abs. 1 Satz 3 UmwG). Die Norm dient ausschließlich der Information der Anteilsinhaber (also insbesondere nicht von Gläubigern oder Arbeitnehmern) – der Bericht soll eine Plausibilitätskontrolle ermöglichen und ihnen helfen den Umwandlungsvorgang, insbesondere im Hinblick auf ihre eigene Beteiligung, richtig einzuordnen, ohne ihn in allen Einzelheiten verstehen zu können.[182]

114 Die Berichtspflicht gilt für alle Verschmelzungsformen und entfaltet über die weiteren Verweisungen im UmwG, welches für den Formwechsel und die Spaltung auf

181 Wobei § 46 Abs. 3 UmwG nur klarstellende Funktion hat, vgl. *J. Vetter* in: Lutter, UmwG, § 46 Rn 50.

182 *Drygala* in: Lutter, UmwG, § 8 Rn 3.

die Regelungen zur Verschmelzung aufbaut, eine Folgewirkung auf die weiteren Umwandlungsformen des deutschen Rechts. Der Bericht ist nicht erforderlich, wenn alle Anteilsinhaber des beteiligten Rechtsträgers auf seine Erstattung verzichten; die Verzichtserklärungen sind notariell zu beurkunden (§ 8 Abs. 3 Satz 1 und 2 UmwG). Der Bericht ist grds. nicht erforderlich für den übertragenden und den übernehmenden Rechtsträger, wenn sich alle Anteile des übertragenden Rechtsträgers in der Hand des übernehmenden Rechtsträgers befinden oder sich alle Anteile des übertragenden und des übernehmenden Rechtsträgers in der Hand desselben Rechtsträgers befinden, sowie für denjenigen an der Verschmelzung beteiligten Rechtsträger, der nur einen Anteilsinhaber hat (§ 8 Abs. 3 Satz 3 UmwG). Das UmRUG hat hier zu einer Ausweitung der Ausnahme von der Berichterstattungspflicht geführt,[183] die in der Praxis kleinerer Gesellschafter aber ohnehin nicht relevant war, da regelmäßig auf den Verschmelzungsbericht verzichtet wurde.

Für die GbR legt das MoPeG ab dem 1.1.2024 fest, dass ein Verschmelzungsbericht **115** für eine an der Verschmelzung beteiligte GbR nicht erforderlich ist, wenn alle Gesellschafter dieser Gesellschaft zur Geschäftsführung berechtigt sind (§ 39a UmwG i.d.F. ab 1.1.2024).

Bis zum 31.12.2023 ist/war die vorstehende Norm in § 41 UmwG (a.F.) verortet **116** und für Personenhandelsgesellschaften konzipiert. Der Gesetzgeber wollte die Norm im Rahmen des MoPeG offensichtlich auf die GbR ausweiten,[184] stellt aber nicht auf sämtliche Personengesellschaften ab, sondern schränkt den Anwendungsbereich auf die GbR ein – ob dies so gewollt ist, oder ob nicht eigentlich sämtliche Personengesellschaften gemeint sein müssten, muss offenbleiben. Für die GbR ist die Norm jedoch folgerichtig, da gemäß § 39d UmwG n.F. jedem Gesellschafter einer übernehmenden GbR und den Anteilsinhabern einer übertragenden Rechtsträgers, wenn der übernehmende Rechtsträger eine GbR ist, ein Veto-Recht gegen die Verschmelzung gibt. Eine solch starke Stellung gibt es in Personenhandelsgesellschaften nicht – hier wird es nach § 41 UmwG n.F. lediglich das Recht geben, die Stellung eines Kommanditisten zu verlangen.

5. Verschmelzungsprüfung

Soweit gesetzlich vorgeschrieben, ist der Verschmelzungsvertrag oder sein Entwurf **117** durch einen oder mehrere sachverständige Prüfer (Verschmelzungsprüfer) zu prüfen (§ 9 Abs. 1 UmwG). Die Lage ist ähnlich wie beim Bericht nach § 8 UmwG, auf dessen Absatz 3 der § 9 Abs. 2 UmwG verweist; die Norm dient der Umsetzung von Art. 96 der Verschmelzungsrichtlinie (EU) 2017/1132.[185] Das UmRUG 2023

183 BT-Drucks 20/3822, S. 68 f.

184 BT-Drucks 19/27635, S. 265: *„Die Vorschrift übernimmt wortlautgleich den geltenden § 41 UmwG"*.

185 ABl L 169 vom 30.6.2017, S. 46–127.

hat insoweit zu einer erheblichen Vereinfachung der Regelung geführt, in dem diese parallel an der Berichtspflicht nach § 8 UmwG ausgerichtet wurde – frühere Unklarheiten und Friktionen haben sich insoweit erledigt. Die Verschmelzungsprüfung soll grds. unter denselben Voraussetzungen entbehrlich sein, wie der Verschmelzungsbericht gemäß § 8 Absatz 3 UmwG entbehrlich ist. Dies betrifft sowohl die Verzichtsmöglichkeiten der Anteilsinhaber als auch die Ausnahmetatbestände für Konzernkonstellationen).[186]

118 Die gesetzliche Anordnung der Verschmelzungsprüfung findet sich aber nicht in § 9 UmwG, der nur die Folgen einer solchen gesetzlichen Anordnung regelt. Im UmwG finden sich entsprechende Anordnungen im Verschmelzungsrecht in den §§ 44, 45e, 48, 60, 78 und 100 UmwG.[187] Nach § 44 Satz 1 UmwG kann bei Personengesellschaften (nach § 45e UmwG bei Partnerschaftsgesellschaften), in denen die Verschmelzung mit einer $^3/_4$-Mehrheit beschlossen werden kann, jeder Gesellschafter eine solche Prüfung innerhalb einer Frist von einer Woche verlangen. Das Gleiche gilt gemäß § 48 UmwG auch bei der Beteiligung einer GmbH.

6. Verschmelzungsbeschlüsse

119 Der Verschmelzungsvertrag wird nur wirksam, wenn die Anteilsinhaber der beteiligten Rechtsträger ihm durch Beschluss, den Verschmelzungsbeschluss, zustimmen. Der Verschmelzungsbeschluss kann nur in einer Versammlung der Anteilsinhaber gefasst werden (§ 13 Abs. 1 UmwG). Die Reihenfolge der Verschmelzungsbeschlüsse bei den einzelnen Rechtsträgern spielt keine Rolle.[188]

120 Die Norm ist eine „Grundlagenentscheidung von erheblicher Tragweite", die dem Anteilsinhaberschutz dient und für sämtliche an der Verschmelzung beteiligte Rechtsträger gilt: Sie ist nicht – auch nicht durch die Satzung – auf Dritte delegierbar und darf auch ansonsten nicht von der Mitwirkung Dritter abhängig gemacht werden, sondern entspringt dem unmittelbaren Recht der Gesellschafter/Anteilsinhaber.[189] In der Versammlung darf sich der einzelne Anteilsinhaber/Gesellschafter vertreten lassen, entsprechend den allgemeinen gesetzlichen und den speziellen satzungsmäßigen Regelungen.

121 Der eigentliche Vorlauf und Verlauf der Versammlung der Gesellschafter bzw. Anteilseigner ist im Gesetz nur ansatzweise geregelt, es gelten die allgemeinen, gesellschaftsformspezifischen Regelungen sowie die jeweils im Umwandlungsrecht bestimmten Spezialregeln, soweit solche vorhanden sind. Die Regeln zur Ladung,

186 BT-Drucks 20/3822, S. 70.
187 *Drygala* in: Lutter, UmwG, § 9 Rn 5.
188 *Zimmermann* in: Kallmeyer, UmwG, § 13 UmwG Rn 8.
189 *Drygala* in: Lutter, UmwG, § 13 Rn 1 ff.

insbesondere zu Form und Frist, und zur Tagesordnung folgen den Regeln der jeweiligen Satzung[190] und des Gesetzes. Für die GmbH treffen die §§ 49 f. UmwG Vorgaben zur Vorbereitung und Durchführung der Gesellschafterversammlung, für die AG wird dies in den §§ 63–65 UmwG geregelt.

Trifft die Satzung jeweils besondere qualifizierte Vorgaben für die Satzungsänderung, so gelten diese (analog), da die Verschmelzung zwar keine Satzungsänderung ist, jedoch vergleichbare Folgen zeitigt. Wie bei einer Satzungsänderung ist daher bereits im Vorfeld der genaue Wortlaut des vorgeschlagenen Beschlusstextes in der Tagesordnung bekannt zu machen.[191] **122**

Überhaupt ist die Versammlung der Anteilseigner so transparent wie möglich zu organisieren. Eine Überraschung oder Überrumpelung der (Minderheits-)Gesellschafter muss in jedem Fall vermieden werden. Übergroße Anforderungen sind dabei allerdings nicht zu stellen: Es kann davon ausgegangen werden, dass ein rechtzeitiges und angemessenes Zur-Verfügung-Stellen der im Gesetz vorgesehenen Informationen über die in der jeweiligen Satzung vorgesehenen Kommunikationswege ausreichend ist. Das sind insbesondere der Verschmelzungsvertrag bzw. sein Entwurf und der Verschmelzungsbericht (vgl. für die je unterschiedlichen, beteiligten Rechtsträger: §§ 42, 47, 49, 61, 63, 82, 101 UmwG) bzw. der Prüfungsbericht, soweit die Anteilseigener/Gesellschafter auf die Prüfung nicht ausdrücklich verzichtet haben oder diese aus anderem Grund entbehrlich ist.[192] **123**

Die Mehrheitserfordernisse in den jeweiligen Versammlungen sind rechtsformabhängig: Bei Personengesellschaften müssten grds. alle Gesellschafter zustimmen, es sei denn der Gesellschaftsvertrag sieht eine geringere Mehrheit vor, die jedoch immer mindestens 3/4 der abgegebenen Stimmen darstellen muss (§§ 43 Abs. 1, 45d Abs. 2 UmwG). In Kapitalgesellschaften sind die Mehrheitserfordernisse, zumindest nach dem Gesetz, nicht so streng; grds. wird benötigt **124**

- bei einer GmbH: 3/4 der abgegebenen Stimmen (§ 50 Abs. 1 Satz 1 UmwG), es sei denn das Stammkapital des übernehmenden Rechtsträgers ist noch nicht vollständig eingezahlt, dann müssen alle Anteilsinhaber des übertragenden Rechtsträgers zustimmen (§ 51 Abs. 1 UmwG);
- bei einer AG, KGaA, SE: 3/4 des Grundkapitals und einfache Mehrheit der abgegebenen Stimmen (§§ 65 Abs. 1 UmwG, 133 Abs. 1 AktG), bei der KGaA insbesondere auch der/die persönlich haftende(n) Gesellschafter (§ 78 Satz 3 UmwG).

Die jeweiligen Satzungen können höhere Quoren festlegen, aber nicht niedrigere. Wenn eine Satzung eine erhöhte Anforderung an eine allgemeine Satzungsände- **125**

190 Wenn in der Folge vereinfachend als *pars pro toto* von Satzung gesprochen wird, so sind hiermit auch Gesellschaftsverträge gemeint.

191 *Drygala* in: Lutter, UmwG, § 13 Rn 5.

192 *Winter* in: Schmitt/Hörtnagl, UmwG, UmwStG, § 9 UmwG Rn 8 ff.

rung stellt, dann gilt dies nach richtiger h.M. auch für die Verschmelzung.[193] Allerdings kann eine Satzung eine Verschmelzung nicht als solche, auch nicht für eine gewisse Zeit ausschließen – eine solche Klausel wäre nichtig, aber u.U. gemäß § 140 BGB in ein Einstimmigkeitserfordernis umdeutbar.[194]

126 Bei der Vollversammlung gilt aber, wie sonst auch üblich, dass bei Anwesenheit aller Gesellschafter/Anteilseigner diese auf die Einhaltung der Formen und Fristen verzichten können. Ein Abwarten der einmonatigen Klagefrist wäre in einem solchen Falle bloße „Förmelei" und materiell-rechtlich auch nicht indiziert, da ja alle Gesellschafter zugestimmt haben. Trotzdem ist auch in diesem Fall der in § 16 Abs. 2 Satz 2 UmwG vorgesehene Klageverzicht möglich, um das Eintragungsverfahren entsprechend zu beschleunigen. In der Literatur wird er ausdrücklich zu Recht empfohlen,[195] da er im Interesse einer beschleunigten Handelsregistereintragung erfolgt und er den Vertretungsorganen der Gesellschaft eine wahrheitsgemäße (Negativ-)Versicherung entlang des Wortlauts von § 16 Abs. 2 UmwG ermöglicht. Eine unrichtige Sachbehandlung im Sinne von § 21 GNotKG kommt daher auch nicht in Betracht.

127 Allerdings ist für die Aktiengesellschaften im Rahmen der Verschmelzung durch Neugründung § 76 Abs. 1 UmwG zu beachten: Eine übertragende Aktiengesellschaft darf die Verschmelzung erst beschließen, wenn sie und jede andere übertragende Aktiengesellschaft bereits zwei Jahre im Register eingetragen sind.

128 Besonders ist das Stimmverhalten einzelner Gesellschafter zu beachten, denen Sonderrechte zukommen. Ist die Abtretung der Anteile eines übertragenden Rechtsträgers von der Genehmigung bestimmter einzelner Anteilsinhaber abhängig, so bedarf der Verschmelzungsbeschluss dieses Rechtsträgers zu seiner Wirksamkeit ihrer Zustimmung (§ 13 Abs. 2 UmwG). Die Norm ist Ausdruck des allgemeinen Rechtsgedankens, dass Sonderrechte eines Anteilsinhabers nicht ohne dessen Zustimmung beeinträchtigt werden dürfen (vgl. § 35 BGB).[196]

129 Vor allem bei GmbH (aber nicht nur) sind Vinkulierungsklauseln (§ 15 Abs. 5 GmbHG) weit verbreitet.[197] Soweit derartige Zustimmungserfordernisse einem bestimmten Gesellschafter als Sonderrechte eingeräumt sind, ist dies unmittelbar ersichtlich. Das Erfordernis zwingender Zustimmung gilt auch, wenn die Satzung

193 *Heidinger* in: Henssler/Strohn, GesR, UmwG § 13 Rn 12 m.w.N.

194 *Grunewald* in: Lutter, UmwG, § 65 Rn 7; *Hörtnagl/Ollech* in: Schmitt/Hörtnagl, UmwG, UmwStG, § 65 Rn 11, zur Aktiengesellschaft, was aber auf alle Kapitalgesellschaften anwendbar sein dürfte.

195 *Drygala* in: Lutter, UmwG, § 13 Rn 6 m.w.N.

196 BT-Drucks 12/6699, S. 86.

197 *Drygala* in: Lutter, UmwG, § 13 Rn 28 f.

bspw. die Übertragung eines Geschäftsanteils von der Zustimmung aller Gesellschafter abhängig macht.[198]

Die notarielle Beurkundung erfolgt als Tatsachenbeurkundung – Protokollform gemäß §§ 130 AktG, 36 f. BeurkG. Eine Beurkundung des Beschlusses gemäß §§ 8 ff. BeurkG (Beurkundung von Willenserklärungen) ist grds. möglich; allerdings wird dies für die AG und die KGaA mit guten Argumenten bestritten, weil § 130 AktG als speziellere Regelung zum allgemeinen Beurkundungsrecht gedeutet wird,[199] sodass für diese Kapitalgesellschaften in der Praxis stets die Protokollform gewählt werden sollte. Auch bei der GmbH (Einpersonen- und Mehrpersonengesellschaft) ist eine solche Vorgehensweise zu empfehlen – überstimmten Gesellschaftern wäre es wohl kaum zumutbar den gefassten Beschluss anschließend zu unterzeichnen, um deren Gegenwart zu dokumentieren.[200] **130**

Bedingungen und Befristungen sind unschädlich, wenn es sich um Rechtsbedingungen handelt, etwa im Falle einer Kettenverschmelzung (also dem Hintereinanderschalten mehrerer Verschmelzungen), bei denen der Beschluss für die spätere Verschmelzung unter der Bedingung des Vollzuges der vorhergehenden Verschmelzung steht.[201] **131**

Bei Kettenverschmelzungen ist zu beachten: Stimmberechtigt sind jeweils nur die Gesellschafter die im Zeitpunkt der Beschlussfassung auch bereits an der Gesellschaft beteiligt sind – wenn ein übernehmender Rechtsträger in der Folge selbst zum übertragenden Rechtsträger wird, dann sind die Gesellschafter des zunächst übertragenden Rechtsträgers in der Versammlung des übernehmenden Rechtsträgers anlässlich von dessen Verschmelzung auf einen weiteren Rechtsträger erst nach Vollzug der ersten Verschmelzung zu beteiligen.[202]

Ist der Verschmelzungsvertrag bereits geschlossen, dann ist er bis zum zustimmenden Beschluss sämtlicher Anteilsinhaber/Gesellschafterversammlungen schwebend unwirksam; wird er auch nur von einer Versammlung eines der beteiligten Rechtsträger nicht mit der erforderlichen Mehrheit bestätigt, dann ist er endgültig unwirksam.[203] Besonders beachtenswert für die notarielle Praxis ist der Umstand, dass dieser Mangel der Verschmelzung selbst bei einer Eintragung der Verschmelzung im Handelsregister nicht nach § 20 Abs. 2 UmwG geheilt werden würde.[204] **132**

198 *Drygala* in: Lutter, UmwG, § 13 Rn 29; *Winter* in: Schmitt/Hörtnagl, UmwG, UmwStG, § 13 Rn 63, kritisch zu solchen Satzungsbestimmungen.

199 *Zimmermann* in: Kallmeyer, UmwG, § 13 UmwG Rn 37.

200 OLG Celle, Beschl. v. 13.2.2017 – 9 W 13/17, GmbHR 2017, 419, Ls.: Dem Beurkundungserfordernis für die Satzungsänderung einer GmbH wird – auch bei der Einpersonen-Gesellschaft – durch die Einhaltung der Formvorschriften der §§ 36 ff. BeurkG genügt.

201 *Drygala* in: Lutter, UmwG, § 13 Rn 5.

202 *Zimmermann* in: Kallmeyer, UmwG, § 13 UmwG Rn 4, 8.

203 *Winter* in: Schmitt/Hörtnagl, UmwG, UmwStG, § 13 Rn 66.

204 *Winter* in: Schmitt/Hörtnagl, UmwG, UmwStG, § 13 Rn 66.

133 Die Zustimmung der Gesellschafter- bzw. Anteilseignerversammlung (des übernehmenden Rechtsträgers) zum Verschmelzungsvertrag deckt aber nicht zugleich eine im Verschmelzungsvertrag vorgesehene Satzungsänderung ab – es bedarf vielmehr noch eines separaten Gesellschafterbeschlusses zur Änderung der Satzung.[205] Der Verschmelzungsbeschluss ändert die Satzung nicht von selbst.[206]

134 Der Verschmelzungsbeschluss muss nicht sachlich gerechtfertigt sein. Dahinter stehen Vorstellungen, die von Rechtsprechung und Schrifttum im Aktienrecht für eine materielle Kontrolle wichtiger Hauptversammlungsbeschlüsse (bezüglich Kapitalerhöhungen unter Bezugsrechtsausschluss) dahin entwickelt worden sind, dass ein Beschluss im Interesse der Gesellschaft liegen, zur Verfolgung des Unternehmensgegenstandes erforderlich und das angemessene Mittel sein müsse.[207] Der Gesetzgeber hat ausweislich der Gesetzesbegründung das Erfordernis einer sachlichen Rechtsfertigung des Verschmelzungsbeschlusses seinerzeit offen gelassen und einer umfassenderen gesellschaftsrechtlichen Lösung vorbehalten. *De lege lata* wird im Umwandlungsrecht das Erfordernis zu Recht abgelehnt, weil der Gedanke des Minderheitenschutzes im Gesetz bereits ausreichend verwirklich ist.[208]

135 Der Verschmelzungsvertrag oder sein Entwurf ist gemäß § 13 Abs. 3 Satz 2 UmwG dem Beschluss als Anlage beizufügen. Die Anlage muss nicht vorgelesen werden; unseres Erachtens genügt eine einfache Abschrift; da die Frage jedoch umstritten ist,[209] bietet es sich in der Praxis an, diesen jedenfalls in beglaubigter Abschrift beizufügen. Sollte dies aus welchen Gründen auch immer unterblieben sein, kann der Beschluss trotzdem wirksam sein, solange der Nachweis der Bezugnahme für den Rechtsverkehr, und insbesondere das Handelsregister, auf andere Weise erfolgt ist.[210]

7. Registerverfahren

a) Rolle des Registergerichts

136 Der Prüfung durch das Registergericht kommt in Umwandlungsfällen wegen § 20 Abs. 1 Nr. 1–4 UmwG eine besondere Bedeutung zu: Die Eintragung heilt fast sämtliche (Beschluss-)Mängel und führt irreversibel den angemeldeten Rechts-

205 *Drygala* in: Lutter, UmwG, § 13 Rn 5.

206 *Zimmermann* in: Kallmeyer, UmwG, § 13 UmwG Rn 20.

207 BT-Drucks 12/6699, S. 86.

208 *Zimmermann* in: Kallmeyer, UmwG, § 13 UmwG Rn 12 m.w.N.

209 Ebenfalls für einfache Abschrift: *Zimmermann* in: Kallmeyer, UmwG, § 13 UmwG Rn 39 m.w.N. auch zur strengeren Ansicht.

210 *Zimmermann* in: Kallmeyer, UmwG, § 13 UmwG Rn 39.

zustand herbei.[211] Das Registergericht prüft die Anmeldung in formeller und in materieller Hinsicht.[212]

In formeller Hinsicht prüft es insbesondere:

- Zuständigkeit des Gerichts;
- Einhaltung der Form – vgl. § 12 HGB;
- Anmeldebefugnis der anmeldenden Personen;
- inhaltliche Richtigkeit der Anmeldung;
- Vollständigkeit der Anmeldung;
- Vollständigkeit der beigefügten Anlagen;
- Einhaltung allgemeiner Gründungsvorschriften neu zu gründender Rechtsträger;
- Einhaltung der 8-Monats-Frist nach § 17 Abs. 2 Satz 4 UmwG.

Es prüft darüber hinaus die rechtsformspezifischen Besonderheiten jedes Verschmelzungsvorgangs, im Falle der Beteiligung von GmbH z.B. die §§ 52 f. GmbH.

Die umfassende formelle Prüfungskompetenz des Registergerichts ist unbestritten; 137 die materielle Prüfungskompetenz ist Gegenstand juristischer Diskussionen.[213] Die Frage, in welchem Umfang die Registergerichte vor dem Vollzug einer Eintragung in das Register die entsprechende Anmeldung zu überprüfen haben, ist gesetzlich nur bruchstückhaft geregelt und umstritten. Ausgangspunkt bei der Beantwortung dieser Frage muss der Grundsatz sein, dass zum Schutz des Rechtsverkehrs (vgl. § 15 HGB) unrichtige Eintragungen in das Handelsregister möglichst zu vermeiden sind.[214] Dabei ist es aber nicht verpflichtet, verwickelte Rechtsverhältnisse oder zweifelhafte Rechtsfragen zu klären, denn dadurch würden die Registergerichte überlastet. Eine Pflicht zur Amtsermittlung besteht nur dann, wenn entweder die formalen Mindestanforderungen für eine Eintragung nicht erfüllt sind oder wenn begründete Zweifel an der Wirksamkeit der zur Eintragung angemeldeten Erklärungen oder an der Richtigkeit der mitgeteilten Tatsachen bestehen.[215]

Für die Prüfungskompetenz des Registergerichts bei Umwandlungen heißt das, 138 dass es die Ordnungsmäßigkeit der Verschmelzung prüft.[216] Es hat den **Verschmelzungsvertrag** inhaltlich auf die **Einhaltung der gesetzlichen Mindestanforderungen** (insbesondere Abbildung des Katalogs nach § 5 Abs. 1 UmwG) zu überprüfen.[217] Im Rahmen der Prüfung der Beschlüsse hat das Gericht vor allem die

211 Vgl. *Decher* in: Lutter, UmwG, § 19 Rn 2.

212 *Decher* in: Lutter, UmwG, § 19 Rn 2; siehe aber: *Limmer*, Handbuch der Unternehmensumwandlung, Rn 637 „*in formeller und eingeschränkt in materieller Hinsicht*".

213 *Limmer*, Handbuch der Unternehmensumwandlung, Rn 636 m.w.N.

214 OLG Naumburg, Beschl. v. 12.2.1997 – 10 Wx 1/97, GmbHR 1997, 1152, 1153.

215 BGH, Beschl. v. 21.6.2011 – II ZB 15/10, NZG 2011, 907, 908 Rn 10.

216 *Decher* in: Lutter, UmwG, § 19 Rn 4.

217 *Winter* in Schmitt/Hörtnagl, UmwG, UmwStG, § 19 UmwG Rn 18.

Einhaltung von Normen zu prüfen, die dem Schutz öffentlicher Interessen, also insbesondere von Gläubigern oder der Öffentlichkeit dienen, aber nicht solche zum Schutz von Anteilsinhabern. Es prüft also die Wirksamkeit von Beschlüssen, sonstigen relevanten Erklärungen und Verzichten, die Rechtmäßigkeit der Firma des übernehmenden Rechtsträgers, die Ordnungsmäßigkeit der Bilanz, die Voreintragung der Verschmelzung beim übertragenden Rechtsträger und die Einhaltung zwingender Kapitalerhaltungsvorschriften.[218] Nicht zum Prüfungsumfang des Registergerichts gehören nach dieser wohl herrschenden Ansicht die Prüfung des Umtauschverhältnisses im Sinne von § 5 Abs. 1 Nr. 3 UmwG oder die Zweckmäßigkeit des Verschmelzungsvertrages bzw. der Verschmelzung überhaupt.[219]

b) Wirkungen der Eintragung

aa) Gesamtrechtsnachfolge

139 Die Wirkungen der Eintragung der Verschmelzung in das Handelsregister am Sitz des übernehmenden Rechtsträgers (auf die es ankommt) regelt § 20 Abs. 1 UmwG. Die Vorschrift ist für das Umwandlungsgesetz und die Institute der Verschmelzung, der Spaltung und der Vermögensübertragung von zentraler Bedeutung und definiert die für diese geltende Gesamtrechtsnachfolge:

- Das Vermögen der übertragenden Rechtsträger geht einschließlich der Verbindlichkeiten auf den übernehmenden Rechtsträger über (Nr. 1).
- Die übertragenden Rechtsträger erlöschen. Einer besonderen Löschung bedarf es nicht (Nr. 2).
- Die Anteilsinhaber der übertragenden Rechtsträger werden Anteilsinhaber des übernehmenden Rechtsträgers; dies gilt nicht, soweit der übernehmende Rechtsträger oder ein Dritter, der im eigenen Namen, jedoch für Rechnung dieses Rechtsträgers handelt, Anteilsinhaber des übertragenden Rechtsträgers ist oder der übertragende Rechtsträger eigene Anteile innehat oder ein Dritter, der im eigenen Namen, jedoch für Rechnung dieses Rechtsträgers handelt, dessen Anteilsinhaber ist. Rechte Dritter an den Anteilen oder Mitgliedschaften der übertragenden Rechtsträger bestehen an den an ihre Stelle tretenden Anteilen oder Mitgliedschaften des übernehmenden Rechtsträgers weiter (Nr. 3).
- Der Mangel der notariellen Beurkundung des Verschmelzungsvertrags und gegebenenfalls erforderlicher Zustimmungs- oder Verzichtserklärungen einzelner Anteilsinhaber wird geheilt (Nr. 4).

Gesteigert wird dieser Rechtssicherheit erzeugende Regelungsgehalt durch den für die (notarielle) Praxis wichtigen (und beruhigenden) § 20 Abs. 2 UmwG: Im Falle der Eintragung durch das Handelsregister wirken die Eintragungen unbeschränkt

218 *Decher* in: Lutter, UmwG, § 19 Rn 5; *Winter* in Schmitt/Hörtnagl, UmwG, UmwStG, § 19 UmwG Rn 19 f.

219 *Decher* in: Lutter, UmwG, § 19 Rn 5 m.w.N.

und etwaige Mängel der Verschmelzung haben keine Auswirkungen mehr. Hierin liegt nicht zuletzt einer der großen Vorteile der Umwandlungen nach dem UmwG und vielfach ein Aspekt der Überlegenheit vor anderen Formen der Unternehmensrestrukturierungen.

Im Falle der Verschmelzung geht das gesamte Vermögen des übertragenden auf den übernehmenden Rechtsträger über. § 20 UmwG und die darin angeordnete Universalsukzession sind nicht abdingbar, was bedeutet, dass eine abweichende Regelung im Gesellschaftsvertrag bzw. den Beschlüssen nicht möglich ist.[220] Allerdings können schuldrechtliche Vereinbarungen im Innenverhältnis getroffen sein, wie die Vereinbarung des Verschmelzungsstichtages, und auch der Übergang der Arbeitsverhältnisse nach § 613a BGB kann früher erfolgen.[221] Einzelübertragungen auf den übernehmenden Rechtsträger sind nicht nötig und nicht möglich, umgekehrt ist ein Zurückbehalten oder Ausnehmen von Vermögensgegenständen nicht möglich; auch ein gutgläubiger Erwerb ist im Rahmen der Gesamtrechtsnachfolge im Rahmen einer Universalsukzession ausgeschlossen – der übernehmende Rechtsträger übernimmt das Vermögen des übertragenden Vermögens in dem Bestand, wie es tatsächlich ist.[222] 140

bb) Heilung von Mängeln des Verschmelzungsvertrages und der Beschlüsse

Die Heilungswirkung des § 20 Abs. 1 Nr. 4 UmwG wurde bereits erwähnt, auf diese Ausführungen wird an dieser Stelle verwiesen. 141

c) Anmeldungen

aa) Inhalt und Gegenstand der Anmeldungen

Nach § 16 Abs. 1 Satz 1 UmwG ist der **Gegenstand der Anmeldung** „die Verschmelzung". Es werden also nicht der Verschmelzungsvertrag oder die -beschlüsse angemeldet. In der Anmeldung ist zum Ausdruck zu bringen, dass das Vermögen des/der übertragenden Rechtsträger ohne Abwicklung auf den übernehmenden Rechtsträger im Wege der Gesamtrechtsnachfolge gegen Gewährung von Anteilen/Mitgliedschaften des übernehmenden Rechtsträgers übertragen wird. Dabei bietet sich eine Orientierung am Wortlaut von § 2 UmwG an.[223] 142

Stets mitanzumelden sind die Veränderungen beim übernehmenden Rechtsträger, die durch die Beteiligten im Rahmen einer Kapitalerhöhung (wenn eine solche erfolgt) ebenfalls noch „mit erledigt" werden, etwa eine Änderung der Firma oder 143

220 *Winter* in: Schmitt/Hörtnagl, UmwG, UmwStG, § 20 Rn 1–3.

221 BAG, Urt. v. 25.5.2000, 8 AZR 416/99, ZIP 2000, 1630, 1631, Ls. 1.

222 *Grunewald* in: Lutter, UmwG, § 20 Rn 7–10.

223 *Winter* in: Schmitt/Hörtnagl, UmwG, UmwStG, § 16 Rn 17.

sonstige Änderungen des Gesellschaftsvertrages. Darüber hinaus sind rechtsformspezifische Besonderheiten zu beachten.

So ist insbesondere bei **Personengesellschaften** als aufnehmendem Rechtsträger anzugeben, welche neuen Gesellschafter (mit Wohnort und Geburtsdatum) der Gesellschaft beigetreten sind und ob es sich um persönlich haftende Gesellschafter handelt oder um Kommanditisten, wobei im letzteren Falle die Haftsumme angegeben werden muss. Wandelt sich die Rechtsform einer übernehmenden oHG im Rahmen der Verschmelzung in eine KG, bedarf es keiner gesonderten Anmeldung des Formwechsels und der damit verbundenen Änderung von Firma und Gesellschafterbestand, insbesondere bedarf es keiner vorherigen Eintragung der KG im Handelsregister.[224]

144 Ist an der Verschmelzung eine **GmbH**, auf deren Geschäftsanteile nicht alle zu leistenden Einlagen in voller Höhe bewirkt sind, als übernehmender Rechtsträger beteiligt, müssen die anmeldenden Vertretungsorgane ebenfalls erklären, dass dem Verschmelzungsbeschluss jedes der übertragenden Rechtsträger alle bei der Beschlussfassung anwesenden Anteilsinhaber dieses Rechtsträgers und, sofern der übertragende Rechtsträger eine Personenhandelsgesellschaft, eine Partnerschaftsgesellschaft oder eine GmbH ist, auch die nicht erschienenen Gesellschafter dieser Gesellschaft zugestimmt haben. Wird eine GmbH, auf deren Geschäftsanteile nicht alle zu leistenden Einlagen in voller Höhe bewirkt sind, von einer GmbH durch Verschmelzung aufgenommen, so ist auch zu erklären, dass alle Gesellschafter dieser Gesellschaft dem Verschmelzungsbeschluss zugestimmt haben (§§ 51, 52 UmwG). Bei einer Konzernverschmelzung einer AG ist § 62 Abs. 2 UmwG zu beachten – soweit die Minderheitsaktionäre eine Hauptversammlung verlangen könnten, dies aber nicht getan haben, ist dies ebenfalls anzumelden.[225]

145 Ist begleitende Maßnahme einer Verschmelzung eine Kapitalerhöhung, dann ist auch diese mit der damit einhergehenden Satzungsänderung zusammen mit der Verschmelzung beim Registergericht des übernehmenden Rechtsträgers für diesen anzumelden.[226]

> *Beachte:*
>
> Die Anmeldung der Verschmelzung und die Anmeldung der **Kapitalerhöhung** können in einem Dokument zusammengefasst werden. Da die Verschmelzung aber erst nach Eintragung der Kapitalerhöhung erfolgen kann (§§ 53, 66 UmwG), ist in der Anmeldung klarzustellen, dass der Antrag auf Durchführung der Kapitalerhöhung zunächst zu bearbeiten ist und anschließend erst die Verschmelzung. Angestelltenvollmacht nicht vergessen!

224 *Ihrig* in: Semler/Stengel/Leonard, UmwG § 40 Rn 28.

225 Vgl. zu Letzterem *Limmer*, Handbuch der Unternehmensumwandlung, Rn 672.

226 Siehe instruktiv *Limmer*, Handbuch der Unternehmensumwandlung, Rn 650–652.

Wurde der Verschmelzungsvertrag unter einer **aufschiebenden Bedingung** geschlossen, was möglich und gerade bei Kettenverschmelzungen nicht unüblich ist, dann muss auch der Eintritt der Bedingung angezeigt werden. 146

Bei der Anmeldung haben die Vertretungsorgane zu erklären, dass eine Klage gegen die Wirksamkeit eines Verschmelzungsbeschlusses nicht oder nicht fristgemäß erhoben oder eine solche Klage rechtskräftig abgewiesen oder zurückgenommen worden ist; hierüber haben die Vertretungsorgane dem Registergericht auch nach der Anmeldung Mitteilung zu machen (§ 16 Abs. 2 Satz 1 UmwG). Anders als bei der Anmeldung als solcher ist hier eine rechtsgeschäftliche Vertretung (z.B. durch Angestellte an der Notarstelle) nicht möglich.[227] 147

In der Praxis bedarf es der Negativerklärung nach § 16 Abs. 2 Satz 1 UmwG meist nicht, weil die klageberechtigten Anteilsinhaber durch notariell beurkundete **Verzichtserklärung** auf die Klage gegen die Wirksamkeit des Verschmelzungsbeschlusses verzichten (§ 16 Abs. 2 Satz 2 UmwG), was sehr oft in einer Urkunde zusammen mit den Verschmelzungsbeschlüssen beurkundet werden kann. Liegt weder die Negativerklärung nach § 16 Abs. 2 Satz 1 UmwG noch die Verzichtserklärungen nach Satz 2 der Norm vor, bleibt die Möglichkeit einen Beschluss des OLG im Freigabeverfahren nach § 16 Abs. 3 UmwG zu erwirken.

Die **Verschmelzung durch Neugründung** wird in den §§ 36–38 UmwG geregelt. 148
Der grundlegende Unterschied zur Verschmelzung durch Aufnahme besteht darin, dass bei der Verschmelzung durch Neugründung die sich vereinigenden Vermögensmassen auf einen Rechtsträger übergehen, der erst im Zusammenhang mit der Verschmelzung gegründet wird. Im Zentrum der speziellen Normen steht demzufolge nicht die Behandlung des Verschmelzungsvorgangs als solchem, sondern die Anforderungen, die an die Gründung des neuen Rechtsträgers zu stellen sind.[228] § 36 Abs. 1 UmwG verweist umfassend auf die §§ 4–35 UmwG, sodass das allgemein Beschriebene vollumfänglich auch für die Verschmelzung durch Neugründung gilt, insbesondere natürlich auch die Regelungen für die Anmeldung. Zusätzlich anzumelden sind allerdings die weiteren Aspekte des jeweiligen Gründungsvorgangs als solches.[229]

bb) Anmeldende Personen

Die Vertretungsorgane der an der Verschmelzung beteiligten Rechtsträger haben die Anmeldungen vorzunehmen (§ 16 Abs. 1 Satz 1 UmwG). Die Anmeldung muss nicht durch alle Mitglieder des Vertretungsorgans erfolgen, es genügt vielmehr eine Anmeldung in vertretungsberechtigter Formation. Eine Erleichterung ist, dass das Vertretungsorgan des übernehmenden Rechtsträgers nach § 16 Abs. 1 Satz 2 UmwG 149

227 *Winter* in: Schmitt/Hörtnagl, UmwG, UmwStG, § 16 Rn 120.

228 *Winter* in: Schmitt/Hörtnagl, UmwG, UmwStG, Vorbemerkung zu §§ 36–38 Rn 1.

229 *Limmer*, Handbuch der Unternehmensumwandlung, Rn 746–747.

berechtigt ist, die Verschmelzung auch bei den Registern der übertragenen Rechtsträger anzumelden. Für die einzelnen Gesellschaftsformen bedeutet dies:[230]

- **AG**: Vorstand in vertretungsberechtigter Zahl (§ 78 Abs. 2 AktG); unechte Gesamtvertretung eines oder mehrerer Vorstandsmitglieder zusammen mit Prokuristen gemäß § 78 Abs. 3 AktG ist möglich. Bei einer im Zusammenhang mit der Verschmelzung durchgeführten Kapitalerhöhung hat die Anmeldung durch den Vorstand gemeinsam mit dem Vorsitzenden des Aufsichtsrats zu erfolgen (vgl. § 188 Abs. 1 AktG).
- **GmbH**: Geschäftsführer in vertretungsberechtigter Zahl, das heißt ein einzelvertretungsberechtigter Geschäftsführer kann allein anmelden. Unechte Gesamtvertretung unter Beteiligung von Prokuristen ist möglich. Wenn eine Kapitalerhöhung mitangemeldet wird, ist zu prüfen, ob wegen § 78 GmbHG alle Geschäftsführer die Anmeldung vornehmen müssen.
- **KG**: Die Anmeldung erfolgt durch den/die persönlich haftenden Gesellschafter; dies genügt. Kommanditisten sind nicht an der Anmeldung beteiligt.[231] § 16 Abs. 1 UmwG ist insofern lex specialis zu den Vorgaben des HGB, wenn diese eine Anmeldung durch sämtliche Gesellschafter verlangen.[232]

> *Beachte:*
>
> Die Anmeldung einer Verschmelzung durch Neugründung erfolgt durch die Vertretungsorgane der gründenden Rechtsträger (nicht des zu gründenden Rechtsträgers) in vertretungsberechtigter Zahl – sowohl bei den übertragenden Rechtsträgern durch die jeweiligen Vertretungsorgane als auch beim zu gründenden Rechtsträger durch die Vertretungsorgane aller übertragenden Rechtsträger (§ 38 UmwG). Der Gesellschaftsvertrag, der Partnerschaftsvertrag oder die Satzung des neuen Rechtsträger ist gem. § 37 UmwG in der Niederschrift über den Verschmelzungsvertrag enthalten.[233]

cc) Form, Frist, Formalia

150 Die Anmeldung muss **öffentlich beglaubigt** oder beurkundet sein. Dies gilt auch für etwaige Vollmachten, soweit dies möglich ist.[234] Die Anmeldung selbst unterliegt nach § 16 UmwG keiner Frist. Zu beachten ist allerdings die weithin bekannte **Bilanzfrist** des § 17 Abs. 2 Satz 4 UmwG: Das Registergericht darf die Verschmel-

230 Siehe *Winter* in: Schmitt/Hörtnagl, UmwG § 16 Rn 6.9.

231 *Ihrig* in: Semler/Stengel/Leonard, UmwG § 40 Rn 29.

232 *Ihrig* in: Semler/Stengel/Leonard, UmwG § 40 Rn 29.

233 *Winter* in: Schmitt/Hörtnagl, UmwG § 38 Rn 2.

234 Vgl. allgemein § 12 Abs. 1 HGB bzw. § 5 Abs. 2 PartG, § 157 GenG, § 77 BGB, die jeweils die öffentliche Beglaubigung verlangen. Die Beglaubigung ist jedoch durch die Beurkundung als stärkere Form ersetzbar. Siehe auch: *Limmer*, Handbuch der Unternehmensumwandlung, Rn 641.

zung nur eintragen, wenn die Bilanz auf einen höchstens **acht Monate** vor der Anmeldung liegenden Stichtag aufgestellt worden ist.

Merke: 151

Wegen § 17 Abs. 2 Satz 4 UmwG sind die Monate von Juni bis August oft die „Umwandlungssaison" im Notarbüro, da die meisten Bilanzen wegen des Kalenderjahres als Geschäftsjahr auf den 31.12. des Vorjahres erstellt werden (zur Einfachheit und um die sowieso zu erstellende Jahresbilanz insoweit nutzen zu können; gleichwohl darf bei kleineren Einheiten der Aufwand, eine Bilanz extra für den Verschmelzungsfall zu erstellen, nicht überschätzt werden). Wichtig: Es geht nur um die Bilanz des übertragenden Rechtsträgers. Bei der übernehmenden Gesellschaft muss keine Bilanz eingereicht werden. Das bedeutet: Die Anmeldung bei der übernehmenden Gesellschaft kann auch noch nach Überschreitung der Acht-Monats-Frist erfolgen, nicht aber die Anmeldung bei dem übertragenden Rechtsträger.[235]

dd) Anlagen

Der Anmeldung sind in Ausfertigung oder öffentlich beglaubigter Abschrift oder, soweit sie nicht notariell zu beurkunden sind, in Urschrift oder Abschrift 152

- der Verschmelzungsvertrag,
- die Niederschriften der Verschmelzungsbeschlüsse,
- die erforderlichen Zustimmungserklärungen einzelner Anteilsinhaber,
- einschließlich der Zustimmungserklärungen nicht erschienener Anteilsinhaber,
- der Verschmelzungsbericht oder die Verzichtserklärung nach § 8 Abs. 3 UmwG,
- der Prüfungsbericht oder die Verzichtserklärung nach § 9 Abs. 3 UmwG bzw. § 12 Abs. 3 UmwG,
- ein Nachweis über die rechtzeitige Zuleitung des Verschmelzungsvertrages oder seines Entwurfs an den zuständigen Betriebsrat,
- zum Register des Sitzes jedes der übertragenden Rechtsträger ferner eine Bilanz dieses Rechtsträgers (Schlussbilanz),
- rechtsform-spezifische besondere Anlagen, wie evtl.
  - für die GmbH die Verzichtserklärungen nach § 54 Abs. 1 Satz 3 UmwG oder
  - für die AG/SE/KGaA die Verzichtserklärung nach § 68 Abs. 1 Satz 3 UmwG, der Nachweis der Bekanntmachung nach § 62 Abs. 3 Satz 4 UmwG,
  - für die eG das Prüfungsgutachten, § 86 Abs. 1 UmwG.

beizufügen (§ 17 Abs. 1, Abs. 2 Satz 1 UmwG). Bei grenzüberschreitenden Verschmelzungen sind darüber hinaus die §§ 315 ff. UmwG zu beachten. Soweit staatliche Genehmigungen notwendig sind, müssen diese zwar eingeholt werden, aber nicht im Rahmen des Anmeldeverfahrens eingereicht werden (mit Ausnahme von

235 *Limmer*, Handbuch der Unternehmensumwandlung, Rn 641.

§ 43 KWG, für den Nachweis der Erteilung der Erlaubnis zum Betreiben von Bankgeschäften oder zur Erbringung von Finanzdienstleistungen gegenüber dem Registergericht).[236]

153 *Beachte:*

Auch wenn das Wort „beifügen" in eine andere Richtung deutet, ist es unbestritten, dass nicht alle Anlagen unbedingt zugleich eingereicht werden müssen. Dies ist insbesondere für die Schlussbilanz von praktischer Relevanz, die auch nachgereicht werden kann. Allerdings ist umstritten, inwieweit die Nachreichungsmöglichkeit auch bei der Bilanz im Hinblick von § 17 Abs. 2 Satz 4 UmwG gilt – wird die Bilanz erst nach den acht Monaten eingereicht ist eine Zurückweisung der Anmeldung seitens des Registergerichts jedenfalls möglich.[237]

154 *Beachte:*

Vorzulegen sind jeweils alle Zustimmungen zu allen beteiligten Rechtsträgern bei jeder Anmeldung, also auch jeweils des/der anderen Rechtsträger(s), denn sämtliche Beschlüsse/Zustimmungen sind Wirksamkeitsvoraussetzungen des Verschmelzungsvertrages.[238]

155 *Beachte:*

Nach richtiger Ansicht ist der Nachweis der Zuleitung an den Betriebsrat nur bei dem jeweiligen Rechtsträger vorzulegen. Wenn ein Betriebsrat nicht vorhanden ist, genügt eine entsprechende Versicherung der anmeldenden Vertretungsorgane.[239]

d) Schlussbilanz gemäß § 17 Abs. 2 UmwG

156 Der Anmeldung zum Register des Sitzes jedes der übertragenden Rechtsträger ist ferner die Schlussbilanz dieses Rechtsträgers beizufügen, für welche die Vorschriften über die Jahresbilanz und deren Prüfung entsprechend gelten und die nicht bekannt gemacht zu werden braucht (§ 17 Abs. 2 Satz 1–3 UmwG).

Die Schlussbilanz ist ihrem **Wesen** nach eine Bilanz gemäß der §§ 242 ff. HGB, welche wiederum nach den handelsbilanziellen Vorschriften Bestandteil des Jahres-

236 *Decher* in: Lutter, UmwG, § 17 Rn 4.

237 *Zimmermann* in: Kallmeyer, UmwG, § 17 UmwG Rn 6; sehr ausführlich zu diesem Streitstand *Heidinger* in: Henssler/Strohn, GesR, UmwG § 17 Rn 28 ff.

238 *Fronhöfer* in: Widmann/Mayer, UmwR, § 17 UmwG Rn 10.

239 *Fronhöfer* in: Widmann/Mayer, UmwR, § 17 UmwG Rn 31 f.

abschlusses ist (§ 242 Abs. 3 HGB).[240] Die Bilanzvorlagepflicht dient zugleich mehreren Zielen:[241]

- **Bilanzkontinuität**: In den Jahresbilanzen des übernehmenden Rechtsträgers können (nicht müssen) als Anschaffungskosten im Sinne des § 253 Abs. 1 HGB auch die in der Schlussbilanz des übertragenden Rechtsträgers angesetzten Werte angesetzt werden (§ 24 UmwG)
- **Gläubigerschutz**: Die Gläubiger sollen anhand der Schlussbilanz in die Lage versetzt werden, zu prüfen, ob sie gemäß § 22 UmwG Sicherheitsleistung verlangen wollen,
- **Kapitalerhöhungskontrolle**: Die Schlussbilanz ermöglicht zumindest eine erste Prüfung der Sacheinlage im Falle einer Kapitalerhöhung[242]
- **Ergebnisabgrenzung** zwischen übertragendem und übernehmendem Rechtsträger.

Vorzulegen ist nur eine Bilanz, nicht der gesamte Jahresabschluss und somit auch keine Gewinn- und Verlustrechnung oder gegebenenfalls ein Anhang.[243] Das gilt auch, wenn – wie regelmäßig – die letzte Jahresbilanz, welche Teil des letzten Jahresabschlusses ist, vorgelegt wird. Umgekehrt ist die Vorlage eines Jahresabschlusses aber auch nicht schädlich. Soweit Wahlpflichtangaben sowohl im Anhang als auch in der Bilanz erfolgen können, sind sie, wenn kein Anhang eingereicht wird, jedenfalls in der Bilanz anzugeben.[244] 157

Beachte:

Bei Vereinsverschmelzungen ist die Bilanz des übertragenden Vereins auch beim Register des übernehmenden Rechtsträgers einzureichen (vgl. § 104 Abs. 2 UmwG). Umgekehrt gilt aber: Da § 17 Abs. 2 UmwG keine eigene Bilanzierungspflicht kreiert,[245] kann es Fälle geben, insbesondere bei Vereinen, in denen keine Bilanz vorgelegt werden kann. In diesem Fall sind die vorhandenen Rechnungsunterlagen vorzulegen.[246] Trotzdem: In der Praxis der Autoren hat

240 *Hörtnagl* in: Schmitt/Hörtnagl, UmwG § 17 Rn 9.

241 Siehe hierzu auch: *Decher* in: Lutter, UmwG, § 17 Rn 7.

242 Kritisch in diesem Punkt nicht zu Unrecht: *Hörtnagl* in: Schmitt/Hörtnagl, UmwG § 17 Rn 12, der diesen Zweck nur als erfüllt ansieht, wenn bereits die Buchwerte die Kapitalerhöhung als solche decken. Grundsätzlich müsste nämliche auf den jeweiligen Zeitwert der Wirtschaftsgüter abgestellt werden, die sich nicht vollständig aus der Bilanz ergeben; wenn die Kapitalerhöhung entsprechend größer als die Buchwerte ausfällt, kann dies somit gerechtfertigt sein, dann wäre die Bilanz aber nur ein erster Anhaltspunkt für weitere Prüfungsschritte.

243 LG Stuttgart, Beschl. v. 29.3.1996 – 4 KfH T 1/96, DNotZ 1996, 701, 702; *Heidinger* in: Henssler/Strohn, GesR, UmwG § 17 Rn 17.

244 *Hörtnagl* in: Schmitt/Hörtnagl, UmwG § 17 Rn 14 f.

245 *Decher* in: Lutter, UmwG, § 17 Rn 9.

246 *Decher* in: Lutter, UmwG, § 17 Rn 9; *Hörtnagl* in: Schmitt/Hörtnagl, UmwG § 17 Rn 17.

das Handelsregister in solchen Fällen (u.E. zu Unrecht) auch bereits auf die Vorlage einer Bilanz bestanden.

158 Insbesondere bei der Verwendung einer Zwischenbilanz ist die Frage, ob diese festgestellt werden muss, umstritten.[247] In den meisten Fällen ist das Erfordernis der Feststellung unspektakulär, weil eben auf die reguläre Jahresbilanz des Jahresabschlusses zurückgegriffen wird. In diesen Fällen ist die Bilanz grds. aufgestellt und festgestellt. Aufstellung und Feststellung einer Bilanz sind jedoch zu trennen: Die Aufstellung ist die inhaltliche Erstellung der Bilanz, rechtlich also nicht mehr als ein Entwurf. Die Feststellung ist die rechtsverbindliche Genehmigung durch das zuständige Organ (bei GmbH die Gesellschafter nach § 46 Nr. 1 GmbH, bei Personengesellschaften ebenfalls die Gesellschafter und bei Aktiengesellschaften grds. der Aufsichtsrat, § 172 Satz 1 AktG).[248] Bei einer Zwischenbilanz ist dies nicht zwingend der Fall, wenn diese nur für den Zweck der Umwandlungsmaßnahme erstellt wird.

Aus der Verweisung auf die Vorschriften über die „Jahresbilanz" folgert die wohl h.M., dass die für den regulären Jahresabschluss zuständigen Personen bzw. Organe die jeweilige Bilanz **aufzustellen** und **festzustellen** haben.[249]

Merke:

Die Streitfrage der Feststellungsbedürftigkeit einer (Zwischen-)Bilanz ist für die notarielle Praxis gut zu handhaben: Der Beschluss ist nicht formbedürftig und das Registergericht darf keinen Nachweis über die Feststellung verlangen. Zur rechtlichen Absicherung kann die Feststellung jedoch in der gleichen Gesellschafterversammlung wie der Zustimmungsbeschluss zum Verschmelzungsvertrag gefasst werden.[250]

159 Gemäß § 17 Abs. 2 S. 2 UmwG gelten für die Schlussbilanz die Vorschriften über die **Prüfung** der „Jahresbilanz". Hierdurch wird keine eigenständige Prüfungspflicht begründet. Die Schlussbilanz ist nur dann zu prüfen, wenn auch für die Jahresbilanz im Rahmen des Jahresabschlusses eine Prüfungspflicht besteht.[251] Eine satzungsmäßige Prüfungspflicht ist irrelevant. Es geht lediglich um die jeweils rechtsformabhängige gesetzliche Prüfungspflicht:

- für AG, GmbH bzw. allgemein Kapitalgesellschaften gemäß § 316 Abs. 1 HGB (also für solche, die nicht „klein" sind im Sinne von § 267 Abs. 1 HGB),
- GmbH & Co.KG, § 316 Abs. 1 HGB i.V.m. § 264a HGB,
- Genossenschaften, vgl. § 53 Abs. 2 GenG,

247 Vgl. hierzu m.w.N. *Heidinger* in: Henssler/Strohn GesR, UmwG § 17 Rn 21.

248 Zur Abgrenzung siehe auch *Limmer* in: Handbuch der Unternehmensumwandlung, Rn 677.

249 Ebenso für die h.M.: *Heidinger* in: Henssler/Strohn GesR, UmwG § 17 Rn 21 m.w.N.

250 *Limmer* in: Handbuch der Unternehmensumwandlung, Rn 678.

251 *Hörtnagl* in: Schmitt/Hörtnagl, UmwG § 17 Rn 20.

- Kreditinstitute und Versicherungsunternehmen, §§ 340k, 341k HGB,
- Personengesellschaften und sonstige, vgl. §§ 1, 6 PublG.[252]

Die Bilanz braucht nicht bekannt gemacht zu werden (§ 17 Abs. 2 Satz 3 UmwG).

Das Registergericht darf die Verschmelzung nur eintragen, wenn die Bilanz auf einen höchstens **acht Monate** vor der Anmeldung liegenden Stichtag aufgestellt worden ist (§ 17 Abs. 2 Satz 4 UmwG). 160

Dabei handelt es sich um eine **zwingende Ausschlussfrist**, bei der auch bei nur geringfügiger Überschreitung **keine Wiedereinsetzung** in den vorigen Stand in Frage kommt. Für die Fristwahrung ist eine wirksame Anmeldung beim Register des übertragenden Rechtsträgers genügend. Nicht erforderlich ist, dass die Anmeldung ohne Weiteres zur Eintragung führen kann. Allerdings muss wenigstens der Verschmelzungsvertrag, die Verschmelzungsbeschlüsse und erforderliche Zustimmungsbeschlüsse vorliegen. Nach Ablauf der acht Monate können nur noch solche Unterlagen nachgereicht werden, welche die Wirksamkeit des Umwandlungsvorgangs als solchen nicht berühren.[253]

Die Schlussbilanz selbst muss nicht zwingend bis zum Ablauf der Achtmonatsfrist eingereicht werden, vielfach fordern die Registergerichte aber, dass die Schlussbilanz innerhalb der Achtmonatsfrist bereits erstellt worden ist. Die Prüfung der Schlussbilanz muss nicht innerhalb der Achtmonatsfrist erfolgen, die Bestätigung kann nachgereicht werden. Jedenfalls darf die Schlussbilanz allerdings nicht älter als acht Monate vor der Anmeldung sein, wobei es auf die Einreichung der Bilanz zum Handelsregister für die Frist nicht ankommt (wohl aber der Anmeldung).[254] 161

e) Checkliste, Ablaufplan

Je nach beteiligten Rechtsträgern sind unterschiedliche Planungen und Dokumentenerstellungen zu berücksichtigen. Dabei kann es nicht die Aufgabe des Notars sein, die einzelnen Dokumente dem jeweils Beteiligten zur Verfügung zu stellen, und bspw. arbeitsrechtlich zu beraten. Die bestehenden Pflichten, sollten dennoch in den Grundzügen bekannt sein. Der folgende Zeitstrahl ist in einigen Aspekten zwingend (z.B.: [Entwurfs-]Zuleitung des Verschmelzungsvertrages an den Betriebsrat einen Monat vor Beurkundung des Beschlusses, vgl. § 5 Abs. 3 UmwG), in anderen sind verschiedene zeitliche Reihenfolgen möglich (Beurkundung des Gesellschafterbeschlusses vor oder nach Vertragsschluss). 162

252 *Limmer* in: Handbuch der Unternehmensumwandlung, Rn 685 f.

253 *Decher* in: Lutter, UmwG, § 17 Rn 13.

254 *Decher* in: Lutter, UmwG, § 17 Rn 13.

163 ▼

Muster 1.1: Checkliste, Ablaufplan

1.1

- ☐ Ggf. bereinigende gesellschaftsrechtliche Maßnahmen im Vorfeld (z.B.: bei Verschmelzung von zwei GmbH & Co. KG: Auswechslung der Komplementär-GmbH des übertragenden Rechtsträgers);[255]
- ☐ Vorstands- und Aufsichtsratsbeschluss über den Abschluss des Verschmelzungsvertrages und zur Einberufung einer Hauptversammlung (bei AG);
- ☐ ggf. ad-hoc-Veröffentlichung von Insiderinformationen gemäß Art. 17 Abs. 1 MMVO[256] (früher § 15 WphG a.F. beschränkt auf börsennotierte Wertpapiere);
- ☐ Bekanntmachung des Hinweises mit Zuleitung des Vertragsentwurfs gemäß § 61 Satz 2 UmwG (ggf. i.V.m § 62 Abs. 3 Satz 2 UmwG) an das Handelsregister des übernehmenden Rechtsträgers (bei AG);
- ☐ Zugänglichmachung der in § 63 Abs. 1 UmwG vorgesehenen Unterlagen durch Auslage in der Geschäftsstelle oder online (vgl. § 63 Abs. 4 UmwG);
- ☐ Zuleitung des Verschmelzungsvertrags(entwurfs) an den Betriebsrat des übertragenden Rechtsträgers;
- ☐ Zuleitung des Verschmelzungsvertrags(entwurfs) an den Betriebsrat des übernehmenden Rechtsträgers;
- ☐ Beachtung der gesetzlichen und satzungsmäßigen Formalitäten bei Einberufung der Gesellschafterversammlung bzw. Hauptversammlung bzw. allgemein der Versammlung der Anteilseigner (vgl. §§ 125 f. AktG), also form- und fristgerechte Ladung und Bekanntmachung etwaiger Gegenanträge etc., wenn diese zugänglich gemacht werden müssen. Dies kann vielfach (und muss bei börsennotierten Gesellschaften über die Internetseite der Gesellschaft erfolgen, vgl. § 126 Abs. 1 Satz 3 AktG);
- ☐ in diesem Rahmen: Information der Gesellschafter (vgl. bei Personengesellschaften § 42 UmwG);
- ☐ Information der Arbeitnehmer des übertragenden Rechtsträgers gemäß § 613a Abs. 5 BGB;
- ☐ der Verschmelzungsvertrag;[257]
- ☐ die Niederschriften der Verschmelzungsbeschlüsse;
- ☐ die erforderlichen Zustimmungserklärungen einzelner Anteilsinhaber;
- ☐ Zustimmungserklärungen nicht erschienener Anteilsinhaber;

255 Siehe hierzu: *Erkens* in: Fuhrmann/Wälzholz, Formularbuch Gesellschaftsrecht, 10. Teil, Kapitel 34, IV, 1.).

256 VO (EU) 596/2014 des Europäischen Parlaments und des Rates vom 16.4.2014 über Marktmissbrauch (Marktmissbrauchsverordnung) und zur Aufhebung der Richtlinie 2003/6/EG des Europäischen Parlaments und des Rates und der Richtlinien 2003/124/EG, 2003/125/EG und 2004/72/EG der Kommission.

257 Bei grenzüberschreitenden Verschmelzungen entsprechend der Verschmelzungsplan gemäß § 307 UmwG.

- ☐ Verschmelzungsbericht oder Verzichtserklärung nach § 8 Abs. 3 UmwG;
- ☐ Prüfungsbericht oder Verzichtserklärung nach § 9 Abs. 3 UmwG bzw. § 12 Abs. 3 UmwG;
- ☐ ein Nachweis über die rechtzeitige Zuleitung des Verschmelzungsvertrages oder seines Entwurfs an den zuständigen Betriebsrat;
- ☐ zum Register des Sitzes jedes der übertragenden Rechtsträger ferner eine Bilanz dieses Rechtsträgers (Schlussbilanz).

▲

II. Spaltung

1. Einleitung

Sinn und Zweck einer Spaltung nach dem UmwG ist die Zerlegung einer größeren **164** Unternehmenseinheit in mehrere kleinere, rechtlich selbstständige Einheiten. Die dahinter liegende Motivation kann vielfältig sein: In größeren Unternehmen kann dies zur Straffung und besseren Konzentration einer Einheit auf ihr Kerngeschäft dienen, in Familienbetrieben eventuell der Aufteilung und Trennung zur Vermeidung bzw. Lösung von Konflikten. Nicht zuletzt kann eine Spaltung eine Sanierungsmaßnahme darstellen, indem wirtschaftlich gut oder schlecht dastehende Einheiten aus dem allgemeinen Vermögensverband herausgelöst werden, sei es um organisatorisch von der allgemeinen Einheit getrennt zu wirtschaften oder auch um durch einen Verkauf oder einen Börsengang Kapital zu generieren.[258]

Das Dritte Buch des UmwG bietet die Möglichkeit der Spaltung von Rechtsträgern, **165** und zwar in den drei Formen der Aufspaltung, der Abspaltung und der Ausgliederung. Wie bei der Verschmelzung werden jeweils zwei Arten für jeden der drei Spaltungstypen zugelassen, nämlich die Spaltung zur Aufnahme durch bereits bestehende Rechtsträger, die der historische UmwG-Gesetzgeber sogar als „Teilverschmelzung" verstanden wissen wollte, und die Spaltung zur Neugründung eines oder mehrerer neuer Rechtsträger.[259] Das Gesetzeswerk setzte seinerzeit die Bestimmungen der Spaltungsrichtlinie um, sodass heute noch, jedenfalls, soweit sie einschlägig sind, die europäischen Normen im Rahmen einer richtlinienkonformen Auslegung zu beachten sind.

Das Spaltungsrecht des UmwG baut unmittelbar auf das Verschmelzungsrecht auf: **166** Der Gesetzgeber des UmwG hat, von einem einzigen Paragrafen abgesehen, auf einen allgemeinen Teil des Umwandlungsgesetzes verzichtet, und stattdessen, die Regelungen der Spaltung an denen der Verschmelzung ausgerichtet. § 125 Satz 1 UmwG bestimmt, dass – vorbehaltlich speziellerer Regelungen im Dritten Buch

258 *Lieder* in: Lutter, UmwG, § 123 Rn 4 ff.

259 BT-Drucks 12/6699, S. 115.

des UmwG über die Spaltung – auf die Spaltung ein großer Teil der Verschmelzungsregelungen Anwendung findet.

167 Eine erste Spezialregelung des Spaltungsrechts enthält § 125 Satz 2 UmwG: Eine Prüfung im Sinne der §§ 9–12 UmwG findet bei Ausgliederung nicht statt. Außerdem stellt § 125 Satz 3 UmwG klar, dass bei jeder Spaltung stets nur ein Rechtsträger (und eben nicht mehrere) als übertragender Rechtsträger auftreten kann.[260] Hinter dem umfassenden Verweis auf das Verschmelzungsrecht liegt die Erkenntnis, dass auch die Spaltung (jedenfalls in den Formen der Aufspaltung und der Abspaltung) eine Vermögensübertragung mit Anteilstausch ist.[261]

168 Der gesetzessystematische Aufbau des Dritten Buchs des UmwG entspricht der Systematik der gesetzlichen Regelung der Verschmelzung (Zweites Buch) und des Formwechsels (Fünftes Buch). Der allgemeine Teil des Spaltungsrechts (§§ 123–137 UmwG), der wie gesehen selbst auf das Verschmelzungsrecht verweist, regelt sämtliche für alle Spaltungsvorgänge an den nach § 124 UmwG spaltungsfähigen Rechtsträgern geltenden Vorgaben, während ein besonderer Teil (§§ 138–173 UmwG) die jeweils rechtsformabhängigen Bestimmungen des Spaltungsrechts kodifiziert.[262]

169 Die Idee ist an sich einfach, in der Praxis erfordert dieses „Schachtelprinzip“[263] oder „Baukastensystem“[264] jedoch ein sauberes Arbeiten und „Blättern“ zwischen den verschiedenen Normblöcken. Die Schwierigkeiten folgen daraus, dass das Spaltungsrecht, in dem nur eine partielle Gesamtrechtsnachfolge gilt, das nur einen übertragenden Rechtsträger haben kann und das drei Spaltungsmöglichkeiten kennt, umfassend auf das Verschmelzungsrecht verweist, in dem die umfassende Universalsukzession gilt, es mehrere übertragende Rechtsträger geben kann und das nur zwei Verschmelzungsoperationen kennt.[265]

170 Die Anwendung der Normen auf einen Spaltungsvorgang ist daher komplex; selbst in der einschlägigen Fach-Literatur gibt es unterschiedliche Vorschläge.[266] Unseres Erachtens lässt sich das Verfahren in zwei Stufen einteilen.

Die erste Stufe enthält die Prüfung der Normen des Spaltungsrechts, und zwar nach folgender Maßgabe:

260 *Hörtnagl* in: Schmitt/Hörtnagl, UmwG § 125 Rn 4.

261 BT-Drucks 12/6699, S. 115.

262 *Lieder* in: Lutter, UmwG, § 123 Rn 3.

263 *Schwanna* in: Semmler/Stengel, UmwG, § 125 Rn 4.

264 *Hörtnagl* in: Schmitt/Hörtnagl, UmwG § 125 Rn 5.

265 *Lieder* in: Lutter, UmwG, § 125 Rn 3.

266 Siehe zu zwei völlig unterschiedlichen Herangehensweisen: *Lieder* in: Lutter, UmwG, § 125 Rn 4–7 (erst rechtsformunabhängige Normen, dann rechtsformabhängige Normen); *Hörtnagl* in: Schmitt/Hörtnagl, UmwG § 125 Rn 5–11 (zuerst Regelungen des Spaltungsrecht, dann – subsidiär – die Regeln des Verschmelzungsrechts).

- Allgemeine Regelungen des Spaltungsrechts, wobei bei Spaltungen zur Neugründung zunächst die §§ 135–137 UmwG zu prüfen sind und anschließend die subsidiär geltenden Regelungen zur Aufnahme (§§ 126–134 UmwG).
- Anschließend sind die rechtsformabhängigen Normen des besonderen Teils des Spaltungsrechts heranzuziehen (§§ 138–173 UmwG), wobei jeweils nur die Normen von Relevanz sind, die auf den beteiligten Rechtsträger Anwendung finden.

Auf der zweiten Stufe sind sodann schließlich die anwendbaren Normen des Verschmelzungsrechts in die Prüfung miteinzubeziehen, wobei zunächst das allgemeine Verschmelzungsrecht in den Blick zu nehmen sein wird und anschließend die rechtsformabhängigen Normen des besonderen Verschmelzungsrechts, ggf. differenziert nach Verschmelzung zur Aufnahme und Verschmelzung durch Neugründung.[267] 171

2. Arten von Spaltung

§ 123 UmwG enthält die drei Legaldefinitionen der drei nach deutschem Recht möglichen Spaltungsoperationen. 172

Aufspaltung: Ein Rechtsträger (übertragender Rechtsträger) kann **unter Auflösung ohne Abwicklung**[268] sein Vermögen aufspalten 173

1. **zur Aufnahme** durch gleichzeitige Übertragung der Vermögensteile jeweils als Gesamtheit **auf andere bestehende** Rechtsträger (übernehmende Rechtsträger) oder
2. **zur Neugründung** durch gleichzeitige Übertragung der Vermögensteile jeweils als Gesamtheit auf andere, von ihm **dadurch gegründete neue Rechtsträger**

gegen Gewährung von Anteilen oder Mitgliedschaften dieser Rechtsträger an die Anteilsinhaber des übertragenden Rechtsträgers (§ 123 Abs. 1 UmwG)

267 *Hörtnagl* in: Schmitt/Hörtnagl, UmwG § 125 Rn 5–11.

268 Der Rechtsträger exisitert also nach der Aufspaltung in dieser Form nicht mehr.

174 **Aufspaltung zur Neugründung**

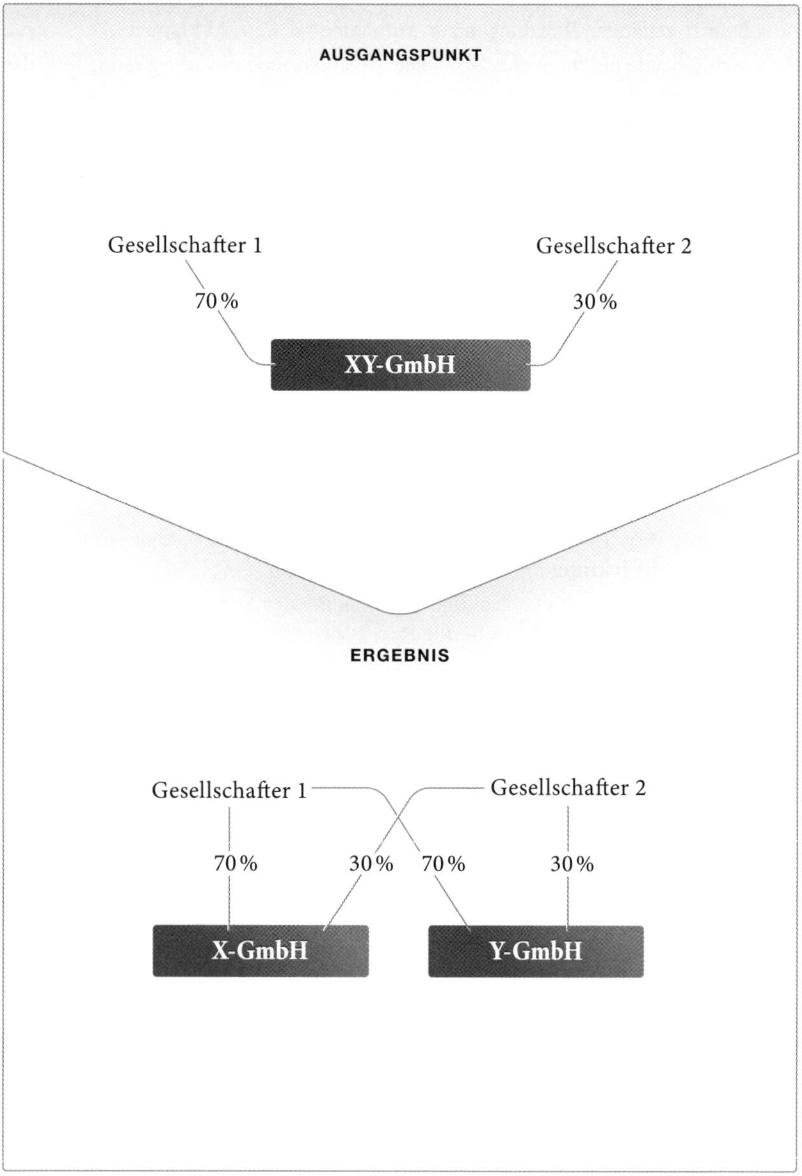

Abspaltung: Ein Rechtsträger (übertragender Rechtsträger) kann von seinem Vermögen **einen Teil oder mehrere Teile abspalten**[269] 175

1. **zur Aufnahme** durch Übertragung dieses Teils oder dieser Teile jeweils als Gesamtheit auf einen bestehenden oder mehrere **bestehende Rechtsträger** (übernehmende Rechtsträger) oder
2. **zur Neugründung** durch Übertragung dieses Teils oder dieser Teile jeweils als Gesamtheit auf einen oder mehrere, von ihm dadurch gegründeten neuen oder **gegründete neue Rechtsträger**

gegen Gewährung von Anteilen oder Mitgliedschaften dieses Rechtsträgers oder dieser Rechtsträger an die Anteilsinhaber des übertragenden Rechtsträgers (§ 123 Abs. 2 UmwG).

269 Der Rechtsträger existiert also nach der Abspaltung in dieser Form weiter.

176 **Abspaltung zur Aufnahme**

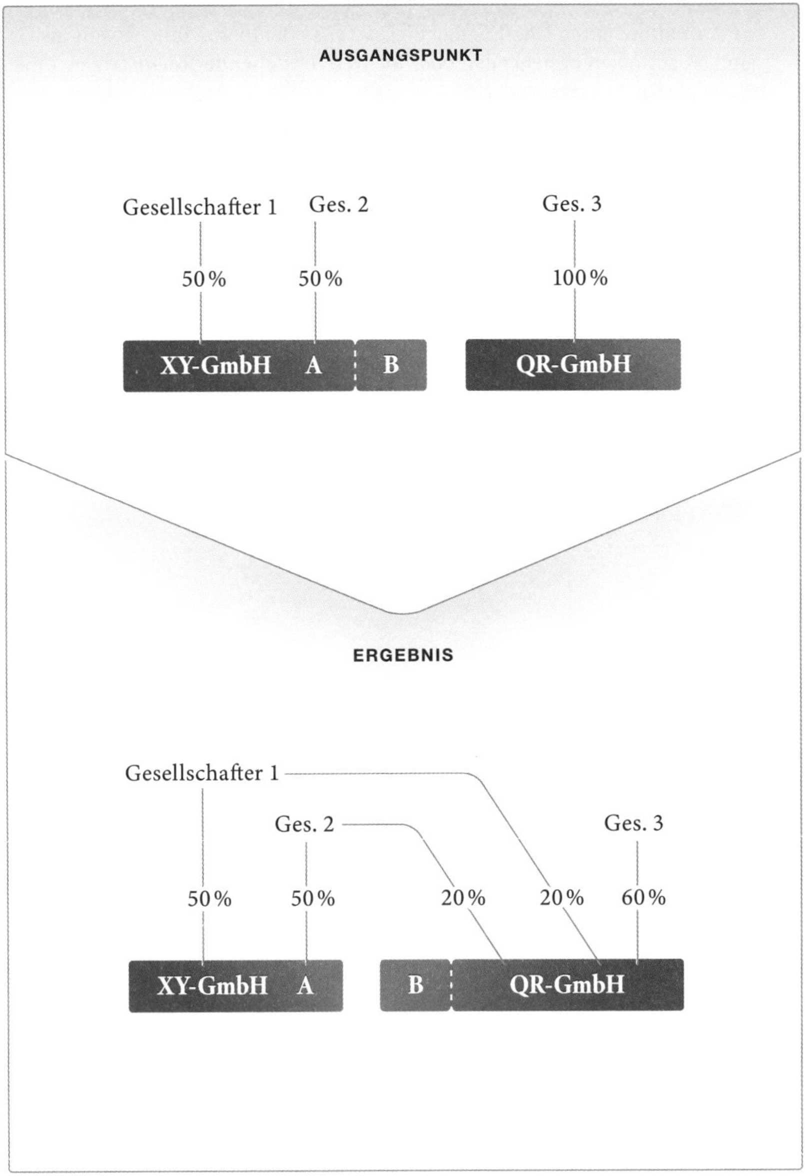

Abspaltung zur Neugründung 177

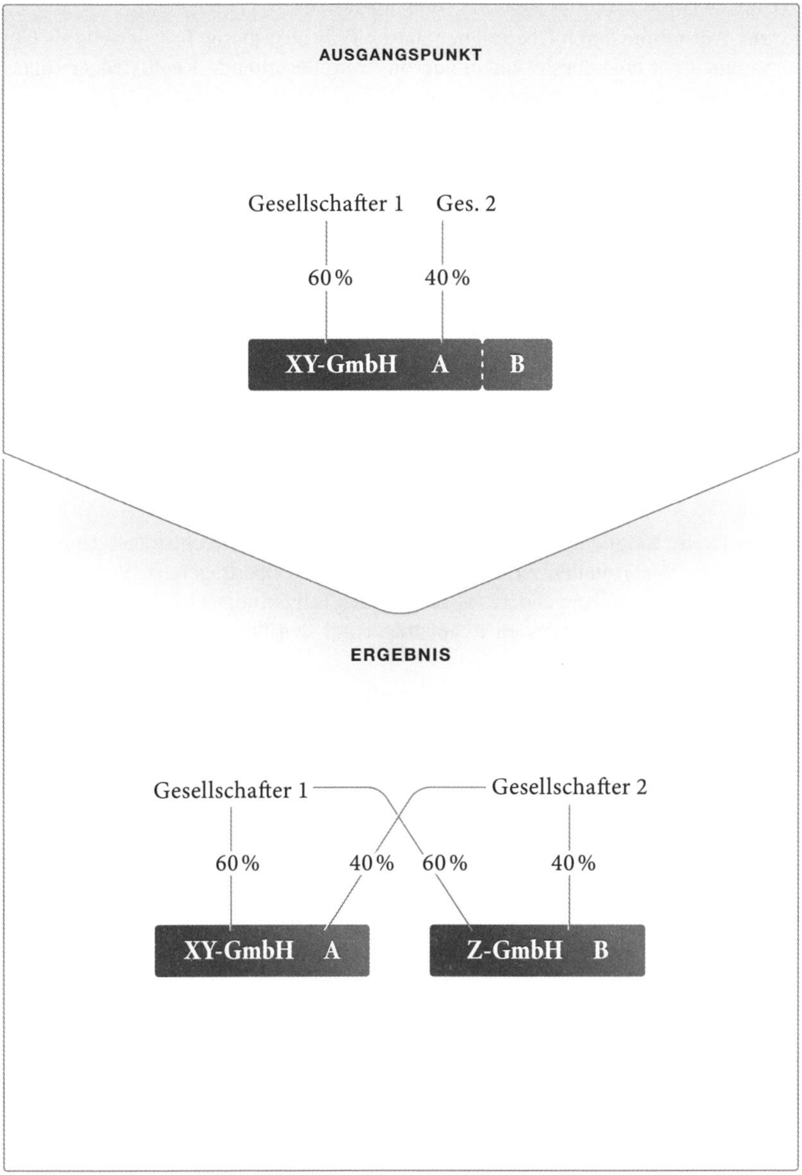

178 **Ausgliederung**: Ein Rechtsträger (übertragender Rechtsträger) kann aus seinem Vermögen **einen Teil oder mehrere Teile ausgliedern**

1. **zur Aufnahme** durch Übertragung dieses Teils oder dieser Teile jeweils als Gesamtheit auf einen bestehenden oder mehrere **bestehende Rechtsträger** (übernehmende Rechtsträger) oder
2. **zur Neugründung** durch Übertragung dieses Teils oder dieser Teile jeweils als Gesamtheit auf einen oder mehrere, von ihm dadurch gegründeten neuen oder **gegründete neue Rechtsträger**

gegen Gewährung von Anteilen oder Mitgliedschaften dieses Rechtsträgers oder dieser Rechtsträger **an den übertragenden Rechtsträger**[270] (§ 123 Abs. 3 UmwG).

179 Die Aufspaltung muss mehrere übernehmende Rechtsträger haben, während an der Abspaltung oder der Ausgliederung einer oder mehrere übernehmende Rechtsträger beteiligt sein können. § 123 Abs. 4 UmwG stellt klar, dass die jeweiligen Varianten „zur Aufnahme" und „zur Neugründung" sich nicht ausschließen, vielmehr können die Vermögensübertragungen teilweise auf bestehende, teilweise auf neu zu gründende Rechtsträger erfolgen. Für die Kombinationsmöglichkeit von Ausgliederung und Abspaltung ist zu unterscheiden:

- **Unstreitig möglich**: Ein Teilvermögen kann auf einen Rechtsträger gegen Gewährung von Anteilen an die Gesellschafter des übertragenden Rechtsträgers erfolgen, während ein anderes abgespaltenes Teilvermögen im Austausch gegen Anteile am übernehmenden Rechtsträger auf den übertragenden Rechtsträger übergehen.[271]
- **Hochumstritten**: Kann ein übertragender Rechtsträger ein Teilvermögen auf einen (bereits bestehenden oder neu gegründeten) übernehmenden Rechtsträger übertragen unter Gewährung von Anteilen des übernehmenden Rechtsträgers sowohl an die Anteilsinhaber des übertragenden Rechtsträgers als auch auf den übertragenden Rechtsträger selbst. Während eine Ansicht hierin eine verbotene Typenmischung sieht,[272] stellt die Gegenansicht auf die Rechtsfolgen des Prozesses ab, die nicht im Widerspruch zu den Regeln des Spaltungsrechts stehen.[273] Auch wenn die Autoren inhaltlich zur zweiten Ansicht neigen, sollten Notare aus Vorsichtsgesichtspunkten zu alternativen Gestaltungsmechanismen raten, etwa die Hintereinanderschaltung von Ausgliederung und Abspaltung mit zwei weiter unterteilten Teilvermögen.

270 Anders als bei der Aufspaltung oder Abspaltung erhalten also nicht die Gesellschafter des übertragenden Rechtsträgers die Anteile des übernehmenden Rechtsträgers, sondern der übertragende Rechtsträger selbst.

271 *Hörtnagl* in: Schmitt/Hörtnagl, UmwG § 123 Rn 17; *Lieder* in: Lutter, UmwG, § 123 Rn 64.

272 *Hörtnagl* in: Schmitt/Hörtnagl, UmwG § 123 Rn 17.

273 *Lieder* in: Lutter, UmwG, § 123 Rn 64 m.w.N.

3. Besonderheiten bei Abspaltung, Aufspaltung und Ausgliederung zur Neugründung

Jede der drei Varianten der Spaltung nach § 123 UmwG enthält als zweite Alternative die Durchführung des Umwandlungsvorgangs „zur Neugründung“. Die Formulierungen sind jeweils parallel und zielen auf die Übertragung des aufgespaltenen, abgespaltenen oder ausgegliederten Vermögensteils auf einen oder mehrere von dem übertragenden Rechtsträger dadurch gegründeten neuen oder gegründete neue Rechtsträger. Das bedeutet, dass der übernehmende Rechtsträger erst durch den Spaltungsvorgang selbst entsteht. Die Variante stellt eine Abweichung der allgemeineren Form „zur Aufnahme“ dar und ist daher nach den Regelungen zur Spaltung zur Aufnahme (§§ 126–134 UmwG) in einem eigenen dritten Abschnitt in den allgemeinen Vorschriften des Spaltungsrechts geregelt (§§ 135–137 UmwG). Grds. gelten für Spaltungsvorgänge zur Neugründung die gleichen Normen wie für die Spaltungsvorgänge zur Aufnahme, allerdings mit Ausnahme der Normen (sei es aus dem Spaltungsrecht, sei es durch Verweisung des anzuwendenden Verschmelzungsrechts), die sich mit der Anmeldung bei einem bereits bestehenden Rechtsträger befassen. An die Stelle der übernehmenden Rechtsträger treten die neuen Rechtsträger, an die Stelle der Eintragung der Spaltung im Register des Sitzes jeder der übernehmenden Rechtsträger tritt die Eintragung jedes der neuen Rechtsträger in das Register (vgl. § 135 Abs. 1 Sätze 1 und 2 UmwG). 180

> *Merke:*
>
> Zur Terminologie: Die rechtsgeschäftliche Grundlage einer Spaltung zur Aufnahme ist der **Spaltungsvertrag** (das Gesetz nennt ihn in § 126 Abs. 1 UmwG „Spaltungs- und Übernahmevertrag). Das Äquivalent bei der Spaltung zur Neugründung ist der **Spaltungsplan**, der an die Stelle des Spaltungsvertrags tritt (§ 136 Satz 2 UmwG).

Die Schaffung des neuen Rechtsträgers im Wege der Spaltung kann nicht zu einer Herabsetzung oder Umgehung der im „normalen“ Gründungsverfahren geltenden Vorgaben führen: Auf die Gründung des bzw. der neuen Rechtsträger sind deshalb die für die jeweilige Rechtsform des neuen Rechtsträgers geltenden Gründungsvorschriften anzuwenden, soweit sich aus den speziellen spaltungsrechtlichen Vorschriften nichts anderes ergibt (§ 135 Abs. 2 Satz 1 UmwG). Die Gründung einer UG (haftungsbeschränkt) im Rahmen einer Spaltung zur Neugründung scheitert zum Beispiel konsequenterweise am Sacheinlageverbot des § 5a Abs. 2 Satz 2 GmbHG.[274] 181

Einschränkend ist jedoch festzustellen, dass Vorschriften, die für die Gründung eine Mindestzahl von Gründern vorschreiben, nicht anzuwenden sind. Diese Be- 182

274 Für die Abspaltung: BGH, Beschl. v. 11.4.2011 – II ZB 09/10, DNotZ 2012, 70.

stimmung ist schon deshalb notwendig, weil der Gesetzgeber in § 135 Abs. 2 Satz 2 UmwG festlegt, dass den Gründern der übertragende Rechtsträger gleichsteht. Es handelt sich somit um eine gesetzliche Fiktion, die nicht widerlegbar im Rahmen der Neugründung im Zuge eines Spaltungsvorgangs ist.[275] Das bedeutet, dass es sich immer um eine Ein-Personen-Gründung handeln muss.[276]

183 Nicht zu verwechseln ist dies jedoch mit der notwendigen Zahl der Anteilsinhaber, die bei einigen Gesellschaftsformen denklogisch größer als 1 sein muss, etwa bei Personen(handels)gesellschaften, Vereinen, Genossenschaften etc. Bei GmbH und AG spielt der Umstand keine Rolle (mehr), weil diese (mittlerweile) als Ein-Personen-Gesellschaften gesetzlich anerkannt sind.

184 Im Übrigen ist das Erfordernis mehrere Gesellschafter/Anteilsinhaber bei der Neugründung im Rahmen der Aufspaltung oder Abspaltung meistens ebenfalls unproblematisch, insbesondere, wenn der übertragende Rechtsträger selbst mehrere Gesellschafter/Anteilsinhaber hat. Denn eben diesen **Shareholdern** werden entsprechend dem Dogma der Anteilsgewährung selbst wiederum Anteile an der neu zu gründenden Gesellschaft zugesprochen. Umstritten sind aber folgende Fälle:

- Aufspaltung bzw. Abspaltung zur Neugründung, wenn der übertragende Rechtsträger nur einen Gesellschafter hat, der übernehmende Rechtsträger aber zwingend mehrere Anteilsinhaber/Genossen/Mitglieder/Gesellschafter haben muss (z.B.: oHG; KG; bei Verein oder Genossenschaft droht die unmittelbare Amtslöschung, wenn die notwendige Mindestanzahl unterschritten wird).
- Im Falle der Ausgliederung, wenn der übernehmende Rechtsträger mehrere Anteilsinhaber/Genossen/Mitglieder/Gesellschafter haben muss, weil bei der Ausgliederung zur Neugründung gemäß § 123 Abs. 3 Nr. 2 UmwG der übertragende Rechtsträger selbst einziger Anteilsinhaber des übernehmenden Rechtsträgers wird.

185 Soll das jeweils möglich sein? Es kann jedenfalls nur möglich sein, wenn im Rahmen des Spaltungs-/Gründungsvorgangs weitere (bisher am übertragenden Rechtsträger nicht beteiligte) Dritte der neuen Gesellschaft im Rahmen der Gründung beitreten können bzw. bei der Ausgliederung überhaupt ein Dritter neben den übertragenden Rechtsträger als weiterer Anteilsinhaber/Gesellschafter/Mitglied etc. treten kann. Die Ausführungen des historischen Gesetzgebers sind wenig aufschlussreich.[277] Nach einer puristischen Ansicht ist die Aufnahme weiterer unbeteiligter Dritter in den Spaltungsvorgang gesetzlich nicht vorgesehen, und daher abzuleh-

275 *Limmer* Handbuch der Unternehmensumwandlung, Rn 234, der richtig schreibt: „*Der übertragende Rechtsträger gilt also als Gründer*".

276 *Lieder* in: Lutter, UmwG, § 135 Rn 10.

277 Siehe BT-Drucks 12/6699, S. 123.

nen.[278] Die mittlerweile wohl herrschende Meinung in der Literatur sieht hierin eine bloße „Förmelei", weil die Hereinnahme weiterer Dritter nicht explizit ausgeschlossen ist und weder Gläubiger noch Anteilsinhaber benachteiligen muss und in diesen Fällen der Grundsatz der Vertragsfreiheit Vorrang haben sollte. Der BGH hat die Frage noch nicht entschieden, aber in einem Fall zum Formwechsel in einem obiter dictum den Beitritt Dritter in die Gesellschaft im Rahmen des Umwandlungsvorgangs für möglich gehalten. Es spricht also viel dafür, dass die Hereinnahme Dritter auch der Spaltung möglich sein sollte.[279]

Trotzdem: Rechtssicherheit besteht in diesem Fall nicht, so dass bis zu einer höchstrichterlichen Entscheidung alternative Wege gesucht werden sollten, um das gewünschte Ergebnis zu erreichen.

Dabei sollte aber auch nicht vergessen werden, dass die Anteile an einer Vor-GmbH **186**
nach umstrittener aber herrschender Ansicht noch nicht abgetreten werden können. Diese Rechtsansicht hat der BGH mehrfach wiederholt, sodass eine „Abtretung von Anteilen des neuen Rechtsträgers vor dessen Eintragung" nicht in Betracht kommen dürfe.[280] Wie dieser Widerspruch perspektivisch von der Rechtsprechung gelöst werden wird, bleibt abzuwarten.

4. Grundprinzipien bei der Spaltung nach dem UmwG

Die Wirkungen der Spaltung sind in §§ 131–134 UmwG sowie in § 125 i.V.m. **187**
§§ 21–35 UmwG geregelt. § 131 UmwG kommt hier der Rang einer Kernvorschrift zu.[281]

§ 131 Abs. 1 UmwG verdrängt § 20 UmwG[282] und regelt als Zentralnorm die **Wirkungen der Eintragung** der Spaltung in das Register des übertragenden Rechtsträgers. Dazu gehört:

- Übergang des übertragenen Vermögens im Wege der partiellen Gesamtrechtsnachfolge (Nr. 1).

278 *Hörtnagl* in: Schmitt/Hörtnagl, § 136 UmwG, Rn 14.

279 BGH, Urt. v. 9.5.2005 – II ZR 29/03, ZIP 2005, 1318, Ls. 1: „*Wird bei der formwechselnden Umwandlung einer Aktiengesellschaft in eine (Publikums-)GmbH & Co. KG die bereits als Minderheitsaktionärin an der AG beteiligte 100 %ige Tochtergesellschaft der Mehrheitsaktionärin zur Komplementärin der KG bestellt, während die Mehrheitsaktionärin ebenso wie die übrigen Minderheitsaktionäre die Rechtsstellung eines Kommanditisten erhält, so stellt dies grundsätzlich keinen zur Nichtigerklärung des Umwandlungsbeschlusses führenden Verstoß gegen das Gebot der Kontinuität der Mitgliedschaft, den Gleichbehandlungsgrundsatz, das Verbot der Verfolgung von Sondervorteilen oder die gesellschaftsrechtliche Treupflicht dar*".

280 Vgl. mit ausführlicher Darstellung und Nachweisen zur Rechtsprechung auf Seiten der h.M.: *Bayer* in: Lutter/Hommelhoff, GmbH-Gesetz Kommentar, § 11 GmbHG Rn 12 ff.

281 *Vossius* in: Widmann/Mayer, UmwR, § 131 UmwG, Rn 1.

282 *Galla/Cé Müller* in: Henssler/Strohn, GesR, § 125 Rn 4.

- Erlöschen des übertragenden Rechtsträgers bei der Aufspaltung (Nr. 2). Das bedeutet, dass bei Abspaltung und Ausgliederung der übertagende Rechtsträger bestehen bleibt.
- Anteils- bzw. Mitgliedschaftserwerb an dem übernehmenden Rechtsträger (Nr. 3),
- Heilung von Mängeln des Spaltungsvorgangs (Nr. 4).

Auch wenn es nicht explizit im Wortlaut des § 131 Abs. 1 UmwG steht: Aus der Norm ergibt der konstitutive Charakter der Eintragung im **Register des übertragenden Rechtsträgers** für den gesamten Spaltungsvorgang.[283]

a) Partielle Universalsukzession, Auslandvermögen

188 Das übertragene (Teil-)Vermögen des übertragenden Rechtsträgers geht gemäß § 131 Abs. 1 Nr. 1 UmwG nach Maßgabe des Spaltungs- und Übernahmevertrags als **Gesamtheit** auf den übernehmenden Rechtsträger über. Die damit angeordnete (teilweise) Gesamtrechtsnachfolge unterscheidet sich von derjenigen der Verschmelzung nur dadurch, dass sie nicht das gesamte Vermögen des übertragenden Rechtsträgers betrifft, sondern lediglich den im Spaltungsvertrag zugeordneten Teil. Hierfür hat sich der Ausdruck „**partielle Gesamtrechtsnachfolge**" durchgesetzt.[284] Der Vermögensübergang erfolgt nicht aufgrund einzelner rechtsgeschäftlicher Übertragungsakte im Wege der Singularsukzession, sondern **uno actu kraft Gesetzes**. Ein **gutgläubiger Erwerb** ist somit nicht möglich, weil es am Tatbestandsmerkmal des „Verkehrsgeschäfts" mangelt.[285]

189 Bei **Vermögen** im Ausland ist es möglich, dass die Gesamtrechtsnachfolge mit dem betreffenden ausländischen (Sachen-)Recht unvereinbar ist oder nicht akzeptiert wird. Insoweit ist dringend anzuraten die betreffenden Vermögensgegenstände zusätzlich nach der *lex rei sitae* zu übertragen (Art. 43 EGBGB). Ähnlich wie bei der Verschmelzung und wie bereits an vorhergehender Stelle geschildert, sollte dies bei der Aufspaltung vorab erfolgen, weil der übertragende Rechtsträger erlischt. Bei der Abspaltung und Ausgliederung können solche Übertragungen ggf. auch nachträglich erfolgen, weil die Existenz des übertragenden Rechtsträgers durch die Abspaltung und die Ausgliederung nicht berührt wird. Die hierzu notwendigen Mitwirkungspflichten sollten im Spaltungsvertrag geregelt werden. Auf *Mayer* geht folgender empfehlenswerter Formulierungsvorschlag zurück:

> *„Soweit sich die partielle Gesamtrechtsnachfolge gemäß § 131 Abs. 1 Nr. 1 UmwG gegen eine ausländische Rechtsordnung kollisionsrechtlich nicht durchsetzen sollte, wird die übertragende Gesellschaft die betroffenen zu übertragen-*

283 *Galla/Cé Müller* in: Henssler/Strohn, GesR, § 125 Rn 4.

284 *D. Mayer/Weiler* in: MüHdB d. GesR Bd. VIII, § 73 Rn 673; *Winter* in: Schmitt/Hörtnagl, UmwG § 2 Rn 29. Begriff auch in BT-Drucks 16/2919, S. 19.

285 *Vossius* in: Widmann/Mayer, UmwR, § 131 UmwG Rn 25.

den Gegenstände in einer nach dieser ausländischen Rechtsordnung anerkannten Form der Singularsukzession an die übernehmende Gesellschaft übertragen und diese im Innenverhältnis so stellen, als sei die Singularsukzession zum Spaltungsstichtag erfolgt. Rein hilfsweise werden hiermit bereits heute sämtliche in dieser Urkunde hiervon betroffenen Vermögensgegenstände und Beteiligungen im Wege der Einzelübertragung auf die übernehmende Gesellschaft übertragen, die die Übertragung jeweils ausdrücklich annimmt. Die Übertragungen erfolgen insoweit mit schuldrechtlicher Wirkung zum Spaltungsstichtag. Die Vertragsparteien verpflichten sich, alle ggf. nach der ausländischen Rechtsordnung erforderlichen Voraussetzungen zu schaffen und Förmlichkeiten einzuhalten, um einen dinglichen Rechtsübergang der zu übertragenden Vermögensgegenstände und Beteiligungen auf die übernehmende Gesellschaft sicherzustellen.“[286]

b) Konstitutiver Charakter der Eintragung

Anders als bei der Verschmelzung (vgl. § 20 UmwG) ist der maßgebliche Zeitpunkt **190**
für die Wirksamkeit der Umwandlungsmaßnahme nicht die Eintragung im Register des übernehmenden, sondern vielmehr die Eintragung im Register des übertragenden Rechtsträgers. Dies ergibt deshalb Sinn, weil es bei der Spaltung stets nur einen übertragenen Rechtsträger, aber durchaus mehrere übernehmende Rechtsträger geben kann, so dass die Eintragung beim übertragenden Rechtsträger stets als eindeutiger Anknüpfungszeitpunkt zur Verfügung steht.[287]

Im Falle der Spaltung zur Neugründung kann dies bedeuten, dass der neu entste- **191**
hende Rechtsträger bereits in das Handelsregister eingetragen ist, die Spaltung mangels Eintragung im Handelsregister des übertragenden Rechtsträgeres noch nicht rechtskräftig ist. Für den Übergangszeitraum ist der eingetragene Rechtsträger als vermögens- und subjektlos zu betrachten. Zum Schutz des Rechtsverkehrs ist gemäß § 130 Abs. 1 Satz 2 UmwG die Eintragung im Register des Sitzes jedes der übernehmenden Rechtsträger mit dem Vermerk zu versehen, dass die Spaltung erst mit der Eintragung im Register des Sitzes des übertragenden Rechtsträgers wirksam wird, sofern die Eintragungen in den Registern aller beteiligten Rechtsträger nicht am selben Tag erfolgen.

Sollte die Spaltung scheitern bleibt nur die Löschung der Gesellschaften gemäß § 394 FamFG (i.V.m. § 60 Abs. 1 Nr. 7 GmbHG oder 262 Abs. 1 Nr. 6 AktG).[288]

286 *Mayer* in: Widmann/Mayer, UmwR, § 126 UmwG Rn 267.
287 *Hörtnagl* in: Schmitt/Hörtnagl, UmwG, § 131 Rn 3.
288 *Vossius* in: Widmann/Mayer, UmwR, § 131 UmwG Rn 18–20.

c) Gläubigerschutz

192 Die Existenz des Umwandlungsrechts verdeutlicht den Grundsatz, dass jeder Gläubiger mit einem Wechsel seines Schuldners durch (partielle) Gesamtrechtsnachfolge rechnen muss. Die partielle Gesamtrechtsnachfolge kann so zum Übergang vertraglicher Rechtsbeziehungen führen, die in dieser Form von der Gegenseite u.U. nicht gewünscht war.

Die Spaltung eines Rechtsträgers führt zur Zuweisung von Verbindlichkeiten zu einem der „Spaltungsprodukte“ ohne dass die im Falle der Singularsukzession erfolgende Mitteilung an den/die Gläubiger (§§ 414, 415 BGB) erfolgen muss. Diese Situation evoziert die Notwendigkeit gläubigerschützender Maßnahmen durch den Gesetzgeber. Dieser geht über den bloßen Anspruch auf Sicherheitsleistung hinaus, wie er sich aus §§ 125, 22 UmwG ergibt. Gemäß § 133 Abs. 1 Satz 1, Abs. 2 Satz 1 UmwG haften die an der Spaltung beteiligten Rechtsträger für die Verbindlichkeiten des übertragenden Rechtsträgers als Gesamtschuldner.[289] Die Norm dient der Umsetzung von Art. 146 der Richtlinie (EU) 2017/1132. Beim Vergleich mit der europäischen Norm fällt auf, dass sich der deutsche Gesetzgeber für eine sehr gläubigerfreundliche Regelung entschieden hat.[290] Dieses weite Schutzregime ist das Korrelat der umfassenden Spaltungsfreiheit, die die Möglichkeit der Spaltung eines Rechtsträgers letztlich nur durch Missbrauchsverbote einschränkt. Im Gegenzug haften allerdings selbst diejenigen Rechtsträger, denen die Verbindlichkeit im Spaltungsvertrag oder -plan nicht zugewiesen wurde, summenmäßig unbeschränkt, aber zeitlich befristet auf fünf Jahre (vgl. § 133, Abs. 1 und 3 UmwG). Im wirtschaftlichen Ergebnis sind diese Gläubiger **für fünf Jahre so** gestellt, **als ob die Spaltung noch nicht vollzogen wäre** und das Vermögen des übertragenden Rechtsträgers daher weiterhin ungespalten zur Verfügung stünde. Außerdem haben die Gläubiger u.U. den – zusätzlichen – Anspruch auf Sicherheitsleistung.[291]

d) Bestimmtheitsgebot

193 Der Spaltungsvertrag (und nach §§ 135 Abs. 1 Satz 1, 136 UmwG der Spaltungsplan) muss die genaue Bezeichnung und Aufteilung der Gegenstände des Aktiv- und Passivvermögens enthalten, die an jeden der übernehmenden Rechtsträger übertragen werden, sowie der übergehenden Betriebe und Betriebsteile unter Zuordnung zu den übernehmenden Rechtsträgern.

Anders als bei der Verschmelzung ist bei der Spaltung regelmäßig der sachenrechtliche Bestimmtheitsgrundsatz zu beachten. Denn nicht alle Vermögensgegenstände

289 *Vossius* in: Widmann/Mayer, UmwR, § 133 UmwG Rn 1–3.

290 Siehe *M. F. Schwab* in: Lutter, UmwG, § 133 Rn 4 ff.: Das deutsche Recht beschränkt sich nicht auf eine Sicherheitsleistung. Und auch von der Möglichkeit, die Gesamtschuldnerschaft auf das übernommene Netto-Aktivvermögen zu beschränken macht es keinen Gebrauch, sondern ordnet vielmehr volle Gesamtgläubigerschaft an.

291 *M. F. Schwab* in: Lutter, UmwG, § 133 Rn 11.

des übertragenden Rechtsträgers werden bei der Spaltung (also Abspaltung und Ausgliederung) übertragen, vielmehr müssen diese aufgeteilt werden. Soweit für die Übertragung von Gegenständen im Falle der Einzelrechtsnachfolge in den allgemeinen Vorschriften eine besondere Art der Bezeichnung bestimmt ist, sind diese Regelungen auch für die Bezeichnung der Gegenstände des Aktiv- und Passivvermögens anzuwenden (§ 126 Abs. 2 Satz 1 UmwG). Im Übrigen kann auf Urkunden wie Bilanzen und Inventare Bezug genommen werden, deren Inhalt eine Zuweisung des einzelnen Gegenstandes ermöglicht; die Urkunden sind dem Spaltungsvertrag als Anlagen beizufügen (§ 126 Abs. 2 Satz 3 UmwG).

Die übergehenden Vermögensgegenstände sind dabei so genau zu bezeichnen, dass sie identifizierbar sind;[292] Bestimmbarkeit reicht aus, was bedeutet, dass die Anforderungen an die Kennzeichnung einzelner Gegenstände nicht überspannt werden dürfen und dass Spaltungsverträge der Auslegung nach den Grundsätzen der §§ 133, 157 BGB unterliegen: Es genügt, wenn der Gegenstand bei betriebswirtschaftlicher Betrachtung dem Geschäftsbetrieb eines bestimmten Unternehmensteils zuzurechnen sei. Insbesondere sog. All-Klauseln, mit denen sämtliche zu einem bestimmten Bereich gehörende Gegenstände erfasst würden, sind zulässig.[293] **194**

§ 126 Abs. 2 Satz 2 UmwG enthält die lapidare Anweisung, § 28 GBO sei zu beachten. **195**

Dies bedeutet, dass alle Vermögensgegenstände, bei denen nach Wirksamwerden der Spaltung eine Grundbuchberichtigung erforderlich ist, bereits im Spaltungsvertrag bzw. Spaltungsplan in einer Weise bezeichnet werden müssen, die auch für die Eintragungsbewilligung (bzw. den Eintragungsantrag) geeignet ist.[294] Der BGH legt die Norm streng aus: Nach seiner in der Literatur[295] bestrittenen (aber in der Praxis unbedingt zu beachtenden Ansicht) geht bei einer Spaltung das Eigentum an Grundstücken nur dann mit der Registereintragung auf den übernehmenden Rechtsträger über, wenn die Grundstücke in dem Spaltungsvertrag bzw. -plan nach § 28 S. 1 GBO bezeichnet sind.[296]

In der Rechtsprechung wird das Erfordernis der grundbuchordnungskonformen Bezeichnung auch auf Rechte an Grundstücken erstreckt, wobei in diesem Fall ein weniger strenger Maßstab im Rahmen von All-Klauseln vertretbar erscheint, solange die übertragenden Rechte für jedermann klar und eindeutig bestimmbar sind.[297] **196**

292 *Hörtnagl* in: Schmitt/Hörtnagl, UmwG § 126, Rn 62.

293 BGH, Urt. v. 8.10.2003 – XII ZR 50/02, NZG 2003, 1172, 1174: Im konkreten Fall ging es um einen Mietvertrag, der zwar nicht explizit erwähnt war, dessen Zuordnung sich aber aus dem Zusammenhang mit dem Übergang einer Immobilie ergab.

294 *Hörtnagl* in: Schmitt/Hörtnagl, UmwG § 126 Rn 81.

295 *Priester* in: Lutter, UmwG, § 126 Rn 53.

296 BGH, Urt. v. 25.1.2008 – V ZR 79/07, NZG 2008, 436, Ls.

297 OLG Schleswig, Beschl. v. 1.10.2008 – 2 W 241/08, DNotZ 2010, 66 m.Anm. *Perz*.

Rechtlich komplex ist außerdem der Übergang unvermessener Teilflächen im Rahmen von Spaltungsvorgängen.[298] Nach h.M. können im Rahmen einer Spaltung auch lediglich **Teile eines Grundstücks** übertragen werden.[299] § 28 GBO darf nicht formalistisch überspannt werden, weshalb der BGH in den Fällen der Teilflächenübertragung eine Ausnahme zugelassen hat, wenn bereits ein genehmigter Veränderungsnachweis vorliegt, der die übertragene Teilfläche katastermäßig bezeichnet, und auf den in der Verurteilung zur Abgabe der Eintragungsbewilligung Bezug genommen werden kann.[300] Vor Vollzug der Teilung und Bildung des Grundstücks im Rechtssinne kann zwar die unvermessene Teilfläche nach h.M. im Spaltungsvertrag bzw. -plan aufgeführt werden (eine Bezeichnung nach § 28 Satz 1 GBO ist nicht nötig und auch nicht möglich), die gewährt dem neuen/übernehmenden Rechtsträger jedoch nur eine Anwartschaft, die zum vollen Eigentum erstarkt, wenn die Teilfläche nach Vollzug der Teilung im Grundbuch rechtlich existent wird.[301]

e) Nicht-verhältniswahrende Spaltung und „Spaltung zu Null“

197 Alle drei Grund-Arten der Spaltung setzen stets als Gegenstück des jeweiligen Spaltungsvorgangs die Gewährung von Anteilen oder Mitgliedschaften an den übertragenden Rechtsträger oder an dessen bisherige Anteilsinhaber/Gesellschafter voraus. Jeder der ersten drei Absätze von § 123 UmwG enthält die Formulierung der jeweilige Spaltungsvorgang erfolge „gegen Gewährung von Anteilen oder Mitgliedschaften (dieses Rechtsträgers oder) dieser Rechtsträger an“ den entsprechenden Destinatär. Dieser Umstand ist die spaltungsrechtliche Ausprägung des Dogmas der Anteilsgewährung, die dem Umwandlungsrecht im Kern zugrunde liegt, die aber nicht ohne Ausnahme ist. Gemäß § 126 Abs. 1 Nr. 10 UmwG hat der Spaltungsvertrag bei Aufspaltung und Abspaltung die Aufteilung der Anteile oder Mitgliedschaften jedes der beteiligten Rechtsträger auf die Anteilsinhaber des übertragenden Rechtsträgers sowie den Maßstab für die Aufteilung zu regeln, was die Möglichkeit einer nicht verhältniswahrenden Spaltung nahelegt. Dies wird durch § 128 UmwG konkretisiert.

298 Vgl. *Blaschke*, NZG 2016, 328, 333.

299 *Hörtnagl* in: Schmitt/Hörtnagl, UmwG § 131 Rn 15; ablehnend: *Schmidt-Ott*, ZIP 2008, 1353, 1357.

300 BGH, Urt. v. 25.1.2008 – V ZR 79/07, NZG 2008, 436, 438.

301 Siehe auch *Schöner/Stöber*, Grundbuchrecht, Rn 995c.

§ 128 UmwG setzt die Möglichkeit dieser nicht verhältniswahrenden Spaltung jedenfalls für die Aufspaltung und die Abspaltung voraus,[302] nicht aber für die Ausgliederung. Nach Satz 1 der Norm ist für den Fall, dass bei einer Aufspaltung oder Abspaltung die Anteile bzw. Mitgliedschaften der übernehmenden Rechtsträger den Anteilsinhabern des übertragenden Rechtsträgers nicht in dem Verhältnis zugeteilt werden, welches ihrer Beteiligung an dem übertragenden Rechtsträger entspricht, die Zustimmung aller Anteilsinhaber an dem übertagenden Rechtsträger notwendig. Die Norm entspricht in ihrem Regelungsgehalt dem § 54 Abs. 1 Satz 3 UmwG, wonach im Rahmen einer Verschmelzung auf eine Kapitalerhöhung (und insoweit auf die Gewährung von Anteilen) verzichtet werden kann. **198**

Merke:

Die Zustimmungserklärungen aller Anteilsinhaber zu einer nicht verhältniswahrenden Spaltung im Sinne von § 128 Satz 1 UmwG müssen notariell beurkundet werden (§ 125 Satz 1, 13 Abs. 3 Satz 1 UmwG).[303] Solange ist der Beschluss schwebend unwirksam; die Verweigerung der Zustimmung führt zur Unwirksamkeit des Spaltungsvertrages. Auch Inhaber stimmrechtsloser Anteile müssen zustimmen und auch der Nießbrauchsberechtigte eines mit einem Nießbrauch belasteten Anteils.[304] (In der Praxis für den Notar nicht ohne weiteres erkennbar – hier müssen die Beteiligten die notwendigen Informationen liefern)

Die Zustimmung als solche ist nicht mit der Abstimmung im Rahmen der Gesellschafterversammlung zu verwechseln; vielmehr handelt es sich um eine Willenserklärung, die auch außerhalb einer Gesellschafterversammlung abgegeben werden kann. Wenn aber die Gesellschafterversammlung notariell beurkundet wird, spricht viel dafür in der zustimmenden Abstimmung auch zugleich die Zustimmung im Sinne von § 128 Satz 1 UmwG zu sehen, jedenfalls solange die Versammlung der Gesellschafter nach den §§ 8 ff. BeurkG beurkundet wird.[305] Aus Vorsichtsgründen („sicherster Weg") sollten aber die Zustimmungserklärungen u.E. noch einmal explizit notariell entsprechend den Vorgaben für die Beurkundung von Willenserklä- **199**

302 Dies ist bereits im europäischen Recht angelegt: Art. 139 Abs. 2 der RL 2017/1132/EU regelt die nichtverhältniswahrende Spaltung für Aktiengesellschaften, die nach dem Wortlaut der Norm vorausgesetzt wird. Nach den Vorgaben des europäischen Normgebers können die Mitgliedstaaten für nicht verhältniswahrende Spaltungen Entschädigungen der ausscheidenden Minderheitsaktionäre vorsehen. Der deutsche § 128 UmwG ist deutlich schärfer und verlangt, wie im Folgenden zu sehen, Einstimmigkeit, was de facto einem Verbot der nicht verhältniswahrenden Spaltung bei Publikumsgesellschaften gleichkommt, sodass teilweise die Europarechtskonformität der deutschen Regelung in Zweifel steht, vgl. *Mayer* in: Widmann/Mayer, UmwR, § 128 UmwG Rn 3.

303 *Priester* in: Lutter, UmwG, § 128 Rn 18; *Sickinger* in: Kallmeyer, UmwG, § 128 UmwG.

304 *Priester* in: Lutter, UmwG, § 128; *Sickinger* in: Kallmeyer, UmwG, § 128 UmwG.

305 *Sickinger* in: Kallmeyer, UmwG, § 125 UmwG Rn 15.

rungen beurkundet werden und als solche explizit in einer Urkunde aufgenommen werden. Explizite Verzichtserklärungen sind nicht notwendig, werden aber teilweise in der Literatur empfohlen.[306]

200 Ein Spezialfall der nicht-verhältniswahrenden Spaltung ist die sog. Spaltung zu Null, die vorliegt, wenn Anteilsinhaber des übertragenden Rechtsträgers an einem übernehmenden oder neuen Rechtsträger überhaupt nicht beteiligt werden.[307] Die Möglichkeit einer sog. Spaltung zu Null ist in Rechtsprechung[308] und Literatur[309] weitgehend anerkannt. Auch wenn der Gesetzeswortlaut das Institut der „Spaltung zu Null" nicht explizit ermöglicht, spricht ein Blick in die Gesetzesmaterialien dafür, es zu ermöglichen. §§ 126 Abs. 1 Nr. 10, 128 UmwG sollen *„insbesondere die Auseinandersetzung und Trennung von Gesellschaftergruppen und Familienstämmen ermöglichen"*,[310] was sinnvollerweise nur durch eine Spaltung zu Null erreicht werden kann. Allerdings sind im Einzelfall durchaus verschiedene Konstellationen zu berücksichtigen, die darzustellen, den Rahmen dieser Kurzdarstellung übersteigen würde – es ist hier Problembewusstsein für die Besonderheiten des jeweils einzelnen Falles zu entwickeln.[311]

5. Besonderheiten bei der Spaltung nach zu spaltendem Rechtsträger

201 Ebenso wie bei der Verschmelzung sind bei der Spaltung Sondernormen für den jeweils an der Spaltung beteiligten Rechtsträger zu beachten, die sich aus dem besonderen Teil des Spaltungsrechts (§§ 138–173 UmwG) ergeben.

Das UmwG sieht folgende Spaltungsmöglichkeiten, aufgeschlüsselt nach beteiligten Rechtsträgern, vor:[312]

306 *Priester* in: Lutter, UmwG, § 128 Rn 15.

307 *Sickinger* in: Kallmeyer, UmwG, § 128 UmwG Rn 4.

308 OLG München, Beschl. v. 10.7.2013 – 31 Wx 131/13, GmbHR 2013, 874; LG Konstanz, Beschl. v. 13.2.1998 – 1 HTH 6/97, ZIP 1998, 1226.

309 *Sickinger* in: Kallmeyer, UmwG, § 123 UmwG Rn 5 f. m.w.N.

310 BT-Drucks 12/6699, S. 118.

311 Siehe instruktiv *Heckschen* in: GmbHR 2015, 897–909 für verschiedene Konstellationen.

312 Umwandlungssteuererlass, BMF v. 11.11.2011, BStBl I 2011, S. 1314 ff., Rn 01.12. Zur alten Rechtslage.

auf **von**	**PershG/PartG**	**GmbH**	**AG/KGaA**	**eG**	**eV**	**gen. Prüfungs-verband**	**VVaG**
PershG/PartG	§§ 123–137	§§ 123–137 §§ 138–140	§§ 123–137 §§ 141–146	§§ 123–137 §§ 147–148	- *(§ 149 Abs. 2)*	§§ 123–137	- *(§ 151)*
GmbH inkl. UG	§§ 123–137 §§ 138–140	§§ 123–137 §§ 138–140	§§ 123–137 §§ 138–140 §§ 141–146	§§ 123–137 §§ 138–140 §§ 147–148	- *(§ 149 Abs. 2)*	§§ 123–137 §§ 138–140	- *(§ 151)*
AG/KGaA	§§ 123–137 §§ 141–146	§§ 123–137 §§ 138–140 §§ 141–146	§§ 123–137 §§ 141–146	§§ 123–137 §§ 141–146 §§ 147–148	- *(§ 149 Abs. 2)*	§§ 123–137	- *(§ 151)*
eG	§§ 123–137 §§ 147–148	§§ 123–137 §§ 138–140 §§ 147–148	§§ 123–137 §§ 141–146 §§ 147–148	§§ 123–137 §§ 147–148	- *(§ 149 Abs. 2)*	§§ 123–137	- *(§ 151)*
eV/wirtsch. Verein	§§ 123–137 § 149	§§ 123–137 §§ 138–140 § 149 Abs. 1	§§ 123–137 §§ 141–146 § 149 Abs. 1	§§ 123–137 §§ 147–149	§§ 123–137 § 149 Abs. 2	§§ 123–137 §§ 138–140 § 149 Abs. 1	- *(§ 151)*
gen. Prüfungs-verband	- *(§ 150)*	nur Ausglie-derung §§ 123–137 §§ 138–140 § 150	nur Ausglie-derung §§ 123–137 §§ 141–146 § 150	- *(§ 150)*	- *(§ 150)*	§§ 123–137 § 150	- *(§ 150)*
VVaG	- *(§ 151)*	nur Ausglie-derung, wenn keine Übertra-gung von Vers.-Verträgen §§ 123–137 §§ 138–140 § 151	Auf-/Abspal-tung nur auf Vers.-AG; Aus-gliederung nur, wenn keine Übertragung von Vers.-Ver-trägen §§ 123–135 §§ 141–146 § 151	- *(§ 151)*	- *(§ 151)*	- *(§ 151)*	nur Auf-/Ab-spaltung §§ 123–135 §§ 141–146 § 151

auf **von**	**PershG/PartG**	**GmbH**	**AG/KGaA**	**eG**	**eV**	**gen. Prüfungs-verband**	**VVaG**
Einzelkaufmann	nur Ausglie-derung auf PershG §§ 123–137 §§ 152–160	nur Ausglie-derung §§ 123–137 §§ 138–140 §§ 152–160	nur Ausglie-derung §§ 123–137 §§ 141–146 §§ 152–160	nur Ausglie-derung §§ 123–137 §§ 147–148 §§ 152–160	- *(§ 152)*	- *(§ 152)*	- *(§ 152)*
Stiftungen	nur Ausglie-derung auf PershG §§ 123–137 §§ 161–167	nur Ausglie-derung §§ 123–137 §§ 138–140 §§ 161–167	nur Ausglie-derung §§ 123–137 §§ 141–146 §§ 161–167	- *(§ 161)*	- *(§ 161)*	- *(§ 161)*	- *(§ 161)*
Gebiets-Körpersch.	nur Ausglie-derung auf PershG §§ 123–137 §§ 168–173	nur Ausglie-derung §§ 123–137 §§ 138–140 §§ 168–173	nur Ausglie-derung §§ 123–137 §§ 141–146 §§ 168–173	nur Ausglie-derung §§ 123–137 §§ 147–148 §§ 168–173	- *(§ 168)*	- *(§ 168)*	- *(§ 168)*

a) Spaltung unter Beteiligung von GmbH und UG (haftungsbeschränkt)

Die Sonderregelungen für Spaltungsvorgänge unter Beteiligung von Gesellschaften mit beschränkter Haftung finden sich in den §§ 138–140 UmwG. Es handelt sich nur um wenige Regelungen: § 138 UmwG bezieht sich nur auf eine im Zuge der Spaltung neu gegründete GmbH; die §§ 139, 140 UmwG beziehen sich nur auf eine GmbH als übertragender Rechtsträger.[313] 202

Die meisten grundsätzlichen Regelungen ergeben sich entsprechend dem UmwG-Baukastensystem aus den vorgelagerten Regelungen des allgemeinen Spaltungsrechts (§§ 123–137 UmwG) und über die umfassende Verweisung in § 125 UmwG (für die Spaltung zur Aufnahme) bzw. in § 135 UmwG (für die Spaltung zur Neugründung) aus den für anwendbar erklärten Regelungen des Verschmelzungsrechts – für Umwandlungen unter Beteiligung von Gesellschaften mit beschränkter Haftung insoweit die §§ 46–59 UmwG. 203

aa) Spaltungs- und Übernahmevertrag bzw. Spaltungsplan

Zu beachten sind einmal § 126 UmwG und für GmbH bzw. UG (haftungsbeschränkt) noch § 46 UmwG (i.V.m. §§ 125, 135 UmwG): 204

Bei der GmbH als übernehmendem oder neuem Rechtsträger muss bereits der Spaltungs- und Übernahmevertrag bzw. der Spaltungsplan für jeden Anteilsinhaber eines übertragenden Rechtsträgers den Nennbetrag des Geschäftsanteils bestimmen, den die übernehmende GmbH ihm zu gewähren hat; er muss auf volle EUR lauten (§§ 125, 46 Abs. 1 Satz 1 und 3 UmwG). Sollen die zu gewährenden Geschäftsanteile im Wege der Kapitalerhöhung geschaffen und mit besonderen Rechten und Pflichten ausgestattet werden, so sind auch die Abweichungen im Verschmelzungsvertrag oder in seinem Entwurf festzusetzen (§§ 125, 46 Abs. 2 UmwG).

bb) Spaltungsbeschluss

Für den Spaltungsbeschluss der GmbH verlangen §§ 125, 50 Abs. 1 UmwG zwingend eine Mehrheit von mindestens drei Vierteln der abgegebenen Stimmen, wobei der Gesellschaftsvertrag eine größere Mehrheit und weitere Erfordernisse bestimmen kann. Ist für eine Änderung des Gesellschaftsvertrages eine größere Mehrheit als eine $^{3}/_{4}$-Mehrheit vorgesehen, so gilt diese Mehrheit auch für einen Spaltungsbeschluss. Besondere Zustimmungserfordernisse können sich aus § 50 Abs. 2 UmwG ergeben und zwar insbesondere für den Fall, dass Minderheitsrechte eines Gesellschafters oder besondere Geschäftsführungsrechte durch die Spaltung beeinträchtigt werden. Daneben sind § 51 Abs. 1 Sätze 1 und 3 UmwG zu beachten, wenn nicht alle Geschäftsanteile voll eingezahlt sind.[314] 205

313 *Mayer* in: Widmann/Mayer, UmwR, Vorbemerkung §§ 138–140 UmwG Rn 1 ff.

314 *Mayer* in: Widmann/Mayer, UmwR, Vorbemerkung §§ 138–140 UmwG Rn 7.

cc) Kapitalerhöhung bei der übernehmenden GmbH

206 Wie gesehen, gilt im Umwandlungsrecht, insbesondere dem Verschmelzungsrecht, aber auch in dem auf diesem aufbauenden Spaltungsrecht, der Grundsatz der Anteilsgewährungspflicht. Über die grds. Verweisung in § 125 Satz 1 UmwG auf die §§ 53 ff. UmwG gelten die entsprechenden Regelungen ebenfalls für die im Zuge eines Spaltungsvorgangs auf eine aufnehmende GmbH bei dieser regelmäßig erforderliche Kapitalerhöhung. Die Beachtung dieser Normen ist also geboten, allerdings enthalten sie – dem allgemeinen Grundsatz folgend, dass das Umwandlungsrecht ein „Ermöglichungsrecht" sein soll – grds. Erleichterungen gegenüber den allgemeinen Kapitalerhöhungsvorschriften in den §§ 55 ff. GmbHG. Die Verweisung zielt für Abspaltung und Aufspaltung zur Aufnahme auch auf die Kapitalerhöhungsverbote bzw. die Möglichkeiten von einer Kapitalerhöhung abzusehen (siehe § 54 UmwG). Die Kapitalerhöhungsverbote gemäß § 54 Abs. 1 Satz 1 UmwG finden für die Ausgliederung keine Anwendung, das Kapitalerhöhungswahlrecht des § 54 Abs. 1 Satz 2 Nr. 1 UmwG nach h.M. allerdings schon.[315] Sehr umstritten ist die Frage, ob die Beschränkung der Verweisung gemäß § 125 Satz 1 UmwG einen Verzicht auf die Anteilsgewährung gemäß § 54 Abs. 1 Satz 3 UmwG ausschließt: Der Wortlaut spricht recht deutlich für einen solchen Ausschluss, während starke Stimmen in der Literatur den Verzicht nach § 54 Abs. 1 Satz 3 UmwG ermöglichen möchten und dies mit einer teleologischen Reduktion des § 125 Satz 1 UmwG erreichen wollen.[316]

207 Die §§ 125 Satz 1, 53 UmwG betreffen die Eintragungsreihenfolge bei einer mit dem Spaltungsvorgang verbundenen Kapitalerhöhung: Erhöht die übernehmende Gesellschaft zur Durchführung der Spaltung ihr Stammkapital, so darf die Spaltung erst eingetragen werden, nachdem die Erhöhung des Stammkapitals im Register eingetragen worden ist.

dd) Hinweise zum Registerverfahren

208 Bei der Anmeldung der Abspaltung oder der Ausgliederung (nicht aber der Aufspaltung) zur Eintragung in das Register des Sitzes einer übertragenden GmbH haben deren Geschäftsführer auch zu erklären, dass die durch Gesetz und Gesellschaftsvertrag vorgesehenen Voraussetzungen für die Gründung dieser Gesellschaft unter Berücksichtigung der Abspaltung oder der Ausgliederung im Zeitpunkt der Anmeldung vorliegen (vgl. § 140 UmwG). Sinn und Zweck der Regelung ist es, die Kapitalausstattung der Gesellschaft auch nach dem Spaltungsvorgang sicherzustellen, da die Gesellschaft bei der Aufspaltung erlischt, spielt die Norm für diesen Spaltungsvorgang denklogisch keine Rolle. Zwar kreiert die Norm eine entspre-

315 *Lieder* in: Lutter, UmwG, § 125 Rn 62 f.; a.A. wohl *Galla/Cé. Müller* in: Henssler/Strohn, GesR, § 125 Rn 9.

316 Für die teleologische Reduktion und m.w.N. für beide Ansichten: *Lieder* in: Lutter, UmwG, § 125 Rn 64.

chende Rechtspflicht, insbesondere für die Abspaltung stellt sie jedoch eine Erleichterung dar, da der Gesetzgeber insoweit auf die strengeren Anforderungen wie bei einer Neugründung verzichtet; vielmehr tritt die Erklärung gemäß § 140 UmwG an die Stelle des Sachgründungsberichts.[317]

Über § 125 UmwG gilt auch der Verweis auf § 52 UmwG. Bei der Anmeldung der Spaltung ist für den Fall, dass nicht alle Geschäftsanteile voll eingezahlt sind (siehe § 51 Abs. 1 UmwG) auch zu erklären, dass dem Spaltungsbeschluss jedes der übertragenden Rechtsträger alle bei der Beschlussfassung anwesenden Gesellschafter dieses Rechtsträgers und, sofern der übertragende Rechtsträger eine Personen(handels)gesellschaft, eine Partnerschaftsgesellschaft oder eine Gesellschaft mit beschränkter Haftung ist, auch die nicht erschienenen Gesellschafter dieser Gesellschaft zugestimmt haben. Dabei ist zu unterscheiden, ob beim übernehmenden oder beim übertragenden Rechtsträger nicht alle zu leistenden Einlagen in voller Höhe bewirkt sind. Stets müssen die Gesellschafter des bzw. der anderen beteiligten Rechtsträger vollständig zustimmen. Dieser Umstand ist jeweils von den Geschäftsführern bei der Anmeldung beim Registergericht zu erklären. **209**

b) Spaltung unter Beteiligung von AG und KGaA

aa) Allgemeines und Prüfungsreihenfolge

Die §§ 141–146 UmwG enthalten die besonderen Vorschriften, welche bei einer Spaltung unter Beteiligung einer AG, KGaA oder SE zur Anwendung kommen und treten neben die allgemeinen Regeln über die Spaltung in den §§ 123–137 UmwG. Sie gelten unabhängig davon, ob an der Spaltung noch Rechtsträger anderer Rechtsformen beteiligt sind oder nicht. Für diese sind daneben jeweils die für diese Rechtsformen anzuwendenden besonderen Vorschriften zu beachten.[318] **210**

Bei der Klärung der Anwendung der verschiedenen Vorschriften ist folgende Reihenfolge entsprechend der Verweisungstechnik in den §§ 125 Satz 1 bzw. 135 Abs. 1 Satz 1 UmwG zu beachten:[319] **211**

- Zunächst sind die allgemeinen Vorschriften über die Verschmelzung zu prüfen:
  - Spaltung zur Aufnahme: §§ 2–35 UmwG;
  - Spaltung zur Neugründung: §§ 36–38 UmwG (i.V.m. den vorgenannten Normen mit Ausnahme der in § 36 Abs. 1 genannten Normen).
- Im Falle der Spaltung unter Beteiligung einer AG, KGaA oder SE sind anschließend die §§ 60–78 UmwG in die Betrachtung mit einzubeziehen, welche die vorgenannten allgemeinen Normen ergänzen oder modifizieren können. Wichtig: § 125 Sätze 1 und 2 UmwG bzw. § 135 Abs. 1 Satz 1 UmwG können Ausnahmen von der generellen Verweisung auf das Verschmelzungsrecht vorsehen.

317 *Reichert* in: Semler/Stengel/Leonard, UmwG, § 140 Rn 1.

318 *Rieger* in: Widmann/Mayer, UmwR, Vorbemerkung § 141 UmwG Rn 1.

319 *Rieger* in: Widmann/Mayer, UmwR, Vorbemerkung § 141 UmwG Rn 2.

- Anschließend sind die allgemeinen Regelungen zur Spaltung der §§ 123–137 UmwG zu beachten und
- schließlich die für die beteiligten Rechtsträger jeweils geltenden besonderen Vorschriften – für die AG, die KGaA und die SE eben die in den §§ 141–146 UmwG.

  Dabei gehen die spezifischen Spaltungsregelungen nach dem lex specialis-Grundsatz den allgemeinen verschmelzungsrechtlichen Grundsätzen vor (vgl. § 125 Satz 1 UmwG a.E.).
- Bei der Spaltung zur Neugründung mit einer AG als neuem Rechtsträger sind gemäß § 135 UmwG noch die Gründungsvorschriften für die AG zu beachten – also die §§ 1 ff. AktG und für die KGaA als neuem Rechtsträger noch zusätzlich die §§ 279 ff. AktG

212 Für eine SE ist noch folgende Besonderheit zu beachten: Für die SE besteht ein *numerus clausus* der Gründungsformen (Art. 2 und 3 SE-VO). Daher kann diese grds. nicht durch Spaltung gegründet werden kann, und somit nicht übernehmender Rechtsträger bei einer Spaltung zur Neugründung sein. Eine Ausnahme besteht aber für die Ausgliederung zur Neugründung einer SE aus einer bereits bestehenden SE (vgl. Art. 3 Abs. 2 SE-VO). Wegen Art. 66 Abs. 1 SE-VO, der explizit nur den Formwechsel einer SE anspricht, ist es umstritten, ob eine SE auch in anderen Rollen an Spaltungsvorgängen teilnehmen kann, was aber von der herrschenden Lehre zugelassen wird, weil eine Schlechterstellung der SE gegenüber einer AG in diesem Kontext unangemessen erscheint.[320]

bb) Spaltungsverbot in der Nachgründungsphase

213 Eine AG oder eine KGaA, die noch nicht zwei Jahre im Register eingetragen ist, kann außer durch Ausgliederung zur Neugründung nicht gespalten werden (§ 141 AktG). Die Regelung beschränkt die Spaltungsmöglichkeiten neu gegründeter AG und KGaA, wie die §§ 76 i.V.m. 78 UmwG für die Verschmelzung. Sie steht im Zusammenhang mit dem Ziel des AktG-Gesetzgebers in der Nachgründungsperiode (siehe § 52 AktG) eine tatsächliche oder wirtschaftliche Auflösung des Rechtsträgeres zu verhindern und dient so dem Schutz der Aktionäre und der Gläubiger, weil eine Spaltung einer neu gegründeten Aktiengesellschaft die Kapitalaufbringung und Erhaltung in diesem frühen Stadium gefährdet.[321] Auch wenn der erste Entwurf der Bundesregierung für das UmwG von 1995 die Ausgliederung noch nicht explizit ausnehmen wollte,[322] nimmt der Schluss von § 141 UmwG die Ausgliederung zur Neugründung aus: Weil § 123 Abs. 3 UmwG die Beteiligung mehrerer übertragender Rechtsträger an einem Spaltungsvorgang nicht zulässt, erhält die

320 So auch *Brellochs* in: BeckOGK, UmwG § 141 Rn 22 f.

321 *Rieger* in: Widmann/Mayer, UmwR, § 141 UmwG Rn 1.

322 BT-Drucks 12/6699, S. 126.

übertragende AG bzw. KGaA bei der Ausgliederung zur Neugründung als Gegenleistung für die übergehenden Aktiva und Passiva sämtliche Anteile an dem neuen Rechtsträger. Diese Anteile vermitteln daher sämtliche übertragenen Aktiva und Passiva; ein Vermögensverlust ist danach – abgesehen von den ohnehin geringen Gründungskosten – mit der Ausgliederung zur Neugründung nicht verbunden.[323]

cc) Spaltung zur Neugründung – Gründungsbericht, Gründungsprüfung

Ein Gründungsbericht (§ 32 AktG) und eine Gründungsprüfung (§ 33 Abs. 2 AktG) sind bei einer Spaltung unter Beteiligung einer AG oder einer KGaA stets erforderlich (§ 144 UmwG); die Norm betrifft nur die Spaltung zur Neugründung einer AG oder KGaA.[324] Eine Spaltung zur Neugründung stellt letztlich eine Sachgründung dar, sodass die entsprechenden Regelungen zum Aktionärs- und Gläubigerschutz eingreifen müssen; zuständig ist der übertragende Rechtsträger, auf Bericht und Prüfung kann nicht verzichtet werden. Der Bericht bedarf der Schriftform.[325] 214

In der Praxis ist der Anwendungsbereich der Norm gering, da es einfacher ist, eine neue Aktiengesellschaft zu gründen (oder eine Vorrats-AG zu erwerben) und anschließend auf diese eine Abspaltung zur Aufnahme vorzunehmen.[326]

c) Ausgliederung aus dem Vermögen eines eingetragenen Kaufmanns (e.K.)

aa) Allgemeines

Die §§ 152–160 UmwG regeln abschließend die Möglichkeit eines e.K. sein Vermögen nach den Regeln des UmwG auf einen anderen Rechtsträger zu übertragen.[327] Der numerus clauses des UmwG lässt aber andere, darüber hinaus bestehende zivilrechtliche Übertragungsmöglichkeiten unberührt. Nach dem UmwG ist nur die Ausgliederung aus dem Vermögen des e.K. möglich, nicht aber die Aufspaltung oder Abspaltung; innerhalb des UmwG stellen die Regelungen der §§ 152 ff. UmwG das Spiegelbild der §§ 120 ff. UmwG dar, durch welche die Verschmelzung einer Kapitalgesellschaft auf das Vermögen ihres Alleingesellschafters bzw. einzigen Aktionärs ermöglicht wird.[328] 215

„Übertragender Rechtsträger“ im Sinne der §§ 152 ff. UmwG kann nur ein Einzelkaufmann (also „e.K.“) sein – wer hierunter fällt bestimmt sich nach den Regeln des HGB.[329] Der Regelungskomplex stellt mit dem e.K. typischerweise auf eine 216

323 *Rieger* in: Widmann/Mayer, UmwR, § 141 UmwG Rn 3.
324 *Rieger* in: Widmann/Mayer, UmwR, § 144 UmwG Rn 2.
325 *Galla/Cé. Müller* in: Hennsler/Strohn, Gesellschaftsrecht, § 144 UmwG, Rn 2 f.
326 *Galla/Cé. Müller* in: Hennsler/Strohn, Gesellschaftsrecht, § 144 UmwG, Rn 1.
327 *Karollus/M. T. Schwab* in: Lutter, UmwG, § 152 Rn 1 f.
328 *Karollus/M. T. Schwab* in: Lutter, UmwG, § 152 Rn 1 f.
329 *Mayer* in: Widmann/Mayer, UmwR, § 152 UmwG Rn 5.

Einzelperson ab; der Wortlaut ermöglicht es aber über die natürliche Person hinaus auf den Betreiber der einzelkaufmännischen Unternehmung abzustellen. Einzelkaufmann im Sinne der Norm können also auch Erbengemeinschaften oder Gütergemeinschaften sein. Ausgliedernder kann auch ein Testamentsvollstrecker im Rahmen seiner Aufgaben sein. Anknüpfungspunkt ist das Betreiben des Unternehmens, sodass auch der Nießbraucher (wenn er Betreiber ist und nicht bloßer Ertragsnießbrauch vorliegt) oder der Pächter der Einzelkaufmann im Sinne der Norm sein können; Treuhandverhältnisse hindern die Ausgliederung durch den e.K. nicht.[330] Ob ein Kaufmann kraft Eintragung nach § 5 HGB übertragender Rechtsträger sein kann, ist umstritten, mit der richtigen h.M. aber zu bejahen.[331]

217 Die Ausgangslage der §§ 152 ff. UmwG ist eine typische Fragestellung in der täglichen notariellen Praxis: Ein bisher unter einzelkaufmännischer Firma geführtes Unternehmen (oder eines Unternehmens, das zu diesem Zwecke erst in das Handelsregister als e.K. vorgetragen wird) soll „in eine GmbH umgewandelt" werden, der Einzelunternehmer möchte „den Weg in die GmbH" gehen. Die Ausgliederung aus dem Vermögen eines e.K. auf eine GmbH zur Neugründung ist daher der häufigste Anwendungsfall der Normen in der Praxis.[332]

218 Der Unternehmer kann durch diese Operation eine Reihe von Zielen verfolgen: Er wird insbesondere versuchen, sein Privatvermögen vor der persönlichen Haftung zu schützen, er möchte eine Perpetuierung der Unternehmenstätigkeit erreichen, ggf. mit einer ins Auge gefassten Nachfolgeregelung, er kann auf diese Weise Geldgeber an der Unternehmung beteiligen, die Unternehmensführung in fremde Hände legen, oder schlicht den nicht selten professionelleren Auftritt einer GmbH oder AG präsentieren.[333]

219 Nicht wenige Unternehmer sind versucht, den Übergang „ohne Förmelei" zu vollziehen. Und in der Tat dürften nicht wenige der UG (haftungsbeschränkt) oder GmbH, die in deutschen Notariaten errichtet werden, in Wirklichkeit einen „kalten Übergang" von einem bisherigen Einzel-Unternehmen zu einer Kapitalgesellschaft darstellen. Dieses „Auslaufmodell" (vor dem Notar natürlich nur warnen kann) kommt (wenn überhaupt) nur bei bislang sehr kleinen Unternehmungen ohne wesentliche Betriebsgrundlagen oder stille Reserven und ohne wichtige Dauerschuldverhältnisse in Betracht.[334] Vielfach wird dem Notar das Vorbestehen eines Unternehmens in der konkreten Beratungssituation verborgen bleiben; erfährt er aber davon, sollte er dem Mandanten in vielen Fällen dringend davon abraten, einfach

330 *Karollus/M. T. Schwab* in: Lutter, UmwG, § 152 Rn 13 ff.

331 Siehe statt vieler: *Karollus/M. T. Schwab* in: Lutter, UmwG, § 152 Rn 25 ff. m.w.N.

332 Mit dieser Beobachtung, wie die Autoren, ebenfalls: *Büteröwe* in: Henssler/Strohn, GesR, § 152 Rn 6.

333 *Büteröwe* in: Henssler/Strohn, GesR, § 152 Rn 1 ff.; *Mayer* in: Widmann/Mayer, UmwR, § 152 UmwG Rn 4.

334 *Karollus/M. T. Schwab* in: Lutter, UmwG, § 152 Rn 9.

die Einzelunternehmung einzustellen und gewissermaßen unter dem Segel der GmbH weiterzufahren. Je nach Vorgehen kann dies nachteilige steuerliche oder haftungsrechtliche Folgen haben oder die Grundsätze der Kapitalaufbringung oder Vorbelastung bei der GmbH verletzen – im schlimmsten Fall mit strafrechtlichen Konsequenzen. Für die gesetzeskonforme „Reise" des Einzelunternehmers in die Kapitalgesellschaft sieht das deutsche Recht mehrere Wege vor.

Durch die §§ § 152–160 UmwG erhält der e.K., dessen Vermögen seine Verbindlichkeiten übersteigen, die Möglichkeit, sein Unternehmen als Ganzes oder teilweise auf eine oder mehrere bestehende oder neu zu gründende Kapitalgesellschaft(en) und/oder auf eine oder mehrere bestehende Personenhandelsgesellschaften oder eG gegen Gewährung von Anteilen an diesen zu übertragen. Das UmwG bietet dem eK damit die Möglichkeit, eine (regelmäßig partielle) **Gesamtrechtsnachfolge** herbeizuführen.[335] 220

Als Alternative kann der eingetragene Kaufmann, unabhängig vom UmwG, im Wege der Einzelrechtsübertragung Vermögensgegenstände übertragen. Er kann etwa sein Unternehmen als Sacheinlage in eine Gesellschaft einbringen oder sein Unternehmen gegen Gewährung von Anteilen an diesem Unternehmen veräußern. Die Übertragung von Verträgen und Verbindlichkeiten setzt dann aber die Zustimmung des jeweiligen Gläubigers voraus (vgl. § 415 BGB).[336]

bb) Europarechtlicher Rahmen

Die Ausgliederung eines Unternehmens(teils) aus dem Vermögen eines e.K. hat keine unmittelbaren unionsrechtlichen Wurzeln bzw. Vorgaben, die in das deutsche Recht transformiert worden wären und die es daher zu beachten gälte. Eine ausländische Staatsangehörigkeit des e.K. oder ein Wohnsitz im Ausland sollen jedenfalls keine Rolle spielen – wichtig ist lediglich, dass der e.K. in einem inländischen Handelsregister vorgetragen ist und der übernehmende Rechtsträger seinen Sitz im Inland hat.[337] 221

cc) Regelungsinhalt der §§ 152–160 UmwG

Im alten Umwandlungsrecht vor 1995 war die Ausgliederung aus dem Vermögen eines e.K. nur auf Kapitalgesellschaften möglich; eine Ausgliederung von Teilen des Unternehmens war ausgeschlossen.[338] Auch heute dürfte die vollständige Ausgliederung des einzelkaufmännischen Unternehmens aus dem Vermögen des e.K. auf eine GmbH (zur Neugründung oder Aufnahme) den absoluten Regelfall darstel- 222

335 *Büteröwe* in: Henssler/Strohn, GesR, § 152 Rn 1.
336 *Büteröwe* in: Henssler/Strohn, GesR, § 152 Rn 1.
337 *Seulen* in: Semler/Stengel/Leonard, UmwG, § 152 Rn 15 f.
338 *Mayer* in: Widmann/Mayer, UmwR, § 152 UmwG Rn 2.

len. Es ist aber wichtig zu wissen, dass auch andere Varianten möglich sind, insbesondere:

- Ausgliederung nur eines Unternehmensteils,
- Ausgliederung auf eine AG oder eine Personenhandelsgesellschaft als Zielrechtsträger.

§ 152 Satz 1 UmwG regelt, welche Rechtsträger ihr Vermögen im Wege der Ausgliederung auf welche Rechtsträger als übernehmender Rechtsträger bzw. Zielrechtsträger übertragen können und welche Vermögensgegenstände Gegenstand dieser Ausgliederung sein können. Das Ausgliederungsverfahren selbst sowie seine Wirkungen regeln sodann die §§ 153–160 UmwG. Die §§ 153–157 UmwG befassen sich mit der Ausgliederung zur Aufnahme, die §§ 158–160 UmwG mit der Ausgliederung zur Neugründung. Nach dem Baukastenprinzip des Umwandlungsrechts gelten ergänzend die allgemeinen und rechtsformspezifischen Vorschriften über die Ausgliederung (§§ 123–137 UmwG und für die Fälle der Neugründung §§ 138–146 UmwG) sowie über die Verweisungsvorschrift des § 125 UmwG die Vorschriften des Verschmelzungsrechts.[339]

dd) Ausgliederung zur Aufnahme

(1) Grundlagen

223 Die §§ 153–157 UmwG des Zweiten Unterabschnitts enthalten die besonderen Regelungen über die Ausgliederung zur Aufnahme, welche über § 158 UmwG weitgehend auch auf die Ausgliederung zur Neugründung anwendbar sind. Daneben sind die Bestimmungen der Spaltung zur Aufnahme (§§ 126–134 UmwG) und über § 125 UmwG wiederum die Verschmelzungsvorschriften anwendbar.

224 Die Ausgliederung zur Aufnahme hat das größere Anwendungsfeld – sie erlaubt auch Genossenschaften und Personenhandelsgesellschaften und UG (haftungsbeschränkt) als taugliche Zielrechtsträger vorzusehen, während die Ausgliederung zur Neugründung nur auf GmbH, AG und KGaA möglich ist.[340] Dies ergibt sich für die SE daraus, dass dieser Weg der Neugründung nicht in der einschlägigen SE-VO vorgesehen ist.[341] Für Personenhandelsgesellschaft folgt dies unmittelbar aus der Gesetzesbegründung: Bei Personenhandelsgesellschaften sei „die Gründung einer Einmann-Gesellschaft begrifflich ausgeschlossen. Ebenso wenig ist die Neugründung einer Einmann-Genossenschaft vorstellbar.“[342]

225 In der Praxis behilft man sich mit der Gründung einer Personenhandelsgesellschaft unter Einbringung des Unternehmens (im Wege der Einzelrechtsnachfolge) oder durch Vorabgründung einer Personenhandelsgesellschaft, insbesondere einer

339 *Mayer* in: Widmann/Mayer, UmwR, § 152 UmwG Rn 3.
340 *Karollus/M. T. Schwab* in: Lutter, UmwG, § 152 Rn 30 f.
341 *Karollus/M. T. Schwab* in: Lutter, UmwG, § 152 Rn 30.
342 BT-Drucks 12/6699, S. 128.

GmbH & Co. KG, mit anschließender Ausgliederung zur Aufnahme. Dass der Umwandlungsgesetzgeber in dieser Konstellation nur den Umweg zulässt und nicht das legislatorische Werkzeug für eine Vermögensübertragung im Wege der Gesamtrechtsnachfolge geschaffen hat, wird in der Literatur zu Recht kritisiert,[343] muss aber von der Praxis akzeptiert werden.

Für die Anwendbarkeit der §§ 152 ff. UmwG muss die Personenhandelsgesellschaft zum Zeitpunkt der Anmeldung der Ausgliederung zum Handelsregister des e.K. selbst noch nicht im Handelsregister eingetragen sein. Vielmehr ist es ausreichend, wenn dies bis zum Zeitpunkt der Eintragung der Ausgliederung beim e.K. erfolgt ist. Eine Eintragung bis zu diesem Zeitpunkt ist aber in jedem Fall erforderlich – auch bei solchen Zielgesellschaften, bei denen die Registereintragung nur deklaratorische Wirkung hat – weil die Ausgliederung sowohl zum Register des Einzelkaufmanns als auch zum Register der übernehmenden Personenhandelsgesellschaft anzumelden ist (§ 125 Satz 1 i.V.m. § 16 Abs. 1 Satz 1 UmwG). Nach § 130 Abs. 1 Satz 1 UmwG ist die Eintragung zunächst im Register des oder der übernehmenden Personenhandelsgesellschaft vorzunehmen und mit dem Vermerk zu versehen, dass die Ausgliederung erst mit der Eintragung im Register des Einzelkaufmanns wirksam wird (§ 130 Abs. 1 Satz 2 UmwG).[344] Partnerschaftsgesellschaften oder Stiftungen sind im Übrigen niemals taugliche Zielrechtsträger.[345] 226

Merke:

Die Ausgliederung aus dem Vermögen eines e.K. auf eine GmbH & Co.KG ist nur zur Aufnahme möglich, nicht aber zur Neugründung (die GmbH & Co. KG muss also schon bestehen). In der Praxis wird zu diesem Zweck zunächst der Zielrechtsträger gegründet und anschließend die Ausgliederung zur Aufnahme vorgenommen.

(2) Ablauf, Inhalt

Die rechtsgeschäftliche Grundlage der Ausgliederung zur Aufnahme ist der Ausgliederungs- und Übernahmevertrag nach § 126 UmwG), der zwischen dem e.K. und dem übernehmenden Rechtsträger geschlossen wird. Soweit der e.K. auch Vertretungsorgan des übernehmenden Rechtsträgers ist (was in der Praxis die Regel sein dürfte), muss dieser vom Verbot des In-sich-Geschäfts nach § 181 Var. 1 BGB befreit sein. Der Vertrag bedarf der notariellen Beurkundung (§§ 125 Satz 1 i.V.m. § 6 UmwG), wobei der allgemeine Grundsatz gilt, dass Abreden, die nach dem Wil- 227

343 *Mayer* in: Widmann/Mayer, UmwR, § 152 UmwG Rn 223 mit berechtigter Kritik, aber dem richtigen Hinweis auf die klare Rechtslage der *lex lata*.

344 *Mayer* in: Widmann/Mayer, UmwR, § 152 UmwG Rn 224.1.

345 *Mayer* in: Widmann/Mayer, UmwR, § 152 UmwG Rn 72.1.

len der Beteiligten mit dem Ausgliederungs- und Übernahmevertrag ein einheitliches Ganzes bilden sollen, mitzubeurkunden sind.[346]

228 Der notwendige Inhalt des Ausgliederungs- und Übernahmevertrags ergibt sich aus der allgemeinen spaltungsrechtlichen Vorschrift des § 126 UmwG.[347] Für diesen Vertrag gelten auch ansonsten die üblichen Vorgaben spaltungsrechtlicher Verträge: Elemente der **essentalia negotii** sind die Bestimmungen der beiderseits auszutauschenden Leistungen – des auszugliedernden Vermögens einerseits und der dem e.K. zu gewährenden Anteile anderseits. In der Praxis verdient vor allem die genaue Bezeichnung der Vermögensgegenstände besondere Beachtung: Die Aufnahme in den Vertrag ist konstitutiv – nicht genannte Gegenstände gehen nicht über. Allerdings kann mit sog. All-Klauseln gearbeitet werden, die Bezugnahme auf Bilanzen und Verzeichnisse ist üblich: Mit dem BGH[348] ist allgemein festzustellen, dass die Anforderungen an die Bezeichnung der einzelnen Gegenstände nicht überspannt werden darf; für Grundstücke ist aber auch in diesem Fall jedenfalls die grundbuchmäßige Bezeichnung i.S.v. § 28 GBO zu beachten.[349] Bei dem auszugliedernden Betrieb(steil) herrscht grds. Auswahlfreiheit – der Betrieb muss insbesondere kein Teilbetrieb i.S.d. Steuerrechts sein.[350]

229 Der Ausgliederungs- und Übernahmevertrag kann vor der Zustimmung der Anteilsinhaber des übernehmenden Rechtsträgers oder danach geschlossen werden; in letzterem Fall muss bei der Beschlussfassung zumindest ein schriftlicher Vertragsentwurf vorliegen (§§ 125 Satz 1 i.V.m. § 4 Abs. 2 UmwG). Ist eine AG oder eine KGaA oder eine SE übernehmender Rechtsträger, so ist der Ausgliederungs- und Übernahmevertrag oder sein Entwurf vor der Einberufung der Hauptversammlung, die über die Zustimmung beschließt, zum Handelsregister einzureichen. Dies ist vom Gericht nach § 125 Satz 1 UmwG i.V.m. §§ 61, 78 UmwG bekannt zu machen.

230 Ein Ausgliederungsbericht ist für den Einzelkaufmann nicht erforderlich (§ 153 UmwG). Nach § 152 Satz 2 UmwG kann die Ausgliederung nicht erfolgen, wenn die Verbindlichkeiten des Einzelkaufmanns sein Vermögen übersteigen. Deshalb hat das Gericht des Sitzes des e.K. die Eintragung der Ausgliederung dann abzulehnen, wenn offensichtlich ist, dass die Verbindlichkeiten des e.K. sein Vermögen übersteigen (§ 154 UmwG). Während bei der Einbringung eines einzelkaufmännischen Unternehmens in eine bestehende Gesellschaft (im Wege der Singularsukzession) die Löschung der Firma aktiv beim Handelsregister angemeldet werden muss, erlischt die Firma des Handelsgewerbes des e.K. *ipso iure*, wenn das gesamte

346 *Karollus/M. T. Schwab* in: Lutter, UmwG, Einf. vor § 153 Rn 4.

347 *Karollus/M. T. Schwab* in: Lutter, UmwG, Einf. vor § 153 Rn 4 ff.; *Mayer* in: Widmann/Mayer, UmwR, § 152 UmwG Rn 225 (März 2020).

348 BGH, Urt. v. 8.10.2003 – XII ZR 50/02, ZIP 2003, 2155, 2157.

349 *Karollus/M. T. Schwab* in: Lutter, UmwG, Einf. vor § 153 Rn 6.

350 *Büteröwe* in: Henssler/Strohn, GesR, § 152 Rn 25.

Handelsgewerbe durch den e.K. auf den Zielrechtsträger übertragen wird; das Erlöschen der Firma des e.K. ist von Amts wegen durch das Registergericht einzutragen (§ 155 UmwG).

Durch den Übergang der Verbindlichkeiten auf übernehmende oder neue Gesellschaften wird der Einzelkaufmann von der Haftung für die Verbindlichkeiten nicht befreit (§ 156 Satz 1 UmwG). Für Verbindlichkeiten des e.K. von einem Dritten bestellte Sicherheiten bleiben entgegen § 418 Abs. 1 BGB wegen der ausdrücklichen Anordnung in § 156 Satz 2 UmwG bestehen. Die Norm ist in einem „Systemzusammenhang“ mit § 157 UmwG zu sehen:[351] Diese Vorschrift statuiert eine Haftungsbegrenzung für die im Zuge der Ausgliederung übertragenen Verbindlichkeiten nach dem Vorbild des § 45 UmwG.[352] Haftet der e.K. aber nach der Umwandlung auch als Gesellschafter des aufnehmenden Rechtsträgers (also z.B. als persönlich haftender Gesellschafter einer oHG oder als Komplementär einer KG) persönlich, so besteht kein Bedürfnis für eine zeitliche Begrenzung der Haftung, was seinerseits wiederum § 157 Abs. 1 Satz 2 UmwG klarstellt.[353] Die Regelungen in §§ 156 f. UmwG stellen speziellere Regelungen zu den allgemeinen Regelungen in §§ 133 f. UmwG dar, soweit es um die Haftung des e.K. geht – mangels spezieller Regelungen zur Haftung des übernehmenden Rechtsträgers verbleibt es insoweit bei den allgemeinen Regelungen. Das bedeutet, die §§ 156 ff. UmwG beschränken nur die Haftung des e.K., nicht aber die des übernehmenden Rechtsträgers. Der übernehmende Rechtsträger haftet nicht nur für die übernommenen Verbindlichkeiten des e.K., sondern wegen § 133 Abs. 1 Satz 1 UmwG im Außenverhältnis auch für Verbindlichkeiten eines e.K., die nicht auf den übernehmenden Rechtsträger übergehen, insbesondere sogar für private Schulden des e.K.; eine Haftungsprivilegierung gilt nur im Innenverhältnis von ausgliedernder Privatperson und übernehmendem Rechtsträger, da insofern der (bisherige) e.K. primär Verpflichteter bleibt.[354] 231

(3) Ausgliederung zur Neugründung

Die Ausgliederung zur Neugründung kann gemäß § 152 Satz 1 UmwG a.E. nur auf Kapitalgesellschaften erfolgen, also auf GmbH, AG und KGaA.[355] Eine Ausgliederung aus dem Vermögen eines e.K. auf eine von ihm kontrollierte GmbH & Co. KG kann somit nur zur Aufnahme erfolgen.[356] Die Regeln zum Sachgründungsbericht und zur Gründungsprüfung ergeben sich aus § 159 UmwG. Die Anmeldung des neuen Rechtsträgers zum Handelsregister ist vom Einzelkaufmann und den Ge- 232

351 *Mayer* in: Widmann/Mayer, UmwR, § 156 UmwG Rn 1.

352 *D. Mayer/Weiler* in: MüHdBdG, Bd. 3, Rn 779.

353 BT-Drucks 12/6699, S. 129.

354 *Karollus/M. T. Schwab* in: Lutter, UmwG, Einf. vor § 156 Rn 10–14.

355 *Mayer* in: Widmann/Mayer, UmwR, § 158 UmwG Rn 2.

356 Siehe die vorstehende Rdn 226 in: diesem Buch.

schäftsführern bzw. den Mitgliedern des Vorstands und des Aufsichtsrats der neuen Gesellschaft vorzunehmen (§ 160 Abs. 1 UmwG).

(4) Ausgliederung nach §§ 152 ff. UmwG oder Einbringung durch Sachagio?

233 Eine Alternative zur Ausgliederung des e.K (und der Personenhandelsgesellschaft) auf die GmbH gemäß §§ 152 ff. UmwG ist die als „Steuerberatermodell“ bezeichnete Kombinationslösung von Barkapitalerhöhung und Sachaggio.[357] Das Ziel der (steuerrechtlichen Praxis) ist, dass die Vermögenswerte des e.K (oder eben der Personengesellschaft) in der Bilanz der Kapitalgesellschaft zu den Buchwerten fortgeführt werden können. Dies ist nach § 20 UmwStG nur möglich, wenn die Übertragung gegen Gewährung von Anteilen erfolgt. Im Falle der Ausgliederung nach § 152 UmwG und der Sachkapitalerhöhung ist dies für die GmbH unproblematisch. Für die Einbringung des Unternehmens des e.K. (bzw. der Personengesellschaft) war dies zunächst unklar, wurde aber vom BFH ausdrücklich anerkannt.[358] Der Vorteil gegenüber der Sachkapitalerhöhung ist, dass kein Werthaltigkeitsgutachten für die eingebrachten Gegenstände vorgelegt werden muss. Erstaunlicherweise nimmt das Handelsregister bei der Bar-Kapitalerhöhung keinerlei Werthaltigkeitsprüfung des zusätzlich als Aufgeld eingebrachten Unternehmens vor. Diese Systemwidrigkeit kann sich der Rechtsanwender zunutze machen. Hätte dieses Unternehmen tatschlich einen negativen Wert, dann würde dies gegen die Kapitalaufbringungsgrundsätze des GmbH-Rechts verstoßen. Trotzdem spielt dieser Umstand regelmäßig keine Rolle,[359] sodass die Barkapitalerhöhung mit Sachaggio in der Praxis die Sachkapitalerhöhung in vielen Fällen verdrängt haben dürfe.[360]

234 Ein Vorteil der Ausgliederung nach dem UmwG ist die gesetzliche Gesamtrechtsnachfolge. Problematisch ist, dass eine UG (haftungsbeschränkt) nicht Zielgesellschaft der Ausgliederung sein kann und auch das Vermögen des Einzelkaufmanns nicht negativ sein darf,[361] was wegen der großzügigen Praxis der Registergerichte beim Sachaggio-Modell eine geringere Hürde darstellt. Einige Handelsregister verlangen zwar vermehrt zumindest eine Versicherung der Anmeldenden, dass der Wert des eingebrachten Unternehmens nicht negativ ist; dies ist aber meistens für die Beteiligten keine besondere Hürde.

357 *Lubberich*, DNotZ 2016, 164, 175. Siehe hierzu auch ausführlich in diesem Buch unter Rdn 364 ff.

358 BFH, Urt. v. 7.4.2010 – I R 55/09, NZG 2011, 118: „*Eine Sacheinlage gem. § 20 UmwStG 1995 kann auch vorliegen, wenn bei einer Bargründung oder -kapitalerhöhung der Gesellschafter zusätzlich zu der Bareinlage die Verpflichtung übernimmt, als Aufgeld (Agio) einen Mitunternehmeranteil in die Kapitalgesellschaft einzubringen*“.

359 Wenngleich anzumerken ist, dass in der Praxis der Autoren in den vergangenen Jahren die Registergerichte immer öfter zumindest die Versicherung des Geschäftsführers verlangen, dass das eingebrachte Unternehmen zumindest keinen negativen Wert habe. Dies dürfte eine sinnvolle, praxisnahe Lösung sein.

360 *Heinze*, NJW 2020, 3768, 3770.

361 *Lubberich*, DNotZ 2016, 164, 174.

6. Spaltungsplan und Spaltungsvertrag

235 Zentrale Norm des „*Spaltungs- und Übernahmevertrages*“ (so der Wortlaut des Gesetzes)[362] ist § 126 UmwG. Absatz 1 der Norm enthält – parallel zu § 5 Abs. 1 UmwG die Mindestangaben die das Dokument zu enthalten hat. Die Terminologie des Gesetzes ist nicht einheitlich: In § 131 Abs. 1 Nr. 3 Satz 3 UmwG verwendet der Gesetzgeber noch den Begriff des Ausgliederungs- und Übernahmevertrages. Soweit sich die Norm nicht ausdrücklich auf Aufspaltung und Abspaltung beschränkt, gilt sie jedoch auch für die Ausgliederung; außerdem gilt sie nicht nur für die Spaltung zur Aufnahme, sondern über die Verweisung in § 135 UmwG auch für die Spaltung zur Neugründung.[363] Bei der reinen Spaltung zur Neugründung ersetzt der Spaltungsplan den Spaltungs- bzw. Ausgliederungs- und Übernahmevertrags (§ 136 Satz 2 UmwG); § 126 UmwG gilt auch für den Spaltungsplan.[364]

236 Der Spaltungsvertrag ist das Parallelinstrument zum Verschmelzungsvertrag und als solches „das Herzstück der Spaltung“.[365] Er entzieht sich einer eindeutigen Zuordnung zu einem Vertragstyp: So ist er einerseits gesellschaftsrechtlicher Organisationsakt, andererseits schuldrechtliche Vereinbarung und Grundlage für den Vermögensübergang kraft Gesetzes.[366]

237 Der Spaltungsvertrag muss mit seinem ganzen Inhalt und den Nebenabreden notariell beurkundet werden (§ 125 Satz 1 i.V.m. § 6 UmwG). Dies beinhaltet sämtliche Abreden, die nach dem Willen der Beteiligten mit dem Spaltungsvertrag ein einheitliches Ganzes bilden, also mit denen der Spaltungsvertrag stehen und fallen soll.[367] Das Beurkundungsbedürfnis dient der materiellen Richtigkeitsgewähr, der Dokumentation sowie der Belehrung und Beratung der Vertragsparteien; vielfach enthält der Spaltungsvertrag selbst Teilelemente, die ihrerseits bereits alleine eine notarielle Beurkundung verlangen würden (etwa die Übertragung von Immobilien nach § 311b Abs. 1 BGB oder von GmbH-Anteilen nach § 15 Abs. 3 GmbHG). Inventare, Bilanzen und sonstige Dokumente, die eine Individualisierung der zu übertragenden Vermögensgegenstände ermöglichen, müssen dem Spaltungsvertrag als Anlage beigefügt und beurkundet werden (§ 126 Abs. 2 Satz 3 UmwG). Dabei greift die Praxis meist auf die Beurkundungserleichterungen in den §§ 13a, 14 BeurkG zurück.[368]

238 Wie beim Verschmelzungsvertrag ist es zu empfehlen, sich beim Aufbau der Urkunde streng an die Gliederung des Gesetzes, hier den Nummern 1–9 des § 126

362 Im Folgenden der Einfachheit halber schlicht „Spaltungsvertrag“ genannt.

363 *Sickinger* in: Kallmeyer, UmwG, § 126 UmwG Rn 1.

364 *Sickinger* in: Kallmeyer, UmwG, § 126 UmwG, Rn 2.

365 *Priester* in: Lutter, UmwG, § 126 Rn 5 – pathetisch, aber richtig.

366 *Hörtnagl* in: Schmitt/Hörtnagl, UmwG § 126 Rn 6.

367 BGH, Urt. v. 23.2.2021 – II ZR 65/19, NotBZ 2021, 255.

368 *Mayer* in: Widmann/Mayer, UmwR, § 126 UmwG Rn 27.

Abs. 1 UmwG zu halten; fakultative Regelungen sollten im Anschluss folgen. Dies führt zu folgender Gliederung:

- Name oder Firma und Sitz der an der Spaltung beteiligten Rechtsträger,
- Kennzeichnung als Spaltungsvorgang,
- partielle Gesamtrechtsnachfolge gegen Anteilsgewährung,
- Umtauschverhältnis,
- Einzelheiten für die Übertragung der Anteile,
- Zeitpunkt der Gewinnberechtigung,
- Spaltungsstichtage,
- Sonderrechte,
- Sondervorteile,
- Kennzeichnung des abzutrennenden Aktiv- und Passivvermögens,
- Aufteilung der Anteile,
- Folgen der Spaltung für Arbeitnehmer und ihre Vertretungen,
- fakultative Abreden,
- bei der Verschmelzung durch Neugründung müssen auch die neuen Satzungen/Gesellschaftsverträge und zwar auch die der Personengesellschaften beurkundet werden.[369]

239 Dreh- und Angelpunkt des Spaltungsvertrages ist die genaue Beschreibung und Aufteilung der einzelnen Gegenstände des Aktiv- und Passivvermögens, welche an jeden der übernehmenden Rechtsträger übertragen werden (vgl. § 126 Abs. 1 Nr. 9 UmwG). Sie bilden das Fundament für die klare Abtrennung des Vermögens des übertragenden und des übernehmenden Rechtsträgers und sind somit entscheidend für die mit der Eintragung der Spaltung eintretende partielle Gesamtrechtsnachfolge.[370] Lediglich für Grundstücke schreibt das Gesetz durch den Verweis in § 126 Abs. 2 Satz 2 UmwG auf § 28 GBO eindeutig eine genaue Form der Beschreibung für übergehende Grundstücke vor – Grundstücke sind übereinstimmend mit dem Grundbuch oder durch Hinweis auf das Grundbuchblatt zu bezeichnen. Bei der Spaltung geht das Eigentum an Grundstücken nur dann mit der Registereintragung auf den übernehmenden Rechtsträger über, wenn die Grundstücke in dem Spaltungs- und Übernahmevertrag nach § 28 S. 1 GBO bezeichnet sind.[371] Ansonsten ist der Grad der Genauigkeit immer noch ungeklärt, wobei der sachenrechtliche Bestimmtheitsgrundsatz den Ausgangspunkt bildet.[372] Wie bereits beschrieben kann die Individualisierung der einzelnen Gegenstände mittels Inventar, aber auch mittels Bilanzen erfolgen, die in Anlage zur Urkunde genommen werden.

369 *Heckschen* in: BeckNotar-HdB, § 24. Umwandlung Rn 158 f.

370 *Mayer* in: Widmann/Mayer, UmwR, § 126 UmwG Rn 21.

371 BGH, Urt. v. 25.1.2008 – V ZR 79/07, NZG 2008, 436.

372 *Mayer* in: Widmann/Mayer, UmwR, § 126 UmwG Rn 202.

Auch die Verwendung sog. **All-Klauseln** oder „**catch-all-Klauseln**" ist möglich: Im Zusammenhang mit einem Spaltungsvertrag werden häufig große Sachgesamtheiten übertragen. Nach Ansicht des BGH wäre es mit einem unzumutbaren Aufwand verbunden, alle zu einer solchen Sachgesamtheit gehörenden Gegenstände in dem Vertrag oder in einer Anlage zu ihm einzeln aufzuführen. Es ist deshalb geboten, bezüglich solcher Sachgesamtheiten All-Klauseln zuzulassen. Dann ist es aber erforderlich, bezüglich jedes Einzelgegenstandes im Wege einer Auslegung nach den §§ 133, 157 BGB zu überprüfen, ob er zu der Sachgesamtheit gehört oder nicht.[373] Dies lässt sich auch mit der Wertung des Gesetzgebers in Einklang bringen, die „Bestimmbarkeit" müsse gewährleistet sein, nicht aber unbedingt eine je einzelne explizite Nennung aller Gegenstände erfolgen.[374] **240**

Bei der Übertragung von Betrieben oder Teilbetrieben wird in der Regel dem Spaltungsvertrag eine sog. „Spaltungsbilanz" als Individualisierungsmittel beigefügt. Hier ist es erst recht hinreichend, wenn die in der Bilanz summenmäßig bezeichneten Vermögensgegenstände durch All-Klauseln erfasst werden. Es genügt, wenn es infolge der Wahl einfacher äußerer Abgrenzungskriterien für jeden, der die Parteiabreden zum Zeitpunkt des Wirksamwerdens des Spaltungsvorgangs kennt, ohne Weiteres ersichtlich ist, welche Vermögensgegenstände vom Rechtsübergang erfasst sind und welche nicht.[375] Wichtig ist, wenn diese Bilanz zur Individualisierung der einzelnen übertragenen Vermögensgegenstände beitragen soll, dass die zugrunde gelegte Bilanz keine allgemeine Bilanz des Gesamt-Unternehmens ist, sondern vielmehr eine konkrete Spaltungsbilanz des zu übertragenden Betriebes darstellt.[376] **241**

Strikt zu trennen von dieser Beschreibung der Vermögensmassen der ausgliederten/aufgespaltenen/abgespaltenen Unternehmensteile, ist die zusammen mit der Anmeldung der Spaltung einzureichende Schlussbilanz des übertragenden Rechtsträgers. Eine solche Gesamt-Unternehmensbilanz ist nach dem Wortlaut von §§ (135), 125 Satz 1, 17 Abs. 2 Satz 1 UmwG als Schlussbilanz bei der Anmeldung zum Handelsregister mit einzureichen.[377] Die Sinnhaftigkeit lässt sich bezweifeln, allerdings ist der Wortlaut nach §§ 125 Satz 1, 17 Abs. 2 Satz 1 UmwG eindeutig und lässt sich mit der Überlegung rechtfertigen, Gläubiger sollen die Möglichkeit haben, zu prüfen, ob sie Sicherheiten verlangen. Außerdem ist es für die betroffenen Unternehmungen schlicht praktikabler auf ihre sowieso zu erstellende Gesamtbilanz zum Vorjahr zurückzugreifen, als eine eigene Bilanz gesondert zu erstellen. Letztlich kann somit eine Teilbilanz aufgestellt und miteingereicht werden; **242**

373 BGH, Urt. v. 8.10.2003 – XII ZR 50/02, NZG 2003, 1172.

374 BT-Drucks 12/6699, S. 119.

375 *Mayer* in: Widmann/Mayer, UmwR, § 126 UmwG Rn 202.

376 *Mayer* in: Widmann/Mayer, UmwR, § 126 UmwG Rn 203 f.

377 Siehe im Folgenden den Abschnitt zur Registeranmeldung.

Schlussbilanz im Sinne des § 17 Abs. 2 UmwG ist jedoch nach h.M. die Gesamtbilanz.[378]

7. Spaltungsbericht

243 Die Vertretungsorgane jedes der an der Spaltung beteiligten Rechtsträger haben grds. einen ausführlichen schriftlichen Bericht zu erstatten, in dem die Spaltung, der Vertrag oder sein Entwurf im Einzelnen und bei Aufspaltung oder Abspaltung insbesondere das Umtauschverhältnis der Anteile oder die Angaben über die Mitgliedschaften bei den übernehmenden Rechtsträgern, der Maßstab für ihre Aufteilung sowie die Höhe einer anzubietenden Barabfindung rechtlich und wirtschaftlich erläutert und begründet werden (Spaltungsbericht); der Bericht kann von den Vertretungsorganen gemeinsam erstattet werden (§ 127 Satz 1 UmwG). Bei der Spaltung zur Neugründung trifft die Berichtspflicht nur die Vertretungsorgane des übertragenden Rechtsträgers, weil der übernehmende Rechtsträger erst mit der Eintragung im Handelsregister entsteht.[379]

244 § 127 Satz 2 UmwG verweist auf die Regelungen im Verschmelzungsrecht nach § 8 UmwG. Ebenso wie der Verschmelzungsbericht soll der Spaltungsbericht die Informationsmöglichkeiten der Gesellschafter über die geplante Spaltung verbessern. Hinsichtlich der Anforderungen an den Spaltungsbericht gelten wohl die gleichen Anforderungen wie beim Verschmelzungsbericht.[380]

245 In der Praxis sind Spaltungsberichte eher selten, da auf ihre Erstattung – wie beim Verschmelzungsbericht – gemäß § 127 Satz 2 iV.m. § 8 Abs. 3 UmwG durch notariell beurkundete Erklärung verzichtet werden kann. Von vornherein ist nach § 8 Abs. 3 Satz 1 Var. 2 (i.V.m. § 127 Satz 2) UmwG der Spaltungsbericht nicht notwendig bei der Abspaltung oder Ausgliederung von der 100 %igen Tochter auf die Mutter.[381] Weitere Ausnahmen folgen aus den besonderen Vorschriften, so ist zum Beispiel bei der Ausgliederung aus dem Vermögen eines Einzelkaufmanns ein Ausgliederungsbericht nicht erforderlich, vgl. § 153 UmwG.[382] Bei der Spaltung einer GbR muss ein Bericht nicht erstellt werden, wenn alle Gesellschafter zur Geschäftsführung berechtigt sind (vgl. § 125 Satz 1 i.V.m. § 39a UmwG).[383]

378 *Hörtnagl* in: Schmitt/Hörtnagl, UmwG, § 17 Rn 50 ff. m.w.N.; differenzierend jedenfalls für den Einzelfall, insbesondere, wenn kleine Betriebsteile abgespalten werden, für die die Gesamtbilanz kaum aussagefähig ist *Schulte* in: Böttcher/Habighorst/Schulte, Umwandlungsrecht, § 17 Rn 25 f.

379 *Mayer* in: Widmann/Mayer, UmwR, § 125 UmwG Rn 34.

380 *Limmer* Handbuch der Unternehmensumwandlung, Rn 290.

381 *Hörtnagl* in: Schmitt/Hörtnagl, UmwG § 127 Rn 21.

382 *Hörtnagl* in: Schmitt/Hörtnagl, UmwG § 127 Rn 22.

383 *Mayer* in: Widmann/Mayer, UmwR, § 125 UmwG Rn 32.

8. Spaltungsprüfung

Eine Prüfung im Sinne der §§ 9–12 UmwG findet bei der Ausgliederung nicht statt (§ 125 Satz 2 UmwG). Für die anderen Formen der Spaltung gilt: § 125 Satz 1 UmwG verweist ausdrücklich auf die Absätze 1 und 3 des § 9 UmwG. Daher ist der Spaltungsvertrag oder sein Entwurf durch einen oder mehrere sachverständige Prüfer zu prüfen – durch die Verweisung hat der Gesetzgeber die Prüfung für das Rechtsinstitut der Spaltung bei Auf- und Abspaltung ebenso wie bei der Verschmelzung allgemein geregelt.[384] § 9 Abs. 2 UmwG sieht für die Verschmelzung eine Bereichsausnahme von der allgemeinen Prüfungspflicht u.a. für den **upstream merger** vor. Dass die Norm im Spaltungsrecht nicht anzuwenden ist, mag man teleologisch mit guten Argumenten kritisieren,[385] entspricht aber klar dem Wortlaut, wobei die unklare Gesetzesbegründung hier zur Verwirrung beigetragen hat.[386] 246

Der Verweis in § 9 Abs. 2 UmwG führt zur Weiterverweisung auf § 8 Abs. 3 UmwG, sodass auf die Prüfung auch durch notariell beurkundete Erklärung verzichtet werden kann.

9. Spaltungsbeschluss bzw. -beschlüsse

a) Form, Versammlungszwang

Der Zustimmungsbeschluss zum Spaltungsvertrag, auch Spaltungsbeschluss genannt,[387] ist zwingend beurkundungsbedürftig, § 125 i.V.m. § 13 Abs. 3 Satz 1 UmwG.[388] Parallel zum Verschmelzungsrecht wird der Spaltungsvertrag nur wirksam, wenn die Anteilsinhaber aller beteiligten Rechtsträger ihm jeweils in einer Versammlung der Anteilsinhaber des jeweiligen Rechtsträgers durch Beschluss zustimmen (es besteht ein Versammlungszwang – Beschlüsse im Umlaufverfahren sind ausgeschlossen) (§ 13 Abs. 1 Satz 2 UmwG i.V.m. § 125 Satz 1 UmwG). Dabei ist der Vertrag (in Ausfertigung) oder sein Entwurf der Urkunde, die den Beschluss enthält, als Anlage beizufügen (§§ 125, 13 Abs. 3 Satz 2 UmwG). Der Notar kann den Beschluss im Rahmen einer Protokollierung nach den §§ 36 ff. BeurkG beurkunden; da dann aber eventuell notwendige Zustimmungs- oder Verzichtserklärungen einzelner Gesellschafter in diesem Zusammenhang nicht mitbeurkundet werden können bzw. einer separaten Beurkundung bedürften, geht die Empfehlung der einschlägigen Literatur zu Recht dahin, die entsprechenden Gesellschafter- 247

384 *Limmer*, Handbuch der Unternehmensumwandlung, Rn 304.

385 *Hörtnagl* in: Schmitt/Hörtnagl, UmwG § 125 Rn 13. Die Norm wurde durch das UmRUG zum 1.1.2023 geändert. Früher schuf § 9 Abs. 2 UmwG a.F. nur eine Ausnahme für den upstream merger. Die Norm wurde letztlich aufgehoben und gewissermaßen durch die Verweisung auf § 8 Abs. 3 UmwG mitgeregelt.

386 Vgl. *Lieder* in: Lutter, UmwG, § 125 Rn 12.

387 *Limmer*, Handbuch der Unternehmensumwandlung, Rn 314.

388 *Kesseler* in: Fuhrmann/Wälzholz, Formularbuch Gesellschaftsrecht, Muster, Rn 1.

beschlüsse, als Willenserklärungen gemäß §§ 8 ff. BeurkG zu beurkunden.[389] Dies ist freilich einzuschränken für Fälle, in denen es entweder zu viele Teilnehmer gibt (z.B. börsennotierte AG) oder in denen nicht alle Anteilsinhaber zustimmen; in solchen Fällen werden die entsprechenden Willenserklärungen gerade nicht abgegeben.

248 Mit Fassung des Beschlusses ist der Spaltungsbeschluss für die Gesellschafter und die Geschäftsführung verbindlich; hiervon zu unterscheiden ist aber die Wirksamkeit der Spaltung als solcher, die erst mit Eintragung im Handelsregister eintritt. Wenn der Spaltungsbeschluss sich noch auf einen bloßen Entwurf bezieht, kommt dem Beschluss auch noch keine Wirkung nach außen zu.[390]

b) Mehrheiten, Inhaber von Sonderrechten

249 Für die Mehrheiten zu den Beschlüssen gelten grds. die jeweils für die betroffenen Rechtsträger notwendigen Mehrheiten nach dem Gesetz oder der Satzung.[391] Bei Personenhandelsgesellschaften und Partnerschaften müssen gemäß §§ 43, 45d UmwG alle Gesellschafter zustimmen (zum 1.1.2024 tritt an die Stelle von § 43 UmwG a.F. der § 39c UmwG n.F.), wobei die Satzung nach unten abweichend eine $^3/_4$-Merheit vorsehen kann. Im Falle der GmbH bzw. der AG ist es umgekehrt: Das Gesetz verlangt grds. eine Mehrheit von $^3/_4$ der abgegebenen Stimmen (§ 50 Abs. 1 Satz 1 UmwG bzw. § 65 Abs. 1 Satz 1 UmwG), die Satzung kann jedoch ein höheres Quorum und weitere Erfordernisse bestimmen (Satz 2 der jeweiligen Norm). Für Vereine und Genossenschaften gelten parallele Regelungen wie für GmbH und AG (vgl. §§ 84, 103 UmwG).

250 Werden bei Aufspaltung oder Abspaltung die Anteile oder Mitgliedschaften der übernehmenden Rechtsträger den Anteilsinhabern des übertragenden Rechtsträgers nicht in dem Verhältnis zugeteilt, das ihrer Beteiligung an dem übertragenden Rechtsträger entspricht, so wird der Spaltungs- und Übernahmevertrag nur wirksam, wenn ihm alle Anteilsinhaber des übertragenden Rechtsträgers zustimmen (§ 128 Satz 1 UmwG).

251 Für Inhaber von Sonderrechten, etwa Inhaber von Vorzugsaktien o.Ä. gelten grds. die gleichen Regeln wie bei der Verschmelzung.[392] Es ist jeweils für den entsprechenden Umwandlungsfall und die jeweilige Rechtsform des beteiligten Rechtsträgers zu entscheiden, ob insbesondere die jeweils betroffenen Sonderrechtsträger eine Veto-Position haben bzw. welche Folgerechte ihnen zu gewähren sind.

389 *Kesseler* in: Fuhrmann/Wälzholz, Formularbuch Gesellschaftsrecht, Muster 35.5., Rn 3; *Stelmaszczyk/Potyka* in: Herrler GesR, § 15. Grenzüberschreitende Umwandlungen Rn 447.

390 *Limmer*, Handbuch der Unternehmensumwandlung, Rn 316.

391 *Limmer*, Handbuch der Unternehmensumwandlung, Rn 324.

392 *Limmer*, Handbuch der Unternehmensumwandlung, Rn 326.

c) Gestaltung der Versammlung, Informationsrechte

Für die Versammlungen sind seitens der Rechtsträger als Formalien verschiedene Informationspflichten zu beachten. Dies können zunächst allgemeine rechtsformabhängige Informationspflichten sein, vgl. §§ 121 ff. AktG, 50 ff. GmbHG.[393] Darüber hinaus gelten aufgrund der Verweisungen des § 125 UmwG die meisten aus dem Verschmelzungsrecht bekannten Informationspflichten. 252

Die Gesellschafter/Anteilseigner müssen sich bereits im Vorfeld der jeweiligen Versammlung mit dem Gegenstand der Beschlussfassung vertraut machen können. Im Falle der GmbH sind der Spaltungsvertrag (bzw. -plan) oder sein Entwurf und der Spaltungsbericht den Gesellschaftern z.B. spätestens zusammen mit der Einberufung zur Gesellschafterversammlung zu übersenden (§ 47 UmwG). Bei der Einberufung der Versammlung haben die Geschäftsführer die Spaltung als Gegenstand der Beschlussfassung anzukündigen (§ 49 Abs. 1 UmwG).[394] 253

Vor der Versammlung sind auch die weiteren **Stakeholder** zu informieren, namentlich der Betriebsrat, vgl. § 126 Abs. 3 UmwG (mindestens einen Monat vor der Versammlung unter Übersendung des Vertrages oder seines Entwurfs). 254

10. Registerverfahren

a) Verfahren

Die §§ 129 f. UmwG regeln das Registerverfahren für Spaltungen; dabei tritt die Norm des § 130 UmwG als *lex specialis* an die Stelle von § 19 Abs. 1 und 2 UmwG; Absatz 3 der Norm bleibt allerdings in Verbindung mit § 125 UmwG anwendbar. 255

b) Wirkungen der Eintragung

Die Wirkungen der Eintragung der Spaltung in das Register des Sitzes des übertragenden Rechtsträgers hat die in § 131 UmwG beschriebenen Folgen. 256

aa) Partielle Gesamtrechtsnachfolge

Durch die Eintragung der Spaltung in das Register des Gerichts am Sitz des übertragenen Rechtsträgers gehen das Vermögen des übertragenden Rechtsträgers, bei Abspaltung und Ausgliederung der abgespaltene oder ausgegliederte Teil oder die abgespaltenen oder ausgegliederten Teile des Vermögens einschließlich der Verbindlichkeiten, entsprechend der im Spaltungs- und Übernahmevertrag vorgesehenen Aufteilung jeweils als Gesamtheit auf die übernehmenden Rechtsträger über (§ 131 Abs. 1 Nr. 1 UmwG). Der maßgebliche Zeitpunkt ergibt sich aus § 8a Abs. 1 HGB.[395] 257

393 *Limmer*, Handbuch der Unternehmensumwandlung, Rn 320.

394 *Mayer* in: Widmann/Mayer, UmwR, Vorbemerkung §§ 138–140 UmwG Rn 7.

395 *Lieder* in: Lutter, UmwG, § 131 Rn 7.

258 Dieser Vermögensübergang erfolgt *ipso iure* und bedarf keiner weiteren Übertragung in Form einer Einzelrechtsnachfolge. Das Prinzip der umfassenden Gesamtrechtsnachfolge bei Verschmelzungen entspricht dem der partiellen Gesamtrechtsnachfolge bei Spaltungen. Das Institut der partiellen Gesamtrechtsnachfolge ist im deutschen Recht verhältnismäßig jung und musste in dieser Klarheit erst im Laufe der Jahre ausgeprägt werden. Das ursprüngliche UmwG von 1995 enthielt mit den §§ 132, 131 Abs. 1 Nr. 1 Satz 2 UmwG noch Regelungen, welche in Bezug auf die einzelnen Vermögensgegenstände noch die Geltung der Regelungen der Singularsukzession als weiter anwendbar statuierten. Erst durch das 2. ÄnderungsG zum UmwG von 2007 wurden diese Normen getilgt und die Gesamtrechtsnachfolge der Spaltung wesensgleich zur Universalsukzession der Verschmelzung gestaltet.[396]

259 Höchstpersönliche Rechtspositionen bleiben jedoch außen vor; ansonsten sind noch Besonderheiten für im Ausland befindliches Vermögen zu beachten, bei denen die lex rei sitae noch einen gesonderten Übertragungsakt verlangen kann. Außerdem führt die gesetzlich angeordnete Universalsukzession konsequent zur Ablehnung eines gutgläubigen Erwerbs einzelner Vermögensgegenstände durch den übernehmenden Rechtsträger, wenn diese bereits dem übertragenden Rechtsträger nicht gehört hatten.[397]

Eine weitere Ausnahme muss für Vermögensgegenstände im Ausland gemacht werden; es gilt insoweit das bereits für die Verschmelzung Festgestellte: Ob der Vermögensübergang im Ausland durch die Eintragung der Spaltung in das Handelsregister im Wege partieller Gesamtrechtsnachfolge *ipso iure* erfolgt hängt von der *lex rei sitae* und damit vom Ortsrecht ab. Wenn dieses den Spaltungsvorgang der deutschen Rechtsordnung nicht akzeptiert, dann muss die Übertragung im Wege der Singular-Sukzession erfolgen. Wie schon bei der Verschmelzung gilt, dass diese Maßnahmen am besten vor dem Vollzug der Spaltung im deutschen Handelsregister erfolgen sollten.[398]

260 Schließlich muss auch auf die genaue Bezeichnung der Grundstücke im Spaltungsplan geachtet werden, da das Eigentum an Grundstücken nur dann mit der Registereintragung auf den übernehmenden Rechtsträger übergeht, wenn die Grundstücke in dem Spaltungs- und Übernahmevertrag nach § 28 Satz 1 GBO bezeichnet sind.[399]

261 Die Teile des Vermögens, welche im Rahmen der partiellen Gesamtrechtsnachfolge übergehen, sind die in § 126 Abs. 1 Nr. 9 UmwG genannten Gegenstände, also Sachen und Rechte auf der Aktivseite, Verbindlichkeiten auf der Passivseite. Der Begriff des Gegenstands wird im BGB selbst nicht definiert, er stellt aber nach all-

396 Siehe zur historischen Entwicklung: *Lieder* in: Lutter, UmwG, § 131 Rn 10 f.

397 *Sickinger* in: Kallmeyer, UmwG, § 131 Rn 2 ff.

398 *Sickinger* in: Kallmeyer, UmwG, § 131 Rn 4.

399 BGH, Urt. v. 25.1.2008 – V ZR 79/07, DNotZ 2008, 468 m. krit. Anm. *Limmer*.

gemeiner Ansicht den Oberbegriff für alle Positionen dar, die einem Rechtsträger eindeutig zugeordnet werden und eine bestimmte Rechtsmacht vermitteln.[400]

262 Gegenstände, die nicht auf den übernehmenden Rechtsträger übergehen, verbleiben im Falle von Abspaltung und Ausgliederung beim übertragenden Rechtsträger.[401] Im Falle der Aufspaltung ist dies problematisch, weil der übertragende Rechtsträger durch die Eintragung der Aufspaltung erlischt. § 131 Abs. 3 UmwG bestimmt daher für diesen Fall: Ist bei einer Aufspaltung ein Gegenstand im Vertrag keinem der übernehmenden Rechtsträger zugeteilt worden und lässt sich die Zuteilung auch nicht durch Auslegung des Vertrags ermitteln, so geht der Gegenstand auf alle übernehmenden Rechtsträger in dem Verhältnis über, das sich aus dem Vertrag für die Aufteilung des Überschusses der Aktivseite der Schlussbilanz über deren Passivseite ergibt; ist eine Zuteilung des Gegenstandes an mehrere Rechtsträger nicht möglich, so ist sein Gegenwert in dem bezeichneten Verhältnis zu verteilen.

bb) Heilung von Mängeln

263 Die Eintragung der Spaltung in das Register des Sitzes des übertragenden Rechtsträgers bewirkt, dass der Mangel der notariellen Beurkundung des Spaltungs- und Übernahmevertrags und gegebenenfalls erforderlicher Zustimmungs- oder Verzichtserklärungen einzelner Anteilsinhaber geheilt wird (§ 131 Abs. 1 Nr. 4 UmwG). Die Norm hat eine Befriedungsfunktion und soll für Rechtsklarheit sorgen: Formmängel werden durch die Eintragung unbeachtlich. Der Rechtsverkehr muss auf die Beständigkeit der im Handelsregister vorgetragenen Spaltung vertrauen können dürfen. Diese Heilung gilt allerdings – wie im Falle der Verschmelzung – nicht unbeschränkt: Sie stellt eine wörtliche Wiederholung der Verschmelzungsschutzvorschrift des § 20 Abs. 1 Nr. 4 dar, sodass auf die entsprechenden Ausführungen verwiesen werden kann.[402]

264 Nicht erfasst sind insbesondere Mängel bei der Beurkundung der Zustimmungsbeschlüsse. Insoweit kann sich allenfalls eine Heilung nach den Regeln über die jeweiligen Beschlussvorschriften der verschiedenen Gesellschaftsformen ergeben (vgl. § 242 Abs. 1 AktG). Eine komplett fehlende Zustimmung der Gesellschaftsversammlung wird jedoch nicht geheilt; nicht beurkundete Nebenabreden sind also unwirksam, wenn sie den Anteilseignern/Gesellschaftern bei Beschlussfassung nicht vorlagen.[403]

265 Mängel der Spaltung lassen die Wirkungen der Eintragung nach § 131 Abs. 1 UmwG unberührt (§ 131 Abs. 2 UmwG). Die Norm wiederholt § 20 Abs. 2 UmwG für Spaltungen und soll das Vertrauen in das Ergebnis der Spaltung nach Eintra-

400 *Lieder* in: Lutter, UmwG, § 131 Rn 5.

401 *Sickinger* in: Kallmeyer, UmwG, § 131 UmwG, Rn 3.

402 Siehe in diesem Buch Rdn 55 ff.; wie hier auch *Lieder* in: Lutter, UmwG, § 131 Rn 145.

403 *Sickinger* in: Kallmeyer, UmwG, § 131 Rn 27.

gung in das Handelsregister auch bei erheblichen Mängeln schützen und ist so Ausfluss des umwandlungsrechtlichen Bestandsschutzes.[404]

III. Vermögensübertragung

266 Die Vermögensübertragung ist in den §§ 174–189 UmwG geregelt. § 174 Abs. 1 UmwG bestimmt als Möglichkeiten die Voll- und die Teilübertragung von Vermögen, wobei jeweils eine Gegenleistung zu erbringen ist, die aber nicht in der Gewährung von Anteilen oder Mitgliedschaften bestehen darf. Die Vollübertragung entspricht der Verschmelzung, die Teilübertragung der Spaltung.[405]

Die Vermögensübertragung hat für die Notare de facto keine praktische Bedeutung, was sich aus dem sehr begrenzten Kreis der beteiligten Rechtsträger nach § 175 UmwG ergibt, bei denen es sich in erster Linie um Körperschaften des öffentlichen Rechts als übernehmende Rechtsträger handelt bzw. um Versicherungs-Aktiengesellschaften, Versicherungsvereine auf Gegenseitigkeit etc.

267 Die Vermögensübertragung ist nach dem UmwG auf folgende Fälle beschränkt:[406]

auf **von**	**Öffentliche Hand**	**VVaG**	**öffentl.-rechtl. Vers.-Unternehmen**	**Vers.-AG**
GmbH **Vollübertragung** **Teilübertragung**	§ 175 Nr. 1, § 176 § 175 Nr. 1, § 177	- -	- -	- -
AG/KGaA **Vollübertragung** **Teilübertragung**	§ 175 Nr. 1, § 176 § 175 Nr. 1, § 177	- -	- -	- -
Vers.-AG **Vollübertragung** **Teilübertragung**	- -	§ 175 Nr. 2 Buchstabe a, § 178 § 175 Nr. 2 Buchstabe a, § 179	§ 175 Nr. 2 Buchstabe a, § 178 § 175 Nr. 2 Buchstabe a, § 179	- -

404 *Lieder* in: Lutter, UmwG, § 131 Rn 146.

405 *Heckschen* in: Widmann/Mayer, UmwR, § 174 UmwG Rn 1.

406 Umwandlungssteuererlass, BMF v. 11.11.2011, BStBl I 2011, S. 1314 ff., Rn 01.19. Zur Rechtslage beim Erscheinen dieses Buches.

auf von	Öffentliche Hand	VVaG	öffentl.-rechtl. Vers.-Unternehmen	Vers.-AG
VVaG **Vollübertragung** **Teilübertragung**	- -	- -	§ 175 Nr. 2 Buchstabe b, §§ 180–183, §§ 185–187 § 175 Nr. 2 Buchstabe b, §§ 184–187	§ 175 Nr. 2 Buchstabe b, §§ 180–183, §§ 185–187 § 175 Nr. 2 Buchstabe b, §§ 184–187
öffentl.-rechtl. Vers.-Unternehmen **Vollübertragung** **Teilübertragung**	- -	§ 175 Nr. 2 Buchstabe c, § 188 § 175 Nr. 2 Buchstabe c, § 189	- -	§ 175 Nr. 2 Buchstabe c, § 188 § 175 Nr. 2 Buchstabe c, § 189

Somit stellt sich die Vermögensübertragung lediglich als ein Auffangtatbestand[407] dar, um die Mittel des Umwandlungsrechts für Fälle bereit zu stellen, in denen die gewöhnlichen Maßnahmen des Umwandlungsrechts nicht greifen können.[408] Sollte der Fall einmal auftauchen, kann man sich an den grds. Mustern der Verschmelzung und der Spaltung orientieren – unter Berücksichtigung der §§ 174–189 UmwG und man sollte die Diktion des Gesetzes einhalten. Tröstlich ist allerdings, dass die Rechtsprechung Ungenauigkeiten in den Begriffen zu verzeihen scheint[409] – verlassen sollte man sich freilich nicht darauf. 268

IV. Formwechsel

1. Grundlagen

Der Formwechsel beschränkt sich auf die Änderung der Rechtsform eines Rechtsträgers unter Wahrung seiner rechtlichen Identität, und zwar grds. unter Beibehal- 269

407 *Decker* in: Henssler/Strohn, GesR, § 174 Rn 1.

408 *Heckschen* in: Widmann/Mayer, UmwR, § 174 UmwG Rn 1.

409 OLG Dresden, Beschl. v. 17.10.2014 – 17 W 1160/14, BeckRS 2015, 13321: *„Unter dem Strich schadet es daher nach Auffassung des Senates nicht, wenn in einem Umwandlungsvertrag – wie vorliegend im Vertrag vom 28.8.2014 – die Begrifflichkeiten „vertauscht" sind und von Verschmelzung durch Aufnahme die Rede ist, obwohl es in der Diktion des Gesetzes Vollübertragung heißen müsste. Dem Gesetz ist nicht zu entnehmen, dass der Begriff der ‚Vollübertragung' zwingend verwendet werden muss, um eine solche bewirken zu können. Vielmehr kann dasselbe auch mit den Worten „Verschmelzung durch Aufnahme" gemeint, gewollt und maßgeblich sein"*.

tung des Kreises der Anteilsinhaber.[410] Beim Formwechsel findet keine Vermögensübertragung statt.

Der Formwechsel ist für folgende Rechtsformen zulässig:[411]

auf von	GbR	PershG	PartG	GmbH	AG	KGaA	eG
PersG/PartG	§ 190 Abs. 2, § 191 Abs. 2 Nr. 1 i.V.m. § 1 Abs. 2	§ 190 Abs. 2 i.V.m. § 1 Abs. 2	§ 190 Abs. 2 i.V.m. § 1 Abs. 2	§§ 190–213 §§ 214–225	§§ 190–213 §§ 214–225	§§ 190–213 §§ 214–225	§§ 190–213 §§ 214–225
GmbH inkl. UG	§§ 190–213 § 226 §§ 228–237	§§ 190–213 § 226 §§ 228–237	§§ 190–213 § 226 §§ 228–237	-	§§ 190–213 § 226 §§ 238–250	§§ 190–213 § 226 §§ 238–250	§§ 190–213 § 226 §§ 251–257
AG	§§ 190–213 § 226 §§ 228–237	§§ 190–213 § 226 §§ 228–237	§§ 190–213 § 226 §§ 228–237	§§ 190–213 § 226 §§ 238–250	-	§§ 190–213 § 226 §§ 238–250	§§ 190–213 § 226 §§ 251–257
KGaA	§§ 190–213 §§ 226–237	§§ 190–213 §§ 226–237	§§ 190–213 §§ 226–237	§§ 190–213 §§ 226–227 §§ 238–250	§§ 190–213 §§ 226–227 §§ 238–250	-	§§ 190–213 §§ 226–227 §§ 251–257
eG	-	-	-	§§ 190–213 §§ 258–271	§§ 190–213 §§ 258–271	§§ 190–213 §§ 258–271	-
eV/wirtsch. Verein	-	-	-	§§ 190–213 §§ 272–282	§§ 190–213 §§ 272–282	§§ 190–213 §§ 272–282	§§ 190–213 § 272 §§ 283–290
VVaG	-	-	-	-	§§ 190–213 §§ 291–300	-	-
Körpersch./Anstalt des öff. Rechts	-	-	-	§§ 190–213 §§ 301–303	§§ 190–213 §§ 301–303	§§ 190–213 §§ 301–303	-

410 BGH, Urt. v. 9.5.2005 – II ZR 29/03, DStR 2005, 1539.

411 Umwandlungssteuererlass, BMF v. 11.11.2011, BStBl I 2011, S. 1314 ff., Rn 01.12. Zur Rechtslage beim Erscheinen dieses Buches.

Der Formwechsel ist geprägt durch die Identität des Rechtsträgers; an dieser Umwandlungsmaßnahme ist also von vornherein nur ein Rechtsträger beteiligt – das Unternehmen bleibt vor und nach dem Formwechsel gleich.[412] Bildlich wird beim Formwechsel schlicht vom „Wechsel des Rechtskleides" gesprochen (oder auch vom Wechsel der rechtlichen Hülle oder der „Häutung der Gesellschaftsform").[413] 270

Das MoPeG hat den Formwechsel nunmehr endlich auch für die Gesellschaft bürgerlichen Rechts (GbR) geöffnet und diese im Wesentlichen den bisher geltenden Regelungen zu Personenhandelsgesellschaften gleichgestellt. In § 214 UmwG i.d.F.v. 1.1.2024 ist die GbR neben die Personenhandelsgesellschaften getreten. § 191 UmwG n.F. sieht daher in Absatz 1 Nr. 1 nunmehr ausdrücklich auch die GbR vor. 271

Und auch wenn bereits bisher ein Formwechsel in eine GbR möglich war,[414] ordnet nunmehr der Gesetzgeber in § 191 Abs. 2 Nr. 1 an, dass neuer Rechtsträger nunmehr nur noch die eingetragene GbR sein kann (meist als „eGbR" bezeichnet), während § 228 Abs. 3 UmwG n.F. bestimmt, dass ein Formwechsel in eine GbR nur möglich sein soll, wenn die Gesellschaft kein Handelsgewerbe gemäß § 1 Abs. 2 HGB betreibt.[415] Dies ist insofern konsequent, als in diesem Fall eben ein Formwechsel in eine oHG (oder eine KG) in Betracht zu ziehen wäre. 272

412 *Hoger* in: Lutter, UmwG, Fünftes Buch, Formwechsel Einführung, Rn 2.

413 Vgl. für viele: *Winter* in: Schmitt/Hörtnagl, § 190 Rn 1.

414 § 191 UmwG ist ein Beispiel dafür, wie sich juristische Vorstellungen im Laufe der Zeit entwickeln. Die Norm war einer der Gründe, die im Jahre 2001 zur Anerkennung der Rechtsfähigkeit der Außen-GbR durch den BGH (NJW 2001, 1056, 1057) geführt hatten. Dieser Paradigmenwechsel führt nun wiederum – mehr als zwei Jahrzahnte später – zur Anpassung der gesetzlichen Grundlagen der GbR im BGB und zur Erweiterung des UmwG.

415 BGBl I 2021, S. 3470.

273 **Formwechsel-Regelfall AG in GmbH**

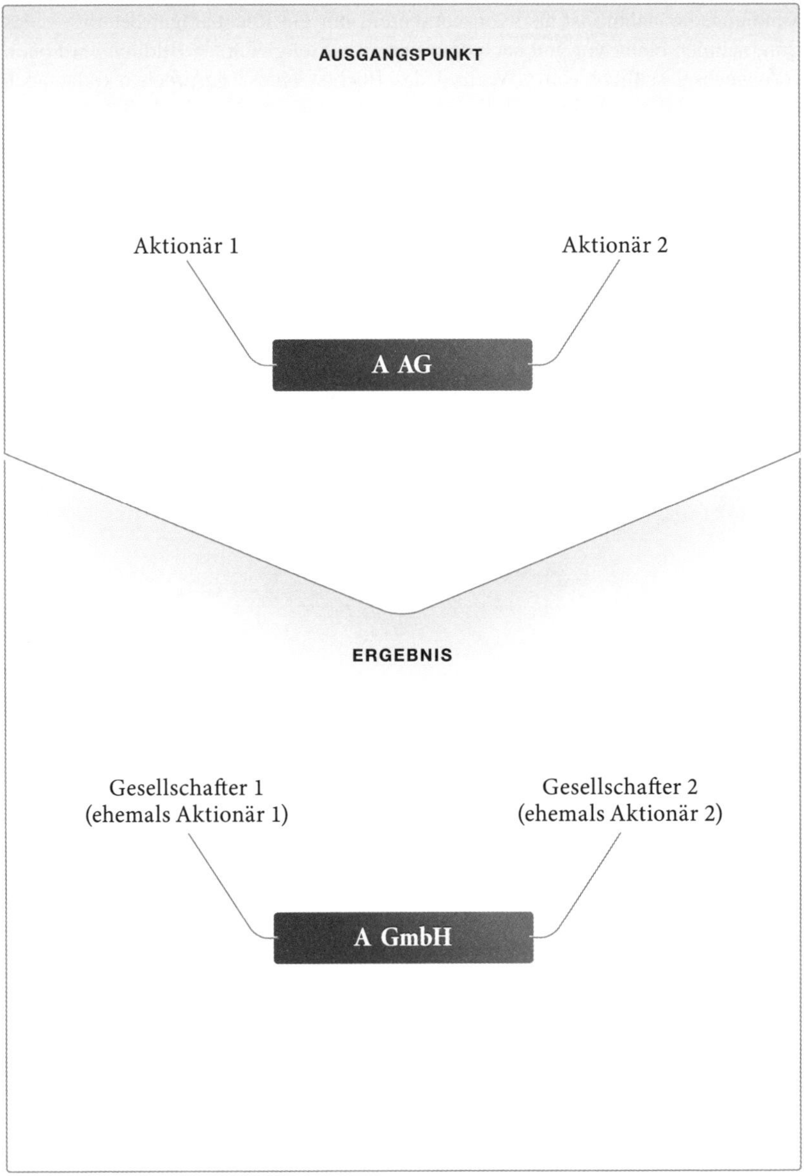

Formwechsel-Spezialfall GmbH&Co.KG in GmbH (hM) 274

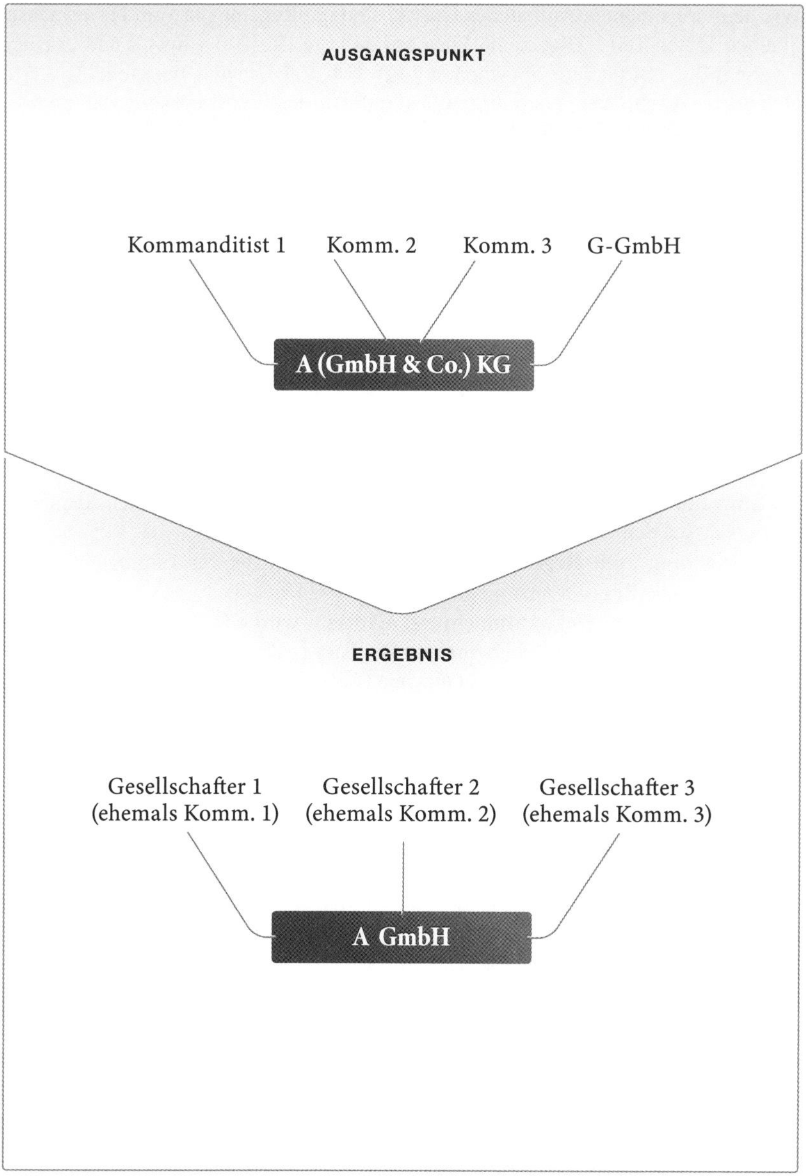

2. Gesetzliche Regelungen und Ablauf

275 Wie beim allgemeinen Aufbau des UmwG sind die Regelungen zum Formwechsel in einen Ersten Teil „Allgemeine Vorschriften“ (§§ 190–213 UmwG) und in einen Zweiten Teil „Besondere Vorschriften“ (§§ 214–304 UmwG) unterteilt. Die Allgemeinen Vorschriften gelten grds. für alle Arten des Formwechsels, während die besonderen Vorschriften den Besonderheiten der verschiedenen Unternehmensformen Rechnung tragen.[416]

276 Anders als für die Spaltung verzichtet der Gesetzgeber beim Formwechsel weitgehend auf einen Verweis auf die Regelungen für die Verschmelzung. Der identitätswahrende Formwechsel unterscheidet sich zu den übrigen Fällen der Umwandlung, bei denen ein Vermögensübergang stattfindet, so stark, dass die Verweisungstechnik wenig Sinn gegeben hätte. Von den drei Eckpfeilern zum Schutz der Anteilsinhaber bei der Verschmelzung und der Spaltung, nämlich Vertrag (bzw. Plan), Bericht und Prüfung, findet sich beim Formwechsel lediglich der Bericht uneingeschränkt wieder.[417]

277 Der Formwechsel erfordert grds. folgende Schritte:[418]

- **Umwandlungsbericht**: Das Vertretungsorgan des formwechselnden Rechtsträgers erstattet den Umwandlungsbericht (§ 192 UmwG).
- **Umwandlungsbeschluss**: Die Anteilsinhaber des formwechselnden Rechtsträgers fassen den Umwandlungsbeschluss (§§ 193 ff. UmwG).
- **Anmeldung zum Register**: Die neue Rechtsform ist zur Eintragung in das maßgebliche Register anzumelden (§§ 198, 199 UmwG).
- **Eintragung und Bekanntmachung**: Wirksam wird der Formwechsel mit der Eintragung der neuen Rechtsform im Register (§ 202 UmwG). Die Eintragung ist durch das Gericht bekannt zu machen (§ 201 UmwG).

3. Vorbereitungsphase

a) Umwandlungsbericht

278 § 192 Abs. 3 UmwG sieht vor, dass ein Umwandlungsbericht nicht erforderlich ist, wenn an dem formwechselnden Rechtsträger nur ein Anteilsinhaber beteiligt ist oder wenn alle Anteilsinhaber auf seine Erstattung verzichten. Außerdem ist im Fall des Formwechsels einer Personengesellschaft ein Umwandlungsbericht nicht erforderlich, wenn alle Gesellschafter der formwechselnden Gesellschaft zur Geschäftsführung berechtigt sind (§ 215 UmwG).

279 Die Verzichtserklärungen sind notariell zu beurkunden (§ 192 Abs. 3 Satz 2 UmwG) und sind ggü. dem Vertretungsorgan des formwechselnden Rechtsträgers abzugeben. Da es sich um (empfangsbedürftige) Willenserklärungen handelt, ist zu beach-

416 *Hoger* in: Lutter, UmwG, Fünftes Buch, Formwechsel Einführung, Rn 9.

417 *Hoger* in: Lutter, UmwG, Fünftes Buch, Formwechsel Einführung, Rn 10.

418 *Meister/Klöcker/Berger* in: Kallmeyer, UmwG, § 190 Rn 8.

ten, dass ein Verfahren nach §§ 8 ff. BeurkG erforderlich ist. Der Verzicht kann bei der Fassung des Umwandlungsbeschlusses erklärt werden (was auch üblich ist), er kann aber auch separat beurkundet werden, spätestens anlässlich der Anmeldung des Formwechsels zum Handelsregister.[419]

280 Wird auf den Bericht nicht verzichtet, so ist zu beachten: Es handelt sich um eine schriftlich zu erstattende Wissenserklärung in Form eines ausführlichen Berichts; berichtspflichtig ist das Vertretungsorgan des betroffenen Rechtsträgers, nach vorzugswürdiger Ansicht in vertretungsberechtigter Zahl (sicherer Weg: sämtliche Mitglieder). Der Formwechsel ist wirtschaftlich und rechtlich zu erläutern und zu begründen. Der Umwandlungsbericht muss einen Entwurf des Umwandlungsbeschlusses enthalten (§ 192 Abs. 1 Satz 3 UmwG).

281 Grds. ist der Umwandlungsbericht beim Formwechsel das zentrale Element zum Schutz der Anteilsinhaber und sollte mit größtmöglicher Sorgfalt und Ausführlichkeit erstellt werden, weil damit zu rechnen ist, dass sich die meisten Unwirksamkeitsklagen gegen den Bericht wenden werden. Schwerpunkt des Berichts muss die künftige Art der Beteiligung der Anteilsinhaber sein. Dieses formalisierte Informationsrecht hat vor allem für Rechtsträger mit großem Gesellschafter- oder Mitgliederkreis Bedeutung. Wenn gem. § 194 Abs. 1 Nr. 6 UmwG ein Barabfindungsangebot zu unterbreiten ist, muss dieses im Umwandlungsbericht angemessen erläutert und begründet werden.[420]

b) Vorbereitung der Beschlussfassung

282 Bei den besonderen Vorschriften über die einzelnen Gesellschafts- und Rechtsträgerformen ist durch unterschiedliche Regelungen vorgesehen, dass vor der Gesellschafter- oder Hauptversammlung, die über den Umwandlungsbeschluss zu entscheiden hat, die Gesellschafter über die Umwandlung und ihre Einzelheiten zu unterrichten sind.

283 Gem. § 216 UmwG hat bei der Umwandlung von **Personengesellschaften** das Vertretungsorgan allen von der Geschäftsführung ausgeschlossenen Gesellschaftern spätestens mit der Einberufung der Gesellschafterversammlung den Formwechsel als Gegenstand der Beschlussfassung in Textform (§ 126b BGB) anzukündigen und den erforderlichen Umwandlungsbericht sowie ein Abfindungsangebot nach § 207 UmwG zu übersenden. Die Vorschrift stärkt das Kontrollrecht der von der Geschäftsführung ausgeschlossenen Gesellschafter einer GbR/oHG und von Kommanditisten einer KG.

284 Nach § 225b UmwG ist ein Umwandlungsbericht bei einer **Partnerschaft** nur erforderlich, wenn ein Partner der formwechselnden Partnerschaft gem. § 6 Abs. 2

419 *Limmer*, Handbuch der Unternehmensumwandlung, Teil 4 Rn 83.

420 *Winter* in: Schmitt/Hörtnagl, UmwG § 192 Rn 1, 2.

PartGG von der Geschäftsführung ausgeschlossen ist. Er ist dann von der Geschäftsführung entsprechend § 216 UmwG zu unterrichten.

285 Bei der **GmbH** sieht § 230 Abs. 1 UmwG die Unterrichtung der Gesellschafter dadurch vor, dass die Geschäftsführer der formwechselnden GmbH allen Gesellschaftern spätestens zusammen mit der Einberufung der Gesellschafterversammlung den Formwechsel als Gegenstand der Beschlussfassung in Textform (§ 126b BGB) anzukündigen und den Umwandlungsbericht zu übersenden haben. Die Norm konkretisiert das allgemeine Auskunfts- und Einsichtsrecht nach § 51a GmbHG für den Formwechsel. Darüber hinaus muss gem. § 231 UmwG das Vertretungsorgan der formwechselnden Gesellschaft den Gesellschaftern spätestens zusammen mit der Einberufung der Gesellschafterversammlung das Abfindungsangebot nach § 207 UmwG übersenden. Der Übersendung steht die Bekanntmachung des Abfindungsangebots im elektronischen Bundesanzeiger nach § 231 Satz 2 UmwG gleich.

286 § 230 Abs. 2 UmwG regelt das Verfahren der Unterrichtung der Aktionäre der **Aktiengesellschaft**. Nach § 230 Abs. 2 ist der Umwandlungsbericht einer AG oder einer KGaA von der Einberufung der Hauptversammlung an in dem Geschäftsraum der Gesellschaft zur Einsicht der Aktionäre auszulegen. Auf Verlangen ist jedem Aktionär und jedem von der Geschäftsführung ausgeschlossenen persönlich haftenden Gesellschafter unverzüglich und kostenlos eine Abschrift des Umwandlungsberichts zu erteilen. Der Umwandlungsbericht kann dem Aktionär und dem von der Geschäftsführung ausgeschlossenen persönlich haftenden Gesellschafter mit seiner Einwilligung auf dem Wege elektronischer Kommunikation übermittelt werden. Diese Verpflichtungen nach den § 231 Abs. 2 Satz 1 und 2 entfallen, falls der Umwandlungsbericht für denselben Zeitraum über die Internetseite der Gesellschaft zugänglich ist. Auch bei der AG ist gem. § 231 UmwG das Abfindungsangebot nach § 207 zu übersenden.

287 Für die **Genossenschaft** enthalten die §§ 260, 261 UmwG vergleichbare Vorschriften. Gem. § 260 Abs. 1 UmwG hat der Vorstand der formwechselnden Genossenschaft allen Genossen spätestens zusammen mit der Einberufung der Generalversammlung den Formwechsel als Gegenstand der Beschlussfassung in Textform (§ 126b BGB) anzukündigen. Für **Vereine** bestimmt § 274 UmwG, dass auf die Vorbereitung der Mitgliederversammlung ebenfalls die §§ 229, 230 und § 260 Abs. 1 UmwG entsprechend anzuwenden sind.

4. Durchführung der Beschlussfassung

288 Für den Formwechsel ist ein Beschluss der Anteilsinhaber des formwechselnden Rechtsträgers (Umwandlungsbeschluss) erforderlich. Der Beschluss kann nur in einer Versammlung der Anteilsinhaber gefasst werden (§ 193 Abs. 1 UmwG). Ein

Umlaufverfahren ist also ausgeschlossen.[421] Der Beschluss muss mit dem Mindestinhalt nach § 194 Abs. 1 UmwG und dem jeweiligen rechtsformspezifischen Inhalt notariell beurkundet werden, sonst ist er nichtig.[422]

Eine Vertretung ist grds. zulässig, allerdings sind rechtsformspezifische Besonderheiten zu beachten; das Umwandlungsrecht selbst regelt die Frage nicht explizit.[423] 289

> *Merke:*
>
> Soweit nicht speziellere Regelungen, wie etwa § 47 Abs. 3 GmbHG zu beachten sind, gilt Folgendes: Materiell-rechtlich wäre die Vollmacht gemäß § 167 Abs. 2 BGB zwar nicht formbedürftig, allerdings sollte der Notar mindestens auf einer Vollmacht in Textform bestehen, um dem Registergericht die Prüfung der Rechtsmäßigkeit des Formwechselbeschlusses zu erleichtern. Außerdem sollte in der Vollmacht eine Befreiung von den Beschränkungen des § 181 BGB enthalten sein; eine Vollmacht an Mitgesellschafter soll eine konkludente Befreiung enthalten.[424] Sind Anteilsinhaber Gesellschaften muss der Notar hier prüfen, ob insoweit eine satzungsmäßige Grundlage (in der Satzung des Anteilsinhabers) besteht. Für die vollmachtlose Vertretung bestehen keine umwandlungsrechtlichen Besonderheiten, allerdings sind auch hier rechtsformspezifische Fragen zu beachten: Während bei einer GmbH die vollmachtlose Vertretung grds. zulässig sein kann,[425] ist sie bei einer Aktiengesellschaft nach h.M.[426] unzulässig.[427]

Die notwendigen Mehrheitserfordernisse ergeben sich nur teilweise aus dem Gesetz – speziellere (strengere) Regelungen des Gesellschaftsvertrags/der Satzung sind zu beachten (vgl. etwa § 233 Abs. 2 Satz 1 und 2 UmwG). Bei Personen- und Partnerschaftsgesellschaften gilt im Grundsatz das Einstimmigkeitserfordernis, wenn nicht der Gesellschaftsvertrag eine 3/4-Mehrheit zulässt. Beim Formwechsel einer Kapitalgesellschaft bedarf es der Mehrheit von mindestens drei Vierteln der bei der Gesellschafterversammlung einer Gesellschaft mit beschränkter Haftung abgegebenen Stimmen oder des bei der Beschlussfassung einer Aktiengesellschaft oder einer Kommanditgesellschaft auf Aktien vertretenen Grundkapitals (vgl. § 240 Abs. 1 Satz 1 UmwG). 290

421 *Winter* in: Schmitt/Hörtnagl, UmwG, 193 Rn 3.

422 *Zimmermann* in: Kallmeyer, UmwG, § 193 Rn 12.

423 *Simons* in: Habersack/Wicke, beck-online Großkommentar, UmwG, § 193 Rn 14.

424 *Zimmermann* in: Kallmeyer, UmwG, § 193 Rn 12.

425 *Noack* in: Noack/Servatius/Hass, GmbHG, § 47 Rn 55.

426 *Arnold* in: MüKo-AG, § 134 AktG Rn 56.

427 Zum Themenkomplex ausführlich *Simons* in: Habersack/Wicke, beck-online Großkommentar, UmwG, § 193 Rn 11 ff. m.w.N.

291 Wenn der Anteilsinhaber sich die Rechte auf Barabfindung (§ 207 UmwG) erhalten will, muss er gegen den Umwandlungsbeschluss Widerspruch zur Niederschrift erklären. Der Widerspruch muss nicht begründet werden; allerdings genügt bloßes Abstimmen mit Nein oder Enthaltung nicht; umgekehrt muss der Anteilsinhaber jedenfalls mit Nein gestimmt haben, weil sonst sein Widerspruch unbeachtlich wäre. Widerspruch ist in der Versammlungs-Niederschrift zu vermerken. Der Notar sollte auf eine eindeutige Erklärung hinwirken.[428]

5. Der Formwechselbeschluss

292 Der Mindestinhalt des Formwechsel-Beschlusses findet sich in der Rechtsform-übergreifenden Regelung des § 194 Abs. 1 UmwG. Ein Verzicht auf vorgeschriebene Angaben ist auch bei ausdrücklichem Verzicht aller Anteilsinhaber nicht möglich (denkbare Ausnahmen im Einzelfall, wenn diese keinen Anlass im Sachverhalt bieten, wobei dies dem Registergericht zum Zwecke der Prüfung entsprechend mitzuteilen wäre: Sonderrechte sachlich nicht geboten, § 194 Abs. 1 Nr. 5 UmwG; Verzicht auf Barabfindungsangebot gemäß § 207 UmwG, § 194 Abs. 1 Nr. 6 UmwG). Da § 194 Abs. 1 UmwG nur den Mindestinhalt festlegt, sind zusätzliche Regelungen im Umwandlungsbeschluss grds. nicht ausgeschlossen. Abweichende bzw. ergänzende Bestimmungen finden sich rechtsformspezifisch in § 218 UmwG (Formwechsel von Personengesellschaften), § 225c UmwG (Formwechsel von Partnerschaftsgesellschaften), § 234 UmwG (Formwechsel einer Kapitalgesellschaft in eine Personengesellschaft), § 243 UmwG (Formwechsel einer Kapitalgesellschaft in eine Kapitalgesellschaft anderer Rechtsform), § 253 UmwG (Formwechsel einer Kapitalgesellschaft in eine eingetragene Genossenschaft), § 263 UmwG (Formwechsel eingetragener Genossenschaften), §§ 276, 285 UmwG (Formwechsel rechtsfähiger Vereine) und § 294 UmwG (Formwechsel von Versicherungsvereinen auf Gegenseitigkeit).[429]

293 Seiner Funktion nach entspricht der Umwandlungsbeschluss dem Verschmelzungsvertrag bei der Verschmelzung (§ 5 UmwG) und dem Spaltungs- und Übernahmevertrag bei der Spaltung durch Aufnahme (§ 126 UmwG) bzw. dem Spaltungsplan bei der Spaltung zur Neugründung (§ 136 UmwG).[430]

294 Auf den Formwechsel sind die für die neue Rechtsform geltenden Gründungsvorschriften anzuwenden, soweit sich aus dem Umwandlungsgesetz selbst nichts anderes ergibt. Vorschriften, die für die Gründung eine Mindestzahl der Gründer vorschreiben, sowie die Vorschriften über die Bildung und Zusammensetzung des ersten Aufsichtsrats sind nicht anzuwenden (§ 197 Satz 1 und 2 UmwG).

428 *Zimmermann* in: Kallmeyer, UmwG, § 193 Rn 15.

429 *Meister/Klöcker/Berger/Willemsen* in: Kallmeyer, UmwG, § 194 Rn 1 ff.

430 *Meister/Klöcker/Berger/Willemsen* in: Kallmeyer, UmwG, § 194 Rn 7.

Eine Regelung zum Vermögensübergang wäre gegenstandslos: § 194 Abs. 1 UmwG verlangt daher (anders als § 5 Abs. 1 Nr. 2 UmwG für den Verschmelzungsvertrag) keine Bestimmungen für den Übergang des Vermögens des formwechselnden Rechtsträgers auf den Rechtsträger neuer Rechtsform. Da der Formwechsel mit Eintragung im Register wirksam wird (§ 202 UmwG), wäre die Festlegung eines im Außenverhältnis wirksamen Formwechselstichtags denklogisch ausgeschlossen. Aus den genannten Gründen ist beim Formwechsel auch für eine Umwandlungsbilanz kein Raum. Wenn ertragsteuerlich eine steuerliche Schlussbilanz und Eröffnungsbilanz erforderlich sein sollte, bestehen allerdings keine Bedenken gegen die Feststellung im Umwandlungsbeschluss, dass der Formwechsel steuerlich auf dieser Grundlage erfolgt; rechtlich erforderlich ist dies nicht.[431] **295**

6. Vollzug des Beschlusses

Die neue Rechtsform des Rechtsträgers ist zur Eintragung in das Register, in dem der formwechselnde Rechtsträger eingetragen ist, anzumelden (198 Abs. 1 UmwG). Gegenstand der Anmeldung ist also nicht der Umwandlungsbeschluss, sondern die neue Rechtsform des Rechtsträgers bzw. der Rechtsträger neuer Rechtsform.[432] Die Frage des zuständigen Gerichts ist im Falle einer Voreintragung regelmäßig trivial (es sei denn, es kommt z.B.: noch eine Sitzverlegung hinzu); die besonderen Vorschriften enthalten allenfalls Regelungen zu den anmeldepflichtigen Personen (§ 222, § 235 Abs. 2, § 246 Abs. 1, § 254 Abs. 1, § 265 Satz 1, § 278 Abs. 1, §§ 286, 296 UmwG). Außerdem finden sich Spezialregelungen für den Inhalt der Anmeldung (§ 222 Abs. 1, § 235 Abs. 1 Satz 1, § 246 Abs. 2 und 3, § 265 Satz 1 UmwG).[433] **296**

§ 198 UmwG selbst regelt nicht, welche Person anmelden muss; dies ergibt sich vielmehr durch das nach § 197 UmwG einzuhaltende Gründungsrecht, sowie die speziellen Normen des Formwechselrechts. Diese Normen zielen auf eine Vereinfachung der Anmeldung des Formwechsels.[434] Eine sehr übersichtliche Tabelle – geordnete nach altem und neuem Rechtsträger, sowie der Aufstellung der anmeldungspflichtigen Personen bietet *Vossius* in: der Kommentar-Reihe von Widmann/Mayer.[435] **297**

Wird eine Personengesellschaft bzw. eine Partnerschaft in eine GmbH umgewandelt, dann ist dies durch die (neuen) Geschäftsführer anzumelden (§§ 197 Satz 1 UmwG i.V.m. 78 GmbHG). Bei einer Umwandlung in eine AG oder eine KGaA erfolgt die Anmeldung durch den gesamten Vorstand, den Aufsichtsrat und die **298**

431 *Meister/Klöcker/Berger/Willemsen* in: Kallmeyer, UmwG, § 194 Rn 8–11.

432 *Hoger* in: Lutter, UmwG, § 198 Rn 1.

433 *Hoger* in: Lutter, UmwG, § 198 Rn 2.

434 *Vossius* in: Widmann/Mayer, UmwR, § 198 UmwG Rn 25 ff.

435 *Vossius* in: Widmann/Mayer, UmwR, § 198 UmwG Rn 26.

Gründer (§§ 197, 222 Abs. 1 und 2, 219 UmwG), bei einer Umwandlung in eine eG durch den gesamten Vorstand beim bisherigen und beim neuen Registergericht (§§ 197, 222 Abs. 1 UmwG).[436] Für Anmeldungen des Formwechsels bei der GbR bestimmt § 235 UmwG i.d.F. v. 1.1.2024: Die Anmeldung nach § 198 UmwG ist durch das Vertretungsorgan der formwechselnden Gesellschaft vorzunehmen. Wird eine Kapitalgesellschaft in eine andere Kapitalgesellschaft oder eine Personengesellschaft umgewandelt, so hat die Anmeldung gemäß § 198 UmwG jeweils „durch das Vertretungsorgan der formwechselnden" Gesellschaft zu erfolgen (§§ 246 Abs. 1, 235 UmwG (n.F.)). Dies muss durch die Geschäftsführung in vertretungsberechtigter Formation erfolgen.[437] Bei einer Umwandlung in eine Kapitalgesellschaft anderer Rechtsform ist zugleich mit der neuen Rechtsform oder mit dem Rechtsträger neuer Rechtsform die Geschäftsführer der Gesellschaft mit beschränkter Haftung, die Vorstandsmitglieder der Aktiengesellschaft oder die persönlich haftenden Gesellschafter der Kommanditgesellschaft auf Aktien zur Eintragung in das Register anzumelden (§ 246 Abs. 2 UmwG). Eine Versicherung der Erbringung des Stammkapitals bzw. der erfolgten Einlagen auf das Grundkapital (§§ 8 Abs. 2 GmbHG, 37 Abs. 1 AktG) muss nicht erfolgen (§ 246 Abs. 3 UmwG).

299 Die Anmeldung erfolgt elektronisch in öffentlich beglaubigter Form, § 12 Abs. 1 HGB. Die Erklärung muss schriftlich abgefasst werden und die Unterschrift der Erklärenden von einem Notar beglaubigt werden, § 129 Abs. 1 Satz 1 BGB. Für die Beglaubigung gelten §§ 39, 40 BeurkG. Die öffentliche Beglaubigung wird durch die notarielle Beurkundung der Erklärung ersetzt, § 129 Abs. 2 BGB.[438] Eine staatliche Genehmigungsurkunde ist nie einzureichen.

300 Als Anlagen sind stets miteinzureichen nach § 199 UmwG

- die Niederschrift des Umwandlungsbeschlusses in elektronisch beglaubigter Abschrift (§ 39a BeurkG),
- nach dem Gesetz erforderliche Zustimmungen einzelner Anteilsinhaber,
- der Umwandlungsbericht oder die entsprechenden Verzichtserklärungen nach § 192 UmwG,
- der Nachweis über die fristgerechte Zuleitung des Entwurfs des Umwandlungsbeschlusses an den Betriebsrat nach § 194 Abs. 2 UmwG.

301 Bei einem Formwechsel in eine GmbH ist der unterschriebene Gesellschaftsvertrag auch nicht von den Gründungsgesellschaftern zu unterzeichnen, wohl aber ist er einzureichen. Das gilt auch für den Gesellschafterbeschluss über die Geschäftsführerbestellung samt Festlegung der konkreten Vertretungsmacht, die Liste der Ge-

436 Im Falle einer Sitzverlegung sind die §§ 198 Abs. 2 Satz 3, 222 Abs. 3 UmwG (für Partnerschaftsgesellschaften in Verbindung mit § 225c UmwG) zu beachten, wonach die Anmeldung beim bisherigen Register auch von den beauftragten Gesellschaftern vorgenommen werden.

437 *Hörtnagl/Rinke* in: Schmitt/Hörtnagl, UmwG, 235 Rn 4 m.w.N.

438 *Hoger* in: Lutter, UmwG, § 198 Rn 21.

sellschafter, den Sachgründungsbericht, soweit hier keine Ausnahmen vorliegen (siehe etwa 245 Abs. 4 UmwG für die Aktiengesellschaft, § 264 Abs. 2 UmwG für die Genossenschaft und § 277 UmwG für den Verein). Außerdem ist dem Registergericht durch taugliche Dokumente der Nachweis der Werthaltigkeit des Unternehmens zu erbringen.

Bei einem Formwechsel in eine Aktiengesellschaft sind demgemäß die festgestellte **302**
Satzung einzureichen, die Berechnung des Gründungsaufwandes, die Bestellung der Mitglieder des Aufsichtsrates, die Bestellung des Vorstands mit Festlegung der Vertretungsmacht, der Gründungsbericht soweit hier keine Ausnahmen vorliegen (§ 264 Abs. 3 UmwG für die Genossenschaft, § 277 UmwG für den Verein und § 295 UmwG für den VVaG), der Bericht über die Gründungsprüfung durch Mitglieder des Vorstands bzw. des Aufsichtsrats und Bericht der außenstehenden Gründungsprüfer.

F. Europarechtliche Rahmenbedingungen – Grenzüberschreitende Umwandlungen

I. Historische Einordnung

§ 1 Abs. 1 UmwG begrenzt seinem Wortlaut nach dem Anwendungsbereich des Ge- **303**
setzes auf Umwandlungen von Rechtsträgern „im Inland“. Der – immer noch bestehende Wortlaut – ist nur vor dem historischen Hintergrund des Gesetzgebungsprozesses des UmwG Mitte der 1990er Jahre zu verstehen. Die Beschränkung der Umwandlungsmöglichkeiten auf Rechtsträger mit Sitz im Inland entsprach in fast allen Fällen dem damals geltenden Recht. Angesichts der Bemühungen der damaligen Europäischen Gemeinschaft um eine Regelung grenzüberschreitender Vorgänge, insbesondere der internationalen Fusion, sollte eine Regelung dieses Komplexes noch zurückgestellt werden. Seinerzeit hätten sich durch entsprechende Regelungen erhebliche politische, aber auch rechtstechnische Probleme ergeben.[439]

Der Wortlaut ist mittlerweile durch die Rechtsentwicklung überholt. Dies betrifft **304**
einerseits die legislative Ebene mit den einschlägigen Normwerken im Verordnungs- und Richtlinienrang. Andererseits hat nicht zuletzt die im Laufe der Jahre sich entfaltende Rechtsprechung des EuGH zur Niederlassungsfreiheit die Entwicklung in diesem Rechtsgebiet erheblich geprägt. Nach einer kurzen Darstellung der Entwicklung der EuGH-Rechtsprechung mit wichtigen Leitentscheidungen (2) sollen in der gebotenen Kürze die europäischen Normenkomplexe, die das Rechtsgebiet vorgeformt haben (3) betrachtet werden. Schließlich sollen die nunmehr im Sechsten Buch zusammengefassten §§ 305–345 UmwG zu grenzüberschreitenden Umwandlungen vorgestellt werden. Grenzüberschreitende Umwandlungen dürften

439 BT-Drucks 12/6699, S. 80.

für die meisten Notare noch eher exotischen Charakter haben und stehen daher nicht im Zentrum dieses Buches. 6.214 grenzüberschreitende Verschmelzungen (**CBM – Cross Border Mergers**) im europäischen Binnenmarkt von 2000–2020[440] zeigen aber die Praxisrelevanz.

II. Leitentscheidungen des EuGH zum europäischen Gesellschaftsrecht

1. Zum Gesellschaftsstatut

305 Für die Entwicklung des grenzüberschreitenden Umwandlungsrechts waren nicht zuletzt die Leitentscheidungen des EuGH richtungsweisend, die in der Folge nicht nur die Auslegung bestehender Normen beeinflussten, sondern auch die nationalen und den europäischen Normgeber selbst. Die Kenntnis dieser Urteile ist für die richtige Einordnung des heutigen internationalen Umwandlungsrechts hilfreich. Grundlage aller Entscheidungen war die Interpretation der Reichweite der Niederlassungsfreiheit gemäß Art. 49, 54 AEUV. Dabei sind auch, über das reine Umwandlungsrecht hinaus, die Entscheidungen zum Personalstatut einer Gesellschaft zu betrachten, insbesondere zu der Streitfrage der Anwendung der Gründungstheorie oder der Sitztheorie.[441]

306 Die **Daily Mail**-Entscheidung[442] wies zunächst eine (vermeintliche) Beschränkung der Niederlassungsfreiheit auf. Die Daily Mail and General Trust PLC, eine Gesellschaft englischen Rechts, wollte zur Steuerminimierung ihren Verwaltungssitz von Großbritannien in die Niederlande verlegen. Das britische Finanzministerium verweigerte die dafür notwendige Zustimmung. Darin sah die Gesellschaft einen unzulässigen Eingriff in ihre Niederlassungsfreiheit. Der EuGH entschied allerdings im Sinne der britischen Behörden.

„Im Gegensatz zu natürlichen Personen werden Gesellschaften aufgrund einer Rechtsordnung, beim gegenwärtigen Stand des Gemeinschaftsrechts aufgrund einer nationalen Rechtsordnung, gegründet. Jenseits der jeweiligen nationalen Rechtsordnung, die ihre Gründung und ihre Existenz regelt, haben sie keine Realität.“[443] Gesellschaften „leben“ in ihrer Rechtsordnung, sind den Gesetzen dieser Rechtsordnung unterworfen und werden von ihrer Rechtsordnung geprägt. Das bedeutet, dass sie durch die entsprechende Rechtsordnung an einem Wegzug hinaus aus der

440 *Biermeyer/Meyer-Erdmann*, Cross-border Corporate Mobility in the EU.Empirical Findings 2021, S. 24, abrufbar unter: https://papers.ssrn.com/sol3/papers.cfm?abstract_id=3960618.

441 Vgl. für viele: *Kindler* in: MüKo-BGB, Bd. 13, Teil 10, C. Personal- und Kapitalgesellschaften, Rn 354 m.w.N.

442 EuGH, Urt. v. 27.9.1988 – Rs. 81/87 (Daily Mail and General Trust PLC), EuZW-Sonderausgabe 2017, 25 ff.

443 EuGH, Urt. v. 27.9.1988 – Rs. 81/87 (Daily Mail and General Trust PLC), EuZW-Sonderausgabe 2017, 25, 26, Rn 19.

Rechtsordnung gehindert werden können. Der EuGH kommt somit zu dem Schluss, dass die Normen der Niederlassungsfreiheit (damals Art. 52, 58 EWG, heute Art. 49, 54 AEUV), *„beim derzeitigen Stand des Gemeinschaftsrechts einer Gesellschaft, die nach dem Recht eines Mitgliedstaates gegründet ist und in diesem ihren satzungsmäßigen Sitz hat, nicht das Recht gewähren, den Sitz ihrer Geschäftsleitung in einen anderen Mitgliedstaat zu verlegen.*[444]

Mehr als zehn Jahre später hatte der EuGH die Gelegenheit eine verwandte Konstellation zu entscheiden, allerdings unter einer anderen Perspektive. Zu entscheiden war nämlich nicht, ob eine Behörde des Ursprungsmitgliedstaates einer Gesellschaft den Wegzug verbieten kann, sondern vielmehr, ob eine Behörde des Zielstaats den Zuzug verweigern kann, wobei es bei der **Centros**[445] „nur" um eine Zweigniederlassung ging und nicht um eine vollständige Sitzverlegung in einen anderen Mitgliedstaat: **307**

Die Centros Ltd., eine in England und Wales registrierte „private limited company", begehrte die Eintragung einer Zweigniederlassung in das dänische Handelsregister, welche in Dänemark eine Voraussetzung für die Geschäftstätigkeit ausländischer Unternehmen war. Offensichtliches Ziel dieser Vorgehensweise war die Umgehung der dänischen Mindestkapitalvorschriften bei der Gründung. Die zuständige dänische Zentralverwaltung verweigerte die Eintragung mit der Begründung, die Gründer wollten in Dänemark in Wirklichkeit keine (erlaubte) Zweigniederlassung errichten, sondern eine dänische Gesellschaft, die nur zur Umgehung dänischer Gründungsvorschriften im Ausland gegründet worden sei – zu Unrecht, wie der EuGH entschied: **308**

Ein europäischer Mitgliedstaat, der die Eintragung der Zweigniederlassung einer Gesellschaft verweigert, die in einem anderen Mitgliedstaat, in dem sie ihren Sitz hat, rechtmäßig errichtet worden ist, aber keine Geschäftstätigkeit entfaltet, verstößt gegen die Niederlassungsfreiheit, selbst wenn die Zweigniederlassung es der Gesellschaft ermöglichen soll, unter Umgehung der im Zielstaat herrschenden Gründungsvorschriften, ihre gesamte Geschäftstätigkeit dort auszuüben. Die Behörden des Zielstaats dürfen allenfalls geeignete Maßnahmen zur Missbrauchskontrolle ergreifen, die aber wiederum die weit auszulegende Niederlassungsfreiheit nicht in Frage stellen dürfen.[446] **309**

Der in der Centros-Entscheidung nur angedeutete, aber noch nicht endgültig vollzogene Bruch erfolgte schließlich aufgrund eines vom BGH eingeleiteten Vorabentscheidungsverfahren in der Rechtsache Überseering BV/Nordic Construction Company Baumanagement GmbH (kurz: **Überseering**). **310**

444 EuGH, Urt. v. 27.9.1988 – Rs. 81/87 (Daily Mail and General Trust PLC), EuZW-Sonderausgabe 2017, 25, 27, Rn 25.

445 EuGH, Urt. v. 9.3.1999 – Rs. C-212/97 (Centros), DNotZ 1999, 594 m.Anm. *Lange*.

446 EuGH, Urt. v. 9.3.1999 – Rs. C-212/97 (Centros), DNotZ 1999, 594, 594 f.

Der Fall: Eine nach niederländischem Recht gegründete Gesellschaft (eben die „Überseering") hatte Anfang der 1990er Jahre in Düsseldorf eine Immobilie erworben und in der Folge eine deutsche Gesellschaft mit der Sanierung des Objekts beauftragt. Später erwarben zwei Deutsche sämtliche Geschäftsanteile der niederländischen Gesellschaft und verlegten den Verwaltungssitz nach Deutschland – sämtliche Gesellschafter, die Geschäftsführung und die gesamte wirtschaftliche Tätigkeit fanden ab dann nur noch in Deutschland statt. Die Überseering verklagte die deutsche Baugesellschaft auf Schadensersatz wegen mangelhafter Leistungserbringung. War die „Überseering" prozessfähig?

311 Nach § 50 Abs. 1 ZPO ist parteifähig, wer rechtsfähig ist, was auch für Gesellschaften gilt. Nach der (damaligen) Rechtsprechung des BGH beurteilt(e) sich die Frage, ob eine Gesellschaft rechtsfähig ist, im Gegensatz zur Gründungstheorie, nach der sich die Rechtsfähigkeit nach dem Recht des Staates bestimmt, in dem die Gesellschaft gegründet worden ist, nach demjenigen Recht, das am Ort ihres tatsächlichen Verwaltungssitzes gilt (Sitztheorie). Dies sollte auch gelten, wenn eine Gesellschaft nach ordnungsgemäßer Gründung in einem anderen Staat ihren Verwaltungssitz nach Deutschland verlegte. Eine solche Gesellschaft sollte, soweit ihre Rechtsfähigkeit nach deutschem Recht zu beurteilen wäre, weder Träger von Rechten und Pflichten noch Partei in einem Gerichtsverfahren sein, außer sie gründet sich in Deutschland in einer Weise neu, dass dies zur Rechtsfähigkeit nach deutschem Recht führt.[447]

312 Der BGH stellte sich angesichts des Urteils in der Sache „Centros" die Frage, ob die Bestimmungen des EG-Vertrags über die Niederlassungsfreiheit bei einem Sachverhalt wie im Ausgangsverfahren der Anwendung der Sitztheorie entgegenstehen.[448] Der EuGH nahm diese Bedenken auf und drehte das internationale Gesellschaftsrecht in Deutschland in einem entscheidenden Punkt (jedenfalls soweit es sich um Gesellschaften aus einer Rechtsordnung des Binnenmarktes handelt) um 180 Grad, indem er feststellte: Es verstößt gegen die Niederlassungsfreiheit, wenn einer Gesellschaft, die nach dem Recht des Mitgliedstaats, in dessen Hoheitsgebiet sie ihren satzungsmäßigen Sitz hat, gegründet worden ist und von der nach dem Recht eines anderen Mitgliedstaats angenommen wird, dass sie ihren tatsächlichen Verwaltungssitz dorthin verlegt hat, in diesem Mitgliedstaat die Rechtsfähigkeit abgesprochen wird. Macht eine Gesellschaft, die nach dem Recht des Mitgliedstaats gegründet worden ist, in dessen Hoheitsgebiet sie ihren satzungsmäßigen Sitz hat, in einem anderen Mitgliedstaat von ihrer Niederlassungsfreiheit Gebrauch, so ist

447 EuGH, Urt. v. 5.11.2002 – Rs. C-208/00 Überseering BV/Nordic Construction Company Baumanagement GmbH [NCC], EuZW 2002, 754, Rn 3–5.

448 EuGH, Urt. v. 5.11.2002 – Rs. C-208/00 Überseering BV/Nordic Construction Company Baumanagement GmbH [NCC], EuZW 2002, 754, 755, Rn 20.

dieser andere Mitgliedstaat verpflichtet, die Rechtsfähigkeit und damit die Parteifähigkeit zu achten, die diese Gesellschaft nach dem Recht ihres Gründungstaats besitzt.[449]

Die Entscheidung „**Inspire Art**"[450] des EuGH knüpfte an die Centros-Rechtsprechung an und behandelte Fragen der sekundären Niederlassungsfreiheit. Die namensgebende Inspire Art Ltd. war eine Gesellschaft englischen Rechts, deren einziger Gesellschafter in den Niederlanden wohnte und die beabsichtigte, keinerlei Geschäftsbetrieb im Vereinigten Königreich zu entfalten. Die Eintragung der Zweigniederlassung als solcher war in den Niederlanden möglich, allerdings aufgrund des niederländischen Rechts nur unter gewissen Beschränkungen, von denen einige aus Sicht des EuGH mit der Niederlassungsfreiheit nicht vereinbar waren. Der äußere Rahmen derartiger Beschränkungen ergab sich aus Sicht des EuGH aus der für abschließend erachteten Elften Richtlinie,[451] so dass einige der niederländischen Vorgaben europarechtskonform waren, darüber hinausgehende Regelungen aber, wie etwa die Verpflichtung zur Bezeichnung als „formal ausländische Gesellschaft" gegen das Gemeinschaftsrecht verstießen uns somit unanwendbar waren.[452] Der EuGH stellte klar, dass Gesellschaften keine anderen Gründungsvorschriften dulden mussten, als die in ihren jeweiligen Gründungsstaaten – die Sitztheorie war somit für zuziehende Gesellschaften aus Mitgliedstaaten endgültig nicht mehr anwendbar.[453] 313

Die befürchteten „Briefkastenfirmen" wurden in den Folgejahren Realität und zwangen den deutschen Gesetzgeber in den Jahren 2008/2009 mit dem MoMiG[454] sich an die veränderten Verhältnisse anzupassen, um im Wettbewerb der Systeme auch in Zukunft GmbH nach deutschem Recht für Gründer attraktiv zu erhalten, die insbesondere nicht willens waren, das verhältnismäßig hohe Stammkapital von 25.000 EUR aufzubringen.[455] Die Entscheidung stellte aber auch, aufbauend auf die bisherigen Entscheidungen, klar, dass nach der Rechtsprechung des EuGH na- 314

449 EuGH, Urt. v. 5.11.2002 – Rs. C-208/00 Überseering BV/Nordic Construction Company Baumanagement GmbH [NCC], EuZW 2002, 754, siehe Tenor.

450 EuGH (Plenum), Urt. v. 30.9.2003 – C-167/01 (Kamer van Koophandel en Fabrieken voor Amsterdam/Inspire Art Ltd), NJW 2003, 3331.

451 Die sog. Zweigniederlassungsrichtlinie: Elfte Richtlinie des Rates vom 21.12.1989 über die Offenlegung von Zweigniederlassungen, die in einem Mitgliedstaat von Gesellschaften bestimmter Rechtsformen errichtet wurden, die dem Recht eines anderen Staates unterliegen, 89/666/EWG, ABl L 395, S. 36, wurde aufgehoben mit Ablauf des 19.7.2017 durch Art. 166 der RL (EU) 2017/1132 über bestimmte Aspekte des Gesellschaftsrechts v. 14.6.2017 (Abl. L. 169, S. 46.

452 EuGH (Plenum), Urt. v. 30.9.2003 – C-167/01 (Kamer van Koophandel en Fabrieken voor Amsterdam/Inspire Art Ltd), NJW 2003, 3331.

453 *Drygala* EWiR 2003, 1029, 1030.

454 Gesetz zur Modernisierung des GmbH-Rechts und zur Bekämpfung von Missbräuchen (MoMiG) vom 23.10.2008, BGBl I, S. 2026.

455 BT-Drucks 16/6140 v. 25.7.2007, S. 25 ff.

tionale Maßnahmen, welche die Ausübung der Grundfreiheiten behindern oder weniger attraktiv machen können, gerechtfertigt sein können, wenn vier Voraussetzungen erfüllt sind: Sie müssen in nicht diskriminierender Weise angewandt werden, sie müssen aus zwingenden Gründen des Allgemeininteresses gerechtfertigt sein, sie müssen zur Erreichung des verfolgten Ziels geeignet sein, und sie dürfen nicht über das hinausgehen, was zur Erreichung dieses Ziels erforderlich ist.[456] Außerdem hatte der EuGH die Gültigkeit der in der Daily Mail-Entscheidung erkannten Beschränkungsmöglichkeiten zur Unterbindung des Wegzugs seitens des Herkunftsstaates nicht in Frage gestellt.[457]

315 Im Jahr 2015 rundete der EuGH mit seiner **Kornhaas-Entscheidung**[458] diesen Entwicklungsschritt ab und stellte klar, dass der Zuzugs-Staat, in dem sich der Verwaltungssitz der Gesellschaft befindet, durchaus Tätigkeitsausübungsregeln setzen darf und beispielsweise auch englische Limiteds (damals noch als Teil des Binnenmarktes) Regeln des deutschen GmbH-Rechts (im Insolvenzbereich) unterworfen sein konnten. Solange der Zuzugsstaat die Rechtspersönlichkeit der englischen Limited nicht in Frage stellte, war diese ihrerseits an örtliche Vorgaben vergleichbaren GmbH-Rechts gebunden, wenn sie sich als Gesellschaft mit beschränkter Haftung (wenn auch in Natur einer anderen Rechtsordnung) im deutschen Rechtsraum bewegte. Das Urteil begrenzt den **Schutzbereich der Niederlassungsfreiheit** der Art. 49, 54 AEUV *auf* das Recht auf **Fortbestand der Rechtsfähigkeit nach einer grenzüberschreitenden Verwaltungssitzverlegung** und auf **Fortgeltung der Mindestkapitalanforderungen** im Zuzugsstaat.[459]

2. Zum europäischen Umwandlungsrecht

316 In der Daily Mail-Entscheidung hatte der EuGH Ende der 1980er Jahre schon einmal die Konstellation eines avisierten Wegzugs einer Gesellschaft vorgefunden und damals (und in der speziellen Konstellation) entschieden, dass ein Staat den Wegzug einer Gesellschaft aus seinem Hoheitsbereich verbieten konnte. Die folgenden Leitentscheidungen Centros, Überseering und Inspire Art hatten jeweils die nur abgeleitete Niederlassungsfreiheit des Wegzugs des Verwaltungssitzes in einen anderen Mitgliedstaat zum Gegenstand. In allen diesen Entscheidungen ging es um das Errichten von Zweigniederlassungen und den ausschließlichen Betrieb der Unternehmung im Zielstaat, während sich die rechtliche Existenz der Gesellschaft weiterhin von ihrem Herkunftsstaat ableitete. In diesen Entscheidungen hatte die Ge-

456 EuGH (Plenum), Urt. v. 30.9.2003 – C-167/01 (Kamer van Koophandel en Fabrieken voor Amsterdam/Inspire Art Ltd), NJW 2003, 3331, 3334, Rn 133.

457 *Drygala* EWiR 2003, 1029, 1030.

458 EuGH (6. Kammer), Urt. v. 10.12.2015 – C-594/14 (Kornhaas/Dithmar als Insolvenzverwalter), NJW 2016, 223.

459 So zu Recht *Kindler* in: MüKo-BGB, 10. Teil: Internationales Handels- und Gesellschaftsrecht, Rn 139.

sellschaft an ihrem Satzungssitz typischerweise nicht mehr als einen Briefkasten – nicht mehr aber eben auch nicht weniger. Zumindest auf dem Papier sollte es sich um Gesellschaften des „Herkunftsstaates" handeln.

Der Sachverhalt von **Sevic**[460] lässt sich als „Hineinverschmelzung" beschreiben: Das Vermögen der Security Vision Concept S. A., einer Aktiengesellschaft mit (Satzungs- und Verwaltungs-)Sitz in Luxemburg sollte mittels Verschmelzung auf ihre deutsche Mutter-AG, die SEVIC-Systems AG, übertragen werden.[461] Das zuständige Registergericht hatte dies zunächst noch mit dem (vom Wortlaut gedeckten) Verweis auf § 1 Abs. 1 UmwG verweigert („Rechtsträger mit Sitz im Inland") – eine unrechtmäßige Diskriminierung, wie der EuGH entschied, obwohl die übertragende Gesellschaft letztlich nicht ihre Niederlassung ändert, sondern, zumal bei damaliger Rechtslage, eigentlich aufgelöst wird. Die Argumentation war noch teleologisch und zielte darauf ab und argumentierte mit den „Zusammenarbeits- und Gestaltungsbedürfnissen von Gesellschaften"; Beschränkungen im Allgemeininteresse zum „Schutz der Interessen von Gläubigern, Minderheitsgesellschaftern und Arbeitnehmern" könnten zwar „unter bestimmten Umständen und bei Beachtung bestimmter Voraussetzungen eine die Niederlassungsfreiheit beschränkende Maßnahme rechtfertigen." Das rechtfertige aber nicht, die Eintragung in das Handelsregister generell zu verweigern.[462] Das Urteil schuf seinerzeit Recht vorbei am bestehenden nationalen Recht und machte so die analoge Anwendung der einschlägigen Normen notwendig. Es konnte nur eine Aussage im Hinblick auf die Rechtsordnung des Zielstaates treffen – bei der Frage der Hinausverschmelzung verblieb es bei den Grundsätzen von **Daily Mail**, die dem Herkunftsstaat ein weites Ermessen auch beim Einschränken der Wegzugsfreiheit einräumte.[463] 317

Dass dem so war, bewies die **Cartesio**-Entscheidung des EuGH,[464] welche dem EuGH die Möglichkeit gab, die **Daily Mail-Entscheidung** zu bestätigen und die an sich retardierenden Elemente in die weitere Entwicklung des gesellschaftsrechtlichen Europarechts einzubetten. Die ungarische Kommanditgesellschaft „Cartesio" beantragte im ungarischen Handelsregister die Eintragung der Verlegung ihres Sitzes[465] nach Italien – unter Beibehaltung ihres ungarischen Personalstatuts, was das ungarische Recht nicht vorsah. Der EuGH bestätigte die Entscheidung des un- 318

460 EuGH, Urt. v. 13.12.2005 – Rs. C-411/03, DNotZ 2006, 210.

461 *D. Mayer/Weiler* MHdB GesR III, § 73 Einzelne Umwandlungsfälle unter GmbH-Beteiligung Rn 781.

462 EuGH, Urt. v. 13.12.2005 – Rs. C-411/03, DNotZ 2006, 211–213, Rn 19–30.

463 So auch *Oechsler*, NJW 2006, 812 ff.

464 EuGH (Große Kammer), Urt. v. 16.12.2008 – C-210/06 CARTESIO Oktató és Szolgáltató bt, NJW 2009, 569.

465 Der Fall hatte die Besonderheit, dass sich nach ungarischem Recht der Sitz der Gesellschaft an dem Ort befand, an dem sich ihre Hauptverwaltung befindet, so dass nach ungarischem Recht keine Trennung von Satzungssitz und Verwaltungssitz ergibt, siehe EuGH (Große Kammer), Urt. v. 16.12.2008 – C-210/06 CARTESIO Oktató és Szolgáltató bt, NJW 2009, 569, 570 Rn 101.

garischen Gesellschaftsrechts, eine solche Operation zu verbieten. Die Realität von Gesellschaften hängt an der Rechtsordnung, aus der sie stammen. Außerhalb dieser Realität sind sie nicht-existent. Daher sind sie an die Gesetze dieser Rechtsordnungen gebunden und der Mitgliedstaat darf allein die Bedingungen definieren, die eine Gesellschaft aufweisen muss, um als zu seiner Rechtsordnung gehörig zu gelten.[466]

319 Allerdings – und dies führt nun zur Verbindung mit der anderen Linie der hier vorgestellten Entscheidungen: Die Beschränkungen des mitgliedstaatlichen Gesellschaftsrecht dürfen nicht so weit gehen, dass ein „Verlassen" der Rechtsordnung nur durch Liquidation im alten Mitgliedstaat und völliger Neugründung im neuen Mitgliedstaat möglich ist. Ein solches Hemmnis für die tatsächliche Umwandlung stellt eine Beschränkung der Niederlassungsfreiheit dar, die, wenn sie nicht zwingenden Gründen des Allgemeininteresses entspricht, nach Art. 43 EGV [= Art. 49 AEUV] verboten ist.[467] Insoweit entwickelte der EuGH in der Rechtsache Cartesio die Sevic-Entscheidung fort und verlangte die Ermöglichung eines grenzüberschreitenden Formwechsels durch Sitzverlegung.[468]

320 Die Entscheidung **National Grid Indus** behandelte eine Wegzugskonstellation und setzt die Entscheidungslinien nach **Daily Mail** und **Cartesio** konsequent fort. National Grid Indus[469] war eine nach niederländischem Recht gegründete Gesellschaft mit beschränkter Haftung. Im Jahre 2000 verlegte sie ihren Verwaltungssitz von den Niederlanden in das Vereinigte Königreich. Im Jahre 1996 hatte sie eine Forderung erworben, die aufgrund von Devisenschwankungen einen erheblichen (noch nicht realisierten) Kursgewinn erfahren hatte. Die beteiligten Rechtsordnungen akzeptierten im Sinne der Gründungstheorie den Umzug des Verwaltungssitzes der National Grid Indus unter Beibehaltung ihrer ursprünglichen niederländischrechtlichen Rechtsnatur; die niederländische Steuerbehörde nutzte den Umzug aber zur Erstellung einer Schlussrechnung über die latenten Wertzuwächse zum Zeitpunkt der Verlegung des Sitzes, was zur Besteuerung des genannten Kursgewinnes führte. Zwar ist in dem vorliegenden Sachverhalt der Schutzbereich der Niederlassungsfreiheit nach Art. 49 AEUV eröffnet, weil der Wegzug des Unternehmens eine Steuer auslöst, die es bei einer Sitzverlegung innerhalb der Niederlande nicht gegeben hätte. Die Durchsetzung des Besteuerungsrechts kann einen legitimen Zweck zur Beschränkung der Niederlassungsfreiheit sein. Insoweit stärkt die Entscheidung, wie **Daily Mail**, die Entscheidungsgewalt des Wegzugsstaates. Allerdings stellte der EuGH einschränkend fest, dass Art. 49 AEUV einer Regelung eines Mitgliedstaats entgegensteht, welche die sofortige Einziehung der Steuer auf die nicht

466 Ebd. S. 571 Rn 110.

467 Ebd. S. 571 Rn 113.

468 DNotI-Report 2009, 22.

469 EuGH, (Große Kammer), Urt. v. 29.11.2011 – C-371/10 (National Grid Indus), NZG 2012, 114.

realisierten Wertzuwächse bei den Vermögensgegenständen einer Gesellschaft, die ihren tatsächlichen Verwaltungssitz in einen anderen Mitgliedstaat verlegt, zum Zeitpunkt dieser Verlegung vorschreibt.[470]

Die **VALE**[471] Costruzioni, eine im Handelsregister von Rom eingetragene Gesellschaft mit beschränkter Haftung italienischen Rechts, zeigte dem italienischen Registergericht ihren Wegzug nach Ungarn an, was in das dortige Handelsregister als Löschung eingetragen wurde mit dem Vermerk „Die Gesellschaft hat ihren Sitz nach Ungarn verlegt". Anschließend schlossen der Geschäftsführer der Gesellschaft und eine weitere natürliche Person den Gesellschaftsvertrag der Vale Építési kft, einer Gesellschaft mit beschränkter Haftung ungarischen Rechts, um ihre Eintragung in das ungarische Handelsregister mit der Angabe VALE Costruzioni als Rechtsvorgänger zu erwirken. Die ungarischen Vorschriften über Umwandlungen waren aber (vergleichbar dem § 1 Abs. 1 UmwG-Wortlaut) nur auf innerstaatliche ungarische Sachverhalte anwendbar. Die ungarischen Gerichte lehnten den Antrag dementsprechend ab. Der EuGH nutzte den Fall, losgelöst von der nicht ganz passenden Ausgangslage,[472] um grds. zur Möglichkeit der grenzüberschreitenden Umwandlung zu judizieren. Die unionsrechtliche Niederlassungsfreiheit steht einer nationalen Regelung entgegen, die zwar für inländische Gesellschaften die Möglichkeit einer Umwandlung vorsieht, aber die Umwandlung einer dem Recht eines anderen Mitgliedstaats unterliegenden Gesellschaft in eine inländische Gesellschaft mittels Gründung der letztgenannten Gesellschaft generell nicht zulässt. Der Aufnahmemitgliedstaat ist zwar befugt, das für eine grenzüberschreitende Umwandlung maßgebende innerstaatliche Recht festzulegen und somit die Bestimmungen seines nationalen Rechts über innerstaatliche Umwandlungen anzuwenden, die – wie die Anforderungen an die Erstellung einer Bilanz und eines Vermögensverzeichnisses – die Gründung und die Funktionsweise einer Gesellschaft regeln. Der Äquivalenzgrundsatz und der Effektivitätsgrundsatz verwehren es jedoch dem Aufnahmemitgliedstaat, 321

- bei grenzüberschreitenden Umwandlungen die Eintragung der die Umwandlung beantragenden Gesellschaft als „Rechtsvorgängerin" zu verweigern, wenn eine solche Eintragung der Vorgängergesellschaft im Handelsregister bei innerstaatlichen Umwandlungen vorgesehen ist, und

470 EuGH, (Große Kammer), Urt. v. 29.11.2011 – C-371/10 (National Grid Indus), NZG 2012, 114, LS. 2.

471 EuGH, Urt. v. 12.7.2012 – C-378/10 (VALE Építési kft), NJW 2012, 2715.

472 *Behrens*, EuZG 2012, 621, 625, und *Streinz*, JuS 2012, 1142, 1145 (jeweils in der Urteilsanmerkung zur Entscheidung) weisen zu Recht darauf hin, dass es problematisch im konkreten Fall war, dass sich die Firma zunächst in Italien aufgelöst hatte. Die Gesellschaft war eigentlich erloschen und sollte in Ungarn unter Verweis auf die italienische Vorgänger-Gesellschaft neu gegründet werden. Idealtypischer für eine grenzüberschreitende Umwandlung wäre natürlich der bruchlose Sitzwechsel der bestehenden Gesellschaft in eine fremde Rechtsordnung unter gleichzeitiger Änderung des Gesellschaftsstatuts.

- sich zu weigern, den von den Behörden des Herkunftsmitgliedstaats ausgestellten Dokumenten im Verfahren zur Eintragung der Gesellschaft gebührend Rechnung zu tragen.[473]

322 Die **Polpud**-Entscheidung von 2017 baut auf der Vale-Entscheidung auf; *Wachter* zählte sie nicht zu Unrecht zu den „**grands arrêts**" des europäischen Gesellschaftsrechts.[474] Eine polnische Gesellschaft mit beschränkter Haftung (Polbud) verlegte ihren Satzungssitz von Polen nach Luxemburg, beschloss die Umwandlung in die Rechtsform einer GmbH nach luxemburgischem Recht und ließ sich in das luxemburgische Handelsregister eintragen. Ihren Verwaltungssitz beließ die Gesellschaft aber in Polen. Das polnische Handelsregister verweigerte die Eintragung, weil es einen Missbrauch vermutete – zu Unrecht wie der EuGH entschied. Der Wechsel des Satzungssitzes mit einhergehendem Rechtsformwandel ist unionsrechtlich zu ermöglichen: Die Niederlassungsfreiheit gilt auch für die Verlegung des satzungsmäßigen Sitzes einer nach dem Recht eines Mitgliedstaats gegründeten Gesellschaft in einen anderen Mitgliedstaat, durch die diese unter Einhaltung der dort geltenden Bestimmungen ohne Verlegung ihres tatsächlichen Sitzes in eine dem Recht dieses anderen Mitgliedstaats unterliegende Gesellschaft umgewandelt werden soll. Eine Regelung des nationalen Rechts des Wegzugsstaats, welche hierzu zunächst eine Liquidation verlangt, verstößt gegen die Niederlassungsfreiheit.[475]

323 Nach dem Austritt des Vereinigten Königreichs aus der EU hatte sich der BGH[476] schließlich mit der Frage zu beschäftigen, wie es mit den „deutschen Limiteds" weitergehen sollte. Hierunter waren jene Gesellschaften zu verstehen, die unter Ausnutzung der durch den EuGH vertretenen Gründungstheorie ihren **Satzungssitz** im Vereinigten Königreich gewählt hatten, ihren **Verwaltungssitz** aber in Deutschland hatten. Nach Ansicht des BGH waren das Unions-Gesellschaftsrecht und die Grundfreiheiten nach erfolgtem Brexit nicht mehr auf die Anmeldung einer Zweigniederlassung einer englischen Limited anwendbar.

Die Gesellschaft ist also für die deutsche Rechtsordnung keine Kapitalgesellschaft mehr, weil die im öffentlichen Interesse bestehenden Gründungsvorschriften des deutschen Rechts nicht beachtet wurden. Auf der Grundlage der (modifizierten) Sitztheorie ist die englische private limited company in Deutschland als eine Gesellschaft (ohne Haftungsbeschränkung) einzuordnen: bei einer Mehrpersonen-Gesellschaft also als oHG oder GbR, bei einer Einpersonen-Gesellschaft als e.K. oder ein (nicht kaufmännisches) Einzelunternehmen. Dass der BGH in solchen Fällen

473 EuGH, Urt. v. 12.7.2012 – C-378/10 (VALE Építési kft), NJW 2012, 2715, Ls. 1 und 2.

474 EuGH (Große Kammer), Urt. v. 25.10.2017 – C-106/16 (Polbud – Wykonawstwo sp. zo.o., NZG 2017, 1308 m.Anm. *Wachter* (dort auch die zustimmende Besprechung und das Zitat).

475 EuGH (Große Kammer), Urt. v. 25.10.2017 – C-106/16 (Polbud – Wykonawstwo sp. zo.o., NZG 2017, 1308 Ls. 1 und 2.

476 BGH, Beschl. v. 16.2.2021 – II ZB 25/17.

die Gründungstheorie Vorgaben anwendet, ist unwahrscheinlich, da dieser an der (modifizierten) Sitztheorie festhält.[477]

III. SE-VO und SCE-VO

Die europäischen Verordnungen zur Einführung der Europäischen Aktiengesellschaft (SE-VO)[478] und der Europäischen Genossenschaft (SCE-VO)[479] enthalten unmittelbar anwendbare umwandlungsrechtliche Regelungen. Zu beachten sind die europäischen Verordnungen selbst, die jeweiligen nationalen Implementationsgesetze (in Deutschland das Gesetz zur Einführung der Europäischen Gesellschaft (SEEG) vom 22.12.2004)[480] und die jeweiligen nationalen Aktiengesetze, auf welche die SE-VO ihrerseits verweist (Art. 9 Abs. 1, 10, 15 Abs. 1 SE-VO). Im Folgenden sollen in der gebotenen Kürze die Regelungen zur SE vorgestellt werden, der die größere praktischere Relevanz zukommt. **324**

Die SE-VO kennt folgende Möglichkeiten der Gründung einer SE, die ihrem Wesen nach teilweise Umwandlungsvorgänge voraussetzen: **325**

- Gründung einer SE durch **Verschmelzung** von Aktiengesellschaften aus verschiedenen Mitgliedstaaten (Art. 2 Abs. 1, Art. 17–31 SE-VO),
- Gründung einer **Holding-SE** durch Aktiengesellschaften oder GmbH aus verschiedenen Mitgliedstaaten (Art. 2 Abs. 2, Art. 32–34 SE-VO),
- Gründung einer **gemeinsamen Tochter-SE** durch zwei oder mehr juristische Personen des öffentlichen oder privaten Rechts (Art. 2 Abs. 3, Art. 35, 36 SE-VO),
- Umwandlung einer AG in eine SE im Wege des **Formwechsels** (Art. 2 Abs. 4, Art. 37 SE-VO),
- Ausgründung als sekundäre Möglichkeit der Errichtung einer SE: Gründung einer SE als 100 %ige Tochter einer bestehenden SE (Art. 3 Abs. 2 SE-VO).

Da die Gründungsregelungen zur SE grds. abschließend sind, kann eine SE zwar durch Verschmelzung und Formwechsel gegründet werden, nicht aber durch Spaltung. Dies gilt jedoch grds. nur für die unionsrechtliche Ebene, während auf der Ebene nationalen Rechts nichts dagegenspricht, die Gründung einer SE im Rahmen einer Aufspaltung, Abspaltung oder Ausgliederung nach § 123 Abs. 1–3 UmwG zu ermöglichen.[481] **326**

477 *Wachter* in: Süß/Wachter, Handbuch des internationalen GmbH-Rechts, § 2 Rn 51 ff.

478 VO (EG) 2157/2001 des Rates v. 8.10.2001 über das Statut der Europäischen Gesellschaft (SE). ABl EG Nr. L 294/1 v. 10.11.2001.

479 VO (EG) 1435/2003 des Rates v. 22.7.2003 über das Statut der Europäischen Genossenschaft (SCE), ABl EU Nr. L 207/1 v. 18.8.2003.

480 BGBl I, S. 3675 ff.

481 *Marsch-Barner/Wilk* in: Kallmeyer, UmwG, Anhang I, Rn 5, 135 f.

327 An der Gründung einer SE durch Verschmelzung kann nur eine SE oder eine AG beteiligt sein, nicht jedoch eine GmbH oder eine KGaA die zunächst die Rechtsform einer AG annehmen muss. Aktiengesellschaften, die nach dem Recht eines Mitgliedstaats gegründet worden sind und ihren Sitz sowie ihre Hauptverwaltung in der Europäischen Union haben, können eine SE durch Verschmelzung gründen, sofern mindestens zwei von ihnen dem Recht verschiedener Mitgliedstaaten unterliegen (Art. 2 Abs. 1 SE-VO), es bedarf insoweit also eines internationalen Elements. Die verschmelzungsfähigen Rechtsträger sind in Anhang I der Verordnung aufgezählt.

IV. Fusionsrichtlinie/Gesellschaftsrechtsrichtlinie

328 Bereits 2005 hatte der europäische Normgeber mit der 10. Internationalen Fusions-Richtlinie 2005/56/EG[482] des Europäischen Parlaments und des Rates v. 26.10.2005 über die Verschmelzung von Kapitalgesellschaften aus verschiedenen Mitgliedstaaten ein Instrument zur Vereinheitlichung der europäischen Umwandlungsnormen der Nationalstaaten geschaffen.

329 Die Regelungsmaterie wurde später in die neu erlassene Gesellschaftsrechtsrichtlinie EU 2017/1132[483] v. 14.6.2017 übernommen. Im deutschen Recht waren diese hauptsächlich in den §§ 122a ff. UmwG a.F. bis 28.2.2023 implementiert. Zugleich befassten sich aber auch Spezialgesetze mit der Materie internationaler Umwandlungsvorgänge, wie das Gesetz über die Mitbestimmung der Arbeitnehmer bei einer grenzüberschreitenden Verschmelzung (MgVG) v. 21.12.2006.[484] Die Gesellschaftsrechtsrichtlinie wurde ihrerseits durch die Bestimmungen der Richtlinie (EU) 2019/2121[485] v. 27.11.2019 geändert (die UmwRL), welche der deutsche Gesetzgeber – etwas verspätet[486] – durch das Gesetz zur Umsetzung der Umwandlungsrichtlinie und zur Änderung weiterer Gesetze vom 22.2.2023 (UmRUG) mit Wirkung zum 1.3.2023 umgesetzt hat.[487] Außerdem war bereits (pünktlich) zum 31.1.2023 das mitbestimmungsrechtliche UmRMitbestG in Kraft getreten.[488]

482 ABl EU Nr. L 310/1 v. 25.11.2005.

483 ABl EU Nr. L 169/46 v. 30.6.2017.

484 BGBl I, S. 3332.

485 Abl. EU Nr. L 321/1 v. 12.12.2019.

486 So bereits der Gesetzgeber selbstkritisch, vgl. BT-Drucks 20/5237, S. 97.

487 BGBl I 2023 Nr. 51 v. 28.2.2023, S. 1 ff. (das Gesetz tritt am Tage nach seiner Verkündung in Kraft, Art. 25 Abs. 1).

488 Gesetz zur Umsetzung der Bestimmungen der Umwandlungsrichtlinie über die Mitbestimmung der Arbeitnehmer bei grenzüberschreitenden Umwandlungen, Verschmelzungen und Spaltungen v. 4.1.2023, BGBl I 2023 Nr. 10.

V. Das UmRuG 2023

Die §§ 122a–122m UmwG a.F., in welchen sich früher die Vorschriften über grenzüberschreitende Verschmelzungen befanden, wurden aufgehoben und der Regelungsbereich in den §§ 305–319 UmwG entsprechend den Vorgaben der UmwRL umfassend überarbeitet und zusammen mit neuen Vorschriften zu grenzüberschreitenden Spaltungen (§§ 320–332 UmwG) und Formwechsel (§§ 333–345 UmwG) im neuen 6. Buch des UmwG über grenzüberschreitende Umwandlungen niedergelegt. Auch hier gilt das bekannte Verweisungssystem, welches das gesamte UmwG durchzieht: Auf grenzüberschreitende Umwandlungen finden die jeweiligen allgemeinen Regelungen zu den national-rechtlichen Umwandlungsvariante Anwendung, soweit nicht die Sonderregeln des 6. Buches des Umwandlungsrechtes etwas anderes bestimmen (§§ 305 Abs. 2, 320 Abs. 2, 333 Abs. 2 UmwG). **330**

Das 6. Buch des UmwG regelt nur grenzüberschreitende Umwandlungen von Kapitalgesellschaften – es zeigt sich hierin als Kind der unionsrechtlichen GesRRL, die in ihrer Ausrichtung zunächst nichts anderes regeln wollte. Der deutsche Gesetzgeber hat sich gegen eine (überschießende) Umsetzung auch für Personengesellschaften entschieden. Wie bislang regelt das UmwG nur die grenzüberschreitende Hineinverschmelzung auf eine Personenhandelsgesellschaft mit in der Regel nicht mehr als 500 Arbeitnehmern (§ 122b I Nr. 2 UmwG aF = § 306 I Nr. 2 UmwG).[489] **331**

Soweit der Leser eine grenzüberschreitende Umwandlungsmaßnahme vorzubereiten hat, sei er in diesem Punkt auf die Spezialliteratur verwiesen, die im Zuge des UmRUG grenzüberschreitende Umwandlungen neu beleuchtet und nunmehr auf eine national geltende *lex lata scripta* für Verschmelzungen, Spaltungen und Formwechsel zurückgreifen kann. Wichtig ist das UmRUG aber auch für die nicht international tätigen Notare, da es einige Änderungen auch für rein nationale Umwandlungsvorgänge mit sich gebracht hat.[490] **332**

Der Gesetzgeber hat nunmehr § 125 UmwG angepasst und für die Spaltung einige Änderungen herbeigeführt bzw. ältere Streitfragen entschieden. So wurde durch § 125 Abs. 1 Satz 1 Nr. 2 UmwG der Ausschluss des Konzernprivilegs gemäß §§ 9 Abs. 2, 12 Abs. 3, (i.V.m. § 8 Abs. 3 Satz 3 Nr. 1a)) UmwG auch auf die Aufspaltung beschränkt. Die entsprechenden Verfahrenserleichterungen mögen bei der Aufspaltung denklogisch ausgeschlossen sein, greifen aber bei der Abspaltung wie bei der Ausgliederung.[491] **333**

§ 125 UmwG verweist auf die Regelungen der Verschmelzung, die vollumfänglich gelten sollen mit Ausnahme der in der Norm als nicht anzuwendende Vorschriften aufgezählten Normen des Zweiten Buches des UmwG. Nach dem Wortlaut von **334**

489 *Schmidt*, NJW 2023, 1241, 1241 ff.

490 Sehr instruktiv: *Heckschen/Knaier*, GmbHR 2023, 317 ff.

491 BT-Drucks 20/3822, S. 82.

§ 125 Satz 1 UmwG a.F. fanden die Bestimmungen für Kapitalerhöhungen in Konzernkonstellationen, §§ 54, 68 UmwG, keine Anwendung auf die Ausgliederung zur Aufnahme. Der Ausschluss der Anwendbarkeit von § 54 Abs. 1 Satz 1 UmwG und § 68 Abs. 1 Satz 1 UmwG war stets konsequent: Der Zweck des Kapitalerhöhungs- und Anteilsgewährungsverbots, die Entstehung eigener Anteile bei der übernehmenden Gesellschaft zu verhindern, verfängt nicht, wenn die Anteile der ausgliedernden Gesellschaft selbst und nicht ihrem Anteilsinhaber zu gewähren sind. Keine Notwendigkeit bestand hingegen, den beteiligten Gesellschaften die Optionen des Verzichts auf die Kapitalerhöhung nach § 54 Abs. 1 Satz 2 und 3 UmwG und § 68 Abs. 1 Satz 2 und 3 UmwG zu verwehren. Hat die übernehmende Gesellschaft beispielsweise eigene Anteile, sollten diese dem übertragenden Rechtsträger gewährt werden können, eine zusätzliche Kapitalerhöhung ist in solchen Fällen nicht erforderlich. Ebenso sollten Kapitalerhöhung und Anteilsgewährung nicht erforderlich sein, wenn gemäß § 54 Abs. 1 Satz 3 UmwG und § 68 Abs. 1 Satz 3 UmwG die ausgliedernde Gesellschaft als designierter Empfänger der Anteile auf die Gewährung von Anteilen verzichtet. Daher wurde in § 125 Abs. 1 Satz 1 Nr. 4 UmwG klargestellt, dass sich bei der Ausgliederung zur Aufnahme die Unanwendbarkeit der §§ 54, 68 UmwG auf die Fälle von § 54 Abs. 1 Satz 1 UmwG und § 68 Abs. 1 Satz 1 UmwG beschränkt.[492]

335 Gesellschafter der übernehmenden Gesellschaft können bei der Verschmelzung den Gesellschafterbeschluss nicht mehr mit der Begründung eines unangemessenen Umtauschverhältnisses anfechten, sondern haben einen Barausgleichsanspruch, der im Spruchverfahren zu bestimmen ist. Die §§ 14, 15 UmwG wurden entsprechend geändert. Die Umsetzung dieser aus der Richtlinie stammenden Regelungen auf innerstaatliche Umwandlungen vermeidet, dass ausländische übernehmende Gesellschaften gegenüber inländischen den Wettbewerbsvorteil höherer Rechtssicherheit haben.[493] Ergänzend sieht der Gesetzgeber für Aktiengesellschaften nunmehr allgemein die Möglichkeit vor, zum Ausgleich der Verschmelzungswertverhältnisse anstelle barer Zuzahlung zusätzliche Aktien auszugeben. §§ 72a, 72 b UmwG regeln hierzu die Einzelheiten einschließlich der erforderlichen Kapitalerhöhung.[494]

336 Der Gläubigerschutz wird bei allen grenzüberschreitenden Umwandlungsmaßnahmen durch einen Anspruch auf Sicherheitsleistung bewirkt. Für die Gläubiger übertragender Gesellschaften sehen Art. 86j Abs. 1, 126b Abs. 1, 160j Abs. 1 GesRRL einen Mindeststandard vor. Das UmwG differenziert daher wie folgt:

- Gläubiger einer deutschen übernehmenden Gesellschaft haben – wie bei nationalen Umwandlungen – einen ex post geltend zu machenden Anspruch auf Sicherheitsleistung (vgl. §§ 22, 125 Abs. 1, 305 Abs. 2, 320 Abs. 2 UmwG);

492 BT-Drucks 20/3822, S. 82 f.

493 So *Schollmeyer*, NJW-Spezial 2023, 207.

494 *Schollmeyer*, NJW-Spezial 2023, 207.

- für Gläubiger einer deutschen übertragenden Gesellschaft sehen §§ 314, 328, 341 Abs. 1 UmwG dagegen einen Anspruch auf Sicherheitsleistung vor, der ex ante geltend zu machen ist. So gewährleistet der Gesetzgeber, dass die Gläubiger ihren Anspruch auf Sicherheitsleistung nicht erst nach Wirksamwerden der grenzüberschreitenden Umwandlung im Ausland durchsetzen müssen. Abgesichert wird dieser Anspruch durch eine Register- und Bescheinigungssperre, diese jedoch ein noch nicht ganz absehbares Blockaderisiko bedeutet könnte.[495]

Schließlich schafft das UmRUG noch eine Reihe rein redaktioneller Anpassungen – die für die notarielle Praxis Bedeutsamste dürfte die Verschiebung der Strafbarkeitsnorm zu unrichtigen Darstellungen von § 313 UmwG in § 346 UmwG sein. Diese Änderung führte zu Änderungen in den häufig gebrauchten Mustern zur Versicherung des Geschäftsführers gemäß § 6 Abs. 1 Satz 2 Nr. 3 lit. c) GmbHG. Ebenfalls von Relevanz für die Muster ist bspw. die Verschiebung der Bestimmungen der §§ 323, 324 UmwG zum Arbeitnehmerschutz in das zweite Buch in § 35a UmwG n.F. **337**

Das UmRUG sieht folgerichtig auch Änderungen in anderen Gesetzen als dem UmwG vor: Insbesondere im SpruchG ergeben sich Folgeänderungen zu den materiell-rechtlichen Änderungen im UmwG (siehe §§ 6c, 10a SpruchG). Weiterhin wurde ein genereller Anwaltszwang (§ 5a SpruchG), die Möglichkeit eines Schriftsatzvergleichs mit *erga-omnes*-Wirkung (§§ 11 Abs. 4 Satz 1, 13 Satz 3 SpruchG), die Zulassung einer mehrheitskonsensualen Schätzung (§ 11a SpruchG), das Erfordernis einer Begründung der Beschwerde (§ 12 Abs. 1 Satz 3 SpruchG) eingeführt sowie das Abhilfeverfahrens (§ 12 Abs. 1 Satz 2 Hs. 2 SpruchG) abgeschafft.[496] **338**

Soweit das UmRUG auch eine Reihe von Streitfragen geklärt hat bzw. Änderungen im nationalen Recht mit sich gebracht hat, bleiben doch weiterhin Forderungen an den Gesetzgeber bestehen – etwa die Möglichkeit auch Freiberuflern die Ausgliederung des Unternehmens in eine GmbH zu ermöglichen, insbesondere vor dem Hintergrund der Erleichterung einer Unternehmensnachfolge. Hierzu müssten die §§ 124 Abs. 1, 142, 155 UmwG nur minimal angepasst werden.[497] **339**

Außerdem hat es der Gesetzgeber unterlassen, grenzüberschreitende Umwandlungen für sämtliche Gesellschaftsformen zuzulassen: Nach dem Anwendungsbereich der UmwRL erfasst das neue 6. Buch des UmwG im Wesentlichen nur grenzüberschreitende Umwandlungen von Kapitalgesellschaften. Lediglich die grenzüberschreitende Hereinverschmelzung auf eine Personenhandelsgesellschaft mit in der Regel nicht mehr als 500 Arbeitnehmern ist geregelt, was aber auch dem bis zum

495 *Schmidt*, NJW 2023, 1241, 1245 Rn 39.

496 *Schmidt*, NJW 2023, 1241, 1246 Rn 52.

497 *Heckschen/Knaier*, GmbHR 2023, 317, 324 Rn 34.

28.2.2023 geltenden Recht entsprach (§ 122b I Nr. 2 UmwG a.F. = § 306 I Nr. 2 UmwG a.F.).[498]

G. „Einbringung“ und „Sonderbetriebsvermögens“ – die unbekannten Wesen

340 Der Notar ist in der Regel kein „originärer“ Steuerrechtsexperte, etwa durch entsprechende Ausbildung/Studium. Gleichzeitig ist für die notarielle Tätigkeit von großer Bedeutung, was die Mandanten aufgrund der Beratung ihres Steuerberaters umgesetzt haben möchten. Oft hat insofern aus Sicht der Mandanten das Zivil-, Gesellschafts-, Erb- und vor allem Umwandlungsrecht eine rein dienende, finale Funktion. Das vorliegende Buch im Allgemeinen und dieser Abschnitt im Besonderen versucht deshalb, dem Notar das Grundverständnis inhaltlicher und terminologischer Art an die Hand zu geben, um zu verstehen, was der steuerlich beratene Mandant von ihm, dem Notar, möchte. Anhand einer alltäglichen Situation sollen in diesem Zuge die beiden gerade aus Sicht des Umwandlungsrechts zentralen steuerlichen Begriffe und dahinterstehenden Konzepte der „Einbringung“ und in diesem Zusammenhang auch des „Sonderbetriebsvermögens“ erläutert werden. Es kann nicht genug betont werden, dass es sich hierbei um reine steuerrechtliche Begriffe handelt; so ist der Begriff des „Sonderbetriebsvermögens“ nicht einmal im Handelsbilanzrecht zu finden.

341 Eine typische Situation in der Geschäftsstelle des Notars: Der Steuerberater vereinbart für seinen Mandanten einen Termin zur Beurkundung, im Kalender steht „Einbringung.“ Wie ist die Rechtslage? Mit dieser wohlbekannten Frage aus der juristischen Ausbildung und der alltäglichen Praxis soll der Blick für die Vielzahl der Sachverhalte geschärft werden, die sich hinter dem Begriff der „Einbringung“ verbergen können. Man könnte auch fragen: „Was meint der Steuerberater?“ „Was möchte er für seinen Mandanten beurkundet haben?“ oder ganz schlicht „Was soll ich tun?“ Alle Details der (steuerlichen) Themenfelder der Einbringung können an dieser Stelle nicht behandelt werden (wobei sich bei den einzelnen Mustern immer wieder entsprechende Hinweise finden lassen). Getreu der Aufgabenstellung dieses Buches soll aber der Versuch unternommen werden, dem Praktiker einige Leitlinien und Erklärungs- sowie Handlungsansätze an die Hand gegeben werden. Im Einzelnen:

342 Der Begriff der Einbringung ist ein rein steuerrechtlicher Rechtsbegriff und findet sich soweit ersichtlich nirgendwo im Zivil-, Handels-, Umwandlungs- oder Gesellschaftsrecht. Die entsprechenden steuerrechtlichen Regelungen sind insbesondere die §§ 20 ff. UmwStG und § 24 UmwStG. Weitere bedeutende Hilfestellung ist der

498 *Schmidt*, NJW 2023, 1241, 1241 Rn 3, die dies bedauert und m.w.N. für entsprechende Literaturstimmen.

sog. Umwandlungssteuererlass, der die Meinung der Finanzverwaltung wiedergibt. Daraus folgt für die notarielle Arbeit:

Der Notar darf sich der Terminvereinbarung oder der ersten Besprechung nie damit zufriedengeben, wenn bei ihm eine „Einbringung“ avisiert wird. Es handelt sich nicht um einen zivilrechtlichen Begriff und somit bleibt der Wunsch nach einer „Einbringung“ zivilrechtlich unbestimmt. Es ist somit Kern der Aufgabe des Notars, gemeinsam mit dem Mandanten und dem Steuerberater herauszufiltern, was gerade der Notar im Rahmen dieser sog. „Einbringung“ tun und beurkunden soll. So will es nicht zuletzt § 17 Abs. 1 Satz 1 BeurkG. Im Rahmen dieser Klärung ist die Vielzahl der möglichen zivilrechtlichen „Antworten“ auf den Wunsch des Mandanten nach einer Einbringung denkbar groß. Mögliche notarielle Hilfestellungen können hier z.B. ohne den Anspruch auf Vollständigkeit sein: 343

- Die Übertragung des Eigentums an einer Immobilie;
- eine reine Anmeldung zum Handelsregister;
- eine „echte“ Ausgliederung im Sinne des Umwandlungsgesetzes;
- eine Kapitalerhöhung bei einer GmbH.

Umgekehrt – und das macht die Sache oft so schwer greifbar – kann eine Einbringung auch ohne jede notarielle Hilfe erfolgen; ein Beispiel hierfür wäre etwa die Übertragung im Sinne eines Einzelrechtsnachfolge eines Einzelunternehmens ohne Gegenstände, deren Übertragung ihrerseits der notariellen Beurkundung bedarf (z.B. Immobilien). Eine Einbringung im steuerlichen Sinne kann sogar eine Maßnahme sein, die zivilrechtlich zu überhaupt keiner Änderung führt (Beispiel: Steuerliche „Umwidmung“ eines Grundstücks ohne zivilrechtlichen Eigentumswechsel). 344

Aus dem Vorstehenden folgt ohne Weiteres, dass ein sog. Einbringungsvertrag nicht zwingend, wenngleich möglich ist. Wenn dennoch teilweise ein solcher vom Registergericht gefordert wird,[499] kann dem nur widersprochen werden. Freilich mag es wie so oft im Einzelfall das schnellste Weg sein, einen „Einbringungsvertrag“ vorzulegen, in welchem sodann konsequenterweise (noch einmal) zu dokumentieren ist, was (Gegenstand/Objekt der „Einbringung“) von wem (Subjekt der „Einbringung“) zu welchen Modalitäten (etwa wirtschaftlicher Stichtag, Bewertung, Gewährleistung, dingliche Erklärungen) in welches Rechtssubjekt „eingebracht“ werden soll. 345

Aus dem Vorstehenden folgt ferner, dass das „unkommentierte“ Verwenden des Begriffs „Einbringung“ und/oder des Verbs „einbringen“ in einer juristischen Urkunde zu unterlassen ist. Zivilrechtlich ist der Begriff unscharf und letztlich redundant; 346

499 So jüngst geschehen in der Praxis des Autors *Link* bei einer Sachkapitalerhöhung einer GmbH, wobei die Sacheinlage ein Unternehmen war und der gesamte Vorgang eine Einbringung zu Buchwerten nach dem Umwandlungssteuergesetz darstellte. Das entsprechende Registergericht war das AG München.

trotzdem findet er sich in den meisten Urkunden, weil die Mandanten ihn darin lesen wollen und es ist dann auch möglich und ratsam, diese Begriffe zu verwenden, als sie eine auch steuerlich exakte Einordnung darstellen und ermöglichen und in der Kommunikation mit dem Finanzamt die Argumentation des Mandanten erleichtern. Dabei sollte aber stets bedacht werden, dass vornehmste Aufgabe des Notars die juristisch korrekte Gestaltung unter Verwendung der entsprechenden Termini des Zivilrechts ist. Zu vermeiden ist es insbesondere, dass der Notar die „korrekten" Begriffe unter Vermischung seiner Arbeit mit der des Steuerberaters durch steuerliche Begriffe ersetzt. So sollte beispielsweise bei einer Auflassung im Sinne des § 925 BGB oder einer Abtretung im Sinne des § 15 Abs. 3 GmbHG niemals „einbringen" statt „übereignen" oder „abtreten" verwandt werden.

347 Das zumindest grobe Verständnis all dieser steuerrechtlichen Zusammenhänge ist für den Notar somit entscheidend, um die Sprache seiner Mandanten zu verstehen und anschließend seine **eigene** Arbeit korrekt ausführen zu können.

348 Eng verwandt mit der zivilrechtlichen Vieldeutigkeit des Begriffs der Einbringung ist das steuerrechtliche Konzept des sog. Sonderbetriebsvermögens, oftmals in Grafiken zur Struktur einer Umwandlungsmaßnahme als „SBV" abgekürzt. Deshalb und aus den weiteren vorstehenden Gründen ist für den Notar auch die zumindest überblicksartige Kenntnis dessen, was „Sonderbetriebsvermögen" meint, unerlässlich. Sonderbetriebsvermögen kommt bei sog. Mitunternehmern im Sinne des § 15 Abs. 1 Satz 1 Nr. 2 EStG vor und heißt zivilrechtlich schlicht, dass etwas, das nicht zum Gesamthandsvermögen einer Personengesellschaft gehört, **steuerlich** dennoch zum Betriebsvermögen der Mitunternehmerschaft gehört. Mit anderen Worten und für den Zivilrechtler: Gegenstände, die *nicht* beispielsweise einer KG gehören, sondern einem Kommanditisten, werden steuerrechtlich dennoch so behandelt als würden sie der Gesellschaft gehören, wenn die weiteren Voraussetzungen für Sonderbetriebsvermögen vorliegen.[500]

349 Ein abschließendes Beispiel soll das Erläuterte abrunden: Wenn umwandlungsrechtlich die Ausgliederung eines einzelkaufmännischen Unternehmens auf eine KG ansteht, aber zivilrechtlich Eigentum an einem Grundstück zurückbehalten werden soll, wird es oft so sein, dass das zurückbehaltene Grundstück künftig Sonderbetriebsvermögen sein soll oder sogar zwingend zu solchem wird – und sich dies in der Urkunde wiederfinden soll. Mit anderen Worten: Das Grundstück wird steuerrechtlich gewissermaßen doch zur KG gehören, obgleich dies erstens zivilrechtlich ganz klar nicht so ist und zweitens der Rückbehalt seinerseits zivilrechtlich nicht anders behandelt wird, nur weil das Steuerrecht eine Zuordnung des Grundstücks zur KG sieht.

500 *Stelmaszczyk* in: Wachter, Praxis des Handels- und Gesellschaftsrechts, § 9 Rn 92.

Was folgt hieraus für den Notar? Nun, alles und nichts. Auch hier geht es darum, einerseits die Vorgaben des Steuerberaters zu verstehen, andererseits zivilrechtlich das präzise abzubilden, was gewünscht ist und was nicht. 350

Aufgabe des Notars ist es bei solchen Sachverhalten oftmals auch und zuvorderst, die Beteiligten überhaupt auf die Möglichkeit hinzuweisen, die Erleichterungen des Umwandlungsrechts in Anspruch zu nehmen. Nach gefestigter Erfahrung der Autoren ist es Gang und Gäbe, dass der Steuerberater dem Notar auf die Frage, was denn genau im Rahmen der angemeldeten „Einbringung" von ihm zu tun sei, lediglich die Übertragung des Gegenstands anzuzeigen, wegen dessen man überhaupt „zum Notar muss" (meist geht es hier um Immobilien und/oder GmbH-Anteile). Entsprechend laufen in der Praxis zahlreiche Vorgänge, die das Umwandlungsrecht zu erleichtern imstande wäre, ohne jede notarielle oder auch nur juristische Mithilfe ab. Insofern sollte sich in einer notariellen Urkunde, die ein Vorgang nach dem Umwandlungsgesetz sein könnte, dies aber nicht ist (kein Zwang zum Umwandlungsrecht!), auf jeden Fall die Belehrung finden, dass der Notar auf die Möglichkeit hingewiesen hatte, das wirtschaftliche/rechtliche Ziel dieser Urkunde auch durch einen Umwandlungsvorgang nach dem UmwG zu erreichen. Auch und gerade hierfür ist aber wiederum erforderlich, dass der Notar anhand der geäußerten Wünsche des Mandanten/Steuerberaters überhaupt erkennt, welches Ergebnis am Ende stehen soll.

H. Umwandlungen und Vermögensübertragungen außerhalb des UmwG (insbesondere Personengesellschaftsrecht)

I. „Umwandlungen" für GbR und nicht-rechtsfähige Vereine

Die Umwandlungen von Personengesellschaften in andere Personengesellschaften vollziehen sich typischerweise außerhalb des Umwandlungsgesetzes. 351

Die „Umwandlung" einer GbR (§§ 705 ff. BGB) in eine oHG (§§ 105 ff. HGB) stellt keinen Fall der Rechtsnachfolge dar, sondern eine identitätswahrende Umwandlung. Eine Gesellschaft, die ein Gewerbe betreibt, wird von Gesetzes wegen ohne jeden Publizitätsakt zu einer personen- und strukturgleichen oHG, sobald das Unternehmen nach Art und Umfang einen in kaufmännischer Weise eingerichteten Gewerbebetrieb erfordert. Dieser Rechtsformwechsel kraft Gesetzes vollzieht sich unter voller Wahrung der Identität.[501] Das Gleiche gilt auch für die Umwandlung von oder in eine Kommanditgesellschaft im Sinne der §§ 161 ff. HGB: Zwischen KG, oHG, GbR und e.K. erfolgt die jeweilige „Umwandlung" ohne besondere Vereinbarung, unter Umständen sogar gegen den Willen der Gesellschafter *ipso iure*, wenn zum Beispiel aus einer KG mit zwei Komplementären der Kommanditist aus-

501 BGH, Beschl. v. 13.1.2021 – VII ZB 30/18, MittBayNot 2021, 393 Rn 6.

scheidet (dann oHG) oder nur noch ein Gesellschafter übrig bleibt (dann e.K).[502] Umgekehrt kann die oHG jederzeit zur KG werden, wenn einem Gesellschafter die Möglichkeit gegeben wird, nur noch als Kommanditist beteiligt zu sein.

352 Auf nicht rechtsfähige Vereine finden bzw. fanden bis 31.12.2023 die Vorschriften der GbR anwendbar (§ 54 Satz 1 BGB a.F.). Ab dem 1.1.2024 differenziert der Gesetzgeber: Für Vereine, deren Zweck auf einen wirtschaftlichen Geschäftsbetrieb gerichtet ist und die nicht durch staatliche Verleihung Rechtspersönlichkeit erlangt haben, ändert sich in soweit nichts – auf sie werden weiterhin die Vorschriften über die GbR angewendet (§ 54 Abs. 1 Satz 2 BGB n.F.). Für Vereine, deren Zweck nicht auf einen wirtschaftlichen Geschäftsbetrieb gerichtet ist und die nicht durch Eintragung in das Vereinsregister Rechtspersönlichkeit erlangt haben, sind die Vorschriften der §§ 24–53 BGB entsprechend anzuwenden (§ 54 Abs. 1 Satz 1 BGB n.F.). Die Umwandlungsfähigkeit im Sinne des UmwG wurde bislang für nicht rechtsfähige Vereine allgemein abgelehnt; ob man Ausnahmen bspw. für politische Parteien zulässt,[503] würde den Rahmen dieses Buches sprengen.

II. Umwandlungen mit Stiftungen

353 Eine rechtsfähige Stiftung gemäß §§ 80 ff. BGB ist eine von einem Stifter (oder mehreren Stiftern) errichtete Organisation, die mit Hilfe des der Stiftung gewidmeten Vermögens einen vom Stifter festgelegten Zweck dauernd erfüllen soll.[504] Stiftungen als verselbstständigte Vermögensmassen lassen sich nicht in das sonst herrschende dualistische System von Personengesellschaften und Körperschaften eingliedern. Dennoch gibt es ein Bedürfnis dafür, Stiftungen nicht nur zu gründen, zu verwalten und aufzuheben – in der Praxis stellen sich auch Fragen nach der Umstrukturierung oder der Umwandlung von Stiftungen.[505]

354 Das deutsche Umwandlungsrecht kannte grds. zur Veränderung der Stiftungsstruktur im Wege der Gesamtrechtsnachfolge nur die Ausgliederung eines Unternehmens aus dem Vermögen einer rechtsfähigen Stiftung nach §§ 161 ff. UmwG oder im Wege der Zusammenlegung nach dem Landesrecht.[506]

355 Seit dem 1.7.2023 gelten die Neuregelungen des Gesetzes zur Vereinheitlichung des Stiftungsrechts vom 16.7.2021.[507] Mindestens zwei übertragende Stiftungen können nach §§ 86 ff. BGB n.F. durch Errichtung einer neuen Stiftung und Übertragung ihres jeweiligen Stiftungsvermögens als Ganzes auf die neue übernehmende Stiftung zusammengelegt werden.

502 *Roth* in: Baumbach/Hopt, 40. Aufl. 2021, HGB § 161 Rn 17.

503 *Leuschner* in: MüKo-BGB, § 54 Rn 29.

504 *Weitemayer* in: MüKo-BGB, § 80 Rn 1.

505 *Gottschald/Knoop* in: MüHdb d. GesR, Bd. 5, § 106 Rn 1 ff.

506 *Gottschald/Knoop* in: MüHdb d. GesR, Bd. 5, § 106 Rn 9.

507 BGBl I, S. 2947.

356 Zulegungsverträge (§ 86 BGB) und Zusammenlegungsverträge (§ 86a BGB) bedürfen nur der schriftlichen Form, insbesondere § 311b Abs. 1–3 BGB sind nicht anzuwenden (§ 86d BGB). Das bedeutet, dass der Gesetzgeber sich bewusst gegen die notarielle Beurkundung entschieden hat – obwohl die Verschmelzung vergleichbarer Vermögens- bzw. Unternehmensmassen ansonsten der notariellen Beurkundung bedürfen. Dass sogar für die Übertragung von Grundbesitz bloße Schriftform gelten soll, ist ein Novum. Der Gesetzgeber sieht dies selbst als klare Ausnahme und rechtfertigt dies für die verschmelzungsähnliche Grundkonstellation wie folgt:

> *„Mit Blick auf die behördlichen Genehmigungserfordernisse wird für diese Verträge anders als für Verschmelzungsverträge nach § 6 des Umwandlungsgesetzes (UmwG) keine notarielle Beurkundung vorgesehen. Die behördlichen Genehmigungserfordernisse gewährleisten bei Zulegungsverträgen und Zusammenlegungsverträgen ebenso wie das Anerkennungserfordernis für das Stiftungsgeschäft die Beurkundungsfunktionen, so dass für die Verträge daneben kein Beurkundungserfordernis geregelt werden muss“.*[508]

357 In Bezug auf die Übertragung von Grundbesitz heißt es:

> *„§ 86d Satz 2 BGB-neu stellt ausdrücklich klar, dass § 86d Satz 1 BGB-neu im Verhältnis zu § 311b Absatz 1 bis 3 BGB die speziellere Vorschrift ist. Ein Zulegungsvertrag oder der Zusammenlegungsvertrag, der die Verpflichtung begründet, das Eigentum an einem Grundstück zu übertragen und zu erwerben, bedarf nicht der notariellen Beurkundung nach § 311b Absatz 1 BGB. Solche Verträge, mit dem sich die übertragenden Stiftungen immer verpflichten, ihr gesamtes Vermögen auf die übernehmende Stiftung zu übertragen, unterfallen auch nicht § 311b Absatz 3 BGB. Ebenso wie § 4 Absatz 1 Satz 2 UmwG für Verschmelzungsverträge schließt § 86d Satz 2 BGB neu auch die Anwendbarkeit des § 311b Absatz 2 BGB auf Zulegungsverträge und Zusammenlegungsverträge ausdrücklich aus.“*

358 Insbesondere in Bezug auf die Übertragung von Grundbesitz hätte man sich an dieser Stelle schon ein wenig mehr Begründungsaufwand gewünscht – was in Bezug auf die Übertragung von allgemeinen Vermögenswerten im Hinblick auf die behördlichen Genehmigungserfordernisse noch nachvollziehbar erscheint, schießt u.E. insbesondere bei der Übertragung von Grundbesitz (oder GmbH-Geschäftsanteilen) über das Ziel hinaus. Insbesondere die Grundbuchpraxis der kommenden Jahre wird zeigen müssen, ob sich das Institut in dieser Form bewährt.

359 Das bisherige Recht kannte als Umstrukturierungsmaßnahme bei Stiftungen noch einen Spezialfall zur Spaltung: Die Ausgliederung des von einer rechtsfähigen Stiftung nach § 80 BGB betriebenen Unternehmens oder von Teilen desselben aus dem Vermögen dieser Stiftung kann nur zur Aufnahme dieses Unternehmens oder von

508 BT-Drucks 19/28173 v. 31.3.2021, S. 74.

Teilen dieses Unternehmens durch Personenhandelsgesellschaften oder Kapitalgesellschaften oder zur Neugründung von Kapitalgesellschaften erfolgen (§ 161 UmwG). Die § 161–167 UmwG regeln in diesem Fall die Spezialvorschriften für die Ausgliederung eines Unternehmens aus dem Vermögen einer rechtsfähigen Stiftung. Wegen des grds. Baukastenprinzips sind die allgemeineren Vorschriften des Umwandlungsrechts für Ausgliederungen subsidiär anwendbar. Eine Stiftung kann eine Ausgliederung zur Neugründung nur auf eine Kapitalgesellschaft vornehmen; eine Personengesellschaft scheidet bei einer Ausgliederung zur Neugründung immer aus.[509] Die §§ 161 ff. UmwG haben die Stürme des UmRUG, des MoPeG und des Gesetzes zur Vereinheitlichung des Stiftungsrechts unverändert überstanden.

III. „Einbringung" eines einzelkaufmännischen Unternehmens in eine GmbH – zwischen Sachgründung und „Steuerberatermodell"

360 Die Situation ist in der Beratungspraxis geradezu klassisch: Ein Einzelunternehmer wünscht „in die GmbH zu wechseln". Der Notar soll ihm dabei helfen. Wie kann dies geschehen?

Bevor man diese Frage beantwortet, sollte man sich vor Augen führen, dass es eine „richtige" und „falsche" Antwort nicht gibt, sondern dass verschiedene Wege zur Verfügung stehen, von denen einige besser und einige schlechter zur Erreichung dieses Zwecks geeignet sind. Dabei sind die Motive der Rechtsuchenden im Wesentlichen meist die Gleichen, von den oft auch mehrere kumulativ vorliegen können:[510]

- Vermeidung einer eventuell notwendigen Werthaltigkeitsprüfung im Hinblick auf unbar eingebrachtes Vermögen,
- Vermeidung der Aufdeckung stiller Reserven,
- genaue Festlegung des (steuerlichen) Stichtags, ab dem das Unternehmen eingebracht sein soll,
- zivilrechtlich möglichst reibungsloser Ablauf, idealerweise (wenn möglich) im Wege einer Gesamtrechtsnachfolge,
- Vermeidung verdeckter Sacheinlagen,
- Vermeidung einer möglichen Nachhaftung – jedenfalls klare Haftungsregelungen insbesondere für die natürlichen Personen.

509 *Hörtnagl* in: Schmitt/Hörtnagl, UmwG § 161 Rn 6.

510 Siehe auch *Lubberich*, DNotZ 2016, 164, 164.

1. „Auslaufenlassen" des Einzelunternehmens

Niemals zu empfehlen ist die „kalte Umwandlung" des bisherigen Einzelunternehmens und quasi stillschweigende Fortführung des Geschäftsbetriebs im Rahmen der GmbH. In diesen Fällen droht die Bewertung der Gründung als „verschleierte Sachgründung". Wie sind die Mandanten-Kontakte, der Goodwill etc. zu bewerten? Außerdem dürfte das Finanzamt hinsichtlich des Einzelunternehmens von einer Betriebsaufgabe ausgehen, die einen entsprechenden Aufgabegewinn anlässlich der Betriebsaufgabe heraufbeschwörend könnte. Sollte ein Mandant mit einem solchen Ansinnen zum Notar kommen, ist ihm hiervon grds. abzuraten bzw. der Hinweis auf den Gang zu Steuerberater angeraten. 361

2. Kauf des Einzelunternehmens durch die Gesellschaft

Der Kauf des Einzelunternehmens als **asset deal** ist ein naheliegender Gedanke, dürfte in der Praxis aber aus mehreren Gründen kaum vorkommen: Da der Betrag wie unter Dritten zu ermitteln wäre, würde der Verkauf ebenfalls einen Aufgabegewinn beim Einzelunternehmer bedeutet, der zu versteuern wäre. Außerdem würden sich Bewertungsprobleme ergeben, die für den Fall, dass der Geschäftsführer der GmbH zu hohe Preise zahlt u.U. eine Untreue-Problematik darstellen könnten. Bei einem zeitlich engen Zusammenhang mit der Gründung, könnte ein späterer Richter unterstellen, dass eine verschleierte Sachgründung vorlag und somit die Kapitalaufbringungsregeln nicht eingehalten wurden. Schließlich würde der Verkauf nur zu einer Singularsukzession führen – etwaige Vertragspartner könnten also den Übergang der Vertragsbeziehungen auf den Zielrechtsträger ablehnen. 362

3. Sachgründung einer GmbH nach §5 Abs. 4 GmbHG

§ 5 Abs. 4 Satz 1 GmbH erlaubt statt Geld Sacheinlagen auf das Stammkapital zu leisten, wobei (etwas tautologisch) Sacheinlagen jede befreiende Leistung auf das Stammkapital sein soll, die gerade nicht in Geld besteht; aus Gläubigerschutzgesichtspunkten stellt das GmbH erhöhte Anforderungen an Sacheinlagen (vgl. daneben § 5 Abs. 4 noch §§ 7, 8, 9, 9c, 19, 82 GmbHG).[511] § 5 Abs. 4 Satz 2 GmbH erlaubt ausdrücklich die Einlage eines Unternehmens zur Bewirkung des Stammkapitals (oder eines Teils davon): Neben der Darlegung der Angemessenheit im Sachgründungsbericht sind dann auch die Jahresergebnisse der letzten beiden Geschäftsjahre anzugeben. Dies erfolgt zweckmäßigerweise im Sachgründungsbericht selbst, wobei „Jahresergebnisse" den Jahresüberschuss bzw. Jahresfehlbetrag i.S.v. § 266 Abs. 3 A V HGB, § 275 Abs. 2 Nr. 17 bzw. Abs. 3 Nr. 16 HGB meinen.[512] Der Sachgründungsbericht ist nicht Teil des Gesellschaftsvertrages und bedarf der 363

511 *Bayer* in: Lutter/Hommelhoff, GmbH-Gesetz Kommentar, § 5 GmbHG Rn 12.
512 *Altmeppen* in: Altmeppen, GmbH-Gesetz, § 5 Rn 40.

Schriftform, wobei er von allen Gesellschaftern höchstpersönlich zu unterzeichnen ist; Stellvertretung soll nach allgemeiner Ansicht ausgeschlossen sein.[513] Adressat des Berichts ist in der Linie das Gericht, das – dem Gedanken des § 9c Abs. 1 GmbHG folgend – die Eintragung der Gesellschaft ablehnen wird, wenn es an der Bewertung des eingebrachten Unternehmens Zweifel hat. Die Einbringung setzt in aller Regel eine geprüfte Bilanz voraus.[514] Neben den damit einhergehenden Kosten, die viele Gründer schlicht nicht bereit sind zu zahlen, verbleibt ein Restrisiko, ob das Registergericht weitere Nachweise der Werthaltigkeit wünscht. Ein eher theoretisches Risiko ist die Strafbarkeit der falschen Versicherung des Geschäftsführers, die gewöhnlicherweise bei sehr werthaltigen Unternehmen keine Rolle spielt, aber in Grenzbereichen trotzdem nicht auf die leichte Schulter genommen werden sollte. Schließlich kommen sämtliche weiteren Anlagen zum Unternehmen zu den Registerakten, in die auch Dritte ungehindert Einsicht nehmen können (§ 9 HGB).

4. Bareinlage mit Sachagio

364 Die vorstehend genannten Nachteile der Sachgründung (und damit korrespondierend mit der Sachkapitalerhöhung) haben in der Kautelarjurisprudenz zur Erarbeitung von Modellen geführt, mit denen diese vermieden werden können.[515] Das Ziel der Sachgründung bzw. der Sachkapitalerhöhung, nämlich unter Buchwertfortführung Sachwerte „in die GmbH zu ziehen" basieren auf dem Gedanken die Kapitalerhöhung grds. mittels einer Bareinlage zu bewirken und in diesem Zuge die Sacheinlage als bloßes Aufgeld zu erbringen. Dass dieses Vorgehen steuerneutral möglich ist, hat der BFH in einer grundlegenden Entscheidung aus dem Jahre 2010 entschieden.[516] In diesem Fall war das Stammkapital einer GmbH um 1.000 EUR auf 26.000 EUR erhöht und dies mittels Bareinlage bewirkt worden; in diesem Zuge war noch als Agio die Übertragung einer KG-Beteiligung auf die GmbH vereinbart und durchgeführt worden. Der BFH entschied (entgegen der Finanzverwaltung), dass eine Sacheinlage gemäß § 20 UmwStG auch dann vorliegen kann, wenn bei einer Bargründung oder Barkapitalerhöhung der Gesellschafter zusätzlich zu der Bareinlage die Verpflichtung übernimmt, als Aufgeld (Agio) einen Mitunternehmeranteil in die Kapitalgesellschaft einzubringen.[517] § 20 Abs. 1 UmwStG verlangt, dass der Einbringende für die Einbringung (in welcher zivilrechtlichen Form auch immer) eines Betriebes oder Teilbetriebes oder eines Mitunternehmeranteils

513 *Altmeppen* in: Altmeppen, GmbH-Gesetz, § 5 Rn 39; *Bayer* in: Lutter/Hommelhoff, GmbH-Gesetz Kommentar, § 5 GmbHG Rn 34.

514 *Bayer* in: Lutter/Hommelhoff, GmbH-Gesetz Kommentar, § 5 GmbHG Rn 35.

515 Lesenswert: *Heinze*, NJW 2020, 3768, dessen Aufsatztitel das Programm vorgibt: Die Vermeidung von Sachgründungen und -kapitalerhöhungen bei der GmbH. Möglichkeiten und Grenzen.

516 BFH, Urt. v. 7.4.2010 – I R 55/09, MittBayNot 2010, 507 ff.

517 BFH, Urt. v. 7.4.2010 – I R 55/09, MittBayNot 2010, 507 ff.

in eine Kapitalgesellschaft oder eine Genossenschaft (übernehmende Gesellschaft) neue Geschäftsanteile an der übernehmenden Gesellschaft erhält. Dies ist auch bei der Bar-Kapitalerhöhung mit Sachagio gegeben.

Die Entscheidung ist für den Rechtsanwender erfreulich. Auch wenn die ursprüng- 365
liche Gegenansicht jedenfalls nicht unvertretbar erscheint, hat die Finanzverwaltung die BFH-Rechtsprechung akzeptiert und legt sie in ihrem Umwandlungssteuererlass von 2011 weit aus: Sowohl bei der Bargründung als auch bei der Barkapitalerhöhung kann eine „Sacheinlage" im Sinne des Steuerrechts mit Möglichkeit zur Buchwertfortführung vorliegen, wenn der Gesellschafter zusätzlich zu der Bareinlage gleichzeitig eine Verpflichtung übernimmt, als Agio einen Betrieb, Teilbetrieb oder Mitunternehmeranteil in die Kapitalgesellschaft einzubringen.[518] Außerdem wendet der Erlass die Aussagen der BFH-Entscheidung sogar auf die Fälle des „Anteilstauschs" gemäß § 21 UmwStG (1.46 UmwStE) an: So kann die Einbringung einer GmbH-Beteiligung gem. § 21 UmwStG zu Buchwerten auch dann erfolgen, wenn gesellschaftsrechtlich eine Bargründung oder Barkapitalerhöhung stattfindet.[519]

In der Rechtspraxis hat diese weite Akzeptanz der BFH-Rechtsprechung durch die 366
Finanzverwaltung dazu geführt, dass klassische Sachgründungen und klassische Sachkapitalerhöhungen beinahe völlig verschwunden sind.[520] In der Tat ist das Vorgehen, welches gemeinhin auch als „Steuerberatermodell" bezeichnet wird, wesentlich schneller, unkomplizierter und kostengünstiger, da insbesondere ein Werthaltigkeitsnachweis weitgehend entfällt. Die Rechtsprechung der Handelsregister zeigt sich in diesem Punkt ebenfalls sehr großzügig und erfordert grds. keinerlei Werthaltigkeitsnachweis bezüglich des Aufgeldes.[521] Allerdings bemerken die Autoren in der Praxis der Registergerichte zunehmend, dass jedenfalls die Versicherung des Geschäftsführers verlangt wird, dass das Aufgeld jedenfalls keinen negativen Wert hat und somit die Bareinlage hierdurch nicht angegriffen wird. Dass diese Versicherung verlangt wird, erscheint jedenfalls nicht abwegig und ist für die Praxis gut beherrschbar – ein weitergehender Nachweis der Werthaltigkeit kann aber vom Registergericht u.E. nicht verlangt werden.[522]

Das Vorgehen ist selbst bei einer UG (haftungsbeschränkt) möglich, da der Begriff 367
der „Sacheinlage" im Sinne von § 20 Abs. 1 UmwStG keine Sacheinlage im zivilrechtlichen Sinne voraussetzt.[523] Allerdings sollte ein solches Vorgehen im Rah-

518 1.44 UmwStE.

519 1.46 UmwStE durch den dortigen Verweis auf Ziff. 1.44 UmwStE.

520 Eine starke Verdrängung ebenfalls konstatierend *Heinze*, NJW 2020, 3768 Rn 5.

521 Vgl. OLG Stuttgart, Beschl. v. 13.7.2011 – 8 W 252/11, NZG 2011, 993.

522 So auch *Bayer* in: Lutter/Hommelhoff, GmbH-Gesetz Kommentar, § 5 GmbHG Rn 44. Dieser führt in der genannten Quelle eine Reihe von Stimmen an, die die Vorgaben des Registergerichts zur Lage eines positiven Wertnachweises negativ gegenüberstehen.

523 OLG Karlsruhe, Beschl. v. 7.4.2014 – 11 Wx 24/14, GmbHR 752 ff. m. Anmerkung *Wachter*.

men einer Verwendung des Musterprotokolls vermieden werden.[524] Schließlich bleibt festzuhalten, dass es auch Fälle gibt, in denen sich eine Sachgründung bzw. Kapitalerhöhung nicht vermeiden lässt, etwa bei verschmelzungsbedingten Kapitalerhöhungen oder einem Formwechsel von einer Personen(handels)gesellschaft in eine GmbH.[525]

IV. „Formwechsel" einer oHG in eine KG durch Wahlrecht eines Erben

368 Das Recht der Personengesellschaften ist flexibel, was den Wechsel von einer Rechtsform in die andere anbelangt. Besondere Umwandlungsmaßnahmen bedarf es nicht. Vielmehr handelt es sich stets um die gleiche Personen-Gesellschaft: Aus der GbR wird eine oHG, wenn deren Zweck auf den Betrieb eines Handelsgewerbes unter gemeinschaftlicher Firma gerichtet ist (§ 105 Abs. 1 HGB). Die KG wiederum entspricht der oHG mit dem einzigen Unterschied, dass in der Gesellschaft mindestens ein persönlich haftender Gesellschafter vorhanden ist, sog. Komplementär, und mindestens ein sog. Kommanditist, der den Gesellschaftsgläubigern nicht mit seinem gesamten Vermögen, sondern nur mit seiner Kommanditeinlage haftet.[526] Durch den bloßen Wechsel des Zwecks kann also aus der GbR eine oHG werden und durch die Beschränkung der Haftung eine KG – freilich steht dieser Weg auch in die andere Richtung offen, so kann aus einer KG auch wieder eine oHG oder eine GbR werden. Geben die Gesellschafter einer oHG dauerhaft den Betrieb ihres Handelsgewerbes auf, so wird die Gesellschaft zu einer Gesellschaft bürgerlichen Rechts, wobei es ohne Belang ist, ob die Aufgabe des Geschäftsbetriebes aufgrund einer freien Entschließung oder unabhängig vom Willen der Gesellschafter eingetreten ist.[527]

369 Ist im Gesellschaftsvertrag bestimmt, dass im Falle des Todes eines Gesellschafters die Gesellschaft mit dessen Erben fortgesetzt werden soll, kann jeder Erbe sein Verbleiben in der Gesellschaft davon abhängig machen, dass ihm unter Belassung des bisherigen Gewinnanteils die Stellung eines Kommanditisten eingeräumt und der auf ihn fallende Teil der Einlage des Erblassers als seine Kommanditeinlage anerkannt wird (§ 139 HGB). Die Norm regelt einen Fall in der Unternehmensnachfolge bei Personengesellschaften; ein echtes Wahlrecht wie die Norm zunächst suggeriert bietet die Norm allerdings nur bedingt, weil sämtliche Gesellschafter diesem Ansinnen des Erben auch zustimmen müssen. Verweigern die Mitgesellschafter dem Erben die Umwandlung seiner Beteiligung in eine Kommanditbeteiligung, so stellt sich die Norm in Absatz 2 vielmehr nur als eine spezielle Austrittsnorm für Gesell-

524 So auch *Heinze*, NJW 2020, 3768, 3769 Rn 10.
525 Vgl. *Heinze*, NJW 2020, 3768, 3770 Rn 25.
526 *Roth* in: Hopt, HGB, § 161 Rn 1.
527 BGH, Urt. v. 19.5.1960 – II ZR 72/59, NJW 1960, 1664, Ls. 1.

schafter-Erben aus einer Personenhandelsgesellschaft dar. Eine wirkliche Besonderheit stellt die Norm somit nicht dar, sondern bildet zunächst nur die sowieso bestehende Möglichkeit in jeder Personenhandelsgesellschaft die oHG durch die Beschränkung der persönlichen Haftung eines oder mehrere Gesellschafter in eine Kommanditgesellschaft umzuwandeln – allerdings mit einer erheblichen Abwandlung: Zum Schutze des Gesellschafter-Erbens beschränkt § 139 Abs. 4 HGB dessen Haftung erheblich, wenn er ausscheidet, zum Kommanditisten wird oder die Gesellschaft aufgelöst wird, nämlich auf die Haftung des Erben für die Nachlassverbindlichkeiten. Insoweit handelt es sich bei dieser Abweichung vom allgemeinen Haftungsregime der §§ 128, 130 HGB um eine beträchtliche Privilegierung des Erben; zum Schutze der Unternehmenskontinuität können diese Rechte vom Erben gemäß § 139 Abs. 3 Satz 1 HGB nur innerhalb einer Frist von drei Monaten nach dem Zeitpunkt, in welchem er von dem Anfalle der Erbschaft Kenntnis erlangt hat, geltend gemacht werden.[528]

V. Anwachsung des Vermögens einer Personengesellschaft durch Austritt der Mitglieder bis auf eines

Nach allgemeiner Ansicht kann eine Personengesellschaft nur aus mindestens zwei Gesellschaftern bestehen;[529] eine Ein-Mann-Personengesellschaft ist denklogisch ausgeschlossen – anders als bei Kapitalgesellschaften, bei denen der Gesetzgeber ausdrücklich einen Gesellschafterbestand von bloß einem Gesellschafter erlaubt (vgl. § 1 GmbHG, § 2 AktG). Sämtliche Normen des Personengesellschaftsrechts gehen aber von einer Mehrzahl von Gesellschaftern aus – sinkt die Gesellschafterzahl unter zwei, löst dies die Gesellschaft auf.[530] 370

Der MoPeG-Gesetzgeber hat die Möglichkeiten des Ausscheidens eines Gesellschafters in § 723 BGB n.F. zusammengefasst: Zum **Ausscheiden eines Gesellschafters** aus einer GbR führen folgende Gründe, sofern der Gesellschaftsvertrag für diese Fälle nicht die Auflösung der Gesellschaft vorsieht: 371

- Tod des Gesellschafters;
- Kündigung der Mitgliedschaft durch den Gesellschafter;
- Eröffnung des Insolvenzverfahrens über das Vermögen des Gesellschafters;
- Kündigung der Mitgliedschaft durch einen Privatgläubiger des Gesellschafters;
- Ausschließung des Gesellschafters aus wichtigem Grund.

Der Gesellschaftsvertrag kann für diese Fälle aber auch die Auflösung der Gesellschaft vorsehen. Im Gesellschaftsvertrag können umgekehrt weitere Gründe für das Ausscheiden eines Gesellschafters vereinbart werden. Der Gesellschafter scheidet

528 *Klöhn* in: Hennsler/Strohn, Gesellschaftsrecht, § 139 Rn 1 ff.
529 OLG Schleswig, Beschl. v. 2.12.2005 – 2 W 141/05 m.w.N., DNotZ 2006, 374, 374.
530 *Freiherr v. Proff*, DStR 2016, 2227, 2227.

mit Eintritt des ihn betreffenden Ausscheidensgrundes aus, im Fall der Kündigung der Mitgliedschaft aber nicht vor Ablauf der Kündigungsfrist und im Fall der Ausschließung aus wichtigem Grund nicht vor Mitteilung des betreffenden Beschlusses an den auszuschließenden Gesellschafter.

372 Das Gleiche gilt für die **Auflösung der Gesellschaft**, die Gesetzgeber ebenfalls nunmehr in § 729 ff. BGB n.F. zusammengefasst hat. Danach wird eine GbR u.a. aus folgenden Gründen aufgelöst:

- Ablauf der Zeit, für welche sie eingegangen wurde;
- Eröffnung des Insolvenzverfahrens über das Vermögen der Gesellschaft;
- Kündigung der Gesellschaft;
- Auflösungsbeschluss.

Der Gesellschaftsvertrag kann weitere Auflösungsgründe festlegen.

373 Nach Auflösung der Gesellschaft findet die **Liquidation** statt, sofern nicht über das Vermögen der Gesellschaft das Insolvenzverfahren eröffnet ist. Die Gesellschafter können anstelle der Liquidation eine andere Art der Abwicklung vereinbaren (§ 735 BGB n.F.).

374 Das „**Anwachsungs-Prinzip**“ ist schillernd, stellt aber keinen Automatismus dar. Vielmehr kommt es auf die konkreten Absprachen der Beteiligten an. Fehlt es an einer konkreten Anwachsungs- bzw. Übernahmevereinbarung, so bedeutet der „Austritt“ des vorletzten Gesellschafters zunächst, dass die Gesellschaft zu liquidieren ist. Auf die Liquidation kann aber verzichtet werden, wenn es eine gesonderte Übernahmevereinbarung gibt, was schon nach altem Recht anerkannt war.[531] Gibt es im Gesellschaftsvertrag eine Fortsetzungsklausel, so wird diese regelmäßig als Übernahmeklausel auszulegen sein, sodass von einer Anwachsung des Gesellschaftsvermögens beim „verbleibenden Gesellschafter“ ausgegangen werden kann.[532]

375 Der vorausplanende Rechtsanwender kann sich dieses Prinzip als eigenständiges Gestaltungsmodell zu Nutze machen: Unter der Anwachsung als Gestaltungsmodell versteht man das gezielte Ausscheiden so vieler Gesellschafter aus einer Personengesellschaft, dass nur noch ein Gesellschafter verbleibt.[533] Dabei muss man sich vor Augen halten, dass der Tatbestand der Anwachsung gesetzlich nicht explizit geregelt ist. Die Anwachsung ist insbesondere nicht im UmwG geregelt. Das UmwG ist auf sie auch nicht analog anwendbar.[534] Die herrschende Anwachsungslehre wird heute aus § 738 Abs. 1 Satz 1 BGB a.F./§ 712 Abs. 1 BGB n.F.

531 *Schäfer* in: MüKo-BGB, § 730 Rn 68 m.w.N.

532 BGH, Urt. v. 10.5.2011 – II ZR 227/09, NJW 2011, 2292, 2293 Rn 10.

533 *Freiherr v. Proff*, DStR 2016, 2227, 2227 f.

534 *Freiherr v. Proff*, DStR 2016, 2227, 2227 f.

(analog) gefolgert. Sie gilt für alle Personengesellschaften, also auch für oHG, KG und PartG.[535]

Zum Gesellschaftsvermögen gehörender Grundbesitz muss nicht aufgelassen werden.[536] Die Abtretung des Gesellschaftsanteils bedarf nicht der notariellen Beurkundung, wobei sich jedenfalls eine notarielle Beglaubigung der Unterschriften unter dem Abtretungsvertrag empfiehlt, wenn zum Gesellschaftsvermögen auch Grundbesitz gehört, weil der verbleibende Gesellschafter im Wege der Grundbuchberichtigung in das Grundbuch einzutragen ist und der Nachweis der Anwachsung in der Form des § 29 GBO (i.V.m. § 47 Abs. 2 Satz 2 GBO) erfolgen muss.[537] Das neue Recht führt ab dem 1.1.2024 zur Einführung des Gesellschaftsregisters. Die Auflösung einer im Register eingetragenen Gesellschaft ist ebenfalls durch sämtliche Gesellschafter beim Gesellschaftsregister anzumelden (vgl. § 733 BGB n.F.). **376**

VI. „Spaltung" durch Einzelrechtsübertragung („asset deal")

Der „*asset deal*" bildet das Gegenstück zum sog. **share deal**. Beim share deal werden die Geschäftsanteile (oder Aktien) am Unternehmensträger selbst veräußert. Das Unternehmen bleibt als rechtliche Einheit unverändert bestehen, und erhält lediglich einen neuen Inhaber. Wurde das verkaufte Unternehmen z.B. in der Rechtsform einer GmbH geführt, werden beim *share deal* GmbH-Geschäftsanteile verkauft und an den Erwerber abgetreten. Handelt es sich dagegen beim verkauften Unternehmen um eine GmbH & Co. KG, werden die Kommanditbeteiligung(en) an der Kommanditgesellschaft sowie ggf. auch die Geschäftsanteile an der Komplementär-GmbH auf den Erwerber übertragen.[538] **377**

Hingegen werden beim **asset deal** eine Vielzahl einzelner (passiver wie aktiver) Vermögensgegenstände im Wege der Singularsukzession (Einzelrechtsnachfolge) verkauft und übertragen, die zusammen sämtliche oder doch wesentliche Aktiva und Passiva des verkauften Unternehmens ausmachen.[539] Beim Einzelunternehmen kommt nur ein asset deal in Betracht, wenn nicht vorher das Unternehmen in eine Gesellschaft eingebracht wird. Wird das Unternehmen als GmbH, AG oder auch als GmbH & Co. KG geführt und soll die Transaktion als asset deal gestaltet werden, tritt die Gesellschaft selbst als Veräußerer auf und der Gesellschafter hält nach erfolgter Transaktion die Gesellschaftsanteile an der Veräußerergesellschaft als „leerer Hülle", in der sich am Ende evtl. nur noch der Kaufpreis befindet.[540] **378**

535 *Kraft* in: Kraft/Redenius-Hövermann, Umwandlungsrecht, Kap. 1 Rn 94.

536 BayObLG, Urt. v. 19.7.1983 – BReg. 2 Z 50/83, DNotZ 1984, 178; *Schöne* in: BeckOK BGB; § 738 Rn 6.

537 *Freiherr v. Proff*, DStR 2016, 2227, 2227 f.

538 *Jaques* in: Ettinger/Jaques, Beck'sches Handbuch Unternehmenskauf im Mittelstand, A, Rn 27.

539 *Jaques* in: Ettinger/Jaques, Beck'sches Handbuch Unternehmenskauf im Mittelstand, A, Rn 28.

540 *Jaques* in: Ettinger/Jaques, Beck'sches Handbuch Unternehmenskauf im Mittelstand, A, Rn 28.

379 Bei der Beurkundung eines asset deals mit einer AG, SE oder KGaA muss der Rechtsanwender stets auch § 179a AktG im Hinterkopf haben. Ein Vertrag, durch den sich eine Aktiengesellschaft zur Übertragung des ganzen Gesellschaftsvermögens verpflichtet, ohne dass die Übertragung unter die Vorschriften des UmwG fällt, bedarf auch dann eines Hauptversammlungsbeschlusses nach § 179 AktG (also entsprechend den Regelungen zu einer Satzungsänderung), wenn damit nicht eine Änderung des Unternehmensgegenstandes verbunden ist; die Satzung kann nur eine größere Kapitalmehrheit bestimmen. Die Norm ist für den Rechtsanwender tückisch, denn in der konkreten Beurkundungssituation wird er u.U. nicht wissen, dass es sich um das gesamte Gesellschaftsvermögen handelt, und auch wenn er es nicht weiß, wird es sich ihm vielleicht nicht sofort aufdrängen. Insbesondere bei kleineren AG sollte daher der Notar aus Vorsichtsgründen stets auf die Vorlage eines entsprechenden Beschlusses zumindest für seine Nebenakte hinwirken. Denn, dass bspw. eine Immobilie oder eine Gesellschaftsbeteiligung das ganze Gesellschaftsvermögen darstellen kann, ist nicht abwegig.

380 Die Norm hat für die meisten Notare etwas an Schrecken verloren. Denn lange Zeit wurde diskutiert, ob § 179a AktG analog auf eine GmbH oder sogar Personengesellschaften anzuwenden sein solle. Dieser analogen Anwendung hat der BGH jedoch eine Absage erteilt.[541] Bei Beurkundungen mit veräußernden AG, SE oder KGaA bleibt sie jedoch relevant und haftungsträchtig. Und auch in weiteren Konstellationen, deren Besprechung über dieses Buch hinausgeht, bleibt der Fragenkomplex noch nicht endgültig geklärt.[542]

381 Möchte ein Erwerber einen Betriebsteil erwerben, so stehen ihm neben dem klassischen asset deal, bei dem er die einzelnen Vermögensgegenstände im Wege der Singularsukzession erwirbt, auch verschiedene Formen der Spaltung mit anschließender Übertragung der abgespaltenen/ausgegliederten Einheit zur Verfügung. Welche Maßnahme im Einzelnen ergriffen werden sollte, wird der Rechtsanwender umfassend prüfen müssen. Grds. dürfte der Grundsatz gelten, dass wenn ein in sich geschlossener Betriebsteil übergehen soll, die partielle Gesamtrechtsnachfolge zumeist erstrebenswert sein dürfte, um die typischen problematischen Folgen der Übertragung einzelner Rechtspositionen zu vermeiden – so könnte die Übertragung von Vertragspositionen von der Zustimmung von Geschäftspartnern abhängig sein, staatliche Genehmigungen könnten verfallen oder datenschutzrechtliche[543] und arbeitsrechtliche Probleme können sich beim Übergang der Rechtsinhaberschaft im Rahmen des asset deals ergeben.

541 BGH, Urt. v. 8.1.2019 – II ZR 364/18, NZG 2019, 505 (für GmbH); BGH, Urt. v. 15.2.2022 – II ZR 235/20, NJW 2022, 1878 m. Anm. *Jerger/Goj* (für KG).

542 Siehe zu der Problematik insgesamt: *Berkefeld*, DNotZ 2020, 85.

543 Vgl. zu diesem Problem: *Haupt/Komanek*, NZG 2022, 344 ff.

VII. Exkurs: Die Option zur Körperschaftsbesteuerung

Durch das Gesetz zur Modernisierung des Körperschaftsteuerrechts vom 25.6.2021[544] wurde § 1a KStG eingeführt, der Personenhandelsgesellschaften und Partnerschaftsgesellschaften die Möglichkeit eröffnet, zur Körperschaftsbesteuerung zu optieren. 382

Antragsberechtigt sind Personenhandelsgesellschaften (offene Handelsgesellschaften und Kommanditgesellschaften i.S.d. §§ 105 und 161 HGB einschließlich der Europäischen wirtschaftlichen Interessenvereinigung, vgl. § 1 EWIVAG) sowie Partnerschaftsgesellschaften i.S.d. PartGG. Dies gilt auch, wenn die antragsberechtigte Gesellschaft nur eine vermögensverwaltende Tätigkeit ausübt. Eine GmbH & Co. KG ist auch dann antragsberechtigt, wenn die Komplementärgesellschaft vermögensmäßig nicht beteiligt ist. Einzelunternehmen, GbR, Erbengemeinschaften und reine Innengesellschaften (wie die atypisch stille Gesellschaft) fallen dagegen nicht in den Anwendungsbereich des § 1a KStG.[545]

Der Antrag auf Option ist nach amtlich vorgeschriebenem Datensatz durch Datenfernübertragung zu stellen. Die Übermittlung dieses Datensatzes ist nach Maßgabe des § 87a Abs. 6 AO und nach § 87b AO über die amtlich bestimmte Schnittstelle vorzunehmen. Auf Antrag kann zur Vermeidung unbilliger Härten auf die elektronische Übermittlung des Antrags verzichtet werden. Dann ist der Antrag nach amtlich vorgeschriebenem und von einer zur Vertretung befugten Person eigenhändig unterschriebenem Vordruck zu stellen (§ 1a Abs. 1 Satz 2 i.V.m. § 31 Abs. 1a Satz 2 KStG). Befindet sich der Ort der Geschäftsleitung im Ausland, so ist zudem anhand geeigneter Unterlagen darzulegen, dass die Gesellschaft im Optionszeitraum im anderen Staat einer der deutschen unbeschränkten Körperschaftsteuerpflicht vergleichbaren Steuerpflicht dem Grunde nach unterliegen wird. Zudem ist eine Ansässigkeitsbescheinigung der zuständigen ausländischen Steuerbehörde vorzulegen.[546] 383

Für die Option ist grds. die Zustimmung aller Gesellschafter im Zeitpunkt der Antragstellung erforderlich (§ 1a Abs. 1 Satz 1 Hs. 2 KStG i.V.m. § 217 Abs. 1 Satz 1 UmwG). Sieht der Gesellschaftsvertrag für einen echten Formwechsel im Sinne von § 25 UmwStG oder für die Option eine Mehrheitsentscheidung der Gesellschafter vor, so ist diese nur anzuerkennen, wenn die Mehrheit mindestens drei Viertel der abgegebenen Stimmen beträgt (§ 1a Abs. 1 Satz 1 Hs. 2 KStG i.V.m. § 217 Abs. 1 Satz 2 und 3 UmwG). Sieht bei ausländischen Gesellschaften das Gesellschaftsrecht ein höheres Form- oder Zustimmungserfordernis vor, so gilt dieses. Mit dem Antrag auf Option ist nachzuweisen, dass die erforderliche Anzahl der Gesellschafter der Ausübung der Option zugestimmt hat.[547] 384

544 BGBl I 2021, S. 2050, BStBl I 2021, S. 889.

545 BMF, Schr. v. 10.11.2021 – IV C 2 – S 2707/21/10001, DStR 2021, 2693 Rn 2.

546 BMF, Schr. v. 10.11.2021 – IV C 2 – S 2707/21/10001, DStR 2021, 2693, 2694 Rn 9 ff.

547 BMF, Schr. v. 10.11.2021 – IV C 2 – S 2707/21/10001, DStR 2021, 2693, 2694 Rn 12.

Merke:

Für die Option zur Körperschaftsteuer im Sinne von § 1a KStG ist keine notarielle Beurkundung erforderlich.

385 Und das, obwohl es im Rahmen des Gesetzgebungsverfahren Stimmen gegeben hatte, die dies im Hinblick auf den Verweis in das UmwG erwarten ließen.[548] Der Eingriff in das Besteuerungsregime ist erheblich. Durch die Option ist es seit 2022 Unternehmen möglich durch einfache Anträge an das Finanzamt Rechtsfolgen zu erreichen, die früher einer (in den meisten Gestaltungsvarianten zivilrechtlichen) Änderung der Gesellschaftsform bedurft hätten. Insbesondere für Steuerrechtler, die neue Mandanten übernehmen, wird die Beratungssituation komplexer; das Gesetz trägt eher nicht zur Rechtsklarheit und Rechtssicherheit bei. Aus diesem Grund ist die Option in die Kritik geraten, *Wälzholz* empfiehlt dem Gesetzgeber unumwunden, das *„Zwitterwesen (…), das ‚weder Fisch noch Fleisch' ist, ein Wandler zwischen den Welten, was vor allem in der Gestaltungspraxis zahlreiche steuerrechtlich ungeklärte Fragen und Gestaltungsrisiken mit sich bringt*", schlichtweg so schnell wie möglich wieder abzuschaffen.[549]

386 Für den – steuerrechtlich nicht beratenden – Notar gilt, dass er zumindest von diesem Verfahren gehört haben sollte und es im Rahmen einer Erstberatung dem Mandanten zumindest kursorisch kurz vorstellen können sollte. Für die weitere Abwägung – insbesondere im Vergleich mit Maßnahmen des UmwG – sollte jedoch der Steuerberater in die Planung mit einbezogen werden.

I. Grundlagen zum Umwandlungssteuerrecht

387 Dreh- und Angelpunkt der steuerlichen Regelungen rund um Umwandlungen im weiteren Sinne ist das Umwandlungssteuergesetz (UmwStG).[550] Daneben finden sich auch im Einkommen- und Körperschaftsteuerrecht einzelne Regelungen, die unter Umständen steuerneutrale Übertragungen ermöglichen.

Allgemeines Ziel dieser Regelungen war und ist es, (handels-) rechtlich mögliche und betriebswirtschaftlich notwendige oder gewünschte Reorganisationen von Unternehmen nicht durch eine Belastung mit Steuern zu behindern oder sogar zu verhindern. Um dieses Ziel zu erreichen, wird in der Regel die Fortführung der steuer-

548 *Brühl/Weiss*, DStR 2021, 889, 891 f.

549 *Wälzholz*, notar 2022, 35, 41.

550 Diese Ausführungen stammen nicht von den Autoren *Damm/Link*. Vielmehr zeichnet sich für die Ausführungen zum Umwandlungssteuerrecht Herr *Tobias Appl* verantwortlich.

lichen Buchwerte des übertragenen Vermögens zugelassen, sodass es nicht zu einer Besteuerung der vorhandenen stillen Reserven kommt und diese wirtschaftlich betrachtet mitübertragen werden. Andererseits sollen die Regelungen nicht dafür genutzt werden können, steuerbegünstigt Veräußerungen vorzunehmen oder einem Unternehmen Vermögen zu entziehen.

Dieser Grundgedanke zieht sich wie ein roter Faden durch das UmwStG, es existieren daher auch unterschiedliche Missbrauchsvermeidungsvorschriften, die eine steuerneutrale Umwandlung entweder unmittelbar verhindern oder die Steuerneutralität rückwirkend entfallen lassen. Vereinfacht gesagt, gilt daher auch im Umwandlungssteuerrecht: Was zu schön ist, um wahr zu sein, ist es wahrscheinlich auch nicht. Damit soll aber nicht gesagt sein, dass das UmwStG steuerneutrale Umwandlungen nur in Ausnahmefällen zulässt. In der Regel lassen sich für die weit überwiegende Mehrheit von gewünschten Unternehmensreorganisationen steuerneutrale Lösungen finden. Wie in nahezu allen Rechtsgebieten gilt aber auch im Steuerrecht der Grundsatz: *„Es kommt drauf an“*. Eine konkrete Einzelfallprüfung und die Einholung angemessener sachkundiger Beratung lassen sich daher nicht ersetzen. Vor diesem Hintergrund sind auch die Hinweise in diesem Werk als Hilfestellung zu verstehen, die eine einzelfallbezogene Beratung nicht ersetzen und können und das Umwandlungssteuerrecht nicht in der Tiefe abbilden.

I. Steuerliche „Umwandlungsfälle“

Im UmwStG finden sich Regelungen für folgende Fälle: **388**

- Verschmelzungen sowie Auf- und Abspaltungen von Körperschaften und Personengesellschaften,
- Formwechsel einer Personengesellschaft in eine Kapitalgesellschaft und umgekehrt,
- Anteilstausch,
- Ausgliederungen,
- Einbringungen von Vermögen in Kapitalgesellschaften oder Personengesellschaften.

Um in den Genuss der entsprechenden Regelungen zu kommen, muss zunächst der persönliche Anwendungsbereich eröffnet sein. Aufgrund europarechtlicher Vorgaben ist das UmwStG in der Regel auch anwendbar, wenn im europäischen Ausland ansässige Gesellschaften oder Personen beteiligt sind. Darüber hinaus kann das UmwStG sogar dann anwendbar sein, wenn ein vergleichbarer ausländischer Vorgang Drittstaaten betrifft.

II. Voraussetzungen für steuerneutrale Umwandlungen nach dem UmwStG

389 Auch wenn die einzelnen Regelungen sich für unterschiedliche Formen von Umwandlungen unterscheiden und der Teufel oft im Detail steckt, sind die elementaren Voraussetzungen einer steuerneutralen Umwandlung entsprechend der Zielsetzung des Umwandlungssteuerrechts, dass es sich um die Übertragung eines (gesamten) Betriebs handelt und kein (wirtschaftlicher) Verkauf vorliegt.

390 Geht der übertragende Rechtsträger im Rahmen der Umwandlung unter, z.B. durch Verschmelzung, liegt es in der Natur der Sache, dass ein gesamter Betrieb übertragen wird. Gleiches gilt, wenn das Vermögen einer Gesellschaft unter Fortbestand der Gesellschaft insgesamt übertragen wird. Schwieriger sind Fälle, in denen nur ein Teil des Vermögens einer Gesellschaft übertragen werden soll.

391 Das UmwStG ermöglicht steuerneutrale Übertragungen von Teilen eines Unternehmens nur dann, wenn es sich bei einem solchen Teil um einen sogenannten Teilbetrieb handelt. Im Gesetz selbst wird der Begriff des Teilbetriebs nicht weiter definiert, Einzelheiten ergeben sich aber aus Verwaltungsanweisungen und der Rechtsprechung. Vereinfacht ausgedrückt ist ein Teilbetrieb eine eigenständige Einheit innerhalb eines Unternehmens, die in organisatorischer Hinsicht einen selbstständigen Betrieb darstellt. Insbesondere muss ein solcher Teilbetrieb eine aus eigenen Mitteln funktionsfähige Einheit sein.

392 Da für eine steuerneutrale Umwandlung alle zu diesem Teilbetrieb gehörenden funktional wesentlichen Wirtschaftsgüter übertragen werden müssen, kann außerdem ein einzelnes für mehrere Teilbetriebe wesentliches Wirtschaftsgut eine steuerneutrale Übertragung schlimmstenfalls verhindern und man spricht von einem Spaltungshindernis. Es kann daher z.B. erforderlich sein, dass ein von mehreren Teilbetrieben genutztes Grundstück zunächst realgeteilt werden muss, um eine steuerneutrale Übertragung zu ermöglichen. Das Vorliegen eines Teilbetriebs und dessen Abgrenzung kann in der Praxis daher eine hohe Hürde darstellen und sollte nicht unterschätzt werden.

393 Eine steuerneutrale Spaltung ist außerdem nur dann möglich, wenn sowohl das übertragene Vermögen als auch das zurückbleibende Vermögen jeweils einen Teilbetrieb darstellt. Neutrales Vermögen, also für keinen der Teilbetriebe funktional wesentliches Vermögen, kann dann frei einem der Teilbetriebe zugeordnet werden.

394 Als Teilbetrieb in diesem Sinne gilt außerdem ein gesamter Mitunternehmeranteil, d.h. der Anteil eines Gesellschafters an einer Personengesellschaft einschließlich des gesamten Sonderbetriebsvermögens und eine 100 %-Beteiligung an einer Kapitalgesellschaft.

395 Damit kein schädlicher Verkauf im entsprechenden Vorgang gesehen wird, darf der übertragende Rechtsträger außerdem mit wenigen Ausnahmen nur Gesellschafts-

anteile an dem übernehmenden Rechtsträger und keine weiteren Gegenleistungen für die Übertragung erhalten.

Liegen die Voraussetzungen für eine steuerneutrale Übertragung vor, erlaubt das UmwStG die Übertragung des Vermögens zu steuerlichen Buchwerten anstelle eines Ansatzes zum gemeinen Wert. Alternativ darf in diesen Fällen auch ein dazwischen liegender Wert angesetzt werden. Für eine Umwandlung zu Buchwerten oder einem Zwischenwert ist ein Antrag erforderlich, der in der Mehrzahl der Fälle durch den übertragenden Rechtsträger bei seinem zuständigen Finanzamt zu stellen ist. In Ausnahmefällen kann der Antrag jedoch durch den übernehmenden Rechtsträger zu stellen sein, sodass auf den „richtigen" Antragssteller zu achten ist. Die Frist für diese Anträge ist grds. die erstmalige Abgabe der Steuerbilanz, in der die Umwandlung abzubilden ist. In der Praxis empfiehlt es sich jedoch, erforderliche Anträge unmittelbar nach der rechtlichen Wirksamkeit der Umwandlung zu stellen. 396

Außerdem erfordern einzelne Formen von Umwandlungen separat zu stellende Anträge für die Anteilseigner der beteiligten Gesellschaften betreffend die Steuerneutralität auf deren Eben, die nicht vergessen werden dürfen. Betroffen sind insbesondere Umwandlungen zwischen zwei oder mehr Kapitalgesellschaften, z.B. die Verschmelzung, Spaltung und der grenzüberschreitende Anteilstausch. 397

III. Haltefristen und Missbrauchsvermeidung

Eine steuerbegünstigte Umwandlung kann außerdem zu Halte- bzw. Sperrfristen führen. Diese Regelungen sollen vermeiden, dass Vorgänge in den Genuss der Steuerneutralität kommen, die wirtschaftlich betrachtet einen Verkauf darstellen. Ein Verstoß gegen diese Fristen hat daher zur Folge, dass die Steuerneutralität der Umwandlung rückwirkend voll oder anteilig entfällt. 398

Vereinfacht gesagt ergeben sich immer dann Sperrfristen, wenn durch die Umwandlung eine sogenannte Statusverbesserung eintritt. Von einer Statusverbesserung spricht man dann, wenn ein Verkauf vor der Umwandlung einer höheren Besteuerung unterliegen hätte als der Verkauf nach Umwandlung. Das ist in aller Regel immer dann der Fall, wenn Vermögen auf eine Kapitalgesellschaft übertragen wird und im Anschluss dann die Anteile an dieser Kapitalgesellschaft verkauft werden. Wäre das Vermögen vor der Umwandlung im Rahmen eines Asset Deals verkauft worden, wäre der Gewinn hieraus regulär besteuert worden. Der Gewinn aus dem Verkauf von Anteilen an Kapitalgesellschaften unterliegt demgegenüber einer günstigeren Besteuerung im Rahmen des Teileinkünfteverfahrens oder dem körperschaftsteuerlichen Schachtelprivileg. Das Gleiche gilt, wenn eine natürliche Person Anteile an einer Kapitalgesellschaft im Rahmen eines qualifizierten Anteilstauschs steuerneutral auf eine andere Kapitalgesellschaft überträgt und die übernehmende Gesellschaft die erhaltenen Anteile im Anschluss verkauft. 399

400 Im UmwStG sind zwei Halte- bzw. Sperrfristen besonders wesentlich:

Überträgt eine Kapitalgesellschaft Vermögen auf eine andere Kapitalgesellschaft und erhält hierfür Anteile an der übernehmenden Gesellschaft, unterliegen die erhaltenen Anteile einer Sperrfrist von sieben Jahren. Werden die Anteile innerhalb dieser Frist verkauft, entfällt die in Anspruch genommene Begünstigung rückwirkend und der ursprünglich vermiedene Übertragungsgewinn (steuerlich „Einbringungsgewinn") wird steuerpflichtig. Allerdings vermindert sich der rückwirkend zu besteuernde Einbringungsgewinn anteilig um $^1/_7$ für jedes volle Jahr, das zwischen der Umwandlung und dem Verkauf der Anteile liegt. Steht ein Verkauf nicht unmittelbar bevor, ist aber in den nächsten Jahren gut vorstellbar, kann es sich daher dennoch lohnen, von dieser Regelung Gebrauch zu machen. Außerdem muss dem Finanzamt während der Laufzeit der Frist jährlich bis zum 31. Mai durch Vorlage entsprechender Unterlagen nachgewiesen werden, dass die erhaltenen Anteile noch immer gehalten werden.

401 Die zweite wesentliche Sperrfrist des UmwStG betrifft Spaltungen. Werden innerhalb von fünf Jahren Anteile an den an der Spaltung beteiligten Gesellschaften verkauft, die mehr als 20 % des Werts des Unternehmens vor der Spaltung verkörpern, wird eine Spaltung mit Verkaufsabsicht unterstellt und der Übertragungsgewinn wird rückwirkend steuerpflichtig. Im Unterschied zu der oben beschriebenen Sperrfrist gilt das in diesem Fall nicht anteilig, sondern vollständig. In diesem Zusammenhang war lange Zeit strittig, ob eine Veräußerung unterhalb dieser Grenze nach der Spaltung bereits ausreicht, um eine Buchwertfortführung zu vermeiden, wenn offensichtlich ist, dass die Veräußerung beabsichtigt war und die Spaltung nur als Vorbereitung hierfür durchgeführt wurde. Der BFH hat dies inzwischen entschieden und für unschädlich erachtet, da die 20 %-Grenze den Missbrauchstatbestand der Schaffung der Voraussetzungen für eine Veräußerung konkretisiert und definiert, sodass eine Veräußerung unterhalb dieser Grenze unschädlich sein muss. Im Rahmen des Diskussionsentwurfs des „Wachstumschancengesetzes" will das BMF hierauf reagieren und die Regelungen des § 15 UmwStG entsprechend anpassen. Zum aktuellen Zeitpunkt ist das Gesetzgebungsverfahren noch in vollem Gange, sodass unklar ist, welche Änderungen letztlich erfolgen werden. Es ist jedoch mit deutlichen Verschärfungen zu rechnen.

402 Ein Verstoß gegen diese Fristen kann außerdem durch jede Übertragung der sperrfristbehafteten Anteile und unter Umständen sogar durch Gewinnausschüttungen der übernehmenden Gesellschaft ausgelöst werden. Es muss sich also nicht zwingend um einen klassischen Verkauf handeln. Zur Vermeidung von bösen Überraschungen sollte daher vor jeder Maßnahme in Bezug auf solche Anteile und insbesondere vor Übertragungen eine gründliche Prüfung erfolgen.

IV. Grenzen des Umwandlungssteuerrechts

Die Regelungen des UmwStG gelten für die Ertragsteuern, also die Einkommen- und Körperschaftsteuer sowie die Gewerbesteuer. Allerdings können Umwandlungen selbst dann ertragsteuerliche Folgen haben, wenn die Voraussetzungen für eine steuerneutrale Umwandlung grds. vorliegen. 403

Steuerliche Verlustvorträge des übertragenden Rechtsträgers gehen durch Umwandlungen nicht auf den übernehmenden Rechtsträger über. Geht der übertragende Rechtsträger im Rahmen der Umwandlung unter, z.B. im Fall einer Verschmelzung, gehen solche Verlustvorträge daher ebenfalls unter. Es kann daher unter Umständen vorteilhaft sein, durch die Umwandlung einen Gewinn auszulösen und z.B. Zwischenwerte anzusetzen. Der entstehende Gewinn kann dann mit den vorhandenen Verlustvorträgen verrechnet werden und bleibt insoweit steuerfrei, für den übernehmenden Rechtsträger ergibt sich aber erhöhtes steuerliches Abschreibungspotential. Soweit Verluste vorhanden sind, empfiehlt es sich außerdem zu prüfen, ob sich die wirtschaftlichen Ziele der Umwandlung bei zeitgleichem Erhalt der Verluste erreichen lassen und diese im Idealfall in der zukünftigen Struktur genutzt werden können. Gleiches gilt für EBITDA- und Zinsvorträge im Sinne der Zinsschranke. 404

Außerdem können selbst im Fall einer allgemein steuerneutralen Umwandlung Gewinne entstehen, die der Besteuerung unterliegen. Beispiele hierfür sind Konfusionsgewinne bei zwischen den beteiligten Rechtsträgern bestehenden Forderungen und Verbindlichkeiten oder ein Übernahmegewinn auf Ebene des Anteilseigners bei einer Aufwärtsverschmelzung. In der Regel ist die sich ergebende Steuerbelastung aber relativ gering. 405

Wesentliche Ausnahme von diesem Grundsatz ist die Besteuerung offener Rücklagen im Falle einer Umwandlung einer Kapitalgesellschaft in eine Personengesellschaft durch Formwechsel oder Verschmelzung. In diesem Fall gelten die offenen Rücklagen der Kapitalgesellschaft, d.h. die thesaurierten Gewinne, als ausgeschüttet und der Anteilseigner hat entsprechende Dividendeneinkünfte zu versteuern. Je nach steuerlicher Situation des Anteilseigners und der Höhe der offenen Rücklagen kann es sich bei der resultierenden Steuerbelastung um einen nennenswerten Betrag handeln. 406

V. Regelungen außerhalb des UmwStG

Nach § 6 Abs. 3 und 5 EStG können außerdem unentgeltliche Übertragungen von Betrieben, Teilbetrieben und Mitunternehmeranteilen, z.B. im Rahmen der vorweggenommenen Erbfolge, sowie Übertragungen von Einzelwirtschaftsgütern zwischen unterschiedlichen Betriebsvermögen desselben Steuerpflichtigen unter bestimmten Voraussetzungen steuerneutral erfolgen. 407

408 Solche Übertragungen zum Buchwert können außerdem zwischen einem Gesellschafter einer Personengesellschaft und der Gesellschaft sowie zwischen unterschiedlichen Sonderbetriebsvermögen desselben Gesellschafters bei unterschiedlichen Personengesellschaften erfolgen. Voraussetzung ist allerdings, dass diese unentgeltlich oder gegen Gewährung von Gesellschaftsrechten erfolgen. Andere Gegenleistungen sind nicht zulässig.

409 Im Unterschied zu den Regelungen des UmwStG ist die Übertragung zum steuerlichen Buchwert in diesen Fällen außerdem zwingend.

410 Daneben können sich Umwandlungsmöglichkeiten auch aus allgemeinen Prinzipien ergeben. Wesentlich ist hier die Anwachsung, die sich zwar als Reflex einer im UmwStG geregelten Umwandlung ergeben kann, man spricht von der erweiterten Anwachsung, selbst aber nicht als eigener Umwandlungsfall geregelt ist. Wirtschaftlich kann eine Anwachsung als Verschmelzung der Personengesellschaft auf den letzten verbliebenen Gesellschafter betrachtet werden, steuerlich ist diese in aller Regel steuerneutral.

VI. Grunderwerbsteuer in Umwandlungsfällen

411 Für die Grunderwerbsteuer (GrESt) sind die Regelungen des UmwStG nicht anwendbar. Gehört zum Vermögen der übertragenden Gesellschaft inländischer Grundbesitz, löst die Übertragung grds. GrESt aus. Gehört Grundvermögen umgekehrt zum Vermögen der übernehmenden Gesellschaft, kommt es nicht zu einem Rechtsträgerwechsel in Bezug auf das Grundvermögen und GrESt wird nicht ausgelöst. Grunderwerbsteuerliche Folgen können sich außerdem ergeben, wenn zum Vermögen des übertragenden Rechtsträgers unmittelbar oder mittelbar mindestens 90 % der Anteile an Gesellschaften mit Grundbesitz gehören.

412 Mit § 6a GrEStG existiert zwar eine grunderwerbsteuerliche Befreiung für Umwandlungsfälle, deren Anwendungsvoraussetzungen allerdings so eng gefasst sind, dass diese nicht als allgemeine Befreiung verstanden werden darf und eine sorgfältige und fallabhängige Prüfung vorgenommen werden muss, bevor von einer Befreiung ausgegangen werden kann. Bei Kettenumwandlungen, d.h. mehreren direkt aufeinander folgenden Umwandlungen, muss außerdem beachten werden, dass GrESt auch mehrfach ausgelöst werden kann, wenn es rechtlich zu mehreren Übertragungen kommt.

413 Für Übertragungen zwischen einem Gesellschafter einer Personengesellschaft und der Gesellschaft selbst sowie zwischen unterschiedlichen Personengesellschaften wird die GrESt außerdem insoweit nicht erhoben, als sich der (mittelbare) Anteil an dem Grundstück nicht verändert. Ist ein Gesellschafter z.B. zu 50 % an einer Personengesellschaft beteiligt und überträgt ein Grundstück auf die Gesellschaft (oder umgekehrt), wird die GrESt zu 50 % nicht erhoben. Gleiches gilt, wenn ein Gesellschafter an zwei Personengesellschaften mit jeweils 50 % beteiligt ist und ein Grundstück zwischen diesen Personengesellschaften übertragen wird. Die Be-

freiung von der GrESt entfällt in diesen Fällen allerdings rückwirkend, soweit sich der Anteil des Gesellschafters an der Personengesellschaft innerhalb der folgenden zehn Jahre verringert.

J. Notarkosten von Umwandlungsvorgängen

I. Verschmelzung

1. Vertrag

Für den Verschmelzungsvertrag entsteht eine 2,0-Gebühr gemäß KV 21100 GNotKG. Der Geschäftswert ist grds. nach der Gegenleistung zu bestimmen; bei der Verschmelzung ohne Gegenleistung ist § 97 Abs. 1 GNotKG zugrunde zu legen, also der Wert des Rechtsverhältnisses, das Beurkundungsgegenstand ist. Dies ist die Aktivsumme der Bilanz ohne Abzug der Schulden, was sich aus § 38 Satz 1 GNotKG ergibt. Stille Reserven, wie zum Beispiel Grundstücke, wirken geschäftswerterhöhend (§§ 46, 54 GNotKG). 414

Mehrere Verschmelzungsverträge in einer Urkunde sind stets gegenstandsverschieden (vgl. zur Gegenstandsgleichheit § 109 GNotKG). Der Höchstwert von 10 Mio. EUR nach § 107 GNotKG kann mehrfach anfallen. 415

2. Beschlüsse

Es fällt eine 2,0 Gebühr an nach KV 21100 GNotKG. Die Zustimmungsbeschlüsse der Gesellschafter des übertragenden und des übernehmenden Rechtsträger sind jeweils ein Beschluss mit bestimmtem Geldwert. Der Geschäftswert ermittelt sich gem. § 108 Abs. 2 und 3 GNotKG wie beim Verschmelzungsvertrag aus dem Aktivvermögen des übertragenden Rechtsträgers ohne Schuldenabzug, (siehe oben). Der Höchstwert beträgt 5 Mio. EUR gemäß § 108 Abs. 5 GNotKG. 416

Eine Kapitalerhöhung ist gegenstandsverschieden zum Zustimmungsbeschluss und daher mit ihrem Nominalbetrag dem Zustimmungsbeschluss hinzuzurechnen. Der vorstehende Höchstwert bezieht sich auf die addierten Werte von Kapitalerhöhung und Zustimmungsbeschluss. 417

Mehrere Zustimmungsbeschlüsse zum gleichen Verschmelzungsvertrag, die in der gleichen Urkunde zusammengefasst sind, sind gegenstandsgleich gem. § 109 Abs. 2 Nr. 4g GNotKG. 418

3. Verzichtserklärungen

Die Verzichtserklärungen auf Verschmelzungsberichte, Verschmelzungsprüfung, und Prüfungsberichte sowie Klagerechte sind gem. § 110 Nr. 1 GNotKG nicht gegenstandsgleich zu den Beschlüssen (mit denen sie aber naturgemäß meistens zusammen beurkundet werden), sondern gegenstandsverschieden und lösen eine 1,0 Gebühr gemäß KV 21200 GNotKG aus. Der Geschäftswert bestimmt sich nach 419

§ 36 Abs. 1 GNotKG, z.B. auf 10 % des Anteils des Verzichtenden. Kostensparend ist die Mitbeurkundung der Verzichtserklärungen in einer Urkunde mit dem Verschmelzungsvertrag, weil hier Gegenstandsgleichheit nach § 109 Abs. 1 GNotKG mit dem Verschmelzungsvertrag angenommen wird.[551]

4. Handelsregisteranmeldungen

420 Neben den XML-Strukturdaten-Gebühren (KV 22114 GNotKG), der Übersendung für elektronisch gespeicherte Daten (KV 32002 GNotKG – 1,50 EUR pro Datei, maximal jedoch 5 EUR für alle Dateien, die in einem Arbeitsgang versendet werden), evtl. Druckgebühren und Telekommunikationspauschalen, fällt entweder eine 0,5-Gebühr für die Erstellung des Entwurfs an (§ 92 Abs. 2 GNotKG i.V.m. KV 24102, 21201 Nr. 5 GNotKG), eine Gebühr von 0,3–0,5 nach pflichtgemäßem Ermessen bei Überprüfen eines Entwurfs oder eine 0,2-Gebühr (maximal 70 EUR) nach KV 25100 GNotKG bei bloßer Beglaubigung der Unterschrift unter einem fremden Entwurf. Dies gilt für sämtliche Handelsregisteranmeldungen zu den unterschiedlichen beteiligten Rechtsträgern.

Beim übertragenden Rechtsträger errechnet sich der Geschäftswert gemäß § 105 Abs. 4 Nr. 1 GNotKG (1 % des Stammkapitals, mindestens jedoch 30.000 EUR). Das Gleiche gilt prinzipiell auch beim übernehmenden Rechtsträger, bei dem aber noch der Nominalwert einer eventuellen Kapitalerhöhung hinzuzurechnen ist. Der Höchstwert beträgt aber in jedem Fall 1 Mio. EUR (§ 106 GNotKG).

421 Zu den Gerichtskosten: Um eine unionsrechtswidrige Gebührenüberhebung zu vermeiden, sieht die Handelsregistergebührenverordnung bei der Verschmelzung zur Aufnahme gemäß Positionen 2402 und 2403 jeweils eine Festgebühr von 160 EUR für Eintragungen in das Register des übertragenden wie auch des übernehmenden Rechtsträgers vor, jeweils zuzüglich der Veröffentlichungskosten.[552]

II. Spaltungen

1. Spaltungsplan bzw. Spaltungsvertrag

422 Für die Gebührenberechnung eines Spaltungsinstruments ist zu unterscheiden: Der Spaltungsplan als einseitige Erklärung löst eine 1,0-Gebühr gem. KV 21200 des GNotKG aus – berechnet aus dem Wert des Aktivvermögens, das auf den neugegründeten Rechtsträger übergeht; wie bei der Verschmelzung ebenfalls ohne Abzug der Verbindlichkeiten, § 38 GNotKG. Die Feststellung der Satzung des neugegründeten Rechtsträgers ist gegenstandsgleich gemäß § 109 Abs. 1 GNotKG.[553]

551 Vgl. OLG Hamm, Beschl. v. 6.12.2001 – 15 W 314/01, MittBayNot 2002, 210.

552 *Krauß* in: Vertragsformulare Premium, 10.16.1.3, Registeranmeldung up-stream merger aufnehmende GmbHG, Rn 7.

553 BayObLG, MittBayNot 1997, 54.

Erfolgt die Beurkundung eines Spaltungsvertrages (z.B.: Abspaltung zur Aufnahme) wird eine 2,0 Gebühr erhoben gemäß KV 21100 GNotKG. 423

Der Höchstwert beträgt in jedem Fall gem. § 107 Abs. 1 Satz 1 GNotKG 10 Mio. EUR.

2. Beschlüsse

Zustimmungsbeschlüsse zu einem Spaltungsplan bzw. einem Spaltungsvertrag lösen eine 2,0-Gebühr gem. KV 21100 GNotKG aus, Geschäftswert ist wie bei der Verschmelzung der Wert des übergehenden Aktivvermögens ohne Schuldenabzug (§§ 38, 108 Abs. 2 und 3 GNotKG). Der Geschäftswert der Beschlüsse ist auf insgesamt höchstens 5 Mio. EUR begrenzt, § 108 Abs. 5 GNotKG. 424

Wird beim übertragenden Rechtsträger das Kapital herabgesetzt, ist der Nennbetrag der Herabsetzung, mindestens jedoch 30.000 EUR, hinzuzurechnen (§§ 108 Abs. 1, 105 Abs. 1 Satz 2 GNotKG). Die Gründung des neuen Rechtsträgers wird dabei nicht zusätzlich bewertet. Bei Zusammenbeurkundung mehrerer Zustimmungsbeschlüsse zu einem einheitlichen Spaltungsvorgang liegt Gegenstandsgleichheit nach § 109 Abs. 2 Nr. 4g) GNotKG vor (bei Zusammenbeurkundung der Beschlüsse zu selbstständigen Spaltungsvorgängen in einer Urkunde erfolgt Addition der Geschäftswerte gem. § 35 Abs. 1 GNotKG).[554] 425

3. Verzichtserklärungen

Hier gilt grds. das Gleiche, wie bei der Verschmelzung: Verzichtserklärungen lösen eine 1,0 Gebühr gemäß KV 21200 aus (Geschäftswert ist nach § 36 Abs. 1 GNotKG zu bestimmen, z.B. auf 10 % des Anteils des Verzichtenden). Diese sind gegenstandsverschieden zu den Beschlüssen. Anders bei Mitbeurkundung der Verzichtserklärungen in einer Urkunde im Rahmen des der Spaltungsurkunde, weil hier die h.M. von Gegenstandsgleichheit gemäß § 109 Abs. 1 GNotKG ausgeht.[555] 426

4. Handelsregisteranmeldungen

Für die Handelsregisteranmeldungen kann grds. auf die Ausführungen zur Verschmelzung verwiesen werden. Der Geschäftswert orientiert sich auch hier am übergehenden Vermögen. 427

III. Formwechsel

Der Formwechselbeschluss löst eine 2,0-Gebühr nach KV 21100 GNotKG aus. Bewertungsgrundlage ist das Aktivvermögen der formwechselnden GmbH ohne Schuldenabzug (§§ 108 Abs. 3 Satz 1, 38 GNotKG). Ein Beschluss über die Bestel- 428

554 *Krauß* in: Vertragsformulare Premium, 10.17.2.1.2, Teilbetriebs-Abspaltung, Rn 7.

555 Vgl. OLG Hamm, Beschl. v. 6.12.2001 – 15 W 314/01, MittBayNot 2002, 210.

lung eines Aufsichtsrates wäre ein weiterer Beschluss ohne bestimmten Geldwert (§§ 108 Abs. 1 Satz 1, 105 Abs. 4 Nr. 1 GNotKG) also nicht gegenstandsgleich, sondern gegenstandsverschieden. Für beide Beschlüsse (und evtl weitere Beschlüsse – Kapitalerhöhung bspw) gilt insgesamt der Höchstwert von 5 Mio. EUR (§ 108 Abs. 5 GNotKG).

429 Werden Verzichtserklärungen mitbeurkundet, sind diese als rechtsgeschäftliche Erklärungen gem. § 110 Nr. 1 GNotKG gesondert zu bewerten. Für sie ist ein geringer Teilwert anzusetzen und die 1,0-Gebühr nach KV 21200 zu erheben. Wird ein Antrag auf Grundbuchberichtigung in den Formwechselbeschluss aufgenommen, fällt für diesen eine gesonderte 0,5-Gebühr nach KV 21201 an, der ein Teilwert von 10 %–30 % des Verkehrswertes (§ 46 GNotKG) des zu berichtigenden Grundbesitzes zugrunde zu legen ist. Fallen mehrere Gebühren an, ist eine Vergleichsberechnung nach § 94 Abs. 1 GNotKG vorzunehmen.

§ 2 Verschmelzung

A. Verschmelzung einer GmbH auf eine andere GmbH ohne gegenseitige Beteiligungen zur Aufnahme (merger of equals)

I. Muster

1. Verschmelzungsvertrag

▼ 1

Muster 2.1: Verschmelzungsvertrag (*merger of equals*)

(*Notarielle Eingangsformel*) 2.1

Es erscheinen:

1. Herr/Frau ___,
   nicht handelnd im eigenen Namen, sondern als einzelvertretungsberechtigter und von den Beschränkungen des § 181 BGB befreiter Geschäftsführer für die ___-GmbH mit dem Sitz in ___, eingetragen im Handelsregister des Amtsgerichts ___ unter HRB ___, Geschäftsadresse ___;
2. Herr/Frau ___,
   nicht handelnd im eigenen Namen, sondern als einzelvertretungsberechtigter und von den Beschränkungen des § 181 BGB befreiter Geschäftsführer für die ___-GmbH mit dem Sitz in ___, eingetragen im Handelsregister des Amtsgerichts ___ unter HRB ___, Geschäftsadresse ___.

Ich, der Notar, bescheinige gem. § 21 Abs. 1 BNotO aufgrund heutiger Einsicht in das elektronische Handelsregister die vorstehenden Vertretungsverhältnisse. Die zuletzt beim Handelsregister eingereichten Gesellschafterlisten wurden vor Beurkundung eingesehen.

Die Frage nach einer Vorbefassung im Sinne des § 3 Abs. 1 Nr. 7 BeurkG wurde allseits verneint.

Über das Geldwäschegesetz belehrt, erklären alle Beteiligten auf eigene Rechnung bzw. bzw. aufgrund offen gelegter Vertretungsverhältnisse zu handeln. Die jeweilige Beteiligungsstruktur ergibt sich aus der zuletzt beim jeweils zuständigen Handelsregister eingereichten Gesellschafterliste.

Die Beteiligten erklären, dass sie rechtzeitig vor der heutigen Beurkundung den beabsichtigten Text des Rechtsgeschäfts erhalten haben und so ausreichend Gelegenheit hatten, sich vorab mit dem Gegenstand der Beurkundung auseinanderzusetzen.

Es wird erklärt mit der Bitte um notarielle Beurkundung:

Verschmelzungsvertrag

§ 1 Sachstand

(1) Im Handelsregister des AG ist unter HRB die -GmbH mit dem Sitz in eingetragen (in dieser Urkunde „**übertragender Rechtsträger**“ genannt). Das Stammkapital beträgt EUR.

Am übertragenden Rechtsträger sind als Gesellschafter beteiligt:
- Herr/Frau : Geschäftsanteil Nr. 1 im Nennbetrag von 15.000 EUR,
- Herr/Frau : Geschäftsanteil Nr. 2 im Nennbetrag von zu 10.000 EUR.

Im Handelsregister des AG ist unter HRB die -GmbH mit dem Sitz in eingetragen (in dieser Urkunde „**übernehmender Rechtsträger**“ genannt). Das Stammkapital beträgt EUR.

Am übernehmenden Rechtsträger ist als Gesellschafter beteiligt:
- Herr/Frau : Geschäftsanteil Nr. 1 im Nennbetrag von 50.000 EUR.

Der übernehmende Rechtsträger hält also keine Anteile am übertragenden Rechtsträger und umgekehrt (sog. **merger of equals**).

(2) An der Verschmelzung sind gem. **§ 5 Abs. 1 Nr. 1 UmwG** als Rechtsträger beteiligt:
- -GmbH mit dem Sitz in als übernehmender Rechtsträger und
- -GmbH mit dem Sitz in als übertragender Rechtsträger.

(3) Die Erschienenen erklären:
- Die Einlagen und ein etwaiges Aufgeld auf die Geschäftsanteile sind sowohl beim übernehmenden als auch beim übertragenden Rechtsträger in voller Höhe bewirkt (§ 51 Abs. 1 UmwG).
- Sonderrechte i.S.v. §§ 23, 50 Abs. 2 UmwG bestehen beim übertragenden Rechtsträger nicht.

§ 2 Vermögensübertragung, Verschmelzungsstichtag

(1) Die -GmbH als übertragender Rechtsträger überträgt ihr Vermögen als Ganzes mit allen Rechten und Pflichten unter Auflösung ohne Abwicklung auf die -GmbH als übernehmenden Rechtsträger gem. § 2 Nr. 1, §§ 46 ff. UmwG (**Verschmelzung durch Aufnahme**).

(2) Die Übernahme des Vermögens des übertragenden Rechtsträgers erfolgt im Innenverhältnis mit Wirkung zum , Uhr (**Verschmelzungsstichtag im Sinne des § 5 Abs. 1 Nr. 6 UmwG**).

Von diesem Zeitpunkt an bis zum Zeitpunkt des Erlöschens des übertragenden Rechtsträgers gem. § 20 Abs. 1 Nr. 2 UmwG gelten alle Handlungen und Geschäfte des übertragenden Rechtsträgers als für Rechnung des übernehmenden Rechtsträgers vorgenommen und geführt.

(3) Der Verschmelzung wird die Bilanz *(aus dem mit dem uneingeschränkten Bestätigungsvermerk des Wirtschaftsprüfers in versehenen Jahresabschluss)* des übertragenden Rechtsträgers zum 31.12. **(steuerlicher Übertragungsstichtag im Sinne des § 2 Abs. 1 UmwStG)** als Schlussbilanz zugrunde gelegt.

Der übernehmende Rechtsträger wird die auf ihn übergegangenen Vermögensgegenstände und Verbindlichkeiten in seiner Bilanz mit den Werten ansetzen, mit denen diese Vermögensgegenstände und Verbindlichkeiten in der Schlussbilanz des übertragenden Rechtsträgers angesetzt sind (§ 24 UmwG). Der übernehmende Rechtsträger hat die steuerlichen Buchwerte des übertragenden Rechtsträgers fortzuführen. Auf die Erforderlichkeit eines Antrages beim Finanzamt gem. § 11 Abs. 2 UmwStG für die Buchwertfortführung wurde hingewiesen. Ändern sich beim übertragenden Rechtsträger aufgrund einer steuerlichen Außenprüfung oder anderer bindender Anordnungen der Finanzverwaltung für Zeiträume bis zum Verschmelzungsstichtag die steuerlichen Wertansätze der übergehenden Aktiva und Passiva, so wird der aufnehmende Rechtsträger in seiner Steuerbilanz die geänderten Wertansätze fortführen.

(4) Sollte die Verschmelzung nicht bis zum 31.12. in das Handelsregister des übernehmenden Rechtsträgers eingetragen worden sein, so verschieben sich Bilanz- und Verschmelzungsstichtag jeweils um ein Jahr, mithin auf den 31.12. bzw. den 1.1. .

§ 3 Gegenleistung

(1) Der übernehmende Rechtsträger gewährt den Gesellschaftern des übertragenden Rechtsträgers folgende Geschäftsanteile **(§ 5 Abs. 1 Nr. 2 UmwG a.E.)**:

- Herr/Frau erhält einen Geschäftsanteil im Nennwert von EUR;
- Herr/Frau erhält einen Geschäftsanteil im Nennwert von EUR.

(2) Die Geschäftsanteile werden kostenfrei und mit einem Anspruch auf einen Anteil am Bilanzgewinn ab dem gewährt; sonstige Besonderheiten bestehen nicht **(§ 5 Abs. 1 Nr. 4, 5 UmwG)**.

(3) Der Umtausch erfolgt mithin im Verhältnis eins zu zwei. Bare Zuzahlungen erfolgen nicht **(§ 5 Abs. 1 Nr. 3 UmwG)**.

(*Alternative*:) (3) (…) Als bare Zuzahlung erhält einen Betrag von EUR und einen Betrag von EUR **(§ 5 Abs. 1 Nr. 3 UmwG)**.

(4) Zur Durchführung der Verschmelzung wird der übernehmende Rechtsträger sein Stammkapital von bislang EUR um EUR auf EUR erhöhen, und zwar durch Bildung eines neuen Geschäftsanteils im Nennbetrag

von EUR (Geschäftsanteil Nr.), zu dem Herr/Frau zugelassen wird, und eines neuen Geschäftsanteils im Nennbetrag von (Geschäftsanteil Nr.), zu dem Herr/Frau zugelassen wird **(§ 5 Abs. 1 Nr. 4 UmwG)**.

§ 4 Sonderrechte, Besondere Vorteile

(1) Angaben nach **§ 5 Abs. 1 Nr. 7 UmwG** entfallen, weil Sonderrechte oder Vorzüge weder beim übertragenden noch beim übernehmenden Rechtsträger bestehen.

(*Alternative*:) (1) Angaben nach **§ 5 Abs. 1 Nr. 7 UmwG**: Nach § der Satzung des übertragenden Rechtsträgers kommt Herr/Frau das Sonderrecht im Sinne des § 35 BGB zu, dass er als Geschäftsführer nur bei Vorliegen eines wichtigen Grundes gem. § 38 Abs. 2 GmbHG abberufen werden kann. Er ist durch Gesellschafterbeschluss des übertragenden Rechtsträgers auch dort zum einzelvertretungsberechtigten und von § 181 BGB befreiten Geschäftsführers zu bestellen unter Gewährung eines identischen Sonderrechtes im Wege der Satzungsänderung.

(2) Besondere Vorteile: Keinem Mitglied eines Vertretungsorgans oder eines Aufsichtsorgans der an der Verschmelzung beteiligten Rechtsträger, keinem geschäftsführenden Gesellschafter, keinem Abschlussprüfer oder Verschmelzungsprüfer werden besondere Vorteile i.S.v. **§ 5 Abs. 1 Nr. 8 UmwG** gewährt.

§ 5 Folgen der Verschmelzung für die Arbeitnehmer und ihre Vertretungen (§ 5 Abs. 1 Nr. 9 UmwG)

(1) Der übernehmende Rechtsträger wird mit Wirksamwerden der Verschmelzung neuer Arbeitgeber der zu diesem Zeitpunkt bei dem übertragenden Rechtsträger beschäftigten Arbeitnehmer. Auf den Übergang findet § 613a Abs. 1, 4–6 BGB Anwendung (§ 35a UmwG).

Individualarbeitsrechtlich führt die Verschmelzung zu keinen Veränderungen für die Arbeitnehmer des übertragenden Rechtsträgers und des übernehmenden Rechtsträgers. Die übergehenden Arbeitsverhältnisse werden unter voller Anrechnung der Betriebszugehörigkeitszeiten sowie der ggf. bestehenden Vereinbarungen über Direktversicherungen und Altersversorgungszusagen unverändert zu den bisherigen Bedingungen fortgesetzt.

(*Eventuelle Ergänzung*:) Hiervon gibt es jedoch folgende Ausnahme:

(2) Die Verschmelzung führt nicht zu einer Änderung in der betrieblichen Struktur und Organisation und führt auch nicht zu einer Betriebsänderung. Es sind also weder Beratungen mit dem Betriebsrat im Sinne von § 111 BetrVG noch ein Sozialplan nach § 112 BetrVG erforderlich.

(*Alternative*:) Die Verschmelzung führt zu folgenden Veränderungen der betrieblichen Struktur und der betrieblichen Organisation: .

Dies führt zu einer Betriebsänderung, die Verhandlungen mit dem Betriebsrat des übertragenden Rechtsträgers erforderlich gemacht haben, §§ 111 f. BetrVG. Diese fanden folgendermaßen statt und führten zu folgenden Ergebnissen: .

(3) Der übernehmende Rechtsträger unterliegt der gleichen tariflichen Bindung wie der übertragende Rechtsträger.

(*Alternative*:) (3) Für den übernehmenden Rechtsträger gilt bislang kein Tarifvertrag; für den übertragenden Rechtsträger gilt der Tarifvertrag (Flächentarifvertrag). Dieser wird Inhalt des Arbeitsverhältnisses der übernommenen Arbeitnehmer des übertragenden Rechtsträgers im Rahmen der Beschäftigung bei dem übernehmenden Rechtsträger. Sie dürfen vor Ablauf eines Jahres nicht zu Lasten der Arbeitnehmer abgeändert werden, es sei denn die Arbeitsbedingungen werden vorher durch einen anderen Tarifvertrag oder eine andere Betriebsvereinbarung geregelt.

(4) Weder beim übernehmenden noch beim übertragenden Rechtsträger besteht ein Betriebsrat, so dass es einer Zuleitung des Vertrages bzw. seines Entwurfes nicht bedurfte.

(*Alternative*:) (4) Die beteiligten Betriebsräte haben ihre Kenntnisnahme vom Verschmelzungsvertrag schriftlich bestätigt und auf die Einhaltung der Frist gem. § 5 Abs. 3 UmwG verzichtet (Beweisanlagen 1 und 2).

(*Alternative*:) (4) Lediglich der übertragende Rechtsträger hat einen Betriebsrat. Diesem ist der Entwurf des Verschmelzungsvertrages mit Schreiben vom zugeleitet worden. Eine Kopie der Empfangsbestätigung samt Entwurf des Verschmelzungsvertrages wird dieser Urkunde zu Informationszwecken als Beweisanlage beigefügt.

(5) Der im Betrieb des übertragenden Rechtsträgers errichtete Betriebsrat bleibt zunächst unverändert im Amt und wird mit dem Wirksamwerden der Verschmelzung gleichzeitig zum Betriebsrat des übernehmenden Rechtsträgers. Der dort errichtete Gesamtbetriebsrat entfällt mit dem Wirksamwerden der Verschmelzung. Mit Wirksamwerden der Verschmelzung ist gem. § 47 Abs. 1 BetrVG ein neuer Gesamtbetriebsrat beim übernehmenden Rechtsträger zu errichten.

(*Alternative*:) (5) Betriebsverfassungsrechtliche Konsequenzen ergeben sich nicht.

(6) Mitbestimmungsrechtliche Änderungen ergeben sich nicht, da die maßgeblichen Schwellenwerte nicht erreicht werden. Auch nach der Verschmelzung wird die Zahl der Arbeitnehmer der Übernehmender Rechtsträger einschließlich der von der Übertragender Rechtsträger übergehenden Arbeitnehmer nicht mehr als 500 betragen (§ 1 Abs. 1 Nr. 3 DrittelbeteiligungsG).

§ 6 Weitere Bestimmungen und Erklärungen

(1) Die Firma des übernehmenden Rechtsträgers wird unverändert fortgeführt.

(*Alternative*:) (1) Der übernehmende Rechtsträger wird seine Firma ändern in: ___. Soweit firmenrechtlich erforderlich, erteilt der übertragende Rechtsträger hierzu seine Zustimmung und strebt deren Erteilung auch durch seine Gesellschafter an.

(2) Die Geschäftsführung des übernehmenden Rechtsträgers ändert sich nicht. Prokuren und Geschäftsführungen bei dem übertragenden Rechtsträger erlöschen mit Vollzug im Handelsregister des übertragenden Rechtsträgers.

(*Alternative*:) (2) Herr/Frau ___ ist mit Wirkung ab ___ zum einzelvertretungsberechtigten und von § 181 BGB befreiten Geschäftsführer des übernehmenden Rechtsträgers zu bestellen.

(3) Der übertragende Rechtsträger verfügt seinerseits nicht über Beteiligungen an deutschen Gesellschaften mit beschränkter Haftung.

(*Alternative*:) (3) Der übertragende Rechtsträger verfügt über Beteiligungen an deutschen Gesellschaften mit beschränkter Haftung (GmbH). Den Beteiligten ist bekannt, dass sie dem Notar sämtliche Gesellschaftsbeteiligungen separat mitzuteilen haben, damit dieser aktuelle Gesellschafterlisten beim Handelsregister einreichen und mit seinem Vermerk gem. § 40 Abs. 2 Satz 1 GmbHG versehen kann. Der Notar wird hiermit beauftragt neue Gesellschafterlisten bei folgenden Gesellschaften einzureichen: ___.

Sollte der übertagende Rechtsträger noch weitere hier nicht aufgezählte Beteiligungen gehabt haben, so werden die Geschäftsführer des übernehmenden Rechtsträgers die entsprechenden Listen hierzu beim jeweils zuständigen Handelsregister einreichen.

(4) Kartellrechtliche Beschränkungen bestehen für den vorliegenden Vertrag nicht.

(5) Der übertragende Rechtsträger hat keine Zweigniederlassungen.

(6) Auslandvermögen: Der übertragende Rechtsträger hat im Ausland keine Vermögensgegenstände.

(*Alternative*:) (6) Soweit der übertragende Rechtsträger Vermögensgegenstände im Ausland hat, soll die vorliegende Verschmelzung auch das Vermögen im Ausland unmittelbar erfassen. Soweit die Verschmelzung im Ausland befindliches Vermögen und/oder Schulden des übertragenden Rechtsträgers betrifft und die ausländische Rechtsordnung die Universalsukzession nach deutschem Recht nicht anerkennt, bevollmächtigt die Geschäftsführung des übertragenden Rechtsträgers hiermit unwiderruflich, die Geschäftsführung der übernehmenden Rechtsträgers, alle Maßnahmen und Rechtshandlungen vorzunehmen, die nach deutschem und ausländischem Recht erforderlich oder zweckmäßig sind, um sicherzustellen, dass der übernehmende Rechtsträger Eigentümer/Inhaber auch der im Ausland belegenen Vermögensteile des übertragenden Rechtsträgers wird und die Verbindlichkeiten des übertragenden Rechtsträgers erfüllungshalber übernimmt. Diese Vollmacht umfasst auch das Recht, Untervollmacht zu erteilen.

(7) Da die Geschäftsanteile des übernehmenden Rechtsträgers keinen Verfügungsbeschränkungen im Sinne von §29 Abs. 1 Satz 2 UmwG unterworfen sind, entfällt die Notwendigkeit für ein entsprechendes Bar-Angebot.

(*Alternative*:) (7) Die Geschäftsanteile des übernehmenden Rechtsträgers unterliegen Verfügungsbeschränkungen. Der übernehmende Rechtsträger macht den Gesellschaftern des übertragenden Rechtsträgers daher für den Fall, dass diese gegen den Verschmelzungsbeschluss der Gesellschafterversammlung des übertragenden Rechtsträgers Widersprüche zur Niederschrift erklären, folgendes Abfindungsangebot im Sinne des §29 Abs. 1 S. 1 UmwG: Der übernehmende Rechtsträger erwirbt die mit der Eintragung der Verschmelzung erworbenen Geschäftsanteile der Gesellschafter des übertragenden Rechtsträgers, die gegen den Verschmelzungsbeschluss in der Gesellschafterversammlung des übertragenden Rechtsträgers Widerspruch zur notariellen Niederschrift erklärt haben; als Gegenleistung erhalten diese Gesellschafter für den auf ihre Geschäftsanteile entfallenden rechnerischen Anteil am Stammkapital von je … EUR an dem übertragenden Rechtsträger eine Barabfindung in Höhe von … EUR, somit insgesamt … EUR. Der übertragende Rechtsträger hat jeweils die Kosten zu tragen. Die jeweilige Barabfindung ist zwei Wochen nach Ablauf des Tages, an dem die Eintragung der Verschmelzung in das Handelsregister des Sitzes der übernehmenden Rechtsträgers nach §19 Abs. 3 S. 2 UmwG als bekanntgemacht gilt, fällig und mit jährlich fünf Prozentpunkten über dem jeweiligen Basiszinssatz nach §247 BGB zu verzinsen. §29 Abs. 2 UmwG bleibt unberührt.

§7 Grundeigentum

Der übertragende Rechtsträger hat kein Grundeigentum.

(*Alternative*:) Der übertragende Rechtsträger ist Eigentümer des Grundstücks Flst.Nr. … in der Gemarkung … (Grundbuch des Amtsgerichts … für … Blatt …, BV-Nr. …). Den Beteiligten ist bekannt, dass mit Eintragung der Verschmelzung in das Handelsregister des Sitzes des übernehmenden Rechtsträgers das Grundeigentum auf den übernehmenden Rechtsträger übergeht, so dass das Grundbuch zu berichtigen ist. Hierzu bedarf es der grunderwerbsteuerlichen Unbedenklichkeitsbescheinigung des Finanzamtes nach Entrichtung der anfallenden Grunderwerbsteuer über die der Notar belehrt hat. Die Berichtigung der genannten Grundbücher nach Wirksamkeit der Verschmelzung wird hiermit **beantragt**; der Notar wird beauftragt und bevollmächtigt, die Grundbuchberichtigung zu veranlassen.

§ 8 Rücktrittsrecht

(1) Jeder Vertragspartner ist zum Rücktritt von diesem Vertrag berechtigt, wenn die Verschmelzung nicht bis zum Ablauf des (*Datum*) in das Handelsregister des übernehmenden Rechtsträgers eingetragen worden ist. Die Erklärung des Rücktritts darf erst ab dem ausgesprochen werden. Die Rechtsfolgen des Rücktritts richten sich nach den §§ 346 ff. BGB.

(2) Der Rücktritt ist dem anderen Vertragspartner gegenüber durch eingeschriebenen Brief mit Rückschein zu erklären und dem Notar zu Informationszwecken schriftlich mitzuteilen.

§ 9 Schluss

(1) Salvatorische Klausel

Sollte eine Bestimmung oder mehrere Bestimmungen dieses Rechtsgeschäfts oder eine spätere Ergänzung ganz oder teilweise unwirksam oder undurchführbar sein oder werden oder sollte sich eine Lücke herausstellen, wird dadurch die Wirksamkeit der übrigen Bestimmungen nicht berührt.

Die Beteiligten verpflichten sich, anstelle dieser Bestimmung diejenige wirksame und durchführbare Bestimmung zu vereinbaren, die rechtlich und wirtschaftlich dem am nächsten kommt, was die Beteiligten gewollt haben oder nach dem Sinn und Zweck des Rechtsgeschäfts und seiner späteren eventuellen Ergänzung gewollt hätten, wenn sie von der Unwirksamkeit oder Undurchführbarkeit der Bestimmung bei Abschluss des Rechtsgeschäfts oder seiner Ergänzung gewusst hätten. Das Gleiche gilt sinngemäß, wenn das Rechtsgeschäft eine ergänzungsbedürftige Lücke aufweist.

(2) Kosten

Die Kosten dieser Urkunde und ihres Vollzuges, die Gebühren und Steuern einschließlich der Kosten der Zustimmungsbeschlüsse trägt der übernehmende Rechtsträger.

Falls die Verschmelzung nicht wirksam werden sollte, tragen die beteiligten Gesellschaften die Notarkosten je zur Hälfte und ihre außerurkundlichen Kosten je allein.

(3) Hinweise des Notars

Der Notar hat auf Folgendes hingewiesen:

- Sämtliche Erklärungen müssen richtig und vollständig beurkundet werden.
- Der Notar hat den weiteren Verfahrensablauf bis zum Wirksamwerden der Verschmelzung erläutert, insbesondere auf das Erfordernis zu beurkundender Zustimmungsbeschlüsse der Gesellschafterversammlung des übertragender

Rechtsträger und des übernehmender Rechtsträgers hingewiesen und auf den Zeitpunkt des Wirksamwerdens der Verschmelzung.

- Auf die Wirkungen der Verschmelzung wurde hingewiesen (insbesondere die Gesamtrechtsnachfolge in alle Rechtsverhältnisse des übertragenden Rechtsträgers, unabhängig davon, ob sie bekannt sind oder unbekannt).
- Die Verschmelzung darf gem. § 17 Abs. 2 Satz 4 UmwG nur eingetragen werden darf, wenn sie binnen acht Monaten nach dem Stichtag der bei der Anmeldung einzureichenden Schlussbilanz des übertragenden Rechtsträgers zum Handelsregister angemeldet worden ist,
- Wenn der übertragende Rechtsträger Eigentümer von Grundeigentum oder Inhaber grundstücksgleicher Rechte ist, unterliegt die Verschmelzung der Grunderwerbsteuer.
- Bei Verschmelzungen von GmbH sind die §§ 30 ff. GmbHG zu beachten.
- Wenn nicht bevorrechtigte Gläubiger des übertragender Rechtsträgers glaubhaft machen können, dass die Erfüllung ihrer noch nicht fälligen Forderungen durch die Verschmelzung gefährdet wird, kann ihnen bei Anmeldung binnen sechs Monaten nach Vollzug unter den Voraussetzungen des § 22 UmwG Sicherheit zu leisten sein.
- Gemäß § 25 UmwG können Mitglieder der beteiligten Vertretungs- und Aufsichtsorgane für etwaige Schäden gegenüber Gesellschaftern, Gläubigern oder den Gesellschaften haften; die Ansprüche verjähren in fünf Jahren nach Vollzug.
- Der Notar hat kartellrechtlich nicht beraten.

Der Notar hat steuerrechtlich nicht beraten und insoweit eine Prüfung dieser Urkunde durch entsprechende Fachberater empfohlen

(4) Notar- und Angestelltenvollmacht

Der Notar wird bevollmächtigt, sämtliche Erklärungen abzugeben, die zum Vollzug dieser Urkunde erforderlich oder zweckdienlich sind.

Die Beteiligten erteilen den Notarangestellten

- ,
- ,

je geschäftsansässig in ,

– je einzeln –

die unbedingte und von der Wirksamkeit der übrigen Bestimmungen dieser Urkunde unabhängige Vollmacht, sie beim Vollzug der Urkunde und deren Anmeldung sowie bei Ergänzungen in jeder Hinsicht zu vertreten. Die Bevollmächtigten sind insbesondere befugt, Anträge an das Registergericht zu stellen und zurückzunehmen, Genehmigungen zu beantragen, entgegenzunehmen und mitzuteilen, überhaupt alles zu tun, was nach ihrem Ermessen zur vollständigen Erledigung der Angelegenheit noch erforderlich ist. Sie sind bevollmächtigt, diesen Vertrag zu ergänzen oder abzuändern. Die jeweilige Vollmacht ist auf Dritte übertragbar und erlischt nicht durch den Tod eines Vollmachtgebers. Die Bevollmächtigten sind von den Beschränkungen des § 181 BGB befreit und haben das Recht zur Vollmachtübertragung. Von diesen Vollmachten darf nur vor dem Notar oder seinem Vertreter im Amt Gebrauch gemacht werden. Die Vollmachten erlöschen drei Monate nach vollständigem Vollzug dieser Urkunde.

(5) Verteiler

Von dieser Urkunde sind zu erteilen:

- elektronisch beglaubigte Abschriften:
  - das Registergericht des Sitzes des übernehmenden Rechtsträgers,
  - das Registergericht des Sitzes des übertragenden Rechtsträgers;
- beglaubigte Abschriften:
  - übertragender Rechtsträger,
  - übernehmender Rechtsträger,
  - Finanzamt ___, Körperschaftsteuerstelle, gem. § 54 EStDV (für übernehmenden Rechtsträger),
  - Finanzamt ___, Körperschaftsteuerstelle, gem. § 54 EStDV (für übertragenden Rechtsträger);
- einfache Abschrift:
  - Steuerberater ___,
  - Finanzamt ___, Grunderwerbsteuerstelle, mit Anzeige nach § 18 GrEStG mit Antrag auf Erteilung der Unbedenklichkeitsbescheinigung.

Die Niederschrift wurde den Beteiligten in Gegenwart des Notars vorgelesen, von ihnen genehmigt und eigenhändig unterschrieben:

___

▲

2. Beschlüsse der übernehmenden und der übertragenden Gesellschaft

2 ▼

Muster 2.2: Beschlüsse der übernehmenden und der übertragenden Gesellschaft (*merger of equals*)

(*Notarielle Eingangsformel*)

Es erscheinen:

1. Herr/Frau ___
2. Herr/Frau ___
3. Herr/Frau ___

Die Frage nach einer Vorbefassung im Sinne des §3 Abs. 1 Nr. 7 BeurkG wurde allseits verneint.

Die zuletzt beim Handelsregister eingereichten Gesellschafterlisten wurden vor Beurkundung eingesehen.

Über das Geldwäschegesetz belehrt, erklären alle Beteiligten auf eigene Rechnung bzw. bzw. aufgrund offen gelegter Vertretungsverhältnisse zu handeln.

Die Beteiligten erklären, dass sie rechtzeitig vor der heutigen Beurkundung den beabsichtigten Text des Rechtsgeschäfts erhalten haben und so ausreichend Gelegenheit hatten, sich vorab mit dem Gegenstand der Beurkundung auseinanderzusetzen

Es wird erklärt mit der Bitte um notarielle Beurkundung:

I. Gesellschafterversammlung des übernehmenden Rechtsträgers und Verzichtserklärungen

§1 Sachstand

Im Handelsregister des AG ___ ist unter HRB ___ die ___-GmbH mit dem Sitz in ___ eingetragen (in dieser Urkunde **„übernehmender Rechtsträger“** genannt). Das Stammkapital beträgt ___ EUR. Das Stammkapital ist vollständig bewirkt.

Ich, Herr/Frau ___, bin die alleinige Gesellschafterin des übernehmenden Rechtsträgers. Ich bin Inhaberin des Geschäftsanteils Nr. ___ mit einem Nennbetrag von ___ EUR.

§2 Gesellschafterversammlung

Unter Verzicht auf sämtliche gesetzlichen und gesellschaftsvertraglichen Formen und Fristen wird hiermit eine **Gesellschafterversammlung der ___ GmbH mit dem Sitz in** ___ abgehalten und einstimmig beschlossen, was folgt:

(1) Zustimmung zum Verschmelzungsvertrag

Dem Verschmelzungsvertrag zwischen der ___-GmbH als übernehmendem Rechtsträger und der ___-GmbH als übertragendem Rechtsträger vom ___ (Notar ___ in ___, UVZ-Nr. ___) wird hiermit zugestimmt.

Eine Ausfertigung des Verschmelzungsvertrages ist dieser Niederschrift als **Anlage** beigefügt.

(2) Kapitalerhöhung

Das Stammkapital der Gesellschaft i.H.v. ___ EUR wird um ___ EUR (i.W. ___ EUR) auf ___ EUR erhöht. Die Kapitalerhöhung erfolgt zum Zwecke der Durchführung der unter I. §2 Ziff. 1 genannten Verschmelzung.

Es werden zwei neue Geschäftsanteile gebildet: ein Geschäftsanteil Nr. im Nennbetrag von EUR (i.W. EUR) und ein Geschäftsanteil Nr. im Nennbetrag von EUR (i.W. EUR). Zu dem Geschäftsanteil Nr. wird Herr/Frau und zu dem Geschäftsanteil Nr. wird Herr/Frau zugelassen – bei Herrn/Frau und Herrn/Frau handelt es sich und die bisherigen Gesellschafter des übertragenden Rechtsträgers, der -GmbH, denen entsprechende Anteile als Gegenleistungen zu gewähren sind.

Herr/Frau und Herr/Frau erbringen ihre Einlagen durch Übertragung des Vermögens der -GmbH nach Maßgabe des unter I. § 2 Ziff. 1 genannten Verschmelzungsvertrages. Der Übertragung des Vermögens liegt die Schlussbilanz der -GmbH zum zugrunde. Mit der Durchführung der Verschmelzung sind die Einlagen in voller Höhe bewirkt.

Die neuen Geschäftsanteile haben einen Anspruch auf Anteil am Bilanzgewinn ab dem .

§ 3 (Stammkapital) des Gesellschaftsvertrages der -GmbH wird geändert und lautet künftig wie folgt: „Das Stammkapital der Gesellschaft beträgt EUR (i.W. EUR)“.

(3) Weitere Satzungsänderungen

Weitere Änderungen des Gesellschaftsvertrages des übernehmenden Rechtsträgers (etwa hinsichtlich Firma oder Gegenstand) sind nicht veranlasst.

(*Alternative*:) Die Firma der Gesellschaft wird geändert in . § 1 Abs. 1 der Satzung wird wie folgt neu gefasst: „Der beurkundende Notar wird beauftragt, eine aktuelle Satzung beim Handelsregister einzureichen und Beifügen einer Bescheinigung gem. § 54 Abs. 1 Satz 2 GmbHG.“

Damit ist die Gesellschafterversammlung der GmbH beendet.

§ 3 Verzichtserklärungen der Gesellschafter des übernehmenden Rechtsträgers

Ich, Herr/Frau , als bisherige alleinige Gesellschafterin der GmbH erkläre: Auf die Klage gegen die Wirksamkeit dieses Verschmelzungsbeschlusses wird ausdrücklich verzichtet.

Des Weiteren verzichte ich als alleinige Gesellschafterin auf

- die Erstattung eines Verschmelzungsberichts,
- eine Prüfung der Verschmelzung sowie
- auf die Erstattung eines Prüfberichts.

Darüber hinaus wird auf die Einhaltung der Vorschriften der §§ 47, 49 UmwG verzichtet, also auf die Erfüllung der Pflicht zur vorherigen Unterrichtung und zur Auslegung der Jahresabschlüsse und Lageberichte der an der Verschmelzung beteiligten Rechtsträger für die letzten drei Geschäftsjahre in den Geschäftsräumen der Gesellschaft.

II. Gesellschafterversammlung des übertragenden Rechtsträgers und Verzichtserklärungen

§1 Sachstand

Im Handelsregister des AG … ist unter HRB … die …-GmbH mit dem Sitz in … eingetragen (in dieser Urkunde „**übertragender Rechtsträger**“ genannt). Das Stammkapital beträgt … EUR. Das Stammkapital ist vollständig bewirkt.

Am übertragenden Rechtsträger sind als Gesellschafter beteiligt:

- Herr/Frau …: Geschäftsanteil Nr. 1 im Nennbetrag von 15.000 EUR,
- Herr/Frau …: Geschäftsanteil Nr. 2 im Nennbetrag von zu 10.000 EUR.

§2 Gesellschafterversammlung des übertragenden Rechtsträgers

Unter Verzicht auf sämtliche gesetzlichen und gesellschaftsvertraglichen Formen und Fristen halten wir, Herr/Frau … und Herr/Frau …, hiermit eine **Gesellschafterversammlung der …-GmbH mit dem Sitz in …** ab und beschließen einstimmig was folgt:

Dem Verschmelzungsvertrag zwischen der …-GmbH als übernehmendem Rechtsträger und der …-GmbH als übertragendem Rechtsträger vom … (Notar … in …, UVZ-Nr. …) wird hiermit zugestimmt.

Eine Ausfertigung des Verschmelzungsvertrages ist dieser Niederschrift als **Anlage** beigefügt.

Damit ist die Gesellschafterversammlung der …-GmbH beendet.

§3 Verzichtserklärungen der Gesellschafter des übertragenden Rechtsträgers

… und … erklären: Auf die Klage gegen die Wirksamkeit dieses Verschmelzungsbeschlusses wird ausdrücklich verzichtet.

Des Weiteren verzichtet jeder von uns als Gesellschafter des übertragenden Rechtsträgers auf

- die Erstattung eines Verschmelzungsberichts,
- eine Prüfung der Verschmelzung sowie
- auf die Erstattung eines Prüfberichts und
- auf ein Abfindungsangebot.

Darüber hinaus wird auf die Einhaltung der Vorschriften der §§47, 49 UmwG verzichtet, also auf die Erfüllung der Pflicht zur vorherigen Unterrichtung und zur Auslegung der Jahresabschlüsse und Lageberichte der der an der Verschmelzung beteiligten Rechtsträger für die letzten drei Geschäftsjahre in den Geschäftsräumen der Gesellschaft.

III. Schluss

§ 1 Salvatorische Klausel

Sollte eine Bestimmung oder mehrere Bestimmungen dieses Rechtsgeschäfts oder eine spätere Ergänzung ganz oder teilweise unwirksam oder undurchführbar sein oder werden oder sollte sich eine Lücke herausstellen, wird dadurch die Wirksamkeit der übrigen Bestimmungen nicht berührt.

Die Beteiligten verpflichten sich, anstelle dieser Bestimmung diejenige wirksame und durchführbare Bestimmung zu vereinbaren, die rechtlich und wirtschaftlich dem am nächsten kommt, was die Beteiligten gewollt haben oder nach dem Sinn und Zweck des Rechtsgeschäfts und seiner späteren eventuellen Ergänzung gewollt hätten, wenn sie von der Unwirksamkeit oder Undurchführbarkeit der Bestimmung bei Abschluss des Rechtsgeschäfts oder seiner Ergänzung gewusst hätten. Das Gleiche gilt sinngemäß, wenn das Rechtsgeschäft eine ergänzungsbedürftige Lücke aufweist.

§ 2 Kosten

Die Kosten dieser Urkunde und ihres Vollzuges trägt der übernehmende Rechtsträger.

Falls die Verschmelzung nicht wirksam werden sollte, tragen die beteiligten Gesellschaften die Notarkosten je zur Hälfte und ihre außerurkundlichen Kosten je allein.

§ 3 Hinweise des Notars

Der Notar hat auf Folgendes hingewiesen:

- Sämtliche Erklärungen müssen richtig und vollständig beurkundet werden.
- Der Notar belehrte die Erschienenen über die Unwiderruflichkeit der Verzichtserklärungen und über deren Wirkungen.

Der Notar hat steuerrechtlich nicht beraten und insoweit eine Prüfung dieser Urkunde durch entsprechende Fachberater empfohlen

§ 4 Notar- und Angestelltenvollmacht

Der Notar wird bevollmächtigt, sämtliche Erklärungen abzugeben, die zum Vollzug dieser Urkunde erforderlich oder zweckdienlich sind.

Die Beteiligten erteilen den Notarangestellten

- ,
- ,

je geschäftsansässig in ,

– je einzeln –

die unbedingte und von der Wirksamkeit der übrigen Bestimmungen dieser Urkunde unabhängige Vollmacht, sie beim Vollzug der Urkunde und deren Anmeldung sowie bei Ergänzungen in jeder Hinsicht zu vertreten. Die Bevollmächtigten sind insbesondere befugt, Anträge an das Registergericht zu stellen und zurückzunehmen, Genehmigungen zu beantragen, entgegenzunehmen und mitzuteilen, überhaupt alles zu tun, was nach ihrem Ermessen zur vollständigen Erledigung der Angelegenheit noch erforderlich ist. Sie sind bevollmächtigt, Gesellschafterversammlungen abzuhalten und diese Urkunde zu ändern oder zu ergänzen. Die jeweilige Vollmacht ist auf Dritte übertragbar und erlischt nicht durch den Tod eines Vollmachtgebers. Die Bevollmächtigten sind von den Beschränkungen des § 181 BGB befreit und haben das Recht zur Vollmachtübertragung. Von diesen Vollmachten darf nur vor dem Notar oder seinem Vertreter im Amt Gebrauch gemacht werden. Die Vollmachten erlöschen drei Monate nach vollständigem Vollzug dieser Urkunde.

§ 5 Verteiler

Von dieser Urkunde erhalten

- elektronisch beglaubigte Ablichtung:
  - das Registergericht des Sitzes des übernehmenden Rechtsträgers,
  - das Registergericht des Sitzes des übertragenden Rechtsträgers,
- beglaubigte Abschriften:
  - die -GmbH,
  - die -GmbH,
  - Finanzamt , Körperschaftsteuerstelle, gem. § 54 EStDV (für übernehmenden Rechtsträger),
  - Finanzamt , Körperschaftsteuerstelle, gem. § 54 EStDV (für übertragenden Rechtsträger),
- einfache Abschrift:
  - Steuerberater .

Die Niederschrift wurde den Beteiligten in Gegenwart des Notars vorgelesen, von ihnen genehmigt und eigenhändig unterschrieben:

3. Anmeldung zum Handelsregister der übernehmenden Gesellschaft

3 ▼

2.3 **Muster 2.3: Anmeldung zum Handelsregister der übernehmenden Gesellschaft (*merger of equals*)**

An das Amtsgericht

– Registergericht –

HRB

-GmbH mit dem Sitz in (im Folgenden als „übernehmender Rechtsträger“ bezeichnet)

I.

Als Anlagen zu dieser Anmeldung werden überreicht:

- elektronisch beglaubigte Abschrift des Verschmelzungsvertrages vom ;
- elektronisch beglaubigte Abschrift der Niederschrift über die Gesellschafterversammlung vom mit dem Zustimmungsbeschluss und den Verzichtserklärungen;
- elektronisch beglaubigte Abschrift der Niederschrift über die Gesellschafterversammlung der -GmbH mit dem Sitz in (übertragender Rechtsträger) vom mit dem Zustimmungsbeschluss und den Verzichtserklärungen (gleiche Urkunde wie zuvor);
- elektronisch beglaubigte Abschrift des vollständigen Wortlauts des Gesellschaftsvertrages nebst notarieller Bescheinigung nach § 54 Abs. 1 Satz 2 GmbHG;
- elektronisch beglaubigte Abschrift der Liste der Übernehmer;
- (*eventuell*:) Schlussbilanz des übertragenden Rechtsträgers, als Nachweis der Kapitaldeckung für die Erhöhung des Stammkapitals[1]
- (*Alternative*:) Empfangsbestätigung des Betriebsrates vom .

Eine berichtigte Gesellschafterliste wird vom Notar zzgl. einer Bescheinigung gem. § 40 Abs. 2 Satz 1 GmbHG nach Wirksamwerden der Verschmelzung unverzüglich nachgereicht.

Ich, der unterzeichnende einzelvertretungsberechtigte und von den Beschränkungen des § 181 BGB befreite Geschäftsführer des übernehmenden Rechtsträgers erkläre gem. § 16 Abs. 2 Satz 2 letzter HS UmwG unter Bezug auf die abgegebe-

1 Gesetzlich nicht zwingend vorgesehen, aber zulässig und je nach Einzelfall sinnvoll, etwa bei der Verschmelzung mit Aktiengesellschaften, wenn von der Erleichterung nach § 69 Abs. 1 Satz 1 UmwG Gebrauch gemacht werden soll, siehe *Lanfermann* in: Kallmeyer, UmwG, § 17 Rn 13.

nen Klageverzichtserklärungen, dass eine Klage gegen die Wirksamkeit des Verschmelzungsbeschlusses ausgeschlossen ist.

Ein Verschmelzungsbericht ist gem. § 8 Abs. 3 UmwG nicht erforderlich. Die Durchführung der Verschmelzungsprüfung hat keiner der Gesellschafter verlangt.

II.

Die Gesellschaft hat keinen Betriebsrat.

(*Alternative*:) Die Gesellschaft verfügt über einen Betriebsrat. Dieser hat vom Verschmelzungsvertragsentwurf rechtzeitig Kenntnis genommen; Empfangsbestätigung liegt bei.

(*Unteralternative*:) Dieser hat vom Verschmelzungsvertragsentwurf Kenntnis genommen und auf die Einhaltung der Frist gem. § 5 Abs. 3 UmwG verzichtet; schriftliche Bestätigung liegt bei.

III.

Zur Eintragung ins Handelsregister wird **angemeldet**:

- Die -GmbH ist aufgrund des Verschmelzungsvertrages vom , des Beschlusses ihrer Gesellschafter vom und des Beschlusses der Gesellschafterversammlung der -GmbH vom selben Tage mit der -GmbH durch Aufnahme verschmolzen.
- Das Stammkapital der GmbH ist zum Zwecke der Durchführung der Verschmelzung von EUR um EUR auf EUR erhöht worden. Dementsprechend ist § 3 des Gesellschaftsvertrages – Stammkapital – neu gefasst worden.
- (*Alternative*:) Die Firma der Gesellschaft hat sich geändert und lautet nun: . Demzufolge wurde § 1 (*Firma, Sitz*) der Satzung geändert und lautet nunmehr: . Im Übrigen wurde die Satzung nicht verändert.

Es wird **beantragt**, zunächst die Kapitalerhöhung (zweiter Aufzählungspunkt) in das Handelsregister einzutragen und erst danach die Verschmelzung (erster Aufzählungspunkt).

Es wird gebeten, das Handelsregister am Sitz des übertragenden Rechtsträgers von Amts wegen über die Kapitalerhöhung zu informieren.

Darüber hinaus wird zusätzlich um Erteilung eines beglaubigten Registerauszuges zum Nachweis der Eintragung der Kapitalerhöhung gegenüber dem Handelsregister der -GmbH gebeten.

IV.

Der Notar wird bevollmächtigt, sämtliche Erklärungen abzugeben, die zum Vollzug dieser Urkunde erforderlich oder zweckdienlich sind.

Die Beteiligten erteilen den Notarangestellten

- ,
- ,

je geschäftsansässig in ,

– je einzeln –

die unbedingte und von der Wirksamkeit der übrigen Bestimmungen dieser Urkunde unabhängige Vollmacht, sie beim Vollzug der Urkunde und deren Anmeldung sowie bei Ergänzungen in jeder Hinsicht zu vertreten. Die Bevollmächtigten sind insbesondere befugt, Anträge an das Registergericht zu stellen und zurückzunehmen, Genehmigungen zu beantragen, entgegenzunehmen und mitzuteilen, überhaupt alles zu tun, was nach ihrem Ermessen zur vollständigen Erledigung der Angelegenheit noch erforderlich ist. Sie sind bevollmächtigt, Gesellschafterversammlungen abzuhalten und diese Urkunde zu ändern oder zu ergänzen. Die jeweilige Vollmacht ist auf Dritte übertragbar und erlischt nicht durch den Tod eines Vollmachtgebers. Die Bevollmächtigten sind von den Beschränkungen des § 181 BGB befreit und haben das Recht zur Vollmachtübertragung. Von diesen Vollmachten darf nur vor dem Notar oder seinem Vertreter im Amt Gebrauch gemacht werden. Die Vollmachten erlöschen drei Monate nach vollständigem Vollzug dieser Urkunde.

V.

Die Kosten dieser Handelsregisteranmeldung und ihres Vollzugs trägt der übernehmende Rechtsträger Eintragungsnachricht wird auch an den unterschriftsbeglaubigenden Notar erbeten.

Die Geschäftsräume der -GmbH befinden sich unverändert in: . Dies ist die inländische Geschäftsanschrift im Sinne von § 10 Abs. 1 Satz 1 GmbHG.

, den

Für die -GmbH

(*Einzelvertretungsberechtigter Geschäftsführer der übernehmenden Gesellschaft*)

(*Notarielle Unterschriftsbeglaubigung*)

▲

4. Anmeldung zum Handelsregister der übertragenden Gesellschaft

▼ 4

Muster 2.4: Anmeldung zum Handelsregister der übertragenden Gesellschaft (*merger of equals*) 2.4

An das Amtsgericht ___

– Registergericht –

HRB ___

___-GmbH mit dem Sitz in ___ (im Folgenden als „übertragender Rechtsträger“ bezeichnet)

I.

Als Anlagen zu dieser Anmeldung wird überreicht:

- elektronisch beglaubigte Abschrift des Verschmelzungsvertrages vom ___;
- elektronisch beglaubigte Abschrift der Niederschrift über die Gesellschafterversammlung vom ___ mit dem Zustimmungsbeschluss und den Verzichtserklärungen;
- elektronisch beglaubigte Abschrift der Niederschrift über die Gesellschafterversammlung der ___-GmbH mit dem Sitz in ___ (übertragender Rechtsträger) vom ___ mit dem Zustimmungsbeschluss und den Verzichtserklärungen (gleiche Urkunde wie zuvor)
- Schlussbilanz der ___-GmbH zum ___;
- (*Alternative*:) Empfangsbestätigung des Betriebsrates bezüglich der Zusendung des Entwurfs des Verschmelzungsvertrags vom ___.

Ich, der der unterzeichnende einzelvertretungsberechtigte und von den Beschränkungen des §181 BGB befreite Geschäftsführer des übertragenden Rechtsträgers, erkläre gem. §16 Abs. 2 Satz 2 UmwG unter Bezug auf die abgegebenen Klageverzichtserklärungen, dass eine Klage gegen die Wirksamkeit des Verschmelzungsbeschlusses ausgeschlossen ist.

Ein Verschmelzungsbericht ist gem. §8 Abs. 3 UmwG nicht erforderlich. Die Durchführung der Verschmelzungsprüfung hat keiner der Gesellschafter verlangt.

II.

Die Gesellschaft hat keinen Betriebsrat.

(*Alternative*:) Die Gesellschaft hat einen Betriebsrat. Dieser hat vom Verschmelzungsvertragsentwurf rechtzeitig Kenntnis genommen; Empfangsbestätigung liegt bei.

(*Unteralternative*:) Dieser hat vom Verschmelzungsvertragsentwurf Kenntnis genommen und auf die Einhaltung der Frist gem. § 5 Abs. 3 UmwG verzichtet; schriftliche Bestätigung liegt bei.

III.

Ich, als einzelvertretungsberechtigter und von den Beschränkungen des § 181 BGB befreiter Geschäftsführer, melde zur Eintragung in das Handelsregister an:

Die -GmbH ist aufgrund des Verschmelzungsvertrages vom , des Beschlusses ihrer Gesellschafter vom und des Beschlusses der Gesellschafterversammlung der -Gesellschaft vom selben Tage mit der -GmbH durch Aufnahme verschmolzen.

Die Eintragung der zur Durchführung der Verschmelzung bei der -GmbH erforderlichen Kapitalerhöhung wird auf Verlangen des Registergerichts durch Vorlage eines beglaubigten Registerauszuges nachgewiesen.

IV.

Der Notar wird bevollmächtigt, sämtliche Erklärungen abzugeben, die zum Vollzug dieser Urkunde erforderlich oder zweckdienlich sind.

Die Beteiligten erteilen den Notarangestellten

- ,
- ,

je geschäftsansässig in ,

– je einzeln –

die unbedingte und von der Wirksamkeit der übrigen Bestimmungen dieser Urkunde unabhängige Vollmacht, sie beim Vollzug der Urkunde und deren Anmeldung sowie bei Ergänzungen in jeder Hinsicht zu vertreten. Die Bevollmächtigten sind insbesondere befugt, Anträge an das Registergericht zu stellen und zurückzunehmen, Genehmigungen zu beantragen, entgegenzunehmen und mitzuteilen, überhaupt alles zu tun, was nach ihrem Ermessen zur vollständigen Erledigung der Angelegenheit noch erforderlich ist. Sie sind bevollmächtigt, Gesellschafterversammlungen abzuhalten und diese Urkunde zu ändern oder zu ergänzen. Die jeweilige Vollmacht ist auf Dritte übertragbar und erlischt nicht durch den Tod eines Vollmachtgebers. Die Bevollmächtigten sind von den Beschränkungen des § 181 BGB befreit und haben das Recht zur Vollmachtübertragung. Von diesen Vollmachten darf nur vor dem Notar oder seinem Vertreter im Amt Gebrauch gemacht werden. Die Vollmachten erlöschen drei Monate nach vollständigem Vollzug dieser Urkunde.

V.

Die Kosten dieser Handelsregisteranmeldung und ihres Vollzugs bei Gericht trägt der übertragende Rechtsträger.

Eintragungsnachricht wird auch an den unterschriftsbeglaubigenden Notar erbeten.

, den

Für den übertragenden Rechtsträger:

(*Geschäftsführer der übertragenden Gesellschaft*)[2]

(*Notarielle Unterschriftsbeglaubigung*)

▲

II. Checkliste

▼ 5

Muster 2.5: Checkliste: *merger of equals* 2.5

- ☐ Liegen sämtliche Angaben des § 5 Abs. 1 Nr. 1–9 UmwG vor?[3]
- ☐ Liegt die **Schlussbilanz** vor? Bei der Anmeldung der Verschmelzung zum Handelsregister des übertragenden Rechtsträgers ist dessen Schlussbilanz vorzulegen.[4] Sie kann nachgereicht werden; allerdings muss sie auf einen Stichtag nicht älter als acht Monate seit Anmeldung, aufgestellt sein.[5] Eine Bilanz des übernehmenden Rechtsträgers muss in diesem Zusammenhang grds. nicht vorgelegt werden.[6]
- ☐ Ist die Frist des § 47 UmwG gewahrt? Der Verschmelzungsvertrag oder sein Entwurf und der Verschmelzungsbericht sind den **Gesellschaftern** spätestens zusammen mit der Einberufung der Gesellschafterversammlung, die gem. § 13 Abs. 1 UmwG über die Zustimmung beschließen soll, **zu übersenden**.
- ☐ Beachtung der Vorgaben von § 49 UmwG: Zustimmung zum Verschmelzungsvertrag muss als Gegenstand der Gesellschafterversammlung angekündigt worden sein (1), von der Einberufung an sind in dem Geschäftsraum der Ge-

2 Hinweis: Alternativ kann dies die Geschäftsführung der übernehmenden Gesellschaft sein, vgl. § 16 Abs. 1 Satz 2 GmbHG.

3 Instruktiv zu den arbeitsrechtlichen Pflichtangaben: *Hausch*, RNotZ 2007, 308 ff., 396 ff.

4 Vgl. § 17 Abs. 2 UmwG

5 *Lanfermann* in: Kallmeyer, UmwG, § 17 Rn 26.

6 *Fronhöfer* in: Widmann/Mayer, UmwR, § 17 UmwG Rn 89 (November 2020).

sellschaft die Jahresabschlüsse und die Lageberichte der an der Verschmelzung beteiligten Rechtsträger für die letzten drei Geschäftsjahre zur Einsicht durch die Gesellschafter auszulegen (2), Auskunftserteilung der Geschäftsführer an die Gesellschafter auch über alle für die Verschmelzung wesentlichen Angelegenheiten der anderen beteiligten Rechtsträger (3).

- ☐ Beachtung der Verpflichtung nach § 5 Abs. 3 UmwG: Der Verschmelzungsvertrag oder sein Entwurf ist spätestens einen Monat vor dem Tage der Gesellschafterversammlung jedes beteiligten Rechtsträgers dem zuständigen **Betriebsrat** dieses Rechtsträgers zuzuleiten.
- ☐ Sind alle Einlagen in voller Höhe bewirkt?
  - ☐ Wenn ja, ist nichts zu veranlassen.
  - ☐ Wenn nein: Der Verschmelzungsbeschluss des anderen Rechtsträgers bedarf der Zustimmung aller Anteilsinhaber/Gesellschafter (§ 51 Abs. 1 Satz 1–3 UmwG).
- ☐ Gibt es beim übertragenden Rechtsträger Inhaber von **Sonderrechten**? Wenn ja, müssen diese immer zustimmen (vgl. § 50 Abs. 2 UmwG).
- ☐ Werden **besondere Vorteile** im Sinne von § 5 Abs. 1 Nr. 8 UmwG gewährt?
- ☐ Welche **Firma** soll der übernehmende Rechtsträger nach der Umwandlung haben?
- ☐ Hat der übertragende Rechtsträger **Grundeigentum**?
  - ☐ Wenn nein, ist nichts zu veranlassen.
  - ☐ Wenn ja: § 18 GrEStG berücksichtigen (VA mit einfacher Kopie an das Finanzamt, Grunderwerbsteuerstelle); wenn die Unbedenklichkeitsbescheinigung vorliegt, ist die Berichtigung des Grundbuchs zu beantragen (nicht der Eigentumsübergang, weil die Umwandlung selbst ***ipso iure*** den Eigentumswechsel außerhalb des Grundbuchs vollzogen hat, das dadurch unrichtig geworden ist).
- ☐ Hat der übertragende Rechtsträger selbst **Unternehmensbeteiligungen**?
  - ☐ Wenn nein, ist nichts zu veranlassen.
  - ☐ Wenn ja: Folgen prüfen und eventuelle Beteiligte im Vorfeld darauf hinweisen (Klauseln in den Gesellschaftsverträgen der Enkelgesellschaften). Im

Übrigen: Erstellung neuer Gesellschafterlisten mit notarieller Bescheinigung gem. §40 Abs. 2 Satz 1 GmbHG.[7]

- ☐ Sind **weitere Maßnahmen** im Rahmen der Verschmelzung zu beschließen und/oder anzumelden? Ändern sich Geschäftsführer oder Prokuristen oder sonstige Satzungselemente bei der übernehmenden Gesellschaft?
- ☐ Bedarf es vorliegend eines Barabfindungsangebots gem. §29 UmwG?[8]
- ☐ Die **richtigen Beteiligten** müssen handeln: Zu den zu beurkundenden Verträgen erscheinen und diese unterschreiben die jeweiligen Geschäftsführer der Gesellschaften in vertretungsberechtigter Formation. Die Beschlüsse werden in beurkundeter Form mit einer jeweiligen Mehrheit von mindestens drei Vierteln der abgegebenen Stimme getroffen, wobei der Gesellschaftsvertrag auch nach oben abweichende Quoren festlegen kann (§50 Abs. 1 UmwG). Die Handelsregisteranmeldungen werden dann jeweils nach den Beurkundungen durch die jeweils zuständigen Geschäftsführer angemeldet. Das Vertretungsorgan des übernehmenden Rechtsträgers ist berechtigt, die Verschmelzung auch zur Eintragung in das Register des Sitzes jedes der übertragenden Rechtsträger anzumelden (§16 Abs. 1 Satz 2 UmwG).
- ☐ **Folgende Anlagen** können bei einer Verschmelzung einer GmbH auf eine andere GmbH **beim Handelsregister einzureichen** sein (§§17, 52 UmwG):
  - ☐ beurkundeter Verschmelzungsvertrag,
  - ☐ beurkundete Verschmelzungsbeschlüsse,
  - ☐ Zustimmungserklärungen einzelner Anteilsinhaber, soweit nötig,
  - ☐ Verschmelzungsbericht bzw. Verzichtserklärung,
  - ☐ Prüfungsbericht bzw. Verzichtserklärungen,
  - ☐ Nachweis über die rechtzeitige Zuleitung an den Betriebsrat bzw. dessen Verzichtserklärung,
  - ☐ eventuell Genehmigungsurkunde, wenn eine staatliche Genehmigung notwendig sein sollte,

7 Die Frage der Einreichungspflicht bzw. Einreichungskompetenz des Notars bei einer nur mittelbaren Änderung des Gesellschafterbestandes einer Drittgesellschaft durch Verschmelzung des Gesellschafters auf eine andere Gesellschaft ist höchst umstritten, vgl. hierzu nur *Damm*, BWNotZ 2017, 5, 6 m.w.N.; zu einem ähnlichen Ergebnis wie der vorhergehende Aufsatz kommt auch *Heidinger* in: Heckschen/Heidinger, Die GmbH in der Gestaltungs- und Beratungspraxis, Kap. 13, Rn 555. Eine Verpflichtung zur Einreichung durch den Notar nimmt allerdings die einzig greifbare obergerichtliche Stimme OLG Hamm, Beschl. v. 1.12.2009 – 15 W 304/09, NZG 2010, 113, an. Nach Meinung der Autoren sollte der Notar die weiteren Gesellschafterlisten einreichen. Er ist hierzu nach Auffassung der Autoren berechtigt (wenn auch nicht verpflichtet) und sollte dies als Service für seine Kunden betrachten. Er sollte jedoch die Beteiligten im Vorfeld darauf hinweisen und auch darauf hinwirken, dass ihm die weiteren Gesellschaften, bei denen der übertagende Rechtsträger Gesellschafter war/ist rechtzeitig mitgeteilt werden.

8 Zu beachten ist die Wortlaut-Änderung in §29 Abs. 1 Satz 1 UmwG zum 1.3.2023: Das Angebot muss vom übertragenden Rechtsträger stammen.

- ☐ Schlussbilanz des übertragenden Rechtsträgers bei der Anmeldung zum Register des übertragenden Rechtsträgers.

▲

III. Ablaufplan

6 Der konkrete Ablauf richtet sich in der Praxis nach den Umständen des Einzelfalls; vom Notar ist ein gewisses Maß an Flexibilität gefragt, etwa wenn die jeweiligen Stichtage noch in der Zukunft liegen sollen. Der Notar sollte sich einen konkreten Ablaufplan (mit großzügigen Fristen für die Kundschaft und sich selbst) erstellen, um immer die nächsten Schritte im Blick zu haben.[9]

7 **1. Vorbereitungshandlungen**: Entwurfserstellung durch die Beteiligten in möglichst enger Absprache mit dem Notar, Erstellung der Schlussbilanz (muss erst bei der Anmeldung vorliegen), Einbindung von Betriebsräten, Inhabern von Sonderrechten etc. Die Beteiligten sollten weitere Rechtsfragen im Blick haben: Anforderungen des Kartellrechts, des Gewerberechts etc.

8 **2. Verschmelzungsvertrag**: Beurkundung des Verschmelzungsvertrages.

9 **3. Beteiligung der Betriebsräte**: Sofern es in den betroffenen Gesellschaften Betriebsräte gibt: Zuleitung des Vertrages oder seines Entwurfs spätestens einen Monat vor dem Tage der Versammlung der Anteilsinhaber jedes beteiligten Rechtsträgers (§ 5 Abs. 3 UmwG) an jeden Betriebsrat eines beteiligten Rechtsträgers. Auf die Monatsfrist kann verzichtet werden, nicht jedoch auf die Zuleitung selbst.[10]

Kommt es jedoch im Zuge der Verschmelzung zu wesentlichen Nachteilen für die Belegschaft oder jedenfalls wesentliche Teile der Belegschaft, so müssen die Betriebsräte u.U. deutlich vorher informiert werden (nämlich „rechtzeitig“ im Sinne von § 111 BetrVG), damit ein Interessenausgleich und evtl. ein Sozialplan erstellt werden kann. Hierbei handelt es sich dann um Vorbereitungshandlungen, die u.U. viele Monate vorher angebahnt worden sein sollten.[11]

10 **4. Gesellschafterbeschlüsse**: Beurkundung der Zustimmungsbeschlüsse der Gesellschafterversammlungen der übernehmenden und der übertragenden Gesellschaft (§§ 13, 50 UmwG).

11 **5. Verzichtserklärungen**: In diesem Kontext kann auch die Verzichtserklärung auf die Klage gegen die Wirksamkeit des Beschlusses durch sämtliche Anteilsinhaber beurkundet werden.

Der Klageverzicht kann auch separat beurkundet werden oder es kann die einmonatige Klagefrist abgewartet werden (§ 14 UmwG).

9 Vgl. *Kraus* in: Engl, Formularbuch Umwandlungen, Kap. A.1 Rn 2 ff.

10 OLG Naumburg, NZG 2004, 734.

11 So auch *Kraus* in: Engl, Formularbuch Umwandlungen, Kap. A.1 Rn 5.

6. Handelsregisteranmeldungen der Verschmelzung durch die Geschäftsführer in vertretungsberechtigter Zahl in das Register eines jeden beteiligten Rechtsträgers (§ 16 Abs. 1 Satz 1 UmwG). Dies kann auch durch die Geschäftsführung des übernehmenden Rechtsträgers allein übernommen werden (§ 16 Abs. 1 Satz 2 UmwG). 12

Für die (u.U. gleichzeitige) Anmeldung einer mit der Verschmelzung verbundenen Kapitalerhöhung sind aber die Anmeldepflichten aller Mitglieder des Vertretungsorgans und ggf. durch den Vorsitzenden des Aufsichtsrats zu beachten (§ 188 Abs. 1 AktG, § 78 GmbHG).[12]

7. Eintragung der Verschmelzung in das Register des übertragenden Rechtsträgers. Erst danach konstitutive Eintragung in das Register des übernehmenden Rechtsträgers (siehe §§ 19 Abs. 1, 20 Abs. 1 UmwG). Weiterer Ablauf bei und zwischen den beteiligten Registergerichten: Vgl. § 19 Abs. 2 und 3 UmwG. 13

IV. Anmerkungen

1. Allgemein

Einschlägige Normen für die Verschmelzung einer GmbH mit einer anderen GmbH durch Aufnahme sind die allgemeinen Regeln der §§ 2–38 UmwG, sowie die besonderen Vorschriften der §§ 45–55 UmwG. Anders als beim **upstream merger**, anlässlich dessen eine Kapitalerhöhung ausgeschlossen ist, und auch anders als beim **side step merger**, bei dem in der Praxis meistens auf eine Kapitalerhöhung verzichtet wird, gilt für den vorliegenden Fall des **merger of equals** der Grundsatz der Anteilsgewährungspflicht (vgl. § 2 UmwG).[13] 14

Die Beteiligung einer UG (haftungsbeschränkt) im Sinne von § 5a GmbH, als Variante der GmbH, an einer Verschmelzung ist unproblematisch möglich, wenn die UG (haftungsbeschränkt) übertagender Rechtsträger ist.[14] 15

Die Beteiligung der UG (haftungsbeschränkt) an einer Verschmelzung als übernehmender Rechtsträger wird von der h.M. jedenfalls für möglich erachtet, wenn bei der übernehmenden Gesellschaft entweder keine Kapitalerhöhung gem. § 54 Abs. 1 UmwG stattfindet oder die UG (haftungsbeschränkt) im Rahmen der Verschmelzung ihr Stammkapital auf mindestens 25.000 EUR erhöht.[15]

12 *Decher* in: Lutter, Umwandlungsrecht, § 16 UmwG Rn 5.

13 Siehe *Weiler* in: Hauschild/Kallrath/Wachter, Notarhandbuch, § 25 Rn 43.

14 Für viele: *Winter* in: Schmitt/Hörtnagl, UmwG, UmwStG, § 3 UmwG Rn 18.

15 Für den zweiten Fall: BGH, MittBayNot 2011, 413; im Übrigen: *Winter* in: Schmitt/Hörtnagl, UmwG, UmwStG, § 3 UmwG Rn 18 f. Dem ist zuzustimmen, denn für den ersten Fall gilt, dass Sinn und Zweck von § 5 Abs. 2 Satz 2 GmbH nicht sind, die UG (haftungsbeschränkt) in ihrer Entwicklung zu hindern. Am Stammkapital selbst ändert sich gerade nichts durch die Aufnahme ohne Kapitalerhöhung. Im zweiten Fall würde die entgegengesetzte Meinung die UG (haftungsbeschränkt) letztlich schlechter stellen als die GmbH, die im Rahmen einer Gründung durch eine (teilweise) Sachgründung gegründet werden kann.

16 Der Verschmelzungsvertrag bedarf gem. § 6 UmwG der notariellen Beurkundung. Ebenso müssen sowohl der Gesellschafterbeschluss des übernehmenden als auch des übertragenden Rechtsträgers notariell beurkundet werden; der Vertrag oder sein Entwurf ist dem Beschluss als Anlage beizufügen (§ 13 Abs. 3 Satz 1 und 2 UmwG). Eine Ausnahme kommt allenfalls bei Konzernverschmelzungen in Betracht, bei der die übernehmende Rechtsträger eine Aktiengesellschaft ist (vgl. § 62 UmwG).

2. Zum Vertragsmuster

17 Der Verschmelzungsvertrag muss nicht notwendigerweise in einer Urkunde zusammengefasst sein. Entscheidend ist, ob mehrere Urkunden in ihrer Gesamtheit und wechselseitigen Bezugnahme aufeinander ein vollständiges und richtiges Bild des Inhalts des Verschmelzungsvertrages ergeben.[16]

18 Der Vertrag enthält in § 2 Abs. 3 eine Bezugnahme auf die Schlussbilanz. *Krauß* weist zurecht daraufhin, dass dieser Bezug an sich nicht notwendig ist, weil das Gesetz in § 17 Abs. 2 UmwG nur davon ausgeht, dass die Bilanz der Handelsregisteranmeldung beizufügen ist. Sie hat sich aber „eingebürgert".[17] Darüber hinaus gehende Angaben zur Bilanz bedarf es jedoch im Verschmelzungsvertrag nicht. Insbesondere muss diese nicht als Anlage an den Verschmelzungsvertrag beigefügt werden.

19 Es empfiehlt sich bei jeder Verschmelzung den Katalog des § 5 Abs. 1 UmwG hinsichtlich der dort enthaltenen Angaben „abzuarbeiten": Das bedeutet, dass man jeden Punkt (Nr. 1–9) erwähnen sollte, auch wenn dieser nicht vorliegt. Dies gibt einem die Gewissheit, den Sachverhalt vollständig richtig erfasst zu haben.

20 Arbeitsrechtliche Folgen: Größeren Unternehmen sollte dringend angeraten werden, eine arbeitsrechtliche Begleitung von Umwandlungsvorgängen zu suchen. Der Notar hat (nur) sicherzustellen, dass

- die fristgerechte Erfüllung der Verpflichtung zur Zuleitung des Vertrages bzw. seines Entwurfes an den Betriebsrat sichergestellt ist und
- die Folgen der Verschmelzung für die Arbeitnehmer und ihre Vertretungen sowie die insoweit vorgesehenen Maßnahmen (§ 5 Abs. 1 Nr. 9 UmwG) offengelegt werden.

Der Vollständigkeit halber (und erneut zur korrekten Erfassung des Sachverhalts) empfiehlt es sich auch auf die (bestehenden oder eben nicht einschlägigen) mitbestimmungsrechtlichen Folgen hinzuweisen.

16 OLG Naumburg, NZG 2004, 734.

17 *Krauß* in: Beck'sche Online-Formulare Vertrag, 7.13.2.1, Rn 8.

3. Zur Schlussbilanz

Sie ist auf den dem Verschmelzungsstichtag vorangehenden Tag aufzustellen (typischerweise auf den 31.12. des Vorjahres, wenn der 1.1. der Verschmelzungsstichtag sein soll). Diesen vorhergehenden Tag nennt der Gesetzgeber in § 2 Abs. 1 Satz 1 UmwStG den **steuerrechtlichen Übertagungsstichtag.**[18] Dieser Stichtag der Schlussbilanz geht dem **Verschmelzungsstichtag** im Sinne von § 5 Abs. 1 Nr. 6 UmwG zwingend voraus.[19] 21

Das Registergericht darf die Verschmelzung nur eintragen, wenn die Bilanz auf einen höchstens acht Monate vor der Anmeldung liegenden Stichtag aufgestellt worden ist. (§ 17 Abs. 2 Satz 4 UmwG). 22

Oft hört man die Frage, ob es sich um eine **geprüfte Bilanz** handeln müsse. Dies ist nicht zwingend der Fall: Für die Schlussbilanz gelten die Vorschriften über die Jahresbilanz und deren Prüfung entsprechend (§ 17 Abs. 2 Satz 2 UmwG). Das bedeutet, dass die Schlussbilanz dann geprüft sein muss, wenn für den übertragenden Rechtsträger eine bilanzrechtliche Prüfungspflicht bestand. Auf diesen Umstand sollte der Notar die Rechtsuchenden als *nobile officium* hinweisen, ihn selbst treffen aber keine diesbezüglichen Amtspflichten. Kurz gesagt: Der Notar darf die Bilanz verwenden, welche die Beteiligten ihm vorlegen. Die Möglichkeit als Prüfer für eine Bilanz zu fungieren, ergibt sich aus § 319 HGB.[20] 23

4. Abfindungsangebot gem. § 29 UmwG

Eines Abfindungsangebots bedarf es im vorliegenden Fall (Verschmelzung zur Aufnahme mit zwei GmbH ohne gegenseitige Beteiligung) nur, wenn die Anteile des übernehmenden Rechtsträgers Verfügungsbeschränkungen unterliegen, insbesondere also im Fall von Vinkulierungsklauseln. Es ist gleichgültig, ob die Geschäftsanteile des übertragenden Rechtsträgers ebenfalls möglichen Vinkulierungsklauseln unterworfen gewesen waren, u.U. sogar strengeren als denen des übernehmenden Rechtsträgers – der Gesetzwortlaut stellt eindeutig nur auf den übernehmenden Rechtsträger ab.[21] Seit dem UmRUG wird jedoch das Abfindungsangebot durch den übertragenden Rechtsträger verlangt und nicht, wie noch in der alten Fassung, vom übernehmenden Rechtsträger. 24

18 Siehe auch *Krauß* in: Beck'sche Online-Formulare Vertrag, 7.13.2.1, Rn 25.

19 Ebenso *Krauß* in: Engl, Formularbuch Umwandlungen, Kap. A.1 Rn 40 mit Hinweisen auf die Gegenmeinung.

20 *Schulte* in: Böttcher/Habighorst/Schulte, Umwandlungsrecht, § 17 UmwG Rn 22 f.

21 *Marsch-Barner/Oppenhoff* in: Kallmeyer, UmwG, § 29 UmwG Rn 9 m.w.N.

5. Rücktrittsrecht

25 Eine solche Regelung, wie sie das Muster (siehe Rdn 1) vorsieht, ist fakultativ, bei einem *merger of equals* aber empfehlenswert.

V. Steuerliche Hinweise

1. Ertragsteuer

26 Einschlägige Normen des Umwandlungssteuerrechts sind die §§ 11–13 UmwStG (also der Dritte Teil: Verschmelzung oder Vermögensübertragung (Vollübertragung) auf eine andere Körperschaft). § 11 UmwStG regelt die Wertansätze in der steuerlichen Schlussbilanz des übertragenden Rechtsträgers, § 12 UmwStG enthält Regelungen für den übernehmenden Rechtsträger und § 13 UmwStG beinhaltet Regelungen, welche die an am übertragenden Rechtsträger beteiligten Anteilseigner betreffen, soweit nicht der übernehmende Rechtsträger selbst an dem übertragenden Rechtsträger beteiligt ist.[22] Außerdem erfolgt die Verschmelzung ertragsteuerlich rückwirkend und wirkt nach § 2 Abs. 1 UmwStG auf den Ablauf des Stichtages der Schlussbilanz nach § 17 Abs. 2 UmwG zurück.

a) Besteuerung beim übernehmenden Rechtsträger

27 Durch die Verschmelzung hat die übernehmende Körperschaft nach dem steuerrechtlichen Prinzip der Wertverknüpfung die auf sie übergegangenen Wirtschaftsgüter mit dem in der steuerlichen Schlussbilanz der übertragenden Körperschaft enthaltenen Wert zu übernehmen (§ 12 Abs. 1 Satz 1 UmwStG).

28 Grds. ist die Verschmelzung zweier Kapitalgesellschaften für die aufnehmende Körperschaft daher immer steuerneutral. Allerdings kann ein Konfusionsgewinn entstehen, wenn zwischen den Gesellschaften Forderungen und Verbindlichkeiten bestehen und der steuerliche Buchwert der Forderung unter dem steuerbilanziellen Betrag der Verbindlichkeit liegt (z.B., weil die Forderung in der Vergangenheit wertberichtigt wurde). Ein solcher Konfusionsgewinn kann nach § 6 UmwStG auf die folgenden drei Jahre verteilt werden, um die Besteuerung über einen längeren Zeitraum zu strecken.

b) Besteuerung beim übertragenden Rechtsträger

29 § 11 Abs. 1 UmwStG sieht vor, dass die übergehenden Wirtschaftsgüter einschließlich nicht entgeltlich erworbener und selbst geschaffener immaterieller Wirtschaftsgüter in der steuerlichen Schlussbilanz der übertragenden Körperschaft grds. mit dem gemeinen Wert anzusetzen sind. Eine besondere Bewertungsvorgabe besteht dabei für Pensionsrückstellungen, die gem. § 6a EstG zu bewerten sind. Auf Antrag

22 *Rödder* in: Rödder/Herlinghaus/van Lishaut, UmwStG, § 11 UmwStG, Rn 2.

des übertragenden Rechtsträgers (bzw. des übernehmenden Rechtsträgers als dessen Gesamtrechtsnachfolger)[23] können die übergehenden Wirtschaftsgüter durch die übertragende Körperschaft nach § 11 Abs. 2 Satz 1 UmwStG abweichend von § 11 Abs. 1 UmwStG einheitlich mit dem Buchwert oder einem höheren Wert, höchstens jedoch mit dem Wert nach § 11 Abs. 1 UmwStG (also außerhalb von Pensionsrückstellungen mit dem gemeinen Wert), angesetzt werden, soweit bei der übernehmenden Körperschaft deren spätere Besteuerung mit Körperschaftsteuer sichergestellt ist, das Recht der Bundesrepublik Deutschland hinsichtlich der Besteuerung des Gewinns aus der Veräußerung der übertragenen Wirtschaftsgüter bei der übernehmenden Körperschaft nicht ausgeschlossen oder beschränkt wird und keine Gegenleistung gewährt wird oder diese in Gesellschaftsrechten besteht.[24] Bei rein nationalen Verschmelzungen liegen diese Voraussetzungen in aller Regel vor bzw. lassen sich einhalten.

Der Ansatz der Buchwerte in der steuerlichen Schlussbilanz der übertragenden Körperschaft vermeidet eine Aufdeckung stiller Reserven. Eine Höherbewertung über dem Buchwert hat das Entstehen eines Übertragungsgewinns auf der Ebene der übertragenden Körperschaft zur Folge. Dieser Gewinn unterliegt grds. ohne Begünstigung der Körperschaftsteuer und der Gewerbesteuer. Da vorhandene steuerliche Verluste der übertragenden Körperschaft im Rahmen der Verschmelzung untergehen, kann das Auslösen eines Übertragungsgewinns jedoch im Einzelfall auch vorteilhaft sein. **30**

Wird aber von dem übernehmenden Rechtsträger eine Gegenleistung gewährt, die nicht (nur) in Gesellschaftsrechten besteht (z.B. bare Zuzahlung zum Spitzenausgleich oder Abfindung widersprechender Anteilseigner nach § 28 UmwG, Darlehensgewährung), sind die übergegangenen Wirtschaftsgüter mindestens mit dem Wert der Gegenleistung, höchstens jedoch mit dem gemeinen Wert anzusetzen.[25] **31**

c) Besteuerung bei den Anteilseignern des übertragenden Rechtsträgers

Während § 11 UmwStG die Auswirkungen der Verschmelzung auf den Gewinn der übertragenden und § 12 UmwStG Auswirkungen auf den Gewinn der übernehmenden Körperschaft regeln, bestimmt § 13 UmwStG die steuerlichen Rechtsfolgen für diejenigen Anteilseigner der übertragenden Körperschaft, die im Zuge der Umwandlung Anteilseigner des übernehmenden Rechtsträgers werden. Die Anteile an der übertragenden Körperschaft gelten grds. als zum gemeinen Wert gegen die Anteile an der übernehmenden Körperschaft eingetauscht. Hierdurch kommt es für den Anteilseigner zu einem Gewinn (oder Verlust). Abweichend hiervon können aber auch auf Ebene der Anteilseigner die Buchwerte fortgeführt werden, soweit **32**

23 Rn 11.12 i.V.m. 03.28. des Umwandlungssteuererlasses vom 11.11.2011 (BStBl I, S. 1314).

24 *Rödder* in: Rödder/Herlinghaus/van Lishaut, UmwStG, § 11 UmwStG Rn 1 ff.

25 Umwandlungssteuererlass vom 11.11.2011, Rn 3.21 ff. i.V.m. 11.10.

ein deutsches Besteuerungsrecht hinsichtlich der Veräußerung dieser Anteile nicht ausgeschlossen oder beschränkt wird und die Buchwertfortführung beantragt wird. Entsprechende Anträge sind in diesem Fall jeweils durch die Anteilseigner selbst zu stellen. § 13 UmwStG ist nur anwendbar auf Anteile in einem Betriebsvermögen, Anteile im Sinne der § 17 EStG und Anteile im Sinne der § 21 Abs. 1 UmwStG 1995, nicht dagegen auf Anteile im Privatvermögen von Kleinanlegern (< 1 %). Hier gilt § 20 Abs. 4a EStG.[26]

2. Umsatzsteuer

33 Die Verschmelzung unterfällt nicht der Umsatzsteuer (§ 1 Abs. 1a UstG).

3. Grunderwerbsteuer

34 Grundeigentum des übernehmenden Rechtsträgers ist grunderwerbsteuerlich irrelevant. Grundstücke oder grundstücksgleiche Rechte, welche zum Zeitpunkt der Eintragung der Verschmelzung im Handelsregister zum Vermögen des übertragenden Rechtsträgers gehören, lösen grds. den Anfall von Grunderwerbsteuer gem. § 1 Abs. 1 Nr. 3 GrEStG aus. Außerdem kann es zu Grunderwerbsteuer nach § 1 Abs. 2a, Abs. 2b oder Abs. 3 GrEStG kommen, wenn die übertragende Körperschaft wiederum Anteile an anderen Gesellschaften mit Grundbesitz hält. Nach § 6a GrEStG kann es zu einer Befreiung von der Grunderwerbsteuer kommen, die aufgrund der komplexen Voraussetzungen jedoch für jeden Einzelfall gründlich zu prüfen ist.

Da in Verschmelzungsfällen keine Gegenleistung i.S.d. § 8 Abs. 1 GrEStG vorliegt, bemisst sich um Grunderwerbsteuer in solchen Fällen nach den Grundbesitzwerten gem. § 138 BewG.

VI. Notarkosten

35 1. **Verschmelzungsvertrag**: Zu erheben ist eine 2,0-Gebühr nach Nr. 21100 KV GNotKG. Der Geschäftswert bestimmt sich nach § 97 Abs. 1 GNotKG:[27] Er beträgt mindestens 30.000 EUR und höchstens 10 Millionen EUR (§ 107 Abs. 1 Satz 1 GNotKG). Anzusetzen ist das bereinigte Aktivvermögen des übertragenden Rechtsträgers, wie es sich aus der Schlussbilanz ergibt; Schulden sind nicht abzuziehen, § 38 GNotKG.[28] Allerdings ist dieser Wert folgendermaßen zu korrigieren: Abzuziehen sind die Aktivpositionen, die keinen Vermögenswert darstellen. Abzuziehen ist ebenfalls ein nicht durch Eigenkapital gedeckter Fehlbetrag im Sinne von

26 *Neumann* in: Rödder/Herlinghaus/van Lishaut, UmwStG, § 13 UmwStG Rn 1.

27 Ebenso: *Berkefeld* in: Kersten/Bühling, § 154, XI. Muster, Rn 66; a.A. *Krauß* in: Beck'sche Online-Formulare Vertrag, 7.13.,2.1, Rn 22: § 97 Abs. 3 GNotKG.

28 BayObLG, Beschl. v. 19.3.1997 – 3 Z BR 283/96, MittBayNot 1997, 252.

§ 268 Abs. 3 HGB. Grundstücke, Erbbaurechte etc. sind mit dem Verkehrswert und nicht mit dem Buchwert anzusetzen.[29] Dies gilt allgemein für stille Reserven (§§ 46, 54 GNotKG). Ein eventueller Antrag auf Grundbuchberichtigung ist nicht gesondert anzusetzen und löst keine Gebühr nach Nr. 22124 KV GNotKG aus.[30]

2. Die Erstellung der **Gesellschafterlisten** stellt eine Vollzugstätigkeit dar. Abzurechnen ist eine 0,5-Gebühr (Nr. 22110 KV GNotKG), max. 250 EUR je Liste (Nr. 22113 KV GNotKG). Der Geschäftswert bestimmt sich nach § 112 GNotKG und ist der volle Wert der Haupturkunde. Umstritten ist die Frage, ob eine Betreuungsgebühr gem. Ziff. 22200 Nr. 6 KV GNotKG anfällt, wenn der Notar im Rahmen der Einreichung der Gesellschafterliste mit Notar-Bescheinigung gem. § 40 Abs. 2 GmbHG zuvor die Wirksamkeitsprüfung der Kapitalerhöhung durchführen muss. Unseres Erachtens ist der Gebührentatbestand erfüllt, weil der Notar Umstände außerhalb der Urkunde prüfen muss.[31] **36**

3. **Gesellschafterbeschlüsse**: Zu erheben ist jeweils eine 2,0-Gebühr nach Nr. 21100 KV GNotKG.[32] Der Geschäftswert der Zustimmungsbeschlüsse des übernehmenden und des übertragenden Rechtsträgers ist jeweils der Wert des Vermögens des übertragenden Rechtsträgers (§ 108 Abs. 3 GNotKG); der Höchstwert beträgt 5 Mio. EUR (§ 108 Abs. 5 GNotKG). Soweit beide Zustimmungsbeschlüsse in einer Urkunde zusammengefasst werden können, sollte dies erfolgen. Diese Beschlüsse sind gegenstandsgleich gem. § 109 Abs. 2 Nr. 4 lit. g) GNotKG. Getrennte Beurkundung ohne sachliche Gründe wäre eine unrichtige Sachbehandlung im Sinne von § 21 Abs. 1 GNotKG.[33] **37**

4. Werden **Verzichtserklärungen** in der selben Urkunde wie der Verschmelzungsvertrag mitbeurkundet, sind diese wegen Gegenstandsgleichheit gem. § 109 Abs. 1 GNotKG nicht gesondert zu bewerten (Grund: Sie dienen der Durchführung des Verschmelzungsvertrages).[34] Werden diese Erklärungen aber zusammen mit den Zustimmungsbeschlüssen abgegeben (wie im vorliegenden Muster), ist eine gesonderte 1,0-Gebühr nach Nr. 21200 KV GNotKG zu erheben, da nach § 110 Nr. 1 GNotKG verschiedene Beurkundungsgegenstände vorliegen. Eine unrichtige Sachbehandlung lässt sich nach Ansicht der Autoren in diesem Fall nicht ohne Weiteres annehmen, weil grds. andere Urkundsbeteiligte betroffen sind und insoweit eine getrennte Beurkundung angezeigt sein kann. **38**

29 *Berkefeld* in: Kersten/Bühling, § 154, XI. Muster, Rn 60 m.w.N.

30 *Berkefeld* in: Kersten/Bühling, § 154, XI. Muster, Rn 60 m.w.N.

31 In der Tat sehr umstritten. So wie hier: *Diehn* in: Fuhrmann/Wälzholz, Formularbuch Gesellschaftsrecht, Kapitel 34, V, 6. Kosten; Diehn, Notarkostenberechnungen, Rn

32 Ländernotarkasse (Hrsg.), Leipziger Kostenspiegel, Rn 22.39 ff.

33 Ländernotarkasse (Hrsg.), Leipziger Kostenspiegel, Rn 22.48.

34 OLG Hamm, Beschl. v. 6.12.2001 – 15 W 314/01, MittBayNot 2002, 210.

39 Der Geschäftswert für **Zustimmungserklärungen** ist die Hälfte des für die Beurkundung des Verschmelzungsvertrages maßgeblichen Geschäftswertes, bezogen auf den Anteil des zustimmenden Gesellschafters; höchstens 1 Mio. EUR (§ 98 Abs. 1, 2, 4 GNotKG). Reine Verzichtserklärungen einzelner Gesellschafter sind nach billigem Ermessen anzusetzen, § 36 Abs. 1 GNotKG (in der Literatur mit etwa 10 % des Anteils jedes erklärenden Anteilsinhabers angenommen).[35] Verzichtserklärungen und einzelne Zustimmungserklärungen außerhalb der Beschlüsse des gleichen Gesellschafters in einer Urkunde sind gegenstandsgleich.

40 5. Gebühren für die **Handelsregisteranmeldung** des übernehmenden Rechtsträgers: 0,5-Gebühr gem. Nr. 24102 i.V.m. Nr. 21201 Nr. 5 KV GNotKG bei vollständiger Entwurfsfertigung, mindestens 30 EUR. Wird der Entwurf der Anmeldung durch den Mandanten gestellt: bloße Unterschriftsbeglaubigung mit 0,2-Gebühr gem. Nr. 25100 KV GNotKG (mindestens 20 EUR, höchstens 70 EUR). Der Geschäftswert ist 1 % des Stammkapitals, mindestens 30.000 EUR, höchstens 1 Mio. EUR (§§ 105 Abs. 4 Nr. 1, 106 GNotKG). Ebenfalls anzusetzen:

- 0,2-Gebühr (höchstens 2.125 EUR) gem. Nr. 22114 KV GNotKG für die Erstellung der XML-Strukturdateien,
- 1,50 EUR, höchstens jedoch 5 EUR für die Übersendung der Dateien (Nr. 32002 KV GNotKG),
- Druckkosten, Nr. 32001 KV GNotKG,
- Post-/Telekommunikationspauschale, 20 EUR, Nr. 32005 KV GNotKG.

41 6. Gebühren für die **Handelsregisteranmeldung** des übertragenden Rechtsträgers: siehe Rdn 40.

B. Verschmelzung einer 100 %igen Tochter-GmbH auf ihre Mutter-GmbH (upstream merger)

I. Muster

1. Verschmelzungsvertrag

42 ▼

Muster 2.6: Verschmelzungsvertrag (*upstream merger*)

2.6 (*Notarielle Eingangsformel*)

Es erscheinen:

1. Herr/Frau ,

   nicht handelnd im eigenen Namen, sondern als einzelvertretungsberechtigter und von den Beschränkungen des § 181 BGB befreiter Geschäftsführer für

35 Notarkasse, Streifzug durch das GNotKG, Rn 1786.

die … -GmbH mit dem Sitz in …, eingetragen im Handelsregister des Amtsgerichts … unter HRB …, Geschäftsadresse ….

2. Herr/Frau …,

   nicht handelnd im eigenen Namen, sondern als einzelvertretungsberechtigter und von den Beschränkungen des § 181 BGB befreiter Geschäftsführer für die … -GmbH mit dem Sitz in …, eingetragen im Handelsregister des Amtsgerichts … unter HRB …, Geschäftsadresse.

Ich, der Notar, bescheinige gem. § 21 Abs. 1 BNotO aufgrund heutiger Einsicht in das elektronische Handelsregister die vorstehenden Vertretungsverhältnisse. Die zuletzt beim Handelsregister eingereichten Gesellschafterlisten wurden vor Beurkundung eingesehen.

Die Frage nach einer Vorbefassung im Sinne des § 3 Abs. 1 Nr. 7 BeurkG wurde allseits verneint.

Über das Geldwäschegesetz belehrt, erklären alle Beteiligten auf eigene Rechnung bzw. bzw. aufgrund offen gelegter Vertretungsverhältnisse zu handeln. Die jeweilige Beteiligungsstruktur ergibt sich aus der zuletzt beim jeweils zuständigen Handelsregister eingereichten Gesellschafterliste.

Die Beteiligten erklären, dass sie rechtzeitig vor der heutigen Beurkundung den beabsichtigten Text des Rechtsgeschäfts erhalten haben und so ausreichend Gelegenheit hatten, sich vorab mit dem Gegenstand der Beurkundung auseinanderzusetzen

Es wird erklärt mit der Bitte um notarielle Beurkundung:

Verschmelzungsvertrag

§ 1 Sachstand

(1) Im Handelsregister des AG … ist unter HRB … die … -GmbH mit dem Sitz in … eingetragen (in dieser Urkunde „übertragender Rechtsträger" genannt). Das Stammkapital beträgt … EUR.

Am übertragenden Rechtsträger ist als Allein-Gesellschafter beteiligt:

- … -GmbH mit dem Sitz in …: Geschäftsanteile Nr. 1–25.000 im Nennbetrag von je … EUR.

Im Handelsregister des AG … ist unter HRB … die … -GmbH mit dem Sitz in … eingetragen (in dieser Urkunde „übernehmender Rechtsträger" genannt).

Der übernehmende Rechtsträger hält also sämtliche Anteile am übertragenden Rechtsträger (sog. **upstream merger**).

(2) An der Verschmelzung sind gem. **§ 5 Abs. 1 Nr. 1 UmwG** als Rechtsträger beteiligt:

- -GmbH mit dem Sitz in als übernehmender Rechtsträger und
- -GmbH mit dem Sitz in als übertragender Rechtsträger.

(2) Die Erschienenen erklären:

- Die Einlagen und ein etwaiges Aufgeld auf die Geschäftsanteile sind sowohl beim übernehmenden als auch beim übertragenden Rechtsträger in voller Höhe bewirkt (§ 51 Abs. 1 UmwG).
- Sonderrechte i.S.v. §§ 23 und 50 Abs. 2 UmwG bestehen beim übertragenden Rechtsträger nicht.

§ 2 Vermögensübertragung, Verschmelzungsstichtag

(1) Die -GmbH als übertragender Rechtsträger überträgt ihr Vermögen als Ganzes mit allen Rechten und Pflichten unter Auflösung ohne Abwicklung auf die -GmbH als übernehmenden Rechtsträger gem. §§ 2 Nr. 1, 46 ff. UmwG (**Verschmelzung durch Aufnahme**).

(2) Die Übernahme des Vermögens des übertragenden Rechtsträgers erfolgt im Innenverhältnis mit Wirkung zum 1.1. , 0:00 Uhr (**Verschmelzungsstichtag im Sinne des § 5 Abs. 1 Nr. 6 UmwG**).

Von diesem Zeitpunkt an bis zum Zeitpunkt des Erlöschens des übertragenden Rechtsträgers gem. § 20 Abs. 1 Nr. 2 UmwG gelten alle Handlungen und Geschäfte des übertragenden Rechtsträgers als für Rechnung des übernehmenden Rechtsträgers vorgenommen und geführt.

(3) Der Verschmelzung wird die Bilanz aus dem mit dem uneingeschränkten Bestätigungsvermerk des Wirtschaftsprüfers in versehenen Jahresabschluss des übertragenden Rechtsträgers zum 31.12. (**steuerlicher Übertragungsstichtag im Sinne des § 2 Abs. 1 UmwStG**) als Schlussbilanz zugrunde gelegt.

Der übernehmende Rechtsträger wird die auf ihn übergegangenen Vermögensgegenstände und Verbindlichkeiten in seiner Bilanz mit den Werten ansetzen, mit denen diese Vermögensgegenstände und Verbindlichkeiten in der Schlussbilanz des übertragenden Rechtsträgers angesetzt sind (§ 24 UmwG). Der übernehmende Rechtsträger hat die steuerlichen Buchwerte des übertragenden Rechtsträgers fortzuführen. Auf die Erforderlichkeit eines Antrages beim Finanzamt gem. § 11 Abs. 2 UmwStG für die Buchwertfortführung wurde hingewiesen. Ändern sich beim übertragenden Rechtsträger aufgrund einer steuerlichen Außenprüfung oder anderer bindender Anordnungen der Finanzverwaltung für Zeiträume bis zum Verschmelzungsstichtag die steuerlichen Wertansätze der übergehenden Aktiva und Passiva, so wird der aufnehmende Rechtsträger in seiner Steuerbilanz die geänderten Wertansätze fortführen.

(4) Sollte die Verschmelzung nicht bis zum 31.12. in das Handelsregister des übernehmenden Rechtsträgers eingetragen worden sein, so verschieben sich Bilanz- und Verschmelzungsstichtag jeweils um ein Jahr, mithin auf den 31.12. bzw. den 1.1. .

§ 3 Gegenleistung

Der übernehmende Rechtsträger darf zur Durchführung der Verschmelzung sein Stammkapital gem. § 54 Abs. 1 S. 1 Nr. 1 UmwG nicht erhöhen, so dass Angaben über den Umtausch der Anteile (**§ 5 Abs. 1 Nr. 2 bis 5 UmwG**) gem. § 5 Abs. 2 UmwG nicht erforderlich sind.

§ 4 Sonderrechte, Besondere Vorteile

(1) Angaben nach **§ 5 Abs. 1 Nr. 7 UmwG** entfallen, weil Sonderrechte oder Vorzüge weder beim übernehmenden Rechtsträger noch beim übertragenden Rechtsträger bestehen.

(*Alternative*:) (1) Angaben nach **§ 5 Abs. 1 Nr. 7 UmwG**: Nach § der Satzung des übertragenden Rechtsträgers kommt Herr/Frau das Sonderrecht im Sinne des § 35 BGB zu, dass sie als Geschäftsführerin nur bei Vorliegen eines wichtigen Grundes gem. § 38 Abs. 2 GmbHG abberufen werden kann. Sie ist durch Gesellschafterbeschluss des übernehmenden Rechtsträgers auch dort zur einzelvertretungsberechtigten und von § 181 BGB befreiten Geschäftsführerin zu bestellen unter Gewährung eines identischen Sonderrechtes im Wege der Satzungsänderung.

(2) Besondere Vorteile: Keinem Mitglied eines Vertretungsorgans oder eines Aufsichtsorgans der an der Verschmelzung beteiligten Rechtsträger, keinem geschäftsführenden Gesellschafter, keinem Abschlussprüfer oder Verschmelzungsprüfer werden besondere Vorteile i.S.v. **§ 5 Abs. 1 Nr. 8 UmwG** gewährt.

§ 5 Folgen der Verschmelzung für die Arbeitnehmer und ihre Vertretungen (§ 5 Abs. 1 Nr. 9 UmwG)

(1) Der übernehmende Rechtsträger wird mit Wirksamwerden der Verschmelzung neuer Arbeitgeber der zu diesem Zeitpunkt beim übertragenden Rechtsträger beschäftigten Arbeitnehmer. Auf den Übergang findet § 613a Abs. 1, 4–6 BGB Anwendung (§ 35a Abs. 2 UmwG).

Individualarbeitsrechtlich führt die Verschmelzung zu keinen Veränderungen für die Arbeitnehmer des übertragenden Rechtsträgers und des übernehmenden Rechtsträgers. Die übergehenden Arbeitsverhältnisse werden unter voller Anrechnung der Betriebszugehörigkeitszeiten sowie der ggf. bestehenden Vereinbarungen über Direktversicherungen und Altersversorgungszusagen unverändert zu den bisherigen Bedingungen fortgesetzt.

(*Eventuelle Ergänzung*:) Hiervon gibt es jedoch folgende Ausnahme: .

(2) Die Verschmelzung führt zu keinen Veränderungen der betrieblichen Struktur und der betrieblichen Organisation. Eine Betriebsänderung, die Verhandlungen mit dem Betriebsrat des übertragenden Rechtsträgers erforderlich machen würde, wird durch die Verschmelzung selbst nicht bewirkt. Die derzeit bei dem übertragenden Rechtsträger geltenden Betriebsvereinbarungen gelten als kollektivrechtliche Regelungen fort.

(3) Der übernehmende Rechtsträger unterliegt der gleichen tariflichen Bindung wie der übertragende Rechtsträger.

(*Alternativ:*) (3) Für den übernehmenden Rechtsträger gilt bislang kein Tarifvertrag; für den übertragenden Rechtsträger gilt der Tarifvertrag ______ (Flächentarifvertrag). Dieser wird Inhalt des Arbeitsverhältnisses der übernommenen Arbeitnehmer des übertragenden Rechtsträgers im Rahmen der Beschäftigung beim übernehmenden Rechtsträger. Sie dürfen vor Ablauf eines Jahres nicht zu Lasten der Arbeitnehmer abgeändert werden, es sei denn die Arbeitsbedingungen werden vorher durch einen anderen Tarifvertrag oder eine andere Betriebsvereinbarung geregelt.

(4) Betriebsrat: Weder bei dem übertragenden Rechtsträger noch bei dem übernehmenden Rechtsträger besteht ein Betriebsrat, so dass es einer Zuleitung des Vertrages bzw. seines Entwurfes nicht bedurfte.

(*Alternative:*) (4) Die beteiligten Betriebsräte haben ihre Kenntnisnahme vom Verschmelzungsvertrag schriftlich bestätigt und auf die Einhaltung der Frist gem. § 5 Abs. 3 UmwG verzichtet (Beweisanlagen 1 und 2).

(*Alternative:*) (4) Lediglich beim übertagenden Rechtsträger gibt es einen Betriebsrat. Diesem ist der Entwurf des Verschmelzungsvertrages mit Schreiben vom ______ zugeleitet worden. Eine Kopie der Empfangsbestätigung samt Entwurf des Verschmelzungsvertrages wird dieser Urkunde zu Informationszwecken als Beweisanlage beigefügt.

(5) Betriebsverfassungsrechtliche Konsequenzen ergeben sich nicht.

(*Alternative:*) (5) Der im Betrieb des übertragenden Rechtsträgers errichtete Betriebsrat bleibt zunächst unverändert im Amt und wird mit dem Wirksamwerden der Verschmelzung gleichzeitig zum Betriebsrat des übernehmenden Rechtsträgers. Der dort errichtete Gesamtbetriebsrat entfällt mit dem Wirksamwerden der Verschmelzung. Mit Wirksamwerden der Verschmelzung ist gem. § 47 Abs. 1 BetrVG ein neuer Gesamtbetriebsrat bei dem übernehmenden Rechtsträger zu errichten.

(6) Mitbestimmungsrechtliche Änderungen ergeben sich nicht, da die maßgeblichen Schwellenwerte nicht erreicht werden. Auch nach der Verschmelzung wird

die Zahl der Arbeitnehmer des übernehmenden Rechtsträgers einschließlich der von dem übertragenden Rechtsträger übergehenden Arbeitnehmer nicht mehr als 500 betragen (§ 1 Abs. 1 Nr. 3 DrittelbeteiligungsG).

§ 6 Weitere Bestimmungen

(1) Die Firma des übernehmenden Rechtsträgers wird unverändert fortgeführt.

(*Alternative*:) (1) Der übernehmende Rechtsträger wird seine Firma ändern in: . Soweit firmenrechtlich erforderlich, erteilt der übertragende Rechtsträger hierzu seine Zustimmung und strebt deren Erteilung auch durch seine Gesellschafter an.

(2) Die Geschäftsführung des übernehmenden Rechtsträgers ändert sich nicht. Prokuren und Geschäftsführungen bei dem übertragenden Rechtsträger erlöschen mit Vollzug im Handelsregister des übertragenden Rechtsträgers.

(*Alternative*:) (2) Herr/Frau ist mit Wirkung ab zum einzelvertretungsberechtigten und von § 181 BGB befreiten Geschäftsführer des übernehmenden Rechtsträgers zu bestellen.

(*Alternative*:) (2) Gemäß § 4 Abs. 1 des Verschmelzungsvertrages ist Frau A mit Wirkung ab zur einzelvertretungsberechtigten und von § 181 BGB befreiten Geschäftsführerin des übernehmenden Rechtsträgers zu bestellen.

(3) Der übertragende Rechtsträger verfügt seinerseits nicht über Beteiligungen an deutschen Gesellschaften mit beschränkter Haftung.

(*Alternative*:) (3) Der übertragende Rechtsträger verfügt über Beteiligungen an deutschen Gesellschaften mit beschränkter Haftung (GmbH). Den Beteiligten ist bekannt, dass sie dem Notar sämtliche Gesellschaftsbeteiligungen separat mitzuteilen haben, damit dieser aktuelle Gesellschafterlisten beim Handelsregister einreichen und mit seinem Vermerk gem. § 40 Abs. 2 Satz 1 GmbHG versehen kann. Der Notar wird hiermit beauftragt neue Gesellschafterlisten bei folgenden Gesellschaften einzureichen: .

Sollte der übertagende Rechtsträger noch weitere hier nicht aufgezählte Beteiligungen gehabt haben, so werden die Geschäftsführer des übernehmenden Rechtsträgers die entsprechenden Listen hierzu beim jeweils zuständigen Handelsregister einreichen.

(4) Kartellrechtliche Beschränkungen bestehen für den vorliegenden Vertrag nicht.

(5) Der übertragende Rechtsträger hat keine Zweigniederlassungen.

(6) Auslandsvermögen: Der übertragende Rechtsträger hat im Ausland keine Vermögensgegenstände.

(*Alternative*:) (6) Soweit der übertragende Rechtsträger Vermögensgegenstände im Ausland hat, soll die vorliegende Verschmelzung auch das Vermögen im Ausland unmittelbar erfassen. Soweit die Verschmelzung im Ausland befindliches Vermögen und/oder Schulden des übertragenden Rechtsträgers betrifft und die ausländische Rechtsordnung die Universalsukzession nach deutschem Recht nicht anerkennt, bevollmächtigt die Geschäftsführung des übertragenden Rechtsträgers hiermit unwiderruflich, die Geschäftsführung der übernehmenden Rechtsträgers, alle Maßnahmen und Rechtshandlungen vorzunehmen, die nach deutschem und ausländischem Recht erforderlich oder zweckmäßig sind, um sicherzustellen, dass der übernehmende Rechtsträger Eigentümer/Inhaber auch der im Ausland belegenen Vermögensteile des übertragenden Rechtsträgers wird und die Verbindlichkeiten des übertragenden Rechtsträgers erfüllungshalber übernimmt. Diese Vollmacht umfasst auch das Recht, Untervollmacht zu erteilen.

§ 7 Grundeigentum

Der übertragende Rechtsträger hat kein Grundeigentum.

(*Alternative*:) (3) Der übertragende Rechtsträger ist Eigentümer des Grundstücks Flst.Nr. in der Gemarkung (Grundbuch des Amtsgerichts für Blatt , BV-Nr.). Den Beteiligten ist bekannt, dass mit Eintragung der Verschmelzung in das Handelsregister des Sitzes des übernehmenden Rechtsträgers das Grundeigentum auf den übernehmenden Rechtsträger übergeht, so dass das Grundbuch zu berichtigen ist. Hierzu bedarf es der grunderwerbsteuerlichen Unbedenklichkeitsbescheinigung des Finanzamtes nach Entrichtung der anfallenden Grunderwerbsteuer über die der Notar belehrt hat. Die Berichtigung der genannten Grundbücher nach Wirksamkeit der Verschmelzung wird hiermit beantragt; der Notar wird beauftragt und bevollmächtigt, die Grundbuchberichtigung zu veranlassen.

§ 8 Rücktrittsrecht

Ein vertragliches Rücktrittsrecht wird nicht vorbehalten.

(*Alternative*:) (1) Jeder Vertragspartner ist zum Rücktritt von diesem Vertrag berechtigt, wenn die Verschmelzung nicht bis zum Ablauf des (*Datum*) in das Handelsregister des übernehmenden Rechtsträgers eingetragen worden ist. Die Erklärung des Rücktritts darf erst ab dem ausgesprochen werden. Die Rechtsfolgen des Rücktritts richten sich nach den §§ 346 ff. BGB.

(2) Der Rücktritt ist dem anderen Vertragspartner gegenüber durch eingeschriebenen Brief mit Rückschein zu erklären und dem Notar schriftlich mitzuteilen.

§9 Schluss

(1) Salvatorische Klausel

Sollte eine Bestimmung oder mehrere Bestimmungen dieses Rechtsgeschäfts oder eine spätere Ergänzung ganz oder teilweise unwirksam oder undurchführbar sein oder werden oder sollte sich eine Lücke herausstellen, wird dadurch die Wirksamkeit der übrigen Bestimmungen nicht berührt.

Die Beteiligten verpflichten sich, anstelle dieser Bestimmung diejenige wirksame und durchführbare Bestimmung zu vereinbaren, die rechtlich und wirtschaftlich dem am nächsten kommt, was die Beteiligten gewollt haben oder nach dem Sinn und Zweck des Rechtsgeschäfts und seiner späteren eventuellen Ergänzung gewollt hätten, wenn sie von der Unwirksamkeit oder Undurchführbarkeit der Bestimmung bei Abschluss des Rechtsgeschäfts oder seiner Ergänzung gewusst hätten. Das Gleiche gilt sinngemäß, wenn das Rechtsgeschäft eine ergänzungsbedürftige Lücke aufweist.

(2) Kosten

Die Kosten dieser Urkunde und ihres Vollzuges, die Gebühren und Steuern einschließlich der Kosten der Zustimmungsbeschlüsse trägt der übernehmende Rechtsträger.

Falls die Verschmelzung nicht wirksam werden sollte, tragen die beteiligten Gesellschaften die Notarkosten je zur Hälfte und ihre außerurkundlichen Kosten je allein.

(3) Hinweise des Notars

Der Notar hat auf Folgendes hingewiesen:

- Sämtliche Erklärungen müssen richtig und vollständig beurkundet werden.
- Der Notar hat den weiteren Verfahrensablauf bis zum Wirksamwerden der Verschmelzung erläutert, insbesondere auf das Erfordernis zu beurkundender Zustimmungsbeschlüsse der Gesellschafterversammlung des übertragender Rechtsträger und des übernehmender Rechtsträgers hingewiesen und auf den Zeitpunkt des Wirksamwerdens der Verschmelzung.
- Auf die Wirkungen der Verschmelzung wurde hingewiesen (insbesondere die Gesamtrechtsnachfolge in alle Rechtsverhältnisse des übertragenden Rechtsträgers, unabhängig davon, ob sie bekannt sind oder unbekannt).
- Die Verschmelzung darf gem. §17 Abs. 2 Satz 4 UmwG nur eingetragen werden darf, wenn sie binnen acht Monaten nach dem Stichtag der bei der Anmeldung einzureichenden Schlussbilanz des übertragenden Rechtsträgers zum Handelsregister angemeldet worden ist,
- Wenn der übertragende Rechtsträger Eigentümer von Grundeigentum oder Inhaber grundstücksgleicher Rechte ist, unterliegt die Verschmelzung der Grunderwerbsteuer.

- Bei Verschmelzungen von GmbH sind die §§ 30 ff. GmbHG zu beachten.
- Wenn nicht bevorrechtigte Gläubiger des übertragenden Rechtsträgers glaubhaft machen können, dass die Erfüllung ihrer noch nicht fälligen Forderungen durch die Verschmelzung gefährdet wird, kann ihnen bei Anmeldung binnen sechs Monaten nach Vollzug unter den Voraussetzungen des § 22 UmwG Sicherheit zu leisten sein.
- Gemäß § 25 UmwG können Mitglieder der beteiligten Vertretungs- und Aufsichtsorgane für etwaige Schäden gegenüber Gesellschaftern, Gläubigern oder den Gesellschaften haften; die Ansprüche verjähren in fünf Jahren nach Vollzug.
- Der Notar hat kartellrechtlich nicht beraten.

Der Notar hat steuerrechtlich nicht beraten und insoweit eine Prüfung dieser Urkunde durch entsprechende Fachberater empfohlen

(4) Notar- und Angestelltenvollmacht

Der Notar wird bevollmächtigt, sämtliche Erklärungen abzugeben, die zum Vollzug dieser Urkunde erforderlich oder zweckdienlich sind.

Die Beteiligten erteilen den Notarangestellten

- ,
- ,

je geschäftsansässig in ,

– je einzeln –

die unbedingte und von der Wirksamkeit der übrigen Bestimmungen dieser Urkunde unabhängige Vollmacht, sie beim Vollzug der Urkunde und deren Anmeldung sowie bei Ergänzungen in jeder Hinsicht zu vertreten. Die Bevollmächtigten sind insbesondere befugt, Anträge an das Registergericht zu stellen und zurückzunehmen, Genehmigungen zu beantragen, entgegenzunehmen und mitzuteilen, überhaupt alles zu tun, was nach ihrem Ermessen zur vollständigen Erledigung der Angelegenheit noch erforderlich ist. Sie sind bevollmächtigt, diesen Vertrag zu ergänzen oder abzuändern. Die jeweilige Vollmacht ist auf Dritte übertragbar und erlischt nicht durch den Tod eines Vollmachtgebers. Die Bevollmächtigten sind von den Beschränkungen des § 181 BGB befreit und haben das Recht zur Vollmachtübertragung. Von diesen Vollmachten darf nur vor dem Notar oder seinem Vertreter im Amt Gebrauch gemacht werden. Die Vollmachten erlöschen drei Monate nach vollständigem Vollzug dieser Urkunde.

(5) Verteiler

Von dieser Urkunde erhalten

- elektronisch beglaubigte Abschriften:
  - Registergericht des Sitzes des übernehmenden Rechtsträgers,
  - Registergericht des Sitzes des übertragenden Rechtsträgers,

- beglaubigte Abschriften:
  - übertragender Rechtsträger,
  - übernehmender Rechtsträger,
  - Finanzamt , Körperschaftsteuerstelle, gem. §54 EStDV (für übernehmenden Rechtsträger),
  - Finanzamt , Körperschaftsteuerstelle, gem. §54 EStDV (für übertragenden Rechtsträger),
- einfache Abschrift:
  - Steuerberater ,
  - Finanzamt , Grunderwerbsteuerstelle, mit Anzeige nach §18 GrEStG mit Antrag auf Erteilung der Unbedenklichkeitsbescheinigung.

Die Niederschrift wurde den Beteiligten in Gegenwart des Notars vorgelesen, von ihnen genehmigt und eigenhändig unterschrieben:

▲

2. Beschlüsse der übernehmenden und der übertragenden Gesellschaft

▼ 43

Muster 2.7: Beschlüsse der übernehmenden und der übertragenden Gesellschaft (*upstream merger*) 2.7

(*Notarielle Eingangsformel*)

Es erscheinen:

1. Herr/Frau ,
2. Herr/Frau ,

– jeweils handelnd im eigenen Namen –

3. Herr/Frau

   nicht handelnd im eigenen Namen, sondern als einzelvertretungsberechtigter und von den Beschränkungen des §181 BGB befreiter Geschäftsführer für die -GmbH mit dem Sitz in , eingetragen im Handelsregister des Amtsgerichts unter HRB Geschäftsadresse: .

Ich, der Notar, bescheinige gem. §21 Abs. 1 BNotO aufgrund heutiger Einsicht in das elektronische Handelsregister die vorstehenden Vertretungsverhältnisse. Die zuletzt beim Handelsregister eingereichten Gesellschafterlisten wurden vor Beurkundung eingesehen.

Die Frage nach einer Vorbefassung im Sinne des §3 Abs. 1 Nr. 7 BeurkG wurde allseits verneint.

Über das Geldwäschegesetz belehrt, erklären alle Beteiligten auf eigene Rechnung bzw. bzw. aufgrund offen gelegter Vertretungsverhältnisse zu handeln.

Die Beteiligten erklären, dass sie rechtzeitig vor der heutigen Beurkundung den beabsichtigten Text des Rechtsgeschäfts erhalten haben und so ausreichend Gelegenheit hatten, sich vorab mit dem Gegenstand der Beurkundung auseinanderzusetzen.

Es wird erklärt mit der Bitte um notarielle Beurkundung:

I. Gesellschafterversammlung des übernehmenden Rechtsträgers und Verzichtserklärungen

§ 1 Sachstand

Im Handelsregister des AG ist unter HRB die -GmbH mit dem Sitz in eingetragen (in dieser Urkunde „übernehmender Rechtsträger“ genannt). Das Stammkapital beträgt EUR. Das Stammkapital ist vollständig bewirkt.

Am übernehmenden Rechtsträger sind als Gesellschafter beteiligt:

- Herr/Frau : Geschäftsanteil Nr. im Nennbetrag von .
- Herr/Frau : Geschäftsanteil Nr. im Nennbetrag von zu .

§ 2 Gesellschafterversammlung

Unter Verzicht auf sämtliche gesetzlichen und gesellschaftsvertraglichen Formen und Fristen halten wir, Herr/Frau und Herr/Frau , hiermit eine **Gesellschafterversammlung der GmbH mit dem Sitz in** ab und beschließen einstimmig was folgt:

Dem Verschmelzungsvertrag zwischen der -GmbH als übernehmendem Rechtsträger und der -GmbH als übertragendem Rechtsträger vom (Notar in , UVZ) wird hiermit zugestimmt.

Eine Ausfertigung des Verschmelzungsvertrages ist dieser Niederschrift als Anlage beigefügt.

Änderungen des Gesellschaftsvertrags des übernehmenden Rechtsträgers (etwa hinsichtlich Firma oder Gegenstand) sind nicht veranlasst.

(*Alternative*:) Die sämtlichen anwesenden Gesellschafter des übernehmenden Rechtsträgers beschließen hiermit, den Gesellschaftsvertrag wie folgt zu ändern:

Die Firma der Gesellschaft wird geändert in: . § 1 Abs. 1 der Satzung wird wie folgt neu gefasst: .

Der beurkundende Notar wird beauftragt, eine aktuelle Satzung beim Handelsregister einzureichen und Beifügen einer Bescheinigung gem. § 54 Abs. 1 Satz 2 GmbHG.

Eine Kapitalerhöhung zur Schaffung von Gesellschaftsanteilen ist entbehrlich, da gem. §54 Abs. 1 S. 1 Nr. 1 UmwG Gesellschaftsanteile nicht zu gewähren sind.

Damit ist die Gesellschafterversammlung des übernehmenden Rechtsträgers beendet.

§3 Verzichtserklärungen der Gesellschafter des übernehmenden Rechtsträgers

Alle Gesellschafter des übernehmenden Rechtsträgers erklären:

Auf die Klage gegen die Wirksamkeit dieses Verschmelzungsbeschlusses wird ausdrücklich verzichtet.

Des Weiteren wird verzichtet auf

- die Erstattung eines Verschmelzungsberichts,
- eine Prüfung der Verschmelzung sowie
- auf die Erstattung eines Prüfberichts.

Darüber hinaus wird auf die Einhaltung der Vorschriften der §§47, 49 UmwG verzichtet, also auf die Erfüllung der Pflicht zur vorherigen Unterrichtung und zur Auslegung der Jahresabschlüsse und Lageberichte der an der Verschmelzung beteiligten Rechtsträger für die letzten drei Geschäftsjahre in den Geschäftsräumen der Gesellschaft.

II. Gesellschafterversammlung des übertragenden Rechtsträgers und Verzichtserklärungen

§1 Sachstand

Im Handelsregister des AG   ist unter HRB   die   -GmbH mit dem Sitz in   eingetragen (in dieser Urkunde „übertragender Rechtsträger“ genannt). Das Stammkapital beträgt   EUR. Das Stammkapital ist vollständig bewirkt.

Am übertragenden Rechtsträger ist als Allein-Gesellschafter beteiligt:

-      -GmbH mit dem Sitz in   : Geschäftsanteile Nr.   im Nennbetrag von je   EUR

Der übernehmende Rechtsträger hält also sämtliche Anteile am übertragenden Rechtsträger (sog. **upstream merger**).

§2 Gesellschafterversammlung des übertragenden Rechtsträgers

Unter Verzicht auf sämtliche gesetzlichen und gesellschaftsvertraglichen Formen und Fristen hält der Alleingesellschafter des übernehmenden Rechtsträgers, nämlich die   -GmbH vertreten durch ihren Geschäftsführer, hiermit eine **Gesellschafterversammlung der   -GmbH mit dem Sitz in**   ab und beschließt einstimmig was folgt:

Dem Verschmelzungsvertrag zwischen der … -GmbH als übernehmendem Rechtsträger und der … -GmbH als übertragendem Rechtsträger vom … (Notar … in …, UVZ …) wird hiermit zugestimmt.

Eine Ausfertigung des Verschmelzungsvertrages ist dieser Niederschrift als **Anlage** beigefügt.

Damit ist die Gesellschafterversammlung der … -GmbH beendet.

§ 3 Verzichtserklärungen der Gesellschafterin des übertragenden Rechtsträgers

Die Allein-Gesellschafter des übertragenden Rechtsträgers erklärt: Auf die Klage gegen die Wirksamkeit dieses Verschmelzungsbeschlusses wird ausdrücklich verzichtet.

Des Weiteren verzichtet jeder von uns als Gesellschafter des übertragenden Rechtsträgers auf

- die Erstattung eines Verschmelzungsberichts,
- eine Prüfung der Verschmelzung sowie
- auf die Erstattung eines Prüfberichts und
- auf ein Abfindungsangebot.

Darüber hinaus wird auf die Einhaltung der Vorschriften der §§ 47, 49 UmwG verzichtet, also auf die Erfüllung der Pflicht zur vorherigen Unterrichtung und zur Auslegung der Jahresabschlüsse und Lageberichte des übernehmenden Rechtsträgers und des übertragenden Rechtsträgers für die letzten drei Geschäftsjahre in den Geschäftsräumen der Gesellschaft.

III. Schluss

§ 1 Salvatorische Klausel

Sollte eine Bestimmung oder mehrere Bestimmungen dieses Rechtsgeschäfts oder eine spätere Ergänzung ganz oder teilweise unwirksam oder undurchführbar sein oder werden oder sollte sich eine Lücke herausstellen, wird dadurch die Wirksamkeit der übrigen Bestimmungen nicht berührt.

Die Beteiligten verpflichten sich, anstelle dieser Bestimmung diejenige wirksame und durchführbare Bestimmung zu vereinbaren, die rechtlich und wirtschaftlich dem am nächsten kommt, was die Beteiligten gewollt haben oder nach dem Sinn und Zweck des Rechtsgeschäfts und seiner späteren eventuellen Ergänzung gewollt hätten, wenn sie von der Unwirksamkeit oder Undurchführbarkeit der Bestimmung bei Abschluss des Rechtsgeschäfts oder seiner Ergänzung gewusst hätten. Das Gleiche gilt sinngemäß, wenn das Rechtsgeschäft eine ergänzungsbedürftige Lücke aufweist.

§ 2 Kosten

Die Kosten dieser Urkunde und ihres Vollzuges trägt der übernehmende Rechtsträger.

Falls die Verschmelzung nicht wirksam werden sollte, tragen die beteiligten Gesellschaften die Notarkosten je zur Hälfte und ihre außerurkundlichen Kosten je allein.

§ 3 Hinweise des Notars

Der Notar hat auf Folgendes hingewiesen:

- Sämtliche Erklärungen müssen richtig und vollständig beurkundet werden.
- Der Notar belehrte die Erschienenen über die Unwiderruflichkeit der Verzichtserklärungen und über deren Wirkungen.

Der Notar hat steuerrechtlich nicht beraten und insoweit eine Prüfung dieser Urkunde durch entsprechende Fachberater empfohlen.

§ 4 Notar- und Angestelltenvollmacht

Der Notar wird bevollmächtigt, sämtliche Erklärungen abzugeben, die zum Vollzug dieser Urkunde erforderlich oder zweckdienlich sind.

Die Beteiligten erteilen den Notarangestellten

- ,
- ,

je geschäftsansässig in ,

– je einzeln –

die unbedingte und von der Wirksamkeit der übrigen Bestimmungen dieser Urkunde unabhängige Vollmacht, sie beim Vollzug der Urkunde und deren Anmeldung sowie bei Ergänzungen in jeder Hinsicht zu vertreten. Die Bevollmächtigten sind insbesondere befugt, Anträge an das Registergericht zu stellen und zurückzunehmen, Genehmigungen zu beantragen, entgegenzunehmen und mitzuteilen, überhaupt alles zu tun, was nach ihrem Ermessen zur vollständigen Erledigung der Angelegenheit noch erforderlich ist. Sie sind bevollmächtigt, diesen Vertrag zu ergänzen oder abzuändern. Die jeweilige Vollmacht ist auf Dritte übertragbar und erlischt nicht durch den Tod eines Vollmachtgebers. Die Bevollmächtigten sind von den Beschränkungen des § 181 BGB befreit und haben das Recht zur Vollmachtübertragung. Von diesen Vollmachten darf nur vor dem Notar oder seinem Vertreter im Amt Gebrauch gemacht werden. Die Vollmachten erlöschen drei Monate nach vollständigem Vollzug dieser Urkunde.

§ 5 Verteiler

Von dieser Urkunde erhalten

- eine elektronisch beglaubigte Ablichtung:
  - das Registergericht des Sitzes des übernehmenden Rechtsträgers,
  - das Registergericht des Sitzes des übertragenden Rechtsträgers,

- beglaubigte Abschriften:
  - die -GmbH,
  - die -GmbH,
  - Finanzamt , Körperschaftsteuerstelle, gem. § 54 EStDV (für übernehmenden Rechtsträger),
  - Finanzamt , Körperschaftsteuerstelle, gem. § 54 EStDV (für übertragenden Rechtsträger),
- eine einfache Abschrift:
  - Steuerberater .

Die Niederschrift wurde den Beteiligten in Gegenwart des Notars vorgelesen, von ihnen genehmigt und eigenhändig unterschrieben:

▲

3. Anmeldung zum Handelsregister der übernehmenden Gesellschaft

44 ▼

Muster 2.8: Anmeldung zum Handelsregister der übernehmenden Gesellschaft (*upstream merger*)

An das Amtsgericht

– Registergericht –

HRB

-GmbH mit dem Sitz in (im Folgenden als „übernehmender Rechtsträger" bezeichnet -)

I.

Als Anlagen zu dieser Anmeldung werden überreicht:

- elektronisch beglaubigte Abschrift des Verschmelzungsvertrages vom ;
- elektronisch beglaubigte Abschrift der Niederschrift über die Gesellschafterversammlung vom mit dem Zustimmungsbeschluss und den Verzichtserklärungen;
- elektronisch beglaubigte Abschrift der Niederschrift über die Gesellschafterversammlung der -GmbH mit dem Sitz in (übertragender Rechtsträger) vom mit dem Zustimmungsbeschluss und den Verzichtserklärungen (gleiche Urkunde wie zuvor)
- (*Alternative*:) Empfangsbestätigung des Betriebsrates vom ,
- (*Alternative*:) Aktueller vollständiger Wortlaut des Gesellschaftsvertrages mit notarieller Satzungsbescheinigung gem. § 54 Abs. 1 Satz 2 GmbHG.

Ich, der unterzeichnende einzelvertretungsberechtigte und von den Beschränkungen des §181 BGB befreite Geschäftsführer des oben genannten übernehmenden Rechtsträgers, erkläre gem. §16 Abs. 2 Satz 2 letzter HS UmwG unter Bezug auf die abgegebenen Klageverzichtserklärungen, dass eine Klage gegen die Wirksamkeit des Verschmelzungsbeschlusses ausgeschlossen ist.

Ein Verschmelzungsbericht ist gem. §8 Abs. 3 UmwG nicht erforderlich. Die Durchführung der Verschmelzungsprüfung hat keiner der Gesellschafter verlangt.

II.

Die Gesellschaft hat keinen Betriebsrat.

(*Alternative*:) Die Gesellschaft verfügt über einen Betriebsrat. Dieser hat vom Verschmelzungsvertragsentwurf rechtzeitig Kenntnis genommen; Empfangsbestätigung liegt bei.

(*Unteralternative*:) Dieser hat vom Verschmelzungsvertragsentwurf Kenntnis genommen und auf die Einhaltung der Frist gem. §5 Abs. 3 UmwG verzichtet; schriftliche Bestätigung liegt bei.

III.

Zur Eintragung ins Handelsregister wird **angemeldet**:

- Die … GmbH ist aufgrund des Verschmelzungsvertrages vom …, des Beschlusses ihrer Gesellschafter vom … und des Beschlusses der Gesellschafterversammlung der … GmbH vom selben Tage mit der … GmbH durch Aufnahme verschmolzen.
- (*Alternative*:) Die Firma der Gesellschaft hat sich geändert und lautet nun: …. Demzufolge wurde §1 (*Firma, Sitz*) der Satzung geändert und lautet nunmehr: …. Im Übrigen wurde die Satzung nicht verändert.

IV.

Der Notar wird bevollmächtigt, sämtliche Erklärungen abzugeben, die zum Vollzug dieser Urkunde erforderlich oder zweckdienlich sind.

Die Beteiligten erteilen den Notarangestellten

- …,
- …,

je geschäftsansässig in …,

– je einzeln –

die unbedingte und von der Wirksamkeit der übrigen Bestimmungen dieser Urkunde unabhängige Vollmacht, sie beim Vollzug der Urkunde und deren Anmeldung sowie bei Ergänzungen in jeder Hinsicht zu vertreten. Die Bevollmächtigten sind insbesondere befugt, Anträge an das Registergericht zu stellen und zurückzunehmen, Genehmigungen zu beantragen, entgegenzunehmen und mitzuteilen, überhaupt alles zu tun, was nach ihrem Ermessen zur vollständigen Erledigung der Angelegenheit noch erforderlich ist. Sie sind bevollmächtigt, Gesellschafterversammlungen abzuhalten und diese Urkunde zu ändern oder zu ergänzen. Die jeweilige Vollmacht ist auf Dritte übertragbar und erlischt nicht durch den Tod eines Vollmachtgebers. Die Bevollmächtigten sind von den Beschränkungen des § 181 BGB befreit und haben das Recht zur Vollmachtübertragung. Von diesen Vollmachten darf nur vor dem Notar oder seinem Vertreter im Amt Gebrauch gemacht werden. Die Vollmachten erlöschen drei Monate nach vollständigem Vollzug dieser Urkunde.

V.

Die Kosten dieser Handelsregisteranmeldung und ihres Vollzugs trägt der übernehmende Rechtsträger.

Eintragungsnachricht wird auch an den unterschriftsbeglaubigenden Notar erbeten.

Die Geschäftsräume der … GmbH befinden sich unverändert in: …. Dies ist die inländische Geschäftsanschrift im Sinne von § 10 Abs. 1 Satz 1 GmbHG.

…, den …

Für die … GmbH

…

(*Geschäftsführer des übernehmenden Rechtsträgers*)

…

(*Notarielle Unterschriftsbeglaubigung*)

▲

4. Anmeldung zum Handelsregister der übertragenden Gesellschaft

45 ▼

2.9

Muster 2.9: Anmeldung zum Handelsregister der übertragenden Gesellschaft (*upstream merger*)

An das Amtsgericht …

– Registergericht –

HRB: …

… GmbH mit dem Sitz in … (im Folgenden als „übertragender Rechtsträger" bezeichnet)

I.

Als Anlagen zu dieser Anmeldung wird überreicht:

- elektronisch beglaubigte Abschrift des Verschmelzungsvertrages vom ;
- elektronisch beglaubigte Abschrift der Niederschrift über die Gesellschafterversammlung vom mit dem Zustimmungsbeschluss und den Verzichtserklärungen;
- elektronisch beglaubigte Abschrift der Niederschrift über die Gesellschafterversammlung der X-GmbH mit dem Sitz in (übertragender Rechtsträger) vom mit dem Zustimmungsbeschluss und den Verzichtserklärungen (gleiche Urkunde wie zuvor)
- Schlussbilanz der GmbH zum ;
- (*Alternative*:) Empfangsbestätigung des Betriebsrates bezüglich der Zusendung des Entwurfs des Verschmelzungsvertrags vom .

Ich, der der unterzeichnende einzelvertretungsberechtigte und von den Beschränkungen des §181 BGB befreite Geschäftsführer des übertragenden Rechtsträgers, erkläre gem. §16 Abs. 2 Satz 2 letzter HS UmwG unter Bezug auf die abgegebenen Klageverzichtserklärungen, dass eine Klage gegen die Wirksamkeit des Verschmelzungsbeschlusses ausgeschlossen ist.

Ein Verschmelzungsbericht ist gem. §8 Abs. 3 UmwG nicht erforderlich. Die Durchführung der Verschmelzungsprüfung hat keiner der Gesellschafter verlangt.

II.

Die Gesellschaft hat keinen Betriebsrat.

(*Alternative*:) Die Gesellschaft hat einen Betriebsrat. Dieser hat vom Verschmelzungsvertragsentwurf rechtzeitig Kenntnis genommen; Empfangsbestätigung liegt bei.

(*Unteralternative*:) Dieser hat vom Verschmelzungsvertragsentwurf Kenntnis genommen und auf die Einhaltung der Frist gem. §5 Abs. 3 UmwG verzichtet; schriftliche Bestätigung liegt bei.

III.

Ich, als einzelvertretungsberechtigter und von den Beschränkungen des §181 BGB befreiter Geschäftsführer, melde zur Eintragung in das Handelsregister an:

Die GmbH ist aufgrund des Verschmelzungsvertrages vom , des Beschlusses ihrer Gesellschafter vom und des Beschlusses der Gesellschafterversammlung der Gesellschaft vom selben Tage mit der GmbH durch Aufnahme verschmolzen.

IV.

Der Notar wird bevollmächtigt, sämtliche Erklärungen abzugeben, die zum Vollzug dieser Urkunde erforderlich oder zweckdienlich sind.

Die Beteiligten erteilen den Notarangestellten

- ,
- ,

je geschäftsansässig in ,

– je einzeln –

die unbedingte und von der Wirksamkeit der übrigen Bestimmungen dieser Urkunde unabhängige Vollmacht, sie beim Vollzug der Urkunde und deren Anmeldung sowie bei Ergänzungen in jeder Hinsicht zu vertreten. Die Bevollmächtigten sind insbesondere befugt, Anträge an das Registergericht zu stellen und zurückzunehmen, Genehmigungen zu beantragen, entgegenzunehmen und mitzuteilen, überhaupt alles zu tun, was nach ihrem Ermessen zur vollständigen Erledigung der Angelegenheit noch erforderlich ist. Sie sind bevollmächtigt, Gesellschafterversammlungen abzuhalten und diese Urkunde zu ändern oder zu ergänzen. Die jeweilige Vollmacht ist auf Dritte übertragbar und erlischt nicht durch den Tod eines Vollmachtgebers. Die Bevollmächtigten sind von den Beschränkungen des § 181 BGB befreit und haben das Recht zur Vollmachtübertragung. Von diesen Vollmachten darf nur vor dem Notar oder seinem Vertreter im Amt Gebrauch gemacht werden. Die Vollmachten erlöschen drei Monate nach vollständigem Vollzug dieser Urkunde.

V.

Die Kosten dieser Handelsregisteranmeldung und ihres Vollzugs bei Gericht trägt der übertragende Rechtsträger.

Eintragungsnachricht wird auch an den unterschriftsbeglaubigenden Notar erbeten.

, den

Für den übertragenden Rechtsträger:

(*Geschäftsführer der übertragenden Gesellschaft*)[36]

(*Notarielle Unterschriftsbeglaubigung*)

▲

36 Hinweis: Alternativ kann dies die Geschäftsführung der übernehmenden Gesellschaft sein, vgl. § 16 Abs. 1 Satz 2 GmbHG.

II. Checkliste

▼ 46

Muster 2.10: Checkliste: *upstream merger* 2.10

- ☐ Liegen sämtliche Angaben des §5 Abs. 1 Nr. 1, Nr. 2 Hs. 1, Nr. 6–9 UmwG vor?
- ☐ Liegt die **Schlussbilanz** der übertragenden Gesellschaft (= Handelsbilanz, nicht Steuerbilanz) vor? Bei der Anmeldung der Verschmelzung zum Handelsregister des übertragenden Rechtsträgers ist dessen Schlussbilanz vorzulegen;[37] idealerweise liegt sie bereits bei Abschluss des Verschmelzungsvertrages vor, damit korrekt auf diese Bezug genommen werde kann (was aber nach dem Gesetzeswortlaut nicht zwingend ist).
- ☐ Die Unterrichtung der Anteilsinhaber gem. §47 UmwG unter Zusendung des Vertrages oder seines Entwurfs spielt bei der Verschmelzung der 100 %igen Tochter-Gesellschaft auf die Mutter-Gesellschaft regelmäßig keine Rolle. Allerdings sollte auch hier darauf geachtet werden, dass die Gesellschafter der Mutter-Gesellschaft explizit verzichten. Für die Tochtergesellschaft ist die Unterrichtung entbehrlich.
- ☐ Beachtung der Verpflichtung nach §5 Abs. 3 UmwG: Der Verschmelzungsvertrag oder sein Entwurf ist spätestens einen Monat vor dem Tage der Gesellschafterversammlung jedes beteiligten Rechtsträgers dem zuständigen **Betriebsrat** dieses Rechtsträgers zuzuleiten. Die Frist ist verzichtbar, nicht aber die Zuleitung als solche.
- ☐ Sind alle Einlagen in voller Höhe bewirkt?
  - ☐ Wenn ja, nichts zu veranlassen.
  - ☐ Wenn nein: Verschmelzungsbeschluss des übertragenden Rechtsträgers bedarf der Zustimmung aller Anteilsinhaber des Rechtsträgers (§51 Abs. 1 Satz 1 UmwG); dies ist beim *upstream merger* immer gegeben, sollte aber, wenn Anteile nicht voll eingezahlt sind, gesondert erwähnt werden.
- ☐ Gibt es Inhaber von **Sonderrechten**: Wenn ja, müssen diese immer zustimmen (vgl. §50 Abs. 2 UmwG); beim *upstream merger* eher fernliegend.
- ☐ Werden **besondere Vorteile** im Sinne von §5 Abs. 1 Nr. 8 UmwG gewährt?
- ☐ Welche **Firma** soll der übernehmende Rechtsträger nach der Umwandlung haben?

37 Vgl. §17 Abs. 2 UmwG; beachte hierzu auch LG Kassel, Beschl. v. 20.4.2007 – 13 T 20/06, BeckRS 2007, 147116: „*Nach alledem regelt § 17 Abs. 2 Satz 4 nur den – spätestens – Stichtag der Aufstellung der Schlussbilanz, nicht dagegen, wann sie dem Gericht vorgelegt werden muss. Geschieht das nicht – wie vorliegend – mit der Anmeldung, ist diese unvollständig. Die Schlussbilanz ist dann nach Zwischenverfügung (so Bork in: Luther, Rn 7) nachzureichen, ehe der Anmeldung entsprochen werden kann. Ist die Bilanz prüfungspflichtig, die Prüfung aber noch nicht abgeschlossen, kann sie auch noch nach Ablauf der Achtmonatsfrist abgeschlossen und der Prüfungsvermerk nachgereicht werden*“.

- ☐ Hat der übertragende Rechtsträger **Grundeigentum**?
  - ☐ Wenn nein, ist nichts zu veranlassen.
  - ☐ Wenn ja: § 18 GrEStG berücksichtigen (VA mit einfacher Kopie an das Finanzamt, Grunderwerbsteuerstelle); wenn die Unbedenklichkeitsbescheinigung vorliegt, ist die Berichtigung des Grundbuchs zu beantragen (nicht der Eigentumsübergang, weil die Umwandlung selbst *ipso iure* den Eigentumswechsel außerhalb des Grundbuchs vollzogen hat, das dadurch unrichtig geworden ist).
- ☐ Hat die Tochtergesellschaften selbst **Unternehmensbeteiligungen**?
  - ☐ Wenn nein, ist nichts zu veranlassen.
  - ☐ Wenn ja: Folgen prüfen und evtl. Beteiligte im Vorfeld darauf hinweisen (Klauseln in den Gesellschaftsverträgen der Enkelgesellschaften); im Übrigen: Erstellung neuer Gesellschafterlisten mit notarieller Bescheinigung gem. § 40 Abs. 2 Satz 1 GmbHG[38]
- ☐ Sind **weitere Maßnahmen** im Rahmen der Verschmelzung zu beschließen und anzumelden? Ändern sich Geschäftsführer oder Prokuristen oder sonstige Satzungselemente bei der übernehmenden Muttergesellschaft?
- ☐ Die **richtigen Beteiligten** müssen handeln: Zu den zu beurkundenden Verträgen erscheinen und diese unterschreiben die jeweiligen Geschäftsführer der Gesellschaften in vertretungsberechtigter Formation; Regelung hinsichtlich § 181 BGB beachten! Die Beschlüsse werden in beurkundeter Form mit einer jeweiligen Mehrheit von mindestens drei Vierteln der abgegebenen Stimme getroffen, wobei der Gesellschaftsvertrag auch nach oben abweichende Quoren festlegen kann (§ 50 Abs. 1 UmwG) (beim *upstream merger* trivial). Die Handelsregisteranmeldungen werden dann jeweils, je nach Stand nach den Beurkundungen durch die jeweils zuständigen Geschäftsführer angemeldet. Das Vertretungsorgan des übernehmenden Rechtsträgers ist berechtigt, die Verschmelzung auch zur Eintragung in das Register des Sitzes jedes der übertragenden Rechtsträger anzumelden (§ 16 Abs. 1 Satz 2 UmwG).

38 Die Frage der Einreichungspflicht bzw. Einreichungskompetenz des Notars bei einer nur mittelbaren Änderung des Gesellschafterbestandes einer Drittgesellschaft durch Verschmelzung des Gesellschafters auf eine andere Gesellschaft ist höchst umstritten, vgl. hierzu nur *Damm*, BWNotZ 2017, 5, 6 m.w.N.; zu einem ähnlichen Ergebnis wie der vorhergehende Aufsatz kommt auch *Heidinger* in: Heckschen/Heidinger, Die GmbH in der Gestaltungs- und Beratungspraxis, Kap. 13, Rn 555. Eine Verpflichtung zur Einreichung durch den Notar nimmt allerdings die einzig greifbare obergerichtliche Stimme OLG Hamm, Beschl. v. 1.12.2009 – 15 W 304/09, NZG 2010, 113, an.Nach Meinung der Autoren sollte der Notar die weiteren Gesellschafterlisten einreichen. Er ist hierzu nach Auffassung der Autoren berechtigt (wenn auch nicht verpflichtet) und sollte dies als Service für seine Kunden betrachten. Er sollte jedoch die Beteiligten im Vorfeld darauf hinweisen und auch darauf hinwirken, dass ihm die weiteren Gesellschaften, bei denen der übertagende Rechtsträger Gesellschafter war/ist rechtzeitig mitgeteilt werden.

☐ **Folgende Anlagen** können bei einer Verschmelzung einer GmbH auf eine andere GmbH **beim Handelsregister einzureichen** sein (§§ 17, 52 UmwG):
- ☐ beurkundeter Verschmelzungsvertrag,
- ☐ beurkundete Verschmelzungsbeschlüsse,
- ☐ Zustimmungserklärungen einzelner Anteilsinhaber, soweit nötig,
- ☐ Nachweis über die rechtzeitige Zuleitung an den Betriebsrat bzw. dessen Verzichtserklärung,
- ☐ eventuell Genehmigungsurkunde, wenn eine staatl. Genehmigung notwendig sein sollte,
- ☐ Schlussbilanz des übertragenden Rechtsträgers bei der Anmeldung zum Register des übertragenden Rechtsträgers.

▲

III. Ablaufplan

Hier, wie überall, gilt: Der konkrete Ablauf richtet sich in der Praxis nach den Umständen des Einzelfalls; vom Notar ist ein gewisses Maß an Flexibilität gefragt, etwa wenn die jeweiligen Stichtage noch in der Zukunft liegen sollen. Der Notar sollte sich immer, auch beim *upstream* merger, einen konkreten Ablaufplan (mit großzügigen Fristen für die Kundschaft und sich selbst) erstellen, um immer die nächsten Schritte im Blick zu haben.[39] 47

1. Vorbereitungshandlungen: Entwurfserstellung durch die Beteiligten in möglichst enger Absprache mit dem Notar, Erstellung der Schlussbilanz, Einbindung von Betriebsräten, Inhabern von Sonderrechten etc. Die Beteiligten sollten weitere Rechtsfragen im Blick haben: Anforderungen des Kartellrechts, des Gewerberechts, etc. 48

2. Beteiligung der Betriebsräte: Sofern es in den betroffenen Gesellschaften Betriebsräte gibt: Zuleitung des Vertrages oder seines Entwurfs spätestens einen Monat vor dem Tage der Versammlung der Anteilsinhaber jedes beteiligten Rechtsträgers (§ 5 Abs. 3 UmwG) an jeden Betriebsrat eines beteiligten Rechtsträgers. Auf die Monatsfrist kann verzichtet werden, nicht jedoch auf die Zuleitung selbst.[40] 49

Kommt es jedoch im Zuge der Verschmelzung zu wesentlichen Nachteilen für die Belegschaft oder jedenfalls wesentliche Teile der Belegschaft, so müssen die Betriebsräte u.U. deutlich vorher informiert werden (nämlich „rechtzeitig“ im Sinne von § 111 BetrVG), damit ein Interessenausgleich und evtl. ein Sozialplan erstellt werden kann. Hierbei handelt es sich dann um Vorbereitungshandlungen, die u.U. viele Monate vorher angebahnt worden sein sollten.[41]

39 Vgl. *Krauß* in: Engl, Formularbuch Umwandlungen, Kap. A.1 Rn 2 ff.

40 OLG Naumburg, NZG 2004, 734.

41 So auch *Krauß* in: Engl, Formularbuch Umwandlungen, Kap. A.1 Rn 5.

50 **3. Verschmelzungsvertrag**: Beurkundung des Verschmelzungsvertrages.

51 **4. Gesellschafterbeschlüsse**: Beurkundung der Zustimmungsbeschlüsse der Gesellschafterversammlungen der übernehmenden und der übertragenden Gesellschaft (§§ 13, 50 UmwG).[42]

52 **5. Verzichtserklärungen**: In diesem Kontext kann auch (beim *upstream merger* regelmäßig) die Verzichtserklärung auf die Klage gegen die Wirksamkeit des Beschlusses durch sämtliche Anteilsinhaber beurkundet werden.

Der Klageverzicht kann auch separat beurkundet werden oder es kann die einmonatige Klagefrist abgewartet werden (§ 14 UmwG).

53 **6. Handelsregisteranmeldungen** der Verschmelzung durch die Geschäftsführer in vertretungsberechtigter Zahl in das Register eines jeden beteiligten Rechtsträgers (§ 16 Abs. 1 Satz 1 UmwG). Dies kann auch durch die Geschäftsführung des übernehmenden Rechtsträgers allein übernommen werden (§ 16 Abs. 1 Satz 2 UmwG).

54 **7. Eintragung** der Verschmelzung in das Register des übertragenden Rechtsträgers. Erst danach konstitutive Eintragung in das Register des übernehmenden Rechtsträgers (siehe §§ 19 Abs. 1, 20 Abs. 1 UmwG). Weiterer Ablauf bei und zwischen den beteiligten Registergerichten: Vgl. § 19 Abs. 2 und 3 UmwG.

IV. Anmerkungen

1. Allgemein

55 Die Verschmelzung einer 100 %igen Tochter-GmbH auf ihre Mutter-Gesellschaft (landläufig auch als „*upstream merger*" bezeichnet) dürfte die praktisch häufigste Form der Verschmelzung nach dem UmwG sein. Sie kann verschiedene Funktionen haben, etwa die Vereinfachung von Konzernstrukturen, die „stille Liquidation" der Tochtergesellschaft, Übernahme einer begehrten Firma, etc.; zumeist kommen die Kunden aber, wie bei allen anderen Konstellationen dieser Art, zum Notar, weil der Steuerberater hierzu geraten hat.[43]

56 Einschlägige Normen für die Verschmelzung einer GmbH mit einer anderen GmbH durch Aufnahme sind die allgemeinen Regeln der §§ 2–38 UmwG, sowie die besonderen Vorschriften der §§ 45–55 UmwG. Dies ist im vorliegenden Fall des *upstream merger* genau so, wie bei anderen Verschmelzungen. Die Besonderheit des vorliegenden Falles liegt in der Abweichung vom Dogma der Anteilsgewährpflicht (vgl. § 5 Abs. 2 UmwG):[44] Die übernehmende Mutter-GmbH darf zur Durchfüh-

42 Zeitlich können die Beschlüsse auch vor dem eigentlichen Verschmelzungsvertrag liegen. Dann müssen bei den Beschlüssen Entwürfe des Vertrages vorgelegen haben. Ein solches Vorgehen ist typischerweise bei sog. Volksbank-Verschmelzungen angezeigt.

43 Vgl. *Kraus* in: Engl, Formularbuch Umwandlungen, Kap. A.1 Rn 9 ff.

44 Siehe *Weiler* in: Hauschild/Kallrath/Wachter, Notarhandbuch, § 25 Rn 43.

rung der Verschmelzung ihr Stammkapital nicht erhöhen (§ 54 Abs. 1 S. 1 Nr. 1 UmwG).

Die Beteiligung einer UG (haftungsbeschränkt) im Sinne von § 5a GmbH, als Variante der Gesellschaft mit beschränkter Haftung, an einer Verschmelzung ist unproblematisch möglich, wenn die UG (haftungsbeschränkt) übertagender Rechtsträger ist.[45] Die Beteiligung der UG (haftungsbeschränkt) an einer Verschmelzung als übernehmender Rechtsträger wird von der h.M. jedenfalls für möglich erachtet, wenn bei der übernehmenden Gesellschaft entweder keine Kapitalerhöhung gem. § 54 Abs. 1 UmwG stattfindet oder die UG (haftungsbeschränkt) im Rahmen der Verschmelzung ihr Stammkapital auf mindestens 25.000 EUR erhöht.[46] Da bei einem *upstream merger* keine Kapitalerhöhung bei der Mutter-Gesellschaft erfolgt, kann eine UG (haftungsbeschränkt) also sowohl übertragender als auch übernehmender Rechtsträger sein. **57**

Der Verschmelzungsvertrag bedarf gem. § 6 UmwG der notariellen Beurkundung. Ebenso müssen sowohl der Gesellschafterbeschluss des übernehmenden als auch des übertragenden Rechtsträgers notariell beurkundet werden; der Vertrag oder sein Entwurf ist dem Beschluss als Anlage beizufügen (§ 13 Abs. 3 Satz 1 und 2 UmwG). Eine Ausnahme kommt allenfalls bei Konzern-Verschmelzungen in Betracht, bei der die übernehmende Rechtsträger eine Aktiengesellschaft ist (vgl. § 62 UmwG). **58**

2. Zum Vertragsmuster

Der Verschmelzungsvertrag bedarf der notariellen Beurkundung. Ein Verschmelzungsvertrag muss nicht notwendigerweise in einer Urkunde zusammengefasst sein. Entscheidend ist, ob mehrere Urkunden in ihrer Gesamtheit und wechselseitigen Bezugnahme aufeinander ein vollständiges und richtiges Bild des Inhalts des Verschmelzungsvertrages ergeben.[47] **59**

Der Vertrag enthält in § 2 Abs. 3 eine Bezugnahme auf die Schlussbilanz. *Krauß* weist zurecht daraufhin, dass dieser Bezug an sich nicht notwendig ist, weil das Gesetz in § 17 Abs. 2 UmwG nur davon ausgeht, dass die Bilanz der Handelsregisteranmeldung beizufügen ist. Sie hat sich aber „eingebürgert".[48] Jedenfalls muss die **60**

45 Für viele: *Winter* in: Schmitt/Hörtnagl, UmwG, UmwStG, § 3 UmwG Rn 18.

46 Für den zweiten Fall: BGH, Beschl. v. 19.4.2011 – II ZB 25/10, MittBayNot 2011, 413; im Übrigen: *Winter* in: Schmitt/Hörtnagl, UmwG, UmwStG, § 3 UmwG Rn 18 f. Dem ist zuzustimmen, denn für den ersten Fall gilt, dass Sinn und Zweck von § 5 Abs. 2 Satz 2 GmbH nicht sind, die UG (haftungsbeschränkt) in ihrer Entwicklung zu hindern. Am Stammkapital selbst ändert sich gerade nichts durch die Aufnahme ohne Kapitalerhöhung. Im zweiten Fall würde die entgegengesetzte Meinung die UG (haftungsbeschränkt) letztlich schlechter stellen als die GmbH, die im Rahmen einer Gründung durch eine (teilweise) Sachgründung gegründet werden kann.

47 OLG Naumburg, Beschl. v. 17.3.2003 – 7 Wx 6/02, NZG 2004, 734.

48 *Krauß*, Beck'sche Online-Formulare Vertrag, 7.13.2.1, Rn 8.

Bilanz nach allgemeinen Grundsätzen des Handelsrechts unterschrieben sein. Darüber hinaus gehende Angaben zur Bilanz bedarf es jedoch im Verschmelzungsvertrag nicht. Insbesondere muss diese nicht als Anlage an den Verschmelzungsvertrag beigefügt werden.

61 Es empfiehlt sich bei jeder Verschmelzung den Katalog des § 5 Abs. 1 UmwG hinsichtlich der dort enthaltenen Angaben „abzuarbeiten“: Das bedeutet, dass man jeden Punkt (Nr. 1–9) erwähnen sollte, auch wenn dieser nicht vorliegt. Dies gibt einem die Gewissheit, den Sachverhalt vollständig richtig erfasst zu haben. Im Falle des *upstream merger* sind einige der Punkte, nämlich die, welche sich mit der Anteilsgewährung befassen, irrelevant. Der Vollständigkeit kann man diese jedoch kurz abhandeln.

62 Arbeitsrechtliche Folgen: Größeren Unternehmen sollte dringend angeraten werden, eine arbeitsrechtliche Begleitung von Umwandlungsvorgängen zu suchen. Der Notar hat (nur) sicherzustellen, dass

- die fristgerechte Erfüllung der Verpflichtung zur Zuleitung des Vertrages bzw. seines Entwurfes an den Betriebsrat sichergestellt ist,
- die Folgen der Verschmelzung für die Arbeitnehmer und ihre Vertretungen sowie die insoweit vorgesehenen Maßnahmen (§ 5 Abs. 1 Nr. 9 UmwG) offengelegt werden.

Der Vollständigkeit halber (und erneut zur korrekten Erfassung des Sachverhalts) empfiehlt es sich auch auf die (bestehenden oder eben nicht einschlägigen) mitbestimmungsrechtlichen Folgen hinzuweisen.

3. Zur Schlussbilanz

63 Es handelt sich um die Handelsbilanz, nicht um die Steuerbilanz. Sie ist auf den dem Verschmelzungsstichtag vorangehenden Tag aufzustellen (typischerweise auf den 31.12. des Vorjahres, wenn der 1.1. der Verschmelzungsstichtag sein soll). Diesen vorhergehenden Tag nennt der Gesetzgeber in § 2 Abs. 1 Satz 1 UmwStG den **steuerrechtlichen Übertagungsstichtag**.[49] Dieser Stichtag der Schlussbilanz geht dem **Verschmelzungsstichtag** im Sinne von § 5 Abs. 1 Nr. 6 UmwG zwingend voraus.[50]

64 Das Registergericht darf die Verschmelzung nur eintragen, wenn die Bilanz auf einen höchstens acht Monate vor der Anmeldung liegenden Stichtag aufgestellt worden ist (§ 17 Abs. 2 Satz 4 UmwG).

65 Oft hört man die Frage, ob es sich um eine **geprüfte Bilanz** handeln müsse. Dies ist nicht zwingend der Fall: Für die Schlussbilanz gelten die Vorschriften über die

49 Siehe auch *Krauß* in: Beck'sche Online-Formulare Vertrag, 7.13.,2.1, Rn 25.

50 Ebenso *Kraus* in: Engl, Formularbuch Umwandlungen, Kap. A.1 Rn 40 mit Hinweisen auf die Gegenmeinung.

Jahresbilanz und deren Prüfung entsprechend (§ 17 Abs. 2 Satz 2 UmwG). Das bedeutet, dass die Schlussbilanz dann geprüft sein muss, wenn für den übertragenden Rechtsträger eine bilanzrechtliche Prüfungspflicht bestand. Auf diesen Umstand sollte der Notar die Rechtsuchenden als *nobile officium* hinweisen, ihn selbst treffen aber keine besonderen Amtspflichten: Der Notar kann die Bilanz verwenden, welche die Beteiligten ihm vorlegen. Die Möglichkeit, als Prüfer für eine Bilanz zu fungieren, ergibt sich aus § 319 HGB.[51]

4. Rücktrittsrecht

Eine solche Regelung kann beim *upstream merger* auch entfallen. Der Vollständigkeit halber, wird sie vom Muster jedenfalls kurz angesprochen. 66

V. Steuerliche Hinweise

1. Ertragsteuer

Einschlägige Normen des Umwandlungssteuerrechts sind die §§ 11–12 UmwStG. 67
§ 11 UmwStG regelt die Wertansätze in der steuerlichen Schlussbilanz des übertragenden Rechtsträgers, § 12 UmwStG enthält Regelungen für den übernehmenden Rechtsträger § 13 UmwStG kommt beim *upstream merger* nicht zur Anwendung.[52]

a) Besteuerung bei der Muttergesellschaft (§ 12 UmwStG)

Durch die Verschmelzung der Tochtergesellschaft auf ihre Muttergesellschaft hat 68
die Muttergesellschaft nach dem steuerrechtlichen Prinzip der Wertverknüpfung die auf sie übergegangenen Wirtschaftsgüter mit dem in der steuerlichen Schlussbilanz der übertragenden Körperschaft enthaltenen Wert zu übernehmen (§ 12 Abs. 1 Satz 1 UmwStG). Gleichzeitig „verliert" sie aber auch ihre Beteiligung an der Tochtergesellschaft, die ja erloschen ist. Es liegt ein **entgeltliches Anschaffungsgeschäft** vor.

Hierdurch entsteht bei der Muttergesellschaft ein Übernahmegewinn oder -verlust 69
in Höhe des Unterschieds zwischen dem Buchwert der Anteile an der übertragenden Körperschaft und dem Wert, mit dem die übergegangenen Wirtschaftsgüter zu übernehmen sind, abzüglich der Kosten für den Vermögensübergang. Nach § 12 Abs. 2 UmwStG i.V.m. § 8b KStG ist ein solcher Gewinn effektiv zu 95 % steuerbefreit bzw. ein Verlust steuerlich nicht abzugsfähig. Der Gewinn ist außerhalb der Steuerbilanz entsprechend zu korrigieren. Außerdem kann es auch in diesen Fällen zu steuerpflichtigen Konfusionsgewinnen kommen, wenn zwischen den Gesellschaften Forderungen und Verbindlichkeiten bestehen.

51 *Schulte* in: Böttcher/Habighorst/Schulte, Umwandlungsrecht, UmwG, § 17 Rn 22 f.
52 *Schmitt* in: Schmitt/Hörtnagl, UmwG, UmwStG, § 13 UmwStG Rn 11.

b) Besteuerung bei der Tochtergesellschaft (§ 11 UmwStG)

70 Bei einer Verschmelzung auf eine andere Körperschaft sind die übergehenden Wirtschaftsgüter in der steuerlichen Schlussbilanz der übertragenden Körperschaft mit dem gemeinen Wert anzusetzen. Auf Antrag des übertragenden Rechtsträgers (bzw. des übernehmenden Rechtsträgers als dessen Gesamtrechtsnachfolger)[53] können die übergehenden Wirtschaftsgüter aber auch einheitlich mit dem Buchwert oder einem höheren Wert, höchstens jedoch mit dem gemeinen Wert, angesetzt werden, soweit u.a. sichergestellt ist, dass sie später bei der übernehmenden Körperschaft der Besteuerung mit Körperschaftsteuer unterliegen. Bei rein nationalen Verschmelzungen liegen diese Voraussetzungen in aller Regel vor bzw. lassen sich einhalten.

Der Ansatz der Buchwerte in der steuerlichen Schlussbilanz der übertragenden Körperschaft vermeidet eine Aufdeckung stiller Reserven. Eine Höherbewertung über dem Buchwert hat das Entstehen eines Übertragungsgewinns auf der Ebene der übertragenden Körperschaft zur Folge. Dieser Gewinn unterliegt grds. ohne Begünstigung der Körperschaftsteuer und der Gewerbesteuer.[54] Da vorhandene steuerliche Verluste der Übertragenden Körperschaft im Rahmen der Verschmelzung untergehen, kann das Auslösen eines Übertragungsgewinns jedoch im Einzelfall auch vorteilhaft sein.

2. Umsatzsteuer

71 Die Verschmelzung unterfällt nicht der Umsatzsteuer (§ 1 Abs. 1a UStG).

3. Grunderwerbsteuer

72 Grundbesitz der Muttergesellschaft ist grunderwerbsteuerlich irrelevant. Grundstücke oder grundstücksgleiche Rechte, welche zum Zeitpunkt der Eintragung der Verschmelzung im Handelsregister zum Vermögen der Tochtergesellschaft gehören, löst grds. den Anfall von Grunderwerbsteuer gem. § 1 Abs. 1 Nr. 3 GrEStG aus. Außerdem kann es zu Grunderwerbsteuer nach § 1 Abs. 2a, Abs. 2b oder Abs. 3 GrEStG kommen, wenn die übertragende Körperschaft wiederum Anteile an anderen Gesellschaften mit Grundbesitz hält. Nach § 6a GrEStG kann es zu einer Befreiung von der Grunderwerbsteuer kommen, die aufgrund der komplexen Voraussetzungen jedoch für jeden Einzelfall gründlich zu prüfen ist.

53 Rn 11.12 i.V.m 03.28. des Umwandlungssteuererlasses vom 11.11.2011 (BStBl I, S. 1314).

54 *Rödder* in: Rödder/Herlinghaus/van Lishaut, UmwStG, § 11 UmwStG, Rn 5.

VI. Notarkosten

1. Verschmelzungsvertrag: Zu erheben ist eine 2,0-Gebühr nach 21100 KV GNotKG. Der Geschäftswert bestimmt sich nach § 97 Abs. 1 GNotKG:[55] Er beträgt mindestens 30.000 EUR und höchstens 10 Millionen EUR (§ 107 Abs. 1 Satz 1 GNotKG). Anzusetzen ist das bereinigte Aktivvermögen des übertragenden Rechtsträgers, wie es sich aus der Schlussbilanz ergibt; Schulden sind nicht abzuziehen, § 38 GNotKG.[56] Allerdings ist dieser Wert folgendermaßen zu korrigieren: Abzuziehen sind die Aktivpositionen, die keinen Vermögenswert darstellen. Abzuziehen ist ebenfalls ein nicht durch Eigenkapital gedeckter Fehlbetrag i.S.v. § 268 Abs. 3 HGB. Grundstücke, Erbbaurechte etc. sind mit dem Verkehrswert und nicht mit dem Buchwert anzusetzen.[57] Dies gilt allgemein für stille Reserven (§§ 46, 54 GNotKG). Ein eventueller Antrag auf Grundbuchberichtigung ist nicht gesondert anzusetzen und löst keine Gebühr nach KV 22124 GNotKG aus.[58] 73

2. Problematisch und bislang (soweit ersichtlich) gerichtlich nicht entschieden ist die Frage, ob eine **Betreuungsgebühr** gem. Ziff. 22200 Nr. 6 KV GNotKG anfällt, wenn der Notar Gesellschafterliste von Gesellschaften erstellt, deren Gesellschafter die übertragende Tochter-Gesellschaft bislang war. Nach Auffassung der Autoren ist das zu bejahen, denn der Notar hat hierzu die Änderungskompetenz und hat Umstände außerhalb der Urkunde zu beachten, da die Liste erst nach Vollzug der Verschmelzung im Handelsregister der übernehmenden Gesellschaft beim zuständigen Registergericht eingereicht werden kann. 74

3. Gesellschafterbeschlüsse: Zu erheben ist jeweils eine 2,0-Gebühr nach 21100 KV GNotKG.[59] Der Geschäftswert der Zustimmungsbeschlüsse des übernehmenden und des übertragenden Rechtsträgers ist jeweils der Wert des Vermögens des übertragenden Rechtsträgers (§ 108 Abs. 3 GNotKG); der Höchstwert beträgt 5 Mio. EUR (§ 108 Abs. 5 GNotKG). Soweit beide Zustimmungsbeschlüsse in einer Urkunde zusammengefasst werden können, sollte dies erfolgen. Diese Beschlüsse sind gegenstandsgleich gem. § 109 Abs. 2 Nr. 4 lit. g) GNotKG. Getrennte Beurkundung ohne sachliche Gründe wäre eine unrichtige Sachbehandlung im Sinne von § 21 Abs. 1 GNotKG.[60] 75

4. Verzichtserklärungen: Werden Verzichtserklärungen in der selben Urkunde wie der Verschmelzungsvertrag mitbeurkundet, sind diese wegen Gegenstandsgleichheit gem. § 109 Abs. 1 GNotKG nicht gesondert zu bewerten (Grund: Sie dienen 76

55 Ebenso: *Berkefeld* in: Kersten/Bühling, § 154, XI. Muster, Rn 66; a.A. *Krauß* in: Beck'sche Online-Formulare Vertrag, 7.13.,2.1, Rn 22: § 97 Abs. 3 GNotKG.

56 BayObLG, Beschl. v 19.3.1997 – 3 Z BR 283/96, MittBayNot 1997, 252.

57 *Berkefeld* in: Kersten/Bühling, § 154, XI. Muster, Rn 60 m.w.N.

58 *Berkefeld* in: Kersten/Bühling, § 154, XI. Muster, Rn 60 m.w.N.

59 Ländernotarkasse (Hrsg.), Leipziger Kostenspiegel, Rn 22.39 ff.

60 Ländernotarkasse (Hrsg.), Leipziger Kostenspiegel, Rn 22.48.

der Durchführung des Verschmelzungsvertrages).[61] Werden diese Erklärungen aber zusammen mit den Zustimmungsbeschlüssen abgegeben (wie im vorliegenden Muster), ist eine gesonderte 1,0 Gebühr nach Nr. 21200 KV GNotKG zu erheben, da nach § 110 Nr. 1 GNotKG verschiedene Beurkundungsgegenstände vorliegen. Eine unrichtige Sachbehandlung lässt sich nach Meinung der Autoren in diesem Fall nicht ohne Weiteres annehmen, weil grds. andere Urkundsbeteiligte betroffen sind und insoweit eine getrennte Beurkundung angezeigt sein kann. Allerdings bietet es sich bei besonders kleingliedrigen Konzernstrukturen (ein Gesellschafter bei der Mutter-Gesellschaft, der ebenfalls Geschäftsführer beider Gesellschaften ist), sämtliche notwendigen Erklärungen in einer Urkunde zusammenzufassen

77 Der Geschäftswert für Zustimmungserklärungen ist die Hälfte des für die Beurkundung des Verschmelzungsvertrages maßgeblichen Geschäftswertes, bezogen auf den Anteil des zustimmenden Gesellschafters; höchstens 1 Mio. EUR (§ 98 Abs. 1, 2, 4 GNotKG). Reine Verzichtserklärungen einzelner Gesellschafter sind nach billigem Ermessen anzusetzen, § 36 Abs. 1 GNotKG (in der Literatur mit etwa 10 % des Anteils jedes erklärenden Anteilsinhabers angenommen).[62] Verzichtserklärungen und einzelne Zustimmungserklärungen außerhalb der Beschlüsse des gleichen Gesellschafters in einer Urkunde sind gegenstandsgleich.

78 **5. Gebühren für die Handelsregisteranmeldung** des übernehmenden Rechtsträgers: 0,5-Gebühr gem. Nr. 24102 i.V.m. Nr. 21201 Nr. 5 KV GNotKG bei vollständiger Entwurfsfertigung, mindestens 30 EUR. Wird der Entwurf der Anmeldung durch den Mandanten gestellt: bloße Unterschriftsbeglaubigung mit 0.2 Gebühr gem. Nr. 25100 KV GNotKG (mindestens 20 EUR, höchstens 70 EUR). Der Geschäftswert ist 1 % des Stammkapitals, mindestens 30.000 EUR, höchstens 1 Mio. EUR (§§ 105 Abs. 4 Nr. 1, 106 GNotKG). Ebenfalls anzusetzen:

- 0,2 Gebühr (höchstens 2.125 EUR) gem. Nr. 22114 KV GNotKG für die Erstellung der XML-Strukturdateien.
- 1,50 EUR, höchstens jedoch 5 EUR für die Übersendung der Dateien (Nr. 32002 KV GNotKG)
- Druckkosten, Nr. 32001 KV GNotKG,
- Post-/Telekompauschale 20 EUR, Nr. 32005 KV GNotKG.

79 **6. Gebühren für die Handelsregisteranmeldung** des übertragenden Rechtsträgers: wie e) (siehe Rdn 78).

61 OLG Hamm, Beschl. v. 6.12.2001 – 15 W 314/01, MittBayNot 2002, 210.

62 Notarkasse, Streifzug durch das GNotKG, Rn 1786.

C. Verschmelzung einer Mutter-GmbH auf ihre 100 %ige-Tochter-GmbH (downstream merger)

I. Muster

1. Verschmelzungsvertrag

▼ 80

Muster 2.11: Verschmelzungsvertrag (*downstream merger*)

(*Notarielle Eingangsformel*) 2.11

1. Herr/Frau ...,

   nicht handelnd im eigenen Namen, sondern als einzelvertretungsberechtigter und von den Beschränkungen des § 181 BGB befreiter Geschäftsführer für die ... GmbH mit dem Sitz in ..., eingetragen im Handelsregister des Amtsgerichts ... unter HRB ..., Geschäftsadresse: ....

2. Herr/Frau ...,

   nicht handelnd im eigenen Namen, sondern als einzelvertretungsberechtigter und von den Beschränkungen des § 181 BGB befreiter Geschäftsführer für die ... GmbH mit dem Sitz in ..., eingetragen im Handelsregister des Amtsgerichts ... unter HRB ..., Geschäftsadresse: ....

Ich, der Notar, bescheinige gem. § 21 Abs. 1 BNotO aufgrund heutiger Einsicht in das elektronische Handelsregister die vorstehenden Vertretungsverhältnisse. Die zuletzt beim Handelsregister eingereichten Gesellschafterlisten wurden vor Beurkundung eingesehen.

Die Frage nach einer Vorbefassung im Sinne des § 3 Abs. 1 Nr. 7 BeurkG wurde allseits verneint.

Über das Geldwäschegesetz belehrt, erklären alle Beteiligten auf eigene Rechnung bzw. bzw. aufgrund offen gelegter Vertretungsverhältnisse zu handeln. Die jeweilige Beteiligungsstruktur ergibt sich aus der zuletzt beim jeweils zuständigen Handelsregister eingereichten Gesellschafterliste.

Die Beteiligten erklären, dass sie rechtzeitig vor der heutigen Beurkundung den beabsichtigten Text des Rechtsgeschäfts erhalten haben und so ausreichend Gelegenheit hatten, sich vorab mit dem Gegenstand der Beurkundung auseinanderzusetzen.

Es wird erklärt mit der Bitte um notarielle Beurkundung:

Verschmelzungsvertrag

§ 1 Sachstand

(1) Im Handelsregister des AG ist unter HRB die GmbH mit dem Sitz in eingetragen (in dieser Urkunde „übertragender Rechtsträger“ genannt). Das Stammkapital beträgt EUR.

Am übertagenden Rechtsträger ist als Allein-Gesellschafter beteiligt:

- Herr/Frau : Geschäftsanteile Nr. im Nennbetrag von je EUR

Im Handelsregister des AG ist unter HRB die GmbH mit dem Sitz in eingetragen (in dieser Urkunde „übernehmender Rechtsträger“ genannt).

Am übernehmenden Rechtsträger ist als Allein-Gesellschafter beteiligt:

- GmbH mit dem Sitz in : Geschäftsanteile Nr. im Nennbetrag von je EUR

Der übertragende Rechtsträger hält also sämtliche Anteile am übernehmenden Rechtsträger (sog. **downstream merger**).

(2) An der Verschmelzung sind gem. **§ 5 Abs. 1 Nr. 1 UmwG** als Rechtsträger beteiligt:

- die -GmbH mit Sitz in als übernehmender Rechtsträger und
- die -GmbH mit Sitz in als übertragender Rechtsträger.

(3) Die Erschienenen erklären:

- Die Einlagen und ein etwaiges Aufgeld auf die Geschäftsanteile sind in voller Höhe bewirkt.
- Sonderrechte i.S.v. §§ 23 und 50 Abs. 2 UmwG bestehen bei dem übertragenden Rechtsträger nicht.

§ 2 Vermögensübertragung, Verschmelzungsstichtag

(1) Die -GmbH als übertragender Rechtsträger überträgt ihr Vermögen als Ganzes mit allen Rechten und Pflichten unter Auflösung ohne Abwicklung auf die -GmbH als übernehmenden Rechtsträger gem. § 2 Nr. 1, §§ 46 ff. UmwG (**Verschmelzung durch Aufnahme**).

(2) Die Übernahme des Vermögens des übertragenden Rechtsträgers erfolgt im Innenverhältnis mit Wirkung zum 1.1. , 0:00 Uhr (**Verschmelzungsstichtag im Sinne des § 5 Abs. 1 Nr. 6 UmwG**).

Von diesem Zeitpunkt an bis zum Zeitpunkt des Erlöschens des übertragenden Rechtsträgers gem. § 20 Abs. 1 Nr. 2 UmwG gelten alle Handlungen und Geschäfte des übertragenden Rechtsträgers als für Rechnung des übernehmenden Rechtsträgers vorgenommen und geführt.

(3) Der Verschmelzung wird die Bilanz aus dem mit dem uneingeschränkten Bestätigungsvermerk des Wirtschaftsprüfers in versehenen Jahresabschluss des übertragenden Rechtsträgers zum 31.12. (**steuerlicher Übertragungsstichtag im Sinne des §2 Abs. 1 UmwStG**) als Schlussbilanz zugrunde gelegt.

Der übernehmende Rechtsträger wird die auf ihn übergegangenen Vermögensgegenstände und Verbindlichkeiten in seiner Bilanz mit den Werten ansetzen, mit denen diese Vermögensgegenstände und Verbindlichkeiten in der Schlussbilanz des übertragenden Rechtsträgers angesetzt sind (§ 24 UmwG). Der übernehmende Rechtsträger hat die steuerlichen Buchwerte des übertragenden Rechtsträgers fortzuführen. Auf die Erforderlichkeit eines Antrages beim Finanzamt gem. §11 Abs. 2 UmwStG für die Buchwertfortführung wurde hingewiesen. Ändern sich beim übertragenden Rechtsträger aufgrund einer steuerlichen Außenprüfung oder anderer bindender Anordnungen der Finanzverwaltung für Zeiträume bis zum Verschmelzungsstichtag die steuerlichen Wertansätze der übergehenden Aktiva und Passiva, so wird der aufnehmende Rechtsträger in seiner Steuerbilanz die geänderten Wertansätze fortführen.

(4) Sollte die Verschmelzung nicht bis zum 31.12. in das Handelsregister des übernehmenden Rechtsträgers eingetragen worden sein, so verschieben sich Bilanz- und Verschmelzungsstichtag jeweils um ein Jahr, mithin auf den 31.12. bzw. den 1.1. .

§3 Gegenleistung

Die Gesellschaftsanteile des übernehmenden Rechtsträgers sind vollständig eingezahlt. Eine Kapitalerhöhung des übernehmenden Rechtsträgers ist entbehrlich (§ 54 Abs. 1 Satz 2 Nr. 2UmwG). Auf eine Kapitalerhöhung beim übernehmenden Rechtsträger wird darüber hinaus in einer separaten Urkunde von den Gesellschaftern des übertragenden Rechtsträgers verzichtet werden (§ 54 Abs. 1 Satz 3 UmwG).

Die bisher vom übertragenden Rechtsträger gehaltenen Geschäftsanteile Nr. im Nennbetrag von je EUR am übernehmenden Rechtsträger gehen ohne Durchgangserwerb mit Wirksamwerden der Verschmelzung auf den Gesellschafter des übertragenden Rechtsträgers über, bare Zuzahlungen erfolgen nicht (insoweit auch Angabe zu **§5 Abs. 1 Nr. 3 und 4 UmwG**).

Dies stellt die Gewährung von Geschäftsanteilen an dem übernehmenden Rechtsträger im Sinne von **§5 Abs. 1 Nr. 2 UmwG** dar.

Die übergehenden Geschäftsanteile gewähren einen Anspruch auf den Bilanzgewinn für das gesamte am 1.1. begonnene laufende Geschäftsjahr des übernehmenden Rechtsträgers (**§5 Abs. 1 Nr. 5 UmwG**).

§ 4 Sonderrechte, Besondere Vorteile

(1) Angaben nach **§ 5 Abs. 1 Nr. 7 UmwG** entfallen, weil Sonderrechte oder Vorzüge weder beim übernehmenden Rechtsträger noch beim übertragenden Rechtsträger bestehen.

(*Alternative*:) (1) Angaben nach § 5 Abs. 1 Nr. 7 UmwG: Nach § der Satzung des übertragenden Rechtsträgers kommt Herr/Frau das Sonderrecht im Sinne des § 35 BGB zu, dass sie als Geschäftsführerin nur bei Vorliegen eines wichtigen Grundes gem. § 38 Abs. 2 GmbHG abberufen werden kann. Sie ist durch Gesellschafterbeschluss des übernehmenden Rechtsträgers auch dort zur einzelvertretungsberechtigten und von § 181 BGB befreiten Geschäftsführerin zu bestellen unter Gewährung eines identischen Sonderrechtes im Wege der Satzungsänderung.

(2) Besondere Vorteile: Keinem Mitglied eines Vertretungsorgans oder eines Aufsichtsorgans der an der Verschmelzung beteiligten Rechtsträger, keinem geschäftsführenden Gesellschafter, keinem Abschlussprüfer oder Verschmelzungsprüfer werden besondere Vorteile i.S.v. **§ 5 Abs. 1 Nr. 8 UmwG** gewährt.

§ 5 Folgen der Verschmelzung für die Arbeitnehmer und ihre Vertretungen (§ 5 Abs. 1 Nr. 9 UmwG)

(1) Der übernehmende Rechtsträger wird mit Wirksamwerden der Verschmelzung neuer Arbeitgeber der zu diesem Zeitpunkt beim übertragenden Rechtsträger beschäftigten Arbeitnehmer. Auf den Übergang findet § 613a Abs. 1, 4 bis 6 BGB Anwendung (§ 35a Abs. 2 UmwG).

Individualarbeitsrechtlich führt die Verschmelzung zu keinen Veränderungen für die Arbeitnehmer des übertragenden Rechtsträgers und des übernehmenden Rechtsträgers. Die übergehenden Arbeitsverhältnisse werden unter voller Anrechnung der Betriebszugehörigkeitszeiten sowie der ggf. bestehenden Vereinbarungen über Direktversicherungen und Altersversorgungszusagen unverändert zu den bisherigen Bedingungen fortgesetzt.

(*Eventuelle Ergänzung*:) Hiervon gibt es jedoch folgende Ausnahme: .

(2) Die Verschmelzung führt zu keinen Veränderungen der betrieblichen Struktur und der betrieblichen Organisation. Eine Betriebsänderung, die Verhandlungen mit dem Betriebsrat des übertragenden Rechtsträgers erforderlich machen würde, wird durch die Verschmelzung selbst nicht bewirkt. Die derzeit bei dem übertragenden Rechtsträger geltenden Betriebsvereinbarungen gelten als kollektivrechtliche Regelungen fort.

(3) Der übernehmende Rechtsträger unterliegt der gleichen tariflichen Bindung wie der übertragende Rechtsträger.

(*Alternativ:*) (3) Für den übernehmenden Rechtsträger gilt bislang kein Tarifvertrag; für den übertragenden Rechtsträger gilt der Tarifvertrag (Flächentarifvertrag). Dieser wird Inhalt des Arbeitsverhältnisses der übernommenen Arbeitnehmer des übertragenden Rechtsträgers im Rahmen der Beschäftigung beim übernehmenden Rechtsträger. Sie dürfen vor Ablauf eines Jahres nicht zu Lasten der Arbeitnehmer abgeändert werden, es sei denn die Arbeitsbedingungen werden vorher durch einen anderen Tarifvertrag oder eine andere Betriebsvereinbarung geregelt.

(4) Betriebsrat: Weder bei dem übertragenden Rechtsträger noch bei dem übernehmenden Rechtsträger besteht ein Betriebsrat, so dass es einer Zuleitung des Vertrages bzw. seines Entwurfes nicht bedurfte.

(*Alternative:*) (4) Die beteiligten Betriebsräte haben ihre Kenntnisnahme vom Verschmelzungsvertrag schriftlich bestätigt und auf die Einhaltung der Frist gem. § 5 Abs. 3 UmwG verzichtet (Beweisanlagen und).

(*Alternative:*) (4) Lediglich beim übertagenden Rechtsträger gibt es einen Betriebsrat. Diesem ist der Entwurf des Verschmelzungsvertrages mit Schreiben vom zugeleitet worden. Eine Kopie der Empfangsbestätigung samt Entwurf des Verschmelzungsvertrages wird dieser Urkunde zu Informationszwecken als Beweisanlage beigefügt.

(5) Betriebsverfassungsrechtliche Konsequenzen ergeben sich nicht.

(*Alternative:*) (5) Der im Betrieb des übertragenden Rechtsträgers errichtete Betriebsrat bleibt zunächst unverändert im Amt und wird mit dem Wirksamwerden der Verschmelzung gleichzeitig zum Betriebsrat des übernehmenden Rechtsträgers. Der dort errichtete Gesamtbetriebsrat entfällt mit dem Wirksamwerden der Verschmelzung. Mit Wirksamwerden der Verschmelzung ist gem. § 47 Abs. 1 BetrVG ein neuer Gesamtbetriebsrat bei dem übernehmenden Rechtsträger zu errichten.

(6) Mitbestimmungsrechtliche Änderungen ergeben sich nicht, da die maßgeblichen Schwellenwerte nicht erreicht werden. Auch nach der Verschmelzung wird die Zahl der Arbeitnehmer des übernehmenden Rechtsträgers einschließlich der von dem übertragenden Rechtsträger übergehenden Arbeitnehmer nicht mehr als 500 betragen (§ 1 Abs. 1 Nr. 3 DrittelbeteiligungsG).

§ 6 Weitere Bestimmungen

(1) Die Firma des übernehmenden Rechtsträgers wird unverändert fortgeführt.

(*Alternative:*) (1) Der übernehmende Rechtsträger wird seine Firma ändern in: . Soweit firmenrechtlich erforderlich, erteilt der übertragende Rechtsträger hierzu seine Zustimmung und strebt deren Erteilung auch durch seine Gesellschafter an.

(2) Die Geschäftsführung des übertragenden Rechtsträgers ändert sich nicht. Prokuren und Geschäftsführungen beim übertragenden Rechtsträger erlöschen mit Vollzug im Handelsregister des übernehmenden Rechtsträgers.

(*Alternative*:) (2) Gem. § 4 Abs. 1 des Verschmelzungsvertrages ist Herr/Frau mit Wirkung ab zur einzelvertretungsberechtigten und von § 181 BGB befreiten Geschäftsführerin des übernehmenden Rechtsträgers zu bestellen.

(3) Der übertragende Rechtsträger verfügt seinerseits nicht über Beteiligungen an deutschen Gesellschaften mit beschränkter Haftung.

(*Alternative*:) (3) Der übertragende Rechtsträger verfügt über Beteiligungen an deutschen Gesellschaften mit beschränkter Haftung (GmbH). Den Beteiligten ist bekannt, dass sie dem Notar sämtliche Gesellschaftsbeteiligungen separat mitzuteilen haben, damit dieser aktuelle Gesellschafterlisten beim Handelsregister einreichen und mit seinem Vermerk gem. § 40 Abs. 2 Satz 1 GmbHG versehen kann. Der Notar wird hiermit beauftragt neue Gesellschafterlisten bei folgenden Gesellschaften einzureichen:

Sollte der übertagende Rechtsträger noch weitere hier nicht aufgezählte Beteiligungen gehabt haben, so werden die Geschäftsführer des übernehmenden Rechtsträgers die entsprechenden Listen hierzu beim jeweils zuständigen Handelsregister einreichen.

(4) Kartellrechtliche Beschränkungen bestehen für den vorliegenden Vertrag nicht.

(5) Zweigniederlassungen: Der übertragende Rechtsträger hat keine Zweigniederlassungen.

(6) Auslandvermögen: Der übertragende Rechtsträger hat im Ausland keine Vermögensgegenstände.

(*Alternative*:) (6) Soweit der übertragende Rechtsträger Vermögensgegenstände im Ausland hat, soll die vorliegende Verschmelzung auch das Vermögen im Ausland unmittelbar erfassen. Soweit die Verschmelzung im Ausland befindliches Vermögen und/oder Schulden des übertragenden Rechtsträgers betrifft und die ausländische Rechtsordnung die Universalsukzession nach deutschem Recht nicht anerkennt, bevollmächtigt die Geschäftsführung des übertragenden Rechtsträgers hiermit unwiderruflich, die Geschäftsführung der übernehmenden Rechtsträgers, alle Maßnahmen und Rechtshandlungen vorzunehmen, die nach deutschem und ausländischem Recht erforderlich oder zweckmäßig sind, um sicherzustellen, dass die aufnehmende Gesellschaft Eigentümerin/Inhaberin auch der im Ausland belegenen Vermögensteile des übertragenden Rechtsträgers wird und die Verbindlichkeiten des übertragenden Rechtsträgers erfüllungshalber übernimmt. Diese Vollmacht umfasst auch das Recht, Untervollmacht zu erteilen.

§7 Grundeigentum

Der übertragende Rechtsträger hat kein Grundeigentum.

(Alternative:) Der übertragende Rechtsträger ist Eigentümer des Grundstücks Flst.Nr. in der Gemarkung (Grundbuch des Amtsgerichts für Blatt , BV-Nr.). Den Beteiligten ist bekannt, dass mit Eintragung der Verschmelzung in das Handelsregister des Sitzes des übernehmenden Rechtsträgers das Grundeigentum auf den übernehmenden Rechtsträger übergeht, sodass das Grundbuch zu berichtigen ist. Hierzu bedarf es der grunderwerbsteuerlichen Unbedenklichkeitsbescheinigung des Finanzamtes nach Entrichtung der anfallenden Grunderwerbsteuer über die der Notar belehrt hat. Die Berichtigung der genannten Grundbücher nach Wirksamkeit der Verschmelzung wird hiermit beantragt; der Notar wird beauftragt und bevollmächtigt, die Grundbuchberichtigung zu veranlassen.

§8 Rücktrittsrecht

(1) Ein vertragliches Rücktrittsrecht wird nicht vorbehalten.

(*Alternative*:) (1) Jeder Vertragspartner ist zum Rücktritt von diesem Vertrag berechtigt, wenn die Verschmelzung nicht bis zum Ablauf des (*Datum*) in das Handelsregister des übernehmenden Rechtsträgers eingetragen worden ist. Die Erklärung des Rücktritts darf erst ab dem ausgesprochen werden. Die Rechtsfolgen des Rücktritts richten sich nach den §§ 346 ff. BGB.

(2) Der Rücktritt ist dem anderen Vertragspartner gegenüber durch eingeschriebenen Brief mit Rückschein zu erklären und dem Notar zu Informationszwecken schriftlich mitzuteilen.

§9 Schluss

(1) Salvatorische Klausel

Sollte eine Bestimmung oder mehrere Bestimmungen dieses Rechtsgeschäfts oder eine spätere Ergänzung ganz oder teilweise unwirksam oder undurchführbar sein oder werden oder sollte sich eine Lücke herausstellen, wird dadurch die Wirksamkeit der übrigen Bestimmungen nicht berührt.

Die Beteiligten verpflichten sich, anstelle dieser Bestimmung diejenige wirksame und durchführbare Bestimmung zu vereinbaren, die rechtlich und wirtschaftlich dem am nächsten kommt, was die Beteiligten gewollt haben oder nach dem Sinn und Zweck des Rechtsgeschäfts und seiner späteren eventuellen Ergänzung gewollt hätten, wenn sie von der Unwirksamkeit oder Undurchführbarkeit der Bestimmung bei Abschluss des Rechtsgeschäfts oder seiner Ergänzung gewusst hätten. Das Gleiche gilt sinngemäß, wenn das Rechtsgeschäft eine ergänzungsbedürftige Lücke aufweist.

(2) Kosten

Die Kosten dieser Urkunde und ihres Vollzuges, die Gebühren und Steuern einschließlich der Kosten der Zustimmungsbeschlüsse trägt der übernehmende Rechtsträger.

Falls die Verschmelzung nicht wirksam werden sollte, tragen die beteiligten Gesellschaften die Notarkosten je zur Hälfte und ihre außerurkundlichen Kosten je allein.

(3) Hinweise des Notars

Der Notar hat auf Folgendes hingewiesen:

- Sämtliche Erklärungen müssen richtig und vollständig beurkundet werden.
- Der Notar hat den weiteren Verfahrensablauf bis zum Wirksamwerden der Verschmelzung erläutert, insbesondere auf das Erfordernis zu beurkundender Zustimmungsbeschlüsse der Gesellschafterversammlung des übertragender Rechtsträger und des übernehmender Rechtsträgers hingewiesen und auf den Zeitpunkt des Wirksamwerdens der Verschmelzung.
- Auf die Wirkungen der Verschmelzung wurde hingewiesen (insbesondere die Gesamtrechtsnachfolge in alle Rechtsverhältnisse des übertragenden Rechtsträgers, unabhängig davon, ob sie bekannt sind oder unbekannt).
- Die Verschmelzung darf gem. § 17 Abs. 2 Satz 4 UmwG nur eingetragen werden darf, wenn sie binnen acht Monaten nach dem Stichtag der bei der Anmeldung einzureichenden Schlussbilanz des übertragenden Rechtsträgers zum Handelsregister angemeldet worden ist,
- Wenn der übertragende Rechtsträger Eigentümer von Grundeigentum oder Inhaber grundstücksgleicher Rechte ist, unterliegt die Verschmelzung der Grunderwerbsteuer.
- Bei Verschmelzungen von GmbH sind die §§ 30 ff. GmbHG zu beachten.
- Wenn nicht bevorrechtigte Gläubiger des übertragenden Rechtsträgers glaubhaft machen können, dass die Erfüllung ihrer noch nicht fälligen Forderungen durch die Verschmelzung gefährdet wird, kann ihnen bei Anmeldung binnen sechs Monaten nach Vollzug unter den Voraussetzungen des § 22 UmwG Sicherheit zu leisten sein.
- Gemäß § 25 UmwG können Mitglieder der beteiligten Vertretungs- und Aufsichtsorgane für etwaige Schäden gegenüber Gesellschaftern, Gläubigern oder den Gesellschaften haften; die Ansprüche verjähren in fünf Jahren nach Vollzug.
- Der Notar hat kartellrechtlich nicht beraten.

Der Notar hat steuerrechtlich nicht beraten und insoweit eine Prüfung dieser Urkunde durch entsprechende Fachberater empfohlen.

(4) Notar- und Angestelltenvollmacht

Der Notar wird bevollmächtigt, sämtliche Erklärungen abzugeben, die zum Vollzug dieser Urkunde erforderlich oder zweckdienlich sind.

Die Beteiligten erteilen den Notarangestellten

- ,
- ,

je geschäftsansässig in

– je einzeln –

die unbedingte und von der Wirksamkeit der übrigen Bestimmungen dieser Urkunde unabhängige Vollmacht, sie beim Vollzug der Urkunde und deren Anmeldung sowie bei Ergänzungen in jeder Hinsicht zu vertreten. Die Bevollmächtigten sind insbesondere befugt, Anträge an das Registergericht zu stellen und zurückzunehmen, Genehmigungen zu beantragen, entgegenzunehmen und mitzuteilen, überhaupt alles zu tun, was nach ihrem Ermessen zur vollständigen Erledigung der Angelegenheit noch erforderlich ist. Sie sind bevollmächtigt, diesen Vertrag zu ergänzen oder abzuändern. Die jeweilige Vollmacht ist auf Dritte übertragbar und erlischt nicht durch den Tod eines Vollmachtgebers. Die Bevollmächtigten sind von den Beschränkungen des § 181 BGB befreit und haben das Recht zur Vollmachtübertragung. Von diesen Vollmachten darf nur vor dem Notar oder seinem Vertreter im Amt Gebrauch gemacht werden. Die Vollmachten erlöschen drei Monate nach vollständigem Vollzug dieser Urkunde.

(5) Verteiler

Von dieser Urkunde erhalten

- elektronisch beglaubigte Abschriften:
  - Registergericht des Sitzes des übernehmenden Rechtsträgers,
  - Registergericht des Sitzes des übertragenden Rechtsträgers,
- beglaubigte Abschriften:
  - übertragender Rechtsträger,
  - Übernehmender Rechtsträger,
  - Finanzamt , Körperschaftsteuerstelle, gem. § 54 EStDV (für übernehmenden Rechtsträger),
  - Finanzamt , Körperschaftsteuerstelle, gem. § 54 EStDV (für übertragenden Rechtsträger),
- einfache Abschrift:
  - Steuerberater ,
  - Finanzamt , Grunderwerbsteuerstelle, mit Anzeige nach § 18 GrEStG mit Antrag auf Erteilung der Unbedenklichkeitsbescheinigung.

Die Niederschrift wurde den Beteiligten in Gegenwart des Notars vorgelesen, von ihnen genehmigt und eigenhändig unterschrieben:

▲

2. Beschluss der übernehmenden und des übertragenden Rechtsträgers mit Verzichtserklärungen

81 ▼

2.12 **Muster 2.12: Beschluss der übernehmenden und des übertragenden Rechtsträgers mit Verzichtserklärungen (*downstream merger*)**

(*Notarielle Eingangsformel*)

Es erscheinen:

1. Herr/Frau
   handelnd im eigenen Namen
2. Herr/Frau
   nicht handelnd im eigenen Namen, sondern als einzelvertretungsberechtigter und von den Beschränkungen des § 181 BGB befreiter Geschäftsführer für die GmbH mit dem Sitz in , eingetragen im Handelsregister des Amtsgerichts unter HRB , Geschäftsadresse: .

Ich, der Notar, bescheinige gem. § 21 Abs. 1 BNotO aufgrund heutiger Einsicht in das elektronische Handelsregister die vorstehenden Vertretungsverhältnisse. Die zuletzt beim Handelsregister eingereichten Gesellschafterlisten wurden vor Beurkundung eingesehen.

Die Frage nach einer Vorbefassung im Sinne des § 3 Abs. 1 Nr. 7 BeurkG wurde allseits verneint.

Über das Geldwäschegesetz belehrt, erklären alle Beteiligten auf eigene Rechnung bzw. bzw. aufgrund offen gelegter Vertretungsverhältnisse zu handeln.

Die Beteiligten erklären, dass sie rechtzeitig vor der heutigen Beurkundung den beabsichtigten Text des Rechtsgeschäfts erhalten haben und so ausreichend Gelegenheit hatten, sich vorab mit dem Gegenstand der Beurkundung auseinanderzusetzen

Es wird erklärt mit der Bitte um notarielle Beurkundung:

I. Sachstand

Im Handelsregister des AG ist unter HRB die GmbH mit dem Sitz in eingetragen (in dieser Urkunde „übernehmender Rechtsträger“ genannt). Das Stammkapital beträgt EUR. Das Stammkapital ist vollständig bewirkt.

Die GmbH mit dem Sitz in , AG HRB , (hier vertreten von der einzelvertretungsberechtigten Geschäftsführerin A) ist alleiniger Gesellschafter des übernehmenden Rechtsträgers.

Die GmbH wird in dieser Urkunde auch „übertragender Rechtsträger“ genannt.

Der übertragende Rechtsträger hält also sämtliche Anteile am übernehmenden Rechtsträger (sog. *downstream merger*).

II. Gesellschafterversammlung des übernehmenden Rechtsträgers und Verzichtserklärungen

§1 Gesellschafterversammlung

Unter Verzicht auf sämtliche gesetzlichen und gesellschaftsvertraglichen Formen und Fristen hält die GmbH als Alleingsellschafterin der übernehmenden Rechtsträgers, hiermit eine **Gesellschafterversammlung der GmbH mit dem Sitz in** ab und beschließt einstimmig was folgt:

Dem Verschmelzungsvertrag zwischen der GmbH als übernehmendem Rechtsträger und der GmbH als übertragendem Rechtsträger vom (Notar in , UVZ) wird hiermit zugestimmt.

Eine Ausfertigung des Verschmelzungsvertrages ist dieser Niederschrift als **Anlage** beigefügt.

Änderungen des Gesellschaftsvertrags des übernehmenden Rechtsträgers (etwa hinsichtlich Firma oder Gegenstand) sind nicht veranlasst.

(*Alternative*:) Die sämtlichen anwesenden Gesellschafter des übernehmenden Rechtsträgers beschließen hiermit, den Gesellschaftsvertrag wie folgt zu ändern: Die Firma der Gesellschaft wird geändert in: . §1 Abs. 1 der Satzung wird wie folgt neu gefasst: .

Der beurkundende Notar wird beauftragt, eine aktuelle Satzung beim Handelsregister einzureichen und Beifügen einer Bescheinigung gem. §54 Abs. 1 Satz 2 GmbHG.

Eine Kapitalerhöhung zur Schaffung von Gesellschaftsanteilen ist entbehrlich, da gem. §54 Abs. 1 S. 1 Nr. 1 UmwG Gesellschaftsanteile nicht zu gewähren sind.

Die von dem übertragenden Rechtsträger gehaltenen Geschäftsanteile Nr. an dem übernehmenden Rechtsträgers werden dem bisherigen Gesellschafter des übertragenden Rechtsträgers als Gegenleistung für die Übertragung des Vermögens des übertragenden Rechtsträgers im Wege der Verschmelzung gewährt.

Damit ist die Gesellschafterversammlung des übernehmenden Rechtsträgers beendet.

§ 2 Verzichtserklärungen der Gesellschafter des übernehmenden Rechtsträgers

Alle Gesellschafter des übernehmenden Rechtsträgers erklären:

Auf die Klage gegen die Wirksamkeit dieses Verschmelzungsbeschlusses wird ausdrücklich verzichtet.

Des Weiteren wird verzichtet auf
- die Erstattung eines Verschmelzungsberichts,
- eine Prüfung der Verschmelzung sowie
- auf die Erstattung eines Prüfberichts.

Darüber hinaus wird auf die Einhaltung der Vorschriften der §§ 47, 49 UmwG verzichtet, also auf die Erfüllung der Pflicht zur vorherigen Unterrichtung und zur Auslegung der Jahresabschlüsse und Lageberichte der an der Verschmelzung beteiligten Rechtsträger für die letzten drei Geschäftsjahre in den Geschäftsräumen der Gesellschaft.

III. Gesellschafterversammlung des übertragenden Rechtsträgers und Verzichtserklärungen

§ 1 Sachstand

Im Handelsregister des AG ist unter HRB die GmbH mit dem Sitz in eingetragen (in dieser Urkunde „übertragender Rechtsträger" genannt). Das Stammkapital beträgt EUR. Das Stammkapital ist vollständig bewirkt.

Am übertragenden Rechtsträger ist als Allein-Gesellschafter beteiligt:

Herr/Frau : Geschäftsanteile Nr. im Nennbetrag von je EUR.

§ 2 Gesellschafterversammlung des übertragenden Rechtsträgers

Unter Verzicht auf sämtliche gesetzlichen und gesellschaftsvertraglichen Formen und Fristen hält der Alleingesellschafter des übertragenden Rechtsträgers hiermit eine **Gesellschafterversammlung der GmbH mit dem Sitz in** ab und beschließt einstimmig was folgt:

Dem Verschmelzungsvertrag zwischen der GmbH als übernehmendem Rechtsträger und der GmbH als übertragendem Rechtsträger vom (Notar in , UVZ-Nr.) wird hiermit zugestimmt.

Eine Ausfertigung des Verschmelzungsvertrages ist dieser Niederschrift als **Anlage** beigefügt.

Die von dem übertragenden Rechtsträger gehaltenen Geschäftsanteile Nr. an dem übernehmenden Rechtsträgers werden dem bisherigen Gesellschafter des übertragenden Rechtsträgers als Gegenleistung für die Übertragung des Vermögens des übertragenden Rechtsträgers im Wege der Verschmelzung gewährt.

Damit ist die Gesellschafterversammlung des übertragenden Rechtsträgers beendet.

§ 3 Verzichtserklärungen der Gesellschafter des übertragenden Rechtsträgers

Der Allein-Gesellschafter des übertragenden Rechtsträgers erklärt: Auf die Klage gegen die Wirksamkeit dieses Verschmelzungsbeschlusses wird ausdrücklich verzichtet.

Des Weiteren verzichtet jeder von uns als Gesellschafter des übertragenden Rechtsträgers auf

- die Erstattung eines Verschmelzungsberichts,
- eine Prüfung der Verschmelzung sowie
- auf die Erstattung eines Prüfberichts und
- auf ein Abfindungsangebot.

Es wird ebenfalls auf eine Kapitalerhöhung beim übernehmenden Rechtsträger gem. § 54 Abs. 1 Satz 3 UmwG verzichtet.

Darüber hinaus wird auf die Einhaltung der Vorschriften der §§ 47, 49 UmwG verzichtet, also auf die Erfüllung der Pflicht zur vorherigen Unterrichtung und zur Auslegung der Jahresabschlüsse und Lageberichte des übernehmenden Rechtsträgers und des übertragenden Rechtsträgers für die letzten drei Geschäftsjahre in den Geschäftsräumen der Gesellschaft.

IV. Schluss

§ 1 Salvatorische Klausel

Sollte eine Bestimmung oder mehrere Bestimmungen dieses Rechtsgeschäfts oder eine spätere Ergänzung ganz oder teilweise unwirksam oder undurchführbar sein oder werden oder sollte sich eine Lücke herausstellen, wird dadurch die Wirksamkeit der übrigen Bestimmungen nicht berührt.

Die Beteiligten verpflichten sich, anstelle dieser Bestimmung diejenige wirksame und durchführbare Bestimmung zu vereinbaren, die rechtlich und wirtschaftlich dem am nächsten kommt, was die Beteiligten gewollt haben oder nach dem Sinn und Zweck des Rechtsgeschäfts und seiner späteren eventuellen Ergänzung gewollt hätten, wenn sie von der Unwirksamkeit oder Undurchführbarkeit der Bestimmung bei Abschluss des Rechtsgeschäfts oder seiner Ergänzung gewusst

hätten. Das Gleiche gilt sinngemäß, wenn das Rechtsgeschäft eine ergänzungsbedürftige Lücke aufweist.

§ 2 Kosten

Die Kosten dieser Urkunde und ihres Vollzuges trägt der übernehmende Rechtsträger.

Falls die Verschmelzung nicht wirksam werden sollte, tragen die beteiligten Gesellschaften die Notarkosten je zur Hälfte und ihre außerurkundlichen Kosten je allein.

§ 3 Hinweise des Notars

Der Notar hat auf Folgendes hingewiesen:

- Sämtliche Erklärungen müssen richtig und vollständig beurkundet werden.
- Der Notar belehrte die Erschienenen über die Unwiderruflichkeit der Verzichtserklärungen und über deren Wirkungen.

Der Notar hat steuerrechtlich nicht beraten und insoweit eine Prüfung dieser Urkunde durch entsprechende Fachberater empfohlen.

§ 4 Notar- und Angestelltenvollmacht

Der Notar wird bevollmächtigt, sämtliche Erklärungen abzugeben, die zum Vollzug dieser Urkunde erforderlich oder zweckdienlich sind.

Die Beteiligten erteilen den Notarangestellten

- ,
- ,

je geschäftsansässig in

– je einzeln –

die unbedingte und von der Wirksamkeit der übrigen Bestimmungen dieser Urkunde unabhängige Vollmacht, sie beim Vollzug der Urkunde und deren Anmeldung sowie bei Ergänzungen in jeder Hinsicht zu vertreten. Die Bevollmächtigten sind insbesondere befugt, Anträge an das Registergericht zu stellen und zurückzunehmen, Genehmigungen zu beantragen, entgegenzunehmen und mitzuteilen, überhaupt alles zu tun, was nach ihrem Ermessen zur vollständigen Erledigung der Angelegenheit noch erforderlich ist. Sie sind bevollmächtigt, diesen Vertrag zu ergänzen oder abzuändern. Die jeweilige Vollmacht ist auf Dritte übertragbar und erlischt nicht durch den Tod eines Vollmachtgebers. Die Bevollmächtigten sind von den Beschränkungen des § 181 BGB befreit und haben das Recht zur Vollmachtübertragung. Von diesen Vollmachten darf nur vor dem Notar oder seinem Vertreter im Amt Gebrauch gemacht werden. Die Vollmachten erlöschen drei Monate nach vollständigem Vollzug dieser Urkunde.

§5 Verteiler

Von dieser Urkunde erhalten

- eine elektronisch beglaubigte Ablichtung:
  - das Registergericht des Sitzes des übernehmenden Rechtsträgers,
  - das Registergericht des Sitzes des übertragenden Rechtsträgers,
- beglaubigte Abschriften:
  - die GmbH,
  - die GmbH,
  - Finanzamt , Körperschaftsteuerstelle, gem. §54 EStDV (für übernehmenden Rechtsträger),
  - Finanzamt , Körperschaftsteuerstelle, gem. §54 EStDV (für übertragenden Rechtsträger),
- eine einfache Abschrift:
  - Steuerberater .

Die Niederschrift wurde den Beteiligten in Gegenwart des Notars vorgelesen, von ihnen genehmigt und eigenhändig unterschrieben:

▲

3. Anmeldung zum Handelsregister des übernehmenden Rechtsträgers

▼ 82

Muster 2.13: Anmeldungen zum Handelsregister des übernehmenden Rechtsträgers (*downstream merger*) 2.13

An das Amtsgericht

– Registergericht –

HRB

 GmbH mit dem Sitz in (im Folgenden als „übernehmender Rechtsträger“ bezeichnet)

I.

Als Anlagen zu dieser Anmeldung werden überreicht:

- elektronisch beglaubigte Abschrift des Verschmelzungsvertrages vom ;
- elektronisch beglaubigte Abschrift der Niederschrift über die Gesellschafterversammlung vom mit dem Zustimmungsbeschluss und den Verzichtserklärungen;
- elektronisch beglaubigte Abschrift der Niederschrift über die Gesellschafterversammlung der -GmbH mit dem Sitz in (übertragender Rechts-

träger) vom mit dem Zustimmungsbeschluss und den Verzichtserklärungen (gleiche Urkunde wie zuvor);
- (Alternative:) Empfangsbestätigung des Betriebsrates vom ;
- (Alternative:) aktueller vollständiger Wortlaut des Gesellschaftsvertrages mit notarieller Satzungsbescheinigung gem. § 54 Abs. 1 Satz 2 GmbHG.

Ich, der unterzeichnende einzelvertretungsberechtigte und von den Beschränkungen des § 181 BGB befreite Geschäftsführer des oben genannten übernehmenden Rechtsträgers, erkläre gem. § 16 Abs. 2 Satz 2 letzter HS UmwG unter Bezug auf die abgegebenen Klageverzichtserklärungen, dass eine Klage gegen die Wirksamkeit des Verschmelzungsbeschlusses ausgeschlossen ist.

Ein Verschmelzungsbericht ist gem. § 8 Abs. 3 UmwG nicht erforderlich. Die Durchführung der Verschmelzungsprüfung hat keiner der Gesellschafter verlangt.

II.

Die Gesellschaft hat keinen Betriebsrat.

(*Alternative*:) Die Gesellschaft verfügt über einen Betriebsrat. Dieser hat vom Verschmelzungsvertragsentwurf rechtzeitig Kenntnis genommen; Empfangsbestätigung liegt bei.

(*Unteralternative*:) Dieser hat vom Verschmelzungsvertragsentwurf Kenntnis genommen und auf die Einhaltung der Frist gem. § 5 Abs. 3 UmwG verzichtet; schriftliche Bestätigung liegt bei.

III.

Zur Eintragung ins Handelsregister wird **angemeldet**:
- Die GmbH ist aufgrund des Verschmelzungsvertrages vom , des Beschlusses ihrer Gesellschafter vom und des Beschlusses der Gesellschafterversammlung der GmbH vom selben Tage mit der GmbH durch Aufnahme verschmolzen.
- (*Alternative*:) Die Firma der Gesellschaft hat sich geändert und lautet nun: . Demzufolge wurde § 1 (Firma, Sitz) der Satzung geändert und lautet nunmehr: . Im Übrigen wurde die Satzung nicht verändert.

IV.

Der Notar wird bevollmächtigt, sämtliche Erklärungen abzugeben, die zum Vollzug dieser Urkunde erforderlich oder zweckdienlich sind.

Die Beteiligten erteilen den Notarangestellten
- ,
- ,

je geschäftsansässig in ,

– je einzeln –

die unbedingte und von der Wirksamkeit der übrigen Bestimmungen dieser Urkunde unabhängige Vollmacht, sie beim Vollzug der Urkunde und deren Anmeldung sowie bei Ergänzungen in jeder Hinsicht zu vertreten. Die Bevollmächtigten sind insbesondere befugt, Anträge an das Registergericht zu stellen und zurückzunehmen, Genehmigungen zu beantragen, entgegenzunehmen und mitzuteilen, überhaupt alles zu tun, was nach ihrem Ermessen zur vollständigen Erledigung der Angelegenheit noch erforderlich ist. Sie sind bevollmächtigt, Gesellschafterversammlungen abzuhalten und diese Urkunde zu ändern oder zu ergänzen. Die jeweilige Vollmacht ist auf Dritte übertragbar und erlischt nicht durch den Tod eines Vollmachtgebers. Die Bevollmächtigten sind von den Beschränkungen des § 181 BGB befreit und haben das Recht zur Vollmachtübertragung. Von diesen Vollmachten darf nur vor dem Notar oder seinem Vertreter im Amt Gebrauch gemacht werden. Die Vollmachten erlöschen drei Monate nach vollständigem Vollzug dieser Urkunde.

V.

Die Kosten dieser Handelsregisteranmeldung und ihres Vollzugs trägt der übernehmende Rechtsträger.

Eintragungsnachricht wird auch an den unterschriftsbeglaubigenden Notar erbeten.

Die Geschäftsräume der GmbH befinden sich unverändert in: . Dies ist die inländische Geschäftsanschrift im Sinne von § 10 Abs. 1 Satz 1 GmbHG.

, den

Für die GmbH

(*Geschäftsführer des übernehmenden Rechtsträgers*)

(*Notarielle Unterschriftsbeglaubigung*)

▲

4. Anmeldung zum Handelsregister des übertragenden Rechtsträgers

▼ 83

Muster 2.14: Anmeldung zum Handelsregister des übertragenden Rechtsträgers (*downstream merger*) 2.14

An das Amtsgericht

– Registergericht –

HRB:

GmbH mit dem Sitz in (im Folgenden als „übertragender Rechtsträger“ bezeichnet)

I.

Als Anlagen zu dieser Anmeldung wird überreicht:

- elektronisch beglaubigte Abschrift des Verschmelzungsvertrages vom ;
- elektronisch beglaubigte Abschrift der Niederschrift über die Gesellschafterversammlung vom mit dem Zustimmungsbeschluss und den Verzichtserklärungen;
- elektronisch beglaubigte Abschrift der Niederschrift über die Gesellschafterversammlung der -GmbH mit dem Sitz in (übertragender Rechtsträger) vom mit dem Zustimmungsbeschluss und den Verzichtserklärungen (gleiche Urkunde wie zuvor)
- Schlussbilanz der GmbH zum ;
- (*Alternative*:) Empfangsbestätigung des Betriebsrates bezüglich der Zusendung des Entwurfs des Verschmelzungsvertrags vom .

Ich, der der unterzeichnende einzelvertretungsberechtigte und von den Beschränkungen des § 181 BGB befreite Geschäftsführer des übertragenden Rechtsträgers, erkläre gem. § 16 Abs. 2 Satz 2 letzter HS UmwG unter Bezug auf die abgegebenen Klageverzichtserklärungen, dass eine Klage gegen die Wirksamkeit des Verschmelzungsbeschlusses ausgeschlossen ist.

Ein Verschmelzungsbericht ist gem. § 8 Abs. 3 UmwG nicht erforderlich. Die Durchführung der Verschmelzungsprüfung hat keiner der Gesellschafter verlangt.

II.

Die Gesellschaft hat keinen Betriebsrat.

(*Alternative*:) Die Gesellschaft hat einen Betriebsrat. Dieser hat vom Verschmelzungsvertragsentwurf rechtzeitig Kenntnis genommen; Empfangsbestätigung liegt bei.

(*Unteralternative*:) Dieser hat vom Verschmelzungsvertragsentwurf Kenntnis genommen und auf die Einhaltung der Frist gem. § 5 Abs. 3 UmwG verzichtet; schriftliche Bestätigung liegt bei.

III.

Ich, als einzelvertretungsberechtigter und von den Beschränkungen des § 181 BGB befreiter Geschäftsführer, melde zur Eintragung in das Handelsregister an:

Die GmbH ist aufgrund des Verschmelzungsvertrages vom , des Beschlusses ihrer Gesellschafter vom und des Beschlusses der Gesellschafterversammlung der Gesellschaft vom selben Tage mit der GmbH durch Aufnahme verschmolzen.

IV.

Der Notar wird bevollmächtigt, sämtliche Erklärungen abzugeben, die zum Vollzug dieser Urkunde erforderlich oder zweckdienlich sind.

Die Beteiligten erteilen den Notarangestellten

■

■

je geschäftsansässig in

– je einzeln –

die unbedingte und von der Wirksamkeit der übrigen Bestimmungen dieser Urkunde unabhängige Vollmacht, sie beim Vollzug der Urkunde und deren Anmeldung sowie bei Ergänzungen in jeder Hinsicht zu vertreten. Die Bevollmächtigten sind insbesondere befugt, Anträge an das Registergericht zu stellen und zurückzunehmen, Genehmigungen zu beantragen, entgegenzunehmen und mitzuteilen, überhaupt alles zu tun, was nach ihrem Ermessen zur vollständigen Erledigung der Angelegenheit noch erforderlich ist. Sie sind bevollmächtigt, Gesellschafterversammlungen abzuhalten und diese Urkunde zu ändern oder zu ergänzen. Die jeweilige Vollmacht ist auf Dritte übertragbar und erlischt nicht durch den Tod eines Vollmachtgebers. Die Bevollmächtigten sind von den Beschränkungen des § 181 BGB befreit und haben das Recht zur Vollmachtübertragung. Von diesen Vollmachten darf nur vor dem Notar oder seinem Vertreter im Amt Gebrauch gemacht werden. Die Vollmachten erlöschen drei Monate nach vollständigem Vollzug dieser Urkunde.

V.

Die Kosten dieser Handelsregisteranmeldung und ihres Vollzugs bei Gericht trägt der übertragende Rechtsträger.

Eintragungsnachricht wird auch an den unterschriftsbeglaubigenden Notar erbeten.

, den

Für den übertragenden Rechtsträger:

(*Geschäftsführer der übertragenden Gesellschaft*)[63]

(*Notarielle Unterschriftsbeglaubigung*)

▲

63 Hinweis: Alternativ kann dies die Geschäftsführung der übernehmenden Gesellschaft sein, vgl. § 16 Abs. 1 Satz 2 GmbHG.

II. Checkliste

84 Es wird verwiesen auf die vorstehende Checkliste (s. Rdn 46) beim *upstream merger*. Es ist auf folgende Besonderheiten zu achten:

▼

Muster 2.15: Checkliste: *downstream merger*

2.15

- ☐ Unterrichtung der Anteilsinhaber gem. § 47 UmwG. Die Norm dient vor allem dem Schutz der Gesellschafter der übernehmenden Gesellschaft. Dies ist im vorliegenden Fall die übertragende Gesellschaft selbst. Ob eine ergänzende Pflicht der Unterrichtung der Anteilsinhaber der übertragenden Gesellschaft angenommen werden, erscheint fraglich. Im Sinne des sichersten Weges sollte dies erfolgen oder die Gesellschafter der Muttergesellschaft sollten explizit verzichten.
- ☐ Insbesondere beim ***downstream merger*** sollte dringend darauf geachtet werden, dass alle Anteile sowohl an der Mutter als auch an der Tochter GmbH voll eingezahlt sind.
- ☐ Zumindest theoretisch wäre eine Kapitalerhöhung seitens des übernehmenden Rechtsträgers denkbar. Diese Frage sollte im Vorfeld geklärt werden.
- ☐ Die Frage des Abfindungsangebot nach § 29 Abs. 1 (Satz 2) UmwG erscheint nur auf den ersten Blick fernliegend, weil das Muster von dem Fall ausgeht, dass die Muttergesellschaft ihrerseits nur einen Gesellschafter hat; der Wortlaut der Norm umfasst jedenfalls den *downstream merger*, sodass es nicht schädlich ist, die Thematik in der gebotenen Kürze anzusprechen und den entsprechenden Verzicht hierauf mitzubeurkunden. In der Realität kann bei einem *downstream merger* mit Gesellschaften unterschiedlicher Gesellschaftsformen und mehreren Gesellschaftern bei der Muttergesellschaft das Bar-Abfindungsangebot gem. § 29 Abs. 1 Satz 1 UmwG relevant sein und genutzt werden, um unliebsame Anteilseigner zum Ausscheiden zu motivieren.[64]

▲

III. Ablaufplan

85 Es wird auf die Ausführungen unter Rdn 47 ff. zum *upstream merger* verwiesen.

IV. Anmerkungen

86 Motivation für den *downstream merger* ist – wie so oft im Umwandlungsrecht – eine steuerliche Erwägung der Beteiligten. Das Ergebnis ähnelt dem *upstream merger*, allerdings kann die Vermögensverschiebung aus steuerlichen Gründen güns-

64 *Mayer* in: Widmann/Mayer, UmwR, § 5 UmwG Rn 36 (Februar 2019).

tiger sein, z.B. um bei einem *upstream merger* anfallende Übernahmegewinne zu vermeiden. Der *downstream merger* kann z.B. steuerlich attraktiv sein, wenn das Immobilienvermögen der Tochtergesellschaft höherwertiger ist als das der Muttergesellschaft, weil auf diese Weise Grunderwerbsteuer gespart werden kann.[65] Denkbar ist auch, dass eine Börsennotierung fortgesetzt oder ein Verlustvortrag bei der Tochtergesellschaft genutzt werden soll, wobei diese Variante durch die Verlustabzugsbeschränkung bei Körperschaften nach § 8c KStG an Attraktivität eingebüßt hat.[66] Insbesondere kann es sich hierbei auch um die Schulden handeln, welche bei der Muttergesellschaft aufgenommen worden waren, um die Tochtergesellschaft zu erwerben (sog. *debt push down*).[67]

Die Zulässigkeit der Abwärtsverschmelzung war lange Zeit nicht geklärt, ist aber mittlerweile allgemein anerkannt.[68] Da es aber im UmwG keinen expliziten Ausschluss des *downstream merger* gibt, gelten die allgemeinen Regelungen. Es handelt sich um eine Verschmelzung im Wege der Aufnahme im Sinne von § 2 Nr. 1 UmwG, das bedeutet, die Verschmelzung der Muttergesellschaft auf die Tochtergesellschaft erfolgt grds. gegen Gewährung von Anteilen oder Mitgliedschaften der Tochtergesellschaft an die Anteilsinhaber der Mutter-Gesellschaft. **87**

Eine Kapitalerhöhung bei der Tochter ist möglich – jedoch nur wenn das Stammkapital voll einbezahlt ist (vgl. § 54 Abs. 1 Satz 1 Nr. 3 UmwG). Dies ist in der Praxis aber eher selten – würde dies doch dazu führen, dass die Tochter-Gesellschaft als übernehmender Rechtsträger eigene Anteile erwirbt und so in Konflikt mit Kapitalerhaltungsregeln,[69] namentlich § 33 GmbHG geraten kann und eine entsprechende Rücklage in die Bilanz einstellen muss (§§ 272 Abs. 4 HGB, 33 Abs. 2 GmbHG). **88**

Die Verschmelzung der Mutter- auf die Tochtergesellschaft kann auch einen Fall der Einlagenrückgewähr und somit einen Verstoß gegen § 30 GmbHG und § 57 AktG darstellen, wenn die Tochtergesellschaft durch die Übernahme der Verbindlichkeiten der Muttergesellschaft in die Unterbilanz gerät. Der Notar sollte generell auf diese Problematik hinweisen.[70] **89**

Allerdings muss die Tochtergesellschaft keine Kapitalerhöhung durchführen, soweit das Stammkapital voll einbezahlt ist (siehe § 54 Abs. 1 Satz 2 Nr. 2 UmwG); die Verzichtserklärungen der Gesellschafter der Muttergesellschaft sind notariell zu beurkunden (§ 54 Abs. 1 Satz 3 UmwG). Die Gegenleistung an die Gesellschafter der Muttergesellschaft kann mit den Tochtergesellschafts-Anteilen erfolgen, die **90**

65 *Friedl/Krämer* in: Formularbuch Recht und Steuer, A. 15.61, Rn 1.

66 *Mayer* in: Widmann/Mayer, UmwR, § 5 UmwG Rn 36 (Februar 2019).

67 *Drygala* in: Lutter, § 5 UmwG Rn 139.

68 Siehe *Schwetlik*, GmbHR 2011, 130.

69 *Schwetlik*, GmbHR 2011, 130.

70 Vgl. *Heckschen* in: Beck'sches Notarhandbuch, § 24 B, Rn 101.

bislang die Muttergesellschaft gehalten hat.[71] Dieser Übergang der Anteile erfolgt gem. § 20 Abs. 1 Nr. 3 UmwG automatisch *ipso iure*, ohne dass es eines weiteren expliziten Übertragungsaktes bedarf. Wird eine Mutter- auf ihre Tochtergesellschaft verschmolzen, führt dies auf der Ebene der Tochtergesellschaft nicht zu einem Durchgangserwerb eigener Anteile.[72]

91 Im Verschmelzungsvertrag sind die von den Gesellschaftern der übertragenden Muttergesellschaft als Gegenleistung zu übernehmenden Geschäftsanteile an der übernehmenden Tochtergesellschaft genau zu bezeichnen (§§ 5 Abs. 1 Nr. 3, 46 Abs. 1 und Abs. 3 UmwG): Für jeden Gesellschafter müssen die auf ihn übergehenden Geschäftsanteile unter namentlicher Nennung des Gesellschafters festgelegt werden. Für die Teilung gelten gem. § 54 Abs. 3 UmwG Erleichterungen.[73] § 5 Abs. 2 UmwG, der für den *upstream merger* gilt und es erlaubt einige Angaben im Rahmen von § 5 Abs. 1 UmwG nicht aufführen zu müssen, gilt für den *downstream merger* gerade nicht.[74]

V. Steuerliche Hinweise

1. Ertragsteuern

92 Im Fall des *downstream merger* gelten die vorstehenden Erläuterungen entsprechend. Allerdings ergibt sich die Besonderheit, dass die von der Muttergesellschaft an der Tochtergesellschaft gehaltenen Anteile selbst bei einer Verschmelzung zu Buchwerten gem. § 11 Abs. 2 Satz 2 UmwStG in der steuerlichen Schlussbilanz der übertragenden Muttergesellschaft mindestens mit dem Buchwert, erhöht um in früheren Jahren steuerwirksam vorgenommene Abschreibungen auf die Beteiligung sowie erhöht um steuerwirksame Abzüge nach § 6 b EStG und ähnliche Abzüge, höchstens jedoch mit dem gemeinen Wert, anzusetzen ist. Insoweit erhöht sich der laufende Gewinn der Muttergesellschaft, es kommt allerdings zu eine Steuerbefreiung i.H.v. effektiv 95 %. Steuerwirksame Teilwertabschreibungen sind vor nicht voll steuerwirksamen Teilwertabschreibungen hinzuzurechnen. Eine Wertaufholung ist nach § 11 Abs. 2 Satz 2 UmwStG jedoch nicht vorzunehmen, soweit bis zum Ablauf des steuerlichen Übertragungsstichtags eine steuerwirksame Wertaufholung (§ 6 Abs. 1 Nr. 2 Satz 3 i.V.m § 6 Abs. 1 Nr. 1 Satz 4 EStG) stattgefunden hat oder die Rücklage nach § 6 b Abs. 3 EStG gewinnerhöhend aufgelöst worden ist.[75]

Auf Ebene des Anteilseigners der Muttergesellschaft findet § 13 UmwStG Anwendung.

71 *Friedl/Krämer* in: Formularbuch Recht und Steuer, A. 15.61, Rn 2.
72 BFH, Urt. v. 28.10.2009 – I R 4/09, NJW-RR 2010, 765, 766.
73 *Friedl/Krämer* in: Formularbuch Recht und Steuer, A. 15.61, Rn 3.
74 *Drygala* in: Lutter, § 5 UmwG Rn 139.
75 BMF, UmwStE v. 11.11.2011, BStBl I 2011, 1314, Rn 11.17.

2. Umsatzsteuer

Die Verschmelzung einer Kapitalgesellschaft auf eine andere Kapitalgesellschaft 93
ist unterfällt nicht der Umsatzsteuer (§ 1 Abs. 1a UStG). Die übernehmende Kapitalgesellschaft tritt in die umsatzsteuerliche Rechtsposition der übertragenden Kapitalgesellschaft ein.

3. Grunderwerbsteuer

Der *downstream merger* ist grunderwerbsteuerrelevant, soweit zum Vermögen der 94
übertragenden Mutter-Kapitalgesellschaft Grundstücke gehören (§ 1 Abs. 1 Nr. 3 GrEStG). Außerdem kann es zu Grunderwerbsteuer nach § 1 Abs. 2a, 2b oder 3 GrEStG kommen, wenn die Muttergesellschaft wiederum Anteile an anderen Gesellschaften mit Grundbesitz hält. Ob es nach § 1 Abs. 2b GrEStG zu Grunderwerbsteuer kommt, wenn die Tochtergesellschaft selbst Grundvermögen hält, ist aktuell unklar. Es kann jedoch davon ausgegangen werden, dass die Finanzverwaltung dies so sehen wird.

VI. Notarkosten

Es wird auf die Ausführungen unter Rdn 73 ff. zum *upstream merger* verwiesen. 95
Falls doch eine Kapitalerhöhung durchgeführt wird, wird auf die Ausführungen in Rdn 35 ff. zum *merger of equals* verwiesen.

D. Verschmelzung des Vermögens einer GmbH auf deren Alleingesellschafter

I. Muster

1. Verschmelzungsvertrag, Beschluss des übertragenden Rechtsträgers, Verzichtserklärungen

▼ 96

Muster 2.16: Verschmelzung einer Kapitalgesellschaft

(*Notarielle Eingangsformel*) 2.16

Es erscheint:

Herr/Frau ,

- handelnd sowohl im eigenen Namen als Inhaber des einzelkaufmännischen Unternehmens unter der Firma mit der Niederlassung in , Geschäftsanschrift: , eingetragen im Handelsregister des AG unter HRA

- sowie nicht handelnd im eigenen Namen, sondern als einzelvertretungsberechtigter und von den Beschränkungen des § 181 BGB befreiter Geschäftsführer für die GmbH mit dem Sitz in , eingetragen im Handelsregister des Amtsgerichts unter HRB , Geschäftsadresse: .

Ich, der Notar, bescheinige gem. § 21 Abs. 1 BNotO aufgrund heutiger Einsicht in das elektronische Handelsregister die vorstehenden Vertretungsverhältnisse. Die zuletzt beim Handelsregister eingereichten Gesellschafterlisten wurden vor Beurkundung eingesehen.

Die Frage nach einer Vorbefassung im Sinne des § 3 Abs. 1 Nr. 7 BeurkG wurde allseits verneint.

Über das Geldwäschegesetz belehrt, erklären alle Beteiligten auf eigene Rechnung bzw. bzw. aufgrund offen gelegter Vertretungsverhältnisse zu handeln. Die jeweilige Beteiligungsstruktur ergibt sich aus der zuletzt beim jeweils zuständigen Handelsregister eingereichten Gesellschafterliste.

Die Beteiligten erklären, dass sie rechtzeitig vor der heutigen Beurkundung den beabsichtigten Text des Rechtsgeschäfts erhalten haben und so ausreichend Gelegenheit hatten, sich vorab mit dem Gegenstand der Beurkundung auseinanderzusetzen.

Es wird erklärt mit der Bitte um notarielle Beurkundung:

Verschmelzung einer Kapitalgesellschaft mit dem Vermögen des Alleingesellschafters gem. §§ 3 Abs. 2 Nr. 2, 120 ff. UmwG

I. Sachstand

(1) Im Handelsregister des AG ist unter HRB die GmbH mit dem Sitz in eingetragen (in dieser Urkunde „übertragender Rechtsträger" genannt). Das Stammkapital beträgt EUR. Gegenstand des Unternehmens ist: .

Am übertagenden Rechtsträger ist als Allein-Gesellschafter beteiligt:

- Herr/Frau : Geschäftsanteile Nr. im Nennbetrag von je EUR

Im Handelsregister des AG ist unter HRA das einzelkaufmännische Unternehmen unter der Firm mit der Niederlassung in eingetragen. Der Inhaber ist der Erschienene. Er wird in dieser Urkunde auch als „übernehmender Rechtsträger" bezeichnet. Gegenstand des Unternehmens ist: .

Der Erschienene möchte im Wege der Verschmelzung gem. §§ 3 Abs. 2 Nr. 2, 120 ff. UmwG das Vermögen des übertragenden Rechtsträgers übernehmen.

Der Erschienene hat seinen Wohnsitz im Inland. Die Geschäftsadresse des einzelkaufmännischen Unternehmens ist ebenfalls im Inland.

(2) An der Verschmelzung sind gem. **§5 Abs. 1 Nr. 1 UmwG** als Rechtsträger beteiligt:

- Herr/Frau , als Inhaber der einzelkaufmännischen Firma , als übernehmender Alleingesellschafter,
- die -GmbH mit Sitz in als übertragender Rechtsträger.

(3) Die Erschienenen erklären:

- Die Einlagen und ein etwaiges Aufgeld auf die Geschäftsanteile sind in voller Höhe bewirkt.
- Sonderrechte i.S.v. §§23 und 50 Abs. 2 UmwG bestehen bei dem übertragenden Rechtsträger nicht.

II. Verschmelzungsvertrag

§1 Vermögensübertragung, Verschmelzungsstichtag

(1) Die GmbH als übertragender Rechtsträger überträgt ihr Vermögen als Ganzes mit allen Rechten und Pflichten unter Ausschluss der Abwicklung auf ihren Alleingesellschafter, Herr/Frau , gem. §§3 Abs. 2 Nr. 2, 120 ff. UmwG (**Verschmelzung durch Aufnahme**).

(2) Die Übernahme des Vermögens des übertragenden Rechtsträgers erfolgt im Innenverhältnis mit Wirkung zum 1.1. , 0:00 Uhr (**Verschmelzungsstichtag im Sinne des §5 Abs. 1 Nr. 6 UmwG**).

Von diesem Zeitpunkt an bis zum Zeitpunkt des Erlöschens der GmbH gem. §20 Abs. 1 Nr. 2 UmwG gelten alle Handlungen und Geschäfte der GmbH als für Rechnung des e.K. vorgenommen und geführt.

(3) Der Verschmelzung wird die Bilanz aus dem mit dem uneingeschränkten Bestätigungsvermerk des Wirtschaftsprüfers in versehenen Jahresabschluss des übertragenden Rechtsträgers zum 31.12. (**steuerlicher Übertragungsstichtag im Sinne des §2 Abs. 1 UmwStG**) als Schlussbilanz zugrunde gelegt.

(4) Sollte die Verschmelzung nicht bis zum 31.12. in das Handelsregister des übernehmenden Rechtsträgers eingetragen worden sein, so verschieben sich Bilanz- und Verschmelzungsstichtag jeweils um ein Jahr, mithin auf den 31.12. bzw. den 1.1. .

§2 Gegenleistung

Eine Gegenleistung ist in der vorliegenden Fallgestaltung der §§120 ff. UmwG nicht notwendig und auch nicht vorgesehen.

§ 3 Sonderrechte, Besondere Vorteile

(1) Angaben nach **§§ 121, 5 Abs. 1 Nr. 7 UmwG** entfallen, weil Sonderrechte oder Vorzüge bei der Gesellschaft nicht bestehen.

(2) Besondere Vorteile: Keinem Mitglied eines Vertretungsorgans oder eines Aufsichtsorgans der an der Verschmelzung beteiligten Rechtsträger, keinem geschäftsführenden Gesellschafter, keinem Abschlussprüfer oder Verschmelzungsprüfer werden besondere Vorteile i.S.v. **§§ 121, 5 Abs. 1 Nr. 8 UmwG** gewährt.

§ 4 Folgen der Verschmelzung für die Arbeitnehmer und ihre Vertretungen (§ 5 Abs. 1 Nr. 9 UmwG)

(1) Die Alleingesellschafter als einzelkaufmännisch tätiger Unternehmer wird mit Wirksamwerden der Verschmelzung neuer Arbeitgeber der zu diesem Zeitpunkt bei der Gesellschaft beschäftigten Arbeitnehmer. Auf den Übergang findet § 613a Abs. 1, 4 bis 6 BGB Anwendung (§ 35a UmwG).

Individualarbeitsrechtlich führt die Verschmelzung zu keinen Veränderungen für die Arbeitnehmer der Gesellschaft und des Einzelkaufmanns dar. Die übergehenden Arbeitsverhältnisse werden unter voller Anrechnung der Betriebszugehörigkeitszeiten sowie der ggf. bestehenden Vereinbarungen über Direktversicherungen und Altersversorgungszusagen unverändert zu den bisherigen Bedingungen fortgesetzt.

(*Eventuelle Ergänzung*:) Hiervon gibt es jedoch folgende Ausnahme: .

(2) Die Verschmelzung führt zu keinen Veränderungen der betrieblichen Struktur und der betrieblichen Organisation. Eine Betriebsänderung, die Verhandlungen mit dem Betriebsrat der Gesellschaft erforderlich machen würde, wird durch die Verschmelzung selbst nicht bewirkt. Die derzeit bei der Gesellschaft geltenden Betriebsvereinbarungen gelten als kollektivrechtliche Regelungen fort.

(3) Das einzelkaufmännische Unternehmen unterliegt der gleichen tariflichen Bindung wie die Gesellschaft.

(*Alternativ*:) (3) Für das einzelkaufmännische Unternehmen gilt bislang kein Tarifvertrag; für die Gesellschaft gilt der Tarifvertrag (Flächentarifvertrag). Dieser wird Inhalt des Arbeitsverhältnisses der übernommenen Arbeitnehmer der Gesellschaft im Rahmen der Beschäftigung bei dem Einzelkaufmann. Sie dürfen vor Ablauf eines Jahres nicht zu Lasten der Arbeitnehmer abgeändert werden, es sei denn die Arbeitsbedingungen werden vorher durch einen anderen Tarifvertrag oder eine andere Betriebsvereinbarung geregelt.

(4) Weder bei der Gesellschaft noch beim Einzelkaufmann besteht ein Betriebsrat, so dass es einer Zuleitung des Vertrages bzw. seines Entwurfes nicht bedurfte.

(*Alternative*:) (4) Die beteiligten Betriebsräte haben ihre Kenntnisnahme vom Verschmelzungsvertrag schriftlich bestätigt und auf die Einhaltung der Frist gem. §5 Abs. 3 UmwG verzichtet (Beweisanlagen 1 und 2).

(*Alternative*:) (4) Lediglich die Gesellschaft hat einen Betriebsrat. Diesem ist der Entwurf des Verschmelzungsvertrages mit Schreiben vom zugeleitet worden. Eine Kopie der Empfangsbestätigung samt Entwurf des Verschmelzungsvertrages wird dieser Urkunde zu Informationszwecken als Beweisanlage beigefügt.

(5) Betriebsverfassungsrechtliche Konsequenzen ergeben sich nicht.

(*Alternative*:) (5) Der im Betrieb der Gesellschaft errichtete Betriebsrat bleibt zunächst unverändert im Amt und wird mit dem Wirksamwerden der Verschmelzung gleichzeitig zum Betriebsrat des Einzelkaufmännischen Unternehmens. Der dort errichtete Gesamtbetriebsrat entfällt mit dem Wirksamwerden der Verschmelzung. Mit Wirksamwerden der Verschmelzung ist gem. §47 Abs. 1 BetrVG ein neuer Gesamtbetriebsrat beim Einzelkaufmann zu errichten.

(6) Mitbestimmungsrechtliche Änderungen ergeben sich nicht.

§5 Weitere Bestimmungen

(1) Die Firma des Einzelkaufmanns bleibt unverändert bestehen.

(2) Weitere Änderungen beim Einzelkaufmann erfolgen nicht.

(3) Der übertragende Rechtsträger verfügt seinerseits nicht über Beteiligungen an deutschen Gesellschaften mit beschränkter Haftung.

(*Alternative*:) (3) Der übertragende Rechtsträger verfügt über Beteiligungen an deutschen Gesellschaften mit beschränkter Haftung (GmbH). Den Beteiligten ist bekannt, dass sie dem Notar sämtliche Gesellschaftsbeteiligungen separat mitzuteilen haben, damit dieser aktuelle Gesellschafterlisten beim Handelsregister einreichen und mit seinem Vermerk gem. §40 Abs. 2 Satz 1 GmbHG versehen kann. Der Notar wird hiermit beauftragt neue Gesellschafterlisten bei folgenden Gesellschaften einzureichen: .

Sollte der übertagende Rechtsträger noch weitere hier nicht aufgezählte Beteiligungen gehabt haben, so werden die Geschäftsführer des übernehmenden Rechtsträgers die entsprechenden Listen hierzu beim jeweils zuständigen Handelsregister einreichen.

(4) Kartellrechtliche Beschränkungen bestehen für den vorliegenden Vertrag nicht.

(5) Zweigniederlassungen: Der übertragende Rechtsträger hat keine Zweigniederlassungen.

(6) Auslandvermögen: Der übertragende Rechtsträger hat im Ausland keine Vermögensgegenstände.

(*Alternative*:) (6) Soweit der übertragende Rechtsträger Vermögensgegenstände im Ausland hat, soll die vorliegende Verschmelzung auch das Vermögen im Ausland unmittelbar erfassen. Soweit die Verschmelzung im Ausland befindliches Vermögen und/oder Schulden des übertragenden Rechtsträgers betrifft und die ausländische Rechtsordnung die Universalsukzession nach deutschem Recht nicht anerkennt, bevollmächtigt die Geschäftsführung des übertragenden Rechtsträgers hiermit unwiderruflich, die Geschäftsführung der übernehmenden Rechtsträgers, alle Maßnahmen und Rechtshandlungen vorzunehmen, die nach deutschem und ausländischem Recht erforderlich oder zweckmäßig sind, um sicherzustellen, dass die aufnehmende Gesellschaft Eigentümerin/Inhaberin auch der im Ausland belegenen Vermögensteile des übertragenden Rechtsträgers wird und die Verbindlichkeiten des übertragenden Rechtsträgers erfüllungshalber übernimmt. Diese Vollmacht umfasst auch das Recht, Untervollmacht zu erteilen.

§ 6 Grundeigentum

Der übertragende Rechtsträger hat kein Grundeigentum.

(*Alternative*:) (3) Der übertragende Rechtsträger ist Eigentümer des Grundstücks Flst.Nr. in der Gemarkung (Grundbuch des Amtsgerichts für Blatt , BV-Nr.). Den Beteiligten ist bekannt, dass mit Eintragung der Verschmelzung in das Handelsregister des Sitzes des übernehmenden Rechtsträgers das Grundeigentum auf den übernehmenden Rechtsträger übergeht, so dass das Grundbuch zu berichtigen ist. Hierzu bedarf es der grunderwerbsteuerlichen Unbedenklichkeitsbescheinigung des Finanzamtes nach Entrichtung der anfallenden Grunderwerbsteuer über die der Notar belehrt hat. Die Berichtigung der genannten Grundbücher nach Wirksamkeit der Verschmelzung wird hiermit **beantragt**; der Notar wird beauftragt und bevollmächtigt, die Grundbuchberichtigung zu veranlassen.

III. Gesellschafterversammlung, Verzichtserklärungen

§ 1 Gesellschafterversammlung

Unter Verzicht auf sämtliche gesetzlichen und gesellschaftsvertraglichen Formen und Fristen hält der Alleingesellschafter des übertragenden Rechtsträgers hiermit eine **Gesellschafterversammlung der GmbH mit dem Sitz in** ab und beschließt einstimmig was folgt:

Dem in Teil II dieser Urkunde beurkundeten Verschmelzungsvertrag wird mit allen Stimmen vorbehaltlos zugestimmt.

Damit ist die Gesellschafterversammlung des übertragenden Rechtsträgers beendet.

§ 2 Verzichts- und Zustimmungserklärung, weitere Erklärungen

(1) Ein Verschmelzungsbericht ist gem. § 8 Abs. 3 UmwG nicht erforderlich.

(2) Eine Verschmelzungsprüfung wird nicht verlangt.

(3) Herr/Frau verzichtet als Alleingesellschafter/in auf die Anfechtung des Zustimmungsbeschlusses.

(4) Die Gesellschaft ist nicht selbst Gesellschafterin einer anderen Kapital- oder Personengesellschaft.

IV. Schluss

§ 1 Salvatorische Klausel

Sollte eine Bestimmung oder mehrere Bestimmungen dieses Rechtsgeschäfts oder eine spätere Ergänzung ganz oder teilweise unwirksam oder undurchführbar sein oder werden oder sollte sich eine Lücke herausstellen, wird dadurch die Wirksamkeit der übrigen Bestimmungen nicht berührt.

Die Beteiligten verpflichten sich, anstelle dieser Bestimmung diejenige wirksame und durchführbare Bestimmung zu vereinbaren, die rechtlich und wirtschaftlich dem am nächsten kommt, was die Beteiligten gewollt haben oder nach dem Sinn und Zweck des Rechtsgeschäfts und seiner späteren eventuellen Ergänzung gewollt hätten, wenn sie von der Unwirksamkeit oder Undurchführbarkeit der Bestimmung bei Abschluss des Rechtsgeschäfts oder seiner Ergänzung gewusst hätten. Das Gleiche gilt sinngemäß, wenn das Rechtsgeschäft eine ergänzungsbedürftige Lücke aufweist.

§ 2 Kosten

Die Kosten dieser Urkunde und ihres Vollzuges trägt der übernehmende Rechtsträger.

Falls die Verschmelzung nicht wirksam werden sollte, tragen die beteiligten Gesellschaften die Notarkosten je zur Hälfte und ihre außerurkundlichen Kosten je allein.

§ 3 Hinweise des Notars

Der beurkundende Notar hat die Beteiligten auf Folgendes hingewiesen:

- Der Notar hat den Beteiligten den weiteren Verfahrensablauf bis zum Wirksamwerden der Verschmelzung erläutert.
- Auf die Wirkungen der Verschmelzung wurde hingewiesen (insbesondere die Gesamtrechtsnachfolge in alle Rechtsverhältnisse des übertragenden Rechtsträgers, unabhängig davon, ob sie bekannt sind oder unbekannt).
- Die Verschmelzung darf gem. § 17 Abs. 2 Satz 4 UmwG nur eingetragen werden darf, wenn sie binnen acht Monaten nach dem Stichtag der bei der Anmel-

dung einzureichenden Schlussbilanz des übertragenden Rechtsträgers zum Handelsregister angemeldet worden ist,

- Wenn der übertragende Rechtsträger Eigentümer von Grundeigentum oder Inhaber grundstücksgleicher Rechte ist, unterliegt die Verschmelzung der Grunderwerbsteuer.
- Der Notar belehrte den Beteiligten darüber, dass er für die Verbindlichkeiten der GmbH mit der Eintragung der Verschmelzung unbeschränkt persönlich haftet.
- Die Regelungen von § 22 UmwG und die zu leistende Sicherheitsleistung
- Der Notar hat kartellrechtlich nicht beraten.

Der Notar hat steuerlich nicht beraten. Den Beteiligten ist bekannt, dass der Notar nicht für die steuerlichen Auswirkungen dieser Urkunde und damit zusammenhängender Urkunden haftet; die Beteiligten hatten im Vorfeld der Beurkundung einen Entwurf erhalten und hatten ausreichend Gelegenheit, diese mit geeigneten Fachberatern zu besprechen.

Der Notar hat steuerrechtlich nicht beraten und insoweit eine Prüfung dieser Urkunde durch entsprechende Fachberater empfohlen

§ 4 Notar- und Angestelltenvollmacht

Der Notar wird bevollmächtigt, sämtliche Erklärungen abzugeben, die zum Vollzug dieser Urkunde erforderlich oder zweckdienlich sind.

Die Beteiligten erteilen den Notarangestellten

- ,
- ,

je geschäftsansässig in ,

– je einzeln –

die unbedingte und von der Wirksamkeit der übrigen Bestimmungen dieser Urkunde unabhängige Vollmacht, sie beim Vollzug der Urkunde und deren Anmeldung sowie bei Ergänzungen in jeder Hinsicht zu vertreten. Die Bevollmächtigten sind insbesondere befugt, Anträge an das Registergericht zu stellen und zurückzunehmen, Genehmigungen zu beantragen, entgegenzunehmen und mitzuteilen, überhaupt alles zu tun, was nach ihrem Ermessen zur vollständigen Erledigung der Angelegenheit noch erforderlich ist. Sie sind bevollmächtigt, diesen Vertrag zu ergänzen oder abzuändern. Die jeweilige Vollmacht ist auf Dritte übertragbar und erlischt nicht durch den Tod eines Vollmachtgebers. Die Bevollmächtigten sind von den Beschränkungen des § 181 BGB befreit und haben das Recht zur Vollmachtübertragung. Von diesen Vollmachten darf nur vor dem Notar oder seinem Vertreter im Amt Gebrauch gemacht werden. Die Vollmachten erlöschen drei Monate nach vollständigem Vollzug dieser Urkunde.

§ 5 Verteiler

Von dieser Urkunde erhalten

- elektronisch beglaubigte Abschriften:
  - Registergericht des Sitzes des übernehmenden Rechtsträgers,
  - Registergericht des Sitzes des übertragenden Rechtsträgers,
- beglaubigte Abschriften:
  - übertragender Rechtsträger,
  - übernehmender Rechtsträger,
  - Finanzamt , Körperschaftsteuerstelle, gem. § 54 EStDV (für übernehmenden Rechtsträger),
  - Finanzamt , Körperschaftsteuerstelle, gem. § 54 EStDV (für übertragenden Rechtsträger),
- einfache Abschrift:
  - Steuerberater ,
  - Finanzamt , Grunderwerbsteuerstelle, mit Anzeige nach § 18 GrEStG mit Antrag auf Erteilung der Unbedenklichkeitsbescheinigung.

Die Niederschrift wurde den Beteiligten in Gegenwart des Notars vorgelesen, von ihnen genehmigt und eigenhändig unterschrieben:

▲

2. Anmeldung zum Handelsregister des übernehmenden einzelkaufmännischen Unternehmens

▼ 97

Muster 2.17: Anmeldung zum Handelsregister des übernehmenden Einzelkaufmanns

An das Amtsgericht

– Registergericht –

Zu HRA

e.K. mit dem Sitz in

I.

Als Anlagen werden überreicht:

- Verschmelzungsvertrag vom ,
- Zustimmungsbeschluss und Verzichtserklärungen (gleiche Urkunde).

II.

Ein Verschmelzungsbericht ist gem. § 8 Abs. 3 UmwG nicht erforderlich. Die Durchführung der Verschmelzungsprüfung ist gem. §§ 9 Abs. 2, 8 Abs. 3 UmwG nicht erforderlich.

III.

Zur Eintragung in das Handelsregister wird angemeldet:

Die GmbH mit Sitz in (eingetragen im Handelsregister des AG , HRB) hat aufgrund des Verschmelzungsvertrages vom und des Beschlusses der Gesellschafterversammlung der GmbH vom gleichen Tage im Wege der Verschmelzung durch Aufnahme ihr Vermögen als Ganzes ohne Abwicklung auf den alleinigen Gesellschafter, übertragen.

IV.

Die Firma, der Sitz und der Gegenstand des Einzelunternehmens bleiben unverändert. Die Geschäftsadresse lautet weiterhin:

(*Alternative, wenn das einzelkaufmännische Unternehmen neu eingetragen wird:*)

- Die Firma des Einzelunternehmens lautet: e.K.
- Sitz des Einzelunternehmens ist:
- Gegenstand des Unternehmens ist:
- Die inländische Geschäftsanschrift lautet wie folgt:

V.

Der Notar wird bevollmächtigt, sämtliche Erklärungen abzugeben, die zum Vollzug dieser Urkunde erforderlich oder zweckdienlich sind.

Die Beteiligten erteilen den Notarangestellten

- ,
- ,

je geschäftsansässig in ,

– je einzeln –

die unbedingte und von der Wirksamkeit der übrigen Bestimmungen dieser Urkunde unabhängige Vollmacht, sie beim Vollzug der Urkunde und deren Anmeldung sowie bei Ergänzungen in jeder Hinsicht zu vertreten. Die Bevollmächtigten sind insbesondere befugt, Anträge an das Registergericht zu stellen und zurückzunehmen, Genehmigungen zu beantragen, entgegenzunehmen und mitzuteilen, überhaupt alles zu tun, was nach ihrem Ermessen zur vollständigen Erledigung der Angelegenheit noch erforderlich ist. Sie sind bevollmächtigt, Gesellschafterversammlungen abzuhalten und diese Urkunde zu ändern oder zu ergänzen. Die jeweilige Vollmacht ist auf Dritte übertragbar und erlischt nicht durch den Tod eines

Vollmachtgebers. Die Bevollmächtigten sind von den Beschränkungen des § 181 BGB befreit und haben das Recht zur Vollmachtübertragung. Von diesen Vollmachten darf nur vor dem Notar oder seinem Vertreter im Amt Gebrauch gemacht werden. Die Vollmachten erlöschen drei Monate nach vollständigem Vollzug dieser Urkunde.

VI.

Die Kosten dieser Handelsregisteranmeldung und ihres Vollzugs trägt der übernehmende Rechtsträger

Eintragungsnachricht wird auch an den unterschriftsbeglaubigenden Notar erbeten.

, den

(Als Inhaber des Einzelkaufmännischen Unternehmens e.K. und Übernehmer des Vermögens der GmbH).

▲

3. Anmeldung zum Handelsregister der übertragenden Gesellschaft

▼ 98

Muster 2.18: Anmeldung zum Handelsregister der übertragenden Gesellschaft 2.18

An das Amtsgericht

– Registergericht –

HRB

GmbH mit dem Sitz in

I.

Als Anlagen werden überreicht:

- Verschmelzungsvertrag vom vor dem beglaubigenden Notar,
- Zustimmungsbeschluss und Verzichtserklärungen (gleiche Urkunde),
- Schlussbilanz der -GmbH zum 31.12. .

II.

Der unterzeichnende einzelvertretungsberechtigte Geschäftsführer erklärt gem. § 16 Abs. 2 Satz 2 letzter HS UmwG unter Bezug auf die abgegebenen Klageverzichtserklärungen, dass eine Klage gegen die Wirksamkeit des Verschmelzungsbeschlusses ausgeschlossen ist.

Ein Verschmelzungsbericht ist gem. § 8 Abs. 3 UmwG nicht erforderlich. Die Durchführung der Verschmelzungsprüfung hat keiner der Gesellschafter verlangt; sie ist daher nicht erforderlich gem. § 8 Abs. 3 i.V.m. § 9 Abs. 1 UmwG.

Die Gesellschaft hat keinen Betriebsrat.

(*Alternative*: Die Gesellschaft hat einen Betriebsrat. Dieser hat vom Verschmelzungsvertragsentwurf rechtzeitig Kenntnis genommen; Empfangsbestätigung liegt bei.

(*Unteralternative*:) Dieser hat vom Verschmelzungsvertragsentwurf Kenntnis genommen und auf die Einhaltung der Frist gem. § 5 Abs. 3 UmwG verzichtet; schriftliche Bestätigung liegt bei.

III.

Der unterzeichnende, einzelvertretungsberechtigte Geschäftsführer meldet zur Eintragung in das Handelsregister an:

Die Gesellschaft ist aufgrund des Verschmelzungsvertrages vom und des Beschlusses der Gesellschafterversammlung vom auf ihren Alleingesellschafter , geb. am , durch Aufnahme verschmolzen. Der aufnehmende Rechtsträger betreibt ein Einzelunternehmen unter der Firma , eingetragen im Handelsregister des AG (HRA). Die Verschmelzung wird mit Eintragung im Register des Sitzes der übertragenden Kapitalgesellschaft gem. § 122 Abs. 2UmwG wirksam.

IV.

Der Notar wird bevollmächtigt, sämtliche Erklärungen abzugeben, die zum Vollzug dieser Urkunde erforderlich oder zweckdienlich sind.

Die Beteiligten erteilen den Notarangestellten

- ,
- ,

je geschäftsansässig in ,

– je einzeln –

die unbedingte und von der Wirksamkeit der übrigen Bestimmungen dieser Urkunde unabhängige Vollmacht, sie beim Vollzug der Urkunde und deren Anmeldung sowie bei Ergänzungen in jeder Hinsicht zu vertreten. Die Bevollmächtigten sind insbesondere befugt, Anträge an das Registergericht zu stellen und zurückzunehmen, Genehmigungen zu beantragen, entgegenzunehmen und mitzuteilen, überhaupt alles zu tun, was nach ihrem Ermessen zur vollständigen Erledigung der Angelegenheit noch erforderlich ist. Sie sind bevollmächtigt, Gesellschafterversammlungen abzuhalten und diese Urkunde zu ändern oder zu ergänzen. Die jeweilige Vollmacht ist auf Dritte übertragbar und erlischt nicht durch den Tod eines

Vollmachtgebers. Die Bevollmächtigten sind von den Beschränkungen des §181 BGB befreit und haben das Recht zur Vollmachtübertragung. Von diesen Vollmachten darf nur vor dem Notar oder seinem Vertreter im Amt Gebrauch gemacht werden. Die Vollmachten erlöschen drei Monate nach vollständigem Vollzug dieser Urkunde.

V.

Die Kosten dieser Handelsregisteranmeldung und ihres Vollzugs bei Gericht trägt die Gesellschaft.

Eintragungsnachricht wird auch an den unterschriftsbeglaubigenden Notar erbeten.

, den

Für den übertragenden Rechtsträger:

(*Geschäftsführer des übertragenden Rechtsträgers*)

(*Unterschriftsbeglaubigung*)

▲

II. Checkliste

▼ 99

Muster 2.19: Checkliste: Verschmelzung einer Kapitalgesellschaft

- ☐ Liegen sämtliche Angaben des §5 Abs. 1 Nr. 1–9 UmwG vor? 2.19
- ☐ Liegt die **Schlussbilanz** der Kapitalgesellschaft vor? Bei der Anmeldung der Verschmelzung zum Handelsregister des übertragenden Rechtsträgers ist dessen Schlussbilanz vorzulegen;[76] idealerweise liegt sie bereits bei Abschluss des Gesellschaftsvertrages vor, damit korrekt auf diese Bezug genommen werde kann (was aber nach dem Gesetzeswortlaut nicht zwingend ist).
- ☐ §47 UmwG ist grds. anwendbar[77] – bei einem Alleingesellschafter aber verzichtbar, ebenso wie §§48, 49 UmwG.
- ☐ Beachtung der Verpflichtung nach §5 Abs. 3 UmwG: Der Verschmelzungsvertrag oder sein Entwurf ist spätestens einen Monat vor dem Tage der Gesellschafterversammlung jedes beteiligten Rechtsträgers dem zuständigen **Betriebsrat** dieses Rechtsträgers zuzuleiten.
- ☐ Gibt es Inhaber von **Sonderrechten**: Wenn ja, müssen diese immer zustimmen (vgl. §50 Abs. 2 UmwG)

76 Vgl. § 17 Abs. 2 UmwG

77 *Galla/Cé. Müller* in: Henssler/Strohn, GesR, UmwG § 121 Rn 1.

- ☐ Werden **besondere Vorteile** im Sinne von § 5 Abs. 1 Nr. 8 UmwG gewährt?
- ☐ Betreibt der Alleingesellschafter bereits ein einzelkaufmännisches Unternehmen, auf das die GmbH verschmolzen wird?
  - ☐ Wenn ja: Welche **Firma** soll der übernehmende Rechtsträger nach der Umwandlung haben?
  - ☐ Wenn nein: Will der Alleingesellschafter das Unternehmen fortsetzen und erfüllt er damit die Kaufmannseigenschaft nach dem HGB? Wenn ja: Neueintragung als e.K.
- ☐ Betreibt der Alleingesellschafter als e.K. unter verschiedenen Firmen mehrere Unternehmen, muss bestimmt werden, auf welches Unternehmen das Vermögen der Kapitalgesellschaft übergehen soll.[78]
- ☐ Hat der übertragende Rechtsträger **Grundbesitz**?
  - ☐ Wenn nein, ist nichts zu veranlassen.
  - ☐ Wenn ja: § 18 GrEStG berücksichtigen (VA mit einfacher Kopie an das Finanzamt, Grunderwerbsteuerstelle); wenn die Unbedenklichkeitsbescheinigung vorliegt ist die Berichtigung des Grundbuchs zu beantragen (nicht der Eigentumsübergang, weil die Umwandlung selbst *ipso iure* den Eigentumswechsel außerhalb des Grundbuchs vollzogen hat, das dadurch unrichtig geworden ist).
- ☐ Hat der übertragende Rechtsträger selbst **Unternehmensbeteiligungen**?
  - ☐ Wenn nein, ist nichts zu veranlassen.
  - ☐ Wenn ja: Folgen prüfen und evtl. Beteiligte im Vorfeld darauf hinweisen (Klauseln in den Gesellschaftsverträgen der Enkelgesellschaften); im Übrigen: Erstellung neuer Gesellschafterlisten mit notarieller Bescheinigung gem. § 40 Abs. 2 Satz 1 GmbHG.[79]
- ☐ Regelungen eines Barabfindungsangebots bedarf es nicht.
  - ☐ Die **richtigen Beteiligten** müssen handeln: Zu den zu beurkundenden Verträgen erscheinen und diese unterschreiben die Geschäftsführer der Gesellschaft in vertretungsberechtigter Formation und der Alleingesellschafter.

78 *Heckschen* in: Widmann/Mayer, UmwR, Anhang 4 Rn M 21 (März 2018).

79 Die Frage der Einreichungspflicht bzw. Einreichungskompetenz des Notars bei einer nur mittelbaren Änderung des Gesellschafterbestandes einer Drittgesellschaft durch Verschmelzung des Gesellschafters auf eine andere Gesellschaft ist höchst umstritten, vgl. hierzu nur *Damm*, BWNotZ 2017, 5, 6 m.w.N.; zu einem ähnlichen Ergebnis wie der vorhergehende Aufsatz kommt auch *Heidinger* in: Heckschen/Heidinger, Die GmbH in der Gestaltungs- und Beratungspraxis, Kap. 13, Rn 555. Eine Verpflichtung zur Einreichung durch den Notar nimmt allerdings die einzig greifbare obergerichtliche Stimme OLG Hamm, NZG 2010, 113, an.Nach Meinung der Autoren sollte der Notar die weiteren Gesellschafterlisten einreichen. Er ist hierzu nach Auffassung der Autoren berechtigt (wenn auch nicht unbedingt verpflichtet) und sollte dies auch als Service für seine Kunden betrachten. Er sollte jedoch die Beteiligten im Vorfeld darauf hinweisen und auch darauf hinwirken, dass ihm die weiteren Gesellschaften, bei denen der übertagende Rechtsträger Gesellschafter war/ist rechtzeitig mitgeteilt werden.

Wenn dieser Geschäftsführer ist, dann ist §181 BGB zu berücksichtigen. Die Handelsregisteranmeldungen werden dann jeweils nach den Beurkundungen durch die jeweils zuständigen Geschäftsführer angemeldet. Das Vertretungsorgan des übernehmenden Rechtsträgers ist berechtigt, die Verschmelzung auch zur Eintragung in das Register des Sitzes jedes der übertragenden Rechtsträger anzumelden (§ 16 Abs. 1 Satz 2 UmwG).

- ☐ **Folgende Anlagen** können bei einer Verschmelzung einer GmbH auf den Alleingesellschafter **beim Handelsregister einzureichen** sein:
  - ☐ beurkundeter Verschmelzungsvertrag,
  - ☐ beurkundeter Verschmelzungsbeschluss,
  - ☐ Verschmelzungsbericht bzw. Verzichtserklärung,[80]
  - ☐ Prüfungsbericht bzw. Verzichtserklärungen,
  - ☐ Nachweis über die rechtzeitige Zuleitung an den Betriebsrat bzw. dessen Verzichtserklärung,
  - ☐ eventuell Genehmigungsurkunde, wenn eine staatl. Genehmigung notwendig sein sollte,
  - ☐ Schlussbilanz des übertragenden Rechtsträgers bei der Anmeldung zum Register des übertragenden Rechtsträgers.

▲

III. Ablaufplan

Hier, wie überall, gilt: Der konkrete Ablauf richtet sich in der Praxis nach den Umständen des Einzelfalls; vom Notar ist ein gewisses Maß an Flexibilität gefragt, etwa wenn die jeweiligen Stichtage noch in der Zukunft liegen soll. Der Notar sollte sich immer, einen konkreten Ablaufplan (mit großzügigen Fristen für die Kundschaft und sich selbst) erstellen, um immer die nächsten Schritte im Blick zu haben.[81] **100**

1. Vorbereitungshandlungen: Entwurfserstellung durch die Beteiligten in möglichst enger Absprache mit dem Notar, Erstellung der Schlussbilanz, Einbindung von Betriebsräten, Inhabern von Sonderrechten etc. Die Beteiligten sollten weitere Rechtsfragen im Blick haben: Anforderungen des Kartellrechts, des Gewerberechts, etc. **101**

2. Beteiligung der Betriebsräte: Sofern es in der betroffenen Gesellschaft bzw. bei den Unternehmen Betriebsräte gibt: Zuleitung des Vertrages oder seines Entwurfs spätestens einen Monat vor dem Tage der Versammlung der Anteilsinhaber **102**

80 *Limmer*, Handbuch der Unternehmensumwandlung, Rn 1378, weist darauf hin, dass es diese nicht bedarf. Zur Vermeidung von Diskussionen mit dem Handelsregister sehen die Muster schlicht die entsprechenden Verzichte vor. Wie Limmer auch: *Schwedhelm/Stenert* in: Schwedhelm, Die Unternehmensumwandlung, GmbH ←→ Einzelunternehmen (EU), Verschmelzung, Rn 671.

81 Vgl. *Kraus* in: Engl, Formularbuch Umwandlungen, Kap. A.1 Rn 2 ff.

jedes beteiligten Rechtsträgers (§ 5 Abs. 3 UmwG) an jeden Betriebsrat eines beteiligten Rechtsträgers. Auf die Monatsfrist kann verzichtet werden, nicht jedoch auf die Zuleitung selbst.[82]

103 Kommt es jedoch im Zuge der Verschmelzung zu wesentlichen Nachteilen für die Belegschaft oder jedenfalls wesentliche Teile der Belegschaft, so müssen die Betriebsräte u.U. deutlich vorher informiert werden (nämlich „rechtzeitig" im Sinne von § 111 BetrVG), damit ein Interessenausgleich und evtl. ein Sozialplan erstellt werden kann. Hierbei handelt es sich dann um Vorbereitungshandlungen, die u.U. viele Monate vorher angebahnt worden sein sollten.[83]

104 **3. Verschmelzungsvertrag, Gesellschafterbeschluss und Verzichtserklärung**:

- Beurkundung des Verschmelzungsvertrages,
- Beurkundung des Zustimmungsbeschlusses der Gesellschafterversammlung der übertragenden Gesellschaft (§§ 13, 50 UmwG),
- Beurkundung der Verzichtserklärung auf die Klage gegen die Wirksamkeit des Beschlusses.[84]

105 Im Falle der Verschmelzung des Vermögens einer Kapitalgesellschaft auf ihren Alleingesellschafter sollten alle zu beurkundenden Erklärungen in einer Urkunde zusammengefasst werden.

106 **4. Handelsregisteranmeldungen** der Verschmelzung durch die Geschäftsführer der GmbH bzw. durch den e.K. (§ 16 Abs. 1 Satz 1 UmwG). Dies kann nach Auffassung der Autoren auch den e.K. allein übernommen werden (§ 16 Abs. 1 Satz 2 UmwG).

107 **5. Eintragung** der Verschmelzung in das Register des übertragenden Rechtsträgers. Erst danach konstitutive Eintragung in das Register des übernehmenden Rechtsträgers (siehe §§ 19 Abs. 1, 20 Abs. 1 UmwG). Weiterer Ablauf bei und zwischen den beteiligten Registergerichten: Vgl. § 19 Abs. 2 und 3 UmwG.

IV. Anmerkungen

1. Alleingesellschafter

108 Die Verschmelzung nach § 120 UmwG kann nur eine Verschmelzung zur Aufnahme sein und setzt voraus, dass der übernehmende Rechtsträger 100 % der Anteile

82 OLG Naumburg, NZG 2004, 734.

83 So auch *Kraus* in: Engl, Formularbuch Umwandlungen, Kap. A.1 Rn 5.

84 Es muss nicht nur der Zustimmungsbeschluss beurkundet werden, auch die Verzichtserklärung ist (etwas formalistisch) zu beurkunden. Wie hier: *Stoye-Benk/Gschwandtner* in: Stoye-Benk/Cutura, Handbuch Umwandlungsrecht, 3. Kapitel, V. Musterlösungen Rn 96. Allerdings sind die Informationen der Anteilseigner gem. §§ 8–12 UmwG obsolet, vgl. hierzu: *Leitzen* in: BeckGOK, UmwG, § 121 Rn 28 ff.

am übertragenden Rechtsträger hält.[85] Es ist aber nicht schädlich, wenn die Gesellschaft eigene Anteile hält, diese werden dem Alleingesellschafter zugerechnet, vgl. § 120 Abs. 2 UmwG.

2. Übertragender Rechtsträger

Der übertragende Rechtsträger muss einerseits spätestens zum Zeitpunkt des Wirksamwerdens der Verschmelzung in das Handelsregister eingetragen sein.[86] Die Kapitalgesellschaft darf andererseits noch nicht aufgelöst sein.[87] Eine eingetretene Auflösung kann aber im Einzelfall unter Umständen durch einen Fortsetzungsbeschluss beseitigt werden – vgl. § 3 Abs. 3 UmwG.[88] Die Verschmelzung nach § 120 UmwG wird durch eine Überschuldung des übertragenden Rechtsträgers nicht gehindert.[89] **109**

Der übertragende Rechtsträger muss des Weiteren eine Kapitalgesellschaft sein – das sind AG, GmbH, UG (haftungsbeschränkt), KGaA (wobei dann der Alleingesellschafter sowohl Komplementär als auch einziger Kommanditaktionär sein muss). Die Anwendbarkeit von § 120 UmwG auf die SE ist wegen der Reichweite des Art. 66 SE-VO umstritten, aber mit der h.M. wohl zu bejahen[90] – wenngleich die Praxisrelevanz dieses Streits gering ist.[91] **110**

Nicht-Kapitalgesellschaften können nicht übertragender Rechtsträger sein: Vereine, Personengesellschaften, Genossenschaften, VVaG und genossenschaftliche Prüfungsverbände sind dem Anwendungsbereich des § 120 UmwG entzogen. Sollen diese dennoch auf einen Alleingesellschafter übertragen werden (soweit dies begrifflich überhaupt möglich ist), so ist im Rahmen einer Ketten-Umwandlung zunächst an einen Formwechsel in eine Kapitalgesellschaft zu denken mit anschließender Anwendung des § 120 UmwG oder an Anwachsungsmodelle.[92] **111**

85 BT-Drucks 12/6699, S. 114.

86 *Gall/Cè Müller* in: Henssler/Strohn, GesR, UmwG § 120 Rn 1.

87 BayObLG, Beschl. v. 4.2.1998 – 3 Z BR 462/97, DNotZ 1999, 145, Ls. 2: *„Die Verschmelzung einer durch Gesellschafterbeschluß aufgelösten GmbH als übertragender Gesellschaft ist unwirksam, wenn die Fortsetzung der Gesellschaft wegen ihrer Überschuldung nicht beschlossen werden konnte“*.

88 *Gall/Cè Müller* in: Henssler/Strohn, GesR, UmwG § 120 Rn 1.

89 OLG Stuttgart, Beschl. v. 4.10.2005 – 8 W 426/05, NZG 2006, 159, 159 f.

90 *Heckschen* in: Widmann/Mayer, UmwR, § 120 UmwG Rn 7 (Juni 2021); *Karollus/M. T. Schwab* in: Lutter, Umwandlungsgesetz, § 120 UmwG Rn 18 ff.

91 *Karollus/M. T. Schwab* in: Lutter, Umwandlungsgesetz, § 120 UmwG Rn 18a.

92 *Karollus/M. T. Schwab* in: Lutter, Umwandlungsgesetz, § 120 UmwG Rn 18 b.

112 *Merke:*

Vorsicht beim übertragenden Rechtsträger in der Krise.[93] Zwar stellt die drohende Insolvenz der übertragenden Kapitalgesellschaft kein Umwandlungshindernis dar. Das Insolvenzverfahren ist nicht vorrangig zum Umwandlungsverfahren, sodass § 120 UmwG ein Mittel zur Flucht aus der Insolvenzantragspflicht sein kann, insbesondere wenn der Alleingesellschafter die Verbindlichkeiten der Gesellschaft tragen kann, spricht nichts gegen die Umwandlung. Allerdings ist diese ausgeschlossen, wenn das Insolvenzverfahren bereits eröffnet ist. Wenn die Umwandlung erfolgt, um Gläubigerrechte zu vereiteln, kann das Verhalten strafrechtlich relevant sein, vgl. §§ 283 ff. StGB.[94]

3. Übernehmender Rechtsträger

113 Übernehmender Rechtsträger kann nur eine natürliche Person sein, die Alleingesellschafter der Kapitalgesellschaft ist. Ist eine andere Gesellschaft Alleingesellschafterin des übertragenden Rechtsträgers, so sind die anderen Formen der Verschmelzung (insbesondere **upstream merger**) vorrangig. Ebenso wenig können Zielrechtsträger Gemeinden, Erbengemeinschaften oder GbR sein.[95]

114 Der übernehmende Rechtsträger kann eine ausländische Staatsangehörigkeit haben und seinen Wohnsitz auch im Ausland haben.[96] Der übernehmende Rechtsträger muss auch noch nicht selbst im Handelsregister eingetragen sein.

115 Ob der übernehmende Rechtsträger nach der Verschmelzung in das Handelsregister eingetragen werden muss/darf/kann, hängt vom Einzelfall ab und richtet sich nach § 122 Abs. 1 UmwG, der wiederum auf die allgemeinen Pflichten nach dem HGB verweist.[97] Handelt es sich beim übernehmenden Alleingesellschafter nach der Verschmelzung bei Betriebsfortführung um einen Ist-Kaufmann im Sinne von § 1 Abs. 1 HGB, so muss er sich in das Handelsregister mit seiner Firma eintragen lassen (vgl. § 29 HGB). Handelt es sich um einen sog. Kann-Kaufmann im Sinne von § 2 HGB, so kann er sich eintragen lassen – er muss es aber nicht zwingend. Auch sind Fälle denkbar, in denen eine Eintragung unstatthaft ist, etwa bei der Ausübung freier Berufe. Der Übernehmer ist damit berechtigt, aber nicht verpflichtet, die Eintragung vornehmen zu lassen. Entscheidet er sich gegen die Eintragung, hat er auch

93 Siehe zu diesem Komplex ausführlich und instruktiv: *Heckschen* in: Widmann/Mayer, UmwR, § 120 UmwG Rn 8.3 ff. (Juni 2021).

94 *Heckschen* in Widmann/Mayer, UmwR, § 120 UmwG Rn 8.11 (Juni 2021); *Karollus/M. T. Schwab* in: Lutter, Umwandlungsgesetz, § 120 UmwG Rn 18 b.

95 *Limmer*, Handbuch der Unternehmensumwandlung, Rn 1366.

96 *Karollus/M. T. Schwab* in: Lutter, Umwandlungsgesetz, § 120 UmwG Rn 29.

97 *Karollus/M. T. Schwab* in: Lutter, Umwandlungsgesetz, § 120 UmwG Rn 29.

künftig keine Kaufmannseigenschaft, womit eine Firmennachfolge nicht in Betracht kommt, die Firma der übertragenden Kapitalgesellschaft erlischt.[98]

4. Verfahren

Auf die Kapitalgesellschaft sind die für ihre Rechtsform geltenden Vorschriften des Ersten und Zweiten Teils des Umwandlungsgesetzes anzuwenden (§ 121 UmwG), was sich aber nur auf die Verschmelzung zur Aufnahme beziehen kann. Soweit diese Regelungen für die GmbH, die AG oder KGaA Sondernormen vorsehen, wenn es nur einen Gesellschafter oder Aktionär gibt, so gelten diese Ausnahmen auch hier.[99] Ansonsten gelten die allgemeinen Regeln, also z.B. auch § 181 BGB, wenn der Alleingesellschafter zugleich Geschäftsführer/Vorstand der Kapitalgesellschaft ist.[100] **116**

§ 20 Abs. 2 UmwG wonach Mängel der Verschmelzung die Wirkung der Eintragung unberührt lassen, gelten auch für Verschmelzungen nach §§ 120 ff. UmwG, sodass die allgemeinen Heilungsmöglichkeiten auch in diesem Falle gelten – das bedeutet, dass auch eine Verschmelzung nach § 120 UmwG nach deren Eintragung Bestandsschutz genießt, auch wenn sie nicht hätte eingetragen werden dürfen, z.B.: weil es noch einen Minderheitengesellschafter gab.[101] **117**

V. Steuerliche Hinweise

Die Verschmelzung einer Kapitalgesellschaft auf eine natürliche Person als Alleingesellschafter bietet die Möglichkeit, das Unternehmen bzw. das Vermögen der Kapitalgesellschaft steuerlich neutral auf den Gesellschafter zu überführen. Bei Freiberufler-GmbH (z.B.: Rechtsanwalts-GmbH, Steuerberater-GmbH) dient die Verschmelzung ggf. auch der Vermeidung einer Gewerbesteuerpflicht.[102] **118**

Im vorliegenden Fall sind die §§ 3–10 UmwStG anzuwenden. **119**

Grds. geht das Vermögen der Gesellschaft zum gemeinen Wert über und es ergibt sich ein regulär zu besteuernder Verschmelzungsgewinn für die übertragende Körperschaft. Auf Antrag ist auch hier eine Fortführung der Buchwerte möglich, soweit das übergehende Vermögen Betriebsvermögen der übernehmenden Person wird, ein deutsches Besteuerungsrecht nicht ausgeschlossen oder beschränkt wird und eine Gegenleistung nicht gewährt wird. Komplett steuerneutral ist die Verschmelzung einer Kapitalgesellschaft auf eine natürliche Person (oder Personengesellschaft) allerdings selbst im Falle der Buchwertfortführung nicht. Denn in

98 *Hörtnagel/Ollech* in: Schmitt/Hörtnagel, UmwG, § 122 Rn 4.
99 *Gall/Cè Müller* in: Henssler/Strohn, GesR, UmwG § 121 Rn 1.
100 *Gall/Cè Müller* in: Henssler/Strohn, GesR, UmwG § 121 Rn 2.
101 *Karollus/M. T. Schwab* in: Lutter, Umwandlungsgesetz, § 120 UmwG Rn 42.
102 *Seulen* in: Semler/Stengel/Leonard, UmwG § 120 Rn 6.

diesem Fall gelten die offenen Rücklagen der Kapitalgesellschaft, d.h. die thesaurierten Gewinne, nach § 7 UmwStG als ausgeschüttet und der Anteilseigner hat entsprechende Dividendeneinkünfte zu versteuern. Je nach steuerlicher Situation des Anteilseigners und der Höhe der offenen Rücklagen kann es sich bei der resultierenden Steuerbelastung um einen nennenswerten Betrag handeln. Außerdem ergibt sich in diesen Fällen analog zur Aufwärtsverschmelzung auf eine andere Kapitalgesellschaft ein Übernahmegewinn oder -verlust in Höhe des Unterschieds zwischen dem Buchwert der Anteile an der übertragenden Körperschaft und dem Wert, mit dem die übergegangenen Wirtschaftsgüter zu übernehmen sind, abzüglich der Kosten für den Vermögensübergang, der entsprechend der individuellen steuerlichen des Anteilseigners zu behandeln ist.

120 Für die Umsatzsteuer ist die Verschmelzung grds. unbeachtlich, soweit das übergehende Vermögen Betriebsvermögen bleibt.

121 Gehört zu dem Vermögen der Kapitalgesellschaft Grundvermögen, wird Grunderwerbsteuer ausgelöst. Grunderwerbsteuer kann sich außerdem ergeben, wenn zu dem übergehenden Vermögen Anteile an anderen Gesellschaften gehören, die wiederum Grundvermögen halten.

VI. Notarkosten

122 1. **Verschmelzungsvertrag**: Für den Vertrag fällt gem. KV GNotKG 21100 eine 2,0 Gebühr an. Wichtig: Die Verschmelzung ist immer ein Vertrag auch im Falle des § 120 UmwG.[103] Der Geschäftswert ist nach §§ 97 Abs. 1, 107 GNotKG zu bestimmen. Maßgebend ist das übergehende Vermögen ohne Schuldenabzug. Der Wert des Aktivvermögens ist nach der Verschmelzungsbilanz festzustellen.[104]

123 2. **Zustimmungsbeschluss, Verzichtserklärungen**: Der Geschäftswert ist nach §§ 97, 108 GNotKG zu bestimmen. Er ist gem. § 110 GNotKG ein verschiedener Beurkundungsgegenstand im Verhältnis zum Verschmelzungsvertrag – anders als die Verzichtserklärungen, die gem. § 109 GNotKG den gleichen Gegenstand darstellen.[105]

124 3. **Handelsregisteranmeldungen**, sonstiges: Für die Handelsregisteranmeldung bei der GmbH fällt eine 0,5-Gebühr an. Der Geschäftswert errechnet sich aus § 105 Abs. 4 Nr. 1: Ein Prozent des eingetragenen Grund- oder Stammkapitals, mindestens 30 000 EUR. Wenn in einer separaten Anmeldung auch eine Anmeldung zu einem (neu einzutragenden) Einzelkaufmann erfolgt, so ist der Geschäftswert hier stets 30.000,00 EUR (§ 105 Abs. 3 Nr. 1 GNotKG für den neuen e.K. und § 105 Abs. 4 Nr. 4 GNotKG für den bestehenden e.K).

103 *Tiedtke* in: Korintenberg, GNotKG § 107 Rn 43.

104 *Tiedtke* in: Korintenberg, GNotKG § 107 Rn 41.

105 Vgl. zur Berechnung: *Diehn,* Notarkostenberechnungen, Rn 1512.

Außerdem sind in diesen Fällen noch jeweils Gebühren für XML-Strukturdateien, Dateien, Post-/Telekommunikation etc. zu beachten.[106] 125

E. Verschmelzung von einer GmbH & Co. KG auf eine GmbH & Co. KG zur Aufnahme

I. Muster

1. Verschmelzungsvertrag

▼ 126

Muster 2.20: Verschmelzungsvertrag

(*Notarielle Eingangsformel*) 2.20

Es erscheinen, jeweils unbedenklich geschäftsfähig:

1. Herr/Frau …,
   hier handelnd nicht im eigenen Namen, sondern als einzelvertretungsberechtigte und von den Beschränkungen des §181 BGB befreite Geschäftsführerin für die … GmbH mit dem Sitz in …, eingetragen im Handelsregister des Amtsgerichts … unter HRB …, Geschäftsadresse: …;
   diese wiederum als einzelvertretungsberechtigte und von den Beschränkungen des §181 BGB befreite Komplementärin der … GmbH & Co. KG mit dem Sitz in …, eingetragen im Handelsregister des Amtsgerichts … unter HRA … Geschäftsadresse: ….
2. Herr/Frau …,
   hier handelnd nicht eigenen Namens, sondern als einzelvertretungsberechtigter und von den Beschränkungen des §181 BGB befreiter Geschäftsführer für die … GmbH mit dem Sitz in …, eingetragen im Handelsregister des Amtsgerichts … unter HRB …, Geschäftsadresse: …;
   diese wiederum als einzelvertretungsberechtigte und von den Beschränkungen des §181 BGB befreite Komplementärin der … GmbH & Co. KG mit dem Sitz in …, eingetragen im Handelsregister des Amtsgerichts … unter HRA … Geschäftsadresse: ….

Ich, der Notar, bescheinige gem. §21 Abs. 1 BNotO aufgrund heutiger Einsicht in das elektronische Handelsregister die vorstehenden Vertretungsverhältnisse. Die zuletzt beim Handelsregister eingereichten Gesellschafterlisten und Registerauszüge wurden vor Beurkundung eingesehen.

106 Zur Berechnung: *Diehn,* Notarkostenberechnungen, Rn 1516 ff. Für die ebenfalls noch darüber hinaus anfallenden Kosten: *Heckschen* in: Fleischhauer/Wochner, Handelsregisterrecht, M. Umwandlungsrecht, Rn 79.

Die Frage nach einer Vorbefassung im Sinne des § 3 Abs. 1 Nr. 7 BeurkG wurde allseits verneint.

Über das Geldwäschegesetz belehrt, erklären alle Beteiligten auf eigene Rechnung bzw. bzw. aufgrund offen gelegter Vertretungsverhältnisse zu handeln. Die jeweilige Beteiligungsstruktur ergibt sich aus der zuletzt beim jeweils zuständigen Handelsregister eingereichten Gesellschafterliste.

Die Beteiligten erklären, dass sie rechtzeitig vor der heutigen Beurkundung den beabsichtigten Text des Rechtsgeschäfts erhalten haben und so ausreichend Gelegenheit hatten, sich vorab mit dem Gegenstand der Beurkundung auseinanderzusetzen

Es wird erklärt mit der Bitte um notarielle Beurkundung:

Verschmelzungsvertrag

§ 1 Sachstand

(1) Im Handelsregister des AG … ist unter HRA … die … GmbH & Co. KG mit dem Sitz in … (in dieser Urkunde „übertragender Rechtsträger" genannt) eingetragen.

Am übertragenden Rechtsträger sind als Gesellschafter beteiligt:

- … GmbH mit dem Sitz in … als Komplementär,
- … als Kommanditist.

Im Handelsregister des AG … ist unter HRA … die … GmbH & Co. KG mit dem Sitz in … (in dieser Urkunde „übernehmender Rechtsträger" genannt) eingetragen.

Am übernehmenden Rechtsträger sind als Gesellschafter beteiligt:

- … GmbH mit dem Sitz in … als Komplementär,
- … als Kommanditist.

(2) An der Verschmelzung sind gem. **§ 5 Abs. 1 Nr. 1 UmwG** als Rechtsträger beteiligt:

- die … GmbH & Co. KG mit Sitz in … als übernehmender Rechtsträger und
- die … GmbH & Co. KG mit Sitz in … als übertragender Rechtsträger.

(3) Die Erschienenen erklären:

- Sonderrechte i.S.v. §§ 23 UmwG bestehen bei dem übertragenden Rechtsträger nicht,
- keine der Gesellschaften ist aufgelöst im Sinne von § 39 UmwG.

§2 Vermögensübertragung, Verschmelzungsstichtag

(1) Die ____ GmbH & Co. KG als übertragender Rechtsträger überträgt ihr Vermögen als Ganzes mit allen Rechten und Pflichten unter Auflösung ohne Abwicklung auf die ____ GmbH & Co. KG als übernehmenden Rechtsträger gem. §2 Nr. 1, §§39 ff. UmwG (**Verschmelzung durch Aufnahme**).

(2) Die Übernahme des Vermögens des übertragenden Rechtsträgers erfolgt im Innenverhältnis mit Wirkung zum 1.1.____, 0:00 Uhr (**Verschmelzungsstichtag im Sinne des §5 Abs. 1 Nr. 6 UmwG**).

Von diesem Zeitpunkt an bis zum Zeitpunkt des Erlöschens des übertragenden Rechtsträgers gem. §20 Abs. 1 Nr. 2 UmwG gelten alle Handlungen und Geschäfte des übertragenden Rechtsträgers als für Rechnung des übernehmenden Rechtsträgers vorgenommen und geführt.

(3) Der Verschmelzung wird die Bilanz (*aus dem mit dem uneingeschränkten Bestätigungsvermerk des Wirtschaftsprüfers ____ in ____ versehenen Jahresabschluss*) des übertragenden Rechtsträgers zum 31.12.____ (**steuerlicher Übertragungsstichtag im Sinne des §2 Abs. 1 UmwStG**) als Schlussbilanz zugrunde gelegt.

Der übernehmende Rechtsträger wird die auf ihn übergegangenen Vermögensgegenstände und Verbindlichkeiten in seiner Bilanz mit den Werten ansetzen, mit denen diese Vermögensgegenstände und Verbindlichkeiten in der Schlussbilanz des übertragenden Rechtsträgers angesetzt sind (§ 24UmwG). Der übernehmende Rechtsträger hat die steuerlichen Buchwerte des übertragenden Rechtsträgers fortzuführen. Auf die Erforderlichkeit eines Antrages beim Finanzamt für die Buchwertfortführung in der Steuerbilanz wurde vom beurkundenden Notar ausdrücklich hingewiesen. Ändern sich beim übertragenden Rechtsträger aufgrund einer steuerlichen Außenprüfung oder anderer bindender Anordnungen der Finanzverwaltung für Zeiträume bis zum Verschmelzungsstichtag die steuerlichen Wertansätze der übergehenden Aktiva und Passiva, so wird der aufnehmende Rechtsträger in seiner Steuerbilanz die geänderten Wertansätze fortführen.

(4) Sollte die Verschmelzung nicht bis zum 31.12.____ in das Handelsregister des übernehmenden Rechtsträgers eingetragen worden sein, so verschieben sich Bilanz- und Verschmelzungsstichtag jeweils um ein Jahr, mithin auf den 31.12.____ bzw. den 1.1.____.

§3 Gegenleistung

(1) Der übernehmende Rechtsträger gewährt den Gesellschaftern des übertragenden Rechtsträgers als Gegenleistung für die Übertragung des Vermögens die Stellung als Kommanditisten mit folgenden Beteiligungen an der ____ GmbH & Co. KG:

- dem Gesellschafter … (bisheriger Kommanditist) einen festen Kapitalanteil i.H.v. … EUR. Der Kapitalanteil des … stellt gleichzeitig die in das Handelsregister einzutragende Hafteinlage des neuen Kommanditisten dar;
- der … GmbH (bisherige Komplementärin) einen festen Kapitalanteil i.H.v. … EUR. Die Hafteinlage der … GmbH beträgt … EUR.[107]
- (*Alternative*):[108] Der … GmbH (bisherige Komplementärin des übertragenden Rechtsträgers) wird kein Anteil gewährt. Die … GmbH erklärt hiermit vielmehr selbst, vertreten durch ihre Geschäftsführung in vertretungsberechtigter Formation, dass sie in der logischen Sekunde der Vermögensübertragung aus der Gesellschaft austritt – hierfür erhält sie keinen Vermögensanteil.

Die Beteiligungen werden kostenfrei (als Gegenleistung im Rahmen der Verschmelzung) und die Beteiligung des … mit Gewinnberechtigung ab … gewährt.

(2) Durch den Eintritt der neuen Kommanditisten wird das Festkapital der … GmbH & Co. KG von … EUR um … EUR (i.W. … EUR) auf … EUR erhöht.

(3) Die Kapitalanteile der bisherigen Gesellschafter der … GmbH & Co. KG bleiben unverändert.

(4) Das Umtauschverhältnis der Beteiligungen beträgt: ….

§ 4 Sonderrechte, Besondere Vorteile

(1) Angaben nach **§ 5 Abs. 1 Nr. 7 UmwG** entfallen, weil Sonderrechte oder Vorzüge weder beim übernehmenden Rechtsträger noch beim übertragenden Rechtsträger bestehen.

(*Alternative*): (1) Angaben nach **§ 5 Abs. 1 Nr. 7 UmwG**: Nach § … der Satzung des übertragenden Rechtsträgers kommt Herr/Frau … das Sonderrecht … (weitere Ausführungen je nach Fall)

(2) Besondere Vorteile: Keinem Mitglied eines Vertretungsorgans oder eines Aufsichtsorgans der an der Verschmelzung beteiligten Rechtsträger, keinem geschäftsführenden Gesellschafter, keinem Abschlussprüfer oder Verschmelzungsprüfer werden besondere Vorteile i.S.v. **§ 5 Abs. 1 Nr. 8 UmwG** gewährt.

107 Siehe auch *Knaier* in: Wachter, Praxis des Handels- und Gesellschaftsrechts, § 14 Rn 163.

108 Sehr umstritten und höchstrichterlich nicht geklärt – aus Sicht der Autoren materiell-rechtlich aber korrekt. Wer dieses Problem rechtssicher umgehen möchte, der kann im Vorfeld beim übertragenden Rechtsträger den Komplementär austauschen – im vorliegenden Fall hätte dann im Vorfeld bereits die (…) GmbH zum Komplementär des übertragenden Rechtsträgers gemacht werden müssen und die (…) GmbH wäre ausgeschieden.

§5 Folgen der Verschmelzung für die Arbeitnehmer und ihre Vertretungen (§5 Abs. 1 Nr. 9 UmwG)

(1) Der übernehmende Rechtsträger wird mit Wirksamwerden der Verschmelzung neuer Arbeitgeber der zu diesem Zeitpunkt beim übertragenden Rechtsträger beschäftigten Arbeitnehmer. Auf den Übergang findet §613a Abs. 1, 4–6 BGB Anwendung (§35a UmwG).

Individualarbeitsrechtlich führt die Verschmelzung zu keinen Veränderungen für die Arbeitnehmer des übertragenden Rechtsträgers und des übernehmenden Rechtsträgers. Die übergehenden Arbeitsverhältnisse werden unter voller Anrechnung der Betriebszugehörigkeitszeiten sowie der ggf. bestehenden Vereinbarungen über Direktversicherungen und Altersversorgungszusagen unverändert zu den bisherigen Bedingungen fortgesetzt.

(*Eventuelle Ergänzung*): Hiervon gibt es jedoch folgende Ausnahme: Das gilt jedoch nicht für den Anstellungsvertrag des Geschäftsführers im Hinblick darauf, dass er bereits ebenfalls Geschäftsführer des übernehmenden Rechtsträgers ist.

(2) Die Verschmelzung führt zu keinen Veränderungen der betrieblichen Struktur und der betrieblichen Organisation. Eine Betriebsänderung, die Verhandlungen mit dem Betriebsrat des übertragenden Rechtsträgers erforderlich machen würde, wird durch die Verschmelzung selbst nicht bewirkt. Die derzeit bei dem übertragenden Rechtsträger geltenden Betriebsvereinbarungen gelten als kollektivrechtliche Regelungen fort.

(3) Der übernehmende Rechtsträger unterliegt der gleichen tariflichen Bindung wie der übertragende Rechtsträger.

(*Alternativ*): (3) Für den übernehmenden Rechtsträger gilt bislang kein Tarifvertrag; für den übertragenden Rechtsträger gilt der Tarifvertrag (Flächentarifvertrag). Dieser wird Inhalt des Arbeitsverhältnisses der übernommenen Arbeitnehmer des übertragenden Rechtsträgers im Rahmen der Beschäftigung beim übernehmenden Rechtsträger. Sie dürfen vor Ablauf eines Jahres nicht zu Lasten der Arbeitnehmer abgeändert werden, es sei denn die Arbeitsbedingungen werden vorher durch einen anderen Tarifvertrag oder eine andere Betriebsvereinbarung geregelt.

(4) Betriebsrat: Weder bei dem übertragenden Rechtsträger noch bei dem übernehmenden Rechtsträger besteht ein Betriebsrat, so dass es einer Zuleitung des Vertrages bzw. seines Entwurfes nicht bedurfte.

(*Alternative*): (4) Die beteiligten Betriebsräte haben ihre Kenntnisnahme vom Verschmelzungsvertrag schriftlich bestätigt und auf die Einhaltung der Frist gem. §5 Abs. 3 UmwG verzichtet (Beweisanlagen 1 und 2).

(*Alternative*): (4) Lediglich beim übertagenden Rechtsträger gibt es einen Betriebsrat. Diesem ist der Entwurf des Verschmelzungsvertrages mit Schreiben vom zugeleitet worden. Eine Kopie der Empfangsbestätigung samt Entwurf des Verschmelzungsvertrages wird dieser Urkunde zu Informationszwecken als Beweisanlage beigefügt.

(5) Betriebsverfassungsrechtliche Konsequenzen ergeben sich nicht.

(*Alternative*): (5) Der im Betrieb des übertragenden Rechtsträgers errichtete Betriebsrat bleibt zunächst unverändert im Amt und wird mit dem Wirksamwerden der Verschmelzung gleichzeitig zum Betriebsrat des übernehmenden Rechtsträgers. Der dort errichtete Gesamtbetriebsrat entfällt mit dem Wirksamwerden der Verschmelzung. Mit Wirksamwerden der Verschmelzung ist gem. § 47 Abs. 1 BetrVG ein neuer Gesamtbetriebsrat bei dem übernehmenden Rechtsträger zu errichten.

(6) Mitbestimmungsrechtliche Änderungen ergeben sich nicht, da die maßgeblichen Schwellenwerte nicht erreicht werden. Auch nach der Verschmelzung wird die Zahl der Arbeitnehmer des übernehmenden Rechtsträgers einschließlich der von dem übertragenden Rechtsträger übergehenden Arbeitnehmer nicht mehr als 500 betragen (§ 1 Abs. 1 Nr. 3 DrittelbeteiligungsG).

§ 6 Weitere Bestimmungen

(1) Die Firma des übernehmenden Rechtsträgers wird unverändert fortgeführt.

(*Alternative*): (1) Der übernehmende Rechtsträger wird seine Firma ändern in: . Soweit firmenrechtlich erforderlich, erteilt der übertragende Rechtsträger hierzu seine Zustimmung und strebt deren Erteilung auch durch seine Gesellschafter an.

(2) Die Vertretungsregeln des übernehmenden Rechtsträgers ändern sich nicht. Prokuren und Vertretungsrechte beim übertragenden Rechtsträger erlöschen mit Vollzug im Handelsregister des übernehmenden Rechtsträgers.

(*Alternative*): (2) Gem. § 4 Abs. 1 des Verschmelzungsvertrages ist Herr/Frau mit Wirkung ab zur einzelvertretungsberechtigten und von § 181 BGB befreiten Geschäftsführerin des übernehmenden Rechtsträgers zu bestellen.

(3) Der übertragende Rechtsträger verfügt seinerseits nicht über Beteiligungen an deutschen Gesellschaften mit beschränkter Haftung.

(*Alternative*): (4) Der übertragende Rechtsträger verfügt über Beteiligungen an deutschen Gesellschaften mit beschränkter Haftung (GmbH). Den Beteiligten ist bekannt, dass sie dem Notar sämtliche Gesellschaftsbeteiligungen separat mitzuteilen haben, damit dieser aktuelle Gesellschafterlisten beim Handelsregister einreichen und mit seinem Vermerk gem. §40 Abs. 2 Satz 1 GmbHG versehen kann. Der Notar wird hiermit beauftragt neue Gesellschafterlisten bei folgenden Gesellschaften einzureichen:

Sollte der übertagende Rechtsträger noch weitere hier nicht aufgezählte Beteiligungen gehabt haben, so werden die Geschäftsführer des übernehmenden Rechtsträgers die entsprechenden Listen hierzu beim jeweils zuständigen Handelsregister einreichen.

(4) Kartellrechtliche Beschränkungen bestehen für den vorliegenden Vertrag nicht.

(5) Der übertragende Rechtsträger hat keine Zweigniederlassungen.

(6) Auslandvermögen: Der übertragende Rechtsträger hat im Ausland keine Vermögensgegenstände.

(*Alternative*): (6) Soweit der übertragende Rechtsträger Vermögensgegenstände im Ausland hat, soll die vorliegende Verschmelzung auch das Vermögen im Ausland unmittelbar erfassen. Soweit die Verschmelzung im Ausland befindliches Vermögen und/oder Schulden des übertragenden Rechtsträgers betrifft und die ausländische Rechtsordnung die Universalsukzession nach deutschem Recht nicht anerkennt, bevollmächtigt die Geschäftsführung des übertragenden Rechtsträgers hiermit unwiderruflich, die Geschäftsführung der übernehmenden Rechtsträgers, alle Maßnahmen und Rechtshandlungen vorzunehmen, die nach deutschem und ausländischem Recht erforderlich oder zweckmäßig sind, um sicherzustellen, dass die aufnehmende Gesellschaft Eigentümerin/Inhaberin auch der im Ausland belegenen Vermögensteile des übertragenden Rechtsträgers wird und die Verbindlichkeiten des übertragenden Rechtsträgers erfüllungshalber übernimmt. Diese Vollmacht umfasst auch das Recht, Untervollmacht zu erteilen.

(7) Da die Geschäftsanteile des übernehmenden Rechtsträgers keinen Verfügungsbeschränkungen im Sinne von §29 Abs. 1 Satz 2 UmwG unterworfen sind, entfällt die Notwendigkeit für ein entsprechendes Bar-Angebot.

§7 Grundeigentum

Der übertragende Rechtsträger hat kein Grundeigentum.

(Alternative): Der übertragende Rechtsträger ist Eigentümer des Grundstücks Flst.Nr. in der Gemarkung (Grundbuch des Amtsgerichts für Blatt , BV-Nr.). Den Beteiligten ist bekannt, dass mit Eintragung der Verschmelzung in das Handelsregister des Sitzes des übernehmenden Rechtsträgers das Grundeigentum auf den übernehmenden Rechtsträger übergeht, so dass das Grundbuch zu berichtigen ist. Hierzu bedarf es der grunderwerbsteuerlichen Unbedenklichkeitsbescheinigung des Finanzamtes nach Entrichtung der anfallenden Grunderwerbsteuer über die der Notar belehrt hat. Die Berichtigung der genannten Grundbücher nach Wirksamkeit der Verschmelzung wird hiermit beantragt; der Notar wird beauftragt und bevollmächtigt, die Grundbuchberichtigung zu veranlassen.

§ 8 Rücktrittsrecht

(1) Jeder Vertragspartner ist zum Rücktritt von diesem Vertrag berechtigt, wenn die Verschmelzung nicht bis zum Ablauf des (*Datum*) in das Handelsregister des übernehmenden Rechtsträgers eingetragen worden ist. Die Erklärung des Rücktritts darf erst ab dem ausgesprochen werden. Die Rechtsfolgen des Rücktritts richten sich nach den §§ 346 ff. BGB.

(2) Der Rücktritt ist dem anderen Vertragspartner gegenüber durch eingeschriebenen Brief mit Rückschein zu erklären und dem Notar zu Informationszwecken schriftlich mitzuteilen.

§ 9 Schluss

(1) Salvatorische Klausel

Sollte eine Bestimmung oder mehrere Bestimmungen dieses Rechtsgeschäfts oder eine spätere Ergänzung ganz oder teilweise unwirksam oder undurchführbar sein oder werden oder sollte sich eine Lücke herausstellen, wird dadurch die Wirksamkeit der übrigen Bestimmungen nicht berührt.

Die Beteiligten verpflichten sich, anstelle dieser Bestimmung diejenige wirksame und durchführbare Bestimmung zu vereinbaren, die rechtlich und wirtschaftlich dem am nächsten kommt, was die Beteiligten gewollt haben oder nach dem Sinn und Zweck des Rechtsgeschäfts und seiner späteren eventuellen Ergänzung gewollt hätten, wenn sie von der Unwirksamkeit oder Undurchführbarkeit der Bestimmung bei Abschluss des Rechtsgeschäfts oder seiner Ergänzung gewusst hätten. Das Gleiche gilt sinngemäß, wenn das Rechtsgeschäft eine ergänzungsbedürftige Lücke aufweist.

(2) Kosten

Die Kosten dieser Urkunde und ihres Vollzuges, die Gebühren und Steuern einschließlich der Kosten der Zustimmungsbeschlüsse trägt der übernehmende Rechtsträger.

Falls die Verschmelzung nicht wirksam werden sollte, tragen die beteiligten Gesellschaften die Notarkosten je zur Hälfte und ihre außerurkundlichen Kosten je allein.

(3) Hinweise des Notars

Der Notar hat auf Folgendes hingewiesen:

- Sämtliche Erklärungen müssen richtig und vollständig beurkundet werden.
- Der Notar hat den weiteren Verfahrensablauf bis zum Wirksamwerden der Verschmelzung erläutert, insbesondere auf das Erfordernis zu beurkundender Zustimmungsbeschlüsse der Gesellschafterversammlung des übertragender

Rechtsträger und des übernehmender Rechtsträgers hingewiesen und auf den Zeitpunkt des Wirksamwerdens der Verschmelzung.

- Auf die Wirkungen der Verschmelzung wurde hingewiesen (insbesondere die Gesamtrechtsnachfolge in alle Rechtsverhältnisse des übertragenden Rechtsträgers, unabhängig davon, ob sie bekannt sind oder unbekannt).
- Die Verschmelzung darf gem. §17 Abs. 2 Satz 4 UmwG nur eingetragen werden darf, wenn sie binnen acht Monaten nach dem Stichtag der bei der Anmeldung einzureichenden Schlussbilanz des übertragenden Rechtsträgers zum Handelsregister angemeldet worden ist,
- Wenn der übertragende Rechtsträger Eigentümer von Grundeigentum oder Inhaber grundstücksgleicher Rechte ist, unterliegt die Verschmelzung der Grunderwerbsteuer.
- Bei Verschmelzungen von GmbH sind die §§30 ff. GmbHG zu beachten.
- Wenn nicht bevorrechtigte Gläubiger des übertragender Rechtsträgers glaubhaft machen können, dass die Erfüllung ihrer noch nicht fälligen Forderungen durch die Verschmelzung gefährdet wird, kann ihnen bei Anmeldung binnen sechs Monaten nach Vollzug unter den Voraussetzungen des §22 UmwG Sicherheit zu leisten sein.
- Gem. §25 UmwG können Mitglieder der beteiligten Vertretungs- und Aufsichtsorgane für etwaige Schäden gegenüber Gesellschaftern, Gläubigern oder den Gesellschaften haften; die Ansprüche verjähren in fünf Jahren nach Vollzug.
- Der Notar hat kartellrechtlich nicht beraten.

Der Notar hat steuerrechtlich nicht beraten und insoweit eine Prüfung dieser Urkunde durch entsprechende Fachberater empfohlen

(4) Notar- und Angestelltenvollmacht

Der Notar wird bevollmächtigt, sämtliche Erklärungen abzugeben, die zum Vollzug dieser Urkunde erforderlich oder zweckdienlich sind.

Die Beteiligten erteilen den Notarangestellten

- ,
- ,

je geschäftsansässig in ,

– je einzeln –

die unbedingte und von der Wirksamkeit der übrigen Bestimmungen dieser Urkunde unabhängige Vollmacht, sie beim Vollzug der Urkunde und deren Anmeldung sowie bei Ergänzungen in jeder Hinsicht zu vertreten. Die Bevollmächtigten sind insbesondere befugt, Anträge an das Registergericht zu stellen und zurückzunehmen, Genehmigungen zu beantragen, entgegenzunehmen und mitzuteilen, überhaupt alles zu tun, was nach ihrem Ermessen zur vollständigen Erledigung der Angelegenheit noch erforderlich ist. Sie sind bevollmächtigt, diesen Vertrag zu ergänzen oder abzuändern. Die jeweilige Vollmacht ist auf Dritte übertragbar und erlischt nicht durch den Tod eines Vollmachtgebers. Die Bevollmächtigten sind von den Beschränkungen des § 181 BGB befreit und haben das Recht zur Vollmachtübertragung. Von diesen Vollmachten darf nur vor dem Notar oder seinem Vertreter im Amt Gebrauch gemacht werden. Die Vollmachten erlöschen drei Monate nach vollständigem Vollzug dieser Urkunde.

(5) Verteiler

Von dieser Urkunde sind zu erteilen:

- elektronisch beglaubigte Abschriften:
  - das Registergericht des Sitzes des übernehmenden Rechtsträgers,
  - das Registergericht des Sitzes des übertragenden Rechtsträgers,
- beglaubigte Abschriften:
  - übertragender Rechtsträger,
  - übernehmender Rechtsträger,
  - Finanzamt ______, Körperschaftsteuerstelle (für übernehmenden Rechtsträger),
  - Finanzamt ______, Körperschaftsteuerstelle (für übertragenden Rechtsträger),
- einfache Abschrift:
  - Steuerberater ______,
  - Finanzamt ______, Grunderwerbsteuerstelle, mit Anzeige nach § 18 GrEStG mit Antrag auf Erteilung der Unbedenklichkeitsbescheinigung.

Die Niederschrift wurde den Beteiligten in Gegenwart des Notars vorgelesen, von ihnen genehmigt und eigenhändig unterschrieben:

______

▲

2. Beschlüsse der übernehmenden und der übertragenden Gesellschaft

127 ▼

2.21 **Muster 2.21: Beschlüsse der übernehmenden und der übertragenden Gesellschaft**

(*Notarielle Eingangsformel*)

Es erscheinen, jeweils unbedenklich geschäftsfähig,

1. ______ (= Kommanditist des übernehmenden Rechtsträgers)
2. ______ (= Kommanditist des übertragenden Rechtsträgers)
3. ______,

hier handelnd nicht eigenen Namens, sondern als einzelvertretungsberechtigter und von den Beschränkungen des §181 BGB befreiter Geschäftsführer für die GmbH mit dem Sitz in , eingetragen im Handelsregister des Amtsgerichts unter HRB Geschäftsadresse:

diese wiederum als einzelvertretungsberechtigte Komplementärin der GmbH & Co. KG mit dem Sitz in , eingetragen im Handelsregister des Amtsgerichts unter HRA Geschäftsadresse:

4. A

hier handelnd nicht im eigenen Namen, sondern als einzelvertretungsberechtigte und von den Beschränkungen des §181 BGB befreite Geschäftsführerin für die GmbH mit dem Sitz in , eingetragen im Handelsregister des Amtsgerichts unter HRB Geschäftsadresse:

diese wiederum als einzelvertretungsberechtigte Komplementärin der GmbH & Co. KG mit dem Sitz in , eingetragen im Handelsregister des Amtsgerichts unter HRA Geschäftsadresse:

Ich, der Notar, bescheinige gem. §21 Abs. 1 BNotO aufgrund heutiger Einsicht in das elektronische Handelsregister die vorstehenden Vertretungsverhältnisse.

Außerdem wurde die Kommanditisten-Stellung der Erschienenen durch Einsicht in das elektronische Handelsregister überprüft. Weitere Personen als die Erschienenen sind auch nicht als Kommanditisten aufgeführt. Somit sind sämtliche Gesellschafter aller beteiligten Rechtsträger anwesend.

Über das Geldwäschegesetz belehrt, erklären alle Beteiligten auf eigene Rechnung bzw. bzw. aufgrund offen gelegter Vertretungsverhältnisse zu handeln. Die jeweilige Beteiligungsstruktur ergibt sich aus der zuletzt beim jeweils zuständigen Handelsregister eingereichten Gesellschafterliste.

Die Beteiligten erklären, dass sie rechtzeitig vor der heutigen Beurkundung den beabsichtigten Text des Rechtsgeschäfts erhalten haben und so ausreichend Gelegenheit hatten, sich vorab mit dem Gegenstand der Beurkundung auseinanderzusetzen

Es wird erklärt mit der Bitte um notarielle Beurkundung:

I. Gesellschafterversammlung des übernehmenden Rechtsträgers und Verzichtserklärungen

§1 Sachstand

Im Handelsregister des AG ist unter HRA die GmbH & Co. KG mit dem Sitz in (in dieser Urkunde „übernehmender Rechtsträger" genannt) eingetragen.

Der übernehmende Rechtsträger hat ein Festkapital von EUR.

Die Kapitalanteile verteilen sich auf die Gesellschafter wie folgt:

- GmbH, Komplementärin: kein Kapitalanteil,
- , Kommanditist: EUR.

§ 2 Gesellschafterversammlung

Unter Verzicht auf sämtliche gesetzlichen und gesellschaftsvertraglichen Formen und Fristen wird hiermit eine **Gesellschafterversammlung des übernehmenden Rechtsträgers** abgehalten und einstimmig beschlossen, was folgt:

(1) Zustimmung zum Verschmelzungsvertrag

Dem Verschmelzungsvertrag zwischen der GmbH & Co. KG als aufnehmendem und der GmbH & Co. KG als übertragendem Rechtsträger vom (Notar in , UVZ) wird hiermit zugestimmt.

Eine Ausfertigung des Verschmelzungsvertrages ist dieser Niederschrift als **Anlage** beigefügt.

(2) Eintritt in die Kommanditgesellschaft

Zur Durchführung der Verschmelzung treten die Gesellschafter der GmbH & Co. KG – die GmbH[109] und Herr/Frau – jeweils als Kommanditisten der GmbH & Co. KG bei. Sie erhalten die nachfolgend beschriebenen Festkapitalanteile, die als Gegenleistung für die Verschmelzung gewährt werden:

- (*Name*): Kapitalanteil von EUR. Die in das Handelsregister einzutragende Hafteinlage beträgt ebenso EUR.
- GmbH: Kapitalanteil von EUR. Die Hafteinlage der GmbH beträgt EUR.

(*Alternative*): Zur Durchführung der Verschmelzung tritt der Gesellschafter der GmbH & Co. KG, nämlich Herr/Frau als Kommanditisten der GmbH & Co. KG bei. Er erhält den nachfolgend beschriebenen Festkapitalanteil, die als Gegenleistung für die Verschmelzung gewährt wird:

: Kapitalanteil von EUR. Die in das Handelsregister einzutragende Hafteinlage beträgt ebenso EUR.

Die bisherige Komplementärin des übertragenden Rechtsträgers, die GmbH, wird einvernehmlich nicht Gesellschafterin des übernehmenden Rechtsträgers, sondern scheidet vielmehr mit Eintragung der Verschmelzung aus.

109 Zugrunde gelegt ist hierbei noch der obige Ausgangsfall, dass die Komplementärin des übertragenden Rechtsträgers zumindest für eine kurze Zeit an der übernehmenden Gesellschaft beteiligt werden sollte. Wenn man dies mit der besseren Literatur-Ansicht vermeiden will (was wie gesagt höchstrichterlich noch nicht bestätigt ist), dann wird man hier nur (…) als neuen Kommanditisten aufführen und mit einem weiteren klarstellenden Satz anmelden, dass die Komplementärin des übertragenden Rechtsträgers nicht beteiligt sein soll.

(3) Änderung des Gesellschaftsvertrages

Der Gesellschaftsvertrag der   GmbH & Co. KG wird wie folgt geändert:

§   Einlagen, Haftkapital

An der Gesellschaft sind als Kommanditisten beteiligt:

- mit einem Kapitalanteil von   EUR.
- -GmbH mit einem Kapitalanteil von   EUR.[110]
- Herr/Frau   mit einem Kapitalanteil von   EUR.
- Die   -GmbH ist ohne Kapitalanteil als persönlich haftende Gesellschafterin an der Gesellschaft beteiligt.

Der Gesellschafter   hat seinen Kapitalanteil durch Bareinlagen bei Abschluss des Gesellschaftsvertrages der   GmbH & Co. KG erbracht. Die Gesellschafter   und die   GmbH haben aufgrund des Verschmelzungsvertrages vom   das bisher von der   GmbH & Co. KG betriebene Unternehmen in die   GmbH & Co. KG im Wege der Verschmelzung zur Aufnahme eingebracht. Der Einbringung wurde die Bilanz zum   zugrunde gelegt. Der Einlagewert ist das in der Jahresbilanz vom 31.12.   ausgewiesene Eigenkapital des eingebrachten Unternehmens. Hieran ist der Gesellschafter   entsprechend seiner Einlageleistung beteiligt gewesen. Die   GmbH hatte eine Kapitalbeteiligung zu Null.

Eine Auflösung stiller Reserven oder ein Ansatz des Geschäftswerts erfolgte nicht.[111]

Damit ist die Gesellschafterversammlung des übernehmenden Rechtsträgers beendet.

§ 3 Verzichtserklärungen der Gesellschafter des übernehmenden Rechtsträgers

Alle Gesellschafter des übernehmenden Rechtsträgers, also   und die   GmbH, erklären: Auf die Klage gegen die Wirksamkeit dieses Verschmelzungsbeschlusses wird ausdrücklich verzichtet.

Es wird auf die Erstellung eines Verschmelzungsberichts gem. § 8 Abs. 3 UmwG und auf die Prüfung der Verschmelzung gem. § 9 Abs. 3 i.V.m. § 8 Abs. 3 UmwG verzichtet. Rein vorsorglich wird auf einen Verschmelzungsprüfungsbericht verzichtet.

110 Zugrunde gelegt ist hierbei noch der obige Ausgangsfall, dass die Komplementärin des übertragenden Rechtsträgers zumindest für eine kurze Zeit an der übernehmenden Gesellschaft beteiligt werden sollte.Im Falle der Alternative, dass die Komplementärin des übertragenden Rechtsträgers mit der Verschmelzung aus der Gesellschaft ausscheidet, muss dies natürlich fehlen.

111 Formulierungsvorschlag angelehnt an *Knaier* in: Wachter, Praxis des Handels- und Gesellschaftsrechts, § 14 Rn 164.

II. Gesellschafterversammlung des übertragenden Rechtsträgers und Verzichtserklärungen

§ 1 Sachstand

(1) Im Handelsregister des AG … ist unter HRA … die … GmbH & Co. KG mit dem Sitz in … (in dieser Urkunde „übertragender Rechtsträger“ genannt) eingetragen.

Der übertragende Rechtsträger hat ein Festkapital von … EUR.

Die Kapitalanteile verteilen sich auf die Gesellschafter wie folgt:

- … GmbH, Komplementärin: kein Kapitalanteil,
- …, Kommanditist: … EUR.

§ 2 Gesellschafterversammlung des übertragenden Rechtsträgers

Unter Verzicht auf sämtliche gesetzlichen und gesellschaftsvertraglichen Formen und Fristen halten wir, … und die … GmbH, hiermit eine Gesellschafterversammlung des übertragenden Rechtsträgers ab und beschließen einstimmig was folgt:

Dem Verschmelzungsvertrag zwischen der … GmbH & Co. KG als übernehmendem und der … GmbH & Co. KG als übertragendem Rechtsträger vom … (Notar … in …, UVZ-Nr. …) wird hiermit zugestimmt.

Eine Ausfertigung des Verschmelzungsvertrages ist dieser Niederschrift als Anlage beigefügt.

Damit ist die Gesellschafterversammlung des übertragenden Rechtsträgers beendet.

§ 3 Verzichtserklärungen der Gesellschafter des übertragenden Rechtsträgers

Die Gesellschafter des übertragenden Rechtsträgers, also … und die … GmbH, erklären:

Auf die Klage gegen die Wirksamkeit dieses Verschmelzungsbeschlusses wird ausdrücklich verzichtet.

Es wird auf die Erstellung eines Verschmelzungsberichts gem. § 8 Abs. 3 UmwG und auf die Prüfung der Verschmelzung gem. § 9 Abs. 3 i.V.m. § 8 Abs. 3 UmwG verzichtet. Rein vorsorglich wird auf einen Verschmelzungsprüfungsbericht verzichtet. Auch auf ein Abfindungsangebot wird verzichtet.

III. Weitere Erklärungen

Keine der Gesellschaften ist eine aufgelöste Gesellschaft im Sinne von § 39 UmwG.

Wegen §42 UmwG: Alle Gesellschafter erklären, dass der Verschmelzungsvertrag ihnen spätestens zusammen mit der Einberufung der Gesellschafterversammlung übersandt wurde.

Der Notar wies die Gesellschafter darauf hin, dass jeder von ihnen die Erteilung einer Abschrift der Niederschrift über diese Gesellschafterversammlung und des Verschmelzungsvertrages verlangen kann und dass ihnen ein Anspruch gegen die Geschäftsführer auf Auskunft auch über alle für die Verschmelzung wesentlichen Angelegenheiten der anderen beteiligten Gesellschaften zusteht.

Auch eventuelle nicht erschienene Gesellschafter müssen dem Verschmelzungsbeschluss explizit zustimmen (§43 Abs. 1 UmwG). Es sind alle Gesellschafter erschienen.

(*Alternative*): Auch eventuelle nicht erschienene Gesellschafter müssen dem Verschmelzungsbeschluss explizit zustimmen (§43 Abs. 1 UmwG). Es sind nicht alle Gesellschafter erschienen. Es fehlt noch die explizite Zustimmung von ______ als Gesellschafter von ______. Bis diese vorliegt, ist der Vertrag schwebend unwirksam.

Der Notar wird allseits bevollmächtigt und beauftragt, die Zustimmung der nicht erschienenen Gesellschafter einzuholen. Der Notar hat darauf hingewiesen, dass die Zustimmungserklärungen notariell zu beurkunden sind (§13 Abs. 3 UmwG).

(*Alternative*): Evtl. Sonder-Regelungen, wenn nicht alle Gesellschafter zugestimmt haben, der jeweilige Gesellschaftsvertrag aber Mehrheitsklauseln für die Zustimmung Verschmelzungsbeschlüssen erlaubt. Diese sind allerdings jeweils Einzelfallabhängig.[112]

IV. Schluss

§1 Salvatorische Klausel

Sollte eine Bestimmung oder mehrere Bestimmungen dieses Rechtsgeschäfts oder eine spätere Ergänzung ganz oder teilweise unwirksam oder undurchführbar sein oder werden oder sollte sich eine Lücke herausstellen, wird dadurch die Wirksamkeit der übrigen Bestimmungen nicht berührt.

Die Beteiligten verpflichten sich, anstelle dieser Bestimmung diejenige wirksame und durchführbare Bestimmung zu vereinbaren, die rechtlich und wirtschaftlich dem am nächsten kommt, was die Beteiligten gewollt haben oder nach dem Sinn und Zweck des Rechtsgeschäfts und seiner späteren eventuellen Ergänzung gewollt hätten, wenn sie von der Unwirksamkeit oder Undurchführbarkeit der Bestimmung bei Abschluss des Rechtsgeschäfts oder seiner Ergänzung gewusst

112 Siehe auch *Decker* in: Henssler/Strohn, GesR, §43 Rn 3 ff.

hätten. Das Gleiche gilt sinngemäß, wenn das Rechtsgeschäft eine ergänzungsbedürftige Lücke aufweist.

§ 2 Kosten

Die Kosten dieser Urkunde und ihres Vollzuges trägt der übernehmende Rechtsträger.

Falls die Verschmelzung nicht wirksam werden sollte, tragen die beteiligten Gesellschaften die Notarkosten je zur Hälfte und ihre außerurkundlichen Kosten je allein.

§ 3 Hinweise des Notars

Der Notar hat auf Folgendes hingewiesen:

- Sämtliche Erklärungen müssen richtig und vollständig beurkundet werden.
- Der Notar belehrte die Erschienenen über die Unwiderruflichkeit der Verzichtserklärungen und über deren Wirkungen.

Der Notar hat steuerrechtlich nicht beraten und insoweit eine Prüfung dieser Urkunde durch entsprechende Fachberater empfohlen

§ 4 Notar- und Angestelltenvollmacht

Der Notar wird bevollmächtigt, sämtliche Erklärungen abzugeben, die zum Vollzug dieser Urkunde erforderlich oder zweckdienlich sind.

Die Beteiligten erteilen den Notarangestellten

- ,
- ,

je geschäftsansässig in ,

– je einzeln –

die unbedingte und von der Wirksamkeit der übrigen Bestimmungen dieser Urkunde unabhängige Vollmacht, sie beim Vollzug der Urkunde und deren Anmeldung sowie bei Ergänzungen in jeder Hinsicht zu vertreten. Die Bevollmächtigten sind insbesondere befugt, Anträge an das Registergericht zu stellen und zurückzunehmen, Genehmigungen zu beantragen, entgegenzunehmen und mitzuteilen, überhaupt alles zu tun, was nach ihrem Ermessen zur vollständigen Erledigung der Angelegenheit noch erforderlich ist. Sie sind bevollmächtigt, Gesellschafterversammlungen abzuhalten und diese Urkunde zu ändern oder zu ergänzen. Die jeweilige Vollmacht ist auf Dritte übertragbar und erlischt nicht durch den Tod eines Vollmachtgebers. Die Bevollmächtigten sind von den Beschränkungen des § 181 BGB befreit und haben das Recht zur Vollmachtübertragung. Von diesen Vollmachten darf nur vor dem Notar oder seinem Vertreter im Amt Gebrauch gemacht werden. Die Vollmachten erlöschen drei Monate nach vollständigem Vollzug dieser Urkunde.

§5 Verteiler

Von dieser Urkunde erhalten

- elektronisch beglaubigte Ablichtung:
  - das Registergericht des Sitzes des übernehmenden Rechtsträgers,
  - das Registergericht des Sitzes des übertragenden Rechtsträgers,
- beglaubigte Abschriften:
  - die GmbH,
  - die GmbH,
  - Finanzamt , Körperschaftsteuerstelle (für übernehmenden Rechtsträger),
  - Finanzamt , Körperschaftsteuerstelle (für übertragenden Rechtsträger),
- einfache Abschrift:
  - Steuerberater .

Die Niederschrift wurde den Beteiligten in Gegenwart des Notars vorgelesen, von ihnen genehmigt und eigenhändig unterschrieben:

▲

3. Anmeldung zum Handelsregister der übernehmenden Gesellschaft

▼ 128

Muster 2.22: Anmeldung zum Handelsregister der übernehmenden Gesellschaft 2.22

An das Amtsgericht

– Registergericht –

HRA

GmbH & Co. KG mit dem Sitz in (im Folgenden als „übernehmender Rechtsträger“ bezeichnet -)

I.

Als Anlagen zu dieser Anmeldung werden überreicht:

- elektronisch beglaubigte Abschrift des Verschmelzungsvertrages vom ,
- elektronisch beglaubigte Abschrift der Niederschrift über die Gesellschafterversammlung der GmbH & Co KG als übertragender Rechtsträger vom mit dem Beschluss der Gesellschafterversammlung über die Zustimmung zu dem Verschmelzungsvertrag (UVZ-Nr. des Notars) mit Verzichtserklärungen;

- elektronisch beglaubigte Abschrift der Niederschrift über die Gesellschafterversammlung der … GmbH & Co. KG als aufnehmendem Rechtsträger vom … mit dem Beschluss der Gesellschafterversammlung über die Zustimmung zu dem Verschmelzungsvertrag und mit Verzichtserklärungen der Gesellschafter (gleiche Urkunde wie zuvor).
- (*Alternative*): Empfangsbestätigung des Betriebsrates bezüglich der Zusendung des Entwurfs des Verschmelzungsvertrags vom … .

Erklärt wird durch die Geschäftsführung der Komplementärin gem. § 16 Abs. 2 Satz 2 UmwG unter Bezug auf die abgegebenen Klageverzichtserklärungen, dass alle Gesellschafter aller beteiligten Rechtsträger auf ihr gesetzliches Anfechtungsrecht gegen die Zustimmungsbeschlüsse zum Verschmelzungsvertrag verzichtet haben und somit eine Klage gegen die Wirksamkeit des Verschmelzungsbeschlusses ausgeschlossen ist.

Ein Verschmelzungsbericht ist gem. § 8 Abs. 3 UmwG nicht erforderlich. Die Durchführung der Verschmelzungsprüfung hat keiner der Gesellschafter verlangt.

Ebenso wurde auf die Einhaltung der Bestimmungen nach § 42 UmwG verzichtet.

II.

Die Gesellschaft hat keinen Betriebsrat.

(*Alternative*): Die Gesellschaft hat einen Betriebsrat. Dieser hat vom Verschmelzungsvertragsentwurf rechtzeitig Kenntnis genommen; Empfangsbestätigung liegt bei.

(*Unteralternative*): Dieser hat vom Verschmelzungsvertragsentwurf Kenntnis genommen und auf die Einhaltung der Frist gem. § 5 Abs. 3 UmwG verzichtet; schriftliche Bestätigung liegt bei.

III.

Zur Eintragung in das Handelsregister wird angemeldet:

- Die … GmbH & Co. KG ist aufgrund des Verschmelzungsvertrages vom …, des Beschlusses ihrer Gesellschafter vom … und des Beschlusses der Gesellschafterversammlung der … GmbH & Co. KG vom selben Tage mit der … GmbH & Co. KG durch Aufnahme verschmolzen.
- Die Firma der … GmbH & Co. KG ist somit durch die Verschmelzung ohne Liquidation erloschen.
- Neu eingetreten in die Gesellschaft ist mit dinglicher Wirkung ab dem Tage der Eintragung der Verschmelzung in das Handelsregister: … mit einer Haftsumme von … EUR.

(*Alternative*):[113] Sämtliche Gesellschafter des übertragenden Rechtsträgers melden hiermit zur Eintragung in das Handelsregister an, wobei die Eintragungen jeweils in dieser Reihenfolge der Anmeldung vollzogen werden sollen:

1. Die … ist am … als neue Komplementärin der … GmbH & Co. KG beigetreten. Sie ist alleinvertretungsberechtigt und von den Beschränkungen des § 181 BGB befreit.
2. Die … ist am … als Komplementärin aus der … GmbH & Co. KG ausgetreten. Die … ist alleinige Komplementärin der … GmbH & Co. KG.
3. Die … GmbH & Co. KG ist aufgrund des Verschmelzungsvertrages vom …, des Beschlusses ihrer Gesellschafter vom … und des Beschlusses der Gesellschafterversammlung der … GmbH & Co. KG vom selben Tage mit der … GmbH & Co. KG durch Aufnahme verschmolzen.
4. Neu eingetreten in die Gesellschaft ist mit dinglicher Wirkung ab dem Tage der Eintragung der Verschmelzung in das Handelsregister: … mit einer Haftsumme von … EUR.

Die Firma der … GmbH & Co. KG erlischt somit durch die Verschmelzung ohne Liquidation.[114]

IV.

Der Notar wird bevollmächtigt, sämtliche Erklärungen abzugeben, die zum Vollzug dieser Urkunde erforderlich oder zweckdienlich sind.

Die Beteiligten erteilen den Notarangestellten

- …,
- …,

je geschäftsansässig in …,

– je einzeln –

die unbedingte und von der Wirksamkeit der übrigen Bestimmungen dieser Urkunde unabhängige Vollmacht, sie beim Vollzug der Urkunde und deren Anmeldung sowie bei Ergänzungen in jeder Hinsicht zu vertreten. Die Bevollmächtigten sind insbesondere befugt, Anträge an das Registergericht zu stellen und zurückzunehmen, Genehmigungen zu beantragen, entgegenzunehmen und mitzuteilen, überhaupt alles zu tun,

113 Der Alternative liegt das Szenario zugrunde, dass der Gesellschafterwechsel im Rahmen der Verschmelzung vollzogen werden soll. In diesem Fall muss wegen des Wechsels der Komplementärin die Anmeldung von allen Gesellschaftern vorgenommen werden, weil die lex specialis des § 16 Abs. 1 Satz 1 UmwG nur für die Anmeldung der Verschmelzung gilt. Es ist auf die Einhaltung der Reihenfolge zu achten, selbst wenn es sich jeweils nur um logische Sekunden handelt.

114 Das Muster orientiert sich hier an *Erkens* in: Fuhrmann/Wälzholz, Formularbuch Gesellschaftsrecht, 10. Teil, Kapital 34, Nr. 4, Muster.

was nach ihrem Ermessen zur vollständigen Erledigung der Angelegenheit noch erforderlich ist. Sie sind bevollmächtigt, Gesellschafterversammlungen abzuhalten und diese Urkunde zu ändern oder zu ergänzen. Die jeweilige Vollmacht ist auf Dritte übertragbar und erlischt nicht durch den Tod eines Vollmachtgebers. Die Bevollmächtigten sind von den Beschränkungen des § 181 BGB befreit und haben das Recht zur Vollmachtübertragung. Von diesen Vollmachten darf nur vor dem Notar oder seinem Vertreter im Amt Gebrauch gemacht werden. Die Vollmachten erlöschen drei Monate nach vollständigem Vollzug dieser Urkunde.

V.

Die Kosten dieser Handelsregisteranmeldung und ihres Vollzugs trägt der übernehmende Rechtsträger.

Eintragungsnachricht wird auch an den unterschriftsbeglaubigenden Notar erbeten.

Die Geschäftsanschrift des übernehmenden Rechtsträgers befindet sich unverändert in: .

, den

Für den übernehmenden Rechtsträger:

(*Geschäftsführer des Komplementärs der übernehmenden Gesellschaft*)[115]

(*Unterschriftsbeglaubigung*)

▲

4. Anmeldung zum Handelsregister des übertragenden Rechtsträgers

129 ▼

Muster 2.23: Anmeldung zum Handelsregister des übertragenden Rechtsträgers

An das Amtsgericht

– Registergericht –

HRA

115 Hinweis: Alternativ kann dies auch die Geschäftsführung der übernehmenden Gesellschaft sein, vgl. § 16 Abs. 1 Satz 2 GmbHG. In der oben genannten Alternative müssten jedoch in jedem Fall alle Gesellschafter unterzeichnen.

… GmbH & Co. KG mit dem Sitz in … (im Folgenden als „übertragender Rechtsträger“ bezeichnet)

I.

Als Anlagen zu dieser Anmeldung wird überreicht:

- elektronisch beglaubigte Abschrift des Verschmelzungsvertrages vom …,
- elektronisch beglaubigte Abschrift der Niederschrift über die Gesellschafterversammlung der … GmbH & Co KG als übertragender Rechtsträger vom … mit dem Beschluss der Gesellschafterversammlung über die Zustimmung zu dem Verschmelzungsvertrag mit Verzichtserklärungen;
- elektronisch beglaubigte Abschrift der Niederschrift über die Gesellschafterversammlung der … GmbH als aufnehmendem Rechtsträger vom … mit dem Beschluss der Gesellschafterversammlung über die Zustimmung zu dem Verschmelzungsvertrag und mit Verzichtserklärungen der Gesellschafter (gleiche Urkunde wie zuvor),
- Schlussbilanz der … GmbH & Co. KG zum …;
- (*Alternative*): Empfangsbestätigung des Betriebsrates der … bezüglich der Zusendung des Entwurfs des Verschmelzungsvertrags vom ….[116]

Erklärt wird durch die Geschäftsführung der Komplementärin gem. §16 Abs. 2 Satz 2 UmwG unter Bezug auf die abgegebenen Klageverzichtserklärungen, dass alle Gesellschafter aller beteiligten Rechtsträger auf ihr gesetzliches Anfechtungsrecht gegen die Zustimmungsbeschlüsse zum Verschmelzungsvertrag verzichtet haben und somit eine Klage gegen die Wirksamkeit des Verschmelzungsbeschlusses ausgeschlossen ist.

Ein Verschmelzungsbericht ist gem. §8 Abs. 3 UmwG nicht erforderlich. Die Durchführung der Verschmelzungsprüfung hat keiner der Gesellschafter verlangt.

Ebenso wurde auf die Einhaltung der Bestimmungen nach §42 UmwG verzichtet.

II.

Die Gesellschaft hat keinen Betriebsrat.

(*Alternative*): Die Gesellschaft hat einen Betriebsrat. Dieser hat vom Verschmelzungsvertragsentwurf rechtzeitig Kenntnis genommen; Empfangsbestätigung liegt bei.

(*Unteralternative*): Dieser hat vom Verschmelzungsvertragsentwurf Kenntnis genommen und auf die Einhaltung der Frist gem. §5 Abs. 3 UmwG verzichtet; schriftliche Bestätigung liegt bei.

116 Evtl. für beide Gesellschaften, wenn bei beiden Gesellschaften jeweils ein Betriebsrat besteht.

III.

Zur Eintragung in das Handelsregister wird angemeldet:

Die GmbH & Co. KG ist aufgrund des Verschmelzungsvertrages vom , des Beschlusses ihrer Gesellschafter vom und des Beschlusses der Gesellschafterversammlung der GmbH & Co. KG vom selben Tage mit der GmbH & Co. KG durch Aufnahme verschmolzen.

Die Firma der GmbH & Co. KG ist somit durch die Verschmelzung ohne Liquidation erloschen.

IV.

Der Notar wird bevollmächtigt, sämtliche Erklärungen abzugeben, die zum Vollzug dieser Urkunde erforderlich oder zweckdienlich sind.

Die Beteiligten erteilen den Notarangestellten

- ,
- ,

je geschäftsansässig in ,

– je einzeln –

die unbedingte und von der Wirksamkeit der übrigen Bestimmungen dieser Urkunde unabhängige Vollmacht, sie beim Vollzug der Urkunde und deren Anmeldung sowie bei Ergänzungen in jeder Hinsicht zu vertreten. Die Bevollmächtigten sind insbesondere befugt, Anträge an das Registergericht zu stellen und zurückzunehmen, Genehmigungen zu beantragen, entgegenzunehmen und mitzuteilen, überhaupt alles zu tun, was nach ihrem Ermessen zur vollständigen Erledigung der Angelegenheit noch erforderlich ist. Sie sind bevollmächtigt, Gesellschafterversammlungen abzuhalten und diese Urkunde zu ändern oder zu ergänzen. Die jeweilige Vollmacht ist auf Dritte übertragbar und erlischt nicht durch den Tod eines Vollmachtgebers. Die Bevollmächtigten sind von den Beschränkungen des § 181 BGB befreit und haben das Recht zur Vollmachtübertragung. Von diesen Vollmachten darf nur vor dem Notar oder seinem Vertreter im Amt Gebrauch gemacht werden. Die Vollmachten erlöschen drei Monate nach vollständigem Vollzug dieser Urkunde.

V.

Die Kosten dieser Handelsregisteranmeldung und ihres Vollzugs bei Gericht trägt der übertragende Rechtsträger.

Eintragungsnachricht wird auch an den unterschriftsbeglaubigenden Notar erbeten.

, den

Für den übertragenden Rechtsträger:

(*Geschäftsführer des Komplementärs der übertragenden Gesellschaft*)[117]

(*Unterschriftsbeglaubigung*)

▲

II. Checkliste

▼ 130

Muster 2.24: Checkliste – GmbH & Co. KG

- ☐ Es ist zunächst zu prüfen, ob dieses Muster den Interessen der Beteiligten am besten dient: Oft wird sich hier in der Praxis ein Anwachsungsmodell anbieten! 2.24
- ☐ Liegen sämtliche Angaben des §5 Abs. 1 Nr. 1–9 UmwG vor?
- ☐ Liegt die **Schlussbilanz** vor? Bei der Anmeldung der Verschmelzung zum Handelsregister des übertragenden Rechtsträgers ist dessen Schlussbilanz vorzulegen;[118] idealerweise liegt sie bereits bei Abschluss des Gesellschaftsvertrages vor, damit korrekt auf diese Bezug genommen werde kann (was aber nach dem Gesetzeswortlaut nicht zwingend ist).
- ☐ Ist die Frist des §42 UmwG gewahrt? Der Verschmelzungsvertrag oder sein Entwurf und der Verschmelzungsbericht sind den **Gesellschaftern** spätestens zusammen mit der Einberufung der Gesellschafterversammlung, die gem. §13 Abs. 1 UmwG über die Zustimmung beschließt, **zu übersenden**.
- ☐ Der Verschmelzungsbeschluss der Gesellschafterversammlung bedarf der Zustimmung **aller** anwesenden und abwesenden **Gesellschafter**; ihm müssen auch die nicht erschienenen Gesellschafter zustimmen (vgl. §43 Abs. 1 UmwG).
- ☐ Beachtung der Verpflichtung nach §5 Abs. 3 UmwG: Der Verschmelzungsvertrag oder sein Entwurf ist spätestens einen Monat vor dem Tage der Gesellschafterversammlung jedes beteiligten Rechtsträgers dem zuständigen **Betriebsrat** dieses Rechtsträgers zuzuleiten.
- ☐ Werden **besondere Vorteile** im Sinne von §5 Abs. 1 Nr. 8 UmwG gewährt?
- ☐ Welche **Firma** soll der übernehmende Rechtsträger nach der Umwandlung haben?
- ☐ Hat der übertragende Rechtsträger **Grundeigentum**?
  - ☐ Wenn nein, ist nichts zu veranlassen.

117 Hinweis: Alternativ kann dies auch die Geschäftsführung der übernehmenden Gesellschaft sein, vgl. § 16 Abs. 1 Satz 2 GmbHG.

118 Vgl. § 17 Abs. 2 UmwG.

    - ☐ Wenn ja: § 18 GrEStG berücksichtigen (VA mit einfacher Kopie an das Finanzamt, Grunderwerbsteuerstelle); wenn die Unbedenklichkeitsbescheinigung vorliegt, ist die Berichtigung des Grundbuchs zu beantragen (nicht der Eigentumsübergang, weil die Umwandlung selbst *ipso iure* den Eigentumswechsel außerhalb des Grundbuchs vollzogen hat, das dadurch unrichtig geworden ist).
- ☐ Hat der übertragende Rechtsträger selbst **Unternehmensbeteiligungen**?
    - ☐ Wenn nein, ist nichts zu veranlassen.
    - ☐ Wenn ja: Folgen prüfen und evtl. Beteiligte im Vorfeld darauf hinweisen (Klauseln in den Gesellschaftsverträgen der Enkelgesellschaften); im Übrigen: Erstellung neuer Gesellschafterlisten mit notarieller Bescheinigung gem. § 40 Abs. 2 Satz 1 GmbHG.[119]
- ☐ Sind **weitere Maßnahmen** im Rahmen der Verschmelzung zu beschließen und/ oder anzumelden?
- ☐ Im vorliegenden Falle könnte auch zur Vereinfachung und zur Vermeidung von Unklarheiten hinsichtlich der Personenidentität ein Austausch des Komplementärs erwogen werden. Als Vorbereitungshandlung müsste dann der Wechsel der persönlich haftenden Gesellschafterin vorgenommen werden.
- ☐ Die **richtigen Beteiligten** müssen handeln: Zu den zu beurkundenden Verträgen erscheinen und diese unterschreiben die jeweiligen Geschäftsführer der Komplementärin in vertretungsberechtigter Formation.
- ☐ Die Handelsregisteranmeldungen sind grds. nicht von allen Gesellschaftern zu unterschreiben, sondern nur von den vertretungsberechtigten Organen der jeweiligen Gesellschaft bzw. des übernehmenden Rechtsträgers (dies folgt aus § 16 Abs. 1 Satz 1 UmwG). Anders ist dies nur, wenn im Rahmen der Umwandlung auch ein Wechsel des persönlich haftenden Gesellschafters vorgenommen wird – in diesem Falle müssten sämtliche Gesellschafter die Handelsregisteranmeldung unterzeichnen.
- ☐ Folgende Anlagen können beim Handelsregister einzureichen sein:
    - ☐ beurkundeter Verschmelzungsvertrag,

119 Die Frage der Einreichungspflicht bzw. Einreichungskompetenz des Notars bei einer nur mittelbaren Änderung des Gesellschafterbestandes einer Drittgesellschaft durch Verschmelzung des Gesellschafters auf eine andere Gesellschaft ist höchst umstritten, vgl. hierzu nur *Damm*, BWNotZ 2017, 5, 6 m.w.N.; zu einem ähnlichen Ergebnis wie der vorhergehende Aufsatz kommt auch *Heidinger* in: Heckschen/Heidinger, Die GmbH in der Gestaltungs- und Beratungspraxis, Kap. 13, Rn 555. Eine Verpflichtung zur Einreichung durch den Notar nimmt allerdings die einzig greifbare obergerichtliche Stimme OLG Hamm, Beschl. v. 1.12.2009 – 15 W 304/09, NZG 2010, 113, an.Nach Meinung der Autoren sollte der Notar die weiteren Gesellschafterlisten einreichen. Er ist hierzu nach Auffassung berechtigt (wenn auch nicht unbedingt verpflichtet) und sollte dies auch als Service für seine Kunden betrachten. Er sollte jedoch die Beteiligten im Vorfeld darauf hinweisen und auch darauf hinwirken, dass ihm die weiteren Gesellschaften, bei denen der übertagende Rechtsträger Gesellschafter war/ist rechtzeitig mitgeteilt werden.

- ☐ beurkundete Verschmelzungsbeschlüsse,
- ☐ Zustimmungserklärungen einzelner Anteilsinhaber, soweit nötig,
- ☐ Verschmelzungsbericht bzw. Verzichtserklärung,
- ☐ Prüfungsbericht bzw. Verzichtserklärungen,
- ☐ Nachweis über die rechtzeitige Zuleitung an den Betriebsrat bzw. dessen Verzichtserklärung (Verzicht auf die Frist, nicht auf die Zusendung als solche),
- ☐ eventuell Genehmigungsurkunde, wenn eine staatl. Genehmigung notwendig sein sollte,
- ☐ Schlussbilanz des übertragenden Rechtsträgers bei der Anmeldung zum Register des übertragenden Rechtsträgers.

▲

III. Ablaufplan

Der konkrete Ablauf richtet sich in der Praxis nach den Umständen des Einzelfalls; vom Notar ist ein gewisses Maß an Flexibilität gefragt, etwa wenn die jeweiligen Stichtage noch in der Zukunft liegen sollen. Der Notar sollte sich einen konkreten Ablaufplan (mit großzügigen Fristen für die Kundschaft und sich selber) erstellen, um immer die nächsten Schritte im Blick zu haben.[120] **131**

1. Vorbereitungshandlungen: Entwurfserstellung durch die Beteiligten in möglichst enger Absprache mit dem Notar, Erstellung der Schlussbilanz (muss erst bei der Anmeldung vorliegen), Einbindung von Betriebsräten etc. Die Beteiligten sollten weitere Rechtsfragen im Blick haben: Anforderungen des Kartellrechts, des Gewerberechts, etc. Außerdem müssen sämtliche Gesellschafter beider Gesellschaften zustimmen – dies ist im Vorfeld abzuklären. Zu klären ist auch, ob im Vorfeld der Komplementär des übertragenden Rechtsträgers ausgetauscht werden soll – wenn ja, dann ist dies vorher durchzuführen. **132**

2. Verschmelzungsvertrag: Beurkundung des Verschmelzungsvertrages. **133**

3. Beteiligung der Betriebsräte: Sofern es in den betroffenen Gesellschaften Betriebsräte gibt: Zuleitung des Vertrages oder seines Entwurfs spätestens einen Monat vor dem Tage der Versammlung der Anteilsinhaber jedes beteiligten Rechtsträgers (§ 5 Abs. 3 UmwG) an jeden Betriebsrat eines beteiligten Rechtsträgers. Auf die Monatsfrist kann verzichtet werden, nicht jedoch auf die Zuleitung selbst.[121] **134**

Kommt es jedoch im Zuge der Verschmelzung zu wesentlichen Nachteilen für die Belegschaft oder jedenfalls wesentliche Teile der Belegschaft, so müssen die Betriebsräte u.U. deutlich vorher informiert werden (nämlich „rechtzeitig" im Sinne von § 111 BetrVG), damit ein Interessenausgleich und evtl. ein Sozialplan erstellt **135**

120 Vgl. *Kraus* in: Engl, Formularbuch Umwandlungen, Kap. A.1 Rn 2 ff.

121 OLG Naumburg, NZG 2004, 734.

werden kann. Hierbei handelt es sich dann um Vorbereitungshandlungen, die u.U. viele Monate vorher angebahnt worden sein sollten.[122]

136 **4. Gesellschafterbeschlüsse**: Beurkundung der Zustimmungsbeschlüsse der Gesellschafterversammlungen der übernehmenden und der übertragenden Gesellschaft.

137 **5. Verzichtserklärungen**: In diesem Kontext kann auch die Verzichtserklärung auf die Klage gegen die Wirksamkeit des Beschlusses durch sämtliche Anteilsinhaber beurkundet werden.

Der Klageverzicht kann auch separat beurkundet werden oder es kann die einmonatige Klagefrist abgewartet werden (§ 14 UmwG).

138 **6. Handelsregisteranmeldungen** der Verschmelzung durch die Vertretungsorgane in vertretungsberechtigter Zahl in das Register eines jeden beteiligten Rechtsträgers (§ 16 Abs. 1 Satz 1 UmwG). Dies kann auch durch die Vertretungsorgane des übernehmenden Rechtsträgers in vertretungsberechtigter Formation allein übernommen werden (§ 16 Abs. 1 Satz 2 UmwG). Wenn in diesem Kontext auch Gesellschafterwechsel anzumelden sind, so müssen sämtliche Gesellschafter unterzeichnen – ggf. Sind entsprechende öffentlich beglaubigte Vollmachten im Vorfeld einzuholen.

139 **7. Eintragung** der Verschmelzung in das Register des übertragenden Rechtsträgers. Erst danach konstitutive Eintragung in das Register des übernehmenden Rechtsträgers (siehe §§ 19 Abs. 1, 20 Abs. 1 UmwG). Weiterer Ablauf bei und zwischen den beteiligten Registergerichten: Vgl. § 19 Abs. 2 und 3 UmwG.

IV. Anmerkungen

140 Bei der Verschmelzung von Personengesellschaften sind die allgemeinen Vorschriften mit denen der Verschmelzung von Kapitalgesellschaften – entsprechend dem „Baukastensystem“ des UmwG identisch (§§ 2–35 UmwG und 36–38 UmwG). Allerdings sind im besonderen Teil statt der §§ 46 ff. (in der jeweiligen Reihenfolge für GmbH, AG, KGaA etc.) die §§ 39–45e UmwG anzuwenden.

141 *Merke:*

> Die Verschmelzung einer Personenhandelsgesellschaft bedarf eines einstimmigen Beschlusses aller anwesenden Gesellschafter – die nichtanwesenden Gesellschafter müssen ausdrücklich zustimmen (§ 43 Abs. 1 UmwG). Der Gesellschaftsvertrag kann aber eine Mehrheitsentscheidung der Gesellschafter vorsehen. Die Mehrheit muss mindestens drei Viertel der abgegebenen Stimmen betragen. Widerspricht ein persönlich haftender Anteilsinhaber eines übertragenden oder übernehmenden Rechtsträgers der Verschmelzung, so ist ihm in

122 So auch *Kraus* in: Engl, Formularbuch Umwandlungen, Kap. A.1 Rn 5.

der übernehmenden oder der neuen Personenhandelsgesellschaft die Stellung eines Kommanditisten zu gewähren.

Eine Regelung wie in § 54 Abs. 1 Satz 3 UmwG kennt das Recht der Verschmelzung von Personenhandelsgesellschaften nicht – das bedeutet, dass das Dogma der Anteilsgewährung (§ 2 UmwG) streng gilt und ein Verzicht hierauf nicht möglich ist. Zu beachten ist aber auch der Grundsatz des Verbots an Mehrfachbeteiligungen an einer Personenhandelsgesellschaft: **142**

Gesellschafter des übertragenden Rechtsträgers werden somit Gesellschafter des übernehmenden Rechtsträgers (§ 2 Nr. 1 UmwG) oder des neu gegründeten Rechtsträgers (§ 2 Nr. 2 UmwG), wenn sie zunächst noch keine Anteile an dem übernehmenden Rechtsträger hatten. Bei Gesellschaftern, die sowohl an der übertragenden als auch der übernehmenden Gesellschaft beteiligt sind, erfolgt die „Anteilsgewährung" dadurch, dass das Festkapitalkonto („Kapitalkonto I") des jeweiligen Gesellschafters erhöht wird. Ist die übernehmende Gesellschaft eine Kommanditgesellschaft und der Altgesellschafter als Kommanditist an ihr beteiligt, so bedarf es zur Durchführung der Gesellschaft **nicht** der gleichzeitigen Erhöhung seiner im Handelsregister eingetragenen Haftsumme.[123] Im eigentlichen Sinne liegt aber in beiden letztgenannten Fällen wegen der Einheitlichkeit der Beteiligung keine „echte" Anteilsgewährung im personengesellschaftsrechtlichen Sinne vor – anders hier die umwandlungssteuerrechtliche Perspektive, welche den Begriff der Anteilsgewährung weiter begreift. **143**

Nicht endgültig geklärt ist das Problem der sog. Gesellschafteridentität bei der Verschmelzung zweier GmbH & Co. KG, bei der eine Komplementärin den Verband verlassen soll und nur die zweite GmbH als persönlich haftende Gesellschafterin in der übernehmenden oder neuen KG verbleiben soll. Nach dem Grundgedanken des Grundsatzes der Anteilsgewährung und der Identität der Mitglieder/Gesellschafter wäre es zu erwarten, dass beide Komplementärinnen zumindest für eine logische Sekunde Gesellschafterinnen der Gesellschaft ohne Kapitalanteil würden. Eng verbunden mit dem Grundsatz der Anteilsgewährung ist der Grundsatz einer Kontinuität der Gesellschafter, wobei es sich jedoch nicht um einen Selbstzweck handelt, sondern dem Ziel dient, Minderheitsgesellschafter (insbesondere des übertragenden Rechtsträgers) zu schützen.[124] Abweichungen hiervon sind möglich, wenn der Sinn und Zweck des Grundsatzes nicht gefährdet ist: Beim Formwechsel einer Kommanditgesellschaft in eine GmbH ist das Ausscheiden des persönlich haftenden Gesellschafters mit Wirksamwerden des Formwechsels möglich.[125] Dies gilt auch für den umgekehrten Fall: So kann im Falle eines Formwechsels einer GmbH in eine KG der Komplementär auch erst mit Wirksamwerden des Formwechsels in **144**

123 *Erkens* in: Fuhrmann/Wälzholz, Formularbuch Gesellschaftsrecht, Kap. 34, Teil I, Ziff. 1.

124 So auch *Luy*, notar 2020, 351, 360.

125 KG, Beschl. v. 19.12.2018 – 22 W 85/18, DNotZ 2019, 384.

die Gesellschaft eintreten.[126] Allerdings ist die Frage nicht abschließend höchstrichterlich entschieden.[127] Insbesondere für die Verschmelzungskonstellation sollte daher für den vorliegenden Fall überprüft werden, ob beide Komplementärinnen zunächst Mitgesellschafter werden sollen oder ob beispielsweise die gleiche GmbH die entsprechende Rolle als persönlich haftende Gesellschafterin im Vorfeld übernimmt.[128] Der Notar kann hier nur beratend tätig sein – die Entscheidung müssen die Beteiligten treffen.

145 Umstritten ist auch, ob die Verschmelzung einer Komplementär-GmbH auf die KG im Rahmen einer „Ein-Personen-GmbH & Co. KG" möglich ist.[129] Das OLG Hamm lehnt die Möglichkeit einer solchen Verschmelzung ab, „weil die aufnehmende KG im selben Augenblick des Wirksamwerdens der Verschmelzung kraft Gesetzes erlöschen würde." Das UmwG setze jedoch das Fortbestehen des übernehmenden Rechtsträgers voraus.[130] Dogmatisch kann die Entscheidung des OLG Hamm nicht überzeugen. Das Umwandlungsrecht sieht das Erlöschen des übertragenden Rechtsträgers als zwingend an, nicht aber die des übernehmenden Rechtsträgers.[131] Mangels höchstrichterlicher Rechtsprechung sollte der Rechtsanwender dem sichersten Weg folgen und eine andere Gestaltung wählen, die letztendlich zu dem gleichen oder einem ähnlichen Ergebnis führt, zum Beispiel der Austritt der Komplementärin aus der KG oder der Verschmelzung der Komplementärin auf ihren Alleingesellschafter nach § 120 ff. UmwG, Verschmelzung des Kommanditisten auf die Komplementär-GmbH (wenn möglich) oder Sachkapitalerhöhung bei der Komplementär-GmbH unter Einbringung der Kommandit-Anteile. Sollte der Fall entgegen dem OLG Hamm beurkundet worden sein, so wäre der Umstand aber jedenfalls nach Eintragung in das Handelsregister gem. § 20 Abs. 2 UmwG geheilt.[132]

126 OLG Oldenburg, Beschl. v. 19.12.2019 – 12 W 133/19, BWNotZ 2020, 60.

127 BGH, Urt. v. 9.5.2005 – II ZR 29/03, DNotZ 2005, 864, 865, zeigt jedoch, dass der BGH (dort in einem *obiter dictum*) davon ausgeht, dass im Rahmen eines Formwechsels auch ein neuer Gesellschafter der Gesellschaft beitreten können muss.

128 *Limmer*, Handbuch der Unternehmensumwandlung, Rn 796 geht hier weiter: Nach seiner fundiert vorgetragenen Ansicht und mit Verweis auf das vorstehende Urteil muss eine solche, auf Gedanken von *Karsten Schmidt* zurückgehende, Verbindung von Umwandlungsrecht mit allgemeinen gesellschaftsrechtlichen Grundsätzen der Anteilsübertragung möglich sein. Dies führt für Limmer zum Grundsatz einer grundsätzlichen Vertragsfreiheit auch im Umwandlungsrecht. Die Autoren dieses Buches stimmen vollumfänglich zu – würden aber die Entscheidung der Rechtsprechung abwarten.

129 *Limmer*, Handbuch der Unternehmensumwandlung, Rn 753.

130 OLG Hamm, Beschl. v. 24.6.2010 – I-15 Wx 360/09, DNotZ 2011, 230 m. Anm. *Gößl*.

131 So zu Recht *Heidinger* in: Henssler/Strohn, GesR, UmwG § 2 Rn 6–6b.

132 DNotI-Report 2011, 81, 83 f.

V. Steuerliche Hinweise

1. Ertragsteuern

Werden zwei Personenhandelsgesellschaften verschmolzen, wird nicht die Personengesellschaft als solche, sondern werden die einzelnen Mitunternehmer betrachtet – ein Kommanditist ist in der Regel auch Mitunternehmer, was aber im Einzelfall anders sein kann. Werden die Gesellschafter der übertragenden Gesellschaft Mitunternehmer des übernehmenden Rechtsträgers, gilt § 24 UmwStG. Das übergehende Betriebsvermögen ist durch die übernehmende Personengesellschaft grds. mit dem gemeinen Wert anzusetzen (§ 24 Abs. 2 Satz 1 UmwStG). Auf Antrag kann aber auch der Ansatz mit dem Buch- oder einem Zwischenwert erfolgen (§ 24 Abs. 2 Satz 2 UmwStG), soweit das deutsche Besteuerungsrecht nicht ausgeschlossen oder eingeschränkt wird und keine schädliche sonstige Gegenleistung gewährt wird.[133] 146

Für die Mitunternehmer der übertragenden Personengesellschaft gilt die Verschmelzung als Veräußerung ihres Mitunternehmeranteils. Dabei gilt der Ansatz, den die übernehmende Personengesellschaft für das übertragene Vermögen wählt als Veräußerungspreis für die Mitunternehmer. Setzt die übernehmende Personengesellschaft das Vermögen nicht mit dem steuerlichen Buchwert an, ergibt sich daher ein Veräußerungsgewinn für die Mitunternehmer der übertragenden Personengesellschaft. Außerdem ergeben sich aus der Behandlung als Veräußerung weitere steuerliche Konsequenzen außerhalb des UmwStG, z.B. die Nachversteuerung thesaurierter Gewinne (die im Falle einer Verschmelzung zu Buchwerten nach § 34a Abs. 7 EStG ausnahmsweise unterbleibt). Für natürliche Personen als Mitunternehmer kommen im Gegenzug im Falle einer Verschmelzung zum gemeinen Wert dafür aber auch z.B. die Begünstigungen des §§ 16 Abs. 4 und 34 EStG in Betracht, soweit die jeweiligen Voraussetzungen vorliegen. 147

Kommt es aufgrund gegenseitiger Forderungen und Verbindlichkeiten zu einem Konfusionsgewinn, kann dieser auch in diesen Fällen durch Rücklagenbildung auf die folgenden drei Jahre verteilt werden. 148

Dennoch ist jeder Fall gesondert zu betrachten: Hat eine der Personengesellschaften gem. § 1a KStG zur Körperschaftsteuer optiert, dann ist sie steuerrechtlich wie eine Kapitalgesellschaft zu behandeln: Steuerrechtlich ist der Vorgang dann also wie die Verschmelzung unter Beteiligung einer Kapitalgesellschaft zu bewerten. Wenn beide Gesellschaften optiert haben, dann ist der Vorgang insgesamt nach den §§ 11–13 UmwStG zu betrachten.[134] 149

133 Siehe instruktiv: *Kutt* in: Fuhrmann/Wälzholz, Formularbuch Gesellschaftsrecht, 10. Teil, Kapitel 34, IV., 5. Steuern.

134 Bundesministerium der Finanzen, 10.11.2021, IV C 2-S 2707/21/10001:004, FMNR652000021, Rn 100.

2. Umsatzsteuer

150 Die Verschmelzung ist im Normalfall nach § 1 Abs. 1a UStG als Geschäftsveräußerung nicht umsatzsteuerbar.

3. Grunderwerbsteuer

151 Der Verschmelzungsvorgang unterliegt der Grunderwerbsteuer, sofern von der Verschmelzung inländische Grundstücke (§ 1 Abs. 1 und 2 GrEStG) betroffen sind. Allerdings bietet § 6 Abs. 3 i.V.m. Abs. 1 GrEStG eine Begünstigung in Bezug auf Personen- und Beteiligungsidentität – das bedeutet, dass die Grunderwerbsteuer insoweit nicht erhoben wird, als sich auf beiden Seiten die gleichen Personen mit identischen Beteiligungen als Mitunternehmer gegenüberstünden. Allerdings entfällt diese Befreiung rückwirkend, soweit sich die Beteiligungsverhältnisse innerhalb der folgenden zehn Jahre verändern.

VI. Notarkosten

152 1. Für den Fall, dass zunächst Komplementärs-Gleichheit hergestellt werden sollte, und der Notar den schriftlichen Eintritts- und Austrittsvertrag entwirft, entsteht nach Nr. 24100 KV GNotKG i.V.m. § 92 Abs. 2 GNotKG eine 2,0 Gebühr. Der Geschäftswert dürfte bei regelmäßig nicht mit Kapitalwerten an den Gesellschaften beteiligten Komplementärs-GmbH regelmäßig 30.000 EUR betragen (§§ 36 Abs. 1, 107 Abs. 1 GNotKG).[135]

153 2. Für die Beurkundung des Verschmelzungsvertrages fällt gem. Nr. 21100 KV GNotKG eine 2,0 Gebühr an; der Geschäftswert ist das reine Aktivvermögen des übertragenden Rechtsträgers ohne Abzug von Schulden – oder alternativ eine höhere Gegenleistung (§§ 38, 97 GNotKG). Der Geschäftswert ist mindestens 30.000 EUR und höchstens 10 Mio. EUR (§ 107 Abs. 1 GNotKG). Zugrunde zu legen ist der Aktivposten der Verschmelzungsbilanz – allerdings mit folgender Ausnahme: Grundbesitz und Beteiligungen sind anstelle des Buchwertes mit dem Verkehrswert anzusetzen (Rechtsgedanke § 54 Satz 2 GNotKG).[136]

154 3. Die Zustimmungsbeschlüsse haben denselben Wert wie die Verschmelzung (§ 108 Abs. 2 GNotKG), der hinzuzurechnen ist, wenn Beschlüsse und Vertrag zusammen beurkundet werden (§§ 110 Nr. 1, 35 Abs. 1 GNotKG). Mehrere Zustimmungsbeschlüsse haben denselben Gegenstand und sind somit nur einmal zu bewerten (§ 109 Abs. 2 Satz 1 Nr. 4 Buchst. G, Satz 2 GNotKG).

135 *Diehn* in: Fuhrmann/Wälzholz, Formularbuch Gesellschaftsrecht, 10. Teil, Kapitel 34, IV., 6. Kosten.

136 *Diehn* in: Fuhrmann/Wälzholz, Formularbuch Gesellschaftsrecht, 10. Teil, Kapitel 34, IV., 6. Kosten.

4. Weiter hinzu kommt der Wert des Kapitalerhöhungsbeschlusses (§ 97 Abs. 1 GNotKG), mind. 30.000 EUR (§§ 108 Abs. 1 Satz 2, 105 Abs. 1 Satz 2 GNotKG). Die mit der Kapitalerhöhung verbundene Änderung des Gesellschaftsvertrags ist gegenstandsgleich (§ 109 Abs. 2 Satz 1 Nr. 4 Buchst. a GNotKG) und daher nicht gesondert zu bewerten (§ 109 Abs. 2 Satz 2 GNotKG). Maximalwert für alle Beschlüsse zusammen: 5 Mio. EUR (§ 108 Abs. 5 GNotKG). 155

5. Verzichtserklärungen sind neben dem Verschmelzungsvertrag wegen Gegenstandsgleichheit (§ 109 Abs. 1 GNotKG) nicht zu bewerten; anders jedoch, wenn sie nur mit Zustimmungsbeschlüssen in einer Urkunde verbunden sind (§§ 110 Nr. 1, 35 Abs. 1 GNotKG). Wenn diese Trennung durch den Notar willkürlich erfolgt, wäre aber an eine unrichtige Sachbehandlung zu denken, § 21 GNotKG. Anzusetzen ist für die Beurkundung jedenfalls eine 1,0-Gebühr nach Nr. 21200 KV GNotKG. Der Geschäftswert ist der Teilwert des Anteils des jeweiligen verzichtenden Anteilsinhabers an dem übertragenden Rechtsträger (§ 36 Abs. 1 GNotKG). *Diehn* hält hier sind 10–20 % für angemessen.[137] Bei einer Zusammenbeurkundung mit Beschlüssen hat der Notar eine Vergleichsberechnung nach § 94 Abs. 1 HS. 2 GNotKG vorzunehmen. 156

6. Die Handelsregisteranmeldung des übertragenden Rechtsträgers löst eine 0,5-Gebühr aus (Nr. 24102 KV GNotKG, § 92 Abs. 2 GNotKG). Der Geschäftswert der Verschmelzung wäre anzusetzen mit 30.000 EUR (§§ 119, Abs. 1, 105 Abs. 4 Nr. 3 GNotKG).[138] Kommt noch der Eintritt und der Austritt des Komplementärs hinzu, so wären. Danach folgen noch die allgemeinen Handelsregister-Anmeldungskosten: XML-Strukturdaten. 0,2-Gebühr, Nr. 22114 KV GNotKG. Außerdem noch Druck-Kosten, sowie Porto- und Telekommunikationspauschale. 157

7. Für die Handelsregisteranmeldung beim übernehmenden Rechtsträger gelten grds. die gleichen Vorgaben wie vorstehend. 158

137 *Diehn* in: Fuhrmann/Wälzholz, Formularbuch Gesellschaftsrecht, 10. Teil, Kapitel 34, IV., 6. Kosten.

138 *Diehn* in: Fuhrmann/Wälzholz, Formularbuch Gesellschaftsrecht, 10. Teil, Kapitel 34, IV., 6. Kosten.

F. Verschmelzung zweier eingetragener Vereine durch Neugründung eines neuen e.V.

I. Muster

1. Verschmelzungsvertrag

159 ▼

Muster 2.25: Verschmelzungsvertrag (Vereine)

2.25 (*Notarielle Eingangsformel*)

Es erscheinen, jeweils unbedenklich geschäftsfähig:

1. Herr/Frau ,

   hier handelnd nicht im eigenen Namen, sondern als einzelvertretungsberechtigtes Vorstandsmitglied für den e.V. mit dem Sitz in , eingetragen im Vereinsregister des Amtsgerichts unter VR Geschäftsadresse:

   – im Folgenden als „übertragender Rechtsträger I“ bezeichnet –

2. Herr/Frau ,

   hier handelnd nicht im eigenen Namen, sondern als einzelvertretungsberechtigtes Vorstandsmitglied für den e.V. mit dem Sitz in , eingetragen im Vereinsregister des Amtsgerichts unter VR Geschäftsadresse:

   – im Folgenden als „übertragender Rechtsträger II“ bezeichnet –

Hierzu bescheinige ich, der unterzeichnende Notar, gem. § 21 Abs. 1 BNotO aufgrund Einsicht vom heutigen Tage in das Vereinsregister

- des AG , dass dort unter VR der e.V. mit Sitz in eingetragen ist und durch Herrn/Frau als Vorstand einzeln vertreten werden kann;
- des AG , dass dort unter VR der e.V. mit Sitz in eingetragen ist und durch Herrn/Frau als Vorstand einzeln vertreten werden kann;

Die Frage nach einer Vorbefassung im Sinne des § 3 Abs. 1 Nr. 7 BeurkG wurde allseits verneint.

Über das Geldwäschegesetz belehrt, erklären alle Beteiligten auf eigene Rechnung bzw. auf Rechnung der von ihnen vertretenen Vereine zu handeln.

Erklärt wird mit der Bitte um notarielle Beurkundung, was folgt:

Verschmelzungsvertrag

§ 1 Sachstand

(1) Mit diesem Vertrag werden der übertragende Rechtsträger I und der übertragende Rechtsträger II verschmolzen im Rahmen einer Verschmelzung zur Neugründung auf den neu zu gründenden eingetragenen Verein

e.V. mit dem Sitz in

– im Folgenden als „Neuer Rechtsträger“ oder „Neuer Verein“ bezeichnet –.

Motivation für die Verschmelzung ist:

(2) Keine der Satzungen der beteiligten Vereine steht der heutigen Verschmelzung entgegen. Auch landesrechtliche Normen stehen der vorliegenden Verschmelzung nicht entgegen (§ 99 Abs. 1 UmwG).

(3) Beide Vereine sind als gemeinnützig im Sinne des §§ 51 ff. AO i.V.m. § 5 Abs. 1 Nr. 9 KStG anerkannt; die jeweiligen Körperschaftsteuerbescheide sind dieser Urkunde zu Dokumentationszwecken als **Beilagen** beigefügt.

(4) Soweit für die Übertragung von bestimmten Gegenständen des Vermögens eines übertragenden Rechtsträgers (einschließlich Verträgen, Haftungen, Verbindlichkeiten) die Zustimmung eines Dritten oder eine öffentlich-rechtliche Genehmigung oder Registrierung erforderlich sein sollte, werden sich der neu gegründete Rechtsträger und gegebenenfalls die übertragenden Rechtsträger bemühen, diese Zustimmung, Genehmigung oder Registrierung zu beschaffen.

§ 2 Vermögensübertragung, Verschmelzungsstichtag

(1) Der übertragende Rechtsträger I und der übertragende Rechtsträger II übertragen jeweils ihr Vermögen als Ganzes mit allen Rechten und Pflichten unter Auflösung ohne Abwicklung auf den in diesem Vertrag hiermit neu gegründeten Neuen Verein gem. §§ 2 ff. UmwG i.V.m. §§ 36 ff. UmwG i.V.m. §§ 99 ff. UmwG (**Verschmelzung im Wege der Neugründung**).

(2) Die Übernahme des Vermögens des übertragenden Rechtsträgers I und des übertragenden Rechtsträgers II durch den Neuen Verein erfolgt im Innenverhältnis mit Wirkung zum 1.1.   , 0:00 Uhr (**Verschmelzungsstichtag im Sinne des § 5 Abs. 1 Nr. 6 UmwG**).

Von diesem Zeitpunkt an bis zum Zeitpunkt des Erlöschens der übertragenden Vereine gem. § 36 Abs. 2 UmwG i.V.m. § 20 Abs. 1 Nr. 2 UmwG gelten alle Handlungen und Rechtsgeschäfte der übertragenden Vereine als für Rechnung des Neuen Vereins geführt.

Die Übernahme des Vermögens des übertragenden Rechtsträgers erfolgt im Innenverhältnis mit Wirkung zum 1.1.   , 0:00 Uhr

(3) Der Verschmelzung werden die Bilanz des (im Übrigen nicht bilanzierungspflichtigen) übertragenden Rechtsträgers I und die des ebenfalls nicht bilanzierungspflichtigen übertragenden Rechtsträgers II zum 31.12. (**steuerlicher Übertragungsstichtag im Sinne des § 2 Abs. 1 UmwStG**) als Schlussbilanz zugrunde gelegt.

(4) Sollte die Verschmelzung nicht bis zum 31.12. in das Vereinsregister des Neuen Vereins eingetragen worden sein, so verschieben sich Bilanz- und Verschmelzungsstichtag jeweils um ein Jahr, mithin auf den 31.12. bzw. den 1.1. .

§ 3 Gegenleistung

(1) Als Gegenleistung wird den Mitgliedern des übertragenden Rechtsträgers I und des übertragenden Rechtsträgers II die Mitgliedschaft bei dem Neuen Verein gewährt. Die Mitgliedschaft beim Neuen Rechtsträger ist als Gegenwert angemessen.

(2) Die Mitglieder der übertragenden Vereine sind in den dieser Niederschrift als **Anlagen** und beigefügten Mitgliederlisten aufgeführt.

Die durch die Mitgliedschaft im Neuen Verein vermittelten Rechte und Pflichten ergeben sich aus der diesem Vertrag als Anlage beigefügten Satzung des e.V. mit dem Sitz in , auf die verwiesen wird. Sie wurde den Beteiligten vorgelesen, von ihnen genehmigt und wird der Niederschrift als **Anlage** beigefügt und bildet somit einen wesentlichen Bestandteil dieser Urkunde.

Sofern eine Person sowohl Mitglied des übertragenden Rechtsträgers I als auch des übertragenden Rechtsträgers II ist, wird ihm nur eine Mitgliedschaft im Neuen Verein gewährt. Doppelmitgliedschaften werden nicht eingeräumt.

(3) Gewinnansprüche oder eine sonstige Beteiligung am Vermögen des Neuen Vereins sind mit der Mitgliedschaft im Neuen Verein nicht verbunden. Der Anspruch auf Nutzung der Einrichtungen und Angebote des e.V. mit dem Sitz in besteht ab Eintragung des Neuen Rechtsträgers Im Vereinsregister.

(4) Die Mitgliedschaft im Neuen Verein entsteht automatisch mit Wirksamwerden der Verschmelzung, also mit Eintragung des neuen Rechtsträgers im Vereinsregister. Besondere Aufnahmeanträge der Mitglieder der übertragenden Vereine sind für den Erwerb der Mitgliedschaft im Neuverein nicht erforderlich, ebenso wenig sind Aufnahmegebühren zu entrichten.

§4 Feststellung der Satzung und Bestellung des Vorstands des neuen Vereins e.V.

(1) Die für den im Wege der Neugründung entstehenden e.V. mit dem Sitz in geltende Satzung wird wie aus der **Anlage** „Satzung Neuverein" (Anlage) ersichtlich festgestellt.

(2) Zum Vorstand werden bestellt:

- zum/zur Vorsitzenden,
- zum/zur stellvertretenden Vorsitzenden,
- zum Schatzmeister.

Die Kompetenz hierzu ergibt sich aus §36 Abs. 2 Satz 2 UmwG, weil die beteiligten übertragenden Rechtsträger den Gründern gleichstehen.

(3) Entsprechend der festgestellten Satzung gilt für die Vertretung des neuen Rechtsträgers im Sinne des §26 BGB: Der Verein wird gesetzlich durch den Vorsitzenden und ein weiteres Vorstandsmitglied gemeinsam vertreten.

§5 Sonderrechte, besondere Vorteile

(1) Angaben nach **§5 Abs. 1 Nr. 7 UmwG** entfallen, weil Sonderrechte oder Vorzüge weder beim übernehmenden Rechtsträger noch bei einem der übertragenden Rechtsträger bestehen.

(*Alternative*): (1) Angaben nach **§5 Abs. 1 Nr. 7 UmwG**: Nach § der Satzung des übertragenden Rechtsträgers I gibt es sog. Fördermitglieder (weitere Ausführungen je nach Fall).

(2) Besondere Vorteile: Keinem Mitglied eines Vertretungsorgans oder eines Aufsichtsorgans der an der Verschmelzung beteiligten Rechtsträger, keinem geschäftsführenden Gesellschafter, keinem Abschlussprüfer oder Verschmelzungsprüfer werden besondere Vorteile i.S.v. **§5 Abs. 1 Nr. 8 UmwG** gewährt.

§6 Folgen der Verschmelzung für die Arbeitnehmer und ihre Vertretungen (§5 Abs. 1 Nr. 9 UmwG)

Beide übertragenden Rechtsträger haben keine Arbeitnehmer (§5 Abs. 1 Nr. 9 UmwG). Folgen im Sinne des §5 Abs. 1 Nr. 9 UmwG ergeben sich daher aus der Verschmelzung nicht.

(*Alternative*): (1) Der neue Rechtsträger wird mit Wirksamwerden der Verschmelzung neuer Arbeitgeber der zu diesem Zeitpunkt bei den übertragenden Rechtsträgern beschäftigten Arbeitnehmern. Auf den Übergang findet §613a Abs. 1, 4 bis 6 BGB Anwendung (§35a UmwG).

Individualarbeitsrechtlich führt die Verschmelzung zu keinen Veränderungen für die Arbeitnehmer der übertragenden Rechtsträgern. Die übergehenden Arbeitsverhältnisse werden unter voller Anrechnung der Betriebszugehörigkeitszeiten sowie der ggf. bestehenden Vereinbarungen über Direktversicherungen und Altersversorgungszusagen unverändert zu den bisherigen Bedingungen fortgesetzt.

(2) Die Verschmelzung führt zu keinen Veränderungen der betrieblichen Struktur und der betrieblichen Organisation. Eine Betriebsänderung, die Verhandlungen mit dem Betriebsrat des übertragenden Rechtsträgers I erforderlich machen würde, wird durch die Verschmelzung selbst nicht bewirkt. Die derzeit bei dem übertragenden Rechtsträger I geltenden Betriebsvereinbarungen gelten als kollektivrechtliche Regelungen fort.

(3) Der neue Rechtsträger unterliegt der gleichen tariflichen Bindung wie beide übertragenden Rechtsträger.

(*Alternativ*): (3) Für den übernehmenden Rechtsträger gilt bislang kein Tarifvertrag; für den übertragenden Rechtsträger gilt der Tarifvertrag (Flächentarifvertrag). Dieser wird Inhalt des Arbeitsverhältnisses der übernommenen Arbeitnehmer des übertragenden Rechtsträgers im Rahmen der Beschäftigung beim übernehmenden Rechtsträger. Sie dürfen vor Ablauf eines Jahres nicht zu Lasten der Arbeitnehmer abgeändert werden, es sei denn die Arbeitsbedingungen werden vorher durch einen anderen Tarifvertrag oder eine andere Betriebsvereinbarung geregelt.

(4) Betriebsrat: Weder bei dem übertragenden Rechtsträger noch bei dem übernehmenden Rechtsträger besteht ein Betriebsrat, so dass es einer Zuleitung des Vertrages bzw. seines Entwurfes nicht bedurfte.

(*Alternative*): (4) Die beteiligten Betriebsräte haben ihre Kenntnisnahme vom Verschmelzungsvertrag schriftlich bestätigt und auf die Einhaltung der Frist gem. § 5 Abs. 3 UmwG verzichtet (Beweisanlagen 1 und 2).

(*Alternative*): (4) Lediglich beim übertagenden Rechtsträger I gibt es einen Betriebsrat. Diesem ist der Entwurf des Verschmelzungsvertrages mit Schreiben vom zugeleitet worden. Eine Kopie der Empfangsbestätigung samt Entwurf des Verschmelzungsvertrages wird dieser Urkunde zu Informationszwecken als Beweisanlage beigefügt.

(5) Betriebsverfassungsrechtliche Konsequenzen ergeben sich nicht.

(*Alternative*): (5) Der im Betrieb des übertragenden Rechtsträgers I errichtete Betriebsrat bleibt zunächst unverändert im Amt und wird mit dem Wirksamwerden der Verschmelzung gleichzeitig zum Betriebsrat des neuen Rechtsträgers. Mit Wirksamwerden der Verschmelzung ist gem. § 47 Abs. 1 BetrVG ein neuer Gesamtbetriebsrat bei dem neuen Rechtsträger zu errichten.

(6) Mitbestimmungsrechtliche Änderungen ergeben sich nicht, da die maßgeblichen Schwellenwerte nicht erreicht werden. Auch nach der Verschmelzung wird die Zahl der Arbeitnehmer des übernehmenden Rechtsträgers einschließlich der

von dem übertragenden Rechtsträger übergehenden Arbeitnehmer nicht mehr als 500 betragen (§ 1 Abs. 1 Nr. 3 DrittelbeteiligungsG).

§ 7 Weitere Bestimmungen

(1) Keiner der übertragenden Rechtsträger hat Grundbesitz.

(Alternative): (1) Der übertragende Rechtsträger I ist Eigentümer des Grundstücks Flst.Nr. in der Gemarkung (Grundbuch des Amtsgerichts für Blatt , BV-Nr.). Den Beteiligten ist bekannt, dass mit Eintragung der Verschmelzung in das Vereinsregister des Sitzes des neuen Rechtsträgers der Grundbesitz auf den neuen Rechtsträger übergeht, so dass das Grundbuch zu berichtigen ist. Hierzu bedarf es auch der grunderwerbsteuerlichen Unbedenklichkeitsbescheinigung des Finanzamtes nach Entrichtung der anfallenden Grunderwerbsteuer über die der Notar belehrt hat. Die Berichtigung der genannten Grundbücher nach Wirksamkeit der Verschmelzung wird hiermit beantragt; der Notar beauftragt und bevollmächtigt, die Grundbuchberichtigung zu veranlassen. Soweit der übertragende Rechtsträger I im Grundbuch als Inhaber solcher beschränkter dinglicher Rechte ausgewiesen ist, die im Wege der Vermögensübertragung gem. § 5 Abs. 1 Nr. 2 UmwG nicht mitübertragen werden können, erlöschen diese mit Eintragung der Verschmelzung in das Vereinsregister des Sitzes des neuen Rechtsträgers.

(2) Kein übertragender Rechtsträger verfügt seinerseits über Beteiligungen an deutschen Gesellschaften mit beschränkter Haftung.

(*Alternative*): (2) Der übertragende Rechtsträger I verfügt über Beteiligungen an deutschen Gesellschaften mit beschränkter Haftung (GmbH). Den Beteiligten ist bekannt, dass sie dem Notar sämtliche Gesellschaftsbeteiligungen separat mitzuteilen haben, damit dieser aktuelle Gesellschafterlisten beim Handelsregister einreichen und mit seinem Vermerk gem. § 40 Abs. 2 Satz 1 GmbHG versehen kann. Der Notar wird hiermit beauftragt neue Gesellschafterlisten bei folgenden Gesellschaften einzureichen:

Sollte der übertragende Rechtsträger I noch weitere hier nicht aufgezählte Beteiligungen gehabt haben, so werden die Vorstände des neuen Rechtsträgers die entsprechenden Gesellschaften informieren, damit deren Geschäftsführer die entsprechenden Gesellschafterlisten bei den Registergerichten einreichen können.

(3) Auslandvermögen: Keiner der übertragenden Rechtsträger hat im Ausland irgendwelche Vermögensgegenstände.

(*Alternative*): (3) Soweit der übertragende Rechtsträger I Vermögensgegenstände im Ausland hat, soll die vorliegende Verschmelzung auch das Vermögen im Ausland unmittelbar erfassen und auf den neuen Rechtsträger übergehen. Soweit die Verschmelzung im Ausland befindliches Vermögen und/oder Schulden des übertragenden Rechtsträgers I betrifft und die ausländische Rechtsordnung die Universalsukzession nach deutschem Recht nicht anerkennt, bevollmächtigt der Vorstand des übertragenden Rechtsträgers I hiermit unwiderruflich, den Vorstand des neuen Rechtsträgers, alle Maßnahmen und Rechtshandlungen vorzunehmen, die nach deutschem und ausländischem Recht erforderlich oder zweckmäßig sind, um sicherzustellen, dass der neuen Rechtsträger Eigentümer/Inhaber auch der im Ausland belegenen Vermögensteile des übertragenden Rechtsträgers I wird und die Verbindlichkeiten des übertragenden Rechtsträgers I erfüllungshalber übernimmt. Diese Vollmacht umfasst auch das Recht, Untervollmacht zu erteilen.

(4) Rücktrittsrecht: Beide beteiligten übertragenden Rechtsträger sind zum Rücktritt von diesem Verschmelzungsvertrag berechtigt, wenn die Verschmelzung nicht bis zum in das Vereinsregister des neuen Rechtsträgers eingetragen worden ist. Der Rücktritt ist dem anderen Rechtsträger gegenüber durch eingeschriebenen Brief mit Rückschein zu erklären und dem Notar schriftlich mitzuteilen. Die Rechtsfolgen des Rücktritts richten sich nach den §§ 346 ff. BGB.

§ 8 Schluss

(1) Salvatorische Klausel

Sollte eine Bestimmung oder mehrere Bestimmungen dieses Vertrages oder eine später in ihn aufgenommene Bestimmung ganz oder teilweise unwirksam oder undurchführbar sein oder werden oder sollte sich eine Lücke in diesem Vertrag oder seinen Ergänzungen herausstellen, wird dadurch die Wirksamkeit der übrigen Bestimmungen nicht berührt.

An die Stelle der unwirksamen Klausel tritt zunächst, soweit vorhanden, die gesetzliche Regelung. Die Parteien verpflichten sich, anstelle der nichtigen Bestimmung diejenige wirksame und durchführbare Regelung zu vereinbaren, die rechtlich und wirtschaftlich dem am nächsten kommt, was die Parteien gewollt haben oder nach dem Sinn und Zweck des Vertrages und seiner späteren eventuellen Ergänzungen gewollt hätten, wenn sie diesen Punkt beim Abschluss des Vertrags bedacht hätten. Das Gleiche gilt, wenn der Vertrag eine ergänzungsbedürftige Lücke aufweist.

(2) Hinweise des Notars

Der beurkundende Notar hat die Beteiligten auf Folgendes hingewiesen,

- auf den weiteren Verfahrensablauf bis zum Wirksamwerden der Verschmelzung, insbesondere auf das Erfordernis zu beurkundender Zustimmungsbeschlüsse der Mitgliederversammlungen aller übertragenden Rechtsträgers und des übernehmenden Rechtsträgers hingewiesen und auf den Zeitpunkt des Wirksamwerdens der Verschmelzung;
- dass die Verschmelzung gem. § 17 Abs. 2 Satz 4 UmwG nur eingetragen werden darf, wenn sie binnen acht Monaten nach dem Stichtag der bei der Anmel-

dung einzureichenden Schlussbilanz der übertragenden Gesellschaft zum Vereinsregister angemeldet worden ist;

- dass in dem Fall, dass einer der übertragenden Rechtsträger Grundstücke besitzt, die Verschmelzung der Grunderwerbsteuer unterliegt;
- auf die Wirkungen der Verschmelzung (insbesondere die Gesamtrechtsnachfolge in alle Rechtsverhältnisse eines übertragenden Rechtsträgers, unabhängig davon, ob sie bekannt sind oder unbekannt);
- wenn nicht bevorrechtigte Gläubiger eines übertragenden Rechtsträgers glaubhaft machen können, dass die Erfüllung ihrer noch nicht fälligen Forderungen durch die Verschmelzung gefährdet wird, kann ihnen bei Anmeldung binnen sechs Monaten nach Vollzug unter den Voraussetzungen des §§ 36 Abs. 1, 22 UmwG Sicherheit zu leisten sein;
- gem. §§ 36 Abs. 1, 25 UmwG können Mitglieder der beteiligten Vertretungs- und Aufsichtsorgane für etwaige Schäden gegenüber Mitgliedern, Gläubigern oder den Gesellschaften haften; die Ansprüche verjähren in fünf Jahren nach Vollzug;
- der von den Vertretungsorganen aller beteiligten Vereine erstattete Verschmelzungsbericht ist vor und bei Durchführung der Mitgliederversammlungen, die über die Zustimmung zum Verschmelzungsvertrag beschließen, auszulegen;
- der Notar hat kartellrechtlich nicht beraten. Der Notar hat steuerlich nicht beraten. Den Beteiligten ist bekannt, dass der Notar nicht für die steuerlichen Auswirkungen dieser Urkunde und damit zusammenhängender Urkunden haftet; die Beteiligten hatten im Vorfeld der Beurkundung einen Entwurf erhalten und hatten ausreichend Gelegenheit, diese mit geeigneten Fachberatern zu besprechen.

Der Notar hat steuerrechtlich nicht beraten und insoweit eine Prüfung dieser Urkunde durch entsprechende Fachberater empfohlen

(3) Vollzugsvollmacht

Die Unterzeichner erteilen weiter jeder für sich bzw. die von ihnen vertretenen Vereine und ihre Rechtsnachfolger den Notarangestellten

- ,
- ,

je geschäftsansässig in ,

– je einzeln –

die unbedingte und von der Wirksamkeit der übrigen Bestimmungen dieser Urkunde unabhängige Vollmacht, sie beim Vollzug der Verschmelzung und deren Anmeldung sowie bei Ergänzungen in jeder Hinsicht zu vertreten. Die Bevollmächtigten sind insbesondere befugt, Anträge an das Registergericht zu stellen und zurückzunehmen, Genehmigungen zu beantragen, entgegenzunehmen und mitzuteilen, überhaupt alles zu tun, was nach ihrem Ermessen zur vollständigen Erledigung der Angelegenheit noch erforderlich ist. Sie sind bevollmächtigt, diesen Vertrag zu ergänzen oder abzuändern. Die jeweilige Vollmacht ist auf Dritte übertragbar und erlischt nicht durch den Tod eines Vollmachtgebers. Die Bevollmächtigten sind von den Beschränkungen des § 181 BGB befreit und haben das Recht zur Vollmachtübertragung. Von diesen Vollmachten darf nur vor dem Notar oder seinem Vertreter im Amt Gebrauch gemacht werden.

(4) Kosten

Alle mit diesem Vertrag und der Abwicklung entstehenden Kosten Gebühren und Steuern einschließlich der Kosten der Zustimmungsbeschlüsse trägt der neue Rechtsträger.

Falls die Verschmelzung nicht wirksam werden sollte, tragen die beteiligten Rechtsträger die Notarkosten je zur Hälfte und ihre außerurkundlichen Kosten je allein.

(5) Verteiler

Von dieser Urkunde erhalten

- elektronisch beglaubigte Abschriften:
  - das Registergericht des Sitzes des übernehmenden Rechtsträgers,
  - das Registergericht des Sitzes des neuen Rechtsträgers,
- beglaubigte Abschriften:
  - übertragender Rechtsträger,
  - übernehmender Rechtsträger,
  - Finanzamt ______, Körperschaftssteuerstelle (jeweils für übernehmenden Rechtsträger),
  - Finanzamt ______, Körperschaftssteuerstelle (für neuen Rechtsträger),
- einfache Abschrift:
  - Steuerberater ______,
  - Finanzamt ______, Grunderwerbsteuerstelle, mit Anzeige nach § 18 GrEStG mit Antrag auf Erteilung der Unbedenklichkeitsbescheinigung

Vorgelesen, genehmigt und unterschrieben:

______

- Anlage Vereinssatzung des Neuen Vereins (nicht abgedruckt)
- Anlage Mitgliederlisten I und II
- Evtl. Beweisanlagen

▲

2. Beschluss des übernehmenden Rechtsträgers

▼ 160

Muster 2.26: Beschluss des übernehmenden Rechtsträgers (Vereine)

Am , in , wohin ich, der unterzeichnende Notar, mich auf Wunsch der Beteiligten begeben habe. 2.26

Ich protokollierte dort auf Ersuchen des Vereins und seiner Mitglieder die

außerordentliche Mitgliederversammlung des e.V. mit dem Sitz in , eingetragen im Vereinsregister des Amtsgerichts unter VR Geschäftsadresse:

(im Folgenden als „Verein“ bezeichnet)

und die dort getroffenen Beschlüsse (Beurkundung nach §§ 36 ff. BeurkG – Tatsachenbeurkundung).

Es waren anwesend:

Vom Vorstand des Vereins:

Herr/Frau (Vorsitzende),

Außerdem waren noch Vereinsmitglieder anwesend. Die anwesenden Vereinsmitglieder ergeben sich aus dem in die **Anlage** genommenen Teilnehmerverzeichnis.

Die Vorsitzende eröffnete die außerordentliche Mitgliederversammlung um Uhr und übernahm den Vorsitz und die Leitung der Versammlung.

Die Vorsitzende begrüßte zunächst die Anwesenden und stellte die form- und fristgerechte Ladung fest .

Darauf trat die Vorsitzende in die Erledigung der Regularien wie folgt ein:

Ein Belegexemplar der Einberufung wurde dem Notar übergeben und wird dieser Niederschrift als **Anlage** beigefügt.

Die Vorsitzende wies darauf hin, dass das Teilnehmerverzeichnis zur Einsicht am Eingang ausgelegt ist.

Die Vorsitzende als Versammlungsleiterin stellte fest, dass von der Einberufung zur heutigen Mitgliederversammlung an in den Geschäftsräumen des Vereins der Verschmelzungsvertrag in Ausfertigung, die Jahresabschlüsse und die Lageberichte aller beteiligten Rechtsträger für die letzten drei Jahre, eine Zwischenbilanz zum sowie der Verschmelzungsbericht zur Einsicht ausgelegt waren.

Diese in §§ 102 und 63 Abs. 1 Nr. 1 bis 3 UmwG bezeichneten Unterlagen liegen bei der heutigen Mitgliederversammlung zur Einsicht in den Versammlungsräumen aus. Der Verschmelzungsvertrag wird in Ausfertigung dem notariellen Protokoll über den Zustimmungsbeschluss in als **Anlage** beigefügt.

Die Vorsitzende stellte schließlich fest, dass von keinem Mitglied die Prüfung des Verschmelzungsvertrags schriftlich verlangt worden ist.

Gegen sämtliche Feststellungen erhob sich kein Widerspruch.

Die Vorsitzende gab die Tagesordnung wie folgt bekannt:

TOP 1

TOP : Beschlussfassung über die Zustimmung zum Verschmelzungsvertrag vom vor dem Notar in (UVZ-Nr.) mit dem e.V. zur Neugründung des e.V., zur Feststellung der neuen Satzung, der Regelung zu den Mitgliedschaften im e.V. und zur Wahl des ersten Vorstands des e.V.

Anschließend trat die Vorsitzende in die Tagesordnung wie folgt ein:

TOP 1

(Inhalt und Gang der Tagesordnung und der Diskussion – kurz dargestellt). Nachdem sich kein Beteiligter mehr zu Wort meldete, beendete die Vorsitzende den TOP 1.

TOP

Zustimmung zum Verschmelzungsvertrag des Notars mit dem Amtssitz in , UVZ-Nr. .

Nach Aussprache über den Inhalt des Verschmelzungsvertrags beantragte die Vorsitzende , über den Verschmelzungsvertrag abzustimmen und diesem die Zustimmung zu erteilen. Sie erläuterte, dass mit der Zustimmung auch der Satzung des neuen Vereins e.V. und dem im Verschmelzungsvertrag bestimmten Vorstand zugestimmt werde. Es wird also über den kompletten Inhalt der Urkunde des Notars in vom abgestimmt.

Die Vorsitzenden stellten nochmals fest, dass keines der Vereinsmitglieder schriftlich die Prüfung des Verschmelzungsvertrags gem. § 100 Satz 2 UmwG verlangt habe.

Die Abstimmung erfolgte nach vorheriger Erläuterung durch die Vorsitzenden durch (Beschreibung des Verfahrens).

Nach Feststellung der Vorsitzenden: Es wurden Stimmen abgegeben. stimmten für den Verschmelzungsvertrag, stimmten gegen den Verschmelzungsvertrag, enthielten sich der Stimme.

Daraufhin gab die Vorsitzende das Ergebnis bekannt und stellte fest, dass die Mitgliederversammlung mit der nach §103 UmwG und der Satzung erforderlichen Mehrheit von mindestens der erschienenen Mitglieder dem Verschmelzungsvertrag nebst Satzung und Bestellung des Vorstands zugestimmt hat.

Gegen den Beschluss wurde kein Widerspruch zur Niederschrift erklärt.

Die Vorsitzende wies die Mitglieder darauf hin, dass sie auf ihre Kosten nach §13 Abs. 3 Satz 3 UmwG eine Abschrift des Verschmelzungsvertrags und der Niederschrift dieser Mitgliederversammlung erhalten können.

Nach Erledigung der Tagesordnung lagen keine weiteren Anträge vor.

Daraufhin wurde die Mitgliederversammlung um Uhr geschlossen.

Hierüber habe ich, der unterzeichnende Notar, das vorstehende Protokoll aufgenommen.

, den

(*Notar*)

- Anlage Teilnehmerverzeichnis
- Anlage Ladung
- Anlage Ausfertigung Verschmelzungsvertrag-Ausfertigung (vorhergehende Urkunde) enthaltend die Satzung des neuen Vereins als Anlage

▲

3. Verzichtserklärungen

▼ **161**

Muster 2.27: Verzichtserklärungen (Vereine)

(*Notarielle Eingangsformel*) 2.27

Es erscheint unbedenklich geschäftsfähig:

Herr/Frau , geb. am , wohnhaft , (nachstehend auch „Vereinsmitglied“ genannt).

Erklärt wird mit der Bitte um notarielle Beurkundung:

Verzicht auf die Geltendmachung der Unwirksamkeit des Verschmelzungsbeschlusses sowie Verzicht auf Verschmelzungsbericht und -prüfung und Wissenserklärungen durch die Vereinsmitglieder

Ich bin Vereinsmitglied des Vereins e.V. mit dem Sitz in , eingetragen im Vereinsregister des AG .

Ich verzichte hiermit ausdrücklich auf die Geltendmachung der Unwirksamkeit der Verschmelzungsbeschlüsse, die in den Mitgliederversammlungen vom (UVZ-Nr. und des Notars in) gefasst wurden.

Ich verzichte darüber hinaus:

- auf die Erstellung eines Verschmelzungsberichtes gem. § 8 Abs. 3 UmwG,
- auf die Prüfung der Verschmelzung gem. § 9 Abs. 3 i.V.m. § 8 Abs. 3 UmwG bzw. auf unser Recht, nach § 100 Satz 2 UmwG eine Verschmelzungsprüfung zu verlangen.

Des Weiteren erkläre ich:

- Der Verschmelzungsvertrag wurde mir zugeleitet und ist mir inhaltlich bekannt. Die Jahresabschlüsse und die Lageberichte der an der Verschmelzung beteiligten Rechtsträger für die letzten drei Geschäftsjahre sind mir inhaltlich bekannt.
- Eine Auslegung der genannten Dokumente in den Geschäftsräumen der Vereine gem. § 102 i.V.m. § 63 UmwG war daher meiner Ansicht nach nicht erforderlich (*oder alternativ*: [...] ist erfolgt).

Ich bin über Unwiderruflichkeit der Verzichtserklärungen und deren Wirkung und darüber belehrt, dass durch diese Erklärungen die Ausübung von Mitgliedschaftsrechten bei der Verschmelzung beeinträchtigt werden kann.

Die Kosten dieser Urkunde trägt der e.V.

Mir und dem e.V. soll eine beglaubigte Ablichtung erteilt werden; den Notar als die Verschmelzung beurkundendem Notar soll eine Ausfertigung erteilt werden.

Vorgelesen, genehmigt und unterschrieben:

▲

4. Anmeldung zum Vereinsregister des übertragenden Rechtsträgers

162 *Hinweis:*

Jeweils für beide übertragenden Vereine identisch.

▼

2.28 **Muster 2.28: Anmeldung zu Vereinsregister des übertragenden Rechtsträgers**

An das Amtsgericht

– Registergericht –

VR:

e.V. mit dem Sitz in , Geschäftsadresse: (übertragender Rechtsträger).

I.

Als Anlagen werden überreicht:

- elektronisch beglaubigte Abschrift des Verschmelzungsvertrages vom ;
- elektronisch beglaubigte Abschrift der Niederschrift über die Mitgliederversammlung des e.V. mit dem Sitz in als übertragender Rechtsträger vom mit dem Beschluss über die Zustimmung zu dem Verschmelzungsvertrag vom ;
- elektronisch beglaubigte Abschrift der Niederschrift über die Mitgliederversammlung des e.V. mit dem Sitz in als übertragender Rechtsträger vom mit dem Beschluss über die Zustimmung zu dem Verschmelzungsvertrag vom ;
- Bilanz des e.V. mit dem Sitz in zum ;[139]
- (*Oder*): Einnahmen-Ausgaben-Rechnung des e.V. mit dem Sitz in zum
- (*Alternative*): Empfangsbestätigung des Betriebsrates bezüglich der Zusendung des Entwurfs des Verschmelzungsvertrags vom .
- (*Alternative*): Verzichtserklärungen aller Vereinsmitglieder aller beteiligten Vereine (e.V. und e.V.) im Hinblick auf die Anfechtung des Verschmelzungsbeschlusses, die Verschmelzungsprüfung und die Erstellung eines Verschmelzungsberichtes.
- (*Oder*): Gemeinsamer Verschmelzungsbericht der Vorstände des e.V. und des e.V., sowie die Verschmelzungsprüfung von (*Prüfer*) vom (*Datum*).

Erklärt wird durch den unterzeichnenden Vorstand

- unter Bezug auf die abgegebenen Klageverzichtserklärungen, dass alle Mitglieder aller beteiligten Rechtsträger auf ihr gesetzliches Anfechtungsrecht gegen die Zustimmungsbeschlüsse zum Verschmelzungsvertrag verzichtet haben und somit eine Klage gegen die Wirksamkeit des Verschmelzungsbeschlusses ausgeschlossen ist (§ 16 Abs. 2 Satz 2 UmwG).
  - (*Oder*): (…), dass keine Klage gegen die Wirksamkeit der Verschmelzungsbeschlüsse bis zum Ablauf der Klagefrist erhoben worden (§ 16 Abs. 2 Satz 1 UmwG).

139 Ob eine Bilanz vorgelegt werden muss, ist umstritten (siehe Checkliste unter Rdn 163).

- Die Mitglieder aller übertragenden Vereine haben nach § 100 Satz 2 UmwG die Prüfung der Verschmelzung nicht verlangt.
  - (*Oder*): Die Verschmelzungsprüfung wurde durchgeführt. Der Prüfungsbericht findet sich anbei.
- Der Verschmelzungsbericht wurde erstellt und befindet sich in der Anlage zu dieser Satzung.
  - (*Oder*): Ein Verschmelzungsbericht ist gem. § 8 Abs. 3 UmwG nicht erforderlich, weil alle Mitglieder aller beteiligten Vereine auf diesen verzichtet haben.

Es sind nur eingetragene Vereine beteiligt, so dass ein Verstoß gegen § 99 Abs. 1 UmwG nicht vorliegt. Die Vereinssatzung und das Landesrecht stehen der Verschmelzung nicht entgegen, § 99 Abs. 2 UmwG.

Ab der Einberufung der Mitgliederversammlung waren in der Geschäftsstelle des Vereins die in § 63 Abs. 1 Nr. 1 bis 4 UmwG bezeichneten Unterlagen (sowie der nach § 100 UmwG erforderliche Prüfungsbericht) zur Einsicht der Mitglieder ausgelegen. Auf Verlangen wurde jedem Mitglied unverzüglich und kostenlos eine Abschrift der in Absatz 1 bezeichneten Unterlagen erteilt (§ 101 UmwG).

II.

Bei dem Verein gibt es keinen Betriebsrat.

(*Alternative*): Bei dem Verein gibt es einen Betriebsrat. Dieser hat vom Verschmelzungsvertragsentwurf rechtzeitig Kenntnis genommen; Empfangsbestätigung liegt bei.

(*Unteralternative*): Dieser hat vom Verschmelzungsvertragsentwurf Kenntnis genommen und auf die Einhaltung der Frist gem. § 5 Abs. 3 UmwG verzichtet; schriftliche Bestätigung liegt bei.

III.

Die Unterzeichnete als Vorstand meldet zur Eintragung in das Handelsregister an:

Die übertragenden Vereine ____ e.V. mit dem Sitz in ____ und ____ e.V. mit dem Sitz in ____ sind aufgrund des beigefügten Verschmelzungsvertrags und der beigefügten Beschlüsse der Mitgliederversammlungen der übertragenden Vereine ____ e.V. und ____ e.V. auf den dadurch neu gegründeten ____ e.V. mit Sitz in ____ verschmolzen.

IV.

Die Beteiligten bevollmächtigen die Angestellten des amtierenden Notars – welche der amtierende Notar zu bezeichnen bevollmächtigt wird – je einzeln und befreit von den Beschränkungen des § 181 BGB, Erklärungen, Bewilligungen und Anträge materiell- oder formell-rechtlicher Art zur Ergänzung oder Änderung der Anmeldung abzugeben, soweit diese zur Behebung behördlicher oder gerichtlicher Beanstandungen zweckdienlich sind.

Der Notar wird beauftragt und allseits bevollmächtigt, den Vollzug dieser Anmeldung im Vereinsregister, insbesondere durch Erstellung einer elektronischen Vereinsregisterregisteranmeldung und deren Übermittlung an das Registergericht, zu bewirken und alle hierzu erforderlichen oder sinnvollen Erklärungen abzugeben und Maßnahmen zu treffen.

V.

Die Kosten dieser Anmeldung und ihres Vollzugs bei Gericht trägt der neu gegründete Rechtsträger.

Eintragungsnachricht wird auch an den unterschriftsbeglaubigenden Notar erbeten.

, den

Für den übertragenden Rechtsträger:

(Vorstand des übertragenden Vereins e.V.)

(Unterschriftsbeglaubigung)

▲

▼

Muster 2.29: Anmeldung zu Vereinsregister des neu gegründeten Rechtsträgers 2.29

An das Amtsgericht

– Registergericht –

VR: NEU

e.V. mit dem Sitz in , Geschäftsadresse: .

I.

Als Anlagen werden überreicht:

- elektronisch beglaubigte Abschrift des Verschmelzungsvertrages vom ;
- elektronisch beglaubigte Abschrift der Niederschrift über die Mitgliederversammlung des e.V. mit dem Sitz in als übertragender Rechtsträger vom mit dem Beschluss über die Zustimmung zu dem Verschmelzungsvertrag vom ;

- elektronisch beglaubigte Abschrift der Niederschrift über die Mitgliederversammlung des e.V. mit dem Sitz in als übertragender Rechtsträger vom mit dem Beschluss über die Zustimmung zu dem Verschmelzungsvertrag vom ;
- (*Oder*): Gemeinsamer Verschmelzungsbericht der Vorstände des e.V. und des e.V., sowie die Verschmelzungsprüfung von (*Prüfer*) vom (*Datum*).

II.

Bei keinem der übertragenden Vereine gibt es einen Betriebsrat.

III.

Sämtliche bisherigen Vorstände, der an der Verschmelzung beteiligten Vereine melden zur Eintragung in das Vereinsregister an:

1. Der -e.V. hat zusammen mit dem -e.V. den -e.V. als übernehmenden Verein im Wege der Verschmelzung durch Neugründung gegründet. Dieser Verein hat seinen Sitz in .
2. Mitglieder des Vorstandes sind:
   - ,
   -

Nach § der Satzung des neu gegründeten Vereins wird der Verein wie folgt vertreten: .

Die Vereinsanschrift lautet: .

Jeder der Unterzeichnenden erklärt, und zwar einzeln für sich, dass weder der Verschmelzungsbeschluss der Mitgliederversammlung des -e.V. noch der Verschmelzungsbeschluss der Mitgliederversammlung des -e.V. angefochten worden ist.

(….)

IV.

Die Beteiligten bevollmächtigen die Angestellten des amtierenden Notars – welche der amtierende Notar zu bezeichnen bevollmächtigt wird – je einzeln und befreit von den Beschränkungen des § 181 BGB, Erklärungen, Bewilligungen und Anträge materiell- oder formell-rechtlicher Art zur Ergänzung oder Änderung der Anmeldung abzugeben, soweit diese zur Behebung behördlicher oder gerichtlicher Beanstandungen zweckdienlich sind.

Der Notar wird beauftragt und allseits bevollmächtigt, den Vollzug dieser Anmeldung im Vereinsregister, insbesondere durch Erstellung einer elektronischen Vereinsregisteranmeldungen und deren Übermittlung an das Registergericht, zu bewirken und alle hierzu erforderlichen oder sinnvollen Erklärungen abzugeben und Maßnahmen zu treffen.

V.

Die Kosten dieser Anmeldung und ihres Vollzugs bei Gericht trägt der neu gegründete Rechtsträger.

Eintragungsnachricht wird auch an den unterschriftsbeglaubigenden Notar erbeten.

, den

Für den übertragenden Rechtsträger:

(Vorstand des übertragenden Vereins e.V.)

(Unterschriftsbeglaubigung)

▲

II. Checkliste

▼ 163

Muster 2.30: Checkliste – Verschmelzung von Vereinen

- ☐ Verschmelzungshindernisse in den Satzungen oder dem jeweiligen Landesrecht, § 99 UmwG? 2.30
- ☐ Entwurf Verschmelzungsvertrag
- ☐ Entwurf neue Satzung – Name des Vereins? Sitz? Klarheit über Vereinsziele? Gemeinnützigkeit?
- ☐ Bestimmung der neuen Vorstände des neu zu gründenden Vereins
- ☐ Festlegung der Grundlegenden Termine
  - ☐ Verschmelzungsstichtag
  - ☐ Mitgliederversammlungen eines jeden Vereins
  - ☐ Beurkundung des Verschmelzungsvertrages
  - ☐ Einreichung der Unterlagen beim Vereinsregister
- ☐ Beteiligung des Betriebsrates: Wenn ein solcher vorhanden ist, dann ist der Entwurf des Verschmelzungsvertrages rechtzeitig zuzuleiten (schriftliche Bestätigung oder Verzicht zur Vorlage beim Notar besorgen).
- ☐ Bilanzen und Jahresabschlüsse erstellen? Dies ist sehr umstritten.[140] Nach hier vertretener Ansicht ist dies nicht nötig, weil § 17 Abs. 2 UmwG keine eigene Bi-

140 Gegen eine solche Pflicht: *Katschinski* in: Semler/Stengel/Leonard, UmwG, § 99 Rn 114 f. m.w.N.; *Krafka*, Registerrecht, Teil 4, Rn 2217; a.A. *Vossius* in: Widmann/Mayer, UmwR, § 99 Rn 119 ff.

lanzierungspflicht kreiert, sondern vielmehr nur auf bestehende Bilanzierungspflichten aufsetzt. Dem Handelsregister sind nur die Dokumente der Rechnungslegung des Vereins vorzulegen, die bei diesem ohnehin geführt werden (also typischerweise die Einnahmen-Ausgaben-Rechnung).[141] Wenn man der anderen Ansicht folgt, wäre Folgendes zu beachten: Für die Schlussbilanz gilt, dass diese auf einen höchstens acht Monate vor der Anmeldung liegenden Stichtag aufgestellt sein darf. In der Praxis empfiehlt sich ein frühzeitiger Hinweis an die Beteiligten und ggfs. Kontaktaufnahme mit dem Handelsregister, um die dort vertretene Ansicht berücksichtigen zu können.

- ☐ Werden **besondere Vorteile** im Sinne von § 5 Abs. 1 Nr. 8 UmwG gewährt?
- ☐ Verschmelzungsbericht eines jeden Vorstands
- ☐ Bestellung eines Verschmelzungsprüfers und Vornahme der Prüfung.
- ☐ Rechtzeitige Einladung der Mitglieder zu den jeweiligen Mitgliederversammlungen mit Hinweis, dass diese eine Prüfung der Verschmelzung verlangen können. U.U. kann diese Vorinformation gem. § 100 UmwG auch bereits vor der konkreten Einladung zur Mitgliederversammlung erfolgen
- ☐ Auslegung in der Geschäftsstelle eines jeden Vereins gem. § 101 UmwG:
  - ☐ Entwurf des Verschmelzungsvertrages
  - ☐ Jahresabschlüsse (Bilanzen) der letzten drei Jahre und ggfs. Zwischenabschluss
  - ☐ Verschmelzungsbericht(e)
  - ☐ ggfs. Verschmelzungsprüfungsbericht
- ☐ Hat der übertragende Rechtsträger **Grundeigentum**?
  - ☐ Wenn nein, ist nichts zu veranlassen.
  - ☐ Wenn ja: § 18 GrEStG berücksichtigen (VA mit einfacher Kopie an das Finanzamt, Grunderwerbsteuerstelle); wenn die Unbedenklichkeitsbescheinigung vorliegt, ist die Berichtigung des Grundbuchs zu beantragen (nicht der Eigentumsübergang, weil die Umwandlung selbst *ipso iure* den Eigentumswechsel außerhalb des Grundbuchs vollzogen hat, das dadurch unrichtig geworden ist).
- ☐ Hat der übertragende Rechtsträger selbst **Unternehmensbeteiligungen**?
  - ☐ Wenn nein, ist nichts zu veranlassen.
  - ☐ Wenn ja: Folgen prüfen und evtl. Beteiligte im Vorfeld darauf hinweisen (Klauseln in den Gesellschaftsverträgen der Enkelgesellschaften); im Übri-

141 So auch *Krafka*, Registerrecht, Teil 4, Rn 2217.

gen: Erstellung neuer Gesellschafterlisten mit notarieller Bescheinigung gem. §40 Abs. 2 Satz 1 GmbHG.[142]

- ☐ Sind **weitere Maßnahmen** im Rahmen der Verschmelzung zu beschließen und/ oder anzumelden?

▲

III. Ablaufplan

Der konkrete Ablauf richtet sich in der Praxis nach den Umständen des Einzelfalls; 164
vom Notar ist ein gewisses Maß an Flexibilität gefragt, etwa wenn die jeweiligen Stichtage noch in der Zukunft liegen sollen. Der Notar sollte sich einen konkreten Ablaufplan (mit großzügigen Fristen für die Kundschaft und sich selbst) erstellen, um immer die nächsten Schritte im Blick zu haben.[143] Insbesondere bei der Verschmelzung zweier Vereine sind die Schritte langfristig vorher zu planen, da hier nicht nur rechtliche Themen relevant sind, sondern auch persönliche Animositäten, Fragen der Tradition etc. Außerdem sind die Beteiligten Vorstände oft keine professionellen Teilnehmer am Rechtsverkehr – dies sollte berücksichtigt werden.

1. Vorbereitungshandlungen: Zunächst ist gem. § 99 UmwG von den Vereinen 165
(u.U. mit Hilfe des Notars) jeweils die eigene Satzung und das einschlägige Landesrecht zu prüfen, ob diese Verschmelzungshindernisse enthalten. Notfalls müssten entsprechende Änderungen vorab vorgenommen werden.

Der Wunsch zur Verschmelzung muss aus den Vereinen kommen. Diese sollten im 166
Vorfeld gemeinsam die neue Satzung planen und zusammen mit dem Notar den Entwurf des Verschmelzungsvertrages erstellen (lassen). Wegen §§ 6, 37 UmwG muss auch die neue Satzung des Vereins mitbeurkundet werden.

142 Die Frage der Einreichungspflicht bzw. Einreichungskompetenz des Notars bei einer nur mittelbaren Änderung des Gesellschafterbestandes einer Drittgesellschaft durch Verschmelzung des Gesellschafters auf eine andere Gesellschaft ist höchst umstritten, vgl. hierzu nur *Damm*, BWNotZ 2017, 5, 6 m.w.N.; zu einem ähnlichen Ergebnis wie der vorhergehende Aufsatz kommt auch *Heidinger* in: Heckschen/Heidinger, Die GmbH in der Gestaltungs- und Beratungspraxis, Kap. 13, Rn 555. Eine Verpflichtung zur Einreichung durch den Notar nimmt allerdings die einzig greifbare obergerichtliche Stimme OLG Hamm, Beschl. v. 1.12.2009 – 15 W 304/09, NZG 2010, 113, an.Nach Meinung der Autoren sollte der Notar die weiteren Gesellschafterlisten einreichen. Er ist hierzu nach Auffassung der Autoren berechtigt (wenn auch nicht unbedingt verpflichtet) und sollte dies auch als Service für seine Kunden betrachten. Er sollte jedoch die Beteiligten im Vorfeld darauf hinweisen und auch darauf hinwirken, dass ihm die weiteren Gesellschaften, bei denen der übertagende Rechtsträger Gesellschafter war/ist rechtzeitig mitgeteilt werden.

143 Vgl. *Kraus* in: Engl, Formularbuch Umwandlungen, Kap. A.1 Rn 2 ff.

167 Es ist festzulegen bzw. zu erstellen:

- Verschmelzungsstichtag,
- Termin für die jeweiligen Mitgliederversammlungen – diese sollten spätestens sechs Monate nach dem Verschmelzungsstichtag liegen (vgl. §§ 101 Abs. 1, 63 Abs. 1 Nr. 3 UmwG),
- Information der Mitglieder und Hinweis auf die Möglichkeit eines schriftlichen Verlangens der Prüfung, §§ 100 Satz 2, 9 UmwG,
- Verschmelzungsbericht jedes Vorstands, § 8 UmwG.

168 Wenn es Arbeitnehmer und einen Betriebsrat bei dem Verein gibt ist der Entwurf des Verschmelzungsvertrages an jeden Betriebsrat rechtzeitig schriftlich zuzuleiten und die Vorstände der Vereine müssen den entsprechenden Nachweis dem Notar vorlegen können zur Weiterleitung an das Vereinsregister. Kommt es jedoch im Zuge der Verschmelzung zu wesentlichen Nachteilen für die Belegschaft oder jedenfalls wesentliche Teile der Belegschaft, so müssen die Betriebsräte u.U. deutlich vorher informiert werden (nämlich „rechtzeitig“ im Sinne von § 111 BetrVG), damit ein Interessenausgleich und evtl. ein Sozialplan erstellt werden kann. Hierbei handelt es sich dann um Vorbereitungshandlungen, die u.U. viele Monate vorher angebahnt worden sein sollten.[144]

169 Die Bestellung eines Verschmelzungsprüfers ist vorzunehmen unverzüglich nach Verlangen von 10 % der Mitglieder eines beteiligten Vereins. Dieser hat bis zur Mitgliedersammlung einen Bericht zu erstellen.

170 Die Mitglieder sind zu den (außerordentlichen) Gesellschafterversammlungen zu laden. Auf der Tagesordnung ist mindestens anzugeben:

- Zustimmung zur Verschmelzung und
- Zustimmung zur Bestellung des ersten Vorstands des neuen Vereins.

171 In der Geschäftsstelle jedes beteiligten Vereins sind spätestens ab der jeweiligen Ladung zur Mitgliederversammlung gem. § 101 UmwG (in Verbindung mit § 63 UmwG bzw. § 100 UmwG) auszulegen:

- Verschmelzungsvertrag oder Entwurf des Verschmelzungsvertrages,
- Jahresabschlüsse (Bilanzen) bzw. die sonstigen vorhandenen Rechnungslegungs-Dokumente des Vereins der letzten drei Jahre der an der Verschmelzung beteiligten Rechtsträger und
- ggfs. Zwischenbilanz,
- Verschmelzungsbericht,
- ggfs. Verschmelzungsprüfungsbericht.[145]

172 Die Pflicht zur Auslage von Jahresabschlüssen besteht nur dann, wenn der Verein überhaupt zur Aufstellung eines Jahresabschlusses verpflichtet ist oder freiwillig

144 So auch *Kraus* in: Engl, Formularbuch Umwandlungen, Kap. A.1 Rn 5.

145 *Hennrichs* in: Lutter, Umwandlungsgesetz, UmwG, § 101 Rn 3.

bilanziert hat. Bestand hierzu keine gesetzliche Pflicht und hat der Verein auch nicht freiwillig bilanziert, kommt eine Vorlage von Jahresabschlüssen und Lageberichten im technischen Sinne der §§ 242 Abs. 3, 289 HGB nicht in Betracht; Gleiches gilt für die Zwischenbilanz.[146] Zum weiteren Streitstand hierzu, s.o. in der „Checkliste“ unter Rdn 163. Wenn der Verein nicht bilanziert, sollten hier eben die Dokumente ausgelegt werden, die im Rahmen der Rechnungslegung vorhanden sind.

2. Mitgliederversammlungen und Beschlüsse: Für die Abhaltung der jeweiligen Mitgliederversammlungen sind die jeweiligen Vereinssatzungen und die einschlägigen Gesetze zu beachten. Im Hinblick auf den vorstehend genannten Tagesordnungspunkt sind noch die §§ 102 f. UmwG (in Verbindung mit § 64 UmwG) zu beachten. Die vorstehend genannten Unterlagen sind während der Mitgliedersammlung auszulegen. Der Vorstand hat den Verschmelzungsvertrag oder seinen Entwurf zu Beginn der Mitgliederversammlung mündlich zu erläutern und über jede wesentliche Veränderung des Vermögens des Vereins zu unterrichten, die seit der Aufstellung des Entwurfs eingetreten ist. Jedem Mitglied ist auf Verlangen in der Mitgliederversammlung Auskunft auch über alle für die Verschmelzung wesentlichen Angelegenheiten der anderen beteiligten Vereine zu geben. Die Beschlüsse sind notariell zu beurkunden. Der Beschluss bedarf jeweils einer Mehrheit von drei Vierteln der abgegebenen Stimmen, wobei die Satzung eine höhere Mehrheit vorsehen kann (§ 103 UmwG). 173

3. Verschmelzungsvertrag: Beurkundung des Verschmelzungsvertrages. 174

4. Verzichtserklärungen: Diese sind bei der Verschmelzung von Idealvereinen eher unrealistisch. 175

5. Vereinsregisteranmeldungen der Verschmelzung durch die Vorstände in das Register eines jeden beteiligten Rechtsträgers (§ 16 Abs. 1 Satz 1 UmwG). Dies kann frühestens 1 Monat nach Beschluss der Mitgliederversammlungen erfolgen. Die Anlagen ergeben sich auch hier aus § 17 UmwG, wobei die oben in der „Checkliste“ (Rdn 163) besprochene Besonderheit für die Bilanz des für gewöhnlich nicht bilanzierungspflichtigen Vereins zu beachten ist. 176

6. Eintragung der Verschmelzung in das Register des übertragenden Rechtsträgers. Erst danach konstitutive Eintragung in das Register des übernehmenden Rechtsträgers (siehe §§ 19 Abs. 1, 20 Abs. 1 UmwG). Weiterer Ablauf bei und zwischen den beteiligten Registergerichten: Vgl. § 19 Abs. 2 und 3 UmwG. 177

146 *Hennrichs* in: Lutter, Umwandlungsgesetz, UmwG, § 101 Rn 3.

IV. Anmerkungen

1. Möglichkeiten der Verschmelzung

178 Die für die Verschmelzung unter Beteiligung von Vereinen maßgebenden Vorschriften ergeben sich wegen des „Baukastensystems" des UmwG aus einer Zusammenschau mehrerer Gruppen von Vorschriften: Vorrangig sind zunächst die speziellen Regelungen der §§ 99–104a UmwG; nur soweit diese keine abweichenden Regelungen enthalten, ist auf die Allgemeinen Vorschriften über die Verschmelzung (§§ 2–38 UmwG) zurückzugreifen, wobei innerhalb dieser Gruppe von Vorschriften wiederum für die Verschmelzung zur Neugründung im Wesentlichen auf die Vorschriften für die Verschmelzung zur Aufnahme verwiesen wird (vgl. § 36 Abs. 1 UmwG).[147]

179 An Verschmelzungen i.S.d. UmwG können nur „rechtsfähige Vereine" beteiligt sein. Den Begriff „rechtsfähiger Verein" verwendet das Gesetz als Oberbegriff für „eingetragene Vereine im Sinne § 21 BGB und „wirtschaftliche Vereine" gem. § 22 BGB und zur Abgrenzung von den „nicht rechtsfähigen" Vereinen i.S.d. § 54 BGB, welche nicht zu den verschmelzungsfähigen Rechtsträgern gehören.[148]

180 Der Satzungsvorbehalt in § 99 Abs. 1 UmwG ist zu beachten und dient nicht selten dem Schutz von Minderheiten im Verein. Sollen dennoch Verschmelzungen durchgeführt werden, dann sind derartige Satzungsbestimmungen zunächst nach den in der Satzung dafür vorgesehenen Bestimmungen zu ändern. Der Vorbehalt des Landesrechts in derselben Norm betrifft wohl nur wirtschaftliche Vereine. Da diese Vereine kraft staatlicher Verleihung rechtsfähig sind (§ 22 BGB) und eine Änderung ihrer Satzung der staatlichen Genehmigung bedarf (§ 33 Abs. 2 BGB), soll auch die Verschmelzung unter Beteiligung wirtschaftlicher Vereine nur möglich sein, wenn Vorschriften des Landesrechts nicht entgegenstehen.[149]

181 Das Gesetz gestattet in § 99 Abs. 2 UmwG nur die Verschmelzung von eingetragenen Vereinen unter einander oder die Verschmelzung „aus" einem e.V. auf Rechtsträger anderer Rechtsform, aber nicht die Verschmelzung anderer Rechtsträger auf einen e.V.: Die Verschmelzung auf einen eV ist nur einem anderen eV gestattet; die Verschmelzung zur Neugründung steht nur für den Fall offen, dass sich ausschließlich eV als übertragende Rechtsträger beteiligen, die Zielrechtsform des neu gegründeten Rechtsträgers ist dann allerdings sehr frei wählbar. Diese Beschränkungen sollen die Bedürfnisse der Praxis befriedigen, die Gesetzesbegründung sieht etwa. ein Bedürfnis zur Vereinigung von Sportvereinen mit wertvollen Anlagen

147 *Hennrichs* in: Lutter, Umwandlungsgesetz, UmwG, § 99 Rn 1.

148 *Hennrichs* in: Lutter, Umwandlungsgesetz, UmwG, § 99 Rn 2.

149 *Hennrichs* in: Lutter, Umwandlungsgesetz, UmwG, § 99 Rn 4.

und zur Zusammenlegung von Verbänden. Auch freie Sparkassen, Technische Überwachungsvereine und Gewerkschaften haben einen entsprechenden Bedarf.[150]

2. Prüfungsverlangen

Bei einem e.V. ist die Prüfung nur erforderlich, wenn mindestens 10 % der Mitglieder dies schriftlich verlangen (§ 100 Satz 2 UmwG). Dies bezieht sich auf die Gesamtzahl der Mitglieder im Zeitpunkt des Zugangs des Verlangens.[151] Grds. gilt also Prüfungsfreiheit – die Verschmelzungsprüfung ist also in diesem Fall die Ausnahme. Das Verlangen der Mitglieder, eine Prüfung nach den §§ 9 bis 12 UmwG durchzuführen, ist gegenüber dem Verein, vertreten durch den Vorstand, schriftlich zu erklären und muss dem Verein zugehen. Jedes Mitglied kann das Verlangen gesondert erklären, aber auch eine Zusammenfassung in Form einer Art „Petition" ist möglich. Für die Schriftform gilt § 126 Abs. 1, 3 BGB, Elektronische Form gem. § 126a BGB ist möglich.[152] **182**

Prekär ist die Frage, bis wann ein Prüfverlangen erhoben werden muss. Die §§ 42, 44 UmwG böten eine mögliche Frist: Der Gesellschafter einer Personengesellschaft hat eine Woche Zeit, die Prüfung zu verlangen, nachdem er die entsprechenden Unterlagen erhalten hat. Ein Verweis in § 100 UmwG auf diese Regelungen für Personengesellschaften fehlt jedoch und die Gesetzgebungsgeschichte zeigt leider, dass es sich um kein Redaktionsversehen handelt, sondern dass dies wohl absichtlich der Fall war. Auch wenn beispielsweise der Deutsche Notarverein in seiner Stellungnahme[153] an den Gesetzgeber eine Frist von einem Monat vorgeschlagen hatte (ein vernünftiger Kompromiss), hat der Gesetzgeber dies nicht aufgegriffen. *De lege lata* ist daher wohl sogar noch in der Mitgliederversammlung das Erheben eines entsprechenden Verlangens möglich, was zur Absagung der Versammlung führen müsste; beschränkt wäre diese Schikanemöglichkeit nur durch die Treuepflicht der Mitglieder.[154] Eine andere in der Literatur vertretene Ansicht möchte die §§ 42, 44 UmwG analog anwenden, da insbesondere bei Idealvereinen das einzelne Mitglied nicht einmal ein wirtschaftliches Interesse habe, was für einen Erst-Recht-Schluss spräche.[155] **183**

Die Durchführung der Prüfung richtet sich mangels speziellerer Regelungen nach den allgemeinen Vorschriften der §§ 9 bis 12 UmwG. Für die Bestellung des Verschmelzungsprüfers gilt § 10 UmwG. *Vossius* empfiehlt im Hinblick auf mögliche **184**

150 *Hörtnagl/Ollech* in: Schmitt/Hörtnagl, UmwG § 99 Rn 4.

151 *Hennrichs* in: Lutter, Umwandlungsgesetz, UmwG, § 100 Rn 11.

152 *Hennrichs* in: Lutter, Umwandlungsgesetz, UmwG, § 100 Rn 5.

153 Abrufbar unter: https://www.dnotv.de/stellungnahmen/referentenentwurf-eines-zweiten-gesetzes-zur-aenderung-des-umwandlungsgesetzes/.

154 So wohl (leider) richtig: *Hennrichs* in: Lutter, Umwandlungsgesetz, UmwG, § 100 Rn 7.

155 *Vossius* in: Widmann/Mayer, UmwR, § 100 UmwG Rn 22 (März 2021).

Streitigkeiten, die Verschmelzungsprüfer nicht unmittelbar durch den Vorstand des betroffenen Vereins, sondern auf dessen Antrag vom Gericht bestellen zu lassen. Zuständig ist das örtlich zuständige Landgericht nach § 10 Abs. 2 UmwG. Auch im Fall der Verschmelzung eingetragener Vereine entscheidet funktionell der Vorsitzende der Kammer für Handelssachen. Für die berufliche Stellung der Prüfer gilt § 11 UmwG.[156]

185 Die §§ 29–34 UmwG enthalten Regelungen über unter bestimmten Bedingungen durch den übernehmenden Rechtsträger an Anteilsinhaber des übertragenden Rechtsträgers zu gewährende Barabfindung sowie eine Erleichterung der Veräußerung von Anteilen.[157] Diese Regelungen finden auf die Verschmelzung eines eingetragenen Vereins, der nach § 5 Abs. 1 Nr. 9 des KStG von der Körperschaftsteuer befreit ist, keine Anwendung (§ 104a UmwG).

186 Diese Sonderregelung für die Verschmelzung unter Beteiligung von „gemeinnützigen Vereinen“ (vgl. § 5 Abs. 1 Nr. 9 KStG i.V.m. §§ 51 bis 68 AO), will eben diesen Status schützen. Das Vermögen dieser Vereine unterliegt einer Zweckbindung nach § 55 Abs. 1 AO. Der steuerliche Gemeinnützigkeitsstatus könnte durch die Gewährung einer Abfindung an ausscheidende Mitglieder in Frage gestellt sein. Andernfalls zwingende Regelungen des Umwandlungsrechts sollen aber keine (existenzbedrohende) steuerrechtliche Gefahrenquelle für die Tätigkeit von Ideal-Vereinen sein; daher ist der Abfindungs-Anspruch des allgemeinen Verschmelzungsrechts vom Gesetzgeber in den Fällen des § 104a UmwG keine Anwendung.

V. Steuerliche Hinweise

1. Ertragsteuern

187 Soweit es sich bei den übertragenden Rechtsträgern um Ideal-Vereine handelt, sind diese nach § 5 Abs. 1 Nr. 9 KStG von der Körperschaftsteuer befreit; diese Befreiung gilt bei entsprechender Satzungsgestaltung auch für den neugegründeten Verein. Dies gilt allerdings nicht, soweit ein Verein einen wirtschaftlichen Geschäftsbetrieb unterhält. In diesem Fall kommen die vorstehend erläuterten allgemeinen Regeln zur Anwendung.

2. Umsatzsteuer

188 Im Regelfall erbringt ein gemeinnütziger Verein keine Lieferung oder sonstige Leistung i.S.v. § 1 UStG; der Vorgang ist daher umsatzsteuerrechtlich irrelevant.

156 *Vossius* in: Widmann/Mayer, UmwR, § 100 UmwG Rn 33 ff. (März 2021).

157 Ca. *Müller* in: Henssler/Strohn, GesR, UmwG § 29 Rn 1.

3. Grunderwerbsteuer

Der Vertrag ist gem. § 18 GrEStG durch den Notar beim Grunderwerbsteuerfinanzamt anzuzeigen, wenn im Vermögen eines der Vereine Grundeigentum vorhanden ist. Geht Grundeigentum auf den neugegründeten Rechtsträger über, löst dies Grunderwerbsteuer aus (§ 1 Abs. 1 Nr. 3, 11 GrEStG); § 6a GrEStG gilt hier nicht. 189

VI. Notarkosten

1. Für den Verschmelzungsvertrag ist eine 2,0 Gebühr nach Ziff. 21100 der Anlage 1 zu § 3 Abs. 2 GNotKG zu erheben. Geschäftswert ist das zusammengerechnete Aktivvermögen beider Vereine (Verkehrswerte), ohne Abzug von Verbindlichkeiten gem. §§ 97 Abs. 1, 38 GNotKG, wobei der Wert mindestens 30.000 EUR und maximal 10.000.000 EUR beträgt (§ 107 Abs. 1 Satz 1 GNotKG). Hinzukommen kommen Dokumentenpauschale, Auslagen, Umsatzsteuer und die Gebühr zur Abgeltung der Archivierung im UVZ. 190

2. Die Zustimmungsbeschlüsse haben denselben Wert wie die Verschmelzung (§ 108 Abs. 2 GNotKG), der hinzuzurechnen ist, wenn Beschlüsse und Vertrag zusammen beurkundet werden (§§ 110 Nr. 1, 35 Abs. 1 GNotKG). Vertrag und Beschlüsse sind in jedem Fall gegenstandsverschieden und gesondert zu berechnen, § 110 Nr. 1 GNotKG. Mehrere Zustimmungsbeschlüsse haben denselben Gegenstand und sind somit nur einmal zu bewerten (§ 109 Abs. 2 Satz 1 Nr. 4 Buchst. g, Satz 2 GNotKG). 191

3. Vereinsregisteranmeldungen: Bei Erstellung des Entwurfs fällt jedenfalls eine 0,5-Gebühr an. Der Geschäftswert richtet sich nicht nach § 105 GNotKG, sondern nach §§ 97, 36 Abs. 1–3.[158] Der Wert ist nach billigem Ermessen zu bestimmen und dürfte sich am Geschäftswert der Verschmelzung selbst bestimmen. Er ist jedoch höchstens 1 Mio. EUR (§ 106 GNotKG). 192

158 *Tiedtke* in: Korintenberg, GNotKG, § 105 Rn 1.

§3 Spaltung

A. Aufspaltung einer GmbH in zwei GmbHs

I. Muster

1. Spaltungsplan

▼ 1

Muster 3.1: Spaltungsplan

– Notarielle Eingangsformel – 3.1

Es erscheint unbedenklich geschäftsfähig:

Herr G,

handelnd nicht im eigenen Namen, sondern als einzelvertretungsberechtigter und von den Beschränkungen des § 181 BGB befreiter Geschäftsführer für die

XY GmbH mit dem Sitz in (AG HRB)

Die Frage nach einer Vorbefassung i.S.d. §3 Abs. 1 Nr. 7 BeurkG wurde allseits verneint.

Über das GeldwäscheG belehrt, erklärt der Beteiligte auf eigene Rechnung oder aufgrund offen gelegter Vertretungsverhältnisse zu handeln.

Ich, der Notar, bescheinige gemäß § 21 Abs. 1 BNotO aufgrund heutiger Einsicht in das elektronische Handelsregister die vorstehenden Vertretungsverhältnisse. Die zuletzt beim Handelsregister eingereichten Gesellschafterlisten wurden vor Beurkundung eingesehen.

Der Beteiligte erklärt, dass er rechtzeitig vor der heutigen Beurkundung den beabsichtigten Text des Rechtsgeschäfts erhalten hat und so ausreichend Gelegenheit hatte, sich vorab mit dem Gegenstand der Beurkundung auseinanderzusetzen.

Es wird erklärt mit der Bitte um notarielle Beurkundung:

§ 1 Sachstand

(1) Im Handelsregister des Amtsgerichts ist unter HRB XY GmbH mit dem Sitz in eingetragen (im Folgenden auch „**übertragender Rechtsträger**)".

Am übertragenden Rechtsträger sind als Gesellschafter beteiligt:

- Herr A mit einer Stammeinlage zu 25.000 EUR
- Herr B mit einer Stammeinlage zu 25.000 EUR

Das Stammkapital beträgt 50.000,00 EUR. Sämtliche Stammeinlagen sind voll erbracht.

(2) Die XY GmbH will im Rahmen einer Aufspaltung zur Neugründung ihr Vermögen unter Auflösung ohne Abwicklung in zwei Teile aufzuspalten und die Vermögensteile jeweils als Gesamtheit gleichzeitig auf zwei von ihren neu gegründete Gesellschaften gegen Gewährung von Anteilen dieser Gesellschaften an die Gesellschafter der XY GmbH übertragen. Der bestehende Teilbetrieb „Produktion" wird auf die neu gegründete X GmbH, der bestehende Teilbetrieb „Forschung und Marketing" auf die neu gegründete Y GmbH übertragen. In diesem Zuge soll auch eine Entflechtung der Gesellschafterstämme stattfinden, sodass Herr A sämtliche Geschäftsanteile an der X GmbH erhält, aber keine Anteile an der Y GmbH, während Herr B sämtliche Anteile an der Y GmbH erhalten wird, aber keine Anteile an der X GmbH.

§ 2 Aufspaltung

(1) Die XY GmbH überträgt ihr Vermögen unter Auflösung ohne Abwicklung durch gleichzeitige Übertragung der in § 2 Abs. 2 und 3 dieses Spaltungsplans bezeichneten Vermögensteile jeweils als Gesamtheit gemäß § 123 Abs. 1 Nr. 2 UmwG auf die von ihr neu zu gründenden Gesellschaften X GmbH und Y GmbH gegen Gewährung der in § 6 bezeichneten Anteile dieser Gesellschaften an die sämtlichen Gesellschafter der XY GmbH (Aufspaltung zur Neugründung).

(2) Demgemäß überträgt die XY GmbH ihren Teilbetrieb „Produktion" mit allen Aktiva (lit. a) und Passiva (lit. b) sowie den insoweit bestehenden Vertragsverhältnissen (lit. c) auf die X GmbH:

a) Erfasst sind sämtliche unmittelbar oder mittelbar dem Teilbetrieb „Produktion"/Unternehmen/Produktionsunternehmen/der Produktion rechtlich oder wirtschaftlich zuzuordnenden (auch nicht bilanzierungsfähigen) Gegenstände des Aktivvermögens, insbesondere

- die Maschinen, der Fuhrpark und sonstige Gegenstände des Anlagevermögens gemäß Anlageverzeichnis **Anlage 1**
- die Betriebs- und Geschäftsausstattung, wie derzeit in den Büroräumen ______ sowie in der Werkstatt ______ vorhanden,
- die der Produktion zuzuordnenden Vorräte (Roh-, Hilfs- und Betriebsstoffe, unfertige und fertige Erzeugnisse und Waren)
- die der Produktion zuzuordnenden offenen Forderungen gemäß **Anlage 2**
- die vorhandenen Lizenzen, öffentlich-rechtlichen Erlaubnisse etc. hinsichtlich des Betriebs folgender Maschinen: ______

b) Erfasst sind sämtliche unmittelbar oder mittelbar der Produktion rechtlich oder wirtschaftlich zuzuordnenden (auch nicht bilanzierungsfähigen und derzeit nicht bekannten) Gegenstände des Passivvermögens, insbesondere

- die Verbindlichkeiten gemäß **Anlage 3**
- die latenten Verpflichtungen aus eventuellen Vertragsverletzungen, soweit sie den Betrieb der Produktion betreffen,
- die Bankverbindlichkeiten auf Darlehenskonto Nr. .

c) Erfasst sind sämtliche unmittelbar oder mittelbar der Produktion rechtlich oder wirtschaftlich zuzuordnenden Vertragsverhältnisse, insbesondere

- die Versicherungsverträge gemäß **Anlage 4**
- die Wartungsverträge gemäß **Anlage 5**
- die Miet- und Leasingverträge über , **Anlage 6**
- die Arbeitsverhältnisse mit den in **Anlage 7** genannten Arbeitnehmern.

Herr G wird weiter bei der X GmbH als Geschäftsführer beschäftigt sein. Der Arbeitsvertrag und die organrechtliche Stellung des Herrn G werden übernommen. Die X GmbH übernimmt ferner die Verpflichtungen aus der erteilten Betriebsrentenzusage.

(3) Demgemäß überträgt die XY GmbH ihren Teilbetrieb „Forschung und Marketing" mit allen Aktiva (lit. a) und Passiva (lit. b) sowie den insoweit bestehenden Vertragsverhältnissen (lit. c) auf die Y GmbH:

a) Erfasst sind sämtliche unmittelbar oder mittelbar dem Teilbetrieb „Forschung und Marketing" rechtlich oder wirtschaftlich zuzuordnenden (auch nicht bilanzierungsfähigen) Gegenstände des Aktivvermögens, insbesondere

- die Maschinen, der Fuhrpark und sonstige Gegenstände des Anlagevermögens gemäß Anlageverzeichnis **Anlage 8**
- die Betriebs- und Geschäftsausstattung, wie derzeit in den Büroräumen vorhanden,
- die der Produktion zuzuordnenden Vorräte (Roh-, Hilfs- und Betriebsstoffe, unfertige und fertige Erzeugnisse und Waren)
- die dem Teilbetrieb Forschung und Marketing zuzuordnenden offenen Forderungen gemäß **Anlage 9**
- die Rechte an geistigem Eigentum, an Marken- und Geschmacksmustern und Patenten, wie sie sich aus der **Anlage 10** ergeben
- die vorhandenen Lizenzen, öffentlich-rechtlichen Erlaubnisse etc. hinsichtlich:

b) Erfasst sind sämtliche unmittelbar oder mittelbar dem Teilbetrieb „Forschung und Marketing" rechtlich oder wirtschaftlich zuzuordnenden (auch nicht bilanzierungsfähigen und derzeit nicht bekannten) Gegenstände des Passivvermögens, insbesondere

- die Verbindlichkeiten gemäß **Anlage 11**
- die latenten Verpflichtungen aus eventuellen Vertragsverletzungen, soweit sie den Teilbetrieb Forschung und Marketing betreffen,
- die Bankverbindlichkeiten auf Darlehenskonto Nr. .

c) Erfasst sind sämtliche unmittelbar oder mittelbar der Produktion rechtlich oder wirtschaftlich zuzuordnenden Vertragsverhältnisse, insbesondere

- die Versicherungsverträge gemäß **Anlage 12**
- die Wartungsverträge gemäß **Anlage 13**
- die Miet- und Leasingverträge über , **Anlage 14**
- die Arbeitsverhältnisse mit den in **Anlage 15** genannten Arbeitnehmern.

(4) Soweit einzelne Gegenstände des Aktiv- oder Passivvermögens nicht einem der Teilbetriebe explizit zugeordnet wurden, gehen sie auf die neue GmbH über, zu der sie nach dem inneren Sachzusammenhang gehören und von der anzunehmen ist, dass sie in dem heutigen Spaltungsplan zugewiesen worden wäre.

Aktiva oder Passiva, die nicht im Wege der Auslegung einem der genannten Teilbetriebe zugeordnet werden können, gehen abweichend von § 131 Abs. 3 UmwG auf die Y GmbH über.

(5) Wird eine übernehmende Gesellschaft als gesetzlicher Gesamtschuldner gemäß § 133 Abs. 1, Abs. 2 Satz 1 UmwG für Verbindlichkeiten, die sie nach diesem Vertrag nicht übernommen hat, in Anspruch genommen, kann sie von der anderen unverzügliche Freistellung bzw. Erstattung verlangen.

(6) Der übertragende Rechtsträger geht davon aus, dass die Gesellschafter im Rahmen des Spaltungsbeschlusses auf die Erstattung eines Spaltungsberichts sowie auf die Durchführung einer Spaltungsprüfung verzichten werden. Diese sind daher bisher nicht gefertigt bzw. in Auftrag gegeben worden.

§ 3 Arbeitnehmer und -vertretungen

(1) Änderungen der Arbeitsverträge sind mit dem Betriebsübergang nicht verbunden. Im Zusammenhang mit der Aufspaltung sind auch keine organisatorischen Veränderungen geplant, mit Ausnahme der Beschränkung des Tätigkeitsfeldes der Mitarbeiter der bisherigen Gesamtverwaltung auf die Belange des Teilbetriebs, dem sie zugeordnet sind.

(2) Die bei den Teilbetrieben bestehenden Betriebsräte bleiben unverändert bestehen. Gesamt-, Konzern- und/oder Europäische Betriebsräte sowie Jugend- und Auszubildendenvertretungen oder Sprecherausschüsse bestehen nicht, ebenso wenig besteht bei der XY-GmbH ein Wirtschaftsausschuss oder ein Aufsichtsrat. Den Betriebsräten wird je eine beglaubigte Abschrift dieses Vertrages unverzüglich zugeleitet.

(3) Änderungen hinsichtlich der unternehmerischen Mitbestimmung treten nicht ein, ebenso wenig tarifrechtliche oder sonstige kollektivarbeitsrechtliche Änderungen. Betriebsvereinbarungen bestehen nicht.

§4 Bilanz; Spaltungsstichtag

(1) Der Spaltung wird die mit dem uneingeschränkten Bestätigungsvermerk des Wirtschaftsprüfers versehene Bilanz der XY GmbH zum 31.12.20 (Schlussbilanz) zugrunde gelegt.

(2) Die Übertragung des Vermögens der XY GmbH erfolgt im Verhältnis zwischen den Beteiligten mit Wirkung zum 01.01.20, 00.00 Uhr. Die Handlungen der XY GmbH ab dem 01.01.20, 00.00 Uhr, gelten als für Rechnung der den jeweiligen Vermögensteil übernehmenden Gesellschaft vorgenommen (handelsrechtlicher Spaltungsstichtag).

§5 Gründung der neuen Gesellschaften

(1) Die XY GmbH errichtet hiermit die X GmbH und stellt den dieser Urkunde als **Anlage 16** beigefügten Gesellschaftsvertrag fest. Die Anlage wurde verlesen und bildet wesentlichen Bestandteil der Urkunde. Herr G, geb. am , wohnhaft in wird zum Geschäftsführer bestellt. Er ist stets alleinvertretungsberechtigt und von den Beschränkungen des §181 BGB befreit.

(2) Die XY GmbH errichtet ferner die Y GmbH und stellt den dieser Niederschrift als **Anlage 17** beigefügten Gesellschaftsvertrag fest. Die Anlage wurde verlesen und bildet wesentlichen Bestandteil der Urkunde. Herr Z, geb. am , wohnhaft in , wird zum Geschäftsführer bestellt. Er ist stets alleinvertretungsberechtigt und von §181 BGB befreit. Prokuren werden derzeit nicht erteilt; Zweigniederlassungen bestehen nicht.

(3) X GmbH und Y GmbH sind nicht verpflichtet, einen den Nennwert der neuen Stammeinlagen übersteigenden Wert der erbrachten Einlagen zu vergüten. Dieser wird in die Kapitalrücklage gemäß §272 Abs. 2 Nr. 4 HGB eingestellt.

(4) Die Geschäftsführung der XY GmbH wird die zur Wirksamkeit der GmbH-Gründungen und dieses Spaltungsplans erforderliche Beschlussfassung über die Zustimmung der Gesellschafter der XY GmbH unverzüglich herbeiführen. Jedem Gesellschafter ist unverzüglich eine Ausfertigung dieses Spaltungsplanes zu übermitteln.

§6 Gewährung von Anteilen

(1) Vom Stammkapital der neu zu gründenden X GmbH in Höhe von 25.000 EUR wird Herrn A eine Stammeinlage im Nennbetrag von 25.000 EUR gewährt. Sie wird durch die Übertragung der in §2 Abs. 2 dieses Spaltungsplans bezeichneten Aktiven und Passiven erbracht.

(2) Vom Stammkapital der neu zu gründenden Y GmbH in Höhe von 25.000 EUR wird Herrn B eine Stammeinlage im Nennbetrag von 25.000 EUR gewährt. Sie wird durch die Übertragung der in §2 Abs. 3 dieses Spaltungsplans bezeichneten Aktiven und Passiven erbracht.

(3) Die Gewährung der Anteile an den übernehmenden Gesellschaften erfolgt verhältniswahrend entsprechend den Beteiligungen an der übertragenden Gesellschaft und unter Berücksichtigung der Werte der Teilbetriebe. Bare Zuzahlungen sind nicht zu leisten. Die gewährten Anteile an der X GmbH und Y GmbH sind ab dem 01.01.20   am Gewinn der jeweiligen Gesellschaft beteiligt.

§ 7 Besondere Rechte und Vorteile

(1) Keiner der in § 126 Abs. 1 Nr. 7 UmwG genannten Personen stehen am übertragenden Rechtsträger besondere Rechte zu bzw. sind am übernehmenden Rechtsträger besondere Rechte im Sinne dieser Vorschrift gewährt worden.

(2) Keiner der in § 126 Abs. 1 Nr. 8 UmwG genannten Personen ist ein Vorteil im Sinne dieser Vorschriften im Zusammenhang mit der Abspaltung gewährt worden.

§ 8 Wettbewerbsverbot; Fusionskontrolle

(1) Beide übernehmenden Gesellschaften verpflichten sich, auf den sachlichen und örtlichen Märkten, auf denen sie bei Wirksamwerden der Spaltung aufgrund der von der XY GmbH übernommenen Teilbetriebe tätig werden, für die Dauer von zwei Jahren nach Wirksamwerden der Spaltung weder unmittelbar noch mittelbar miteinander in Wettbewerb zu treten. Sie werden dafür Sorge tragen, dass auch ihre Beteiligungsgesellschaften dieses Wettbewerbsverbot erfüllen.

(2) Die in diesem Vertrag vorgesehenen Maßnahmen stellen nach übereinstimmender Ansicht aller Beteiligten keine anmeldepflichtigen Zusammenschlüsse nach §§ 35, 37, 39 GWB dar.

§ 9 Grundbesitz

Die aufspaltende Gesellschaft verfügt nicht über Grundbesitz.

§ 10 Schluss

(1) Salvatorische Klausel

Sollte eine Bestimmung oder mehrere Bestimmungen dieses Rechtsgeschäfts oder eine spätere Ergänzung ganz oder teilweise unwirksam oder undurchführbar sein oder werden oder sollte sich eine Lücke herausstellen, wird dadurch die Wirksamkeit der übrigen Bestimmungen nicht berührt.

Die Beteiligten verpflichten sich, anstelle dieser Bestimmung diejenige wirksame und durchführbare Bestimmung zu vereinbaren, die rechtlich und wirtschaftlich dem am nächsten kommt, was die Beteiligten gewollt haben oder nach dem Sinn und Zweck des Rechtsgeschäfts und seiner späteren eventuellen Ergänzung gewollt hätten, wenn sie von der Unwirksamkeit oder Undurchführbarkeit der Bestimmung bei Abschluss des Rechtsgeschäfts oder seiner Ergänzung gewusst hätten. Das Gleiche gilt sinngemäß, wenn das Rechtsgeschäft eine ergänzungsbedürftige Lücke aufweist.

(2) Kosten

Die Kosten dieser Urkunde und ihres Vollzugs tragen die X GmbH und die Y GmbH je zur Hälfte.

Die aufgrund der Durchführung der Vermögensübertragungen entstehenden Kosten und Steuern trägt der jeweils übernehmende Rechtsträger.

(3) Hinweise des Notars

Der Notar hat auf Folgendes hingewiesen:

- Der Spaltungsplan wird nur wirksam, wenn die Anteilsinhaber der XY GmbH ihm durch Beschluss zustimmen,
- Die Spaltung wird erst mit der Eintragung im Handelsregister des übertragenden Rechtsträgers wirksam, und diese kann erst nach Eintragung der X GmbH und der Y GmbH erfolgen.
- Die übernehmenden Gesellschaften haften gemäß §133 UmwG unbeschadet der im Innenverhältnis getroffenen Freistellungsregelung gesamtschuldnerisch für bestehende Verbindlichkeiten. Ferner können Haftungen aus §25 HGB und §75 AO bestehen und die Organe der Rechtsträger gemäß §25 UmwG persönlich haften.
- Bei Eintragung der Gesellschaft in das Handelsregister darf der Wert des Gesellschaftsvermögens nicht niedriger sein darf als das Stammkapital und dass der Gesellschafter und der übertragende Rechtsträger – mit Ausnahme des übernommenen Gründungsaufwandes – für einen etwa bestehenden Fehlbetrag haften;
- Bei Wirksamwerden der Spaltung geht das Vermögen des übertragenden Rechtsträgers entsprechend der im Spaltungsplan enthaltenen Aufteilung auf die übernehmenden Rechtsträger jeweils als Gesamtheit kraft Gesetzes über. Die Anteilsinhaber des übertragenden Rechtsträgers werden entsprechend der im Spaltungs- und Übernahmevertrag vorgesehenen Aufteilung Anteilsinhaber der übernehmenden Rechtsträger
- Der übertragende Rechtsträger und seine Organe erlöschen mit der Eintragung der Spaltung im Handelsregister des übertragenden Rechtsträgers.
- Den Gläubigern der beteiligten Gesellschaften ist, wenn sie binnen sechs Monaten nach Bekanntmachung der Spaltung ihren Anspruch schriftlich anmelden und glaubhaft machen, dass die Erfüllung ihrer Forderung aufgrund der Spaltung gefährdet ist, durch diejenige Gesellschaft, gegen die sich der Anspruch richtet, Sicherheit zu leisten, sofern nicht bereits Befriedigung verlangt werden kann.
- Ob die gewählte Firmierung zulässig ist, insbesondere ob sie Namens- oder Markenrechte Dritter verletzt, kann vom Notar nicht geprüft werden.

- Staatliche Genehmigungserfordernisse sind auch dann einzuhalten, wenn das Handelsregister dies nicht überprüft. Auskunft hierüber geben die IHK, Handwerks- oder berufsständische Kammern und das Gewerbeamt.
- Die Gesellschafter und Geschäftsführer haften der Gesellschaft für die richtige und vollständige Erbringung der Einlagen und für etwaigen weiteren Schaden aus mangelhafter Einlageerbringung (§ 9a GmbHG). Jeder Gesellschafter haftet persönlich und gesamtschuldnerisch und ist zur Leistung eines insoweit bestehenden Fehlbetrags ohne Beschränkung auf die übernommene Stammeinlage verpflichtet. Falsche Angaben über die Kapitalerbringung sind darüber hinaus strafbar und können mit einer Freiheitsstrafe von bis zu drei Jahren bestraft werden (vgl. § 82 Abs. 1 GmbHG).

Der Notar hat steuerrechtlich nicht beraten und insoweit eine Prüfung dieser Urkunde durch entsprechende Fachberater empfohlen.

(4) Vollzugsvollmacht

Die Unterzeichner erteilen weiter jeder für sich und für die von ihnen vertretenen Gesellschaften und ihre Rechtsnachfolger den Notarangestellten

-
-

je geschäftsansässig in .

Sowie allen weiteren Angestellten des amtierenden Notars und seines Nachfolgers im Amt – welche der genannte Notar zu bezeichnen bevollmächtigt wird – je einzeln und befreit von den Beschränkungen des § 181 BGB, Erklärungen, Bewilligungen und Anträge materiell- oder formell rechtlicher Art zur Ergänzung oder Änderung der Beschlüsse und rechtsgeschäftlichen Erklärungen abzugeben, soweit diese zur Behebung behördlicher oder gerichtlicher Beanstandungen zweckdienlich sind. Sie sind auch bevollmächtigt, Gesellschafterversammlungen abzuhalten und Beschlüsse zu treffen und hierbei alle Unterzeichner unbeschränkt zu vertreten (im Innenverhältnis und nicht durch das Registergericht zu prüfen wird dieser Auftrag dahingehend eingegrenzt, dass dies nur möglich sein darf, um eventuelle Beanstandungen des Registergerichts zu vermeiden oder sich hieraus ergebende Eintragungshindernisse zu beseitigen).

Diese Vollmachten erlöschen drei Monate nach vollständigem Vollzug im Handelsregister.

(5) Verteiler

Von dieser Urkunde erhalten

elektronisch beglaubigte Abschriften:

- das Registergericht der Gesellschaft

Beglaubigte Abschriften:

- Übertragender Rechtsträger
- Sämtliche übernehmenden Rechtsträger
- Gesellschafter
- Finanzamt , Körperschaftsteuerstelle, gemäß § 54 EstDV

Einfache Abschrift:

- Steuerberater

Die Anlagen 1–15 sind dem Beteiligten bekannt; er hat auf das Vorlesen verzichtet und jede Seite einzeln unterschrieben. Auf diese wird gemäß § 14 Abs. 1 Satz 2 BeurkG verwiesen.

Die Niederschrift nebst Anlagen 16 und 17 wurde dem Erschienenen vorgelesen, von ihm genehmigt und von ihm und dem Notar eigenhändig wie folgt unterzeichnet:

(Unterschriften)

▲

▼ 2

Muster 3.2: Formulierungsvorschlag: Anlage 16/Gesellschaftsvertrag einer neu gegründeten GmbH

(der sämtliche Gesellschaftsvertragstext kann allgemeinen Mustern folgen; Besonderheiten ergeben sich nur für die Aufbringung des Stammkapitals (siehe im Folgenden), für eventuelle Sondervorteile oder den Gründungsaufwand, die u.U. aus dem Gesellschaftsvertrag des übertragenden Rechtsträgers zu übernehmen sind.)

„§ Stammkapital

(1) Das Stammkapital der Gesellschaft beträgt 25.000 EUR (i.W. fünfundzwanzigtausend EUR). Herr A hält einen Geschäftsanteil im Nennbetrag von 25.000 EUR (Geschäftsanteil Nr. 1).

(2) Die Stammeinlage ist dadurch zu erbringen, dass der Teilbetrieb „Produktion" der XY GmbH mit dem Sitz in , eingetragen im Handelsregister des AG , HRB mit allen Aktiven und Passiven aufgrund des Spaltungsplans vom (UVZ des Notars) gemäß §§ 123 Abs. 1 Nr. 1, 131 Abs. 1 Nr. 1 UmwG als Gesamtheit auf die Gesellschaft übertragen wird.

(3) Die Gesellschaft ist nicht verpflichtet, den Wert der eingebrachten Vermögensteile, der den Nennbetrag der Stammeinlagen übersteigt, den Gesellschaftern oder Dritten zu vergüten.

(*Außerdem sind Regelungen zum Gründungsaufwand aufzunehmen*)

▲

2. Beschluss des übertragenden Rechtsträgers

3 ▼

Muster 3.3: Beschluss des übertragenden Rechtsträgers

– Notarielle Eingangsformel –

Es erscheint unbedenklich geschäftsfähig:

Herr A

Herr B

Die Frage nach einer Vorbefassung i.S.d. § 3 Abs. 1 Nr. 7 BeurkG wurde allseits verneint.

Über das GeldwäscheG belehrt, erklären die Beteiligte auf eigene Rechnung oder aufgrund offen gelegter Vertretungsverhältnisse zu handeln.

Die Beteiligten erklären, dass sie rechtzeitig vor der heutigen Beurkundung den beabsichtigten Text des Rechtsgeschäfts erhalten haben und so ausreichend Gelegenheit hatten, sich vorab mit dem Gegenstand der Beurkundung auseinanderzusetzen.

Es wird erklärt mit der Bitte um notarielle Beurkundung:

§ 1 Sachstand

(1) Im Handelsregister des Amtsgerichts ist unter HRB die XY GmbH mit dem Sitz in eingetragen (im Folgenden auch „**übertragender Rechtsträger**)".

Am übertragenden Rechtsträger sind als Gesellschafter beteiligt:

- Herr A mit einer Stammeinlage zu 25.000 EUR
- Herr B mit einer Stammeinlage zu 25.000 EUR

Das Stammkapital beträgt 50.000,00 EUR. Sämtliche Stammeinlagen sind voll erbracht.

(2) Die XY GmbH will im Rahmen einer Aufspaltung zur Neugründung ihr Vermögen unter Auflösung ohne Abwicklung in zwei Teile aufzuspalten und die Vermögensteile jeweils als Gesamtheit gleichzeitig auf zwei von ihr neu gegründete Gesellschaften gegen Gewährung von Anteilen dieser Gesellschaften an die Gesell-

schafter der XY GmbH zu übertragen. Der bestehende Teilbetrieb „Produktion" wird auf die neu gegründete X GmbH, der bestehende Teilbetrieb „Forschung und Marketing" auf die neu gegründete Y GmbH übertragen. In diesem Zuge soll auch eine Entflechtung der Gesellschafterstämme stattfinden, sodass Herr A sämtliche Geschäftsanteile an der X GmbH erhält, aber keine Anteile an der Y GmbH, während Herr B sämtliche Anteile an der Y GmbH erhalten wird, aber keine Anteile an der X GmbH.

Die Geschäftsführung des übertragenden Rechtsträgers hat am . .20 zu notarieller Urkunde an dieser Notarstelle einen Spaltungsplan erklärt, der den Gesellschaftern bekannt ist (UVZ). Eine Ausfertigung des Spaltungsplanes ist als **Anlage** beigefügt (§§ 125, 13 Abs. 3 Satz 2 UmwG). Die Gesellschafter bestätigen, rechtzeitig Kenntnis vom Inhalt des Spaltungsplans erhalten zu haben. Die Geschäftsführung hat den Gesellschaftern bestätigt, dass in der Zwischenzeit keine wesentlichen Veränderungen in den wirtschaftlichen und Wertverhältnissen eingetreten sind.

§ 2 Gesellschafterversammlung

Unter Verzicht auf alle Formen und Fristen der Einberufung und Ankündigung, insbesondere der Erfordernisse der §§ 125, 47, 49 UmwG, halten die erschienenen Gesellschafter hiermit eine außerordentliche Gesellschafterversammlung der Gesellschaft ab und beschließen einstimmig:

- Dem genannten Spaltungsplan der Gesellschaft stimmen wir hiermit vorbehaltlos und unwiderruflich zu.
- Den Gesellschaftsverträgen der X GmbH und Y GmbH, die im vorgenannten Spaltungsplan als Anlagen 16 und 17 enthalten und festgestellt sind, wird ebenfalls vorbehaltlos und unwiderruflich zugestimmt.
- Die Bestellung von Herrn G zum Geschäftsführer der X GmbH und von Herrn Z zum Geschäftsführer der Y GmbH nach Maßgabe des Spaltungsplanes wird zugestimmt.
- *(Evtl.: Im Hinblick darauf, dass die Geschäftsanteile des Gesellschafters bei der GmbH künftig Verfügungsbeschränkungen unterworfen sein werden, verzichten alle Gesellschafter auf ein Abfindungsangebot gemäß §§ 125, 29 UmwG.)*

Weitere Beschlüsse wurden nicht gefasst. Sodann wurde die Gesellschafterversammlung beendet.

§ 3 Verzichtserkärungen

Sodann erklären beide Gesellschafter jeweils einzeln und für sich zu Protokoll des Notars:

- Auf die Erstattung eines Spaltungsberichts sowie auf die Durchführung einer Spaltungsprüfung wird allseits vollumfänglich verzichtet gemäß §§ 125, 127, 8 Abs. 3, 9 Abs. 3 und 12 Abs. 3 UmwG.
- Auf etwa bestehende Rechte zum Widerspruch gegen die Zustimmungsbeschlüsse, auf eine Klage gegen die Wirksamkeit des Spaltungsplans und auf Anfechtungsklage gegen die Wirksamkeit der in heutiger Urkunde gefassten Beschlüsse wird unwiderruflich verzichtet.
- Auf ein Abfindungsangebot gemäß §§ 125 Satz 1, 29 UmwG wird unwiderruflich verzichtet.

§ 4 Schluss

(1) Salvatorische Klausel

(vgl. vorstehender Spaltungsplan)

(2) Kosten

Die Kosten dieser Urkunde und ihres Vollzugs tragen die X GmbH und die Y GmbH je zur Hälfte.

Die aufgrund der Durchführung der Vermögensübertragungen entstehenden Kosten und Steuern trägt der jeweils übernehmende Rechtsträger.

(3) Hinweise des Notars

Der Notar hat auf Folgendes hingewiesen:

Es wurde auf die Belehrungen des Spaltungsplanes hingewiesen.

Der Notar hat steuerrechtlich nicht beraten und insoweit eine Prüfung dieser Urkunde durch entsprechende Fachberater empfohlen.

(4) Vollzugsvollmacht

Die Unterzeichner erteilen weiter jeder für sich und für die von ihnen vertretenen Gesellschaften und ihre Rechtsnachfolger den Notarangestellten

-
-

je geschäftsansässig in .

sowie allen weiteren Angestellten des amtierenden Notars und seines Nachfolgers im Amt – welche der genannte Notar zu bezeichnen bevollmächtigt wird – je einzeln und befreit von den Beschränkungen des § 181 BGB, Erklärungen, Bewilligungen und Anträge materiell- oder formell rechtlicher Art zur Ergänzung oder

Änderung der Beschlüsse und rechtsgeschäftlichen Erklärungen abzugeben, soweit diese zur Behebung behördlicher oder gerichtlicher Beanstandungen zweckdienlich sind. Sie sind auch bevollmächtigt, Gesellschafterversammlungen abzuhalten und Beschlüsse zu treffen und hierbei alle Unterzeichner unbeschränkt zu vertreten (im Innenverhältnis und nicht durch das Registergericht zu prüfen wird dieser Auftrag dahingehend eingegrenzt, dass dies nur möglich sein darf, um eventuelle Beanstandungen des Registergerichts zu vermeiden oder sich hieraus ergebende Eintragungshindernisse zu beseitigen).

Diese Vollmachten erlöschen drei Monate nach vollständigem Vollzug im Handelsregister.

(5) Verteiler

Von dieser Urkunde erhalten

elektronisch beglaubigte Abschriften:
- das Registergericht der Gesellschaft

Beglaubigte Abschriften:
- Übertragender Rechtsträger
- Sämtliche übernehmenden Rechtsträger
- Gesellschafter
- Finanzamt , Körperschaftsteuerstelle, gemäß § 54 EStDV

Einfache Abschrift:
- Steuerberater

Vorstehende Niederschrift wurde den Erschienenen in Gegenwart des Notars vorgelesen, von ihnen genehmigt und wie folgt unterschrieben:

▲

3. Anmeldung der Aufspaltung beim übertragenden Rechtsträger

▼ 4

Muster 3.4: Anmeldung der Aufspaltung beim übertragenden Rechtsträger

An das Amtsgericht 3.4

Registergericht

HRB:

XY GmbH mit dem Sitz in

(übertragender Rechtsträger)

I. Als Anlagen werden überreicht:

- Spaltungsplan der XY GmbH vom . .20
- Spaltungsbeschluss des Gesellschafterversammlung der XY GmbH vom . .20 , samt Verzichtserklärungen
- Bilanz des übertragenden Rechtsträgers zum 31.12.20 (Schlussbilanz)
- Bestätigung des Betriebsratsvorsitzenden über die rechtzeitige Zuleitung des Spaltungsplanes

II. Zur Eintragung in das Handelsregister wird angemeldet:

1. Der übertragende Rechtsträger hat aufgrund des oben genannten Spaltungsplans sein Vermögen unter Auflösung ohne Abwicklung durch gleichzeitige Übertragung der im Spaltungsplan bezeichneten Vermögensteile jeweils als Gesamtheit gemäß § 123 Abs. 1 Var. 2 UmwG auf die von der Gesellschaft neu gegründeten

- X GmbH mit dem Sitz in
- Y GmbH mit dem Sitz in

gegen Gewährung von Anteilen an diesen Gesellschaften übertragen (Aufspaltung zur Neugründung). Neben dem Spaltungsplan bestehen keine weiteren Verträge, die den Festsetzungen der Sacheinlagen zugrunde liegen oder zu ihrer Ausführung geschlossen worden sind.

2. Der übertragende Rechtsträger ist damit erloschen. Sämtliche Bücher und Schriften werden verwahrt von .

3. Jeder Unterzeichner gibt folgende Erklärungen ab und zwar jeder jeweils einzeln für sich und gemeinsam als Vertretungsorgan des übertragenden Rechtsträgers:

- Die Gesellschafter der XY GmbH haben, wie sich aus der Urkunde über den Spaltungsbeschluss ergibt, auf die Erstattung eines Spaltungsberichts und die Durchführung einer Spaltungsprüfung verzichtet. *(Evtl: Auch auf ein Abfindungsangebot wurde verzichtet)*

Gemäß § 16 Abs. 2 UmwG wird versichert, dass eine Klage gegen die Wirksamkeit des Spaltungsbeschlusses nicht erhoben worden ist und aufgrund der im Spaltungsbeschluss enthaltenen Anfechtungsverzichtserklärungen aller Gesellschafter auch nicht erhoben werden kann.

III. Die Kosten dieser Handelsregisteranmeldung und ihres Vollzugs bei Gericht trägt der übertagende Rechtsträger.

Eintragungsnachricht wird auch an den unterschriftsbeglaubigenden Notar erbeten.

IV. Die Beteiligten bevollmächtigen die Angestellten des amtierenden Notars – welche der amtierende Notar zu bezeichnen bevollmächtigt wird – je einzeln und befreit von § 181 BGB, Erklärungen, Bewilligungen und Anträge materiell- oder formell-rechtlicher Art zur Ergänzung oder Änderung der Anmeldung abzugeben, soweit diese zur Behebung behördlicher oder gerichtlicher Beanstandungen zweckdienlich sind.

Der Notar wird beauftragt und allseits bevollmächtigt, den Vollzug dieser Anmeldung im Handelsregister, insbesondere durch Erstellung einer elektronischen Handelsregisteranmeldung und deren Übermittlung an das Registergericht, zu bewirken und alle hierzu erforderlichen oder sinnvollen Erklärungen abzugeben und Maßnahmen zu treffen.

,

(Ort, Datum, Unterschrift des Geschäftsführers X)

(notarieller Beglaubigungsvermerk)

▲

4. Anmeldung zum Handelsregister eines übernehmenden Rechtsträgers

▼ 5

Muster 3.5: Anmeldung zum Handelsregister eines übernehmenden Rechtsträgers

An das Amtsgericht

Registergericht

HRB neu

X GmbH mit dem Sitz in

(übernehmender Rechtsträger)

I. Als Anlagen werden überreicht:

- Spaltungsplan der XY GmbH vom . .20
- Spaltungsbeschluss des Gesellschafterversammlung der XY GmbH vom . .20 , samt Verzichtserklärungen
- Bilanz des übertragenden Rechtsträgers zum 31.12.20 (Schlussbilanz)
- Bestätigung des Betriebsratsvorsitzenden über die rechtzeitige Zuleitung des Spaltungsplanes
- Sachgründungsbericht
- Liste der Gesellschafter
- Bescheinigung der vom . .20 über den Bestand und die Werthaltigkeit der in die Gesellschaft eingebrachten Vermögensteile

II. Zur Eintragung in das Handelsregister wird angemeldet gemäß § 137 Abs. 1 UmwG:

- die X GmbH
- Herr G, geb. am , wohnhaft in , als deren Geschäftsführer.

(*Abstrakte Vertretungsregelung*)

(*Konkrete Vertretungsregelung*)

(*Geschäftsführer-Versicherung – ausdrücklich abzugeben durch den Geschäftsführer des übernehmenden Rechtsträgers*)

Die Geschäftsräume des übernehmenden Rechtsträgers befinden sich in: .

III. Des Weiteren wird zur Eintragung in das Handelsregister angemeldet:

1. Der übertragende Rechtsträger hat aufgrund des oben genannten Spaltungsplans sein Vermögen unter Auflösung ohne Abwicklung durch gleichzeitige Übertragung der im Spaltungsplan bezeichneten Vermögensteile jeweils als Gesamtheit gemäß § 123 Abs. 1 Var. 2 UmwG auf die von der Gesellschaft neu gegründeten

- X GmbH mit dem Sitz in
- Y GmbH mit dem Sitz in

gegen Gewährung von Anteilen an diesen Gesellschaften übertragen (Aufspaltung zur Neugründung). Neben dem Spaltungsplan bestehen keine weiteren Verträge, die den Festsetzungen der Sacheinlagen zugrunde liegen oder zu ihrer Ausführung geschlossen worden sind.

Auf die Erstellung eines Spaltungsberichts und die Vornahme einer Spaltungsprüfung ist verzichtet worden.

2. Jeder Unterzeichner gibt folgende Erklärungen ab und zwar jeder jeweils einzeln für sich und gemeinsam als Vertretungsorgan des übertragenden Rechtsträgers:

- Die Gesellschafter der XY GmbH haben, wie sich aus der Urkunde über den Spaltungsbeschluss ergibt, auf die Erstattung eines Spaltungsberichts und die Durchführung einer Spaltungsprüfung verzichtet. *(Evtl: Auch auf ein Abfindungsangebot wurde verzichtet)*

Gemäß § 16 Abs. 2 UmwG wird versichert, dass eine Klage gegen die Wirksamkeit des Spaltungsbeschlusses nicht erhoben worden ist und aufgrund der im Spaltungsbeschluss enthaltenen Anfechtungsverzichtserklärungen aller Gesellschafter auch nicht erhoben werden kann

III. Die Kosten dieser Handelsregisteranmeldung und ihres Vollzugs bei Gericht trägt der übertagende Rechtsträger.

Eintragungsnachricht wird auch an den unterschriftsbeglaubigenden Notar erbeten.

IV. Die Beteiligten bevollmächtigen die Angestellten des amtierenden Notars – welche der amtierende Notar zu bezeichnen bevollmächtigt wird – je einzeln und befreit von § 181 BGB, Erklärungen, Bewilligungen und Anträge materiell- oder formell-rechtlicher Art zur Ergänzung oder Änderung der Anmeldung abzugeben, soweit diese zur Behebung behördlicher oder gerichtlicher Beanstandungen zweckdienlich sind.

Der Notar wird beauftragt und allseits bevollmächtigt, den Vollzug dieser Anmeldung im Handelsregister, insbesondere durch Erstellung einer elektronischen Handelsregisteranmeldung und deren Übermittlung an das Registergericht, zu bewirken und alle hierzu erforderlichen oder sinnvollen Erklärungen abzugeben und Maßnahmen zu treffen.

,

(Ort, Datum, Unterschrift des Geschäftsführers des übertragenden Rechtsträgers – 137 Abs. 1 UmwG und des Geschäftsführers des übernehmenden Rechtsträgers wegen der Geschäftsführerversicherung)

(notarieller Beglaubigungsvermerk)

▲

II. Checkliste

▼ 6

Muster 3.6: Checkliste: Sachgründungsbericht

Es müssen zwingend von den Mandanten beschafft bzw. vorgelegt werden: 3.6

- ☐ Spaltungsplan (notarielle Urkunde)
- ☐ Spaltungsbeschluss (notarielle Urkunde)
- ☐ Anmeldungen zum Handelsregister – übertragender Rechtsträger und jeweils übernehmender Rechtsträger (notarielle Urkunde)
- ☐ Liste der Gesellschafter (durch Notar)
- ☐ Werthaltigkeitsbescheinigung
- ☐ Schlussbilanz der aufspaltenden GmbH
- ☐ Sachgründungsbericht
- ☐ Nachweis rechtzeitiger Zuleitung an den Betriebsrat (wenn vorhanden)
- ☐ Spaltungsbericht (hierauf kann verzichtet werden)
- ☐ Spaltungsprüfbericht (hierauf kann verzichtet werden)
- ☐ Unterrichtung der Gesellschafter nebst Einberufung der Gesellschafterversammlung
- ☐ Anfechtungsverzichtserklärung oder Ablauf der Anfechtungsfrist

> *Empfehlenswert:*
>
> Es empfiehlt sich für den Mandanten, vor der Durchführung der Spaltung Kontakt mit dem zuständigen Finanzamt aufzunehmen und eine Verbindliche Auskunft zur Teilbetriebseigenschaft zu beantragen.

▲

III. Ablaufplan

7 Hier, wie überall, gilt: Der konkrete Ablauf richtet sich in der Praxis nach den Umständen des Einzelfalls; vom Notar ist ein gewisses Maß an Flexibilität gefragt. Der Notar sollte sich immer, auch bei der Aufspaltung, einen konkreten Ablaufplan (mit großzügigen Fristen für die Kundschaft und sich selbst) erstellen, um immer die nächsten Schritte im Blick zu haben.

8 a) **Vorbereitungshandlungen:** Entwurfserstellung durch die Beteiligten in möglichst enger Absprache mit dem Notar, Erstellung der Schlussbilanz, Einbindung von Betriebsräten, Inhabern von Sonderrechten etc. Die Beteiligten sollten **weitere Rechtsfragen** im Blick haben: Anforderungen des Kartellrechts, des Gewerberechts, etc.

Eine **Buchwertfortführung** (die immer gewollt ist) ist nur möglich, wenn die Teilbetriebseigenschaft gegeben ist. Dies müssen die Mandanten selbst in Zusammenarbeit mit ihren steuerlichen Fachberatern klären. Die Beteiligten sollten darauf achten, die Teilbetriebseigenschaft klar herauszuarbeiten – sowohl im Sachgründungsbericht als auch in der Schlussbilanz.

9 **b) Beteiligung der Betriebsräte** (sofern es einen Betriebsrat gibt): Zuleitung des Vertrages oder seines Entwurfs spätestens einen Monat vor dem Tage der Versammlung der Anteilsinhaber an den Betriebsrat. Auf die Monatsfrist kann verzichtet werden, nicht jedoch auf die Zuleitung selbst. Kommt es jedoch im Zuge der Spaltung zu **wesentlichen Nachteilen für die Belegschaft** oder jedenfalls wesentliche Teile der Belegschaft, so müssen die Betriebsräte u.U. deutlich vorher informiert werden (nämlich „rechtzeitig" i.S.v. § 111 BetrVG), damit ein **Interessenausgleich** und evtl. ein **Sozialplan** erstellt werden kann. Hierbei handelt es sich dann um Vorbereitungshandlungen, die u.U. viele Monate vorher angebahnt worden sein sollten.

10 **c) Spaltungsplan:** Beurkundung des Spaltungsplans.

11 **d) Gesellschafterbeschluss:** Beurkundung des Zustimmungsbeschlusses der Gesellschafterversammlungen/Hauptversammlung der übernehmenden und der übertragenden Gesellschaft (§§ 13, 50 UmwG).

12 **e) Verzichtserklärungen:** In diesem Kontext kann auch die Verzichtserklärung auf die Klage gegen die Wirksamkeit des Beschlusses durch sämtliche Anteilsinhaber beurkundet werden und die weiteren Verzichtserklärungen. Der Klageverzicht kann auch separat beurkundet werden oder es kann die einmonatige Klagefrist abgewartet werden (§ 14 UmwG).

13 f) Handelsregisteranmeldungen der Spaltung durch die Vertretungsorgane an das Register eines jeden beteiligten Rechtsträgers (§ 16 Abs. 1 Satz 1 UmwG).

14 g) Die Spaltung wird erst mit **Eintragung im Register des übertragenden Rechtsträgers** wirksam (anders als bei der Verschmelzung). Die Spaltung darf in das Register des Sitzes des übertragenden Rechtsträgers erst eingetragen werden,

nachdem sie im Register des Sitzes jedes der übernehmenden Rechtsträger eingetragen worden ist; die Eintragung im Register des Sitzes jedes der übernehmenden Rechtsträger ist mit dem Vermerk zu versehen, dass die Spaltung erst mit der Eintragung im Register des Sitzes des übertragenden Rechtsträgers wirksam wird, sofern die Eintragungen in den Registern aller beteiligten Rechtsträger nicht am selben Tag erfolgen (§ 130 Abs. 1 UmwG). Die Mitteilungen zwischen den beteiligten Registergerichten erfolgen von Amts wegen (§ 130 Abs. 2 UmwG).

IV. Anmerkungen

Bei der Aufspaltung wird der **übertragende Rechtsträger ohne Abwicklung aufgelöst** und er kann sein Vermögen entweder zur Aufnahme durch gleichzeitige Übertragung der Vermögensteile jeweils als Gesamtheit auf andere bestehende Rechtsträger übertragen oder zur Neugründung durch gleichzeitige Übertragung der Vermögensteile jeweils als Gesamtheit auf andere, von ihm dadurch gegründete neue Rechtsträger (§ 123 Abs. 1 UmwG). Die **Aufspaltung** ist das **Spiegelbild der Verschmelzung zur Neugründung**. 15

Die Aufspaltung ermöglicht eine **Gesamtrechtsnachfolge**; da der übertragende Rechtsträger vollständig aufgelöst wird, handelt es sich zwar um partielle Gesamtrechtsnachfolgen auf mehrere Rechtsträger, die aber in ihrer Summe das vollständige Vermögen des übertragenden Rechtsträgers erfassen und zwar nach dem Konzept umwandlungsrechtlichen Vermögensübergangs als Universalsukzession. Eine **alternative Gestaltungsmöglichkeit** für den Rechtsanwender wäre die Liquidation des übertragenden Rechtsträgers bei gleichzeitiger Übertragung aller Gegenstände des Gesellschaftsvermögens im Wege der Singularsukzession auf die neu zu gründenden oder bereits bestehenden Rechtsträger.[1] Dieses Verfahren kann jedoch bei **Fortführung der Betriebsteile** steuerliche Nachteile haben, weil in dieser Konstellation nur die Aufspaltung die Buchwertfortführung gem. §§ 15, 11 UmwStG ermöglicht, wenn Teilbetriebe auf übernehmende Rechtsträger in der Rechtsform einer Kapitalgesellschaft übergehen. 16

Bei der **Aufspaltung zur Neugründung** gibt es im Zeitpunkt der Beurkundung noch keinen „Vertragspartner". Daher kann kein Spaltungs- und Übernahmevertrag i.S.v. § 126 UmwG geschlossen werden, sondern es bedarf zwingend eines Spaltungsplans als einseitiger, nicht empfangsbedürftiger Willenserklärung, die durch die Organe des übertragenden Rechtsträgers abzugeben ist (§ 136 Satz 2 UmwG). Auf diesen Spaltungsplan kann nicht verzichtet werden, da er Grundlage für die Sonderrechtsnachfolge in die Vermögensteile des übertragenden Rechtsträgers ist. 17

1 *Kesseler* in: Fuhrmann/Wälzholz, Formularbuch Gesellschaftsrecht, Teil 10 Kapitel 35, III 1. Einsatzmöglichkeiten, Besonderheiten, Alternativen.

18 Auf die **Gründung der neuen Rechtsträger** sind grds. die für die jeweilige Rechtsform des neuen Rechtsträgers geltenden Gründungsvorschriften anzuwenden, also bei Kapitalgesellschaften Vorgaben zum Grund- oder Stammkapital. Den Gründern steht der übertragende Rechtsträger gleich; Vorschriften, die für die Gründung eine Mindestzahl der Gründer vorschreiben, sind nicht anzuwenden (§ 135 Abs. 2 UmwG). Bei einer Spaltung unter Beteiligung von GmbH als übernehmenden Rechtsträgern muss ein Sachgründungsbericht erstellt werden

19 Der **Spaltungsplan bedarf der notariellen Beurkundung** (§§ 125, 6 UmwG). Wegen des Verweises in § 135 Abs. 2 Satz 1 UmwG auf die Gründungsvorschriften der zu gründenden Rechtsträger bedarf insbesondere auch eine Vollmacht zum Beurkundungstermin der notariellen Form (beurkundet oder beglaubigt gemäß § 2 Abs. 2 GmbHG), wenn eine GmbH oder UG (haftungsbeschränkt) gegründet werden soll.

20 Der **(Mindest-)Inhalt des Spaltungsplans** ergibt sich aus § 126 UmwG. Wie bei der Verschmelzung und der Parallelvorschrift des § 5 UmwG bietet es sich an, den aufgeführten Katalog genau abzuarbeiten. Einige der Ziffern betreffen ausdrücklich nur die Aufspaltung und Abspaltung, nicht jedoch die Ausgliederung.

21 Die **genaue Bezeichnung und Aufteilung der Gegenstände des Aktiv- und Passivvermögens**, die an jeden der übernehmenden Rechtsträger übertragen werden, sowie der übergehenden Betriebe und Betriebsteile unter Zuordnung zu den übernehmenden Rechtsträgern (s. § 126 Abs. 1 Nr. 9 UmwG) bildet den Kern des Spaltungsplans. Die Norm gewährt für die Aufteilung des Vermögens des sich spaltenden Rechtsträgers erhebliche Freiheit; die Beteiligten können grds. jeden Gegenstand jedem beliebigen übernehmenden Rechtsträger zuweisen (was insbesondere für Arbeitsverhältnisse aber wiederum eine Einschränkung erfährt).[2]

22 Es gelten grds. die **gleichen Anforderungen** wie beim **Unternehmenskauf** in Gestalt des **asset deals**. Die Kennzeichnungsanforderungen dürfen jedoch nicht überspannt werden. Es genügt, wenn ein Gegenstand bei betriebswirtschaftlicher Betrachtung dem Geschäftsbetrieb eines bestimmten Unternehmensteils zuzurechnen ist. Insbesondere sind *catch-all*-Klauseln zulässig, mit denen sämtliche zu einem bestimmten Bereich gehörenden Gegenstände erfasst werden.[3] Das gilt allerdings nicht für Grundstücke, die gem. § 126 Abs. 2 UmwG i.V.m. § 28 GBO übereinstimmend mit dem Grundbuch oder durch Hinweis auf das Grundbuchblatt zu bezeichnen sind. Reine Quotenangaben, wie etwa „ein Viertel der Warenvorräte“, genügen jedoch nicht.

23 Die Verweisung § 126 Abs. 3 Satz 3 UmwG erlaubt die (untechnische) Bezugnahme auf (und Beifügung von) „*Urkunden wie Bilanzen und Inventare, deren Inhalt eine*

2 BT-Drucks 12/6699, S. 118.

3 BGH, Urt. v. 8.10.2003 – XII ZR 50/02, NJW-RR 2004, 123.

Zuweisung des einzelnen Gegenstands ermöglicht". In Betracht kommen vor allem Sachanlageverzeichnisse, Forderungslisten und Inventurverzeichnisse sowie Listen über vorhandene immaterielle Wirtschaftsgüter (Patente, Lizenzen, etc).

Die Spaltung muss nicht verhältniswahrend sein. Diese so genannte „**nichtverhältniswahrende Spaltung**" schließt auch die Möglichkeit mit ein, dass ein Gesellschafter der übertragenden Gesellschaft überhaupt nicht an der übernehmenden Gesellschaft beteiligt wird (so genannte „Spaltung zu Null").[4] In diesem Fall wird auf die genaue Angabe der Aufteilung der Anteile oder Mitgliedschaften jedes der beteiligten Rechtsträger auf die Anteilsinhaber des übertragenden Rechtsträgers sowie den Maßstab für die Aufteilung (vgl. § 126 Abs. 1 Nr. 10 UmwG) ein besonderes Augenmerk zu legen sein. 24

V. Steuerliche Hinweise

1. Ertragsteuer

Soll die **Spaltung durch Buchwertfortführung** steuerneutral erfolgen, gibt es zu den Regelungen des UmwG keine Alternative. Grundvoraussetzung für die Inanspruchnahme der auf Antrag zu gewährenden Buchwertfortführung ist allerdings das Bestehen von Teilbetrieben, die auf die übernehmende Kapitalgesellschaft übergehen. Nach § 15 UmwStG gelten die §§ 11 Abs. 2 und 13 Abs. 2 UmwStG nämlich nur dann, wenn auf die übernehmende Gesellschaft ein Teilbetrieb übertragen wird und, im Falle der Abspaltung oder Teilübertragung, ein Teilbetrieb bei der übertragenden Körperschaft verbleibt. Das Gesetz selbst definiert den Begriff des Teilbetriebs nicht, sodass für die konkrete Bedeutung auf Verwaltungsanweisungen und Rechtsprechung abgestellt werden muss. Vereinfacht ausgedrückt ist ein Teilbetrieb eine eigenständige Einheit innerhalb eines Unternehmens, die in organisatorischer Hinsicht einen selbstständigen Betrieb darstellt. Insbesondere muss ein solcher Teilbetrieb eine aus eigenen Mitteln funktionsfähige Einheit sein. 25

Da für eine steuerneutrale Spaltung alle zu einem Teilbetrieb gehörenden funktional wesentlichen Wirtschaftsgüter übertragen werden müssen, kann außerdem ein einzelnes für mehrere Teilbetriebe **wesentliches Wirtschaftsgut** eine steuerneutrale Übertragung schlimmstenfalls verhindern und man spricht von einem Spaltungshindernis. Es kann daher z.B. erforderlich sein, dass ein von mehreren Teilbetrieben genutztes Grundstück zunächst realgeteilt werden muss, um eine steuerneutrale Übertragung zu ermöglichen. Das Vorliegen eines Teilbetriebs und dessen Abgrenzung kann in der Praxis daher eine hohe Hürde darstellen und sollte nicht unterschätzt werden. Neutrales Vermögen, also für keinen der Teilbetriebe funktional wesentliches Vermögen, kann frei einem der Teilbetriebe zugeordnet werden. 26

4 OLG München, Beschl. v. 10.7.2013 – 31 Wx 131/13, NZG 2013, 951, LS.

27 Als Teilbetrieb gilt auch ein **Mitunternehmeranteil** oder die **Beteiligung an einer Kapitalgesellschaft**, sofern letztere das gesamte Nennkapital der Gesellschaft umfasst (§ 15 Abs. 1 Satz 3 UmwStG). Außerdem erfolgt die Spaltung ertragsteuerlich rückwirkend und wirkt nach § 2 Abs. 1 UmwStG auf den Ablauf des Stichtages der Schlussbilanz nach § 17 Abs. 2 UmwG zurück.

a) Besteuerung bei der übertragenden Gesellschaft (§ 11 UmwStG)

28 Nach § 15 Abs. 1 Satz 1 UmwStG gelten für die Spaltung auf eine andere Körperschaft grds. die §§ 11–13 UmwStG entsprechend, es kommen also die Regelungen betreffend Verschmelzungen zur Anwendung. Für die übertragende Körperschaft, also die spaltende Gesellschaft, ergibt sich hieraus, dass das übertragene Vermögen in der steuerlichen Schlussbilanz grds. mit dem gemeinen Wert anzusetzen ist und sich ein entsprechender steuerpflichtiger Spaltungsgewinn ergibt. Auf Antrag der spaltenden Körperschaft kann das übergehende Vermögen jedoch auch mit dem Buchwert oder einem Wert zwischen dem Buchwert und dem gemeinen Wert angesetzt werden, soweit die entsprechenden Voraussetzungen des § 11 Abs. 2 UmwStG vorliegen (siehe Erläuterungen zur Verschmelzung). Zusätzlich regelt § 15 Abs. 1 Satz 2 UmwStG aber, dass dies im Falle von Spaltungen nur dann gilt, wenn das übergehende Vermögen einen Teilbetrieb darstellt. Im Falle der Aufspaltung einer GmbH bedeutet das, dass mindestens zwei Teilbetriebe vorhanden sein müssen und jeweils mindestens ein Teilbetrieb auf jede übernehmende Gesellschaft übertragen werden muss.

29 Zusätzlich enthält § 15 Abs. 2 UmwStG eine Vorschrift zur Vermeidung von Gestaltungen, durch die eine (wirtschaftliche) Veräußerung eines Teilbetriebs in den Genuss der (nahezu vollständigen) Steuerfreiheit kommen könnte. Hiernach ist eine Buchwertfortführung nicht möglich und entfällt rückwirkend, wenn durch die Spaltung die **Veräußerung an außenstehende Personen** vollzogen oder vorbereitet wird. Von der Vorbereitung einer Veräußerung ist auszugehen, wenn innerhalb von fünf Jahren nach dem steuerlichen Übertragungsstichtag Anteile an einer der beteiligten Gesellschaften veräußert werden, die mehr als 20 % der Anteile an der ursprünglichen Gesellschaft verkörpern. In diesem Zusammenhang war lange Zeit strittig, ob eine Veräußerung unterhalb dieser Grenze nach der Spaltung bereits ausreicht, um eine Buchwertfortführung zu vermeiden, wenn offensichtlich ist, dass die Veräußerung beabsichtigt war und die Spaltung nur als Vorbereitung hierfür durchgeführt wurde. Der BFH hat dies inzwischen entschieden und für unschädlich erachtet, da die 20 %-Grenze den Missbrauchstatbestand der Schaffung der Voraussetzungen für eine Veräußerung konkretisiert und definiert, sodass eine Veräußerung unterhalb dieser Grenze unschädlich sein muss. Im Rahmen des Diskussionsentwurfs des „Wachstumschancengesetz" will das BMF hierauf reagieren und die Regelungen des § 15 UmwStG entsprechend anpassen. Zum aktuellen Zeitpunkt ist das Gesetzgebungsverfahren noch in vollem Gange, sodass unklar ist, welche Än-

derungen letztlich erfolgen werden. Es ist jedoch mit deutlichen Verschärfungen zu rechnen.

Außerdem ist eine Buchwertfortführung in Bezug auf Mitunternehmeranteile oder 100-prozentige Beteiligungen an Kapitalgesellschaften nicht möglich, wenn diese innerhalb von drei Jahren gerechnet ab dem steuerlichen Übertragungsstichtag durch Übertragung von Wirtschaftsgütern, die kein Teilbetrieb sind, erworben oder aufgestockt worden sind. 30

Steuerliche Verluste, Verlust-, Zins- oder EBITDA-Vorträge der spaltenden Gesellschaft gehen anteilig in dem Verhältnis unter, in dem auf Basis des gemeinen Werts Vermögen auf die übernehmende Gesellschaft übergeht. Im Falle der Aufspaltung einer Körperschaft bedeutet dies, dass solche Vorträge insgesamt untergehen. 31

b) Besteuerung bei der übernehmenden Gesellschaft (§ 12 UmwStG)

Es gelten grds. die Erläuterungen zur Verschmelzung. Insbesondere ist die übernehmende Gesellschaft auch im Falle der Spaltung and den Wertansatz des übertragenen Vermögens durch die spaltende Gesellschaft in deren steuerlichen Schluss- bzw. Spaltungsbilanz gebunden und führt diese Werte fort. Kommt es zu einem rückwirkenden Wegfall der Buchwertfortführung, z.B. aufgrund einer Anteilsveräußerung innerhalb von fünf Jahren nach der Spaltung, erhöhen sich die Wertansätze auch für die übernehmende Körperschaft entsprechend. 32

c) Besteuerung beider Gesellschafter (§ 13 UmwStG)

Die Anteile an der spaltenden Körperschaft gelten grds. als zum gemeinen Wert gegen die Anteile an den übernehmenden Körperschaften eingetauscht. Hierdurch entsteht für den Anteilseigner ein Gewinn (oder Verlust), der entsprechend der steuerlichen Situation des Anteilseigners zu behandeln ist. Abweichend hiervon können aber auch auf Ebene der Anteilseigner die Buchwerte fortgeführt werden, soweit ein deutsches Besteuerungsrecht hinsichtlich der Veräußerung der erhaltenen Anteile nicht ausgeschlossen oder beschränkt wird und die Buchwertfortführung beantragt wird. Entsprechende Anträge sind in diesem Fall jeweils durch die Anteilseigner selbst zu stellen. 33

2. Grunderwerbsteuer

Der Übergang von Grundstücken im Rahmen einer Spaltung ist ein Erwerbsvorgang i.S.d. § 1 Abs. 1 Nr. 3 GrEStG. Bemessungsgrundlage ist der Grundbesitzwert nach § 138 Abs. 2–4 BewG. Grunderwerbsteuer kann sich außerdem ergeben, wenn zu dem übergehenden Vermögen Anteile an anderen Gesellschaften gehören, die wiederum Grundvermögen halten. Mit § 6a GrEStG existiert eine mögliche Befreiung, die aber im Einzelfall zu prüfen ist. 34

3. Umsatzsteuer

35 Nach § 1 Abs. 1a UStG unterliegt die Spaltung nicht der Umsatzsteuer, soweit es sich um die Übertragung eines Teilbetriebs handelt.

VI. Notarkosten

36 **a) Spaltungsplan:** 1,0-Gebühr (Nr. 21200 KV GNotKG). Der **Geschäftswert** ist Wert des übergehenden Aktivvermögens ohne Schuldenabzug (§ 38 GNotKG). Der **Höchstwert** beträgt 10 Mio. EUR (§ 107 Abs. 1 Satz 1 GNotKG). Die **Gründung der GmbH** in der Urkunde ist gegenstandsgleich (§ 109 Abs. 1 GNotKG). Die **Übertragung eines Betriebsgrundstücks** im Rahmen der Spaltung wäre gegenstandsverschieden (§ 86 Abs. 2 GNotKG); der Geschäftswert wäre insoweit der Verkehrswert des Grundstücks (§ 46 GNotKG) ohne Abzug von Verbindlichkeiten (§ 38 GNotKG). Dieser ist hinzuzurechnen (§ 35 Abs. 1 GNotKG), wobei eine Vergleichsberechnung mit der 2,0-Gebühr i.Ü. erforderlich ist (§ 94 Abs. 1 GNotKG). Im Falle einer **Neugründung einer GmbH** fällt ebenfalls eine Vollzugsgebühr an für jede Erstellung einer Gesellschafterliste durch den Notar, die jedoch jeweils auf maximal 250 EUR beschränkt ist (Nr. 22113 KV GNotKG).

37 **b) Gesellschafterbeschluss:** 2,0-Gebühr (Nr. 21100 KV GNotKG). Der **Geschäftswert** ist der Wert des insgesamt übergehenden Aktivvermögens (§ 108 Abs. 2, Abs. 3 GNotKG), höchstens 5 Mio. EUR (§ 108 Abs. 5 GNotKG).

Die **Verzichtserklärungen** lösen eine 1,0-Gebühr aus (Nr. 21200 KV GNotKG). Der Geschäftswert ist ein Teilwert des vorstehenden Geschäftswerts; angemessen sind 10–30 % (§ 36 Abs. 1 GNotKG). Der Gesellschafterbeschluss und die Verzichtserklärungen sind gegenstandsverschieden (§ 110 Nr. 1 GNotKG), so dass eine Vergleichsberechnung nach § 94 Abs. 1 GNotKG erforderlich ist.

38 **c) Jeweils Handelsregisteranmeldungen bei Entwurf durch den Notar:** 0,5-Gebühr (Nr. 24102 KV GNotKG, § 92 Abs. 2 GNotKG). Der **Geschäftswert** beträgt 1 % des Stammkapitals (§ 119 Abs. 1, § 105 Abs. 2, Abs. 4 Nr. 1 GNotKG). Der Höchstwert ist 1 Mio. EUR (§ 106 GNotKG).

39 Des Weiteren sind anzusetzen:

Für die **Erzeugung der XML-Strukturdaten** eine 0,2-Gebühr, maximal jedoch 125 EUR (Nr. 22114 KV GNotKG), aus dem vollen Wert der Anmeldung.

Bei der **Unterschriftsbeglaubigung unter einem Fremdentwurf** entsteht eine 0,2-Gebühr, max. 70 EUR (Nr. 25100 KV GNotKG): für die **Erzeugung der XML-Strukturdaten** entsteht eine 0,5-Gebühr, maximal jedoch 250 EUR (Nr. 22125 KV GNotKG).

Zusätzlich ist dann eine Gebühr von pauschal 20 EUR für die Übermittlung der Anmeldung an das Handelsregister zu erheben (Nr. 22124 KV GNotKG), und eine Gebühr für die Erzeugung elektronisch beglaubigter Abschriften der Fremdurkunden (Nr. 25102 KV GNotKG, 1 EUR je Seite, mind. je 10 EUR).

B. Abspaltung eines Teilbetriebs von einer GmbH auf eine GmbH zur Aufnahme

I. Muster

1. Spaltungsvertrag/Beschluss des übernehmenden Rechtsträgers und Beschluss des übertragenden Rechtsträgers

▼ 40

Muster 3.7: Spaltungsvertrag/Beschluss des übernehmenden Rechtsträgers und Beschluss des übertragenden Rechtsträgers 3.7

– Notarielle Eingangsformel –

Es erscheint unbedenklich geschäftsfähig:

1. Herr A,

handelnd sowohl im eigenen Namen als auch als einzelvertretungsberechtigter und von den Beschränkungen des § 181 BGB befreiter Geschäftsführer für die

XY GmbH mit dem Sitz in (AG HRB)

2. Frau B

handelnd sowohl im eigenen Namen als auch als einzelvertretungsberechtigter und von den Beschränkungen des § 181 BGB befreiter Geschäftsführer für die

Z GmbH mit dem Sitz in (AG HRB)

Die Frage nach einer Vorbefassung i.S.d. § 3 Abs. 1 Nr. 7 BeurkG wurde allseits verneint.

Über das GeldwäscheG belehrt, erklären die Beteiligte auf eigene Rechnung oder aufgrund offen gelegter Vertretungsverhältnisse zu handeln.

Ich, der Notar, bescheinige gemäß § 21 Abs. 1 BNotO aufgrund heutiger Einsicht in das elektronische Handelsregister die vorstehenden Vertretungsverhältnisse. Die zuletzt beim Handelsregister eingereichten Gesellschafterlisten wurden vor Beurkundung eingesehen.

Die Beteiligten erklären, dass sie rechtzeitig vor der heutigen Beurkundung den beabsichtigten Text des Rechtsgeschäfts erhalten haben und so ausreichend Gelegenheit hatten, sich vorab mit dem Gegenstand der Beurkundung auseinanderzusetzen.

Es wird erklärt mit der Bitte um notarielle Beurkundung:

I. Sachstand

(1) Im Handelsregister des Amtsgerichts ist unter HRB die XY GmbH mit dem Sitz in eingetragen (im Folgenden auch „**übertragender Rechtsträger**“).

Am übertragenden Rechtsträger sind als Gesellschafter beteiligt:

- Herr A mit einer Stammeinlage von 100.000 EUR (Geschäftsanteile Nr. 1–100.000)

Das Stammkapital beträgt 100.000,00 EUR. Sämtliche Stammeinlagen sind voll erbracht.

(2) Im Handelsregister des Amtsgerichts ist unter HRB die Z GmbH mit dem Sitz in eingetragen (im Folgenden auch „**übernehmender Rechtsträger**)“.

Am übernehmenden Rechtsträger sind als Gesellschafter beteiligt:

- Frau B mit einer Stammeinlage von 50.000 EUR (Geschäftsanteile Nr. 1–50.000)

Das Stammkapital beträgt 50.000,00 EUR. Sämtliche Stammeinlagen sind voll erbracht.

(3) Die XY GmbH beabsichtigt einen Teilbetrieb aus ihrem Vermögen auf die Z GmbH gegen Gewährung von Anteilen an ihren Gesellschafter zu übertragen (Abspaltung zur Aufnahme). Der bestehende Teilbetrieb „Neustadt“ wird auf die Z GmbH übertragen. Dies erfolgt, weil der Teilbetrieb in Neustadt räumlich unmittelbar an das Werksgelände der Z GmbH anschließt und räumlich und thematisch eine gute Ergänzung zur Unternehmung der Z GmbH darstellt. In diesem Zuge soll der Gesellschafter des übertragenden Rechtsträgers an der Z GmbH beteiligt werden.

II. Spaltungsvertrag

§ 1 Vermögensübertragung

(1) Der übertragende Rechtsträger überträgt die nachfolgend bezeichneten Vermögensteile jeweils als Gesamtheit mit allen Rechten und Pflichten unter Fortbestand des übertragenden Rechtsträgers auf den übernehmenden Rechtsträger, und zwar gegen Gewährung von Geschäftsanteilen an den Anteilsinhaber der übertragenden Gesellschaft (§ 123 Abs. 2 Nr. 1 UmwG). Für die Übertragung der Gegenstände des Aktiv- und Passivvermögens gilt das Folgende:

Auf den übernehmenden Rechtsträger werden alle Aktiva und Passiva sowie sonstige Vermögensgegenstände übertragen, die wirtschaftlich zum Teilbetrieb „Neustadt“ gehören und in der zum 31.12.20 aufgestellten „Abspaltungsbilanz“ enthalten sind, sowie alle diesem Unternehmensteil zuzuordnenden nicht bilanzierungsfähigen oder nicht bilanzierungspflichtigen Rechtspositionen und Gegenstände, Verträge, Arbeitsverhältnisse und sonstigen Rechte und Pflichten. Diese Abspaltungsbilanz findet sich in der Anlage 1 zu dieser Urkunde.

(2) Dies sind im Einzelnen:

- in der Anlage 2 aufgeführten Gegenstände des Finanzanlagevermögens (Beteiligungen) und Gegenstände des beweglichen Anlagevermögens,
- in der Anlage 3 aufgeführten Gegenstände des Umlaufvermögens einschließlich unfertiger Leistungen und die Forderungen,
- alle dem Unternehmensteil „Neustadt“ zuzuordnenden Verträge, insbesondere Miet-, Pacht-, Leasing- und Lieferverträge, Betriebsführungsverträge, Konzessionsverträge, Angebote und sonstige Rechtsstellungen sowie alle mit dem Geschäftsbereich „Neustadt“ im Zusammenhang stehenden sonstigen Vermögensgegenstände (vgl. Anlage 4),
- sonstige Vermögensgegenstände des Anlage- und Umlaufvermögens gemäß Inventar und allgemeiner Beschreibung nach Anlage 5, soweit sie nicht bilanzierungspflichtig bzw. bilanzierungsfähig sind,
- diejenigen Verbindlichkeiten, die wirtschaftlich zu dem vorstehend genannten Teilbetrieb „Neustadt“ gehören und aus der Abspaltungsbilanz ersichtlich sind, insbesondere die in der beigefügten Anlage 6 aufgeführten Verbindlichkeiten, einschließlich der Verbindlichkeiten, die den in der vorbezeichneten Anlage genannten Rückstellungen für Pensionen und ähnlichen Verpflichtungen der Arbeitnehmer und sonstigen Rückstellungen zugrunde liegen. Ferner übernimmt der übernehmende Rechtsträger alle öffentlichen Lasten und öffentlich-rechtlichen Verpflichtungen sowie alle sonstigen Pflichten und Lasten, die zum Spaltungsstichtag wirtschaftlich ausschließlich dem Unternehmensteil „Neustadt“ zuzuordnen sind.
- Die Arbeitsverhältnisse, die zum Teilbetrieb „Neustadt“ gehören. Die Arbeitnehmer werden beim übernehmenden Rechtsträger zu gleichen Konditionen weiterbeschäftigt. Sollten einzelne Arbeitnehmer dem Übergang ihres Arbeitsverhältnisses widersprechen, so ist der übernehmende Rechtsträger verpflichtet, dem übertragenden Rechtsträger alle hierdurch entstehenden Kosten zu ersetzen und von allen Ansprüchen aus den Arbeitsverhältnissen betreffend den Teilbetrieb „Neustadt“ und den damit verbundenen Zusagen der betrieblichen Altersvorsorge und Zusagen mit Versorgungscharakter freizustellen.

Auf die vorstehenden Anlagen Ziff. 1–6 einschließlich der Abspaltungsbilanz wird gemäß § 14 Abs. 1 Satz 2 BeurkG verwiesen. Der Inhalt der Anlagen ist den Beteiligten allseits bekannt; auf das Vorlesen wurde verzichtet. Sämtliche Schriftstücke wurden den Beteiligten zur Kenntnisnahme vorgelegt und von diesen auf jeder Seite unterzeichnet.

Soweit zwischen dem Spaltungsstichtag und der Eintragung der Abspaltung in das Handelsregister beim übertragenden Rechtsträger irgendwelche Gegenstände durch den übertragenden Rechtsträger im regelmäßigen Geschäftsverkehr veräußert worden sind, treten die Surrogate an deren Stelle.

Soweit der übertragende Rechtsträger nach dem Spaltungsstichtag und vor Eintragung der Abspaltung in das Handelsregister bei dem übertragenden Rechtsträger irgendwelche Gegenstände erworben hat oder noch erwirbt, die ausschließlich dem Unternehmensteil „Neustadt“ zuzuordnen sind, werden diese hiermit ebenfalls auf die aufnehmende Gesellschaft übertragen.

(3) Vermögensgegenstände, Verbindlichkeiten und Arbeitsverhältnisse, die nicht in den beigefügten Anlagen aufgeführt sind, gehen entsprechend der in Abschnitt II § 1 (1) und (2) getroffenen Zuordnung auf den übernehmenden Rechtsträger über, soweit sie dem Unternehmensteil „Neustadt“ im weitesten Sinne zuzuordnen sind. Dies gilt insbesondere auch für immaterielle oder bis zur Eintragung der Spaltung in das Handelsregister bei dem übertragenden Rechtsträgers erworbene Vermögensgegenstände und entstandene Verbindlichkeiten.

Dieser Vertrag ist so auszulegen, dass sämtliche Gegenstände, deren Übergang für eine steuerneutrale Teilbetriebsübertragung hinsichtlich des Teilbetriebs „Neustadt“ erforderlich sind (für diesen als funktional wesentlich sind oder ihm nach wirtschaftlichen Zusammenhängen zuordenbar sind), auf den übernehmenden Rechtsträger übertragen werden.

(4) Ausgenommen von der Übertragung ist ausdrücklich:

(5) Sollte die Übertragung von Aktiva oder Passiva oder nicht bilanzierungspflichtigen und nicht bilanzierten Gegenständen, Verträgen, Arbeitsverhältnissen oder sonstigen Rechten und Pflichten im Wege der Abspaltung auf den übernehmenden Rechtsträger rechtlich nicht möglich sein, verpflichten sich die Parteien, sich im Innenverhältnis so zu stellen, wie sie stehen würden, wenn die Übertragung auf den übernehmenden Rechtsträger erfolgt wäre.

(6) Die einzelnen übertragenen Gegenstände werden durch den übernehmenden Rechtsträger einschließlich etwaiger Belastungen so übernommen, in dem sie sich bei der Übertragung befinden. Soweit gesetzlich zulässig, wird jede Gewährleistung im Zusammenhang mit dieser Abspaltung ausgeschlossen. Ausgeschlossen sind insbesondere Ansprüche wegen der Werthaltigkeit der Beschaffenheit und des Bestands der übertragenen Gegenstände des Aktiv- und Passivvermögens, gleich welcher Art und gleich aus welchem Rechtsgrund. Dies gilt nicht für Ansprüche, die auf vorsätzlichem Verhalten beruhen und Ansprüche aufgrund einer Differenzhaftung in entsprechender Anwendung von § 9 GmbHG.

(7) Kommt es zu Zweifeln hinsichtlich des Umfangs und der Zuordnung der mit dieser Urkunde übertragenen Aktiva und Passiva sowie sonstiger Vermögens-

gegenstände, so steht dem übertragenden Rechtsträger ein Bestimmungsrecht nach §315 BGB zu.

(8) Der übertragende Rechtsträger geht davon aus, dass die Gesellschafter im Rahmen des Spaltungsbeschlusses auf die Erstattung eines Spaltungsberichts sowie auf die Durchführung einer Spaltungsprüfung verzichten werden. Diese sind daher bisher nicht gefertigt bzw. in Auftrag gegeben worden.

§2 Arbeitnehmer und -vertretungen

(1) Die Folgen der Spaltung für die Arbeitnehmer ergeben sich aus den §§131 Abs. 1 Nr. 1, 125 Abs. 1, 35a und §§132 ff. UmwG sowie §613a Abs. 1–6 BGB. Mit dem Wirksamwerden der Spaltung gehen sämtliche Arbeitsverhältnisse, die beim Teilbetrieb „Neustadt" bestehen, mit allen Rechten und Pflichten auf die neu entstehende Gesellschaft über. Die kündigungsrechtliche Stellung der Arbeitnehmer bleibt für die Dauer von zwei Jahren erhalten (§ 132 Abs. 1 UmwG). Darüber hinaus ist das auf ein Jahr befristete Verschlechterungsverbot gemäß den §§125 Abs. 1, 35a UmwG i.V.m. §613a Abs. 1 Sätze 2–4 BGB zu beachten.

Die von dem Übergang betroffenen Arbeitnehmer werden gemäß §613a Abs. 5 BGB vor dem Übergang in Textform den geplanten Zeitpunkt des Übergangs unterrichtet werden, sowie den Grund für den Übergang, die rechtlichen, wirtschaftlichen und sozialen Folgen des Übergangs für die Arbeitnehmer und die ggf. hinsichtlich der Arbeitnehmer in Aussicht genommenen Maßnahmen. Der Arbeitnehmer kann dem Übergang des Arbeitsverhältnisses innerhalb eines Monats nach Zugang der Unterrichtung schriftlich widersprechen (§613a Abs. 6 BGB). Sofern Arbeitnehmer der Abspaltung allerdings ohne ausreichenden Grund widersprechen, kann der übertragende Rechtsträger regelmäßig erleichtert betriebsbedingt kündigen.

(2) Das Wirksamwerden der Spaltung hat keine Veränderungen auf betrieblicher Ebene oder bei der betrieblichen Organisation zur Folge. Demgemäß bleibt der Betriebsrat des übertragenden Rechtsträgers im Betrieb Neustadt auch nach Wirksamwerden der Abspaltung im Amt. Einen Gesamtbetriebsrat gibt es bei der übertragenden Gesellschaft nicht. Da die Abspaltung nicht dazu führt, dass eine weitere Betriebsstätte zusätzlich zu der Betriebsstätte in Neustadt entsteht, hat die Abspaltung nicht zur Folge, dass ein Gesamtbetriebsrat bei dem übernehmenden Rechtsträger gebildet werden muss.

Eine Betriebsänderung, die Verhandlungen mit dem Betriebsrat des übertragenden Rechtsträgers erforderlich machen würde, wird durch die Abspaltung nicht bewirkt.

Die derzeit bei dem übertragenden Rechtsträger geltenden Betriebsvereinbarungen gelten als kollektivrechtliche Regelungen normativ fort.

Der übertragende Rechtsträger ist Mitglied im Arbeitgeberverband . Die von diesem Verband abgeschlossenen Tarifverträge sind auf die betroffenen Arbeitnehmer anwendbar, sofern sie normativ gelten.

Bei dem übertragenden Rechtsträger besteht eine betriebliche Altersversorgung in Form einer Direktversicherung finanziert durch Gehaltsumwandlung innerhalb der Grenzen für pauschalierte Lohnsteuer. Diese betriebliche Altersversorgung wird unverändert weitergeführt. Rechte und Pflichten (einschließlich der Vertragsbeziehungen zum Direktversicherungsunternehmen) gehen aufgrund der partiellen Gesamtrechtsnachfolge bei der Abspaltung sowie nach §§ 125 Abs. 1, 35a UmwG i.V.m. § 613a BGB auf den übernehmenden Rechtsträger über. Bestehende Unverfallbarkeit und/oder gesetzliche Absicherung durch den Pensionssicherungsverein werden durch das Wirksamwerden der Abspaltung ebenfalls nicht berührt.

Der übertragende Rechtsträger hat vor Wirksamwerden der Abspaltung weniger als 500 regelmäßig beschäftigte Arbeitnehmer, so dass die Abspaltung ohne mitbestimmungsrechtliche Relevanz ist.

Dem beim übertragenden Rechtsträger bestehenden Betriebsrat wurde der Spaltungsvertrag mit allen Anlagen im Entwurf am zugeleitet.

§ 3 Bilanz; Spaltungsstichtag

(1) Der Spaltung wird die mit dem uneingeschränkten Bestätigungsvermerk des Wirtschaftsprüfers versehene Bilanz der XY GmbH zum 31.12.20 (Schlussbilanz) zugrunde gelegt.

(2) Die Übertragung des Vermögens der XY GmbH erfolgt im Verhältnis zwischen den Beteiligten mit Wirkung zum 01.01.20, 00.00 Uhr. Die Handlungen der XY GmbH bezogen auf den Teilbetrieb in Neustadt ab dem 01.01.20, 00.00 Uhr, gelten als für Rechnung der den Vermögensteil übernehmenden Rechtsträger vorgenommen (Spaltungsstichtag).

§ 4 Gewährung von Anteilen, Umtauschverhältnis, Kapitalerhöhung

(1) Als Gegenleistung für die vorstehende Vermögensübertragung erhält Herr A (als Alleingesellschafter des übertragenden Rechtsträgers) 30.000 neu zu bildende Geschäftsanteile (Geschäftsanteile Nr. 50.001 bis 80.000) an dem übernehmenden Rechtsträger, und zwar in Höhe von jeweils 1,00 EUR (in Worten: ein EUR), welche zur Durchführung der Abspaltung durch die aufnehmende Gesellschaft im Rahmen einer Kapitalerhöhung von 50.000,00 EUR um 30.000,00 EUR (i.W. dreißigtausend EUR) auf 80.000,00 EUR gebildet werden.

Die Übertragung erfolgt zum gemeinen Wert. Soweit dieser Wert des auf den übertragenden Rechtsträger übertragenen Vermögens den Nennbetrag der im Zuge der Kapitalerhöhung gewährten neuen Geschäftsanteile übersteigt, wird dieser Betrag in die Kapitalrücklage beim übernehmenden Rechtsträger eingestellt.

Bare Zuzahlungen sind nicht zu leisten.

Die Zuweisung der neuen Anteile erfolgt verhältniswahrend.

Die neu geschaffenen Geschäftsanteile am übernehmenden Rechtsträger vermitteln ab dem Spaltungsstichtag einen Anspruch auf den Bilanzgewinn des übernehmenden Rechtsträgers.

Zur Deckung des Abspaltungsverlustes in Höhe von 30.000,00 EUR wird der übertragende Rechtsträger zur Durchführung der Abspaltung sein Stammkapital herabsetzen, und zwar um 30.000,00 EUR (i.W. dreißigtausend EUR) auf 70.000,00 EUR. Die Kapitalherabsetzung erfolgt als vereinfachte Kapitalherabsetzung gemäß § 139 UmwG i.V.m. §§ 58a ff. GmbHG.

§ 5 Besondere Rechte und Vorteile

Gesellschaftern der übernehmenden Rechtsträger oder Mitgliedern der Vertretungs- und Aufsichtsorgane der an der Spaltung beteiligten Gesellschaften, den Geschäftsführern oder den Gesellschaftern dieser Gesellschaften sowie den Abschluss- oder Spaltungsprüfern, sofern vorhanden, werden keine besonderen Rechte oder Vorteile gewährt. Besondere Rechte und Vorteile im Sinne von § 126 Abs. 1 Nr. 7 und 8 UmwG werden also an die dort genannten Personen nicht gewährt.

§ 6 Grundbesitz

Der übernehmende Rechtsträger hat keinen Grundbesitz.

Im Rahmen der Abspaltung wird kein Grundbesitz auf den übernehmenden Rechtsträger übertragen.

III. Gesellschafterbeschluss (übertragender Rechtsträger)

Der Gesellschafter des übertragenden Rechtsträgers hält unter Verzicht auf alle Formen und Fristen eine Gesellschafterversammlung des übertragenden Rechtsträgers ab und beschließt einstimmig, was folgt:

Es wird bestätigt, dass sämtliche Gesellschafter rechtzeitig vor dieser Versammlung Kenntnis vom Spaltungsvertrag und allen der Spaltung zugrunde liegenden Unterlagen erhalten hatten. Hilfsweise wird ausdrücklich auf die Zuleitung verzichtet.

Es wird auf die Erstattung eines Spaltungsberichts, einer Spaltungsprüfung und eines Prüfungsberichts verzichtet.

Auf die Auslegung der Jahresabschlüsse und der Lageberichte der an der Ausgliederung beteiligten Rechtsträger für die letzten drei Geschäftsjahre zur Einsicht der Gesellschafter in den Geschäftsräumen der Gesellschaften ab dem Zeitpunkt der Einberufung der Gesellschafterversammlung gemäß §§ 49 Abs. 2, 125 Satz 1

UmwG wurde verzichtet. Dieser Verzicht wird hiermit noch einmal ausdrücklich bestätigt.

Dem vorstehenden Spaltungsvertrag (siehe Teil II dieser Urkunde) wird zugestimmt.

Zum Ausgleich des durch die Abspaltung entstehenden Abspaltungsverlustes ist eine Herabsetzung des Stammkapitals erforderlich: Die Abspaltung des Teilbetriebs „ “ führt zu einem Abspaltungsverlust von 30.000,00 EUR. Die Bilanz des übertragenden Rechtsträgers zum 31.12.20 weist keine Beträge in Kapital- und Gewinnrücklagen aus. Ein Gewinnvortrag besteht nicht.

Zum Ausgleich des Abspaltungsverlustes wird das Stammkapital des übertragenden Rechtsträgers gemäß § 139 Satz 1 UmwG i.V.m. §§ 58a ff. GmbHG vereinfacht herabgesetzt:

Das Stammkapital des übertragenden Rechtsträgers wird von 100.000,00 EUR um 30.000,00 EUR (i.W. dreißigtausend EUR) auf 70.000,00 EUR herabgesetzt.

Die Geschäftsanteile Nr. 70.001 bis 100.000 entfallen ersatzlos.

§ 3 des Gesellschaftsvertrags wird entsprechend geändert und lautet künftig:

„§ 3 Stammkapital

Das Stammkapital der Gesellschaft beträgt 70.000,00 EUR (in Worten: siebzigtausend EUR).“

Auf die Anfechtung der vorstehenden Beschlüsse wird hiermit durch alle Gesellschafter des übertragenden Rechtsträgers endgültig verzichtet.

Weitere Beschlüsse werden nicht gefasst. Sodann wird die Gesellschafterversammlung beendet.

IV. Gesellschafterbeschluss (übernehmender Rechtsträger)

Der Gesellschafter des übernehmenden Rechtsträgers hält unter Verzicht auf alle Formen und Fristen eine Gesellschafterversammlung des übernehmenden Rechtsträgers ab und beschließt einstimmig, was folgt:

Es wird bestätigt, dass sämtliche Gesellschafter rechtzeitig vor dieser Versammlung Kenntnis vom Spaltungsvertrag und allen der Spaltung zugrunde liegenden Unterlagen erhalten hatten. Hilfsweise wird ausdrücklich auf die Zuleitung verzichtet.

Es wird auf die Erstattung eines Spaltungsberichts, einer Spaltungsprüfung und eines Prüfungsberichts verzichtet.

Dem vorstehenden Spaltungsvertrag (siehe Teil II dieser Urkunde) wird zugestimmt.

Zur Durchführung der Abspaltung ist eine Erhöhung des Stammkapitals erforderlich:

Das Stammkapital des übertragenden Rechtsträgers wird von 50.000,00 EUR um 30.000 EUR (i.W. dreißigtausend EUR) auf 80.000,00 EUR erhöht, und zwar durch Bildung von 30.000 neuen Geschäftsanteilen im Nennbetrag von je 1,00 EUR.

Die neuen Geschäftsanteile sind ab dem Spaltungsstichtag gewinnberechtigt. Sie werden als Gegenleistung für die Übertragung des Vermögens übertragenden Rechtsträgers im Wege der Abspaltung an den Gesellschafter des übertagenden Rechtsträgers ausgegeben, und zwar Herrn A. Der hiermit insoweit zu diesen Anteilen zugelassen wird.

§ 3 des Gesellschaftsvertrags wird entsprechend geändert und lautet künftig:

„§ 3 Stammkapital

Das Stammkapital der Gesellschaft beträgt 80.000,00 EUR (in Worten: achtzigtausend EUR).“

Auf die Anfechtung der vorstehenden Beschlüsse wird hiermit durch alle Gesellschafter des übertragenden Rechtsträgers endgültig verzichtet.

Weitere Beschlüsse werden nicht gefasst. Sodann wird die Gesellschafterversammlung beendet.

V. Schluss

(1) Salvatorische Klausel

Sollte eine Bestimmung oder mehrere Bestimmungen dieses Rechtsgeschäfts oder eine spätere Ergänzung ganz oder teilweise unwirksam oder undurchführbar sein oder werden oder sollte sich eine Lücke herausstellen, wird dadurch die Wirksamkeit der übrigen Bestimmungen nicht berührt.

Die Beteiligten verpflichten sich, anstelle dieser Bestimmung diejenige wirksame und durchführbare Bestimmung zu vereinbaren, die rechtlich und wirtschaftlich dem am nächsten kommt, was die Beteiligten gewollt haben oder nach dem Sinn und Zweck des Rechtsgeschäfts und seiner späteren eventuellen Ergänzung gewollt hätten, wenn sie von der Unwirksamkeit oder Undurchführbarkeit der Bestimmung bei Abschluss des Rechtsgeschäfts oder seiner Ergänzung gewusst hätten. Das Gleiche gilt sinngemäß, wenn das Rechtsgeschäft eine ergänzungsbedürftige Lücke aufweist.

(2) Kosten

Die Kosten dieser Urkunde und ihres Vollzugs tragen die X GmbH und die Y GmbH je zur Hälfte.

Die aufgrund der Durchführung der Vermögensübertragungen entstehenden Kosten und Steuern trägt der jeweils übernehmende Rechtsträger.

(3) Hinweise des Notars

Der Notar hat auf Folgendes hingewiesen:

- Der Spaltungsvertrag wird nur wirksam, wenn die Anteilsinhaber des übernehmenden Rechtsträgers und des übertragenden Rechtsträgers ihm durch Beschluss zustimmen,
- Die Spaltung wird erst mit der Eintragung im Handelsregister des übertragenden Rechtsträgers wirksam, und diese kann erst nach Eintragung Kapitalerhöhung beim übernehmenden Rechtsträger und der Eintragung der Kapitalherabsetzung beim übertragenden Rechtsträger erfolgen.
- Der übernehmende Rechtsträger haftet gemäß § 133 UmwG unbeschadet der im Innenverhältnis getroffenen Freistellungsregelung gesamtschuldnerisch für bestehende Verbindlichkeiten. Ferner können Haftungen aus § 25 HGB und § 75 AO bestehen und die Organe der Rechtsträger gemäß § 25 UmwG persönlich haften.
- Bei Wirksamwerden der Spaltung geht das Vermögen des übertragenden Rechtsträgers entsprechend der im Spaltungsvertrag enthaltenen Aufteilung auf den übernehmenden Rechtsträger kraft Gesetzes über. Die Anteilsinhaber des übertragenden Rechtsträgers werden entsprechend der im Spaltungsvertrag vorgesehenen Aufteilung Anteilsinhaber der übernehmenden Rechtsträger.
- Der übertragende Rechtsträger und seine Organe erlöschen nicht mit der Eintragung der Spaltung im Handelsregister des übertragenden Rechtsträgers.
- Den Gläubigern der beteiligten Gesellschaften ist, wenn sie binnen sechs Monaten nach Bekanntmachung der Spaltung ihren Anspruch schriftlich anmelden und glaubhaft machen, dass die Erfüllung ihrer Forderung aufgrund der Spaltung gefährdet ist, durch diejenige Gesellschaft, gegen die sich der Anspruch richtet, Sicherheit zu leisten, sofern nicht bereits Befriedigung verlangt werden kann.
- Staatliche Genehmigungserfordernisse sind auch dann einzuhalten, wenn das Handelsregister dies nicht überprüft. Auskunft hierüber geben die IHK, Handwerks- oder berufsständische Kammern und das Gewerbeamt.

Der Notar hat steuerrechtlich nicht beraten und insoweit eine Prüfung dieser Urkunde durch entsprechende Fachberater empfohlen.

(4) Vollzugsvollmacht

Die Unterzeichner erteilen weiter jeder für sich und für die von ihnen vertretenen Gesellschaften und ihre Rechtsnachfolger den Notarangestellten

-
-

je geschäftsansässig in

sowie allen weiteren Angestellten des amtierenden Notars und seines Nachfolgers im Amt – welche der genannte Notar zu bezeichnen bevollmächtigt wird – je einzeln und befreit von den Beschränkungen des § 181 BGB, Erklärungen, Bewilligungen und Anträge materiell- oder formell rechtlicher Art zur Ergänzung oder Änderung der Beschlüsse und rechtsgeschäftlichen Erklärungen abzugeben, soweit diese zur Behebung behördlicher oder gerichtlicher Beanstandungen zweckdienlich sind. Sie sind auch bevollmächtigt, Gesellschafterversammlungen abzuhalten und Beschlüsse zu treffen und hierbei alle Unterzeichner unbeschränkt zu vertreten (im Innenverhältnis und nicht durch das Registergericht zu prüfen wird dieser Auftrag dahingehend eingegrenzt, dass dies nur möglich sein darf, um eventuelle Beanstandungen des Registergerichts zu vermeiden oder sich hieraus ergebende Eintragungshindernisse zu beseitigen).

Diese Vollmachten erlöschen drei Monate nach vollständigem Vollzug im Handelsregister.

(5) Verteiler

Von dieser Urkunde erhalten

elektronisch beglaubigte Abschriften:
- das Registergericht der Gesellschaft

Beglaubigte Abschriften:
- Übertragender Rechtsträger
- Sämtliche übernehmenden Rechtsträger
- Gesellschafter
- Finanzamt, Körperschaftsteuerstelle, gemäß § 54 EStDV

Einfache Abschrift:
- Steuerberater

Die Anlagen sind den Beteiligten bekannt; er hat auf das Vorlesen verzichtet und jede Seite einzeln unterschrieben. Auf diese wird gemäß § 14 Abs. 1 Satz 2 BeurkG verwiesen.

Die Niederschrift nebst Anlagen wurde den Erschienenen vorgelesen, von ihnen genehmigt und von ihnen und dem Notar eigenhändig wie folgt unterzeichnet:

(Unterschriften)

▲

2. Anmeldung zum Handelsregister des übernehmenden Rechtsträgers

41 ▼

3.8

Muster 3.8: Anmeldung zum Handelsregister des übernehmenden Rechtsträgers

An das Amtsgericht

Registergericht

HRB

Z GmbH mit dem Sitz in

I. In der Anlage wird jeweils in elektronisch beglaubigter Abschrift überreicht:

- Urkunde mit Spaltungsvertrag und Gesellschafterbeschlüssen des übertragenden Rechtsträgers und des übernehmenden Rechtsträgers und Verzichtserklärungen
- Vollständiger Wortlaut des Gesellschaftsvertrages mit Bescheinigung gemäß § 54 Abs. 1 Satz 2 GmbH
- die Schlussbilanz mit Werthaltigkeitstestat des übertragenen Teilbetriebs
- Nachweis der Zuleitung des Entwurfs des Spaltungsvertrages an den Betriebsrat der am Abspaltungsvertrag beteiligten Gesellschaften

Eine aktualisierte und bescheinigte Gesellschafterliste nach § 40 Abs. 2 GmbHG wird nach Wirksamwerden der der Kapitalerhöhung vom Notar nachgereicht.

II. Zur Eintragung in das Handelsregister wird angemeldet:

- Auf die Firma Z GmbH mit dem Sitz in (AG HRB) wurde im Zuge einer Abspaltung nach Maßgabe des eingereichten Spaltungsvertrages unter Anwendung der Vorschriften des Umwandlungsgesetzes der Teilbetrieb „Neustadt" der Firma XY GmbH mit dem Sitz in (AG , HRB) übertragen.
- Das Stammkapital ist zum Zweck der Durchführung der Abspaltung von 50.000,00 EUR um 30.000,00 EUR auf 80.000,00 EUR erhöht worden.
- § 3 des Gesellschaftsvertrages wurde entsprechend geändert.

III. Es wird von dem Unterzeichnenden versichert:

- Ein Betriebsrat existiert nicht.
- Die Verbindlichkeiten des Unterzeichnenden, der Inhaber des einzelkaufmännischen Unternehmens ist, übersteigen sein Vermögen nicht.

Ich erkläre gemäß § 16 Abs. 2 Satz 2 Halbsatz 1 UmwG unter Bezug auf die im Spaltungsbeschluss abgegebenen Anfechtungsverzichtserklärungen des alleinigen Gesellschafters des übertragenden und des übernehmenden Rechtsträgers, dass eine Anfechtung ausgeschlossen ist und daher eine Negativerklärung nach §16 Abs. 2 Satz 1 UmwG entbehrlich ist.

IV. Ich bitte, im Hinblick auf §139 Satz 2 UmwG zunächst nur die Kapitalherabsetzung bei dem übertragenden Rechtsträger (HRB) einzutragen, anschließend die Kapitalerhöhung bei dem übernehmenden Rechtsträger (HRB) nebst den entsprechenden Satzungsänderungen sowie die Spaltung bei dem übernehmenden Rechtsträger mit dem Vermerk nach §130 Abs. 1 Satz 2 UmwG einzutragen, sowie abschließend die Abspaltung bei der übertragenden Gesellschaft.

Bei beiden beteiligten Gesellschaften ist ein Betriebsrat vorhanden. Nachweis über die rechtzeitige Zuleitung des Entwurfs des Spaltungsvertrags an alle Betriebsräte ist dieser Anmeldung als Anlage beigefügt.

V. Die inländische Geschäftsanschrift der Gesellschaft lautet unverändert .

Nach Vollzug wird um Eintragungsnachricht an den Notar gebeten.

VI. Die Kosten dieser Handelsregisteranmeldung und ihres Vollzugs bei Gericht trägt der übernehmende Rechtsträger.

, den

(Notarieller Beglaubigungsvermerk)

▲

3. Anmeldung zum Handelsregister des übertragenden Rechtsträgers

▼ 42

Muster 3.9: Anmeldung zum Handelsregister des übertragenden Rechtsträgers 3.9

An das Amtsgericht

Registergericht

HRB

XY GmbH mit dem Sitz in

I. In der Anlage wird jeweils in elektronisch beglaubigter Abschrift überreicht:

- Urkunde mit Spaltungsvertrag und Gesellschafterbeschlüssen des übertragenden Rechtsträgers und des übernehmenden Rechtsträgers und Verzichtserklärungen
- Vollständiger Wortlaut des Gesellschaftsvertrages mit Bescheinigung gemäß §54 Abs. 1 Satz 2 GmbH
- die Schlussbilanz

- Nachweis der Zuleitung des Entwurfs des Spaltungsvertrages an den Betriebsrat der am Abspaltungsvertrag beteiligten Gesellschaften

Eine aktualisierte und bescheinigte Gesellschafterliste nach § 40 Abs. 2 GmbHG wird nach Wirksamwerden der der Kapitalerhöhung vom Notar nachgereicht.

II. Zur Eintragung in das Handelsregister wird angemeldet:

- Auf die Firma Z GmbH mit dem Sitz in (AG HRB) wurde im Zuge einer Abspaltung nach Maßgabe des eingereichten Spaltungsvertrages unter Anwendung der Vorschriften des Umwandlungsgesetzes der Teilbetrieb „Neustadt" der Firma XY GmbH mit dem Sitz in (AG , HRB) übertragen.
- Das Stammkapital ist von 100.000,00 EUR um 30.000,00 EUR auf 70.000,00 EUR herabgesetzt worden.
- Die Kapitalherabsetzung erfolgte als vereinfachte Kapitalherabsetzung gemäß den Bestimmungen des § 139 Satz 1 UmwG i.V.m. §§ 58a ff. GmbHG.
- § 3 des Gesellschaftsvertrages wurde entsprechend geändert.

III. Es wird von dem Unterzeichnenden versichert:

- Ein Betriebsrat existiert nicht.
- Die Verbindlichkeiten des Unterzeichnenden, der Inhaber des einzelkaufmännischen Unternehmens ist, übersteigen sein Vermögen nicht.

Gemäß § 140 UmwG wird versichert, dass die durch Gesetz und Gesellschaftsvertrag vorgesehenen Voraussetzungen für die Gründung dieser GmbH auch unter Berücksichtigung der Abspaltung im Zeitpunkt der Anmeldung vorliegen und das Stammkapital des übertragenden Rechtsträgers unter Berücksichtigung der erfolgten Kapitalherabsetzung in voller Höhe durch das nach der Spaltung verbleibende Vermögen gedeckt ist.

Ich erkläre gemäß § 16 Abs. 2 Satz 2 Halbsatz 1 UmwG unter Bezug auf die im Spaltungsbeschluss abgegebenen Anfechtungsverzichtserklärungen des alleinigen Gesellschafters des übertragenden und des übernehmenden Rechtsträgers, dass eine Anfechtung ausgeschlossen ist und daher eine Negativerklärung nach § 16 Abs. 2 Satz 1 UmwG entbehrlich ist.

IV. Ich bitte, im Hinblick auf § 139 Satz 2 UmwG zunächst nur die Kapitalherabsetzung bei dem übertragenden Rechtsträger (HRB) einzutragen, anschließend die Kapitalerhöhung bei dem übernehmenden Rechtsträger (HRB) nebst den entsprechenden Satzungsänderungen sowie die Spaltung bei dem übernehmenden Rechtsträger mit dem Vermerk nach § 130 Abs. 1 Satz 2 UmwG einzutragen, sowie abschließend die Abspaltung bei der übertragenden Gesellschaft.

Bei beiden beteiligten Gesellschaften ist ein Betriebsrat vorhanden. Nachweis über die rechtzeitige Zuleitung des Entwurfs des Spaltungsvertrags an alle Betriebsräte ist dieser Anmeldung als Anlage beigefügt.

V. Die inländische Geschäftsanschrift der Gesellschaft lautet unverändert .

Nach Vollzug wird um Eintragungsnachricht an den Notar gebeten.

VI. Die Kosten dieser Handelsregisteranmeldung und ihres Vollzugs bei Gericht trägt der übernehmende Rechtsträger.

, den

(Notarieller Beglaubigungsvermerk)

▲

II. Checkliste

▼ 43

Muster 3.10: Checkliste: Abspaltung eines Teilbetriebs von einer GmbH auf eine GmbH zur Aufnahme 3.10

Es müssen zwingend von den Mandanten beschafft bzw. vorgelegt werden:

- ☐ Spaltungs- und Übernahmevertrag (notarielle Urkunde)
- ☐ Spaltungsbeschlüsse (notarielle Urkunden)
- ☐ Anmeldungen zum Handelsregister – übertragender Rechtsträger und übernehmender Rechtsträger (notarielle Urkunden)
- ☐ Liste der Gesellschafter des übertragenden Rechtsträgers (bei Kapitalherabsetzung; durch Notar)
- ☐ Liste der Gesellschafter des übernehmenden Rechtsträgers (durch Notar)
- ☐ Liste der Übernehmer, unterzeichnet von allen Geschäftsführern (str.)
- ☐ Aktualisierter Text des Gesellschaftsvertrages mit notarieller Bescheinigung gem. §54 Abs. 1 GmbHG (durch Notar; in jedem Fall für übernehmenden Rechtsträger, evtl. auch für übertragenden Rechtsträger bei Kapitalherabsetzung)
- ☐ Werthaltigkeitsbescheinigung
- ☐ Schlussbilanz des übertragenden Rechtsträgers
- ☐ Nachweis rechtzeitiger Zuleitung an den Betriebsrat (wenn vorhanden)
- ☐ Spaltungsbericht (hierauf kann verzichtet werden)
- ☐ Spaltungsprüfbericht (hierauf kann verzichtet werden)
- ☐ Unterrichtung der Gesellschafter nebst Einberufung der Gesellschafterversammlung
- ☐ Anfechtungsverzichtserklärung oder Ablauf der Anfechtungsfrist
- ☐ Nachweis über die Eintragung beim übernehmenden Rechtsträger

- ☐ Bei Beteiligung einer GmbH als übertragender Rechtsträger: Erklärung gem. § 140 UmwG, dass die Voraussetzungen für die Gründung dieser Gesellschaft unter Berücksichtigung der Abspaltung noch vorliegen (Kapitalerhaltung).

▲

44 *Empfehlenswert:*

Es empfiehlt sich für den Mandanten, vor der Durchführung der Spaltung Kontakt mit dem zuständigen Finanzamt aufzunehmen und eine Verbindliche Auskunft zur Teilbetriebseigenschaft zu beantragen.

III. Ablaufplan

45 Hier, wie überall, gilt: Der konkrete Ablauf richtet sich in der Praxis nach den Umständen des Einzelfalls; vom Notar ist ein gewisses Maß an Flexibilität gefragt. Der Notar sollte sich immer, auch bei der Aufspaltung, einen konkreten Ablaufplan (mit großzügigen Fristen für die Kundschaft und sich selbst) erstellen, um immer die nächsten Schritte im Blick zu haben.

46 **a) Vorbereitungshandlungen: Entwurfserstellung** durch die Beteiligten in möglichst enger Absprache mit dem Notar, **Erstellung der Schlussbilanz**, **Einbindung von Betriebsräten**, **Inhabern von Sonderrechten** etc.

Die Beteiligten sollten weitere Rechtsfragen im Blick haben: Anforderungen des Kartellrechts, des Gewerberechts, etc. Eine Buchwertfortführung (die immer gewollt ist) ist nur möglich, wenn die Teilbetriebseigenschaft gegeben ist. Dies müssen die Mandanten selbst in Zusammenarbeit mit ihren steuerlichen Fachberatern klären. Die Beteiligten sollten darauf achten, die Teilbetriebseigenschaft klar herauszuarbeiten – sowohl im Sachgründungsbericht als auch in der Schlussbilanz.

Beachte:

Bei der Abspaltung muss auch bei dem übertragenden Rechtsträger ein Teilbetrieb verbleiben (sog. doppeltes Teilbetriebserfordernis). Bei mehreren übernehmenden Rechtsträgern muss auf jeden (mindestens) ein Teilbetrieb übergehen.[5]

47 **b) Beteiligung der Betriebsräte** (sofern es einen Betriebsrat gibt): Zuleitung des Vertrages oder seines Entwurfs spätestens einen Monat vor dem Tage der Versammlung der Anteilsinhaber an den Betriebsrat. Auf die Monatsfrist kann verzichtet werden, nicht jedoch auf die Zuleitung selbst. Kommt es jedoch im Zuge der Spaltung zu **wesentlichen Nachteilen für die Belegschaft** oder jedenfalls wesentliche Teile der Belegschaft, so müssen die Betriebsräte u.U. deutlich vorher informiert werden (nämlich „rechtzeitig" im Sinne von § 111 BetrVG), damit ein **Interessen-**

5 *Hörtnagel* in: Schmitt/Hörtnagl, UmwG, UmStG, § 15 UmwStG Rn 62.

ausgleich und evtl. ein **Sozialplan** erstellt werden kann. Hierbei handelt es sich dann um Vorbereitungshandlungen, die u.U. viele Monate vorher angebahnt worden sein sollten.

c) Spaltungsplan: Beurkundung des Spaltungsplans. 48

d) Gesellschafterbeschluss: Beurkundung des Zustimmungsbeschlusses der Gesellschafterversammlung(en)/Hauptversammlung(en) der übernehmenden und der übertragenden Gesellschaft (§§ 13, 50 UmwG). 49

e) Verzichtserklärungen: In diesem Kontext kann auch die Verzichtserklärung auf die Klage gegen die Wirksamkeit des Beschlusses durch sämtliche Anteilsinhaber beurkundet werden und die weiteren Verzichtserklärungen. Der Klageverzicht kann auch separat beurkundet werden oder es kann die einmonatige Klagefrist abgewartet werden (§ 14 UmwG). 50

f) Handelsregisteranmeldungen der Spaltung durch die Vertretungsorgane an das Register eines jeden beteiligten Rechtsträgers (§ 16 Abs. 1 Satz 1 UmwG). 51

g) Die Spaltung wird erst mit Eintragung im Register des übertragenden Rechtsträgers wirksam (anders als bei der Verschmelzung). Die Spaltung darf in das Register des Sitzes des übertragenden Rechtsträgers erst eingetragen werden, nachdem sie im Register des Sitzes jedes der übernehmenden Rechtsträger eingetragen worden ist; die Eintragung im Register des Sitzes jedes der übernehmenden Rechtsträger ist mit dem Vermerk zu versehen, dass die Spaltung erst mit der Eintragung im Register des Sitzes des übertragenden Rechtsträgers wirksam wird, sofern die Eintragungen in den Registern aller beteiligten Rechtsträger nicht am selben Tag erfolgen (§ 130 Abs. 1 UmwG). Die Mitteilungen zwischen den beteiligten Registergerichten erfolgen von Amts wegen (§ 130 Abs. 2 UmwG). 52

IV. Anmerkungen

Anders als bei der Auf- oder Abspaltung zur Neugründung existiert bei der Abspaltung zur Aufnahme ein Vertragspartner, sodass ein Spaltungs- und Übernahmevertrag zu schließen ist. Sein Mindestinhalt ergibt sich aus § 126 UmwG. Er bedarf notarieller Beurkundung (vgl. §§ 125, 6 UmwG). 53

Den Vertrag schließen die Vertretungsorgane der beteiligten Gesellschaften (§ 125 UmwG i.V.m. § 4 Abs. 1 Satz 1 UmwG); dies kann vor oder nach den Beschlüssen erfolgen. Es genügt die Mitwirkung in vertretungsberechtigter Formation. Ist eine unechte Gesamtvertretung möglich, können auch Prokuristen mitwirken. Die Prokura als solche ermächtigt aber nicht zum Vertragsabschluss. Die vertretungsberechtigten Organe können andere Personen durch Vollmacht zum Vertragsabschluss ermächtigen; die Vollmacht bedarf grds. keiner bestimmten Form (§ 167 54

Abs. 2 BGB), allerdings dürfte für Registerzwecke das Vorliegen einer schriftlichen Vollmacht praktisch zwingend sein.[6]

55 **Vertragsinhalt, Vermögenszuordnung:** Zivilrechtlich bestehen keine Beschränkungen bei der Zuweisung der Vermögensgegenstände oder der Verbindlichkeiten. In der Praxis ist jedoch die Gewährleistung der Buchwertfortführung von zentraler Bedeutung siehe unten): Gegenstand der Übertragung muss (mindestens) ein Teilbetrieb sein; auch beim übertragenden Rechtsträger muss (mindestens) ein Teilbetrieb zurückbleiben (doppeltes Teilbetriebserfordernis).

56 Die genaue Bezeichnung und Aufteilung der Gegenstände des Aktiv- und Passivvermögens, die an jeden der übernehmenden Rechtsträger übertragen werde, sowie der übergehenden Betriebe und Betriebsteile unter Zuordnung zu den übernehmenden Rechtsträgern (siehe § 126 Abs. 1 Nr. 9 UmwG) bildet den Kern des Spaltungsplans. Die Norm gewährt für die Aufteilung des Vermögens des sich spaltenden Rechtsträgers erhebliche Freiheit; die Beteiligten können grds. jeden Gegenstand jedem beliebigen übernehmenden Rechtsträger zuweisen (was insbesondere für Arbeitsverhältnisse aber wiederum eine Einschränkung erfährt).[7]

Es gelten grds. die gleichen Anforderungen wie beim Unternehmenskauf in Gestalt des *asset deals*. Die Kennzeichnungsanforderungen dürfen jedoch nicht überspannt werden. Es genügt, wenn ein Gegenstand bei betriebswirtschaftlicher Betrachtung dem Geschäftsbetrieb eines bestimmten Unternehmensteils zuzurechnen ist. Insbesondere sind Catch-All-Klauseln zulässig, mit denen sämtliche zu einem bestimmten Bereich gehörenden Gegenstände erfasst werden.[8] Das gilt allerdings nicht für Grundstücke, die gem. § 126 Abs. 2 UmwG in Verbindung mit § 28 GBO übereinstimmend mit dem Grundbuch oder durch Hinweis auf das Grundbuchblatt zu bezeichnen sind. Reine Quotenangaben, wie etwa „ein Viertel der Warenvorräte", genügen jedoch nicht (siehe gleich im Folgenden).

57 **Die Verweisung** § 126 Abs. 3 Satz 3 UmwG erlaubt die (untechnische) Bezugnahme auf (und Beifügung von) „*Urkunden wie Bilanzen und Inventare, deren Inhalt eine Zuweisung des einzelnen Gegenstands ermöglicht*". In Betracht kommen vor allem Sachanlageverzeichnisse, Forderungslisten und Inventurverzeichnisse sowie Listen über vorhandene immaterielle Wirtschaftsgüter (Patente, Lizenzen, etc.).

58 **Lediglich bei Grundstücken gilt ein strenger Maßstab der Bezeichnung (§ 126 Abs. 2 Satz 2 UmwG i.V.m. § 28 GBO)**: Erforderlich ist die Angabe des Grundbuchamts, der Gemarkung, des Grundbuchblatts und der BV-Nummer. Die Rechtsfolgen eines Vergessens der genauen Bezeichnung sind umstritten: Nach herrschender Ansicht gehen diese Grundstücke nicht außerhalb des Grundbuches über – es bedarf also noch einer Auflassung; nach anderer Ansicht handelt es sich um eine

6 *Priester* in: Lutter, Umwandlungsgesetz, § 126 UmwG Rn 11–13.

7 BT-Drucks 12/6699, S. 118.

8 BGH, Urt. v. 8.10.2003 – XII ZR 50/02, NJW-RR 2004, 123.

bloße Ordnungsvorschrift, deren Missachtung nicht den Eigentumsübergang hindert, wenn die Auslegung des Vertrages eindeutig ergibt, dass das Eigentum an bestimmten Grundstücken übergehen sollte. Für die Zwecke des Urkundenerstellers kann der Streitstand dahin stehen: Er sollte schlicht der Weisung des Gesetzes folgen und die Grundstücke genau bezeichnen.[9] Bei Teilflächen genügt die Bezugnahme auf den Fortführungsnachweis.

Sind **Vermögensgegenstände** des zu übertragenden Teilbetriebes Rechtsträgers 59
„**vergessen**" worden, sollte die Urkunde ein Verfahren zu deren Feststellung bieten. Das Gesetz enthält insoweit lediglich zur Aufspaltung (nicht zur Abspaltung) eine Zweifelsregelung in § 131 Abs. 3 UmwG (anteilige Übertragung auf alle übernehmenden Rechtsträger). In der Praxis wählen die Beteiligten oft Bestimmungsmöglichkeit einer Partei gem. § 315 GB.

Dem Betriebsrat (vertreten durch seinen Vorsitzenden oder Stellvertreter) ist der 60
Entwurf des Spaltungsvertrags bzw. dessen Entwurf spätestens einen Monat vor dem Zustimmungsbeschluss der Gesellschafter gem. § 126 Abs. 3 UmwG zuzuleiten. Diese Zuleitung ist auch dem Handelsregister gegenüber nachzuweisen. Soweit Betriebsvereinbarungen (z.B. zur Arbeitszeitflexibilisierung, zu Brückentagen, zu Zutrittskontrollsystemen etc.), Interessenausgleichsvereinbarungen oder Sozialpläne bestehen und übergehen, sollten sie im Einzelnen aufgeführt werden.

Gem. § 126 Abs. 1 Nr. 6 UmwG ist der Zeitpunkt des Wechsels der Rechnungs- 61
legung (Spaltungsstichtag) festzusetzen. Ab diesem Zeitpunkt gelten alle Handlungen des übertragenden Rechtsträgers als für Rechnung des jeweils betroffenen übernehmenden Rechtsträgers vorgenommen. Gem. § 126 Abs. 1 Nr. 5 UmwG ist der Zeitpunkt zu nennen, ab dem die gewährten Anteile an den übernehmenden Gesellschaften Anspruch auf den Bilanzgewinn vermitteln, wobei typischerweise der Spaltungsstichtag gewählt wird.

Mit der Anmeldung der Spaltung zum Handelsregister des übertragenden Rechts- 62
trägers muss dessen Schlussbilanz vorgelegt werden, §§ 125, 17 Abs. 2 Satz 1 UmwG. Sie darf nicht auf einen Stichtag aufgestellt sein, der mehr als acht Monate vor der Anmeldung zurückliegt (§ 17 Abs. 2 Satz 4 UmwG). Obwohl nicht zwingender Inhalt, wird die maßgebliche Schlussbilanz in der Regel bereits in der Abspaltungserklärung erwähnt, teilweise auch zur Dokumentationserleichterung beigefügt.

Als Folge der Abspaltung dürfen die gesetzlichen Kapitalerhaltungsvorschriften 63
des übertragenden Rechtsträgers nicht verletzt werden. Stellt sich heraus, dass das Kapital des übertragenden Rechtsträgers nicht mehr durch das verbleibende Vermögen gedeckt ist, hat eine Kapitalherabsetzung zu erfolgen, wobei der übertragen-

9 Für den Streitstand: *Priester* in: Lutter, Umwandlungsgesetz, § 126 UmwG Rn 53, der die Gegenansicht zum BGH vertritt, aber natürlich selbst schreibt, dass der Praktiker mit der strengen Rechtsprechung rechnen muss.

de Rechtsträger ein vereinfachtes Kapitalherabsetzungsverfahren zur Verfügung steht (§§ 139 Satz 1, 145 Satz 1 UmwG). Für GmbH ergibt sich dieses aus §§ 58a ff. GmbHG.

64 Der Nettowert des eingebrachten Vermögens muss den Betrag der Stammkapitalerhöhung übersteigt, da auch bei einem Umwandlungsvorgang die Kapitalaufbringungsvorschriften nicht verletzt werden dürfen.

65 Bei Umwandlungsvorgängen in einem Konzern kann oft eine genaue Berechnung der Werte und eine Sicherstellung der korrekten Spaltungsrelation verzichtet werden. Bei einem Vermögensübergang „unter Fremden" sind (zur Vermeidung von Schenkungen) das abgespaltene Vermögen und der übernehmende Rechtsträger zu bewerten und korrekte Spaltungsrelationen festzulegen, auf deren Grundlage die Nennwerte der neuen Anteile ermittelt werden. Davon wiederum zu unterscheiden ist der Sachverhalt, dass von den bisherigen Beteiligungsquoten bewusst abgewichen werden soll (sog nicht verhältniswahrende Spaltung, bis hin zur „Spaltung zu Null", etwa bei der Trennung von Gesellschafterstämmen). In einem solchen Fall müssen alle Anteilsinhaber aller an der Spaltung beteiligten Rechtsträger zustimmen (§ 128 UmwG).[10]

66 Bei der Aufnahme durch eine GmbH als übernehmender Rechtsträger: Obwohl es sich beim übernehmenden Rechtsträger um eine (Sach-)Kapitalerhöhung handelt, bedarf es grds. keiner Übernahmeerklärung der neuen Gesellschafter und auch keiner Versicherung der Geschäftsführer über die Bewirkung der Einlageverpflichtungen und dass diese zur freien Verfügung der Geschäftsführung vorliegen, §§ 125, 55 Abs. 1 UmwG. Auch wenn gute Gründe dagegensprächen,[11] verlangt die Praxis vor dem Hintergrund des insoweit klaren Wortlauts von § 55 Abs. 2 UmwG (i.V.m. § 125 UmwG) allerdings die Vorlage einer Liste der Übernehmer, welche von allen Mitgliedern der Geschäftsführung zu unterschreiben ist.[12]

67 Die Zuführung des den nominellen Erhöhungsbetrages übersteigenden Wertes des eingebrachten Teilbetriebes erfolgt üblicherweise zur Kapitalrücklage (§ 272 Abs. 2 Nr. 4 HGB). Alternativ können die Parteien ein (verzinsliches) Darlehen in Höhe der Differenz von Erhöhungsbetrag und eingebrachten (Buch-)Werten vereinbaren.

68 **Unterrichtung der Gesellschafter:** Die Abspaltungserklärung bzw. der Entwurf hierfür ist den Gesellschaftern des übertragenden Rechtsträgers spätestens mit der Einberufung zur Gesellschafterversammlung, welche die Zustimmung zur Erklärung und zu den Neugründungen beschließen soll, zuzusenden (§§ 125 i.V.m. 47 UmwG).

10 *Krauß* in: Beck'sche Online-Formulare Vertrag 63. Edition 2023, Stand: 1.1.2023, 7.14.2.2.1, Rn 24.

11 *J. Vetter* in: Lutter, Umwandlungsgesetz, § 55 UmwG Rn 64 mit dem richtigen Hinweis, dass die Praxis jedoch die herrschende Meinung berücksichtigen muss.

12 *Kleindiek* in: Böttcher/Habighorst/Schulte (Hrsg), UmwG, § 55 Rn 22.

Die Vertretungsorgane des übertragenden Rechtsträgers haben gem. § 127 S 1 UmwG einen Spaltungsbericht zu erstatten. Durch notariell beurkundete Verzichtserklärung aller Gesellschafter des übertragenden und des übernehmenden Rechtsträgers kann hierauf verzichtet werden, §§ 125 i.V.m. 8 Abs. 3 UmwG. 69

Eine Prüfung des Spaltungsplans und Erstellung eines Spaltungsprüfungsberichtes (§§ 125, 9–12 UmwG) findet nicht statt, es sei denn, einer der Gesellschafter/Anteilsinhaber der beteiligten Rechtsträger verlangt eine solche Prüfung, §§ 125, 48 Satz 1 UmwG. 70

V. Steuerliche Hinweise

1. Ertragsteuer

Soll die **Spaltung durch Buchwertfortführung** steuerneutral erfolgen, gibt es zu den Regelungen des Umwandlungsgesetzes keine Alternative. Grundvoraussetzung für die Inanspruchnahme der auf Antrag zu gewährenden Buchwertfortführung ist allerdings das Bestehen von Teilbetrieben, die auf die übernehmende Kapitalgesellschaft übergehen. Nach § 15 UmwStG gelten die §§ 11 Abs. 2 und 13 Abs. 2 UmwStG nämlich nur dann, wenn auf die übernehmende Gesellschaft ein Teilbetrieb übertragen wird und, im Falle er Abspaltung oder Teilübertragung, ein Teilbetrieb bei der übertragenden Körperschaft verbleibt. Das Gesetz selbst definiert den Begriff des Teilbetriebs nicht, sodass für die konkrete Bedeutung auf Verwaltungsanweisungen und Rechtsprechung abgestellt werden muss. Vereinfacht ausgedrückt ist ein Teilbetrieb eine eigenständige Einheit innerhalb eines Unternehmens, die in organisatorischer Hinsicht einen selbstständigen Betrieb darstellt. Insbesondere muss ein solcher Teilbetrieb eine aus eigenen Mitteln funktionsfähige Einheit sein. 71

Da für eine steuerneutrale Spaltung alle zu einem Teilbetrieb gehörenden funktional **wesentlichen Wirtschaftsgüter** übertragen werden müssen, kann außerdem ein einzelnes für mehrere Teilbetriebe wesentliches Wirtschaftsgut eine steuerneutrale Übertragung schlimmstenfalls verhindern und man spricht von einem Spaltungshindernis. Es kann daher z.B. erforderlich sein, dass ein von mehreren Teilbetrieben genutztes Grundstück zunächst realgeteilt werden muss, um eine steuerneutrale Übertragung zu ermöglichen. Das Vorliegen eines Teilbetriebs und dessen Abgrenzung kann in der Praxis daher eine hohe Hürde darstellen und sollte nicht unterschätzt werden. Neutrales Vermögen, also für keinen der Teilbetriebe funktional wesentliches Vermögen, kann frei einem der Teilbetriebe zugeordnet werden. 72

Als Teilbetrieb gilt auch ein **Mitunternehmeranteil** oder die **Beteiligung an einer Kapitalgesellschaft**, sofern letztere das gesamte Nennkapital der Gesellschaft umfasst (§ 15 Abs. 1 Satz 3 UmwStG). 73

Außerdem erfolgt die Spaltung ertragsteuerlich rückwirkend und wirkt nach § 2 Abs. 1 UmwStG.

a) Besteuerung bei der übertragenden Gesellschaft (§ 11 UmwStG)

74 Nach § 15 Abs. 1 Satz 1 UmwStG gelten für die Spaltung auf eine andere Körperschaft grds. die §§ 11–13 UmwStG entsprechend, es kommen also die Regelungen betreffend Verschmelzungen zur Anwendung. Für die übertragende Körperschaft, also die abspaltende Gesellschaft, ergibt sich hieraus, dass das übertragene Vermögen in der steuerlichen Schlussbilanz grds. mit dem gemeinen Wert anzusetzen ist und sich ein entsprechender steuerpflichtiger Spaltungsgewinn ergibt. Auf Antrag der abspaltenden Körperschaft kann das übergehende Vermögen jedoch auch mit dem Buchwert oder einem Wert zwischen dem Buchwert und dem gemeinen Wert angesetzt werden, soweit die entsprechenden Voraussetzungen des § 11 Abs. 2 UmwStG vorliegen (siehe Erläuterungen zur Verschmelzung). Zusätzlich regelt § 15 Abs. 1 Satz 2 UmwStG aber, dass dies im Falle von Spaltungen nur dann gilt, wenn das übergehende Vermögen einen Teilbetrieb darstellt. Im Falle der Abspaltung von einer GmbH bedeutet das, dass mindestens zwei Teilbetriebe vorhanden sein müssen und mindestens ein Teilbetrieb auf die übernehmende Gesellschaft übertragen werden muss und ebenfalls mindestens ein Teilbetrieb bei der übertragenden Gesellschaft verbleiben muss.

75 Zusätzlich enthält § 15 Abs. 2 UmwStG eine Vorschrift zur Vermeidung von Gestaltungen, durch die eine (wirtschaftliche) Veräußerung eines Teilbetriebs in den Genuss der (nahezu vollständigen) Steuerfreiheit kommen könnte. Hiernach ist eine Buchwertfortführung nicht möglich und entfällt rückwirkend, wenn durch die Spaltung die **Veräußerung an außenstehende Personen** vollzogen oder vorbereitet wird. Von der Vorbereitung einer Veräußerung ist auszugehen, wenn innerhalb von fünf Jahren nach dem steuerlichen Übertragungsstichtag Anteile an einer der beteiligten Gesellschaften veräußert werden, die mehr als 20 % der Anteile an der ursprünglichen Gesellschaft verkörpern. In diesem Zusammenhang war lange Zeit strittig, ob eine Veräußerung unterhalb dieser Grenze nach der Spaltung bereits ausreicht, um eine Buchwertfortführung zu vermeiden, wenn offensichtlich ist, dass die Veräußerung beabsichtigt war und die Spaltung nur als Vorbereitung hierfür durchgeführt wurde. Der BFH hat dies inzwischen entschieden und für unschädlich erachtet, da die 20 %-Grenze den Missbrauchstatbestand der Schaffung der Voraussetzungen für eine Veräußerung konkretisiert und definiert, sodass eine Veräußerung unterhalb dieser Grenze unschädlich sein muss. Im Rahmen des Diskussionsentwurfs des „Wachstumschancengesetz" will das BMF hierauf reagieren und die Regelungen des § 15 UmwStG entsprechend anpassen. Zum aktuellen Zeitpunkt ist das Gesetzgebungsverfahren noch in vollem Gange, sodass unklar ist, welche Änderungen letztlich erfolgen werden. Es ist jedoch mit deutlichen Verschärfungen zu rechnen.

Außerdem ist eine Buchwertfortführung in Bezug auf Mitunternehmeranteile oder 100-prozentige Beteiligungen an Kapitalgesellschaften nicht möglich, wenn diese innerhalb von drei Jahren gerechnet ab dem steuerlichen Übertragungsstichtag durch Übertragung von Wirtschaftsgütern, die kein Teilbetrieb sind, erworben oder aufgestockt worden sind. 76

Steuerliche Verluste, Verlust-, Zins- oder EBITDA-Vorträge der spaltenden Gesellschaft gehen anteilig in dem Verhältnis unter, in dem auf Basis des gemeinen Werts Vermögen auf die übernehmende Gesellschaft übergeht. Im Falle der Aufspaltung einer Körperschaft bedeutet dies, dass solche Vorträge insgesamt untergehen.

b) Besteuerung bei der übernehmenden Gesellschaft (§ 12 UmwStG)

Es gelten grds. die Erläuterungen zur Verschmelzung. Insbesondere ist die übernehmende Gesellschaft auch im Falle der Spaltung and den Wertansatz des übertragenen Vermögens durch die spaltende Gesellschaft in deren steuerlichen Schluss- bzw. Spaltungsbilanz gebunden und führt diese Werte fort. Kommt es zu einem rückwirkenden Wegfall der Buchwertfortführung, z.B. aufgrund einer Anteilsveräußerung innerhalb von fünf Jahren nach der Spaltung, erhöhen sich die Wertansätze auch für die übernehmende Körperschaft entsprechend. 77

c) Besteuerung beider Gesellschafter (§ 13 UmwStG)

Anteile an der abspaltenden Körperschaft gelten grds. als zum gemeinen Wert gegen die Anteile an den übernehmenden Körperschaften eingetauscht. Hierdurch entsteht für den Anteilseigner ein Gewinn (oder Verlust), der entsprechend der steuerlichen Situation des Anteilseigners zu behandeln ist. Da die übertragende Gesellschaft im Falle Abspaltung bestehen bleibt, muss hierfür zunächst der verhältnismäßige Anteil ermittelt werden, der als eingetauscht gilt. Hierfür wird auf den Wert des übertragenden Vermögens im Verhältnis zum gesamten Wert der abspaltenden Gesellschaft abgestellt. Abweichend hiervon können aber auch auf Ebene der Anteilseigner die Buchwerte fortgeführt werden, soweit ein deutsches Besteuerungsrecht hinsichtlich der Veräußerung der erhaltenen Anteile nicht ausgeschlossen oder beschränkt wird und die Buchwertfortführung beantragt wird. Entsprechende Anträge sind in diesem Fall jeweils durch die Anteilseigner selbst zu stellen. 78

2. Grunderwerbsteuer

Der Übergang von Grundstücken im Rahmen einer Spaltung ist ein Erwerbsvorgang i.S.d. § 1 Abs. 1 Nr. 3 GrEStG. Grunderwerbsteuer kann sich außerdem ergeben, wenn zu dem übergehenden Vermögen Anteile an anderen Gesellschaften gehören, die wiederum Grundvermögen halten. Bemessungsgrundlage ist der Grundbesitzwert nach § 138 Abs. 2–4 BewG. Mit § 6a GrEStG existiert eine mögliche Befreiung, die aber im Einzelfall zu prüfen ist. 79

a) Besteuerung bei der übernehmenden Gesellschaft (§ 12 UmwStG)

80 Es gelten grds. die Erläuterungen zur Verschmelzung. Insbesondere ist die übernehmende Gesellschaft auch im Falle der Spaltung and den Wertansatz des übertragenen Vermögens durch die spaltende Gesellschaft in deren steuerlichen Schluss- bzw. Spaltungsbilanz gebunden und führt diese Werte fort. Kommt es zu einem rückwirkenden Wegfall der Buchwertfortführung, z.B. aufgrund einer Anteilsveräußerung innerhalb von fünf Jahren nach der Spaltung, erhöhen sich die Wertansätze auch für die übernehmende Körperschaft entsprechend.

b) Besteuerung beider Gesellschafter (§ 13 UmwStG)

81 Anteile an der abspaltenden Körperschaft gelten grds. als zum gemeinen Wert gegen die Anteile an den übernehmenden Körperschaften eingetauscht. Hierdurch entsteht für den Anteilseigner ein Gewinn (oder Verlust), der entsprechend der steuerlichen Situation des Anteilseigners zu behandeln ist. Da die übertragende Gesellschaft im Falle Abspaltung bestehen bleibt, muss hierfür zunächst der verhältnismäßige Anteil ermittelt werden, der als eingetauscht gilt. Hierfür wird auf den Wert des übertragenden Vermögens im Verhältnis zum gesamten Wert der abspaltenden Gesellschaft abgestellt. Abweichend hiervon können aber auch auf Ebene der Anteilseigner die Buchwerte fortgeführt werden, soweit ein deutsches Besteuerungsrecht hinsichtlich der Veräußerung der erhaltenen Anteile nicht ausgeschlossen oder beschränkt wird und die Buchwertfortführung beantragt wird. Entsprechende Anträge sind in diesem Fall jeweils durch die Anteilseigner selbst zu stellen.

3. Umsatzsteuer

82 Nach § 1 Abs. 1a UStG unterliegt die Spaltung nicht der Umsatzsteuer, soweit es sich um die Übertragung eines Teilbetriebs handelt.

VI. Notarkosten

83 **a) Spaltungs- und Übernahmevertrages:** 2,0-Gebühr (Nr. 21100 KV GNotKG). Der **Geschäftswert** ist Wert des übergehenden Aktivvermögens ohne Schuldenabzug (§ 38 GNotKG). Der **Hö**chstwert beträgt 10 Mio. EUR (§ 107 Abs. 1 Satz 1 GNotKG). Die **Übertragung eines Betriebsgrundstücks** im Rahmen der Spaltung wäre gegenstandsverschieden (§ 86 Abs. 2 GNotKG); der Geschäftswert wäre insoweit der **Verkehrswert des Grundstücks** (§ 46 GNotKG) ohne Abzug von Verbindlichkeiten (§ 38 GNotKG). Dieser ist hinzuzurechnen (§ 35 Abs. 1 GNotKG), wobei eine Vergleichsberechnung mit den Gegenständen der 2,0-Gebühr im Übrigen erforderlich ist (§ 94 Abs. 1 GNotKG).

Für die **Erstellung von Gesellschafterlisten** durch den Notar entsteht eine 0,5-Vollzugsgebühr (Nr. 22110 KV GNotKG) aus dem gesamten Verfahrenswert, deren Höhe nach Nr. 22113 KV GNotKG (250 EUR je Liste) begrenzt ist.

Für die **Bescheinigungen nach § 40 Abs. 2 Satz 2 GmbH** entsteht eine 0,5-Betreuungsgebühr (Nr. 22200 KV GNotKG) aus dem gesamten Verfahrenswert, da die Eintragungen im Handelsregister zu prüfen sind und somit Umstände außerhalb der Urkunde.[13] 84

b) Gesellschafterbeschluss: 2,0-Gebühr (Nr. 21100 KV GNotKG). Der Geschäftswert ist der Wert des insgesamt übergehenden Aktivvermögens (§ 108 Abs. 2, Abs. 3 GNotKG), höchstens 5 Mio. EUR (§ 108 Abs. 5 GNotKG). 85

Die **Verzichtserklärungen** lösen eine 1,0-Gebühr aus (Nr. 21200 KV GNotKG). Der Geschäftswert ist ein Teilwert des vorstehenden Geschäftswerts; angemessen sind 10–30 % (§ 36 Abs. 1 GNotKG). Der Gesellschaftereschluss und die Verzichtserklärungen sind gegenstandsverschieden (§ 110 Nr. 1 GNotKG), so dass eine Vergleichsberechnung nach § 94 Abs. 1 GNotKG erforderlich ist. Werden die Verzichtserklärungen mit dem Spatungsvertrag beurkundet, dann sind diese gegenstandsgleich und insoweit nicht gesondert zu berücksichtigen. 86

c) Jeweils Handelsregisteranmeldungen bei Entwurf durch den Notar: 0,5-Gebühr (Nr. 24102 KV GNotKG, § 92 Abs. 2 GNotKG). 87

Der Geschäftswert beträgt 1 % des Stammkapitals (§ 119 Abs. 1, § 105 Abs. 2, Abs. 4 Nr. 1 GNotKG). Die Geschäftswerte sind zu addieren; der Höchstwert beträgt 1 Mio. EUR (§ 106 GNotKG).

Des Weiteren sind anzusetzen: 88

- **Kapitalerhöhung:** Erhöhungsbetrag (§ 105 Abs. 1 Satz 1 Nr. 1 GNotKG), mind. 30.000 EUR (§ 119 Abs. 1, § 105 Abs. 1 Satz 2 GNotKG); die Satzungänderung ist kein eigener Gegenstand.
- **Abspaltung zur Aufnahme:** 1 % des Stammkapitals, mind. 30.000 EUR (§ 119 Abs. 1, § 105 Abs. 2, Abs. 4 Nr. 1 GNotKG).
- **Kapitalherabsetzung:** Herabsetzungsbetrag (§ 119 Abs. 1, § 105 Abs. 1 Satz 1 Nr. 1 GNotKG), mind. 30.000 EUR (§ 105 Abs. 1 Satz 2 GNotKG); die Satzungsänderung ist kein eigener Gegenstand.

Für die **Erzeugung der XML-Strukturdaten**: 0,2-Gebühr, maximal jedoch 125 EUR (Nr. 22114 KV GNotKG), aus dem vollen Wert der Anmeldung. Die Gebühr entsteht nur einmal – auch bei Einreichung bei mehreren Registergerichten. 89

Bei der **Unterschriftsbeglaubigung unter einem Fremdentwurf** entsteht eine 0,2-Gebühr, max. 70 EUR (Nr. 25100 KV GNotKG): für die **Erzeugung der XML-Strukturdaten** entsteht eine 0,5-Gebühr, maximal jedoch 250 EUR (Nr. 22125 KV GNotKG).

Zusätzlich ist dann eine Gebühr von pauschal 20 EUR für die Übermittlung der Anmeldung an das Handelsregister zu erheben (Nr. 22124 KV GNotKG), und eine Ge-

13 Sehr umstritten, wie hier für Verschmelzung: *Diehn*, Notarkostenberechnungen Rn 1514.

bühr für die Erzeugung elektronisch beglaubigter Abschriften der Fremdurkunden (Nr. 25102 KV GNotKG, 1 EUR je Seite, mind. je 10 EUR).

C. Abspaltung zur Neugründung (GmbH auf GmbH)

I. Muster

1. Spaltungsplan

90 ▼

Muster 3.11: Spaltungsplan

– Notarielle Eingangsformel –

Es erscheint unbedenklich geschäftsfähig:

Herr G,

handelnd nicht im eigenen Namen, sondern als einzelvertretungsberechtigter und von den Beschränkungen des § 181 BGB befreiter Geschäftsführer für die

XY GmbH mit dem Sitz in (AG HRB)

Die Frage nach einer Vorbefassung i.S.d. § 3 Abs. 1 Nr. 7 BeurkG wurde allseits verneint.

Über das GeldwäscheG belehrt, erklärt der Beteiligte auf eigene Rechnung oder aufgrund offen gelegter Vertretungsverhältnisse zu handeln.

Ich, der Notar, bescheinige gemäß § 21 Abs. 1 BNotO aufgrund heutiger Einsicht in das elektronische Handelsregister die vorstehenden Vertretungsverhältnisse. Die zuletzt beim Handelsregister eingereichten Gesellschafterlisten wurden vor Beurkundung eingesehen.

Die Beteiligten erklären, dass sie rechtzeitig vor der heutigen Beurkundung den beabsichtigten Text des Rechtsgeschäfts erhalten haben und so ausreichend Gelegenheit hatten, sich vorab mit dem Gegenstand der Beurkundung auseinanderzusetzen.

Es wird erklärt mit der Bitte um notarielle Beurkundung:

§ 1 Sachstand

(1) Im Handelsregister des Amtsgerichts ist unter HRB XY GmbH mit dem Sitz in eingetragen (im Folgenden auch „**übertragender Rechtsträger**“).

Am übertragenden Rechtsträger sind als Gesellschafter beteiligt:

- Herr A mit einer Stammeinlage zu 25.000 EUR
- Herr B mit einer Stammeinlage zu 25.000 EUR

Das Stammkapital beträgt 50.000,00 EUR. Sämtliche Stammeinlagen sind voll erbracht.

(2) Die XY GmbH beabsichtigt im Rahmen einer Abspaltung zur Neugründung unter Wahrung ihrer Rechtsidentität den bestehenden Teilbetrieb „Produktion“ auf die neu gegründete Z GmbH zu übertragen; der bestehende Teilbetrieb „Forschung und Marketing“ verbleibt bei der XY GmbH. Den Gesellschaftern des übertragenden Rechtsträgers werden Gesellschaftsanteile an der aufnehmenden Gesellschaft gewährt, und zwar zu verhältnisentsprechenden Quoten, so dass eine beteiligungsidentische Schwestergesellschaft entsteht.

Demzufolge stellt der Erschienene für die XY-GmbH als übertragenden Rechtsträger zugunsten der Z-GmbH als übernehmendem Rechtsträger folgenden Spaltungsplan auf:

§2 Abspaltung

(1) Die XY GmbH mit Sitz in überträgt einen Teil ihres Vermögens, wie er im folgenden Absatz (2) näher beschrieben ist, als Gesamtheit gemäß § 123 Abs. 2 Nr. 2 UmwG auf die neu zu gründende Z GmbH mit Sitz in gegen Gewährung der im Folgenden bezeichneten Anteile der Z GmbH an die Gesellschafter der XY GmbH, also an A und B (Abspaltung zur Neugründung).

(2) Demgemäß überträgt die XY GmbH ihren Teilbetrieb „Produktion“ mit allen Aktiva (lit. a) und Passiva (lit. b) sowie den insoweit bestehenden Vertragsverhältnissen (lit. c) auf die X GmbH:

a) Erfasst sind sämtliche unmittelbar oder mittelbar dem Fuhrunternehmen rechtlich oder wirtschaftlich zuzuordnenden (auch nicht bilanzierungsfähigen) Gegenstände des Aktivvermögens, insbesondere

- die Maschinen, der Fuhrpark und sonstige Gegenstände des Anlagevermögens gemäß Anlageverzeichnis **Anlage 1**,
- die Betriebs- und Geschäftsausstattung, wie derzeit in den Büroräumen sowie in der Werkstatt vorhanden,
- die der Produktion zuzuordnenden Vorräte (Roh-, Hilfs- und Betriebsstoffe, unfertige und fertige Erzeugnisse und Waren)
- die der Produktion zuzuordnenden offenen Forderungen gemäß **Anlage 2**
- die vorhandenen Lizenzen, öffentlich-rechtlichen Erlaubnisse etc. hinsichtlich des Betriebs folgender Maschinen:
- das Grundstück Flst.Nr. , gebucht im Grundbuch des AG für die Gemarkung , Blatt , BV-Nr. .

b) Erfasst sind sämtliche unmittelbar oder mittelbar der Produktion rechtlich oder wirtschaftlich zuzuordnenden (auch nicht bilanzierungsfähigen und derzeit nicht bekannten) Gegenstände des Passivvermögens, insbesondere

- die Verbindlichkeiten gemäß **Anlage 3**

- die latenten Verpflichtungen aus eventuellen Vertragsverletzungen, soweit sie den Betrieb der Produktion betreffen,
- die Bankverbindlichkeiten auf Darlehenskonto Nr. .

c) Erfasst sind sämtliche unmittelbar oder mittelbar der Produktion rechtlich oder wirtschaftlich zuzuordnenden Vertragsverhältnisse, insbesondere
- die Versicherungsverträge gemäß **Anlage 4**
- die Wartungsverträge gemäß **Anlage 5**
- die Miet- und Leasingverträge über , **Anlage 6**
- die Arbeitsverhältnisse mit den in **Anlage 7** genannten Arbeitnehmern.

Die Z GmbH übernimmt ferner den Geschäftsführerorganvertrag mit dem bisherigen Geschäftsführer der XY GmbH, nämlich Herrn G. Die Verpflichtungen aus der erteilten Pensionszusage werden weiter von der XY GmbH erfüllt werden. Es ist beabsichtigt, dass Herr G nur für eine kurze Übergangszeit als Geschäftsführer der XY und der Z GmbH fungieren wird und die Z GmbH sehr bald eine neue Geschäftsführung erhalten wird.

Zu den übergehenden Schuldverhältnissen gehören auch solche, die bedingt oder befristet oder noch nicht vollständig wirksam geworden sind, insbesondere auch solche, bei denen zugunsten der XY GmbH bislang lediglich ein Angebot auf Abschluss eines Vertrages abgegeben worden ist.

(d) Mitübertragen sind alle Aktiva und Passiva, materiellen wie immateriellen Rechte, Ansprüche, Verbindlichkeiten, Pflichten, Sachen und Schuldverhältnisse, die im weitesten Sinne dem Teilbetrieb „Produktion“ rechtlich und/oder wirtschaftlich zuzuordnen sind, bzw. diesem Teilbetrieb dienen oder zu dienen bestimmt sind, gleichgültig, ob bilanzierungsfähig oder nicht, auch wenn sie vorstehend (a) bis (c) und in den dort erwähnten Anlagen nicht aufgezählt sein sollte („catch-all-Klausel“).

(e) Mitübertragen sind sämtliche Surrogate, die an die Stelle der vorgenannten Vermögenspositionen getreten sind, sofern diese bis zum Wirksamwerden der Spaltung veräußert, zerstört oder in sonstiger Weise inhaltlich verändert worden sein; ebenso alle etwa noch bis zum Wirksamwerden der Spaltung hinzutretenden Gegenstände, die im vorgenannten Sinne zum Teilbetrieb „Produktion“ gehören.

(3) Bestehen über die Zuordnung der Vermögenswerte Zweifel, die auch nicht im Wege der Vertragsauslegung behoben werden können, ist die XY GmbH gemäß § 315 BGB nach billigem Ermessen ermächtigt, die Zuordnungsentscheidung zu treffen und die Zuordnung vorzunehmen.

(4) Sollte ein Recht oder ein Rechtsverhältnis mangels Übertragbarkeit bei der XY GmbH verbleiben, haben sich übertragender Rechtsträger und übernehmender Rechtsträger im Innenverhältnis so zu stellen, als sei es dennoch übergegangen; diese Vermögenswerte werden also treuhänderisch, für Rechnung und nach Wei-

sung der Z GmbH gehalten. Gleiches gilt für Verbindlichkeiten, deren Übertragung scheitert; die Z GmbH hat insoweit die XY GmbH auf erstes Anfordern in vollem Umfang, auch hinsichtlich aller begleitenden Verpflichtungen, Kosten etc. freizustellen.

(5) Der übertragende Rechtsträger geht davon aus, dass seine Gesellschafter im Rahmen des Spaltungsbeschlusses auf die Erstattung eines Spaltungsberichts sowie auf die Durchführung einer Spaltungsprüfung und die Erstellung des Spaltungsprüfungsberichtes verzichten werden. Diese sind daher bisher nicht gefertigt bzw. in Auftrag gegeben worden.

§ 3 Arbeitnehmer und -vertretungen

(1) Änderungen der Arbeitsverträge sind mit dem Betriebsübergang nicht verbunden. Die dem Teilbetrieb „Produktion“ zuzuordnenden Arbeitsverhältnisse gehen gemäß § 613a Abs. 1 BGB unverändert auf die Z GmbH über; die betreffenden Arbeitnehmer werden (auch im Hinblick auf Kündigungsfristen, betriebliche Altersversorgung etc.) so behandelt, als seien sie vom Beginn ihrer jeweiligen Arbeitsverhältnisse an bei der Z GmbH beschäftigt gewesen. Im Zusammenhang mit der Abspaltung sind auch keine organisatorischen Veränderungen geplant, insbesondere keine Betriebsstilllegungen, Betriebszusammenlegungen, Personalrationalisierungen oder Versetzungen.

(2) Der im Teilbetrieb „Fuhrunternehmen“ bestehende Betriebsrat bleibt unverändert bestehen. Gesamt-, Konzern- und/oder Europäische Betriebsräte sowie Jugend- und Auszubildendenvertretungen oder Sprecherausschüsse bestehen nicht, ebenso wenig besteht bei der XY-GmbH ein Wirtschaftsausschuss oder ein Aufsichtsrat.

(3) Änderungen hinsichtlich der unternehmerischen Mitbestimmung treten nicht ein, ebenso wenig tarifrechtliche oder sonstige kollektivarbeitsrechtliche Änderungen. Betriebsvereinbarungen bestehen nicht

§ 4 Bilanz; Spaltungsstichtag

(1) Der Spaltung wird die mit dem uneingeschränkten Bestätigungsvermerk des Wirtschaftsprüfers versehene Bilanz der XY GmbH zum 31.12.20 (Schlussbilanz) zugrunde gelegt.

(2) Die Übertragung des Vermögens der XY GmbH erfolgt im Verhältnis zwischen den Beteiligten mit Wirkung zum 01.01.20, 00.00 Uhr. Die Handlungen der XY GmbH ab dem 01.01.20, 00.00 Uhr, gelten als für Rechnung der den jeweiligen Vermögensteil übernehmenden Gesellschaft vorgenommen (handelsrechtlicher Spaltungsstichtag).

§ 5 Gründung der neuen Gesellschaften

(1) Die XY GmbH errichtet hiermit die X GmbH und stellt den dieser Urkunde als Anlage 16 beigefügten Gesellschaftsvertrag fest. Die Anlage wurde verlesen und bildet wesentlichen Bestandteil der Urkunde. Herr G, geb. am , wohnhaft in wird zum Geschäftsführer bestellt. Er ist stets alleinvertretungsberechtigt und von den Beschränkungen des § 181 BGB befreit.

(2) X GmbH ist nicht verpflichtet, einen den Nennwert der neuen Stammeinlagen übersteigenden Wert der erbrachten Einlagen zu vergüten. Dieser wird in die Kapitalrücklage gemäß § 272 Abs. 2 Nr. 4 HGB eingestellt.

(3) Die Geschäftsführung der XY GmbH wird die zur Wirksamkeit der GmbH-Gründungen und dieses Spaltungsplans erforderliche Beschlussfassung über die Zustimmung der Gesellschafter der XY GmbH unverzüglich herbeiführen. Jedem Gesellschafter ist unverzüglich eine Ausfertigung dieses Spaltungsplanes zu übermitteln.

§ 6 Gewährung von Anteilen

(1) Vom Stammkapital der neu zu gründenden X GmbH in Höhe von 25.000 EUR wird Herrn A eine Stammeinlage im Nennbetrag von 12.500 EUR und Herrn B ebenfalls eine Stammeinlage im Nennbetrag von 12.500 EUR gewährt. Sie wird durch die Übertragung der in § 2 Abs. 2 dieses Spaltungsplans bezeichneten Aktiven und Passiven erbracht.

(2) Die Gewährung der Anteile an den übernehmenden Gesellschaften erfolgt verhältniswahrend entsprechend den Beteiligungen an der übertragenden Gesellschaft und unter Berücksichtigung der Werte der Teilbetriebe. Bare Zuzahlungen sind nicht zu leisten. Die gewährten Anteile an der X GmbH und Y GmbH sind ab dem 01.01.20 am Gewinn der jeweiligen Gesellschaft beteiligt.

(3) Ein Abfindungsangebot gemäß §§ 125 Satz 1, 29 UmwG ist nicht erforderlich.

(4) Die Abspaltung erfolgt bei der XY-GmbH aus offenen Reserven; die übertragende Gesellschaft verwendet einen dem Wert des übergehenden Teilbetriebs entsprechenden Betrag des Gewinnvortrags zum Bilanzstichtag. Das der XY-GmbH verbleibende Vermögen reicht zur Deckung ihres ausgewiesenen Stammkapitals aus. Eine Kapitalherabsetzung ist daher nicht erforderlich.[14]

14 Die Alternative ist denkbar. Vergleiche dann hierzu die Formulierung bei der Abspaltung zur Aufnahme.

§ 7 Besondere Rechte und Vorteile

(1) Keiner der in § 126 Abs. 1 Nr. 7 UmwG genannten Personen stehen am übertragenden Rechtsträger besondere Rechte zu bzw. sind am übernehmenden Rechtsträger besondere Rechte im Sinne dieser Vorschrift gewährt worden.

(2) Keiner der in § 126 Abs. 1 Nr. 8 UmwG genannten Personen ist ein Vorteil im Sinne dieser Vorschriften im Zusammenhang mit der Abspaltung gewährt worden.

§ 8 Wettbewerbsverbot; Fusionskontrolle

(1) Der übertragende Rechtsträger und der übernehmende Rechtsträger verpflichtet sich jeweils gegenüber dem anderen, auf den sachlichen und örtlichen Märkten, auf denen der jeweils andere bei Wirksamwerden der Spaltung aufgrund des von der Z GmbH übernommenen bzw. bei XY GmbH verbleibenden Teilbetriebes tätig werden, für die Dauer von Jahren nach Wirksamwerden der Spaltung weder unmittelbar noch mittelbar miteinander in Wettbewerb zu treten. Sie werden dafür Sorge tragen, dass auch ihre Beteiligungsgesellschaften dieses Wettbewerbsverbot erfüllen.

(2) Die in diesem Vertrag vorgesehenen Maßnahmen stellen nach übereinstimmender Ansicht aller Beteiligten keine anmeldepflichtigen Zusammenschlüsse nach §§ 35, 37, 39 GWB dar.

§ 9 Grundbesitz

Es wird die Grundbuchberichtigung nach erfolgter Abspaltung das Grundbuch am gesamten betroffenen Grundbesitz **beantragt**.

§ 10 Schluss

(1) Salvatorische Klausel

Sollte eine Bestimmung oder mehrere Bestimmungen dieses Rechtsgeschäfts oder eine spätere Ergänzung ganz oder teilweise unwirksam oder undurchführbar sein oder werden oder sollte sich eine Lücke herausstellen, wird dadurch die Wirksamkeit der übrigen Bestimmungen nicht berührt.

Die Beteiligten verpflichten sich, anstelle dieser Bestimmung diejenige wirksame und durchführbare Bestimmung zu vereinbaren, die rechtlich und wirtschaftlich dem am nächsten kommt, was die Beteiligten gewollt haben oder nach dem Sinn und Zweck des Rechtsgeschäfts und seiner späteren eventuellen Ergänzung gewollt hätten, wenn sie von der Unwirksamkeit oder Undurchführbarkeit der Bestimmung bei Abschluss des Rechtsgeschäfts oder seiner Ergänzung gewusst hätten. Das Gleiche gilt sinngemäß, wenn das Rechtsgeschäft eine ergänzungsbedürftige Lücke aufweist.

(2) Kosten

Die Kosten dieser Urkunde und ihres Vollzugs tragen die X GmbH und die Y GmbH je zur Hälfte.

Die aufgrund der Durchführung der Vermögensübertragungen entstehenden Kosten und Steuern trägt der jeweils übernehmende Rechtsträger.

(3) Hinweise des Notars

Der Notar hat auf Folgendes hingewiesen:

- Der Spaltungsplan wird nur wirksam, wenn die Anteilsinhaber der XY GmbH ihm durch Beschluss zustimmen,
- Die Spaltung wird erst mit der Eintragung im Handelsregister des übertragenden Rechtsträgers wirksam.
- Die übernehmenden Gesellschaften haften gemäß § 133 UmwG unbeschadet der im Innenverhältnis getroffenen Freistellungsregelung gesamtschuldnerisch für bestehende Verbindlichkeiten. Ferner können Haftungen aus § 25 HGB und § 75 AO bestehen und die Organe der Rechtsträger gemäß § 25 UmwG persönlich haften.
- Bei Eintragung der Gesellschaft in das Handelsregister darf der Wert des Gesellschaftsvermögens nicht niedriger sein darf als das Stammkapital und dass der Gesellschafter und der übertragende Rechtsträger – mit Ausnahme des übernommenen Gründungsaufwandes – für einen etwa bestehenden Fehlbetrag haften;
- Bei Wirksamwerden der Spaltung geht das Vermögen des übertragenden Rechtsträgers entsprechend der im Spaltungsplan enthaltenen Aufteilung auf die übernehmenden Rechtsträger jeweils als Gesamtheit kraft Gesetzes über. Die Anteilsinhaber des übertragenden Rechtsträgers werden entsprechend der im Spaltungs- und Übernahmevertrag vorgesehenen Aufteilung Anteilsinhaber der übernehmenden Rechtsträger
- Den Gläubigern der beteiligten Gesellschaften ist, wenn sie binnen sechs Monaten nach Bekanntmachung der Spaltung ihren Anspruch schriftlich anmelden und glaubhaft machen, dass die Erfüllung ihrer Forderung aufgrund der Spaltung gefährdet ist, durch diejenige Gesellschaft, gegen die sich der Anspruch richtet, Sicherheit zu leisten, sofern nicht bereits Befriedigung verlangt werden kann.
- Ob die gewählte Firmierung zulässig ist, insbesondere ob sie Namens- oder Markenrechte Dritter verletzt, kann vom Notar nicht geprüft werden.
- Staatliche Genehmigungserfordernisse sind auch dann einzuhalten, wenn das Handelsregister dies nicht überprüft. Auskunft hierüber geben die IHK, Handwerks- oder berufsständische Kammern und das Gewerbeamt.
- Die Gesellschafter und Geschäftsführer haften der Gesellschaft für die richtige und vollständige Erbringung der Einlagen und für etwaigen weiteren Schaden

aus mangelhafter Einlageerbringung (§9a GmbHG). Jeder Gesellschafter haftet persönlich und gesamtschuldnerisch und ist zur Leistung eines insoweit bestehenden Fehlbetrags ohne Beschränkung auf die übernommene Stammeinlage verpflichtet. Falsche Angaben über die Kapitalerbringung sind darüber hinaus strafbar und können mit einer Freiheitsstrafe von bis zu drei Jahren bestraft werden (vgl. §82 Abs. 1 GmbHG).

Der Notar hat steuerrechtlich nicht beraten und insoweit eine Prüfung dieser Urkunde durch entsprechende Fachberater empfohlen.

(4) Vollzugsvollmacht

Die Unterzeichner erteilen weiter jeder für sich und für die von ihnen vertretenen Gesellschaften und ihre Rechtsnachfolger den Notarangestellten

-
-

je geschäftsansässig in .

Sowie allen weiteren Angestellten des amtierenden Notars und seines Nachfolgers im Amt – welche der genannte Notar zu bezeichnen bevollmächtigt wird – je einzeln und befreit von den Beschränkungen des §181 BGB, Erklärungen, Bewilligungen und Anträge materiell- oder formell rechtlicher Art zur Ergänzung oder Änderung der Beschlüsse und rechtsgeschäftlichen Erklärungen abzugeben, soweit diese zur Behebung behördlicher oder gerichtlicher Beanstandungen zweckdienlich sind. Sie sind auch bevollmächtigt, Gesellschafterversammlungen abzuhalten und Beschlüsse zu treffen und hierbei alle Unterzeichner unbeschränkt zu vertreten (im Innenverhältnis und nicht durch das Registergericht zu prüfen wird dieser Auftrag dahingehend eingegrenzt, dass dies nur möglich sein darf, um eventuelle Beanstandungen des Registergerichts zu vermeiden oder sich hieraus ergebende Eintragungshindernisse zu beseitigen).

Diese Vollmachten erlöschen drei Monate nach vollständigem Vollzug im Handelsregister.

(5) Verteiler

Von dieser Urkunde erhalten

elektronisch beglaubigte Abschriften:
- das Registergericht der Gesellschaft

Beglaubigte Abschriften:
- Übertragender Rechtsträger
- Sämtliche übernehmenden Rechtsträger
- Gesellschafter
- Finanzamt , Körperschaftsteuerstelle, gemäß §54 EStDV

Einfache Abschrift:

Steuerberater

Die Anlagen – sind dem Beteiligten bekannt; er hat auf das Vorlesen verzichtet und jede Seite einzeln unterschrieben. Auf diese wird gemäß § 14 Abs. 1 Satz 2 BeurkG verwiesen.

Die Niederschrift nebst Anlage wurde dem Erschienenen vorgelesen, von ihm genehmigt und von ihm und dem Notar eigenhändig wie folgt unterzeichnet:

(Unterschriften)

▲

91 ▼

Muster 3.12: Formulierungsvorschlag/Gesellschaftsvertrag einer neu gegründeten GmbH

§ Stammkapital

(1) Das Stammkapital der Gesellschaft beträgt 25.000 EUR (fünfundzwanzigtausend). Herr A hält einen Geschäftsanteil im Nennbetrag von 25.000 EUR (Geschäftsanteil Nr. 1).

(2) Die Stammeinlage ist dadurch zu erbringen, dass der Teilbetrieb „Produktion" der XY GmbH mit dem Sitz in , eingetragen im Handelsregister des AG , HRB mit allen Aktiven und Passiven aufgrund des Spaltungsplans vom (UVZ des Notars) gemäß §§ 123 Abs. 1 Nr. 1, 131 Abs. 1 Nr. 1 UmwG als Gesamtheit auf die Gesellschaft übertragen wird.

(3) Die Gesellschaft ist nicht verpflichtet, den Wert der eingebrachten Vermögensteile, der den Nennbetrag der Stammeinlagen übersteigt, den Gesellschaftern oder Dritten zu vergüten.

▲

2. Zustimmungsbeschluss, Verzichtserklärungen

92 ▼

Muster 3.13: Zustimmungsbeschluss, Verzichtserklärungen

– Notarielle Eingangsformel –

Es erscheint unbedenklich geschäftsfähig:

Herr A,

Herr B,

Die Frage nach einer Vorbefassung i.S.d. §3 Abs. 1 Nr. 7 BeurkG wurde allseits verneint.

Über das GeldwäscheG belehrt, erklären die Beteiligte auf eigene Rechnung oder aufgrund offen gelegter Vertretungsverhältnisse zu handeln.

Die Beteiligten erklären, dass sie rechtzeitig vor der heutigen Beurkundung den beabsichtigten Text des Rechtsgeschäfts erhalten haben und so ausreichend Gelegenheit hatten, sich vorab mit dem Gegenstand der Beurkundung auseinanderzusetzen.

Es wird erklärt mit der Bitte um notarielle Beurkundung:

§1 Sachstand

(1) Im Handelsregister des Amtsgerichts ist unter HRB XY GmbH mit dem Sitz in eingetragen (im Folgenden auch „**übertragender Rechtsträger**").

Am übertragenden Rechtsträger sind als Gesellschafter beteiligt:

- Herr A mit einer Stammeinlage zu 25.000 EUR
- Herr B mit einer Stammeinlage zu 25.000 EUR

Das Stammkapital beträgt 50.000 EUR. Sämtliche Stammeinlagen sind voll erbracht.

(2) Die XY GmbH beabsichtigt, den Teilbetrieb „Produktion" auf die neu zu gründende Z-GmbH („übernehmender Rechtsträger") abzuspalten, so dass in der XY GmbH der weitere Teilbetrieb „Forschung und Marketing" verbleibt. Den Gesellschaftern des übertragenden Rechtsträgers werden Gesellschaftsanteile an dem übernehmenden Rechtsträger gewährt, und zwar zu verhältnisentsprechenden Quoten, so dass eine beteiligungsidentische Schwestergesellschaft entsteht.

Die Geschäftsführung des übertragenden Rechtsträgers hat am . .20 zu notarieller Urkunde an dieser Notarstelle einen Spaltungsplan erklärt, der den Gesellschaftern bekannt ist (UVZ). Eine Ausfertigung des Spaltungsplanes ist als **Anlage** beigefügt (§§ 125, 13 Abs. 3 Satz 2 UmwG). Die Gesellschafter bestätigen, rechtzeitig Kenntnis vom Inhalt des Spaltungsplans erhalten zu haben. Die Geschäftsführung hat den Gesellschaftern bestätigt, dass in der Zwischenzeit keine wesentlichen Veränderungen in den wirtschaftlichen und Wertverhältnissen eingetreten sind.

§2 Gesellschafterversammlung

Unter Verzicht auf alle Formen und Fristen der Einberufung und Ankündigung, insbesondere der Erfordernisse der §§ 125, 47, 49 UmwG, halten die erschienenen Gesellschafter hiermit eine außerordentliche Gesellschafterversammlung der Gesellschaft ab und beschließen einstimmig:

- Dem genannten Spaltungsplan der Gesellschaft stimmen wir hiermit vorbehaltlos und unwiderruflich zu.
- Dem Gesellschaftsvertrag der Z GmbH und Y GmbH, die im vorgenannten Spaltungsplan als Anlage enthalten und festgestellt wird, wird ebenfalls vorbehaltlos und unwiderruflich zugestimmt.
- Die Bestellung von Herrn G zum Geschäftsführer der Z GmbH nach Maßgabe des Spaltungsplanes wird zugestimmt.
- Eine Kapitalherabsetzung gemäß § 139 UmwG ist, wie im Spaltungsplan ausgeführt, nicht erforderlich.[15]

Weitere Beschlüsse wurden nicht gefasst. Sodann wurde die Gesellschafterversammlung beendet.

§ 3 Verzichtserklärungen

Sodann erklären beide Gesellschafter jeweils einzeln und für sich zu Protokoll des Notars:

- Auf die Erstattung eines Spaltungsberichts sowie auf die Durchführung einer Spaltungsprüfung wird allseits vollumfänglich verzichtet gemäß §§ 125, 127, 8 Abs. 3, 9 Abs. 3 und 12 Abs. 3 UmwG.
- Auf etwa bestehende Rechte zum Widerspruch gegen die Zustimmungsbeschlüsse, auf eine Klage gegen die Wirksamkeit des Spaltungsplans und auf Anfechtungsklage gegen die Wirksamkeit der in heutiger Urkunde gefassten Beschlüsse wird unwiderruflich verzichtet.
- Auf ein Abfindungsangebot gemäß §§ 125 Satz 1, 29 UmwG wird unwiderruflich verzichtet.

§ 4 Schluss

(1) Salvatorische Klausel

(vgl. vorstehender Spaltungsplan)

(2) Kosten

Die Kosten dieser Urkunde und ihres Vollzugs tragen die X GmbH und die Y GmbH je zur Hälfte.

Die aufgrund der Durchführung der Vermögensübertragungen entstehenden Kosten und Steuern trägt der jeweils übernehmende Rechtsträger.

15 Auch hier ist die Alternative dankbar, wenn die Abspaltung nicht aus offenen Reserven erfolgen kann und das nach der Abspaltung verbleibende Vermögen das bisherige Stammkapital nicht decken würde. Dann wäre eine vereinfachte Kapitalherabsetzung gem. § 139 UmwG, §§ 58a ff. GmbHG zu beschließen. Dann müsste zusätzlich eine Kapitalherabsetzung zum Ausgleich des Spaltungsverlustes erfolgen.

(3) Hinweise des Notars

Der Notar hat auf Folgendes hingewiesen:

Es wurde auf die Belehrungen des Spaltungsplanes hingewiesen.

Der Notar hat steuerrechtlich nicht beraten und insoweit eine Prüfung dieser Urkunde

durch entsprechende Fachberater empfohlen.

(4) Vollzugsvollmacht

Die Unterzeichner erteilen weiter jeder für sich und für die von ihnen vertretenen Gesellschaften und ihre Rechtsnachfolger den Notarangestellten

-
-

je geschäftsansässig in .

Sowie allen weiteren Angestellten des amtierenden Notars und seines Nachfolgers im Amt – welche der genannte Notar zu bezeichnen bevollmächtigt wird – je einzeln und befreit von den Beschränkungen des § 181 BGB, Erklärungen, Bewilligungen und Anträge materiell- oder formell rechtlicher Art zur Ergänzung oder Änderung der Beschlüsse und rechtsgeschäftlichen Erklärungen abzugeben, soweit diese zur Behebung behördlicher oder gerichtlicher Beanstandungen zweckdienlich sind. Sie sind auch bevollmächtigt, Gesellschafterversammlungen abzuhalten und Beschlüsse zu treffen und hierbei alle Unterzeichner unbeschränkt zu vertreten (im Innenverhältnis und nicht durch das Registergericht zu prüfen wird dieser Auftrag dahingehend eingegrenzt, dass dies nur möglich sein darf, um eventuelle Beanstandungen des Registergerichts zu vermeiden oder sich hieraus ergebende Eintragungshindernisse zu beseitigen).

Diese Vollmachten erlöschen drei Monate nach vollständigem Vollzug im Handelsregister.

(5) Verteiler

Von dieser Urkunde erhalten

elektronisch beglaubigte Abschriften:

- das Registergericht der Gesellschaft

Beglaubigte Abschriften:

- Übertragender Rechtsträger
- Übernehmender Rechtsträger
- Gesellschafter
- Finanzamt , Körperschaftsteuerstelle, gemäß § 54 EstDV

Einfache Abschrift:

- Steuerberater

Vorstehende Niederschrift wurde den Erschienenen in Gegenwart des Notars vorgelesen, von ihnen genehmigt und wie folgt unterschrieben:

▲

3. Anmeldung zum Handelsregister des übertragenden Rechtsträgers

93 ▼

Muster 3.14: Handelsregisteranmeldung des übertragenden Rechtsträgers

3.14 An das Amtsgericht

Registergericht

HRB:

XY GmbH mit dem Sitz in

(übertragender Rechtsträger)

I. Als Anlagen werden überreicht:

- Spaltungsplan der XY GmbH vom . .20
- Spaltungsbeschluss des Gesellschafterversammlung der XY GmbH vom . .20 , samt Verzichtserklärungen
- Bilanz des übertragenden Rechtsträgers zum 31.12.20 (Schlussbilanz)
- Bestätigung des Betriebsratsvorsitzenden über die rechtzeitige Zuleitung des Spaltungsplanes

II. Zur Eintragung in das Handelsregister wird angemeldet:

1. Der übertragende Rechtsträger hat aufgrund des oben genannten Spaltungsplans Teile seines Vermögens als Gesamtheit gemäß § 123 Abs. 2 Nr. 2 UmwG auf die neu gegründete Z GmbH mit dem Sitz in gegen Gewährung von Anteilen an dieser Gesellschaft übertragen (Abspaltung zur Neugründung). Neben dem Spaltungsplan bestehen keine weiteren Verträge, die den Festsetzungen der Sacheinlagen zugrunde liegen oder zu ihrer Ausführung geschlossen worden sind.

2. Der Unterzeichner gibt folgende Erklärungen ab und zwar jeder jeweils einzeln für sich und als Vertretungsorgan des übertragenden Rechtsträgers:

- Die Gesellschafter der XY GmbH haben, wie sich aus der Urkunde über den Spaltungsbeschluss ergibt, auf die Erstattung eines Spaltungsberichts und die Durchführung einer Spaltungsprüfung verzichtet. (*Evtl: Auch auf ein Abfindungsangebot wurde verzichtet*)

Gemäß § 16 Abs. 2 UmwG wird versichert, dass eine Klage gegen die Wirksamkeit des Spaltungsbeschlusses nicht erhoben worden ist und aufgrund der im Spaltungsbeschluss enthaltenen Anfechtungsverzichtserklärungen aller Gesellschafter auch nicht erhoben werden kann.

Gemäß § 140 UmwG wird versichert, dass die durch Gesetz und Gesellschaftsvertrag vorgesehenen Voraussetzungen für die Gründung dieser GmbH auch unter Berücksichtigung der Abspaltung im Zeitpunkt der Anmeldung vorliegen und das Stammkapital des übertragenden Rechtsträgers unter Berücksichtigung der erfolgten Kapitalherabsetzung in voller Höhe durch das nach der Spaltung verbleibende Vermögen gedeckt ist.

III. Die Kosten dieser Handelsregisteranmeldung und ihres Vollzugs bei Gericht trägt der übertagende Rechtsträger.

Eintragungsnachricht wird auch an den unterschriftsbeglaubigenden Notar erbeten.

Die Geschäftsanschrift befindet sich unverändert in: ….

IV. Die Beteiligten bevollmächtigen die Angestellten des amtierenden Notars – welche der amtierende Notar zu bezeichnen bevollmächtigt wird – je einzeln und befreit von § 181 BGB, Erklärungen, Bewilligungen und Anträge materiell- oder formell-rechtlicher Art zur Ergänzung oder Änderung der Anmeldung abzugeben, soweit diese zur Behebung behördlicher oder gerichtlicher Beanstandungen zweckdienlich sind.

Der Notar wird beauftragt und allseits bevollmächtigt, den Vollzug dieser Anmeldung im Handelsregister, insbesondere durch Erstellung einer elektronischen Handelsregisteranmeldung und deren Übermittlung an das Registergericht, zu bewirken und alle hierzu erforderlichen oder sinnvollen Erklärungen abzugeben und Maßnahmen zu treffen.

…, …

(Ort, Datum, Unterschrift des Geschäftsführers X)

(notarieller Beglaubigungsvermerk)

▲

4. Anmeldung zum Handelsregister eines übernehmenden Rechtsträgers

94 ▼

Muster 3.15: Anmeldung zum Handelsregister eines übernehmenden Rechtsträgers

An das Amtsgericht

Registergericht

HRB neu

Z GmbH mit dem Sitz in

(übernehmender Rechtsträger)

I. Als Anlagen werden überreicht:

- Spaltungsplan der XY GmbH vom . .20
- Spaltungsbeschluss des Gesellschafterversammlung der XY GmbH vom . .20 , samt Verzichtserklärungen
- Bilanz des übertragenden Rechtsträgers zum 31.12.20 (Schlussbilanz)
- Bestätigung des Betriebsratsvorsitzenden über die rechtzeitige Zuleitung des Spaltungsplanes
- Sachgründungsbericht
- Liste der Gesellschafter
- Bescheinigung der vom . .20 über den Bestand und die Werthaltigkeit der in die Gesellschaft eingebrachten Vermögensteile

II. Zur Eintragung in das Handelsregister wird angemeldet gemäß § 137 Abs. 1 UmwG:

- die Z GmbH
- Herr G, geb. am , wohnhaft in , als deren Geschäftsführer.

(*Abstrakte Vertretungsregelung*)

(*Konkrete Vertretungsregelung*)

(*Geschäftsführer-Versicherung – ausdrücklich abzugeben durch den Geschäftsführer des übernehmenden Rechtsträgers*)

Der neu bestellte Geschäftsführer versichert außerdem, dass ab der Eintragung der Spaltung im Handelsregister des übertragenden Rechtsträgers das Vermögen der durch die Spaltung entstehenden Gesellschaft Z GmbH sich endgültig in seiner freien Verfügung befinden wird und nicht durch Verbindlichkeiten vorbelastet ist, es sei denn diese ergeben sich unmittelbar aus dem Gesellschaftsvertrag.

Die Geschäftsräume des übernehmenden Rechtsträgers befinden sich in: .

III. Des Weiteren wird zur Eintragung in das Handelsregister angemeldet:

1. Der übertragende Rechtsträger, die XY GmbH mit dem Sitz in , AG HRB , hat aufgrund des oben genannten Spaltungsplans Teile seines Vermögen als Gesamtheit gemäß §123 Abs. 2 Nr. 2 UmwG auf die hierbei neu gegründete Z GmbH mit dem Sitz in gegen Gewährung von Anteilen an dieser Gesellschaft übertragen (Abspaltung zur Neugründung).

Neben dem Spaltungsplan bestehen keine weiteren Verträge, welche den Festsetzungen der Sacheinlagen zugrunde liegen oder zu ihrer Ausführung geschlossen worden sind

2. Jeder Unterzeichner gibt folgende Erklärungen ab und zwar jeder jeweils einzeln für sich und gemeinsam als Vertretungsorgan des übertragenden Rechtsträgers:

- Die Gesellschafter der XY GmbH haben, wie sich aus der Urkunde über den Spaltungsbeschluss ergibt, auf die Erstattung eines Spaltungsberichts und die Durchführung einer Spaltungsprüfung verzichtet. (*Evtl: Auch auf ein Abfindungsangebot wurde verzichtet*)

Gemäß §16 Abs. 2 UmwG wird versichert, dass eine Klage gegen die Wirksamkeit des Spaltungsbeschlusses nicht erhoben worden ist und aufgrund der im Spaltungsbeschluss enthaltenen Anfechtungsverzichtserklärungen aller Gesellschafter auch nicht erhoben werden kann

III. Die Kosten dieser Handelsregisteranmeldung und ihres Vollzugs bei Gericht trägt der übernehmende Rechtsträger.

Eintragungsnachricht wird auch an den unterschriftsbeglaubigenden Notar erbeten.

IV. Die Beteiligten bevollmächtigen die Angestellten des amtierenden Notars – welche der amtierende Notar zu bezeichnen bevollmächtigt wird – je einzeln und befreit von §181 BGB, Erklärungen, Bewilligungen und Anträge materiell- oder formellrechtlicher Art zur Ergänzung oder Änderung der Anmeldung abzugeben, soweit diese zur Behebung behördlicher oder gerichtlicher Beanstandungen zweckdienlich sind.

Der Notar wird beauftragt und allseits bevollmächtigt, den Vollzug dieser Anmeldung im Handelsregister, insbesondere durch Erstellung einer elektronischen Handelsregisteranmeldung und deren Übermittlung an das Registergericht, zu bewirken und alle hierzu erforderlichen oder sinnvollen Erklärungen abzugeben und Maßnahmen zu treffen.

,

(Ort, Datum, Unterschrift des Geschäftsführers des übertragenden Rechtsträgers – 137 Abs. 1 UmwG und des Geschäftsführers des übernehmenden Rechtsträgers wegen der Geschäftsführerversicherung)

(notarieller Beglaubigungsvermerk)

▲

II. Checkliste

95 ▼

Muster 3.16: Checkliste: Abspaltung zur Neugründung (GmbH auf GmbH)

3.16

- ☐ Spaltungsplan (notarielle Urkunde)
- ☐ Spaltungsbeschluss (notarielle Urkunden)
- ☐ Anmeldungen zum Handelsregister – übertragender Rechtsträger und übernehmender Rechtsträger (notarielle Urkunden)
- ☐ Liste der Gesellschafter des übertragenden Rechtsträgers (bei Kapitalherabsetzung; durch Notar)
- ☐ Liste der Gesellschafter des übernehmenden Rechtsträgers (durch Notar)
- ☐ Aktualisierter Text des Gesellschaftsvertrages mit notarieller Bescheinigung gem. § 54 Abs. 1 GmbHG (bei Kapitalherabsetzung; durch Notar)
- ☐ Neue Satzung des übernehmenden (also neu gegründeten) Rechtsträgers; Bestimmung der Geschäftsführung
- ☐ Werthaltigkeitsbescheinigung
- ☐ Schlussbilanz des übertragenden Rechtsträgers
- ☐ Nachweis rechtzeitiger Zuleitung an den Betriebsrat (wenn vorhanden)
- ☐ Spaltungsbericht (hierauf kann verzichtet werden)
- ☐ Spaltungsprüfbericht (hierauf kann verzichtet werden)
- ☐ Unterrichtung der Gesellschafter nebst Einberufung der Gesellschafterversammlung
- ☐ Anfechtungsverzichtserklärung oder Ablauf der Anfechtungsfrist
- ☐ Nachweis über die Eintragung beim übernehmenden Rechtsträger
- ☐ Bei Beteiligung einer GmbH als übertragender Rechtsträger: Erklärung gem. § 140 UmwG, dass die Voraussetzungen für die Gründung dieser Gesellschaft unter Berücksichtigung der Abspaltung noch vorliegen (Kapitalerhaltung).

▲

III. Ablaufplan

96 Hier, wie überall, gilt: Der konkrete Ablauf richtet sich in der Praxis nach den Umständen des Einzelfalls; vom Notar ist ein gewisses Maß an Flexibilität gefragt. Der Notar sollte sich immer, auch bei der Aufspaltung, einen konkreten Ablaufplan

(mit großzügigen Fristen für die Kundschaft und sich selbst) erstellen, um immer die nächsten Schritte im Blick zu haben.

a) Vorbereitungshandlungen: Entwurfserstellung durch die Beteiligten in möglichst enger Absprache mit dem Notar, Erstellung der Schlussbilanz, Einbindung von Betriebsräten, Inhabern von Sonderrechten etc. Die Beteiligten sollten **weitere Rechtsfragen** im Blick haben: Anforderungen des Kartellrechts, des Gewerberechts, etc. Eine **Buchwertfortführung** (die immer gewollt ist) ist nur möglich, wenn die Teilbetriebseigenschaft gegeben ist. Dies müssen die Mandanten selbst in Zusammenarbeit mit ihren steuerlichen Fachberatern klären. Die Beteiligten sollten darauf achten, die Teilbetriebseigenschaft klar herauszuarbeiten – sowohl im Sachgründungsbericht als auch in der Schlussbilanz. 97

> *Beachte:*
>
> Bei der Abspaltung muss auch bei dem übertragenden Rechtsträger ein Teilbetrieb verbleiben (sog. doppeltes Teilbetriebserfordernis). Bei mehreren übernehmenden Rechtsträgern muss auf jeden (mindestens) ein Teilbetrieb übergehen.[16]

b) Beteiligung der Betriebsräte: Sofern es einen Betriebsrat gibt: Zuleitung des Vertrages oder seines Entwurfs spätestens einen Monat vor dem Tage der Versammlung der Anteilsinhaber an den Betriebsrat. Auf die Monatsfrist kann verzichtet werden, nicht jedoch auf die Zuleitung selbst. Kommt es jedoch im Zuge der Spaltung zu **wesentlichen Nachteilen für die Belegschaft** oder jedenfalls wesentliche Teile der Belegschaft, so müssen die Betriebsräte u.U. deutlich vorher informiert werden (nämlich „rechtzeitig" im Sinne von § 111 BetrVG), damit ein **Interessenausgleich** und evtl. ein Sozialplan erstellt werden kann. Hierbei handelt es sich dann um Vorbereitungshandlungen, die u.U. viele Monate vorher angebahnt worden sein sollten. 98

c) Spaltungsplan: Beurkundung des Spaltungsplans. 99

d) Gesellschafterbeschluss: Beurkundung des Zustimmungsbeschlusses der Gesellschafterversammlungen/Hauptversammlung der übernehmenden und der übertragenden Gesellschaft (§§ 13, 50 UmwG). 100

e) Verzichtserklärungen: In diesem Kontext kann auch die Verzichtserklärung auf die Klage gegen die Wirksamkeit des Beschlusses durch sämtliche Anteilsinhaber beurkundet werden und die weiteren Verzichtserklärungen. Der Klageverzicht kann auch separat beurkundet werden oder es kann die einmonatige Klagefrist abgewartet werden (§ 14 UmwG). 101

f) Handelsregisteranmeldungen der Spaltung durch die Vertretungsorgane an das Register eines jeden beteiligten Rechtsträgers (§ 16 Abs. 1 Satz 1 UmwG). 102

16 *Hörtnagel* in: Schmitt/Hörtnagl, UmwG, UmwStG, § 15 UmwStG Rn 62.

103 g) Die Spaltung wird erst mit **Eintragung im Register des übertragenden Rechtsträgers** wirksam (anders als bei der Verschmelzung). Die Spaltung darf in das Register des Sitzes des übertragenden Rechtsträgers erst eingetragen werden, nachdem sie im Register des Sitzes jedes der übernehmenden Rechtsträger eingetragen worden ist; die Eintragung im Register des Sitzes jedes der übernehmenden Rechtsträger ist mit dem Vermerk zu versehen, dass die Spaltung erst mit der Eintragung im Register des Sitzes des übertragenden Rechtsträgers wirksam wird, sofern die Eintragungen in den Registern aller beteiligten Rechtsträger nicht am selben Tag erfolgen (§ 130 Abs. 1 UmwG). Die Mitteilungen zwischen den beteiligten Registergerichten erfolgen von Amts wegen (§ 130 Abs. 2 UmwG).

IV. Anmerkungen

104 Die Abspaltung ermöglicht eine **Gesamtrechtsnachfolge**; bei der **Abspaltung zur Neugründung** handelt es sich um eine partielle Gesamtrechtsnachfolge. Bei der Abspaltung zur Neugründung gibt es im Zeitpunkt der Beurkundung noch keinen „Vertragspartner". Daher kann kein Spaltungs- und Übernahmevertrag i.S.v. § 126 UmwG geschlossen werden, sondern es bedarf zwingend eines **Spaltungsplans** als einseitiger, nicht empfangsbedürftiger Willenserklärung, die durch die Organe des übertragenden Rechtsträgers abzugeben ist (§ 136 Satz 2 UmwG). Auf diesen Spaltungsplan kann nicht verzichtet werden, da er Grundlage für die Sonderrechtsnachfolge in die Vermögensteile des übertragenden Rechtsträgers ist.

105 Auf die **Gründung der neuen Rechtsträger** sind grds. die für die jeweilige Rechtsform des neuen Rechtsträgers geltenden Gründungsvorschriften anzuwenden, also bei Kapitalgesellschaften Vorgaben zum Grund- oder Stammkapital. Den Gründern steht der übertragende Rechtsträger gleich; Vorschriften, die für die Gründung eine Mindestzahl der Gründer vorschreiben, sind nicht anzuwenden (§ 135 Abs. 2 UmwG). Bei einer Spaltung unter Beteiligung von GmbH als übernehmenden Rechtsträgern muss ein Sachgründungsbericht erstellt werden.

106 Der **Spaltungsplan bedarf der notariellen Beurkundung** (§§ 125, 6 UmwG). Wegen des Verweises in § 135 Abs. 2 Satz 1 UmwG auf die Gründungsvorschriften der zu gründenden Rechtsträger bedarf insbesondere auch eine Vollmacht zum Beurkundungstermin der notariellen Form (beurkundet oder beglaubigt gem. § 2 Abs. 2 GmbHG), wenn eine GmbH oder UG (haftungsbeschränkt) gegründet werden soll.

107 Der **(Mindest-)Inhalt des Spaltungsplans** ergibt sich aus § 126 UmwG. Wie bei der Verschmelzung und der Parallelvorschrift des § 5 UmwG bietet es sich an, den aufgeführten Katalog genau abzuarbeiten. Einige der Ziffern betreffen ausdrücklich nur die Aufspaltung und Abspaltung, nicht jedoch die Ausgliederung.

108 Die **genaue Bezeichnung und Aufteilung der Gegenstände des Aktiv- und Passivvermögens**, die an den übernehmenden Rechtsträger übertragen werden, sowie der übergehenden Betriebe und Betriebsteile unter Zuordnung zum übernehmenden Rechtsträgern (siehe § 126 Abs. 1 Nr. 9 UmwG) bildet den Kern des Spaltungs-

plans. Die Norm gewährt für die Abspaltung des Vermögens erhebliche Freiheit; die Beteiligten können grds. jeden Gegenstand zuweisen (was insbesondere für Arbeitsverhältnisse aber wiederum eine Einschränkung erfährt).[17]

Es gelten grds. die **gleichen Anforderungen** wie beim **Unternehmenskauf** in Gestalt des ***asset deals***. Die Kennzeichnungsanforderungen dürfen jedoch nicht überspannt werden. Es genügt, wenn ein Gegenstand bei betriebswirtschaftlicher Betrachtung dem Geschäftsbetrieb eines bestimmten Unternehmensteils zuzurechnen ist. Insbesondere sind Catch-All-Klauseln zulässig, mit denen sämtliche zu einem bestimmten Bereich gehörenden Gegenstände erfasst werden.[18] Das gilt allerdings nicht für Grundstücke, die gem. § 126 Abs. 2 UmwG in Verbindung mit § 28 GBO übereinstimmend mit dem Grundbuch oder durch Hinweis auf das Grundbuchblatt zu bezeichnen sind. Reine Quotenangaben, wie etwa „ein Viertel der Warenvorräte", genügen jedoch nicht. 109

Die Verweisung § 126 Abs. 3 Satz 3 UmwG erlaubt die (untechnische) Bezugnahme auf (und Beifügung von) „*Urkunden wie Bilanzen und Inventare, deren Inhalt eine Zuweisung des einzelnen Gegenstands ermöglicht*". In Betracht kommen vor allem Sachanlageverzeichnisse, Forderungslisten und Inventurverzeichnisse sowie Listen über vorhandene immaterielle Wirtschaftsgüter (Patente, Lizenzen etc). 110

V. Steuerliche Hinweise

1. Ertragsteuer

Soll die Spaltung durch Buchwertfortführung steuerneutral erfolgen, gibt es zu den Regelungen des Umwandlungsgesetzes keine Alternative. Grundvoraussetzung für die Inanspruchnahme der auf Antrag zu gewährenden Buchwertfortführung ist allerdings das Bestehen von Teilbetrieben, die auf die übernehmende Kapitalgesellschaft übergehen. Nach § 15 UmwStG gelten die §§ 11 Abs. 2 und 13 Abs. 2 UmwStG nämlich nur dann, wenn auf die übernehmende Gesellschaft ein Teilbetrieb übertragen wird und, im Falle er Abspaltung oder Teilübertragung, ein Teilbetrieb bei der übertragenden Körperschaft verbleibt. Das Gesetz selbst definiert den Begriff des Teilbetriebs nicht, sodass für die konkrete Bedeutung auf Verwaltungsanweisungen und Rechtsprechung abgestellt werden muss. Vereinfacht ausgedrückt ist ein Teilbetrieb eine eigenständige Einheit innerhalb eines Unternehmens, die in organisatorischer Hinsicht einen selbstständigen Betrieb darstellt. Insbesondere muss ein solcher Teilbetrieb eine aus eigenen Mitteln funktionsfähige Einheit sein. 111

Da für eine steuerneutrale Spaltung alle zu einem Teilbetrieb gehörenden funktional wesentlichen Wirtschaftsgüter übertragen werden müssen, kann außerdem ein

17 BT-Drucks 12/6699, S. 118.

18 BGH, Urt. v. 8.10.2003 – XII ZR 50/02, NJW-RR 2004, 123.

einzelnes für mehrere Teilbetriebe wesentliches Wirtschaftsgut eine steuerneutrale Übertragung schlimmstenfalls verhindern und man spricht von einem Spaltungshindernis. Es kann daher z.B. erforderlich sein, dass ein von mehreren Teilbetrieben genutztes Grundstück zunächst realgeteilt werden muss, um eine steuerneutrale Übertragung zu ermöglichen. Das Vorliegen eines Teilbetriebs und dessen Abgrenzung kann in der Praxis daher eine hohe Hürde darstellen und sollte nicht unterschätzt werden. Neutrales Vermögen, also für keinen der Teilbetriebe funktional wesentliches Vermögen, kann frei einem der Teilbetriebe zugeordnet werden.

Als Teilbetrieb gilt auch ein Mitunternehmeranteil oder die Beteiligung an einer Kapitalgesellschaft, sofern letztere das gesamte Nennkapital der Gesellschaft umfasst (§ 15 Abs. 1 Satz 3 UmwStG).

Außerdem erfolgt die Spaltung ertragsteuerlich rückwirkend und wirkt nach § 2 Abs. 1 UmwStG auf den Ablauf des Stichtages der Schlussbilanz nach § 17 Abs. 2 UmwG zurück.

a) Besteuerung bei der übertragenden Gesellschaft (§ 11 UmwStG)

112 Nach § 15 Abs. 1 Satz 1 UmwStG gelten für die **Spaltung auf eine andere Körperschaft** grds. die §§ 11–13 UmwStG entsprechend, es kommen also die Regelungen betreffend Verschmelzungen zur Anwendung. Für die übertragende Körperschaft, also die abspaltende Gesellschaft, ergibt sich hieraus, dass das übertragene Vermögen in der steuerlichen Schlussbilanz grds. mit dem gemeinen Wert anzusetzen ist und sich ein entsprechender steuerpflichtiger Spaltungsgewinn ergibt. Auf Antrag der abspaltenden Körperschaft kann das übergehende Vermögen jedoch auch mit dem Buchwert oder einem Wert zwischen dem Buchwert und dem gemeinen Wert angesetzt werden, soweit die entsprechenden Voraussetzungen des § 11 Abs. 2 UmwStG vorliegen (siehe Erläuterungen zur Verschmelzung). Zusätzlich regelt § 15 Abs. 1 Satz 2 UmwStG aber, dass dies im Falle von Spaltungen nur dann gilt, wenn das übergehende Vermögen einen Teilbetrieb darstellt. Im Falle der Abspaltung von einer GmbH bedeutet das, dass mindestens zwei Teilbetriebe vorhanden sein müssen und mindestens ein Teilbetrieb auf die übernehmende Gesellschaft übertragen werden muss und ebenfalls mindestens ein Teilbetrieb bei der übertragenden Gesellschaft verbleiben muss.

113 Zusätzlich enthält § 15 Abs. 2 UmwStG eine Vorschrift zur Vermeidung von Gestaltungen, durch die eine (wirtschaftliche) Veräußerung eines Teilbetriebs in den Genuss der (nahezu vollständigen) Steuerfreiheit kommen könnte. Hiernach ist eine Buchwertfortführung nicht möglich und entfällt rückwirkend, wenn durch die Spaltung die **Veräußerung an außenstehende Personen** vollzogen oder vorbereitet wird. Von der Vorbereitung einer Veräußerung ist auszugehen, wenn innerhalb von fünf Jahren nach dem steuerlichen Übertragungsstichtag Anteile an einer der beteiligten Gesellschaften veräußert werden, die mehr als 20 % der Anteile an der ursprünglichen Gesellschaft verkörpern. In diesem Zusammenhang war lange Zeit

strittig, ob eine Veräußerung unterhalb dieser Grenze nach der Spaltung bereits ausreicht, um eine Buchwertfortführung zu vermeiden, wenn offensichtlich ist, dass die Veräußerung beabsichtigt war und die Spaltung nur als Vorbereitung hierfür durchgeführt wurde. Der BFH hat dies inzwischen entschieden und für unschädlich erachtet, da die 20 %-Grenze den Missbrauchstatbestand der Schaffung der Voraussetzungen für eine Veräußerung konkretisiert und definiert, sodass eine Veräußerung unterhalb dieser Grenze unschädlich sein muss. Im Rahmen des Diskussionsentwurfs des „Wachstumschancengesetz" will das BMF hierauf reagieren und die Regelungen des § 15 UmwStG entsprechend anpassen. Zum aktuellen Zeitpunkt ist das Gesetzgebungsverfahren noch in vollem Gange, sodass unklar ist, welche Änderungen letztlich erfolgen werden. Es ist jedoch mit deutlichen Verschärfungen zu rechnen.

Außerdem ist eine Buchwertfortführung in Bezug auf Mitunternehmeranteile oder 100-prozentige Beteiligungen an Kapitalgesellschaften nicht möglich, wenn diese innerhalb von drei Jahren gerechnet ab dem steuerlichen Übertragungsstichtag durch Übertragung von Wirtschaftsgütern, die kein Teilbetrieb sind, erworben oder aufgestockt worden sind. **114**

Steuerliche Verluste, Verlust-, Zins- oder EBITDA-Vorträge der spaltenden Gesellschaft gehen anteilig in dem Verhältnis unter, in dem auf Basis des gemeinen Werts Vermögen auf die übernehmende Gesellschaft übergeht. Im Falle der Aufspaltung einer Körperschaft bedeutet dies, dass solche Vorträge insgesamt untergehen.

b) Besteuerung bei der übernehmenden Gesellschaft (§ 12 UmwStG)

Es gelten grds. die Erläuterungen zur Verschmelzung. Insbesondere ist die übernehmende Gesellschaft auch im Falle der Spaltung and den Wertansatz des übertragenen Vermögens durch die spaltende Gesellschaft in deren steuerlichen Schluss- bzw. Spaltungsbilanz gebunden und führt diese Werte fort. Kommt es zu einem rückwirkenden Wegfall der Buchwertfortführung, z.B. aufgrund einer Anteilsveräußerung innerhalb von fünf Jahren nach der Spaltung, erhöhen sich die Wertansätze auch für die übernehmende Körperschaft entsprechend. **115**

c) Besteuerung beider Gesellschafter (§ 13 UmwStG)

Anteile an der abspaltenden Körperschaft gelten grds. als zum gemeinen Wert gegen die Anteile an den übernehmenden Körperschaften eingetauscht. Hierdurch entsteht für den Anteilseigner ein Gewinn (oder Verlust), der entsprechend der steuerlichen Situation des Anteilseigners zu behandeln ist. Da die übertragende Gesellschaft im Falle Abspaltung bestehen bleibt, muss hierfür zunächst der verhältnismäßige Anteil ermittelt werden, der als eingetauscht gilt. Hierfür wird auf den Wert des übertragenden Vermögens im Verhältnis zum gesamten Wert der abspaltenden Gesellschaft abgestellt. Abweichend hiervon können aber auch auf Ebene der Anteilseigner die Buchwerte fortgeführt werden, soweit ein deutsches Besteuerungs- **116** recht hinsichtlich der Veräußerung der erhaltenen Anteile nicht ausgeschlossen oder beschränkt wird und die Buchwertfortführung beantragt wird. Entsprechende Anträge sind in diesem Fall jeweils durch die Anteilseigner selbst zu stellen.

2. Grunderwerbsteuer

117 Der Übergang von Grundstücken im Rahmen einer Spaltung ist ein Erwerbsvorgang i.S.d. § 1 Abs. 1 Nr. 3 GrEStG. Grunderwerbsteuer kann sich außerdem ergeben, wenn zu dem übergehenden Vermögen Anteile an anderen Gesellschaften gehören, die wiederum Grundvermögen halten. Bemessungsgrundlage ist der Grundbesitzwert nach § 138 Abs. 2–4 BewG. Mit § 6a GrEStG existiert eine mögliche Befreiung, die aber im Einzelfall zu prüfen ist.

3. Umsatzsteuer

118 Nach § 1 Abs. 1a UStG unterliegt die Spaltung nicht der Umsatzsteuer, soweit es sich um die Übertragung eines Teilbetriebs handelt.

VI. Notarkosten

119 a) **Spaltungsplan:** 1,0-Gebühr (Nr. 21200 KV GNotKG). Der **Geschäftswert** ist Wert des übergehenden Aktivvermögens ohne Schuldenabzug (§ 38 GNotKG). Der **Höchstwert** beträgt 10 Mio. EUR (§ 107 Abs. 1 Satz 1 GNotKG).[19]

Für die **Erstellung von Gesellschafterlisten** durch den Notar entsteht eine 0,5-Vollzugsgebühr (Nr. 22110 KV GNotKG) aus dem gesamten Verfahrenswert, deren Höhe nach Nr. 22113 KV GNotKG (250 EUR je Liste) begrenzt ist.

120 b) **Gesellschafterbeschluss:** 2,0-Gebühr (Nr. 21100 KV GNotKG). Der **Geschäftswert** ist der Wert des insgesamt übergehenden Aktivvermögens (§ 108 Abs. 2, Abs. 3 GNotKG), höchstens 5 Mio. EUR (§ 108 Abs. 5 GNotKG).

Die **Verzichtserklärungen** lösen eine 1,0-Gebühr aus (Nr. 21200 KV GNotKG). Der Geschäftswert ist ein Teilwert des vorstehenden Geschäftswerts; angemessen sind 10–30 % (§ 36 Abs. 1 GNotKG). Der Gesellschafterbeschluss und die Verzichtserklärungen sind gegenstandsverschieden (§ 110 Nr. 1 GNotKG), so dass eine Vergleichsberechnung nach § 94 Abs. 1 GNotKG erforderlich ist.

121 c) **Jeweils Handelsregisteranmeldungen bei Entwurf durch den Notar**: 0,5-Gebühr (Nr. 24102 KV GNotKG, § 92 Abs. 2 GNotKG).

Der **Geschäftswert** beträgt 1 % des Stammkapitals, mindestens 30.000 EUR (§ 119 Abs. 1, § 105 Abs. 2, Abs. 4 Nr. 1 GNotKG). Die Geschäftswerte sind zu addieren; der Höchstwert beträgt 1 Mio. EUR (§ 106 GNotKG). Des Weiteren sind anzusetzen:

19 Streifzug durch das GNotKG, Rn 1816 ff.

Für die **Erzeugung der XML-Strukturdaten**: 0,2-Gebühr, maximal jedoch 125 EUR (Nr. 22114 KV GNotKG), aus dem vollen Wert der Anmeldung.

Bei der **Unterschriftsbeglaubigung unter einem Fremdentwurf** entsteht eine 0,2-Gebühr, max. 70 EUR (Nr. 25100 KV GNotKG): für die **Erzeugung der XML-Strukturdaten** entsteht eine 0,5-Gebühr, maximal jedoch 250 EUR (Nr. 22125 KV GNotKG). Zusätzlich ist dann eine Gebühr von pauschal 20 EUR für die Übermittlung der Anmeldung an das Handelsregister zu erheben (Nr. 22124 KV GNotKG), und eine Gebühr für die Erzeugung elektronisch beglaubigter Abschriften der Fremdurkunden (Nr. 25102 KV GNotKG, 1 EUR je Seite, mind. je 10 EUR).

D. Ausgliederung eines Teilbetriebs von einer GmbH auf eine GmbH & Co. KG zur Aufnahme

I. Muster

1. Ausgliederungs- und Übernahmevertrag/Beschlüsse beider Gesellschaften

▼ 122

Muster 3.17: Ausgliederungs- und Übernahmevertrag/Beschlüsse beider Gesellschaften 3.17

(Urkundeneingang)

Herr A,

handelnd sowohl im eigenen Namen als auch als einzelvertretungsberechtigter und von den Beschränkungen des § 181 BGB befreiter Geschäftsführer für die

XY GmbH mit dem Sitz in (AG HRB)

und handelnd

als einzelvertretungsberechtigter und von den Beschränkungen des § 181 BGB befreiter Geschäftsführer für die

Z-Verwaltungs GmbH mit dem Sitz in (AG HRB)

handelnd sowohl im eigenen Namen als auch als einzelvertretungsberechtigte

persönlich haftende Gesellschafterin der

Z GmbH & Co. KG mit dem Sitz in (AG HRA)

Die Frage nach einer Vorbefassung i.S.d. § 3 Abs. 1 Nr. 7 BeurkG wurde allseits verneint.

Über das GeldwäscheG belehrt, erklären die Beteiligte auf eigene Rechnung oder aufgrund offen gelegter Vertretungsverhältnisse zu handeln.

Ich, der Notar, bescheinige gem. § 21 Abs. 1 BNotO aufgrund heutiger Einsicht in das elektronische Handelsregister die vorstehenden Vertretungsverhältnisse. Die zuletzt beim Handelsregister eingereichten Gesellschafterlisten wurden vor Beurkundung eingesehen.

Die Beteiligten erklären, dass sie rechtzeitig vor der heutigen Beurkundung den beabsichtigten Text des Rechtsgeschäfts erhalten haben und so ausreichend Gelegenheit hatten, sich vorab mit dem Gegenstand der Beurkundung auseinanderzusetzen.

Es wird erklärt mit der Bitte um notarielle Beurkundung:

I. Sachstand

(1) Im Handelsregister des Amtsgerichts ist unter HRB die XY GmbH mit dem Sitz in eingetragen (im Folgenden auch „**übertragender Rechtsträger**").

Am übertragenden Rechtsträger sind als Gesellschafter beteiligt:

- Herr A mit einer Stammeinlage von 100.000 EUR (Geschäftsanteile Nr. 1–100.000)

Das Stammkapital beträgt 100.000,00 EUR. Sämtliche Stammeinlagen sind voll erbracht.

(2) Im Handelsregister des Amtsgerichts ist unter HRA die Z GmbH & Co. KG mit dem Sitz in eingetragen (im Folgenden auch „**übernehmender Rechtsträger**").

Am übernehmenden Rechtsträger sind als Gesellschafter beteiligt:

- Herr A mit einer Kommanditeinlage von 50.000,00 EUR
- die XY GmbH mit dem Sitz in mit einer Kommanditeinlage von 20.000,00 EUR
- die Z-Verwaltungs GmbH mit dem Sitz in als persönlich haftende Gesellschafterin.

(3) Die XY GmbH beabsichtigt einen Teilbetrieb aus ihrem Vermögen auf die Z GmbH & Co. KG gegen Gewährung von Anteilen an zu übertragen (Ausgliederung zur Aufnahme). Der bestehende Teilbetrieb „Neustadt" (im Folgenden „Teilbetrieb") wird auf die die Z GmbH & Co. KG übertragen.

Sonderrechte i.S.v. §§ 23, 50 Abs. 2 UmwG bestehen bei den beteiligten Rechtsträgern nicht.

II. Spaltungsvertrag

§1 Vermögensübertragung

(1) Der übertragende Rechtsträger überträgt die nachfolgend bezeichneten Vermögensteile und Vertragsverhältnisse jeweils als Gesamtheit mit allen Rechten und Pflichten unter Fortbestand des übertragenden Rechtsträgers auf den übernehmenden Rechtsträger, und zwar gegen Gewährung von Geschäftsanteilen an den übertragenden Rechtsträger (Ausgliederung zur Aufnahme, §123 Abs. 3 Nr. 1 UmwG).

Für die Übertragung der Gegenstände des Aktiv- und Passivvermögens gilt das Folgende:

Auf den übernehmenden Rechtsträger werden alle Aktiva und Passiva sowie sonstige Vermögensgegenstände übertragen, die wirtschaftlich zum Teilbetrieb „Neustadt" gehören und in der zum 31.12.20 aufgestellten „Ausgliederungsbilanz" enthalten sind, sowie alle diesem Unternehmensteil zuzuordnenden nicht bilanzierungsfähigen oder nicht bilanzierungspflichtigen Rechtspositionen und Gegenstände, Verträge, Arbeitsverhältnisse und sonstigen Rechte und Pflichten. Diese Ausgliederungsbilanz findet sich in der Anlage 1 zu dieser Urkunde.

(2) Dies sind im Einzelnen:

- in der Anlage 2 aufgeführten Gegenstände des Finanzanlagevermögens (Beteiligungen) und Gegenstände des beweglichen Anlagevermögens,
- in der Anlage 3 aufgeführten Gegenstände des Umlaufvermögens einschließlich unfertiger Leistungen und die Forderungen,
- alle dem Unternehmensteil „Neustadt" zuzuordnenden Verträge, insbesondere Miet-, Pacht-, Leasing- und Lieferverträge, Betriebsführungsverträge, Konzessionsverträge, Angebote und sonstige Rechtsstellungen sowie alle mit dem Geschäftsbereich „Neustadt" im Zusammenhang stehenden sonstigen Vermögensgegenstände (vgl. Anlage 4),
- sonstige Vermögensgegenstände des Anlage- und Umlaufvermögens gemäß Inventar und allgemeiner Beschreibung nach Anlage 5, soweit sie nicht bilanzierungspflichtig bzw. bilanzierungsfähig sind,
- diejenigen Verbindlichkeiten, die wirtschaftlich zu dem vorstehend genannten Teilbetrieb „Neustadt" gehören und aus der Ausgliederungsbilanz ersichtlich sind, insbesondere die in der beigefügten Anlage 6 aufgeführten Verbindlichkeiten, einschließlich der Verbindlichkeiten, die den in der vorbezeichneten Anlage genannten Rückstellungen für Pensionen und ähnlichen Verpflichtungen der Arbeitnehmer und sonstigen Rückstellungen zugrunde liegen. Ferner übernimmt der übernehmende Rechtsträger alle öffentlichen Lasten und öffentlich-rechtlichen Verpflichtungen sowie alle sonstigen Pflichten und Lasten, die zum

Spaltungsstichtag wirtschaftlich ausschließlich dem Unternehmensteil „Neustadt“ zuzuordnen sind.

- Die Arbeitsverhältnisse, die zum Teilbetrieb „Neustadt“ gehören. Die Arbeitnehmer werden beim übernehmenden Rechtsträger zu gleichen Konditionen weiterbeschäftigt. Sollten einzelne Arbeitnehmer dem Übergang ihres Arbeitsverhältnisses widersprechen, so ist der übernehmende Rechtsträger verpflichtet, dem übertragenden Rechtsträger alle hierdurch entstehenden Kosten zu ersetzen und von allen Ansprüchen aus den Arbeitsverhältnissen betreffend den Teilbetrieb „Neustadt“ und den damit verbundenen Zusagen der betrieblichen Altersvorsorge und Zusagen mit Versorgungscharakter freizustellen.

Auf die vorstehenden Anlagen Ziff. 1–6 einschließlich der Ausgliederungsbilanz wird gemäß § 14 Abs. 1 Satz 2 BeurkG verwiesen. Der Inhalt der Anlagen ist den Beteiligten allseits bekannt; auf das Vorlesen wurde verzichtet. Sämtliche Schriftstücke wurden den Beteiligten zur Kenntnisnahme vorgelegt und von diesen auf jeder Seite unterzeichnet.

Soweit zwischen dem Spaltungsstichtag und der Eintragung der Ausgliederung in das Handelsregister beim übertragenden Rechtsträger irgendwelche Gegenstände durch den übertragenden Rechtsträger im regelmäßigen Geschäftsverkehr veräußert worden sind, treten die Surrogate an deren Stelle.

Soweit der übertragende Rechtsträger nach dem Spaltungsstichtag und vor Eintragung der Ausgliederung in das Handelsregister bei dem übertragenden Rechtsträger irgendwelche Gegenstände erworben hat oder noch erwirbt, die ausschließlich dem Unternehmensteil „Neustadt“ zuzuordnen sind, werden diese hiermit ebenfalls auf die aufnehmende Gesellschaft übertragen.

(3) Vermögensgegenstände, Verbindlichkeiten und Arbeitsverhältnisse, die nicht in den beigefügten Anlagen aufgeführt sind, gehen entsprechend der in Abschnitt II § 1 (1) und (2) getroffenen Zuordnung auf den übernehmenden Rechtsträger über, soweit sie dem Unternehmensteil „Neustadt“ im weitesten Sinne zuzuordnen sind. Dies gilt insbesondere auch für immaterielle oder bis zur Eintragung der Spaltung in das Handelsregister bei dem übertragenden Rechtsträgers erworbene Vermögensgegenstände und entstandene Verbindlichkeiten.

Dieser Vertrag ist so auszulegen, dass sämtliche Gegenstände, deren Übergang für eine steuerneutrale Teilbetriebsübertragung hinsichtlich des Teilbetriebs „Neustadt“ erforderlich sind (für diesen als funktional wesentlich sind oder ihm nach wirtschaftlichen Zusammenhängen zuordenbar sind), auf den übernehmenden Rechtsträger übertragen werden.

(4) Ausgenommen von der Übertragung ist ausdrücklich:

(5) Sollte die Übertragung von Aktiva oder Passiva oder nicht bilanzierungspflichtigen und nicht bilanzierten Gegenständen, Verträgen, Arbeitsverhältnissen oder

sonstigen Rechten und Pflichten im Wege der Ausgliederung auf den übernehmenden Rechtsträger rechtlich nicht möglich sein, verpflichten sich die Parteien, sich im Innenverhältnis so zu stellen, wie sie stehen würden, wenn die Übertragung auf den übernehmenden Rechtsträger erfolgt wäre.

(6) Die einzelnen übertragenen Gegenstände werden durch den übernehmenden Rechtsträger einschließlich etwaiger Belastungen so übernommen, in dem sie sich bei der Übertragung befinden. Soweit gesetzlich zulässig, wird jede Gewährleistung im Zusammenhang mit dieser Ausgliederung ausgeschlossen. Ausgeschlossen sind insbesondere Ansprüche wegen der Werthaltigkeit der Beschaffenheit und des Bestands der übertragenen Gegenstände des Aktiv- und Passivvermögens, gleich welcher Art und gleich aus welchem Rechtsgrund. Dies gilt nicht für Ansprüche, die auf vorsätzlichem Verhalten beruhen und Ansprüche aufgrund einer Differenzhaftung in entsprechender Anwendung von §9 GmbHG.

(7) Kommt es zu Zweifeln hinsichtlich des Umfangs und der Zuordnung der mit dieser Urkunde übertragenen Aktiva und Passiva sowie sonstiger Vermögensgegenstände, so steht dem übertragenden Rechtsträger ein Bestimmungsrecht nach §315 BGB zu.

(8) Der übertragende Rechtsträger geht davon aus, dass die Gesellschafter im Rahmen des Spaltungsbeschlusses auf die Erstattung eines Spaltungsberichts sowie auf die Durchführung einer Spaltungsprüfung verzichten werden. Diese sind daher bisher nicht gefertigt bzw. in Auftrag gegeben worden.

§2 Arbeitnehmer und -vertretungen

(1) Die Folgen der Spaltung für die Arbeitnehmer ergeben sich aus den §§131 Abs. 1 Nr. 1, 125 Abs. 1, 35a und §§132 ff. UmwG sowie §613a Abs. 1–6 BGB. Mit dem Wirksamwerden der Spaltung gehen sämtliche Arbeitsverhältnisse, die beim Teilbetrieb „Neustadt" bestehen, mit allen Rechten und Pflichten auf die neu entstehende Gesellschaft über. Die kündigungsrechtliche Stellung der Arbeitnehmer bleibt für die Dauer von zwei Jahren erhalten (§132 Abs. 1 UmwG). Darüber hinaus ist das auf ein Jahr befristete Verschlechterungsverbot gemäß den §§125 Abs. 1, 35a UmwG i.V.m. §613a Abs. 1 Sätze 2–4 BGB zu beachten.

Die von dem Übergang betroffenen Arbeitnehmer werden gemäß §613a Abs. 5 BGB vor dem Übergang in Textform den geplanten Zeitpunkt des Übergangs unterrichtet werden, sowie den Grund für den Übergang, die rechtlichen, wirtschaftlichen und sozialen Folgen des Übergangs für die Arbeitnehmer und die ggf. hinsichtlich der Arbeitnehmer in Aussicht genommenen Maßnahmen. Der Arbeitnehmer kann dem Übergang des Arbeitsverhältnisses innerhalb eines Monats nach Zugang der Unterrichtung schriftlich widersprechen (§613a Abs. 6 BGB). Sofern Arbeitnehmer der Ausgliederung allerdings ohne ausreichenden Grund widersprechen, kann der übertragende Rechtsträger regelmäßig erleichtert betriebsbedingt kündigen.

(2) Das Wirksamwerden der Spaltung hat keine Veränderungen auf betrieblicher Ebene oder bei der betrieblichen Organisation zur Folge. Demgemäß bleibt der Betriebsrat des übertragenden Rechtsträgers im Betrieb Neustadt auch nach Wirksamwerden der Ausgliederung im Amt. Einen Gesamtbetriebsrat gibt es bei der übertragenden Gesellschaft nicht. Da die Ausgliederung nicht dazu führt, dass eine weitere Betriebsstätte zusätzlich zu der Betriebsstätte in Neustadt entsteht, hat die Ausgliederung nicht zur Folge, dass ein Gesamtbetriebsrat bei dem übernehmenden Rechtsträger gebildet werden muss.

Eine Betriebsänderung, die Verhandlungen mit dem Betriebsrat des übertragenden Rechtsträgers erforderlich machen würde, wird durch die Ausgliederung nicht bewirkt.

Die derzeit bei dem übertragenden Rechtsträger geltenden Betriebsvereinbarungen gelten als kollektivrechtliche Regelungen normativ fort.

Der übertragende Rechtsträger ist Mitglied im Arbeitgeberverband . Die von diesem Verband abgeschlossenen Tarifverträge sind auf die betroffenen Arbeitnehmer anwendbar, sofern sie normativ gelten.

Bei dem übertragenden Rechtsträger besteht eine betriebliche Altersversorgung in Form einer Direktversicherung finanziert durch Gehaltsumwandlung innerhalb der Grenzen für pauschalierte Lohnsteuer. Diese betriebliche Altersversorgung wird unverändert weitergeführt. Rechte und Pflichten (einschließlich der Vertragsbeziehungen zum Direktversicherungsunternehmen) gehen aufgrund der partiellen Gesamtrechtsnachfolge bei der Ausgliederung sowie nach §§ 125 Abs. 1, 35a UmwG iVm § 613a BGB auf den übernehmenden Rechtsträger über. Bestehende Unverfallbarkeit und/oder gesetzliche Absicherung durch den Pensionssicherungsverein werden durch das Wirksamwerden der Ausgliederung ebenfalls nicht berührt.

Der übertragende Rechtsträger hat vor Wirksamwerden der Ausgliederung weniger als 500 regelmäßig beschäftigte Arbeitnehmer, so dass die Ausgliederung ohne mitbestimmungsrechtliche Relevanz ist.

Dem beim übertragenden Rechtsträger bestehenden Betriebsrat wurde der Spaltungsvertrag mit allen Anlagen im Entwurf am zugeleitet.

Beim übernehmenden Rechtsträger besteht kein Betriebsrat.

§4 Bilanz; Spaltungsstichtag

(1) Der Spaltung wird die mit dem uneingeschränkten Bestätigungsvermerk des Wirtschaftsprüfers versehene Bilanz der XY GmbH zum 31.12.20 (Schlussbilanz) zugrunde gelegt.

(2) Die Übertragung des Vermögens der XY GmbH erfolgt im Verhältnis zwischen den Beteiligten mit Wirkung zum 01.01.20, 00.00 Uhr. Die Handlungen der XY GmbH bezogen auf den Teilbetrieb in Neustadt ab dem 01.01.20, 00.00 Uhr, gelten als für Rechnung der den Vermögensteil übernehmenden Rechtsträger vorgenommen (Spaltungsstichtag).

(3) Eine Kapitalherabsetzung ist seitens des übertragenden Rechtsträgers nicht notwendig, weil die vorstehende Spaltung Kapitalerhaltungsvorschriften nach dem GmbHG nicht berührt.

§5 Gewährung von Anteilen

(1) Als Gegenleistung für die Vermögensübertragung gem. §1 wird das Kapitalkonto I (Kommanditeinlage) der des übertragenden Rechtsträgers bei der Z GmbH & Co. KG von 20.000,00 EUR um 30.000,00 EUR auf 50.000,00 EUR aufschiebend bedingt auf den Zeitpunkt der Eintragung erhöht.

Übersteigt der Wert des im Rahmen der Ausgliederung auf die Z GmbH & Co. KG übertragenen Nettovermögens die Erhöhung der Pflichteinlage, wird der übersteigende Betrag dem Rücklagenkonto des übertragenden Rechtsträgers bei der Z GmbH & Co. KG gutgeschrieben.

Bare Zuzahlungen sind nicht zu leisten.

Der Betrag der Erhöhung der Pflichteinlage vermittelt ab dem Spaltungsstichtag einen Anspruch auf den Bilanzgewinn des übernehmenden Rechtsträgers.

§6 Besondere Rechte und Vorteile

Gesellschaftern des übernehmenden Rechtsträgers oder Mitgliedern der Vertretungs- und Aufsichtsorgane der an der Spaltung beteiligten Gesellschaften, den Geschäftsführern oder den Gesellschaftern dieser Gesellschaften sowie den Abschluss- oder Spaltungsprüfern, sofern vorhanden, werden keine besonderen Rechte oder Vorteile gewährt. Besondere Rechte und Vorteile im Sinne von §126 Abs. 1 Nr. 7 und 8 UmwG werden also an die dort genannten Personen nicht gewährt.

§7 Grundbesitz

Der übernehmende Rechtsträger hat keinen Grundbesitz.

Im Rahmen der Ausgliederung wird kein Grundbesitz auf den übernehmenden Rechtsträger übertragen.

III. Gesellschafterbeschluss (übertragender Rechtsträger)

Der Gesellschafter des übertragenden Rechtsträgers hält unter Verzicht auf alle Formen und Fristen eine Gesellschafterversammlung des übertragenden Rechtsträgers ab und beschließt einstimmig, was folgt:

Es wird bestätigt, dass das Stammkapital vollständig erbracht ist.

Es wird bestätigt, dass sämtliche Gesellschafter rechtzeitig vor dieser Versammlung Kenntnis vom Spaltungsvertrag und allen der Spaltung zugrunde liegenden Unterlagen erhalten hatten. Hilfsweise wird ausdrücklich auf die Zuleitung verzichtet.

Es wird auf die Erstattung eines Spaltungsberichts, einer Spaltungsprüfung und eines Prüfungsberichts verzichtet.

Auf die Auslegung der Jahresabschlüsse und der Lageberichte der an der Ausgliederung beteiligten Rechtsträger für die letzten drei Geschäftsjahre zur Einsicht der Gesellschafter in den Geschäftsräumen der Gesellschaften ab dem Zeitpunkt der Einberufung der Gesellschafterversammlung gem. §§ 49 Abs. 2, 125 Satz 1 UmwG wurde verzichtet. Dieser Verzicht wird hiermit noch einmal ausdrücklich bestätigt.

Dem vorstehenden Spaltungsvertrag (siehe Teil II dieser Urkunde) wird zugestimmt.

Auf die Anfechtung der vorstehenden Beschlüsse wird hiermit durch alle Gesellschafter des übertragenden Rechtsträgers endgültig verzichtet.

Weitere Beschlüsse werden nicht gefasst. Sodann wird die Gesellschafterversammlung beendet.

IV. Gesellschafterbeschluss (übernehmender Rechtsträger)

Die Gesellschafter des übernehmenden Rechtsträgers halten unter Verzicht auf alle Formen und Fristen eine Gesellschafterversammlung des übernehmenden Rechtsträgers ab und beschließen einstimmig, was folgt:

Die Einlagen auf die Kommanditanteile der Kommanditisten sind in voller Höhe einbezahlt und nicht durch Rückzahlungen gemindert.

Es wird bestätigt, dass sämtliche Gesellschafter rechtzeitig vor dieser Versammlung Kenntnis vom Spaltungsvertrag und allen der Spaltung zugrunde liegenden Unterlagen erhalten hatten. Hilfsweise wird ausdrücklich auf die Zuleitung verzichtet.

Es wird auf die Erstattung eines Spaltungsberichts, einer Spaltungsprüfung und eines Prüfungsberichts verzichtet.

Dem vorstehenden Spaltungsvertrag (siehe Teil II dieser Urkunde) wird zugestimmt.

Die Kommanditeinlage des bereits als Kommanditisten an dem übernehmenden Rechtsträger beteiligten übertragenden Rechtsträgers XY GmbH mit dem Sitz in (Kapitalkonto I) wird von 20.000,00 EUR um 30.000,00 EUR auf 50.000,00 EUR erhöht.

Auf die Anfechtung der vorstehenden Beschlüsse wird hiermit durch alle Gesellschafter des übertragenden Rechtsträgers endgültig verzichtet.

Weitere Beschlüsse werden nicht gefasst. Sodann wird die Gesellschafterversammlung beendet.

V. Schluss

(1) Salvatorische Klausel

Sollte eine Bestimmung oder mehrere Bestimmungen dieses Rechtsgeschäfts oder eine spätere Ergänzung ganz oder teilweise unwirksam oder undurchführbar sein oder werden oder sollte sich eine Lücke herausstellen, wird dadurch die Wirksamkeit der übrigen Bestimmungen nicht berührt.

Die Beteiligten verpflichten sich, anstelle dieser Bestimmung diejenige wirksame und durchführbare Bestimmung zu vereinbaren, die rechtlich und wirtschaftlich dem am nächsten kommt, was die Beteiligten gewollt haben oder nach dem Sinn und Zweck des Rechtsgeschäfts und seiner späteren eventuellen Ergänzung gewollt hätten, wenn sie von der Unwirksamkeit oder Undurchführbarkeit der Bestimmung bei Abschluss des Rechtsgeschäfts oder seiner Ergänzung gewusst hätten. Das Gleiche gilt sinngemäß, wenn das Rechtsgeschäft eine ergänzungsbedürftige Lücke aufweist.

(2) Kosten

Die Kosten dieser Urkunde und ihres Vollzugs tragen die XY GmbH und die Z GmbH je zur Hälfte.

Die aufgrund der Durchführung der Vermögensübertragungen entstehenden Kosten und Steuern trägt der jeweils übernehmende Rechtsträger.

(3) Hinweise des Notars

Der Notar hat auf Folgendes hingewiesen:

- Der Spaltungsvertrag wird nur wirksam, wenn die Anteilsinhaber des übernehmenden Rechtsträgers und des übertragenden Rechtsträgers ihm durch Beschluss zustimmen,
- Die Spaltung wird erst mit der Eintragung im Handelsregister des übertragenden Rechtsträgers wirksam.
- Der übernehmende Rechtsträger haftet gem. § 133 UmwG unbeschadet der im Innenverhältnis getroffenen Freistellungsregelung gesamtschuldnerisch für bestehende Verbindlichkeiten. Ferner können Haftungen aus § 25 HGB und

§ 75 AO bestehen und die Organe der Rechtsträger gem. § 25 UmwG persönlich haften.

- Bei Wirksamwerden der Spaltung geht das Vermögen des übertragenden Rechtsträgers entsprechend der im Spaltungsvertrag enthaltenen Aufteilung auf den übernehmenden Rechtsträger kraft Gesetzes über. Die Anteilsinhaber des übertragenden Rechtsträgers werden entsprechend der im Spaltungsvertrag vorgesehenen Aufteilung Anteilsinhaber der übernehmenden Rechtsträger.
- Der übertragende Rechtsträger und seine Organe erlöschen **nicht** mit der Eintragung der Spaltung im Handelsregister des übertragenden Rechtsträgers.
- Den Gläubigern der beteiligten Gesellschaften ist, wenn sie binnen sechs Monaten nach Bekanntmachung der Spaltung ihren Anspruch schriftlich anmelden und glaubhaft machen, dass die Erfüllung ihrer Forderung aufgrund der Spaltung gefährdet ist, durch diejenige Gesellschaft, gegen die sich der Anspruch richtet, Sicherheit zu leisten, sofern nicht bereits Befriedigung verlangt werden kann.
- Staatliche Genehmigungserfordernisse sind auch dann einzuhalten, wenn das Handelsregister dies nicht überprüft. Auskunft hierüber geben die IHK, Handwerks- oder berufsständische Kammern und das Gewerbeamt.

Der Notar hat steuerrechtlich nicht beraten und insoweit eine Prüfung dieser Urkunde durch entsprechende Fachberater empfohlen.

(4) Vollzugsvollmacht

Die Unterzeichner erteilen weiter jeder für sich und für die von ihnen vertretenen Gesellschaften und ihre Rechtsnachfolger den Notarangestellten

-
-

je geschäftsansässig in .

Sowie allen weiteren Angestellten des amtierenden Notars und seines Nachfolgers im Amt – welche der genannte Notar zu bezeichnen bevollmächtigt wird – je einzeln und befreit von den Beschränkungen des § 181 BGB, Erklärungen, Bewilligungen und Anträge materiell- oder formell rechtlicher Art zur Ergänzung oder Änderung der Beschlüsse und rechtsgeschäftlichen Erklärungen abzugeben, soweit diese zur Behebung behördlicher oder gerichtlicher Beanstandungen zweckdienlich sind. Sie sind auch bevollmächtigt, Gesellschafterversammlungen abzuhalten und Beschlüsse zu treffen und hierbei alle Unterzeichner unbeschränkt zu vertreten (im Innenverhältnis und nicht durch das Registergericht zu prüfen wird dieser Auftrag dahingehend eingegrenzt, dass dies nur möglich sein darf, um eventuelle Beanstandungen des Registergerichts zu vermeiden oder sich hieraus ergebende Eintragungshindernisse zu beseitigen).

Diese Vollmachten erlöschen drei Monate nach vollständigem Vollzug im Handelsregister.

(5) Verteiler

Von dieser Urkunde erhalten

elektronisch beglaubigte Abschriften:

- das Registergericht der Gesellschaft

Beglaubigte Abschriften:

- Übertragender Rechtsträger
- Sämtliche übernehmenden Rechtsträger
- Gesellschafter
- Finanzamt , Körperschaftsteuerstelle, gem. §54 EStDV

Einfache Abschrift:

- Steuerberater

Die Anlagen sind den Beteiligten bekannt; er hat auf das Vorlesen verzichtet und jede Seite einzeln unterschrieben. Auf diese wird gem. §14 Abs. 1 Satz 2 BeurkG verwiesen.

Die Niederschrift nebst Anlagen wurde den Erschienenen vorgelesen, von ihnen genehmigt und von ihnen und dem Notar eigenhändig wie folgt unterzeichnet:

,

(Unterschriften)

▲

2. Anmeldung zum Handelsregister des übernehmenden Rechtsträgers

▼ 123

Muster 3.18: Anmeldung zum Handelsregister des übernehmenden Rechtsträgers 3.18

An das Amtsgericht

Registergericht

HRA

Z GmbH & Co. KG mit dem Sitz in

I. In der Anlage wird jeweils in elektronisch beglaubigter Abschrift überreicht:

- Urkunde mit Spaltungsvertrag und Gesellschafterbeschlüssen des übertragenden Rechtsträgers und des übernehmenden Rechtsträgers und Verzichtserklärungen
- die Schlussbilanz
- Nachweis der Zuleitung des Entwurfs des Spaltungsvertrages an den Betriebsrat der an der Spaltung beteiligten Gesellschaften

II. Zur Eintragung in das Handelsregister wird angemeldet:

- Unter Fortbestand der XY GmbH mit dem Sitz in , eingetragen im Handelsregister des Amtsgerichts, unter HRB , wurde im Zuge einer Ausgliederung zur Aufnahme nach Maßgabe des eingereichten Spaltungsvertrages unter Anwendung der Vorschriften des Umwandlungsgesetzes ein Teil ihres Vermögens übertragen auf die Z GmbH & Co. KG mit dem Sitz in gegen Gewährung von Anteilen dieses Rechtsträgers an den übertragenden Rechtsträger.
- In diesem Zusammenhang wurde die Kommanditeinlage der XY GmbH mit dem Sitz in an der Z GmbH & Co. KG von 20.000,00 EUR um 30.000,00 EUR auf 50.000,00 EUR erhöht.

III. Es wird von dem Unterzeichnenden versichert:

- Ein Betriebsrat beim übernehmenden Rechtsträger existiert nicht. Daher entfällt die Einreichung einer Empfangsbestätigung als Nachweis über die rechtzeitige Zuleitung des Entwurfes des Ausgliederungs- und Übernahmevertrags an einen Betriebsrat des Betriebs des übernehmenden Rechtsträgers.
- Beim übertragenden Rechtsträger ist ein Betriebsrat vorhanden. Nachweis über die rechtzeitige Zuleitung des Entwurfs des Spaltungsvertrags an alle Betriebsräte ist dieser Anmeldung als Anlage beigefügt.
- Auf einen Ausgliederungsbericht gemäß § 127 Satz 1 UmwG wurde gemäß §§ 8 Abs. 3 Satz 1 Alt. 1, 127 Satz 2 UmwG verzichtet. Daher entfällt die Einreichung eines Ausgliederungsberichts. Eine Prüfung der Ausgliederung ist gem. § 125 Satz 2 UmwG nicht erforderlich.
- Ein Prüfungsbericht ist gem. § 125 Satz 2 UmwG nicht erforderlich. Darüber hinaus ist die Ausgliederungsprüfung nicht gem. §§ 44, 125 Satz 1 UmwG verlangt. Daher entfällt die Einreichung eines Prüfungsberichts.

IV. Ich erkläre gemäß § 16 Abs. 2 Satz 2 Halbsatz 1 UmwG unter Bezug auf die im Spaltungsbeschluss abgegebenen Anfechtungsverzichtserklärungen sämtlicher Gesellschafter des übertragenden und des übernehmenden Rechtsträgers, dass eine Anfechtung ausgeschlossen ist und daher eine Negativerklärung nach § 16 Abs. 2 Satz 1 UmwG entbehrlich ist.

V. Die inländische Geschäftsanschrift der Gesellschaft lautet unverändert .

Nach Vollzug wird um Eintragungsnachricht an den Notar gebeten.

VI. Die Kosten dieser Handelsregisteranmeldung und ihres Vollzugs bei Gericht trägt der übernehmende Rechtsträger.

, den

(notarieller Beglaubigungsvermerk)

▲

3. Anmeldung zum Handelsregister der übertragenden Gesellschaft

▼ 124

Muster 3.19: Anmeldung zum Handelsregister der übertragenden Gesellschaft 3.19

An das Amtsgericht

Registergericht

HRB

XY GmbH mit dem Sitz in

I. In der Anlage wird jeweils in elektronisch beglaubigter Abschrift überreicht:

- Urkunde mit Spaltungsvertrag und Gesellschafterbeschlüssen des übertragenden Rechtsträgers und des übernehmenden Rechtsträgers und Verzichtserklärungen
- die Schlussbilanz
- Nachweis der Zuleitung des Entwurfs des Spaltungsvertrages an den Betriebsrat der an der Spaltung beteiligten Gesellschaften

II. Zur Eintragung in das Handelsregister wird angemeldet:

- Unter Fortbestand der XY GmbH mit dem Sitz in , eingetragen im Handelsregister des Amtsgerichts, unter HRB, wurde im Zuge einer Ausgliederung zur Aufnahme nach Maßgabe des eingereichten Spaltungsvertrages unter Anwendung der Vorschriften des Umwandlungsgesetzes ein Teil ihres Vermögens übertragen auf die Z GmbH & Co. KG mit dem Sitz in gegen Gewährung von Anteilen dieses Rechtsträgers an den übertragenden Rechtsträger.

III. Es wird von dem Unterzeichnenden versichert:

- Ein Betriebsrat beim übernehmenden Rechtsträger existiert nicht. Daher entfällt die Einreichung einer Empfangsbestätigung als Nachweis über die rechtzeitige Zuleitung des Entwurfes des Ausgliederungs- und Übernahmevertrags an einen Betriebsrat des Betriebs des übernehmenden Rechtsträgers.

- Beim übertragenden Rechtsträger ist ein Betriebsrat vorhanden. Nachweis über die rechtzeitige Zuleitung des Entwurfs des Spaltungsvertrags an alle Betriebsräte ist dieser Anmeldung als Anlage beigefügt.
- Auf einen Ausgliederungsbericht gemäß § 127 Satz 1 UmwG wurde gemäß §§ 8 Abs. 3 Satz 1 Alt. 1, 127 Satz 2 UmwG verzichtet. Daher entfällt die Einreichung eines Ausgliederungsberichts. Eine Prüfung der Ausgliederung ist gem. § 125 Satz 2 UmwG nicht erforderlich.
- Ein Prüfungsbericht ist gem. § 125 Satz 2 UmwG nicht erforderlich. Darüber hinaus ist die Ausgliederungsprüfung nicht gem. §§ 44, 125 Satz 1 UmwG verlangt. Daher entfällt die Einreichung eines Prüfungsberichts.

Gemäß § 140 UmwG wird versichert, dass die durch Gesetz und Gesellschaftsvertrag vorgesehenen Voraussetzungen für die Gründung dieser GmbH auch unter Berücksichtigung der Ausgliederung im Zeitpunkt der Anmeldung vorliegen und das Stammkapital des übertragenden Rechtsträgers unter Berücksichtigung der erfolgten Kapitalherabsetzung in voller Höhe durch das nach der Spaltung verbleibende Vermögen gedeckt ist.

Ich erkläre gemäß § 16 Abs. 2 Satz 2 Halbsatz 1 UmwG unter Bezug auf die im Spaltungsbeschluss abgegebenen Anfechtungsverzichtserklärungen des alleinigen Gesellschafters des übertragenden und des übernehmenden Rechtsträgers, dass eine Anfechtung ausgeschlossen ist und daher eine Negativerklärung nach § 16 Abs. 2 Satz 1 UmwG entbehrlich ist.

IV. Die inländische Geschäftsanschrift der Gesellschaft lautet unverändert .

Nach Vollzug wird um Eintragungsnachricht an den Notar gebeten.

V. Die Kosten dieser Handelsregisteranmeldung und ihres Vollzugs bei Gericht trägt der übernehmende Rechtsträger.

, den

(notarieller Beglaubigungsvermerk)

▲

II. Checkliste

125 ▼

3.20 **Muster 3.20: Checkliste: Ausgliederung eines Teilbetriebs von einer GmbH auf eine GmbH & Co. KG zur Aufnahme**

Es müssen zwingend von den Mandanten beschafft bzw. vorgelegt werden:

- ☐ Spaltungs- und Übernahmevertrag (notarielle Urkunde)
- ☐ Spaltungsbeschlüsse (notarielle Urkunden)

- ☐ Anmeldungen zum Handelsregister – übertragender Rechtsträger und übernehmender Rechtsträger (notarielle Urkunden)
- ☐ Liste der Gesellschafter des übertragenden Rechtsträgers (bei Kapitalherabsetzung; durch Notar – nicht im Muster)
- ☐ Aktualisierter Text des Gesellschaftsvertrages mit notarieller Bescheinigung gem. § 54 Abs. 1 GmbHG (durch Notar; für übertragenden Rechtsträger bei Kapitalherabsetzung – nicht im Muster)
- ☐ Schlussbilanz des übertragenden Rechtsträgers
- ☐ Nachweis rechtzeitiger Zuleitung an den Betriebsrat (wenn vorhanden)
- ☐ Spaltungsbericht (hierauf kann verzichtet werden)
- ☐ Spaltungsprüfbericht (hierauf kann verzichtet werden)
- ☐ Unterrichtung der Gesellschafter nebst Einberufung der Gesellschafterversammlung
- ☐ Anfechtungsverzichtserklärung oder Ablauf der Anfechtungsfrist
- ☐ Nachweis über die Eintragung beim übernehmenden Rechtsträger
- ☐ Bei Beteiligung einer GmbH als übertragender Rechtsträger: Erklärung gem. § 140 UmwG, dass die Voraussetzungen für die Gründung dieser Gesellschaft unter Berücksichtigung der Ausgliederung noch vorliegen (Kapitalerhaltung).

▲

Empfehlenswert: 126

Es empfiehlt sich für den Mandanten, vor der Durchführung der Spaltung Kontakt mit dem zuständigen Finanzamt aufzunehmen und eine Verbindliche Auskunft zur Teilbetriebseigenschaft zu beantragen.

III. Ablaufplan

Hier, wie überall, gilt: Der konkrete Ablauf richtet sich in der Praxis nach den Umständen des Einzelfalls; vom Notar ist ein gewisses Maß an Flexibilität gefragt. Der Notar sollte sich immer, auch bei der Ausgliederung, einen konkreten Ablaufplan (mit großzügigen Fristen für die Kundschaft und sich selbst) erstellen, um immer die nächsten Schritte im Blick zu haben. 127

a) **Vorbereitungshandlungen:** Entwurfserstellung durch die Beteiligten in möglichst enger Absprache mit dem Notar, Erstellung der Schlussbilanz, Einbindung von Betriebsräten, Inhabern von Sonderrechten etc. Die Beteiligten sollten **weitere Rechtsfragen** im Blick haben: Anforderungen des Kartellrechts, des Gewerberechts, etc. Eine **Buchwertfortführung** (die immer gewollt ist) ist nur möglich, wenn die Teilbetriebseigenschaft gegeben ist. Dies müssen die Mandanten selbst in Zusammenarbeit mit ihren steuerlichen Fachberatern klären. Die Beteiligten sollten darauf achten, die Teilbetriebseigenschaft klar herauszuarbeiten – sowohl im Sachgründungsbericht als auch in der Schlussbilanz. 128

Beachte:

Bei der Ausgliederung muss auch bei dem übertragenden Rechtsträger ein Teilbetrieb verbleiben (sog. doppeltes Teilbetriebserfordernis). Bei mehreren übernehmenden Rechtsträgern muss auf jeden (mindestens) ein Teilbetrieb übergehen.[20]

129 b) **Beteiligung der Betriebsräte:** Sofern es einen Betriebsrat gibt: Zuleitung des Vertrages oder seines Entwurfs spätestens einen Monat vor dem Tage der Versammlung der Anteilsinhaber an den Betriebsrat. Auf die Monatsfrist kann verzichtet werden, nicht jedoch auf die Zuleitung selbst. Kommt es jedoch im Zuge der Spaltung zu **wesentlichen Nachteilen für die Belegschaft** oder jedenfalls wesentliche Teile der Belegschaft, so müssen die Betriebsräte u.U. deutlich vorher informiert werden (nämlich „rechtzeitig" i.S.v. § 111 BetrVG), damit ein **Interessenausgleich** und evtl. ein **Sozialplan** erstellt werden kann. Hierbei handelt es sich dann um Vorbereitungshandlungen, die u.U. viele Monate vorher angebahnt worden sein sollten.

130 c) **Spaltungsplan:** Beurkundung des Spaltungsplans.

131 d) **Gesellschafterbeschluss:** Beurkundung des Zustimmungsbeschlusses der Gesellschafterversammlungen/Hauptversammlung der übernehmenden und der übertragenden Gesellschaft (§§ 13, 50 UmwG).

132 e) **Verzichtserklärungen:** In diesem Kontext kann auch die Verzichtserklärung auf die Klage gegen die Wirksamkeit des Beschlusses durch sämtliche Anteilsinhaber beurkundet werden und die weiteren Verzichtserklärungen. Der Klageverzicht kann auch separat beurkundet werden oder es kann die einmonatige Klagefrist abgewartet werden (§ 14 UmwG).

133 f) Handelsregisteranmeldungen der Spaltung durch die Vertretungsorgane an das Register eines jeden beteiligten Rechtsträgers (§ 16 Abs. 1 Satz 1 UmwG).

134 g) Die Spaltung wird erst mit **Eintragung im Register des übertragenden Rechtsträgers** wirksam (anders als bei der Verschmelzung). Die Spaltung darf in das Register des Sitzes des übertragenden Rechtsträgers erst eingetragen werden, nachdem sie im Register des Sitzes jedes der übernehmenden Rechtsträger eingetragen worden ist; die Eintragung im Register des Sitzes jedes der übernehmenden Rechtsträger ist mit dem Vermerk zu versehen, dass die Spaltung erst mit der Eintragung im Register des Sitzes des übertragenden Rechtsträgers wirksam wird, sofern die Eintragungen in den Registern aller beteiligten Rechtsträger nicht am selben Tag erfolgen (§ 130 Abs. 1 UmwG). Die Mitteilungen zwischen den beteiligten Registergerichten erfolgen von Amts wegen (§ 130 Abs. 2 UmwG).

20 *Hörtnagel* in: Schmitt/Hörtnagl, UmwG, UmwStG, § 15 UmwStG Rn 62.

IV. Anmerkungen

Anders als bei der Auf- oder Abspaltung zur Neugründung existiert bei der Ausgliederung zur Aufnahme ein Vertragspartner, sodass ein **Spaltungs- und Übernahmevertrag** zu schließen ist. Sein **Mindestinhalt** ergibt sich aus § 126 UmwG. Er bedarf notarieller Beurkundung (vgl. §§ 125, 6 UmwG). **135**

Den Vertrag schließen die Vertretungsorgane der beteiligten Gesellschaften (§ 125 UmwG i.V.m. § 4 Abs. 1 Satz 1 UmwG); dies kann vor oder nach den Beschlüssen erfolgen. Es genügt die **Mitwirkung in vertretungsberechtigter Formation**. Ist eine **unechte Gesamtvertretung** möglich, können auch Prokuristen mitwirken. Die **Prokura** als solche ermächtigt aber nicht zum Vertragsabschluss. Die vertretungsberechtigten Organe können andere Personen durch Vollmacht zum Vertragsabschluss ermächtigen; die Vollmacht bedarf grds. keiner bestimmten Form (§ 167 Abs. 2 BGB), allerdings dürfte für Registerzwecke das Vorliegen einer schriftlichen Vollmacht praktisch zwingend sein.[21] **136**

Vertragsinhalt, Vermögenszuordnung: Zivilrechtlich bestehen keine Beschränkungen bei der Zuweisung der Vermögensgegenstände oder der Verbindlichkeiten. In der Praxis ist jedoch die **Gewährleistung der Buchwertfortführung** von zentraler Bedeutung siehe unten): Gegenstand der Übertragung muss (mindestens) ein Teilbetrieb sein; auch beim übertragenden Rechtsträger muss (mindestens) ein Teilbetrieb zurückbleiben (doppeltes Teilbetriebserfordernis). **137**

Die **genaue Bezeichnung und Aufteilung der Gegenstände** des **Aktiv- und Passivvermögens**, die an jeden der übernehmenden Rechtsträger übertragen werde, sowie der übergehenden Betriebe und Betriebsteile unter Zuordnung zu den übernehmenden Rechtsträgern (siehe § 126 Abs. 1 Nr. 9 UmwG) bildet den Kern des Spaltungsplans. Die Norm gewährt für die Aufteilung des Vermögens des sich spaltenden Rechtsträgers erhebliche Freiheit; die Beteiligten können grds. jeden Gegenstand jedem beliebigen übernehmenden Rechtsträger zuweisen (was insbesondere für Arbeitsverhältnisse aber wiederum eine Einschränkung erfährt).[22] **138**

Es gelten grds. die **gleichen Anforderungen wie beim Unternehmenskauf** in Gestalt des **asset deals**. Die Kennzeichnungsanforderungen dürfen jedoch nicht überspannt werden. Es genügt, wenn ein Gegenstand bei betriebswirtschaftlicher Betrachtung dem Geschäftsbetrieb eines bestimmten Unternehmensteils zuzurechnen ist. Insbesondere sind Catch-All-Klauseln zulässig, mit denen sämtliche zu einem bestimmten Bereich gehörenden Gegenstände erfasst werden.[23] Das gilt allerdings nicht für Grundstücke, die gem. § 126 Abs. 2 UmwG in Verbindung mit § 28 GBO übereinstimmend mit dem Grundbuch oder durch Hinweis auf das Grundbuchblatt **139**

21 *Priester* in: Lutter, Umwandlungsgesetz, § 126 UmwG Rn 11–13.

22 BT-Drucks 12/6699, S. 118.

23 BGH, Urt. v. 8.10.2003 – XII ZR 50/02, NJW-RR 2004, 123.

zu bezeichnen sind. Reine Quotenangaben, wie etwa „ein Viertel der Warenvorräte“, genügen jedoch nicht.

140 **Die Verweisung** § 126 Abs. 3 Satz 3 UmwG erlaubt die (untechnische) Bezugnahme auf (und Beifügung von) „*Urkunden wie Bilanzen und Inventare, deren Inhalt eine Zuweisung des einzelnen Gegenstands ermöglicht*“. In Betracht kommen vor allem Sachanlageverzeichnisse, Forderungslisten und Inventurverzeichnisse sowie Listen über vorhandene immaterielle Wirtschaftsgüter (Patente, Lizenzen etc.).

141 Lediglich bei **Grundstücken** gilt ein strenger Maßstab der Bezeichnung (§ 126 Abs. 2 Satz 2 UmwG i.V.m. § 28 GBO): Erforderlich ist die Angabe des Grundbuchamts, der Gemarkung, des Grundbuchblatts und der BV-Nummer. Die **Rechtsfolgen eines Vergessens der genauen Bezeichnung** sind umstritten: Nach herrschender Ansicht gehen diese Grundstücke nicht außerhalb des Grundbuches über – es bedarf also noch einer Auflassung; nach anderer Ansicht handelt es sich um eine bloße Ordnungsvorschrift, deren Missachtung nicht den Eigentumsübergang hindert, wenn die Auslegung des Vertrages eindeutig ergibt, dass das Eigentum an bestimmten Grundstücken übergehen sollte. Für die Zwecke des Urkundenerstellers kann der Streitstand dahin stehen: Er sollte schlicht der Weisung des Gesetzes folgen und die Grundstücke genau bezeichnen.[24] Bei **Teilflächen** genügt die Bezugnahme auf den Fortführungsnachweis.

142 Sind **Vermögensgegenstände** des zu übertragenden Teilbetriebes Rechtsträgers „**vergessen**“ worden, sollte die Urkunde ein Verfahren zu deren Feststellung bieten. Das UmwG enthält insoweit lediglich zur Aufspaltung (nicht zur Ausgliederung) eine Zweifelsregelung in § 131 Abs. 3 UmwG (anteilige Übertragung auf alle übernehmenden Rechtsträger). In der Praxis wählen die Beteiligten oft Bestimmungsmöglichkeit einer Partei gemäß § 315 BGB.

143 Dem **Betriebsrat** (vertreten durch seinen Vorsitzenden oder Stellvertreter) ist der **Entwurf des Spaltungsvertrags** bzw. dessen Entwurf spätestens einen Monat vor dem Zustimmungsbeschluss der Gesellschafter gem. § 126 Abs. 3 UmwG zuzuleiten. Diese Zuleitung ist auch dem Handelsregister gegenüber nachzuweisen. Soweit **Betriebsvereinbarungen** (z.B. zur Arbeitszeitflexibilisierung, zu Brückentagen, zu Zutrittskontrollsystemen etc.), Interessenausgleichsvereinbarungen oder Sozialpläne bestehen und übergehen, sollten sie im Einzelnen aufgeführt werden.

144 Gem. § 126 Abs. 1 Nr. 6 UmwG ist der **Zeitpunkt des Wechsels der Rechnungslegung** (Spaltungsstichtag) festzusetzen. Ab diesem Zeitpunkt gelten alle Handlungen des übertragenden Rechtsträgers als für Rechnung des jeweils betroffenen übernehmenden Rechtsträgers vorgenommen. Gem. § 126 Abs. 1 Nr. 5 UmwG ist der Zeitpunkt zu nennen, ab dem die gewährten Anteile an den übernehmenden Ge-

24 Für den Streitstand: *Priester* in: Lutter, Umwandlungsgesetz, § 126 UmwG Rn 53, der die Gegenansicht zum BGH vertritt, aber natürlich selbst schreibt, dass der Praktiker mit der strengen Rechtsprechung rechnen muss.

sellschaften Anspruch auf den Bilanzgewinn vermitteln, wobei typischerweise der Spaltungsstichtag gewählt wird.

Mit der **Anmeldung der Spaltung zum Handelsregister** des übertragenden Rechtsträgers muss dessen **Schlussbilanz** vorgelegt werden (§§ 125, 17 Abs. 2 Satz 1 UmwG). Sie darf nicht auf einen Stichtag aufgestellt sein, der mehr als acht Monate vor der Anmeldung zurückliegt (§ 17 Abs. 2 Satz 4 UmwG). 145

Als **Folge der Ausgliederung** dürfen die gesetzlichen Kapitalerhaltungsvorschriften des übertragenden Rechtsträgers nicht verletzt werden. Stellt sich heraus, dass das Kapital des übertragenden Rechtsträgers nicht mehr durch das verbleibende Vermögen gedeckt ist, hat eine **Kapitalherabsetzung** zu erfolgen, wobei der übertragende Rechtsträger ein vereinfachtes Kapitalherabsetzungsverfahren zur Verfügung steht (§§ 139 Satz 1, 145 Satz 1 UmwG). Für die GmbH ergibt sich dieses aus §§ 58a ff. GmbHG. 146

Bei **Umwandlungsvorgängen in einem Konzern** kann oft eine genaue Berechnung der Werte und eine Sicherstellung der korrekten Spaltungsrelation verzichtet werden. Bei einem **Vermögensübergang „unter Fremden"** sind (zur Vermeidung von Schenkungen) das abgespaltene Vermögen und der übernehmende Rechtsträger zu bewerten und korrekte Spaltungsrelationen festzulegen, auf deren Grundlage die Nennwerte der neuen Anteile ermittelt werden. 147

Die **Zuführung des den nominellen Erhöhungsbetrages** übersteigenden Wertes des eingebrachten Teilbetriebes erfolgt üblicherweise zur Kapitalrücklage (§ 272 Abs. 2 Nr. 4 HGB). Alternativ können die Parteien ein (verzinsliches) Darlehen in Höhe der Differenz von Erhöhungsbetrag und eingebrachten (Buch-)werten vereinbaren. 148

Unterrichtung der Gesellschafter: Der Spaltungsvertrag bzw. der Entwurf hierfür ist den Gesellschaftern des übertragenden Rechtsträgers spätestens mit der Einberufung zur Gesellschafterversammlung, welche die Zustimmung zur Erklärung und zu den Neugründungen beschließen soll, zuzusenden (§§ 125 i.V.m. 47 UmwG). 149

Die **Vertretungsorgane des übertragenden Rechtsträgers** haben gem. § 127 Satz 1 UmwG einen **Spaltungsbericht** zu erstatten. Durch notariell beurkundete Verzichtserklärung aller Gesellschafter des übertragenden und des übernehmenden Rechtsträgers kann hierauf verzichtet werden (§§ 125 i.V.m. 8 Abs. 3 UmwG). 150

Eine **Prüfung des Spaltungsplans** und Erstellung eines Spaltungsprüfungsberichtes (§§ 125, 9–12 UmwG) findet nicht statt, es sei denn, einer der Gesellschafter/Anteilsinhaber der beteiligten Rechtsträger verlangt eine solche Prüfung (§§ 125, 48 Satz 1 UmwG). 151

V. Steuerliche Hinweise

1. Buchwertfortführung

152 Soll die Buchwertfortführung ermöglicht werden (Erfolgsneutralität), gibt es zu den Verfahren des Umwandlungsgesetzes keine Alternative. Grundvoraussetzung für die Inanspruchnahme des auf Antrag zu gewährenden steuerlichen Buchwertprivilegiums (§ 15 UmwStG) ist allerdings das Bestehen eines Teilbetriebs, der auf die übernehmende Kapitalgesellschaft übergehen.

153 Im Falle der Ausgliederung auf eine GmbH & Co. KG wird die übertragende Gesellschaft regelmäßig Mitunternehmerin der übernehmenden GmbH & Co. KG und es gilt § 24 UmwStG. Das übergehende Betriebsvermögen ist durch die übernehmende Personengesellschaft grds. mit dem gemeinen Wert anzusetzen (§ 24 Abs. 2 Satz 1 UmwStG) und es entsteht ein Übertragungsgewinn. Auf Antrag kann aber auch der Ansatz mit dem Buch- oder einem Zwischenwert erfolgen (§ 24 Abs. 2 Satz 2 UmwStG), soweit das deutsche Besteuerungsrecht nicht ausgeschlossen oder eingeschränkt wird und keine schädliche sonstige Gegenleistung gewährt wird.[25]

154 Hat die übernehmende Personengesellschaft gemäß § 1a KStG zur Körperschaftsteuer optiert, dann ist sie steuerrechtlich wie eine Kapitalgesellschaft zu behandeln: Steuerrechtlich ist der Vorgang dann also wie Ausgliederung wie eine Übertragung auf eine Kapitalgesellschaft zu behandeln, auf die ggf. § 20 UmwStG anzuwenden ist.

2. Grunderwerbsteuer

155 Die Ausgliederung unterliegt der Grunderwerbsteuer, sofern inländische Grundstücke (§ 1 Abs. 1 und 2 GrEStG) betroffen sind. Allerdings bietet § 5 GrEStG eine **Begünstigung in Bezug auf Personen- und Beteiligungsidentität** – das bedeutet, dass die Grunderwerbsteuer insoweit nicht erhoben wird, als sich auf beiden Seiten die gleichen Personen mit identischen Beteiligungen als Mitunternehmer gegenüberstünden. Allerdings entfällt diese Befreiung rückwirkend, soweit sich die Beteiligungsverhältnisse innerhalb der folgenden zehn Jahre verändern.

3. Umsatzsteuer

156 Die Ausgliederung ist im Normalfall nach § 1 Abs. 1a UStG als Geschäftsveräußerung nicht umsatzsteuerbar.

25 Siehe instruktiv: *Kutt* in: Fuhrmann/Wälzholz, Formularbuch Gesellschaftsrecht, 10. Teil, Kapitel 34, IV., 5. Steuern.

VI. Notarkosten

a) Spaltungs- und Übernahmevertrages: 2,0-Gebühr (Nr. 21100 KV GNotKG). Der **Geschäftswert** ist Wert des übergehenden Aktivvermögens ohne Schuldenabzug (§ 38 GNotKG). Der **Höchstwert** beträgt 10 Mio. EUR (§ 107 Abs. 1 Satz 1 GNotKG). Die **Übertragung eines Betriebsgrundstücks** im Rahmen der Spaltung wäre gegenstandsverschieden (§ 86 Abs. 2 GNotKG); der Geschäftswert wäre insoweit der Verkehrswert des Grundstücks (§ 46 GNotKG) ohne Abzug von Verbindlichkeiten (§ 38 GNotKG). Dieser ist hinzuzurechnen (§ 35 Abs. 1 GNotKG), wobei eine Vergleichsberechnung nach mit der 2,0-Gebühr im Übrigen erforderlich ist (§ 94 Abs. 1 GNotKG). 157

b) Gesellschafterbeschluss: 2,0-Gebühr (Nr. 21100 KV GNotKG). Der **Geschäftswert** ist der Wert des insgesamt übergehenden Aktivvermögens (§ 108 Abs. 2, Abs. 3 GNotKG), höchstens 5 Mio. EUR (§ 108 Abs. 5 GNotKG). 158

Die **Verzichtserklärungen** lösen eine 1,0-Gebühr aus (Nr. 21200 KV GNotKG). Der Geschäftswert ist ein Teilwert des vorstehenden Geschäftswerts; angemessen sind 10–30 % (§ 36 Abs. 1 GNotKG). Der Gesellschafterbeschluss und die Verzichtserklärungen sind gegenstandsverschieden (§ 110 Nr. 1 GNotKG), so dass eine Vergleichsberechnung nach § 94 Abs. 1 GNotKG erforderlich ist. Werden die Verzichtserklärungen mit dem Spaltungsvertrag beurkundet, dann sind diese gegenstandsgleich und insoweit nicht gesondert zu berücksichtigen.

c) Jeweils Handelsregisteranmeldungen bei Entwurf durch den Notar: 0,5-Gebühr (Nr. 24102 KV GNotKG, § 92 Abs. 2 GNotKG). Der **Geschäftswert** beträgt 1 % des Stammkapitals, mind. 30.000 EUR (§ 119 Abs. 1, § 105 Abs. 2, Abs. 4 Nr. 1 GNotKG). Die Geschäftswerte sind zu addieren; der Höchstwert beträgt 1 Mio. EUR (§ 106 GNotKG). 159

Für die **Erzeugung der XML-Strukturdaten**: 0,2-Gebühr, maximal jedoch 125 EUR (Nr. 22114 KV GNotKG), aus dem vollen Wert der Anmeldung. Die Gebühr entsteht nur einmal – auch bei Einreichung bei mehreren Registergerichten. Bei der **Unterschriftsbeglaubigung unter einem Fremdentwurf** entsteht eine 0,2-Gebühr, max. 70 EUR (Nr. 25100 KV GNotKG): für die **Erzeugung der XML-Strukturdaten** entsteht eine 0,5-Gebühr, maximal jedoch 250 EUR (Nr. 22125 KV GNotKG).

Zusätzlich ist dann eine Gebühr von pauschal 20 EUR für die Übermittlung der Anmeldung an das Handelsregister zu erheben (Nr. 22124 KV GNotKG), und eine Gebühr für die Erzeugung elektronisch beglaubigter Abschriften der Fremdurkunden (Nr. 25102 KV GNotKG, 1 EUR je Seite, mind. je 10 EUR).

E. Ausgliederung aus dem Vermögen eines Einzelkaufmanns auf eine GmbH zur Neugründung

I. Muster

1. Ausgliederungserklärung Ausgliederungsplan

160 ▼

Muster 3.21: Ausgliederungserklärung Ausgliederungsplan

3.21 – Notarielle Eingangsformel –

Es erscheint unbedenklich geschäftsfähig:

Herr B,

Die Frage nach einer Vorbefassung i.S.d. § 3 Abs. 1 Nr. 7 BeurkG wurde allseits verneint.

Über das GeldwäscheG belehrt, erklärt der Beteiligte auf eigene Rechnung zu handeln.

Die Beteiligten erklären, dass sie rechtzeitig vor der heutigen Beurkundung den beabsichtigten Text des Rechtsgeschäfts erhalten haben und so ausreichend Gelegenheit hatten, sich vorab mit dem Gegenstand der Beurkundung auseinanderzusetzen.

Erklärt wird mit der Bitte um notarielle Beurkundung, was folgt:

Ausgliederung aus dem Vermögen eines Einzelkaufmanns

§ 1 Vorbemerkungen

Im Handelsregister des Amtsgerichts ist unter HRA der Beteiligte mit einem unter der Firma e.K. betriebenen einzelkaufmännischen Unternehmen eingetragen (im Folgenden auch „**einzelkaufmännisches Unternehmen**“.

Mit dieser Urkunde soll das gesamte Unternehmen mit allen Aktiva und Passiva ausgegliedert werden. Dementsprechend wird in Anwendung der §§ 152, 158 ff., 123 ff. UmwG das vorbezeichnete Unternehmen auf die neu gegründete GmbH mit dem Sitz in ausgegliedert.

§ 2 Ausgliederungserklärung/Ausgliederungsplan

(1) Das vorstehend bezeichnete einzelkaufmännische Unternehmen unter der Firma e.K. soll in eine Gesellschaft mit beschränkter Haftung umgewandelt werden. Hierzu gibt Herr B folgende Ausgliederungserklärung ab.

(2) Der Erschienene errichtet hiermit eine Gesellschaft mit beschränkter Haftung (im Folgenden als „**Gesellschaft**“ bezeichnet) gemäß dem nachstehenden Aus-

gliederungsplan, deren einziger Gesellschafter er selbst ist, und stellt den in der **Anlage 1** beigefügten Gesellschaftsvertrag fest. Er wurde verlesen und genehmigt und bildet einen wesentlichen Bestandteil dieser Urkunde.

Herr B gliedert das einzelkaufmännische Unternehmen gemäß dem nachstehenden Ausgliederungsplan nach den §§ 152 ff. UmwG auf die von ihm hierdurch gegründete Gesellschaft mit beschränkter Haftung aus.

(3) Der Erschienene stellt folgenden Ausgliederungsplan auf:

a) Die Firma der neu entstehenden Gesellschaft mit beschränkter Haftung lautet: GmbH. Sie hat ihren Sitz in . Die Firma des übertragenden Rechtsträgers lautet: e.K.

b) Herr B überträgt die nachfolgend bezeichneten Vermögensteile und alle sonstigen Aktiva und Passiva des einzelkaufmännischen Unternehmens jeweils als Gesamtheit mit allen Rechten und Pflichten auf die durch die Spaltung entstehende Gesellschaft GmbH, und zwar gegen Gewährung von Gesellschafterrechten an sich selbst. Die Spaltung erfolgt in Anwendung der §§ 152 ff., 123 ff. UmwG.

c) Für die Übertragung der Gegenstände des Aktiv- und Passivvermögens auf die Gesellschaft gilt im Einzelnen:

- Auf die Gesellschaft werden alle Aktiva und Passiva des einzelkaufmännischen Unternehmens., die in der zum . .20 aufgestellten Schlussbilanz, die als **Anlage 2** beigefügt ist, des einzelkaufmännischen Unternehmens enthalten sind, und zwar insbesondere
  - die Vermögensgegenstände des Anlage- und Umlaufvermögens gemäß Inventar und allgemeiner Beschreibung nach **Anlage 3**, soweit sie nicht bilanzierungspflichtig bzw. bilanzierungsfähig sind,
  - alle die dem einzelkaufmännischen Unternehmen zuzuordnenden Verträge, insbesondere Pacht-, Leasing- und Lieferverträge, Betriebsführungsverträge, Konzessionsverträge, Angebote und sonstige Rechtsstellungen nach **Anlage 4**.
- Von der durch die Spaltung entstehenden Gesellschaft übernommen werden sämtliche Verbindlichkeiten des einzelkaufmännischen Unternehmens, wie aus der Bilanz ersichtlich.
- Auf die Gesellschaft gehen sämtliche beim einzelkaufmännischen Unternehmen bestehenden Arbeitsverhältnisse über.
- Ab dem . .20 , 0:00 Uhr (in dieser Urkunde auch **Spaltungsstichtag**) gelten die auf die übertragenen Vermögensgegenstände und Verbindlichkeiten bezogenen Handlungen des übertragenden Rechtsträgers jeweils als für Rechnung der Gesellschaft vorgenommen.
- Soweit ab dem Spaltungsstichtag Gegenstände durch Herrn B im regelmäßigen Geschäftsverkehr veräußert worden sind, treten die Surrogate an deren

Stelle. Alle Vermögensgegenstände, Verbindlichkeiten und Arbeitsverhältnisse, die nicht in den beigefügten Anlagen bzw. der Bilanz aufgeführt sind, gehen auf die Gesellschaft über. Dies gilt insbesondere auch für immaterielle oder bis zur Eintragung der Spaltung in das Handelsregister des einzelkaufmännischen Unternehmens erworbene Vermögensgegenstände, begründete Arbeitsverhältnisse und entstandene Verbindlichkeiten.

- Sollte sich aufgrund einer steuerlichen Außenprüfung oder einer sonstigen rechtskräftigen Feststellung durch die Finanzbehörden nach dem Spaltungsstichtag eine Steuernachforderung oder -erstattung für betriebliche Steuern (ohne Einkommensteuer) ergeben, die wirtschaftlich ganz oder teilweise dem ausgegliederten Vermögen zuzuordnen ist, gilt diese insoweit als auf die Gesellschaft übertragen bzw. von dieser übernommen; die Gesellschaft hat Herrn B von allen in diesem Zusammenhang entstehenden Forderungen freizustellen.

Auf die Anlagen 2–4 wird gemäß § 14 Abs. 1 Satz 2 BeurkG verwiesen. Der Inhalt dieser Anlagen ist allseits bekannt; auf das Vorlesen wurde verzichtet. Die Anlagen wurden dem Beteiligten zur Kenntnisnahme vorgelegt. Anschließend hat er jede Seite der Anlagen unterzeichnet.

d) Als Gegenleistung für die vorstehende Vermögensübertragung erhält Herr B einen Geschäftsanteil (Geschäftsanteil Nr. 1) im Nennbetrag von 25.000,00 EUR (i.W.: fünfundzwanzigtausend EUR) an der Gesellschaft. Die Übertragung erfolgt zu Buchwerten. Übersteigt der Wert des auf die Gesellschaft übertragenen Vermögens zu Buchwerten den Nennbetrag des Stammkapitals der Gesellschaft, wird dieser Betrag in die Rücklage bei der Gesellschaft eingestellt. Bare Zuzahlungen sind nicht zu leisten.

e) Besondere Rechte und Vorteile für Herrn B oder an sonstige in §§ 126 Abs. 1, 7 und 8 UmwG bezeichnete Personen werden nicht gewährt.

f) Ab dem Stichtag hat der neu erworbene Anteil Anspruch auf den Bilanzgewinn der neuen Gesellschaft.

§ 3 Gesellschafterversammlung

Herr B als Gründungsgesellschafter der Gesellschaft hält hiermit unter Verzicht auf alle Vorschriften betreffend Fristen und Ladungen eine außerordentliche Gesellschafterversammlung der Gesellschaft ab und beschließt einstimmig, was folgt:

Zum ersten Geschäftsführer der Gesellschaft wird bestellt: Herr B, geb. am ______, wohnhaft in ______.

Der bestellte Geschäftsführer vertritt die Gesellschaft stets einzeln und ist von den Beschränkungen des § 181 BGB befreit.

Damit ist die Gesellschafterversammlung beendet.

§4 Ausgliederungsbericht, Ausgliederungsprüfung, Folgen für Arbeitnehmer, Grundbesitz

(1) Ein Ausgliederungsbericht ist nach §§ 158, 153 UmwG nicht erforderlich.

(2) Eine Ausgliederungsprüfung entfällt gemäß § 125 Satz 2 UmwG.

(3) Folgen der Ausgliederung für die Arbeitnehmer:

a) Bei der Ausgliederung handelt es sich um einen Betriebsübergang im Sinne von § 613a BGB. Mit Wirksamwerden der Ausgliederung gehen sämtliche beim einzelkaufmännischen Unternehmen bestehenden Arbeitsverhältnisse auf die Gesellschaft über, sofern nicht Arbeitnehmer dem Übergang ihrer Arbeitsverhältnisse widersprechen. Herr B wird die betroffenen Arbeitnehmer gemäß § 613a Abs. 5 BGB vor dem Wirksamwerden der Ausgliederung über den bevorstehenden Übergang ihrer Arbeitsverhältnisse unterrichten.

b) Das Wirksamwerden der Ausgliederung hat keine Veränderung auf betrieblicher Ebene oder bei der betrieblichen Organisation zur Folge. Eine solche ist aufgrund der Mitarbeiterzahl von 2 Mitarbeitern nicht vorhanden.

c) Das einzelkaufmännische Unternehmen ist nicht tarifgebunden. In dieser Hinsicht ergeben sich durch die Ausgliederung keine Änderungen.

d) Maßnahmen i.S.d. § 126 Abs. 1 Nr. 11 UmwG sind nicht vorgesehen. Insbesondere sind Betriebsänderungen, Entlassungen oder Versetzungen aus Anlass der Ausgliederung nicht geplant.

(4) Grundbesitz

Im Rahmen dieser Ausgliederung wird kein Grundbesitz aus dem Vermögen des Herrn B auf die Gesellschaft übertragen.

§4 Schluss

(1) Salvatorische Klausel

Sollte eine Bestimmung oder mehrere Bestimmungen dieses Rechtsgeschäfts oder eine spätere Ergänzung ganz oder teilweise unwirksam oder undurchführbar sein oder werden oder sollte sich eine Lücke herausstellen, wird dadurch die Wirksamkeit der übrigen Bestimmungen nicht berührt.

Die Beteiligten verpflichten sich, anstelle dieser Bestimmung diejenige wirksame und durchführbare Bestimmung zu vereinbaren, die rechtlich und wirtschaftlich dem am nächsten kommt, was die Beteiligten gewollt haben oder nach dem Sinn und Zweck des Rechtsgeschäfts und seiner späteren eventuellen Ergänzung gewollt hätten, wenn sie von der Unwirksamkeit oder Undurchführbarkeit der Bestimmung bei Abschluss des Rechtsgeschäfts oder seiner Ergänzung gewusst hätten. Das Gleiche gilt sinngemäß, wenn das Rechtsgeschäft eine ergänzungsbedürftige Lücke aufweist.

(2) Kosten

Die Kosten dieser Urkunde trägt die Gesellschaft.

(3) Hinweise des Notars

Der Notar hat auf Folgendes hingewiesen:

- Die Ausgliederung wird erst mit Eintragung in das Handelsregister des einzelkaufmännischen Unternehmens wirksam. Diese Eintragung kann erst nach Eintragung der Gesellschaft mit beschränkter Haftung erfolgen;
- Bei Eintragung der Gesellschaft in das Handelsregister darf der Wert des Gesellschaftsvermögens nicht niedriger sein darf als das Stammkapital und dass der Gesellschafter und der übertragende Rechtsträger – mit Ausnahme des übernommenen Gründungsaufwandes – für einen etwa bestehenden Fehlbetrag haften;
- Auf die Wirkungen der Eintragung nach § 131 UmwG und auf die Haftungsvorschriften der §§ 131 und 134 UmwG;
- Auf eine eventuelle Schadensersatzpflicht nach § 25 UmwG;
- Auf die mögliche Haftung des Erwerbers bei einer Firmenfortführung gemäß § 25 HGB
- Auf eine etwaige Grunderwerbsteuerpflicht bei vorhandenem Grundbesitz.
- Die Gesellschaft mit beschränkter Haftung entsteht erst mit der Eintragung im Handelsregister.
- Personen, die vor der Eintragung der Gesellschaft im Namen der Gesellschaft gehandelt haben, haften persönlich und solidarisch.
- Ob die gewählte Firmierung zulässig ist, insbesondere ob sie Namens- oder Markenrechte Dritter verletzt, kann vom Notar nicht geprüft werden.
- Staatliche Genehmigungserfordernisse sind auch dann einzuhalten, wenn das Handelsregister dies nicht überprüft. Auskunft hierüber geben die IHK, Handwerks- oder berufsständische Kammern und das Gewerbeamt.
- Der Wert des Gesellschaftsvermögens darf im Zeitpunkt der Eintragung der Gesellschaft in das Handelsregister nicht niedriger sein als das Stammkapital (sog. Unterbilanzhaftung bzw. Differenzhaftung).
- Die Gesellschafter und Geschäftsführer haften der Gesellschaft für die richtige und vollständige Erbringung der Einlagen und für etwaigen weiteren Schaden aus mangelhafter Einlageerbringung (§ 9a GmbHG). Jeder Gesellschafter haftet persönlich und gesamtschuldnerisch und ist zur Leistung eines insoweit bestehenden Fehlbetrags ohne Beschränkung auf die übernommene Stammeinlage verpflichtet. Falsche Angaben über die Kapitalerbringung sind darüber hinaus strafbar und können mit einer Freiheitsstrafe von bis zu drei Jahren bestraft werden (vgl. § 82 Abs. 1 GmbHG).

Der Notar hat steuerrechtlich nicht beraten und insoweit eine Prüfung dieser Urkunde durch entsprechende Fachberater empfohlen.

(4) Vollzugsvollmacht

Die Unterzeichner erteilen weiter jeder für sich und für die von ihnen vertretenen Gesellschaften und ihre Rechtsnachfolger den Notarangestellten

- ___
- ___

je geschäftsansässig in ___.

sowie allen weiteren Angestellten des amtierenden Notars und seines Nachfolgers im Amt – welche der genannte Notar zu bezeichnen bevollmächtigt wird – je einzeln und befreit von den Beschränkungen des §181 BGB, Erklärungen, Bewilligungen und Anträge materiell- oder formell rechtlicher Art zur Ergänzung oder Änderung der Beschlüsse und rechtsgeschäftlichen Erklärungen abzugeben, soweit diese zur Behebung behördlicher oder gerichtlicher Beanstandungen zweckdienlich sind. Sie sind auch bevollmächtigt, Gesellschafterversammlungen abzuhalten und Beschlüsse zu treffen und hierbei alle Unterzeichner unbeschränkt zu vertreten (im Innenverhältnis und nicht durch das Registergericht zu prüfen wird dieser Auftrag dahingehend eingegrenzt, dass dies nur möglich sein darf, um eventuelle Beanstandungen des Registergerichts zu vermeiden oder sich hieraus ergebende Eintragungshindernisse zu beseitigen).

Diese Vollmachten erlöschen drei Monate nach vollständigem Vollzug im Handelsregister.

(5) Verteiler

Von dieser Urkunde erhalten

elektronisch beglaubigte Abschriften:

- das Registergericht der Gesellschaft

Beglaubigte Abschriften:

- Gesellschaft
- Gesellschafter
- Finanzamt ___, Körperschaftsteuerstelle, gemäß §54 EStDV

Einfache Abschrift:

- Steuerberater ___

Vorstehende Niederschrift wurde den Erschienenen in Gegenwart des Notars vorgelesen, von ihnen genehmigt und wie folgt unterschrieben:

___, ___

(Unterschriften)

Anlagen

▲

2. Anmeldung zum Handelsregister des übernehmenden Rechtsträgers

161 ▼

Muster 3.22: Anmeldung zum Handelsregister des übernehmenden Rechtsträgers

An das Amtsgericht

Registergericht

HRB neu

GmbH mit dem Sitz in

I. In der Anlage wird jeweils in elektronisch beglaubigter Abschrift überreicht:

- der Ausgliederungsplan
- Liste der Gesellschafter,
- Sachgründungsbericht,
- Wertnachweis des Wirtschaftsprüfers

II. Zur Eintragung in das Handelsregister wird angemeldet:

- Die Gesellschaft,
- Der Unterzeichnende als Geschäftsführer.

Die allgemeine Vertretungsregelung lautet:

Die Gesellschaft hat einen oder mehrere Geschäftsführer. Ist nur ein Geschäftsführer bestellt, so vertritt er die Gesellschaft allein. Sind mehrere Geschäftsführer bestellt, so wird die Gesellschaft durch zwei Geschäftsführer oder durch einen Geschäftsführer gemeinsam mit einem Prokuristen vertreten.

Es gilt folgende konkrete Vertretungsregelung:

Der Unterzeichnende vertritt die Gesellschaft stets einzeln und ist von den Beschränkungen des § 181 BGB befreit.

III. Der Unterzeichnende versichert, dass

- Vorbelastungen nicht bestehen,
- kein Betriebsrat besteht,
- die Verbindlichkeiten des Kaufmanns e.K. sein Vermögen nicht übersteigen,

- ab der Eintragung der Ausgliederung im Handelsregister des übertragenden Rechtsträgers das Vermögen der durch die Ausgliederung entstehenden Gesellschaft sich endgültig in der freien Verfügung von deren Geschäftsführung befindet.

Der unterzeichnende Geschäftsführer versichert außerdem:

- Mir wurde weder durch gerichtliches Urteil noch durch vollziehbare Entscheidung einer Verwaltungsbehörde die Ausübung irgendeines Berufes, Berufszweiges, Gewerbes oder Gewerbezweiges untersagt, und somit auch nicht im Bereich des Unternehmensgegenstandes der Gesellschaft; auch unterliege ich nicht in einem anderen Mitgliedstaat der Europäischen Union oder einem anderen Vertragsstaat des Abkommens über den Europäischen Wirtschaftsraum einem vergleichbaren Verbot.
- Ich bin nicht wegen einer oder mehrerer vorsätzlich begangener Straftaten
  - a) des Unterlassens der Stellung des Antrags auf Eröffnung des Insolvenzverfahrens (Insolvenzverschleppung),
  - b) nach den §§ 283–283d des Strafgesetzbuchs (Insolvenzstraftaten) (wegen Bankrotts, schweren Bankrotts, Verletzung der Buchführungspflicht, Schuldner- oder Gläubigerbegünstigung),
  - c) der falschen Angaben nach § 82 GmbH oder § 399 AktG,
  - d) der unrichtigen Darstellung nach § 400 AktG, § 331 HGB, § 313 UmwG oder § 17 des Publizitätsgesetzes oder
  - e) nach den §§ 263–264a oder den §§ 265b–266a StGB (Betrug, Computerbetrug, Subventionsbetrug, Kapitalanlagebetrug, Kreditbetrug, Sportwettbetrug, Manipulation von berufssportlichen Wettbewerben, besonders schwere Fälle von Sportwettbetrugs und der Manipulation von berufssportlichen Wettbewerben, Untreue, Vorenthalten und Veruntreuen, von Arbeitsentgelt) zu einer Freiheitsstrafe von mindestens einem Jahr verurteilt worden. Mir ist bekannt, dass die Frist von fünf Jahren erst durch den Eintritt der Rechtskraft eines entsprechenden Urteils in Lauf gesetzt und dass nicht die Zeit eingerechnet wird, in welcher der Täter auf behördliche Anordnung in einer Anstalt verwahrt wird.
- Mir ist bekannt, dass dies entsprechend gilt bei einer Verurteilung im Ausland wegen einer Tat, die mit den vorgenannten Taten vergleichbar ist. Auch im Ausland wurde ich nicht wegen einer vergleichbaren Tat rechtskräftig verurteilt.
- Es liegen somit keine Umstände vor, die meiner Bestellung nach § 6 Abs. 2 Satz 2 Nr. 2 und 3 sowie Satz 3 und Satz 4 GmbHG entgegenstehen.
- Ich bin vom Notar über meine unbeschränkte Auskunftspflicht gegenüber dem Gericht gemäß § 53 Abs. 2 des Bundeszentralregistergesetzes belehrt worden.
- Ich bin vom Notar über die Strafbarkeit einer falschen Versicherung belehrt worden.

Ich erkläre hiermit gemäß § 16 Abs. 2 Satz 1 UmwG, dass eine Anfechtung ausgeschlossen ist und daher eine Negativerklärung nach § 16 Abs. 2 Satz 1 UmwG entbehrlich ist.

Die inländische Geschäftsanschrift lautet:

, den

(notarieller Beglaubigungsvermerk)

▲

3. Anmeldung zum Handelsregister des übertragenden Rechtsträgers

162 ▼

Muster 3.23: Anmeldung zum Handelsregister des übertragenden Rechtsträgers

An das Amtsgericht

Registergericht

HRA

e.K.

I. In der Anlage wird jeweils in elektronisch beglaubigter Abschrift überreicht:
- die Ausgliederungserklärung,
- der Gründungsbericht,
- die Schlussbilanz des einzelkaufmännischen Unternehmens.

II. Zur Eintragung in das Handelsregister wird angemeldet:
- Der Einzelkaufmann e.K. hat sein einzelkaufmännisches Unternehmen mit allen Aktiva und Passiva auf die dadurch neu gegründete Gesellschaft GmbH mit dem Sitz in unter Anwendung der §§ 152 ff., 123 ff. UmwG ausgegliedert.
- Mit Eintragung der Ausgliederung ist die Firma erloschen (§ 155 Satz 1 UmwG).
- Die Firma des einzelkaufmännischen Unternehmens wird von der neu gegründeten GmbH fortgeführt.

III. Es wird von dem Unterzeichnenden versichert:
- Ein Betriebsrat existiert nicht.
- Die Verbindlichkeiten des Unterzeichnenden, der Inhaber des einzelkaufmännischen Unternehmens ist, übersteigen sein Vermögen nicht.

IV. Die Kosten dieser Handelsregisteranmeldung und ihres Vollzugs bei Gericht trägt der übernehmende Rechtsträger.

, den

(Notarieller Beglaubigungsvermerk)

▲

II. Checkliste

▼ 163

Muster 3.24: Checkliste: Ausgliederung aus dem Vermögen eines Einzelkaufmanns auf eine GmbH zur Neugründung 3.24

- ☐ Das Einzelunternehmen muss als e.K. im Handelsregister eingetragen sein/werden
- ☐ Spaltungsplan (notarielle Urkunde)
- ☐ Anmeldungen zum Handelsregister – übertragender Rechtsträger und übernehmender Rechtsträger (notarielle Urkunden)
- ☐ Liste der Gesellschafter des übernehmenden Rechtsträgers (durch Notar)
- ☐ Gesellschaftsvertrag der neu zu gründenden GmbH; Bestimmung der Geschäftsführung
- ☐ Werthaltigkeitsbescheinigung
- ☐ Schlussbilanz des übertragenden Rechtsträgers (nicht älter als 8 Monate)
- ☐ Nachweis rechtzeitiger Zuleitung an den Betriebsrat (wenn vorhanden)
- ☐ Sachgründungsbericht
- ☐ Aufstellung nach § 159 Abs. 3 UmwG über Vermögen und Verbindlichkeiten (empfehlenswert)[26]
- ☐ Nachweis über die Eintragung beim übernehmenden Rechtsträger
- ☐ Bei Beteiligung einer GmbH als übertragender Rechtsträger: Erklärung gem. § 140 UmwG, dass die Voraussetzungen für die Gründung dieser Gesellschaft unter Berücksichtigung der Abspaltung noch vorliegen (Kapitalerhaltung).

▲

III. Ablaufplan

164 Hier, wie überall, gilt: Der konkrete Ablauf richtet sich in der Praxis nach den Umständen des Einzelfalls; vom Notar ist ein gewisses Maß an Flexibilität gefragt. Der Notar sollte sich immer, auch bei der Aufspaltung, einen konkreten Ablaufplan (mit großzügigen Fristen für die Kundschaft und sich selbst) erstellen, um immer die nächsten Schritte im Blick zu haben.

165 a) **Vorbereitungshandlungen:** Entwurfserstellung durch die Beteiligten in möglichst enger Absprache mit dem Notar, Erstellung der Schlussbilanz, Einbindung von Betriebsräten, Inhabern von Sonderrechten etc., Erstellung des Sachgründungsberichts, Beschaffung der Werthaltigkeitsbescheinigung. Die Beteiligten sollten **weitere Rechtsfragen** im Blick haben: Anforderungen des Kartellrechts, des Gewerberechts, etc.

26 *Terbrack* in: Fuhrmann/Wälzholz, Formularbuch Gesellschaftsrecht, Kapitel 35, V., 3. Wegweiser.

Eine **Buchwertfortführung** (die immer gewollt ist) ist nur möglich, wenn die Teilbetriebseigenschaft gegeben ist. Dies müssen die Mandanten selbst in Zusammenarbeit mit ihren steuerlichen Fachberatern klären. Die Beteiligten sollten darauf achten, die Teilbetriebseigenschaft klar herauszuarbeiten – sowohl im Sachgründungsbericht als auch in der Schlussbilanz.

> *Beachte:*
>
> Bei der Abspaltung muss auch bei dem übertragenden Rechtsträger ein Teilbetrieb verbleiben (sog. doppeltes Teilbetriebserfordernis). Bei mehreren übernehmenden Rechtsträgern muss auf jeden (mindestens) ein Teilbetrieb übergehen.[27]

166 **b) Beteiligung der Betriebsräte:** Sofern es einen Betriebsrat gibt: Zuleitung des Spaltungsplanes oder seines Entwurfs spätestens einen Monat vor dem Tage der Beurkundung. Auf die Monatsfrist kann verzichtet werden, nicht jedoch auf die Zuleitung selbst. Kommt es jedoch im Zuge der Spaltung zu wesentlichen Nachteilen für die Belegschaft oder jedenfalls wesentliche Teile der Belegschaft, so müssen die Betriebsräte u.U. deutlich vorher informiert werden (nämlich „rechtzeitig“ im Sinne von § 111 BetrVG), damit ein Interessenausgleich und evtl. ein Sozialplan erstellt werden kann. Hierbei handelt es sich dann um Vorbereitungshandlungen, die u.U. viele Monate vorher angebahnt worden sein sollten.

167 **c) Spaltungsplan:** Beurkundung des Spaltungsplans.

168 **d) Gesellschafterbeschluss: Zustimmungsbeschlüsse** sind in diesem Falle **nicht notwendig**; der Einzelunternehmer handelt als natürliche Person selbst und der übernehmende Rechtsträger wird erst im Zuge der Ausgliederung gegründet. Allerdings wird die Beurkundung regelmäßig dazu genutzt, die erste Geschäftsführung zu bestellen (denklogisch zwingend ist das aber nicht).

169 **e) Verzichtserklärungen:** Sind im vorliegenden Falle nicht notwendig.

170 **f)** Handelsregisteranmeldungen der Spaltung (§ 16 Abs. 1 Satz 1 UmwG) durch den Einzelkaufmann bzw. durch sämtliche im Rahmen der Ausgliederung bestellten Geschäftsführer.

171 **g)** Bei der **Ausgliederung zur Neugründung** trägt zunächst das für die neu gegründete GmbH zuständige Registergericht die GmbH gem. § 135 Abs. 1 Satz 1 i.V.m. § 130 Abs. 1 Satz 2 UmwG mit einem sog. **Ausgliederungs-** bzw. **Wirksamkeitsvermerk** ein. Diese Eintragung führt noch nicht zur wirksamen Entstehung der neuen GmbH; diese erfolgt erst mit der sich anschließenden Eintragung der Ausgliederung im Register des Einzelkaufmanns. Das Registergericht des übernehmenden Rechtsträgers teilt dem Registergericht des Einzelkaufmanns gem. § 137 Abs. 3 Satz 1 UmwG die Voreintragung der GmbH von Amts wegen mit. Nach dem Ein-

27 *Hörtnagel* in: Schmitt/Hörtnagl, UmwG, UmwStG, § 15 UmwStG Rn 62.

gang dieser Mitteilung trägt das Registergericht des Einzelkaufmanns gem. § 137 Abs. 3 Satz 2 UmwG die Ausgliederung im Register des Einzelkaufmanns ein und teilt das Datum der Eintragung dem Registergericht des neu gegründeten Rechtsträgers von Amts wegen mit. Der Zeitpunkt der Eintragung der Ausgliederung im Register des Einzelkaufmanns wird sodann gem. § 137 Abs. 3 Satz 3 1. Halbs. UmwG im Register der neuen GmbH von Amts wegen eingetragen. Erst danach sind gem. § 137 Abs. 3 Satz 3 UmwG die Bekanntmachungen über die Eintragung der neuen GmbH zulässig.

IV. Anmerkungen

Die Situation ist geradezu klassisch: Ein Einzelunternehmer möchte „in die GmbH". Je nach Fallgestaltung bietet sich hier nicht zuletzt die **Ausgliederung des einzelkaufmännischen Unternehmens** zum Zwecke der Neugründung einer GmbH nach dem UmwG an. Mit ihr kann der Unternehmer das Unternehmen aus seinem „persönlichen Vermögen" herauszunehmen und insoweit eine klare **Haftungsabgrenzung** herbeiführen.[28] Als (nach unserer Erfahrung) etwas häufiger gewählte Alternative zur Ausgliederung ist auch die Bargründung einer GmbH und die anschließende „Einbringung" (Ausgliederung) des einzelkaufmännischen Unternehmens im Wege der Sachkapitalerhöhung oder des Sachagios möglich; bei dieser Variante muss jedoch zunächst das Stammkapital in bar erbracht werden können. Die Gründung der GmbH allein durch Sacheinlage in Form des einzelkaufmännischen Unternehmens kommt – soweit für uns ersichtlich – nur im Lehrbuch vor. Der Nachteil dieser Alternativen ist aber die notwendige Überleitung sämtlicher Rechtsbeziehungen auf die GmbH im Wege der Singularsukzession mit Widerspruchsmöglichkeiten der Vertragspartner. Was bei kleineren Unternehmungen zumeist noch kein Problem darstellt, ist jedoch für größere Einheiten regelmäßig unpraktikabel. Hier bleibt nur die Ausgliederung nach dem UmwG. Das Ergebnis der Ausgliederung nach § 152 UmwG ist die partielle Gesamtrechtsnachfolge (§ 131 Abs. 1 Nr. 1 UmwG). 172

Bei der **Ausgliederung aus dem Vermögen des Einzelkaufmanns** zur Neugründung einer GmbH gibt es im Zeitpunkt der Beurkundung noch keinen „Vertragspartner". Daher kann kein Spaltungs- und Übernahmevertrag i.S.v. § 126 UmwG geschlossen werden, sondern es bedarf zwingend eines **Spaltungsplans** als einseitiger, nicht empfangsbedürftiger Willenserklärung, die durch den Einzelkaufmann abzugeben ist, § 136 Satz 2 i.V.m. § 158 UmwG. Auf diesen Spaltungsplan kann nicht verzichtet werden, da er Grundlage für die Sonderrechtsnachfolge in die Vermögensteile des übertragenden Rechtsträgers ist. 173

28 *Terbrack* in: Fuhrmann/Wälzholz, Formularbuch Gesellschaftsrecht, Kapitel 35, V., 1. Einsatzmöglichkeiten, Besonderheiten, Alternativen.

Auf die **Gründung der neuen Rechtsträger** sind grds. die für die jeweilige Rechtsform des neuen Rechtsträgers geltenden Gründungsvorschriften anzuwenden, also bei Kapitalgesellschaften Vorgaben zum Grund- oder Stammkapital. Den Gründern steht der übertragende Rechtsträger gleich. Bei einer Spaltung unter Beteiligung von GmbH als übernehmenden Rechtsträgern muss ein Sachgründungsbericht erstellt werden.

174 Der **Spaltungsplan** bedarf der notariellen Beurkundung (§§ 125, 6 UmwG). Wegen des Verweises in § 135 Abs. 2 Satz 1 UmwG (i.V.m. § 158 UmwG) auf die Gründungsvorschriften der zu gründenden Rechtsträger bedarf insbesondere auch eine **Vollmacht zum Beurkundungstermin** der notariellen Form (beurkundet oder beglaubigt gem. § 2 Abs. 2 GmbHG), wenn eine GmbH gegründet werden soll.

175 Der **(Mindest-)Inhalt des Spaltungsplans** ergibt sich aus § 126 UmwG. Wie bei der Verschmelzung und der Parallelvorschrift des § 5 UmwG bietet es sich an, den aufgeführten Katalog genau abzuarbeiten. Einige der Ziffern betreffen ausdrücklich nur die Aufspaltung und Abspaltung, nicht jedoch die Ausgliederung. Diese sind dann nicht zu beachten.

176 Die genaue **Bezeichnung und Aufteilung der Gegenstände des Aktiv- und Passivvermögens**, die an den übernehmenden Rechtsträger übertragen werden, sowie der übergehenden Betriebe und Betriebsteile (s. § 126 Abs. 1 Nr. 9 UmwG) bildet den Kern des Spaltungsplans. Die Norm gewährt für die Aufteilung des Vermögens des sich spaltenden Rechtsträgers erhebliche Freiheit; die Beteiligten können grds. jeden Gegenstand jedem beliebigen übernehmenden Rechtsträger zuweisen (was insbesondere für Arbeitsverhältnisse aber wiederum eine Einschränkung erfährt).[29]

177 Es gelten grds. die **gleichen Anforderungen** wie beim **Unternehmenskauf** in Gestalt des ***asset deals***. Die Kennzeichnungsanforderungen dürfen jedoch nicht überspannt werden. Es genügt, wenn ein Gegenstand bei betriebswirtschaftlicher Betrachtung dem Geschäftsbetrieb eines bestimmten Unternehmensteils zuzurechnen ist. Insbesondere sind catch-all-Klauseln zulässig, mit denen sämtliche zu einem bestimmten Bereich gehörenden Gegenstände erfasst werden.[30] Das gilt allerdings nicht für Grundstücke, die gem. § 126 Abs. 2 UmwG in Verbindung mit § 28 GBO übereinstimmend mit dem Grundbuch oder durch Hinweis auf das Grundbuchblatt zu bezeichnen sind. Reine Quotenangaben, wie etwa „ein Viertel der Warenvorräte“, genügen jedoch nicht.

178 **Die Verweisung** § 126 Abs. 3 Satz 3 UmwG erlaubt die (untechnische) Bezugnahme auf (und Beifügung von) „*Urkunden wie Bilanzen und Inventare, deren Inhalt eine Zuweisung des einzelnen Gegenstands ermöglicht*“. In Betracht kommen vor

29 BT-Drucks 12/6699, S. 118.

30 BGH, Urt. v. 8.10.2003 – XII ZR 50/02, NJW-RR 2004, 123.

allem Sachanlageverzeichnisse, Forderungslisten und Inventurverzeichnisse sowie Listen über vorhandene immaterielle Wirtschaftsgüter (Patente, Lizenzen, etc.).

Haftung der GmbH: Gem. § 133 Abs. 1 Satz 1 UmwG haftet die übernehmende GmbH gesamtschuldnerisch neben dem Einzelkaufmann für sämtliche Verbindlichkeiten des Einzelkaufmanns, die vor dem Wirksamwerden der Ausgliederung begründet worden sind – das umfasst nicht nur die übergegangenen Verbindlichkeiten, sondern auch für etwaige Privatschulden des Einzelkaufmanns, die im Zuge der Ausgliederung im Vermögen des Einzelkaufmanns verbleiben. Diese gesamtschuldnerische Haftung wird allerdings zeitlich dahingehend begrenzt, dass sie nur für solche Verbindlichkeiten gilt, die innerhalb von fünf Jahren nach dem Wirksamwerden der Ausgliederung fällig werden (§ 133 Abs. 3 UmwG). 179

Haftung des Einzelkaufmanns: Eines der hauptsächlichen Motive der Ausgliederung ist regelmäßig die Haftungsbeschränkung des Einzelunternehmers. Dieses Ziel ist für Altverbindlichkeiten bis zum Zeitpunkt des Wirksamwerdens der Ausgliederung nicht in vollem Umfang erreichbar, sondern entfaltet erst ab dem Wirksamwerden der Ausgliederung für neue Verbindlichkeiten volle Wirkung. Zwar haftet für Altverbindlichkeiten im Innenverhältnis zwischen Einzelkaufmann und neu gegründeter GmbH grds. die Kapitalgesellschaft; durch den Übergang der Verbindlichkeiten auf die neue Gesellschaft wird der Einzelkaufmann von der Haftung für die bestehenden Verbindlichkeiten im Außenverhältnis aber gerade nicht befreit (§ 156 Satz 1 UmwG). 180

Die **Nachhaftung des Einzelkaufmanns** ist aber zeitlich dahingehend begrenzt, dass sie nur für solche Ansprüche gilt, die innerhalb von fünf Jahren nach der Bekanntmachung der Eintragung der Ausgliederung im Register des Sitzes des Einzelkaufmanns (§ 19 Abs. 3 UmwG) fällig werden (§ 157 Abs. 1 Satz 1 UmwG). Entsteht infolge der Ausgliederung aus dem Vermögen des Einzelkaufmanns eine sog. **Betriebsaufspaltung**, gelten gem. § 134 UmwG ergänzend besondere Haftungsregelungen. Für die im Zuge der Ausgliederung nicht übergehenden Verbindlichkeiten haftet der Einzelkaufmann unverändert fort.[31] 181

V. Steuerliche Hinweise

1. Ertragsteuer

Die Ausgliederung auf eine Kapitalgesellschaft, steuerlich Einbringung genannt, unterliegt § 20 UmwStG, soweit ein gesamter Betrieb, ein Teilbetrieb oder ein Mitunternehmeranteil eingebracht werden und der übertragende Rechtsträger hierfür Anteile erhält. Das Gesetz selbst definiert den **Begriff des Teilbetriebs** nicht, sodass für die konkrete Bedeutung auf Verwaltungsanweisungen und Rechtsprechung abgestellt werden muss. Vereinfacht ausgedrückt ist ein Teilbetrieb eine eigenstän- 182

31 *Gröne*, RNotZ 2022, 293, 305.

dige Einheit innerhalb eines Unternehmens, die in organisatorischer Hinsicht einen selbstständigen Betrieb darstellt. Insbesondere muss ein solcher Teilbetrieb eine aus eigenen Mitteln funktionsfähige Einheit sein. Ein Teilbetrieb umfasst alle zu einem Teilbetrieb gehörenden funktional wesentlichen Wirtschaftsgüter. Ein einzelnes für mehrere Teilbetriebe wesentliches Wirtschaftsgut kann daher die Anwendung des § 20 UmwStG verhindern wenn lediglich ein Teil des Bestehenden Betriebs ausgegliedert werden soll. Es kann daher z.B. erforderlich sein, dass ein von mehreren Teilbetrieben genutztes Grundstück zunächst realgeteilt werden muss, um eine steuerneutrale Übertragung zu ermöglichen. Das Vorliegen eines Teilbetriebs und dessen Abgrenzung kann in der Praxis daher eine hohe Hürde darstellen und sollte nicht unterschätzt werden. Neutrales Vermögen, also für keinen der Teilbetriebe funktional wesentliches Vermögen, kann frei einem der Teilbetriebe zugeordnet werden.

a) Besteuerung bei der übertragenden Gesellschaft (§ 20 UmwStG)

183 Nach § 20 Abs. 3 UmwStG gilt der Wert, mit dem die übernehmende Gesellschaft das eingebrachte Vermögen ansetzt als Veräußerungspreis. Ob bei dem einbringenden Einzelkaufmann ein **Einbringungsgewinn** entsteht, hängt also vom Wertansatz durch die übernehmende Gesellschaft ab. Außerdem gelten die Anteile, die der Einbringende an der übernehmenden Gesellschaft erhält als Anschaffungskosten der erhaltenden Anteile. Werden neben Anteilen an der übernehmenden Gesellschaft weitere sonstige Gegenleistungen gewährt, vermindern sich die Anschaffungskosten entsprechend. Außerdem gilt der gemeine Wert das übertragenen Vermögens auch dann als Anschaffungskosten der Anteile, wenn ein deutsches Besteuerungsrecht an dem übertragenden Vermögen nicht besteht und durch die Einbringung auch nicht begründet wird.

184 Nach § 22 UmwStG unterliegen die erhaltenen Anteile außerdem einer **Sperrfrist von sieben Jahren**. Hintergrund ist, dass durch den Vorgang eine sogenannte Statusverbesserung eintritt. Wäre das Vermögen vor der Umwandlung im Rahmen eines *asset deals* verkauft worden, wäre der Gewinn hieraus regulär besteuert worden. Der Gewinn aus dem Verkauf von Anteilen an Kapitalgesellschaften unterliegt demgegenüber einer günstigeren Besteuerung im Rahmen des Teileinkünfteverfahrens.

185 Werden die **Anteile innerhalb dieser Frist** verkauft oder anderweitig übertragen, entfällt die in Anspruch genommene Begünstigung rückwirken und der ursprünglich vermiedene Übertragungsgewinn (steuerlich „Einbringungsgewinn") wird steuerpflichtig. Allerdings vermindert sich der rückwirkend zu besteuernde Einbringungsgewinn anteilig um $^1/_7$ für jedes volle Jahr, das zwischen der Umwandlung und dem Verkauf der Anteile liegt. Steht ein Verkauf nicht unmittelbar bevor, ist aber in den nächsten Jahren gut vorstellbar, kann es sich daher dennoch lohnen, von dieser Regelung Gebrauch zu machen. Außerdem muss dem Finanzamt während der Laufzeit der Frist jährlich bis zum 31. Mai durch Vorlage entsprechender

Unterlagen nachgewiesen werden, dass die erhaltenen Anteile noch immer gehalten werden.

b) Besteuerung bei der übernehmenden Gesellschaft (§ 20 UmwStG)

Nach § 20 Abs. 2 UmwStG hat die übernehmende Gesellschaft das eingebrachte Vermögen grds. mit dem gemeinen Wert anzusetzen. Abweichend hiervon kann die Gesellschaft auch den Ansatz mit dem Buchwert oder einem Wert zwischen dem Buchwert und dem gemeinen Wert wählen, soweit die Besteuerung der stillen Reserven in Zukunft sichergestellt ist, das eingebrachte Vermögen insgesamt positiv ist (die eingebrachten Aktivposten die Passivposten also übersteigen und ein positives Eigenkapital besteht), das deutsche Besteuerungsrecht hinsichtlich einer Veräußerung des eingebrachten Vermögens nicht beschränkt oder ausgeschlossen wird und der Einbringende neben Anteilen an der übernehmenden Gesellschaft keine weiteren Gegenleistungen erhält, deren Wert 25 % des Buchwerts des eingebrachten Vermögens übersteigt (bei sonstigen Gegenleistungen über einer Bagatellgrenze von derzeit 500,000 EUR). Liegen diese Voraussetzungen vor, kann die übernehmende Gesellschaft bei dem für sie zuständigen Finanzamt den Ansatz zum Buchwert oder einem Zwischenwert beantragen. Der Antrag ist spätestens bis zur erstmaligen Abgabe der steuerlichen Schlussbilanz der übernehmenden Gesellschaft zu stellen, in der das übertragende Vermögen auszuweisen ist. 186

Kommt es aufgrund eines Verstoßes gegen die Sperrfrist in Bezug auf die erhaltenen Anteile, erhöhen sich die Wertansätze auf der Ebene des übernehmenden Rechtsträgers insoweit, als der Sperrfristverstoß eine Versteuerung des Einbringungsgewinns durch den Einbringenden ausgelöst hat und dessen tatsächliche Besteuerung durch das Finanzamt bescheinigt wird. 187

2. Grunderwerbsteuer

Der Übergang von Grundstücken im Rahmen einer Einbringung ist ein Erwerbsvorgang i.S.d. § 1 Abs. 1 Nr. 3 GrEStG. Grunderwerbsteuer kann sich außerdem ergeben, wenn zu dem übergehenden Vermögen Anteile an anderen Gesellschaften gehören, die wiederum Grundvermögen halten. Bemessungsgrundlage ist der Grundbesitzwert nach § 138 Abs. 2–4 BewG. 188

3. Umsatzsteuer

Nach § 1 Abs. 1a UStG unterliegt die Einbringung nach § 20 UmwStG nicht der Umsatzsteuer. 189

VI. Notarkosten

a) Ausgliederungsplan/Beurkundung: 1,0-Gebühr (Nr. 21200 KV GNotKG). Es fällt jedoch eine 2,0-Gebühr (Nr. 21100 KV GNotKG), wenn der e.K. auf eine be- 190 stehende GmbH zur Aufnahme ausgegliedert wird. **Geschäftswert:** Aktivvermögen des Einzelkaufmanns ohne Schuldenabzug (§ 108 Abs. 3 Satz 2 GNotKG) der Höchstwert beträgt 10,00 Mio. EUR (§ 107 Abs. 1 Satz 1 GNotKG). Die **Gründung der GmbH** ist gegenstandsgleich und wird daher nicht gesondert bewertet (§ 109 Abs. 1 GNotKG). Die **Geschäftsführerbestellung** ist gesondert zu bewerten (§ 110 Nr. 1 GNotKG); es handelt sich um einen Beschluss ohne konkreten Geldwert, daher beträgt der Geschäftswert 1 % des Stammkapitals der GmbH, mind. 30.000 EUR (§ 108 Abs. 1 Satz 1, § 105 Abs. 4 Nr. 1 GNotKG). Im Verhältnis zur 1,0-Gebühr der Ausgliederung ist eine Vergleichsberechnung nach § 94 Abs. 1 GNotKG erforderlich.[32]

191 **b) Handelsregisteranmeldung beim übernehmenden/neu gegründeten Rechtsträger. Entwurf:** 0,5-Gebühr (Nr. 24102 KV GNotKG, § 92 Abs. 2 GNotKG); in diesem Fall sind – wie stets bei Handelsregisteranmeldungen – die ersten Unterschriftsbeglaubigungen gebührenfrei, wenn sie „demnächst“ erfolgen und vor dem gleichen Notar (Vorbem. 2.4.1 Abs. 2 KV GNotKG). Der Geschäftswert ist das einzutragende Stammkapital der GmbH (§ 119 Abs. 1, § 105 Abs. 1 Satz 1 Nr. 1 GNotKG), mindestens aber 30.000 EUR (§ 119 Abs. 1, § 105 Abs. 1 Satz 2 GNotKG) und höchstens 1,00 Mio. EUR (§ 106 GNotKG). XML-Strukturdaten. 0,2-Gebühr, max. 125 EUR (Nr. 22114 KV GNotKG), aus dem vollen Wert der Anmeldung.

32 *Diehn* in: Fuhrmann/Wälzholz, Formularbuch Gesellschaftsrecht, Kapitel 35, V., 6. Kosten. Dort auch zu den weiteren Ausführungen.

§4 Formwechsel

A. Formwechsel von GmbH in AG

I. Muster

1. Formwechsel-Beschluss

▼ 1

Muster 4.1: Formwechsel von GmbH in AG 4.1

(*Notarielle Eingangsformel*)

Es erscheint unbedenklich geschäftsfähig:

Herr .

Die Frage nach einer Vorbefassung im Sinne des §3 Abs. 1 Nr. 7 BeurkG wurde allseits verneint.

Über das GeldwäscheG belehrt, erklärt der Beteiligte auf eigene Rechnung zu handeln.

Erklärt wird mit der Bitte um notarielle Beurkundung, was folgt:

Gesellschafterbeschluss: Formwechsel von GmbH in AG

§1 Vorbemerkungen

Im Handelsregister des Amtsgerichts ist unter HRB die GmbH mit dem Sitz in (nachfolgend auch „**Gesellschaft**" genannt) eingetragen.

Das Stammkapital der Gesellschaft beträgt EUR. Es ist nach Angaben des Erschienenen in voller Höhe erbracht.

Einziger Gesellschafter der Gesellschaft ist aufgrund der Eintragungen in die zuletzt zum Handelsregister aufgenommene Gesellschafterliste vom der Erschienene, Herr , mit Geschäftsanteilen zum Nennbetrag von jeweils EUR mit den laufenden Nummern .

Die Gesellschaft verfügt über keine Beteiligungen an anderen Gesellschaften mit beschränkter Haftung.

Die Gesellschaft verfügt über keinen Grundbesitz.

§2 Gesellschafterversammlung

Unter Verzicht auf alle gesetzlichen oder satzungsmäßigen Frist- und Formvorschriften Formen und Fristen – insbesondere der Vorschriften der §§230, 231, 238 und 239 UmwG – hält der Erschienene, Herr …, eine Gesellschafterversammlung der Gesellschaft ab und beschließt einstimmig:

(1) Formwechsel

Die Gesellschaft wird durch Formwechsel in eine Aktiengesellschaft umgewandelt (§§ 190 ff., 226, 238 ff. UmwG).

Die Satzung der Gesellschaft wird nach Maßgabe des in der **Anlage** enthaltenen Wortlauts vollständig neu gefasst und hiermit festgestellt. Die Anlage ist wesentlicher Bestandteil dieser Urkunde. Sie wurde vorgelesen und genehmigt.

(2) Firma, Sitz

Die Firma der Gesellschaft nach Formwechsel lautet … AG.

Sitz der Gesellschaft bleibt ….

(3) Beteiligung der bisherigen Anteilsinhaber

Der Formwechsel erfolgt unter ausschließlicher Beteiligung des bisherigen Alleingesellschafters, Herrn …. Dieser ist somit der einzige Gründer der … AG mit dem Sitz in ….

(4) Anteile und Mitgliedschaften

Das Stammkapital der Gesellschaft in Höhe von … EUR wird zum Grundkapital der Aktiengesellschaft. Das Grundkapital der Aktiengesellschaft beträgt somit … EUR und ist eingeteilt in … auf den Namen lautende Stückaktien. Sämtliche Aktien erhält der bisherige Gesellschafter, Herr ….

(5) Besondere Rechte und Vorteile

Besondere Rechte für einzelne Anteilsinhaber, Inhaber besonderer Rechte oder sonstige Dritte i.S.d. § 194 Abs. 1 Nr. 5 UmwG bestehen nicht und es sind keine Maßnahmen i.S.d. § 194 Abs. 1 Nr. 5 UmwG vorgesehen.

(6) Abfindungsangebot

Ein Barabfindungsangebot ist nicht erforderlich, weil an der Gesellschaft nur ein Gesellschafter beteiligt ist.

(7) Folgen für die Arbeitnehmer und ihre Vertretungen

Die Aktiengesellschaft übernimmt die Arbeitnehmer der GmbH: Die Arbeitsverhältnisse werden unverändert fortgesetzt (§ 613a BGB). Die Rechte und Pflichten der Arbeitnehmer aus den bestehenden Anstellungs- und Arbeitsverhältnissen bleiben von dem Formwechsel der Gesellschaft unberührt. Die Direktionsbefugnisse des Arbeitgebers werden nach dem Formwechsel von dem Vorstand der Gesellschaft ausgeübt.

Weitere Maßnahmen sind insoweit nicht vorgesehen. Auswirkungen mitbestimmungsrechtlicher oder tarifvertraglicher Art ergeben sich nicht. Arbeitnehmervertreter werden dem Aufsichtsrat nicht angehören, da die Gesellschaft weniger als 500 Arbeitnehmer beschäftigt.

Die Gesellschaft hat keinen Betriebsrat.

Der Formwechsel hat somit keine Folgen für die bei der Gesellschaft beschäftigten Arbeitnehmer und ihre Vertretungen.

(8) Bestellung des ersten Aufsichtsrats

Zu Mitgliedern des ersten Aufsichtsrates werden bestellt:

(9) Bestellung des Abschlussprüfers

Ein Abschlussprüfer ist nicht zu bestellen. Es handelt sich bei der Gesellschaft um eine kleine Kapitalgesellschaft i.S.v. §267 Abs. 1 HGB ist

(*Alternative*): Zum Abschlussprüfer für das am 31.12. endende Geschäftsjahr wird bestellt.

(10) Ende der Versammlung

Weitere Beschlüsse wurden nicht gefasst. Sodann wird die Gesellschafterversammlung beendet.

§3 Verzichtserklärungen

Herr verzichtet ausdrücklich auf die Anfechtung dieses Beschlusses und auf die Möglichkeit gegen die Wirksamkeit des Formwechselbeschlusses Klage zu erheben.

Weiterhin verzichtet Herr vorsorglich ausdrücklich auf die Erstattung eines Umwandlungsberichtes und auf ein Barabfindungsgebot sowie auf alle sonstigen für den Formwechsel relevanten Formen, Fristen und Verfahrensvorschriften.

§4 Schluss

(1) Salvatorische Klausel

Sollte eine Bestimmung oder mehrere Bestimmungen dieses Rechtsgeschäfts oder eine spätere Ergänzung ganz oder teilweise unwirksam oder undurchführbar sein oder werden oder sollte sich eine Lücke herausstellen, wird dadurch die Wirksamkeit der übrigen Bestimmungen nicht berührt.

Die Beteiligten verpflichten sich, anstelle dieser Bestimmung diejenige wirksame und durchführbare Bestimmung zu vereinbaren, die rechtlich und wirtschaftlich dem am nächsten kommt, was die Beteiligten gewollt haben oder nach dem Sinn und Zweck des Rechtsgeschäfts und seiner späteren eventuellen Ergänzung gewollt hätten, wenn sie von der Unwirksamkeit oder Undurchführbarkeit der Bestimmung bei Abschluss des Rechtsgeschäfts oder seiner Ergänzung gewusst hätten. Das Gleiche gilt sinngemäß, wenn das Rechtsgeschäft eine ergänzungsbedürftige Lücke aufweist.

(2) Kosten

Die Kosten dieser Urkunde trägt der übernehmende Rechtsträger.

(3) Hinweise des Notars

Der Notar hat die Beteiligten auf Folgendes hingewiesen:

- Der Formwechsel wird erst mit der Eintragung in das Handelsregister wirksam.
- Bei Eintragung des Formwechsels in das Handelsregister darf der Wert des Gesellschaftsvermögens nicht niedriger sein als das zukünftige Grundkapital; die Gesellschafter haften – mit Ausnahme des zulässigerweise übernommenen Gründungsaufwands – für einen etwa bestehenden Fehlbetrag.
- Gläubiger der Gesellschaft können unter Umständen Sicherheit für ihre Forderungen verlangen und die Geschäftsführer der Gesellschaft auf Schadensersatz in Anspruch nehmen.
- Rechte Dritter an den Geschäftsanteilen der GmbH bestehen an den künftigen Aktien fort.
- Auf die Gesellschaft lautende Rechtstitel müssen nach Wirksamkeit des Formwechsels berichtigt, in unter Beteiligung der Gesellschaft geführte Verfahren (insbesondere Rechtsstreitigkeiten und Baugenehmigungsverfahren) muss der Formwechsel mitgeteilt werden.
- Die Regelungen zur Nachgründung nach § 52 AktG finden auch auf die Gesellschaft Anwendung, wenn diese bei der Eintragung des Formwechsels nicht länger als zwei Jahre im Handelsregister eingetragen war.
- Auf die Mitteilungspflichten nach den §§ 20 f. AktG.

Der Notar belehrte die Erschienenen über die Unwiderruflichkeit der Verzichtserklärungen und über deren Wirkungen.

Der Notar hat steuerlich nicht beraten.

(4) Vollzugsvollmacht

Die Unterzeichner erteilen weiter jeder für sich und für die von ihnen vertretenen Gesellschaften und ihre Rechtsnachfolger den Notarangestellten

- ,
- ,

je geschäftsansässig in .

sowie allen weiteren Angestellten des amtierenden Notars und seines Nachfolgers im Amt – welche der genannte Notar zu bezeichnen bevollmächtigt wird – je einzeln und befreit von den Beschränkungen des § 181 BGB, Erklärungen, Bewilligungen und Anträge materiell- oder formell rechtlicher Art zur Ergänzung oder Änderung der Beschlüsse und rechtsgeschäftlichen Erklärungen abzugeben, soweit diese zur Behebung behördlicher oder gerichtlicher Beanstandungen zweckdienlich sind. Sie sind auch bevollmächtigt, Gesellschafterversammlungen abzuhalten und Beschlüsse zu treffen und hierbei alle Unterzeichner unbeschränkt zu vertreten (im Innenverhältnis und nicht durch das Registergericht zu prüfen wird dieser Auftrag dahingehend eingegrenzt, dass dies nur möglich sein darf, um eventuelle Beanstandungen des Registergerichts zu vermeiden oder sich hieraus ergebende Eintragungshindernisse zu beseitigen).

Diese Vollmachten erlöschen drei Monate nach vollständigem Vollzug im Handelsregister.

(5) Verteiler

Von dieser Urkunde erhalten

- elektronisch beglaubigte Abschriften:
  - das Registergericht der Gesellschaft;
- beglaubigte Abschriften:
  - Gesellschaft,
  - Gesellschafter,
  - Finanzamt , Körperschaftsteuerstelle, gem. § 54 EStDV;
- einfache Abschrift:
  - Steuerberater .

Vorstehende Niederschrift wurde den Erschienenen in Gegenwart des Notars vorgelesen, von ihnen genehmigt und wie folgt unterschrieben:

Anlage:

- Gesellschaftsvertrag der Gesellschaft (Auszug),
- allgemeine AG-Satzung nach Wünschen der Beteiligten.

> *Folgende Besonderheiten sind zu beachten:*
>
> Die **Regelung zum Grundkapital** könnte folgende Form haben:
>
> §
>
> (1) Das Grundkapital der Gesellschaft beträgt EUR (i.W. EUR). Es ist eingeteilt in Stückaktien. Die Aktien lauten auf den Namen.
>
> (2) Das Grundkapital wird in voller Höhe durch Formwechsel des bisherigen Rechtsträgers, der GmbH mit dem Sitz in , eingetragen im Handelsregister des Amtsgerichts unter HRB erbracht. Das Vermögen und die Verbindlichkeiten der GmbH sind nach Eintragung des Formwechsels Vermögen bzw. Verbindlichkeiten der Gesellschaft.

§ Gründungsaufwand

(1) (Übernahme der Regelung des Gründungsaufwands aus der GmbH-Satzung).

(2) Die Gesellschaft trägt die mit dem Formwechsel verbundenen Kosten bis zu einem Höchstbetrag von EUR.

▲

2. Anmeldung des Formwechsels von der GmbH in eine AG zum Handelsregister

2 ▼

4.2 **Muster 4.2: Anmeldung des Formwechsels von der GmbH in eine AG zum Handelsregister**

Amtsgericht

– Registergericht –

HRB

GmbH

I.

Ich, der einzige Geschäftsführer der GmbH und zugleich der einzige Vorstand der künftigen AG, überreiche in der Anlage jeweils in elektronisch beglaubigter Abschrift:

- Urkunde des Notars vom beinhaltend den Beschluss über den Formwechsel und Verzichtserklärungen,
- Beschluss des Aufsichtsrats der Gesellschaft über die Bestellung des Vorstandes,
- Gründungsbericht,
- Gründungsprüfungsbericht der Mitglieder des Vorstandes und des Aufsichtsrates,
- Bericht des externen Gründungsprüfers,
- Berechnung des Gründungsaufwandes,
- Liste der Mitglieder des Aufsichtsrates
- Mitteilung nach § 42 AktG.

Ein Umwandlungsbericht ist nach § 192 Abs. 2 Satz 1, 1. Alt. UmwG nicht erforderlich.

II.

Zur Eintragung in das Handelsregister wird angemeldet:

1. Die Gesellschaft ist durch Formwechsel im Sinne der §§ 190 ff. UmwG von einer GmbH in eine Aktiengesellschaft mit der Firma AG umgewandelt worden. Mit dem oben genannten Beschluss über den Formwechsel wurde auch die Satzung der AG festgestellt.
2. Das Grundkapital der Gesellschaft beträgt EUR (in Worten EUR) und ist eingeteilt in Stückaktien mit einem auf die einzelne Aktie entfallenden anteiligen Betrag des Grundkapitals von jeweils EUR.
3. Gründer der Gesellschaft ist Herr .
4. Mitglieder des ersten Aufsichtsrates sind:
   - , geb. am , wohnhaft in , ausgeübter Beruf:
   - , geb. am , wohnhaft in , ausgeübter Beruf:
   - , geb. am , wohnhaft in , ausgeübter Beruf:
5. Mitglied des Vorstands ist: Herr , geb. am , wohnhaft in
   Die Vertretungsmacht des Vorstands lautet allgemein:
   Das Vorstandsmitglied, Herr , vertritt die Gesellschaft konkret wie folgt: .
6. Eventuelle Angaben zu Prokuren, Zweigniederlassungen und Unternehmensverträge.

III.

Der Vorstand, Herr , versichert, durch den beglaubigenden Notar über die unbeschränkte Auskunftspflicht nach § 53 Abs. 2 des Gesetzes über das Zentralregister und das Erziehungsregister belehrt worden zu sein.

Er versichert für sich selbst weiter: Es liegen keine Umstände vor, aufgrund derer ich nach § 76 Abs. 3 AktG vom Amt eines Vorstands ausgeschlossen wäre. Während der letzten fünf Jahre wurde ich nicht rechtskräftig verurteilt wegen des Unterlassens der Stellung eines Antrags auf Eröffnung des Insolvenzverfahrens (Insolvenzverschleppung), nach §§ 283–283d StGB (Insolvenzstraftaten), wegen falscher Angaben nach § 82 GmbHG oder § 399 AktG, wegen unrichtiger Darstellung nach § 400 AktG, § 331 HGB, § 313 UmwG oder § 17 PublG oder nach § 263 StGB (Betrug), § 263a StGB (Computerbetrug), § 264 StGB (Subventionsbetrug), § 264a StGB (Kapitalanlagebetrug), § 265b StGB (Kreditbetrug) § 266 StGB (Untreue) oder § 266a StGB (Vorenthalten oder Veruntreuen von Arbeitsentgelt). Auch im Ausland wurde ich nicht wegen einer vergleichbaren Tat rechtskräftig verurteilt.

Ich wurde noch nie wegen einer Straftat verurteilt.

Ich wurde nicht aufgrund einer behördlichen Anordnung in einer Anstalt verwahrt.

Mir ist gegenwärtig weder durch gerichtliches Urteil noch durch vollziehbare Entscheidung einer Verwaltungsbehörde die Ausübung eines Berufes, Berufszweiges,

Gewerbes oder Gewerbezweiges untersagt, somit auch nicht im Rahmen des Unternehmensgegenstandes der Gesellschaft.

Herr erklärt weiter: Ich erkläre gem. § 198 Abs. 3 UmwG i.V.m. § 16 Abs. 2 Satz 2 UmwG unter Bezug auf die im Formwechselbeschluss abgegebenen Anfechtungsverzichtserklärung der alleinigen Gesellschafterin der Gesellschaft, dass eine Anfechtung ausgeschlossen ist und daher eine Negativerklärung nach § 198 Abs. 3 UmwG i.V.m. § 16 Abs. 2 Satz 1 UmwG entbehrlich ist.

Es wird versichert, dass bei der Gesellschaft kein Betriebsrat besteht.

IV.

Die Beteiligten bevollmächtigen die Angestellten des amtierenden Notars – welche der amtierende Notar zu bezeichnen bevollmächtigt wird – je einzeln und befreit von den Beschränkungen des § 181 BGB, Erklärungen, Bewilligungen und Anträge materiell- oder formell-rechtlicher Art zur Ergänzung oder Änderung der Anmeldung abzugeben, soweit diese zur Behebung behördlicher oder gerichtlicher Beanstandungen zweckdienlich sind.

Der Notar wird beauftragt und allseits bevollmächtigt, den Vollzug dieser Anmeldung im Handelsregister, insbesondere durch Erstellung einer elektronischen Handelsregisteranmeldung und deren Übermittlung an das Registergericht, zu bewirken und alle hierzu erforderlichen oder sinnvollen Erklärungen abzugeben und Maßnahmen zu treffen.

V.

Die inländische Geschäftsanschrift lautet: .

VI.

Die Kosten dieser Handelsregisteranmeldung und ihres Vollzugs bei Gericht trägt der übernehmende Rechtsträger.

, den

Vorstand/Geschäftsführer

(*notarieller Beglaubigungsvermerk*)

▲

II. Checkliste

3 ▼

Muster 4.3: Checkliste: Formwechsel von GmbH in AG

4.3 ☐ Stammkapital der GmbH mindestens 50.000 EUR? Wenn nicht, ist wegen des Grundsatzes der Kontinuität des Nennkapitals vorher eine Kapitalerhöhung durchzuführen. Dies kann sogar unmittelbar zusammen mit dem Formwechsel in einer notariellen Urkunde erfolgen.[1]

- ☐ Es ist vorzubereiten ein Gesellschafterbeschluss und eine Handelsregisteranmeldung seitens des Notars. In diesem Zuge müssen bereits vorliegen die neue Satzung der AG. Außerdem sollten bereits die ersten Mitglieder des Aufsichtsrates in der notariellen Urkunde bestellt werden.
- ☐ Vorher muss der Entwurf des Formwechselbeschlusses mindestens einen Monat vor der Gesellschafterversammlung dem Betriebsrat zugeleitet worden sein (vgl. § 194 Abs. 2 UmwG) (wenn ein solcher vorhanden ist). Diesen Umstand sollte der Notar vor Augen haben.
- ☐ Im Rahmen der Anmeldung sind außerdem vorzulegen und somit im Vorfeld vorzubereiten (wobei die Dokumente privatschriftlich durch die Beteiligten erstellt werden und zwar typischer-, wenn nicht sogar zwingenderweise nach der notariellen Beurkundung des Gesellschaftsbeschlusses zum Formwechsel. Der Notar kann den Beteiligten Mustertexte zur Verfügung stellen; hierfür fallen aber separate Gebühren an):
  - ☐ Umwandlungsbericht (darauf kann verzichtet werden),
  - ☐ Barabfindungsangebot (darauf kann verzichtet werden),
  - ☐ wenn Barabfindung, dann gerichtliche Bestellung eines Barabfindungsprüfers und dessen Prüfbericht,
  - ☐ Bericht der Gründer,
  - ☐ Gründungsprüfungsbericht von Vorstand und Aufsichtsrat,
  - ☐ gerichtliche Bestellung eines Gründungsprüfers (auf Antrag),
  - ☐ Bericht des Gründungsprüfers,
  - ☐ Berechnung des Gründungsaufwandes,
  - ☐ Liste der Mitglieder des ersten Aufsichtsrates,
  - ☐ Bestimmung des ersten Vorstands.

▲

III. Ablaufplan

Hier, wie überall, gilt: Der konkrete Ablauf richtet sich in der Praxis nach den Umständen des Einzelfalls; vom Notar ist ein gewisses Maß an Flexibilität gefragt, etwa wenn die jeweiligen Stichtage noch in der Zukunft liegen soll. Der Notar sollte sich immer, auch beim Formwechsel, einen konkreten Ablaufplan (mit großzügigen Fristen für die Kundschaft und sich selbst) erstellen, um immer die nächsten Schritte im Blick zu haben.[2] 4

1 *Terbrack* in: Fuhrmann/Wälzholz, Formularbuch Gesellschaftsrecht, Kap. 36, Teil 1, Ziff. 1.

2 Vgl. *Kraus* in: Engl, Formularbuch Umwandlungen, Kap. A.1 Rn 2 ff.

5 **1. Vorbereitungshandlungen**: Entwurfserstellung durch die Beteiligten in möglichst enger Absprache mit dem Notar, Einbindung von Betriebsräten, Inhabern von Sonderrechten etc. Die Beteiligten sollten weitere Rechtsfragen im Blick haben. Im vorliegenden Fall ist zu klären, welche Personen für den Vorstand und für den Aufsichtsrat bestellt werden sollen und ob diese die notwendigen Anforderungen erfüllen. Auch ist aber bestimmten Betriebsgrößen zu prüfen, ob gewisse personelle Anforderungen an Gremien zu stellen sind („Frauenquote", „Arbeitnehmerbeteiligung").

6 Gemäß § 192 Abs. 1 UmwG hat das Vertretungsorgan des formwechselnden Rechtsträgers einen ausführlichen schriftlichen Bericht zu erstatten, in welchem der Formwechsel und insbesondere die künftige Beteiligung der Anteilsinhaber an dem Rechtsträger rechtlich und wirtschaftlich erläutert und begründet werden (Umwandlungsbericht). Nach Absatz 2 der Norm kann aber auf den Umwandlungsbericht bei einer Ein-Personen-Gesellschaft verzichtet werden.[3]

7 Es ist ein **Gründungsbericht** zu erstellen: Die Verpflichtung zur Vorlage eines Gründungsberichtes durch die Gründer folgt aus § 197 Satz 1 UmwG, §§ 32, 37 Abs. 4 Nr. 4 AktG. Diesen haben die Beteiligten zu erstellen. Die Pflicht bezweckt die Erleichterung der registergerichtlichen Prüfung nach § 38 AktG, der Gründungsprüfung (§§ 33 ff. AktG) sowie der Information der Öffentlichkeit und dient allgemein dem Schutz vor unseriösen Gründungen.[4]

8 Zusätzlich haben Vorstand und Aufsichtsrat eine Gründungsprüfung durchzuführen und ebenfalls dem Registergericht mit vorzulegen (§§ 197 UmwG, §§ 33, 34 AktG).

9 Die Beteiligten müssen den Wortlaut der gewünschten Satzung erstellen.

Außerdem ist mit der Anmeldung eine Berechnung des voraussichtlichen Gründungsaufwandes vorzulegen (§ 198 Satz 1 UmwG, § 37 Abs. 4 Nr. 2 Var. 2 AktG).

10 **2. Beteiligung der Betriebsräte**: Sofern es in den betroffenen Gesellschaften Betriebsräte gibt: Zuleitung des Beschluss-Entwurfs spätestens einen Monat vor dem Tage der Versammlung der Anteilsinhaber an den Betriebsrat. Auf die Monatsfrist kann verzichtet werden, nicht jedoch auf die Zuleitung selbst.[5]

Kommt es jedoch im Zuge der Umwandlung zu wesentlichen Nachteilen für die Belegschaft oder jedenfalls wesentliche Teile der Belegschaft, so müssen die Betriebsräte u.U. deutlich vorher informiert werden (nämlich „rechtzeitig" im Sinne von § 111 BetrVG), damit ein Interessenausgleich und evtl. ein Sozialplan erstellt

3 So im Beispielsfall. Ein Muster eines Umwandlungsberichts (den der Notar gerade nicht erstellen muss) findet sich bei *Vossius* in: Widman/Mayer, UmwR, Anhang 4, Rn M 168.

4 *Vetter/Schulenburg* in: Hennsler/Strohn, Gesellschaftsrecht, AktG § 32 Rn 1.

5 OLG Naumburg, NZG 2004, 734.

werden kann. Hierbei handelt es sich dann um Vorbereitungshandlungen, die u.U. viele Monate vorher angebahnt worden sein sollten.[6]

3. Formwechsel-Beschluss: Beurkundung des Formwechsel-Beschlusses. 11

4. Verzichtserklärungen: In diesem Kontext kann auch die Verzichtserklärung auf die Klage gegen die Wirksamkeit des Beschlusses durch sämtliche Anteilsinhaber beurkundet werden. 12

Der Klageverzicht kann auch separat beurkundet werden oder es kann die einmonatige Klagefrist abgewartet werden (§ 14 UmwG).

5. Handelsregisteranmeldung: Zu dieser Anmeldung sind mit vorzulegen: 13

- Berechnung des voraussichtlichen Gründungsaufwandes (§ 198 Satz 1 UmwG, § 37 Abs. 4 Nr. 2 Var. 2 AktG),
- Meldung gem. § 42 AktG – jedenfalls im vorliegenden Fall, in dem es nur einen Gesellschafter gibt,
- Liste der Mitglieder des Aufsichtsrats – im vorliegenden Muster ist die Liste noch einmal in der Anmeldung wiederholt. Vorzulegen ist aber in jedem Fall eine separate Liste der Aufsichtsratsmitglieder. Nach dem Wortlaut des Gesetzes ist weiter der ausgeübte Beruf anzugeben, auch wenn an der Sinnhaftigkeit der Norm gezweifelt werden kann; der Geburtstag ist eigentlich nicht mit anzugeben, zur Identifizierung der Person bietet sich die Angabe aber auf jeden Fall an,[7]
- Bericht der Gründer,
- Gründungsprüfung durch Vorstand/Aufsichtsrat,
- Bericht des externen Gründungsprüfers,
- eventuell Protokoll der ersten Aufsichtsratssitzung, wenn in dieser der Vorstand bestellt wurde,
- eventuell Nachweis des Zugangs(-zeitpunkts) des Entwurfs beim Betriebsrat,
- eventuell Verzichtserklärungen,
- eventuell Umwandlungsbericht,
- eventuell Barabfindungsangebot,
- eventuell Barabfindungsprüfbericht.

6. Eintragung des Formwechsels (der damit erst wirksam wird). 14

6 So auch *Kraus* in: Engl, Formularbuch Umwandlungen, Kap. A.1 Rn 5.

7 Wie hier: *Wachter*, AG 2016, 776 ff.

IV. Anmerkungen

1. Allgemeines

15 Der Formwechsel der GmbH in die AG erfolgt häufig, um einen **Börsengang** vorzubereiten (sog. *going public*).[8] Generell zielt aber die AG stärker noch als die GmbH auf eine Kapitalsammelfunktion der Rechtsform: Interessierte Kapitalgeber können sich an der Gesellschaft leichter und schneller beteiligen mit geringeren Formerfordernissen, aber auch weniger Einfluss auf die Geschäftsführung. Neben der leichteren Fungibilität der Beteiligung können auch Mitarbeiterbeteiligungsmodelle, die Vorbereitung von Unternehmensnachfolgen oder auch schlicht das höhere Ansehen im Wirtschaftsverkehr einen solchen Schritt motivieren.[9] Wegen des Grundsatzes der **Kontinuität** des Nennkapitals ist es zwingend notwendig, dass die formwechselnde GmbH ein Stammkapital von mindestens 50.000 EUR aufweist. Sollte dies nicht der Fall sein, so ist zunächst bei der GmbH eine Kapitalerhöhung zu beschließen; dies kann auch unmittelbar zusammen mit dem Formwechsel in einer notariellen Urkunde erfolgen.

2. Zum konkreten Vertragsmuster

16 Das vorliegende Muster (siehe Rdn 1) stellt den Grundfall dar und dürfte die einfachste Variante sein: Eine Ein-Personen-GmbH wird in eine AG mit einem einzigen Aktionär umgewandelt. Es gibt keinen Betriebsrat, keine mitbestimmungsrechtlichen Probleme, keine widerstreitenden Interessen etc. Auch das Stammkapital hatte bereits ausreichende Höhe, um problemlos das Grundkapital einer AG darstellen zu können.

V. Steuerliche Hinweise

17 Da es sich beim Formwechsel einer GmbH in eine AG um eine bloße Änderung des Rechtskleides unter Wahrung seiner rechtlichen Identität ohne Vermögensübertragung handelt und regelmäßig sich auch die Person des/der Anteilsinhaber nicht ändert/ändern, fehlt es an einer Übertragung von Vermögen.

18 Da **keine Vermögensübertragung** stattfindet, ist der Vorgang steuerlich unbeachtlich.

VI. Notarkosten

19 Für die **Beurkundung des Beschlusses:** 2,0-Gebühr (Nr. 21100 KV GNotKG). **Geschäftswert** ist der Gesamtwert aller Beschlüsse (§ 35 Abs. 1 GNotKG), max. 5 Mio. EUR (§ 108 Abs. 5 GNotKG). Abzustellen ist auf den **Wert des Aktivver-**

8 *Limmer*, Handbuch der Unternehmensumwandlung, F. Einsatz des UmwG in der Praxis, Rn 260.

9 *Terbrack* in: Fuhrmann/Wälzholz, Formularbuch Gesellschaftsrecht, Kap. 36, Teil 1, Ziff. 1.

mögens des formwechselnden Rechtsträgers (§ 108 Abs. 3 Satz 1 GNotKG) ohne Schuldenabzug (§ 38 GNotKG). Es ist zulässig, von der Bilanzsumme auszugehen, jedoch müssen Grundbesitz und Beteiligungen anstelle des Buchwertes mit dem Verkehrswert angesetzt werden (Rechtsgedanke des § 54 Satz 2 GNotKG).

Bestellung des Aufsichtsrats und des ersten Abschlussprüfers: Hinzuzurechnender **Geschäftswert:** 1 % des Stammkapitals der formwechselnden GmbH, mind. 30.000 EUR (§§ 108 Abs. 1 Satz 1, 105 Abs. 4 Nr. 1 GNotKG). Es handelt sich aber um denselben Beurkundungsgegenstand (§ 109 Abs. 2 Satz 1 Nr. 4 Buchst. d GNotKG).

Hinzuzurechnen (§§ 110 Nr. 1, 35 Abs. 1 GNotKG) ist der **Wert der Verzichtserklärungen**: Teilwert aus dem Anteil des jeweiligen Anteilsinhabers; angemessen sind 10–20 % (§ 36 Abs. 1 GNotKG). Vergleichsberechnung (§ 94 Abs. 1 GNotKG) mit Einzelgebühren für Beschluss und Verzichtserklärungen (1,0 nach Nr. 21200 KV GNotKG).[10] Hinzukommen die Gebühren für die Einstellung im elektronischen Urkundenarchiv, Post- und Telekommunikationspauschalen (Nr. 32005 KV GNotKG) sowie Druckkosten (Nr. 32001 KV GNotKG).

B. Formwechsel von GmbH in GmbH & Co. KG

I. Muster

1. Formwechsel-Beschluss

▼ 20

Muster 4.4: Formwechsel von GmbH in GmbH & Co. KG

4.4

(*Notarielle Eingangsformel*)

Es erscheinen:

Frau   , hier handelnd im eigenen Namen,

und als Einzelvertretungsberechtigte und von den Beschränkungen des § 181 BGB befreite Geschäftsführerin für die   **GmbH** mit dem Sitz in   , eingetragen im Handelsregister des Amtsgerichts   unter HRB   Geschäftsadresse:

– im Folgenden als „formwechselnder Rechtsträger“ bezeichnet –

und als Einzelvertretungsberechtigte und von den Beschränkungen des § 181 BGB befreite Geschäftsführerin für die   **GmbH** mit dem Sitz in   , eingetragen im Handelsregister des Amtsgerichts   unter HRB   Geschäftsadresse:

– im Folgenden als „Komplementär-GmbH“ bezeichnet –

10 *Diehn* in: Fuhrmann/Wälzholz, Formularbuch Gesellschaftsrecht, Kap. 36, Teil I Ziff. 6.

Hierzu bescheinige ich, der unterzeichnende Notar, gem. § 21 Abs. 1 BNotO aufgrund Einsicht vom heutigen Tage in das Handelsregister die vorstehenden Vertretungsverhältnisse.

Die Frage nach einer Vorbefassung im Sinne des § 3 Abs. 1 Nr. 7 BeurkG wurde allseits verneint.

Über das Geldwäschegesetz belehrt, erklären die Beteiligten im eigenen Namen oder aufgrund offen gelegter Vertretungsverhältnisse zu handeln.

Erklärt wird mit der Bitte um notarielle Beurkundung, was folgt:

Formwechsel: GmbH in GmbH & Co. KG

§ 1 Vorbemerkungen

(1) Im Handelsregister des Amtsgerichts … ist unter HRB … die … GmbH mit Sitz in … (im Folgenden „formwechselnder Rechtsträger" genannt) eingetragen.

Gesellschafter der Gesellschaft sind laut der zuletzt beim Handelsregister eingereichten Gesellschafterliste, welche der Notar vor der Beurkundung eingesehen hat,

- Frau … hält einen Geschäftsanteil im Nennbetrag von insgesamt … EUR,
- …-GmbH mit Sitz in … hält einen Geschäftsanteil im Nennbetrag von … EUR

(2) Die …-GmbH hat ihren Geschäftsanteil im Nennbetrag von … EUR durch notarielle Urkunde vom … (UVZ-Nr. … an dieser Notarstelle) von Frau … in Vorbereitung auf den heute zu fassenden Formwechselbeschluss unentgeltlich, treuhänderisch und mit der Maßgabe erworben, dass mit Vollzug des Formwechsels der …-GmbH in eine GmbH & Co. KG die an die Stelle des Geschäftsanteils im Nennbetrag von … EUR tretenden Kapitalanteile von dieser als künftige persönlich haftende Gesellschafterin an Frau … rückabgetreten werden. Frau … hat diese – mit der Eintragung des Formwechsels aufschiebend bedingte Rückabtretung – bereits in der vorgenannten Urkunde angenommen.

Das Stammkapital ist vollständig eingezahlt. Das Stammkapital ist heute vollständig vertreten.

(3) Der Unternehmensgegenstand der …-GmbH genügt weiterhin den Anforderungen des § 105 Abs. 1 und 2 HGB. Deshalb ist der Formwechsel in eine Personenhandelsgesellschaft gem. § 228 Abs. 1 UmwG möglich.

(4) Die der formwechselnde Rechtsträger hat kein Grundeigentum.

§ 2 Gesellschafterversammlung des formwechselnden Rechtsträgers

Die Gesellschafter des formwechselnden Rechtsträgers halten hiermit unter Verzicht auf alle gesetzlichen und gesellschaftsvertraglichen Fristen eine **Gesellschafterversammlung** des formwechselnden Rechtsträgers ab und beschließen einstimmig, was folgt:

(1) Formwechsel

Die GmbH mit dem Sitz in wird formwechselnd gem. §§ 190 ff., 226, 228 ff. UmwG in eine Kommanditgesellschaft umgewandelt.

(2) Gesellschafter

Der Formwechsel erfolgt unter ausschließlicher Beteiligung der bisherigen Gesellschafter. Gesellschafter sind:

- als Komplementärin die **GmbH** mit dem Sitz in , eingetragen im Handelsregister des Amtsgerichts unter HRB Geschäftsadresse: ; sie ist zwar an der Kommanditgesellschaft beteiligt, erhält aber weder einen festen noch einen variablen Kapitalanteil;
- als Kommanditist Frau (*Name, Vorname, Geburtstag, Wohnort*) mit einer Kommanditeinlage – zugleich Haftsumme – von EUR;

(3) Firma und Sitz

Die Firma der Gesellschaft nach Formwechsel lautet GmbH & Co. KG.

Sitz der Gesellschaft bleibt .

(4) Gesellschaftsvertrag

Der Gesellschaftsvertrag der GmbH & Co. KG ergibt sich aus der **Anlage**. Die Anlage wird verlesen und allseits genehmigt und bildet einen wesentlichen Bestandteil dieser Urkunde. Damit ist der Gesellschaftsvertrag der GmbH & Co. KG festgestellt.

(5) Stichtag

Im Innenverhältnis – d.h. unter den Gesellschaftern sowie zwischen Gesellschaftern und Gesellschaft – soll der Formwechsel zum 1.1. , 00:00 Uhr als erfolgt gelten.

(6) Besondere Rechte und Vorteile

Besondere Rechte für einzelne Anteilsinhaber, Inhaber besonderer Rechte oder sonstige Dritte i.S.d. § 194 Abs. 1 Nr. 5 UmwG bestehen nicht und es sind keine Maßnahmen i.S.d. § 194 Abs. 1 Nr. 5 UmwG vorgesehen.

(7) Abfindungsangebot

Ein Barabfindungsangebot erfolgt nicht.

(8) Folgen für die Arbeitnehmer und ihre Vertretungen

Die GmbH & Co. KG übernimmt die Arbeitnehmer der GmbH: Die Arbeitsverhältnisse werden unverändert fortgesetzt (§ 613a BGB). Die Rechte und Pflichten der Arbeitnehmer aus den bestehenden Anstellungs- und Arbeitsverhältnissen bleiben von dem Formwechsel der Gesellschaft unberührt. Die Direktionsbefugnisse des Arbeitgebers werden nach dem Formwechsel von dem Vorstand der Gesellschaft ausgeübt.

Weitere Maßnahmen sind insoweit nicht vorgesehen. Auswirkungen mitbestimmungsrechtlicher oder tarifvertraglicher Art ergeben sich nicht.

Die Gesellschaft hat keinen Betriebsrat.

(9) Ende der Versammlung

Weitere Beschlüsse wurden nicht gefasst. Sodann wird die Gesellschafterversammlung beendet.

§ 3 Verzichts- und Zustimmungserklärungen

(1) Auf die Erstellung eines Umwandlungsberichtes gem. §§ 230 Abs. 1, 192 Abs. 2 Satz 1 UmwG wird von sämtlichen Beteiligten verzichtet.

(2) Auf die schriftliche Ankündigung des Formwechsels als Gegenstand der Beschlussfassung, spätestens zusammen mit der Einberufung der Gesellschafterversammlung, die den Formwechsel beschließen soll, und die Übersendung des Entwurfs des Formwechselbeschlusses gem. § 230 Abs. 1 UmwG wird verzichtet.

(3) Auf die Unterbreitung eines Angebotes auf Barabfindung gem. § 207 UmwG wird von sämtlichen Beteiligten verzichtet.

(4) Alle Beteiligten verzichten auf eine Klage gegen die Wirksamkeit der hier zur Umwandlung der Gesellschaft getroffenen Beschlüsse ausdrücklich (§ 198 Abs. 3, § 16 Abs. 2 Satz 2 UmwG).

(5) ______ als künftiger persönlich haftender Gesellschafter erteilt hiermit die Zustimmung zu dem Formwechsel und dem gesamten Inhalt dieser Urkunde.

§ 4 Schluss

(1) Kosten

Die Kosten dieser Urkunde trägt der formwechselnde Rechtsträger.

(2) Hinweise des Notars

Der beurkundende Notar hat die Beteiligten auf Folgendes hingewiesen:

- Der Formwechsel wird erst mit der Eintragung in das Handelsregister wirksam.

- Gläubiger der Gesellschaft können unter Umständen Sicherheit für ihre Forderungen verlangen und die Vertretungsorgane auf Schadensersatz in Anspruch nehmen.
- Die in dieser Urkunde enthaltenen Verzichtserklärungen sind unwiderruflich.

Der Notar hat steuerlich nicht beraten.

(3) Vollzugsvollmacht

Die Unterzeichner erteilen weiter jeder für sich und für die von ihnen vertretenen Gesellschaften und ihre Rechtsnachfolger den Notarangestellten

- ,
- ,

je geschäftsansässig in ,

sowie allen weiteren Angestellten des amtierenden Notars und seines Nachfolgers im Amt – welche der genannte Notar zu bezeichnen bevollmächtigt wird – je einzeln und befreit von den Beschränkungen des § 181 BGB, Erklärungen, Bewilligungen und Anträge materiell- oder formell rechtlicher Art zur Ergänzung oder Änderung der Beschlüsse und rechtsgeschäftlichen Erklärungen abzugeben, soweit diese zur Behebung behördlicher oder gerichtlicher Beanstandungen zweckdienlich sind. Sie sind auch bevollmächtigt, Gesellschafterversammlungen abzuhalten und Beschlüsse zu treffen und hierbei alle Unterzeichner unbeschränkt zu vertreten (im Innenverhältnis und nicht durch das Registergericht zu prüfen wird dieser Auftrag dahingehend eingegrenzt, dass dies nur möglich sein darf, um eventuelle Beanstandungen des Registergerichts zu vermeiden oder sich hieraus ergebende Eintragungshindernisse zu beseitigen).

Diese Vollmachten erlöschen drei Monate nach vollständigem Vollzug im Handelsregister.

(4) Verteiler

Von dieser Urkunde erhalten

- elektronisch beglaubigte Abschriften:
  - das Registergericht der Gesellschaft,
- beglaubigte Abschriften:
  - Gesellschaft ,
  - Gesellschafter ,
  - Finanzamt , Körperschaftsteuerstelle, gem. § 54 EStDV
- einfache Abschrift:
  - Steuerberater .

Vorstehende Niederschrift wurde den Erschienenen in Gegenwart des Notars vorgelesen, von ihnen genehmigt und wie folgt unterschrieben:

Anlage:

- Gesellschaftsvertrag

▲

2. Anmeldung zum Handelsregister

21 ▼

4.5 **Muster 4.5: Formwechsel von GmbH in GmbH in GmbH & Co. KG – Anmeldung zum Handelsregister**

Amtsgericht

– Registergericht –

HRB

GmbH

I.

In der Anlage wird jeweils in elektronisch beglaubigter Abschrift an das Handelsregister überreicht:

Urkunde des Notars vom beinhaltend den Beschluss über den

- Formwechsel,
- Verzichtserklärung zur Erstattung eines Umwandlungsberichts und deshalb auch Entfall der Übersendung desselben gem. § 230 Abs. 1 UmwG,
- Verzichtserklärung zur Abgabe eines Abfindungsangebots und deshalb auch Entfall der Prüfung desselben,
- Verzicht auf schriftliche Einberufung der Gesellschafterversammlung mit Bezeichnung des Formwechsels als Tagesordnungspunkt gem. § 230 Abs. 1 UmwG und Übersendung des Entwurfs des Umwandlungsbeschlusses,
- Verzicht auf das Recht der Anfechtung der Beschlüsse, bzw. das Klagerecht insbesondere bzgl. des Formwechselbeschlusses nach § 195 UmwG; ich erkläre diesbezüglich, dass eine Klage gegen die Wirksamkeit des Formwechselbeschlusses innerhalb der gesetzlichen Frist nicht erhoben worden ist.

II.

Zur Eintragung in das Handelsregister wird angemeldet:

- Die unter der Firma GmbH mit dem Sitz in im Handelsregister des AG unter HRB eingetragene Gesellschaft mit beschränkter Haftung wurde aufgrund des genannten Umwandlungsbeschlusses in eine Kommanditgesellschaft umgewandelt unter der Firma, GmbH & Co. KG, Sitz der Gesellschaft ist (*Ort*).
- Der bisherige Geschäftsbetrieb – – wird unverändert fortgeführt.

- Die persönlich haftende Gesellschafterin ist die unter der Firma … mit dem Sitz in … bestehende und im Handelsregister des AG … unter HRB … eingetragene Gesellschaft mit beschränkter Haftung ohne Kapitalanteil.
- Kommanditisten sind:
  - Frau …, geb. am …, wohnhaft in … mit einem Kommanditanteil über … EUR.
  - Jeder persönlich haftende Gesellschafter vertritt die Gesellschaft jeweils einzeln.
- Die persönlich haftende Gesellschafterin, die Firma … Verwaltungs-GmbH ist einzelvertretungsberechtigt. Sie selbst und ihre Geschäftsführer sind von den Beschränkungen des § 181 BGB befreit.

III.

Wir erklären weiter, dass:

- die Gesellschafter auf die Erstattung eines Umwandlungsberichtes (§ 192 Umwandlungsgesetz) und auf eine Anfechtung des Umwandlungsbeschlusses verzichtet haben,
- Klagen gegen den Umwandlungsbeschluss nicht erhoben sind,
- ein Betriebsrat nicht besteht.

IV.

Die inländische Geschäftsanschrift lautet: ….

V.

Die Kosten dieser Handelsregisteranmeldung und ihres Vollzugs bei Gericht trägt der übernehmende Rechtsträger.

…, den …

…

(Geschäftsführung in vertretungsberechtigter Formation des formwechselnden Rechtsträgers und Geschäftsführung in vertretungsberechtigter Formation der Komplementär-GmbH und [nicht zwingend] Kommanditisten)

…

(*Notarielle Beglaubigung*)

▲

II. Checkliste

22 ▼

Muster 4.6: Checkliste: Formwechsel von GmbH in GmbH in GmbH & Co. KG

4.6

- ☐ Errichtung oder Erwerb der persönlich haftenden GmbH.
- ☐ Handelsregisteranmeldung der neuen GmbH bzw. Änderungen Satzung und GF, mit Gesellschafterliste.
- ☐ Eintragung der neuen GmbH bzw. der Änderungen.
- ☐ Erstellen des Beschlussentwurfs.
- ☐ Erstellung des Umwandlungsberichts (*verzichtbar*).
- ☐ Prüfung von Abfindungsangeboten (*verzichtbar*).
- ☐ Zusendung des Entwurfs an den Betriebsrat und Bestätigung des Betriebsrats über die rechtzeitige Zuleitung des Beschlussentwurfs bzw. Verzicht hierauf (§§ 199, 194 Abs. 2 UmwG [Frist: ein Monat vor Beschluss]).
- ☐ Notarielle Beurkundung des Beschlusses betreffend Formwechsel und Zustimmung der persönlich haftenden Gesellschafter (phG).
- ☐ Notariell beurkundeter Verzicht auf Erstellung des Berichts gem. § 192 UmwG und Abfindungsangebot gem. §§ 231, 207 UmwG.
- ☐ Notariell beurkundeter Verzicht auf die Anfechtung des Umwandlungsbeschlusses, (§§ 198 Abs. 3, 16 Abs. 2 Satz 2 UmwG).
- ☐ Anmeldung des Formwechsels zum Handelsregister durch GF der alten GmbH in vertretungsberechtigter Zahl, § 235 Abs. 2 (möglichst bis acht Monate nach letzter Bilanz; das ist zivilrechtlich nicht zwingend, steuerrechtlich wegen § 9 Satz 3 UmwStG aber zu empfehlen).
- ☐ Eintragung des Formwechsels/der KG.
- ☐ Weitere Vollzugshandlungen, z.B.: Grundbuchberechtigung.

▲

III. Ablaufplan

23 Vor dem eigentlichen Formwechsel ist es ratsam, die künftige persönlich haftende Gesellschafterin zu gründen und deren Eintragung im Handelsregister abzuwarten. Anschließend muss die Komplementärs-GmbH an der „Ursprungs-GmbH" beteiligt werden. Dies kann im Zuge des Formwechsels geschehen. Es wird vertreten, dass dies in einer Urkunde erfolgen kann.[11] Letztlich ist das eine Geschmacksfrage. Das vorliegende Muster (vgl. Rdn 20 ff.) ist konservativer und geht von einer bereits im Vorfeld erfolgten Beteiligung aus.

11 *Terbrack* in: Fuhrmann/Wälzholz, Formularbuch Gesellschaftsrecht, Teil 10, Kap. 36, 1. Einsatzmöglichkeiten, Besonderheiten, Alternativen.

Anschließend erfolgt der Beschluss des Formwechsels durch die Gesellschafterversammlung und in diesem Zuge auch die Feststellung des Gesellschaftsvertrags der Kommanditgesellschaft. Sind alle Gesellschafter mit dem Formwechsel einverstanden, kann auf die Erstellung eines Umwandlungsberichtes, die Unterbreitung eines Angebotes auf Barabfindung sowie auf Klage gegen die Wirksamkeit der zur Umwandlung getroffenen Beschlüsse in notariell beurkundeter Form verzichtet werden. 24

Schließlich wird der Formwechsel beim Handelsregister angemeldet. Mit der Eintragung ist er vollzogen.

IV. Anmerkungen

Der Formwechsel von der GmbH in eine (GmbH & Co.) KG hat fast immer einen Steuer- oder einen Nachfolge-Hintergrund. Letztlich wird der Steuerberater im konkreten Einzelfall angeben müssen, ob die Besteuerung im Rahmen einer Kapitalgesellschaft oder einer (steuerlich transparenten) Personengesellschaft attraktiver ist. Die Kommanditgesellschaft ist im Rahmen der Satzungsgestaltung flexibler; Mitbestimmungsrechte und Publizitätspflichten sind eingeschränkt. 25

V. Steuerliche Hinweise

Der Formwechsel der GmbH in eine GmbH & Co. KG wird ertragsteuerlich als Rechtsträgerwechsel qualifiziert.[12] 26

Nach § 9 UmwStG wird der Formwechsel einer Kapitalgesellschaft in eine Personen-gesellschaft im Ergebnis wie die Verschmelzung einer Kapitalgesellschaft auf eine Personengesellschaft behandelt. Die Gesellschaften haben daher eine Übertragungs- und eine Eröffnungsbilanz zu erstellen, deren Stichtag maximal acht Monate vor der Anmeldung des Formwechsels zur Eintragung liegen darf. 27

Im vorliegenden Fall sind die §§ 3–10 UmwStG anzuwenden. Grds. geht das Vermögen der Gesellschaft zum gemeinen Wert über und es ergibt sich ein regulär zu besteuernder „Verschmelzungsgewinn" für die formwechselnde Körperschaft. Auf Antrag ist auch hier eine Fortführung der Buchwerte möglich, soweit das übergehende Vermögen Betriebsvermögen der entstehenden Personengesellschaft wird, ein deutsches Besteuerungsrecht nicht ausgeschlossen oder beschränkt wird und eine Gegenleistung nicht gewährt wird. 28

Komplett steuerneutral ist der Formwechsel einer Kapitalgesellschaft in eine Personengesellschaft allerdings selbst im Falle der Buchwertfortführung nicht. Denn in diesem Fall gelten die offenen Rücklagen der Kapitalgesellschaft, d.h. die thesaurierten Gewinne, nach § 7 UmwStG als ausgeschüttet und der Anteilseigner hat 29

12 UmwSt-Erlass 2011, BMF v. 11.11.2011 – IV C 2-S 1978-b/08/10001, Tz. 00.02.

entsprechende Dividendeneinkünfte zu versteuern. Je nach steuerlicher Situation des Anteilseigners und der Höhe der offenen Rücklagen kann es sich bei der resultierenden Steuerbelastung um einen nennenswerten Betrag handeln.

30 Eine **Grunderwerbsteuer** fällt mangels Rechtsträgerwechsels nicht an.[13] Trotzdem wichtig für den Notar: Die Anzeigepflicht an das zuständige Finanzamt gem. § 18 Abs. 1 Satz 1 Nr. 1 GrEStG besteht dennoch.

Für die Umsatzsteuer ist der Formwechsel grds. unbeachtlich.

VI. Notarkosten

31 In die Gesamtbetrachtung müssen noch die Gebühren für die vorgeschaltete Anteilsabtretung und die Treuhandvereinbarung gezogen werden. Da diese jedoch nicht unmittelbar Teil des Formwechsels sind, sondern noch zu vorgeschalteten Maßnahmen gehören, soll die Kostenbetrachtung für die Zwecke dieses Buches außer Betracht bleiben; der Rechtsberater muss jedoch um diese Kosten ebenfalls wissen.

32 Geschäftswert für die notarielle Beurkundung ist das Aktivvermögen der Gesellschaft nach Verkehrswerten ohne Abzug von Verbindlichkeiten (§§ 108 Abs. 3, 38 GNotKG), mit Wertuntergrenze 30.000 EUR und Wertobergrenze 5 Mio. EUR (§ 108 Abs. 5 GNotKG).[14] Es ist zulässig, von der Bilanzsumme auszugehen, jedoch sind Grundbesitz und Beteiligungen anstelle des Buchwertes mit dem Verkehrswert anzusetzen. Hinzuzurechnen ist auch der Wert der Verzichtserklärungen: Teilwert aus dem Anteil des jeweiligen Anteilsinhabers; angemessen sind 10–20 % (§ 36 Abs. 1 GNotKG). Vergleichsberechnung (§ 94 Abs. 1 GNotKG) mit Einzelgebühren für Abtretung/Beschluss einerseits und Verzichtserklärungen (1,0 nach Nr. 21200 KV GNotKG).[15]

C. Formwechsel von einer GmbH in eine GbR

I. Muster: Beschluss des Formwechsels

1. Beschluss des Formwechsels

33 ▼

4.7 **Muster 4.7: Formwechsel von einer GmbH in eine GbR – Beschluss des Formwechsels**

(*Notarielle Eingangsformel*)

13 BFH v. 4.12.1996 – II B 116/96, BStBl II 1997, S. 661 = GmbHR 1997, 136.

14 *Schervier*, Beck'sche Online-Formulare Vertrag 62. Edition 2022, Stand: 1.6.2019, 7.15.1.1., Rn 20.

15 *Diehn* in: Fuhrmann/Wälzholz, Formularbuch Gesellschaftsrecht, 10. Teil, Kap. 36, II., 6. Kosten.

Es erscheinen:

1. Frau
2. Herr

Die Frage nach einer Vorbefassung im Sinne des §3 Abs. 1 Nr. 7 BeurkG wurde allseits verneint.

Über das Geldwäschegesetz belehrt, erklären die Beteiligten im eigenen Namen oder aufgrund offen gelegter Vertretungsverhältnisse zu handeln.

Erklärt wird mit der Bitte um notarielle Beurkundung, was folgt:

Formwechsel: GmbH in GbR

§1 Vorbemerkungen

(1) Im Handelsregister des Amtsgerichts ist unter HRB die GmbH mit Sitz in (im Folgenden „formwechselnder Rechtsträger" oder „Gesellschaft" genannt) eingetragen.

(2) Gesellschafter der Gesellschaft sind laut der zuletzt beim Handelsregister eingereichten Gesellschafterliste, welche der Notar vor der Beurkundung eingesehen hat.

- Frau hält einen Geschäftsanteil im Nennbetrag von insgesamt EUR,
- Herr hält einen Geschäftsanteil im Nennbetrag von EUR.

(3) Die Gesellschaft hat nach Angabe der Beteiligten außer den gesamtvertretungsberechtigten Geschäftsführer-Gesellschaftern und noch zwei Arbeitnehmer.

(4) Die der formwechselnde Rechtsträger hat keine Beteiligungen an anderen Gesellschaften und kein Grundeigentum.

§2 Gesellschafterversammlung des formwechselnden Rechtsträgers

Die Gesellschafter des formwechselnden Rechtsträgers halten hiermit unter Verzicht auf alle gesetzlichen und gesellschaftsvertraglichen Fristen eine **Gesellschafterversammlung d**es formwechselnden Rechtsträgers ab und beschließen einstimmig, was folgt:

(1) Formwechsel

Die GmbH mit dem Sitz in wird formwechselnd gem. §§190ff., 226, 228ff. UmwG in eine Gesellschaft bürgerlichen Rechts umgewandelt.

(2) Gesellschafter

Der Formwechsel erfolgt unter ausschließlicher Beteiligung der bisherigen Gesellschafter. Gesellschafter sind:

… und ….

Mit dem Formwechsel treten an die Stelle der Geschäftsanteile, der Gewinn- und Kapitalrücklagen die Anteile am Gesamthandsvermögen der Gesellschaft im Verhältnis der Geschäftsanteile der Gesellschafter. Die Forderung auf eventuell noch ausstehende Einlagezahlungen auf das Stammkapital erlassen sich die künftigen Gesellschafter A und B hiermit gegenseitig ab Wirksamkeit des Formwechsels und nehmen den Verzicht wechselseitig an.

(3) Firma und Sitz

Der Name der Gesellschaft nach Formwechsel lautet … GbR, bestehend aus den Gesellschaftern … und ….

Sitz der Gesellschaft bleibt ….

(4) Gesellschaftsvertrag

Der Gesellschaftsvertrag der … GbR ergibt sich aus der **Anlage**. Die Anlage wird verlesen und allseits genehmigt und bildet einen wesentlichen Bestandteil dieser Urkunde. Damit ist der Gesellschaftsvertrag der … GbR festgestellt.

(5) Stichtag

Im Innenverhältnis – d.h. unter den Gesellschaftern sowie zwischen Gesellschaftern und Gesellschaft – soll der Formwechsel zum 1.1.…, 00:00 Uhr als erfolgt gelten.

(6) Besondere Rechte und Vorteile

Besondere Rechte für einzelne Anteilsinhaber, Inhaber besonderer Rechte oder sonstige Dritte i.S.d. § 194 Abs. 1 Nr. 5 UmwG bestehen nicht und es sind keine Maßnahmen i.S.d. § 194 Abs. 1 Nr. 5 UmwG vorgesehen.

(7) Abfindungsangebot

Ein Barabfindungsangebot erfolgt nicht.

(8) Folgen für die Arbeitnehmer und ihre Vertretungen

Die GbR übernimmt die Arbeitnehmer der GmbH: Die Arbeitsverhältnisse werden unverändert fortgesetzt (§ 613a BGB). Die Rechte und Pflichten der Arbeitnehmer aus den bestehenden Anstellungs- und Arbeitsverhältnissen bleiben von dem Formwechsel der Gesellschaft unberührt. Die Direktionsbefugnisse des Arbeitgebers werden nach dem Formwechsel von dem Vorstand der Gesellschaft ausgeübt.

Weitere Maßnahmen sind insoweit nicht vorgesehen. Auswirkungen mitbestimmungsrechtlicher oder tarifvertraglicher Art ergeben sich nicht.

Die Gesellschaft hat keinen Betriebsrat.

(9) Ende der Versammlung

Weitere Beschlüsse wurden nicht gefasst. Sodann wird die Gesellschafterversammlung beendet.

§ 3 Verzichts- und Zustimmungserklärungen

(1) Auf die Erstellung eines Umwandlungsberichtes gem. § 230 Abs. 1, § 192 Abs. 2 Satz 1 UmwG wird von sämtlichen Beteiligten verzichtet.

(2) Auf die schriftliche Ankündigung des Formwechsels als Gegenstand der Beschlussfassung, spätestens zusammen mit der Einberufung der Gesellschafterversammlung, die den Formwechsel beschließen soll, und die Übersendung des Entwurfs des Formwechselbeschlusses gem. § 230 Abs. 1 UmwG wird verzichtet.

(3) Auf die Unterbreitung eines Angebotes auf Barabfindung gem. § 207 UmwG wird von sämtlichen Beteiligten verzichtet.

(4) Alle Beteiligten verzichten auf eine Klage gegen die Wirksamkeit der hier zur Umwandlung der Gesellschaft getroffenen Beschlüsse ausdrücklich (§ 198 Abs. 3, § 16 Abs. 2 Satz 2 UmwG).

(5) ______ und ______ als künftige persönlich haftende Gesellschafter erteilen hiermit ihre Zustimmung zu dem Formwechsel und dem gesamten Inhalt dieser Urkunde.

§ 4 Schluss

(1) Kosten

Die Kosten dieser Urkunde trägt der formwechselnde Rechtsträger.

(2) Hinweise des Notars

Der beurkundende Notar hat die Beteiligten auf Folgendes hingewiesen:

- Der Formwechsel wird erst mit der Eintragung in das Handelsregister wirksam.
- Gläubiger der Gesellschaft können unter Umständen Sicherheit für ihre Forderungen verlangen und die Vertretungsorgane auf Schadensersatz in Anspruch nehmen.
- Die in dieser Urkunde enthaltenen Verzichtserklärungen sind unwiderruflich.
- Bei der Umwandlung in eine GbR darf die Gesellschaft kein Handelsgewerbe im Sinne der §§ 1, 2 HGB betreiben.

Der Notar hat steuerrechtlich nicht beraten und insoweit eine Prüfung dieser Urkunde durch entsprechende Fachberater empfohlen

(3) Vollzugsvollmacht

Die Unterzeichner erteilen weiter jeder für sich und für die von ihnen vertretenen Gesellschaften und ihre Rechtsnachfolger den Notarangestellten

- ,
- ,

je geschäftsansässig in ,

sowie allen weiteren Angestellten des amtierenden Notars und seines Nachfolgers im Amt – welche der genannte Notar zu bezeichnen bevollmächtigt wird – je einzeln und befreit von den Beschränkungen des § 181 BGB, Erklärungen, Bewilligungen und Anträge materiell- oder formell rechtlicher Art zur Ergänzung oder Änderung der Beschlüsse und rechtsgeschäftlichen Erklärungen abzugeben, soweit diese zur Behebung behördlicher oder gerichtlicher Beanstandungen zweckdienlich sind. Sie sind auch bevollmächtigt, Gesellschafterversammlungen abzuhalten und Beschlüsse zu treffen und hierbei alle Unterzeichner unbeschränkt zu vertreten (im Innenverhältnis und nicht durch das Registergericht zu prüfen wird dieser Auftrag dahingehend eingegrenzt, dass dies nur möglich sein darf, um eventuelle Beanstandungen des Registergerichts zu vermeiden oder sich hieraus ergebende Eintragungshindernisse zu beseitigen).

Diese Vollmachten erlöschen drei Monate nach vollständigem Vollzug im Handelsregister.

(4) Verteiler

Von dieser Urkunde erhalten

- elektronisch beglaubigte Abschriften:
  - das Registergericht der Gesellschaft,
- beglaubigte Abschriften:
  - Gesellschaft ,
  - Gesellschafter ,
  - Finanzamt , Körperschaftsteuerstelle, gem. § 54 EStDV
- einfache Abschrift:
  - Steuerberater .

Vorstehende Niederschrift wurde den Erschienenen in Gegenwart des Notars vorgelesen, von ihnen genehmigt und wie folgt unterschrieben:

Anlage:

Gesellschaftsvertrag

▲

2. Anmeldung zum Handelsregister

▼ 34

Muster 4.8: Formwechsel von einer GmbH in eine GbR – Anmeldung zum Handelsregister 4.8

An das Amtsgericht

– Registergericht –

HRB

GmbH

I.

In der Anlage wird jeweils in elektronisch beglaubigter Abschrift an das Handelsregister überreicht:

Urkunde des Notars vom beinhaltend

- Beschluss über den Formwechsel,
- Verzichtserklärung zur Erstattung eines Formwechselberichts und deshalb auch Entfall der Übersendung desselben gem. § 230 Abs. 1 UmwG,
- Verzichtserklärung zur Abgabe eines Abfindungsangebots und deshalb auch Entfall der Prüfung desselben,
- Verzicht auf schriftliche Einberufung der Gesellschafterversammlung mit Bezeichnung des Formwechsels als Tagesordnungspunkt gem. § 230 Abs. 1 UmwG und Übersendung des Entwurfs des Umwandlungsbeschlusses,
- Verzicht auf das Recht der Anfechtung der Beschlüsse, bzw. das Klagerecht insbesondere bzgl. des Formwechselbeschlusses nach § 195 UmwG; ich erkläre diesbezüglich, dass eine Klage gegen die Wirksamkeit des Formwechselbeschlusses innerhalb der gesetzlichen Frist nicht erhoben worden ist.

II.

Zur Eintragung in das Handelsregister wird angemeldet:

Die Gesellschaft ist durch Formwechsel in eine Gesellschaft bürgerlichen Rechts mit dem Sitz in umgewandelt worden.

III.

Es wird von allen Unterzeichnenden je einzeln versichert, dass

- der formwechselnde Rechtsträger keinen Betriebsrat hat;
- gegen den Umwandlungsbeschluss keine Anfechtungs- oder Nichtigkeitsklage erhoben ist und wegen des erklärten Anfechtungsverzichts auch nicht erhoben werden kann.
- der neue Rechtsträger über keinen in kaufmännischer Weise eingerichteten Geschäftsbetrieb verfügt und aufgrund der Verhältnisse im formwechselnden

Rechtsträger auch keines solchen bedarf. Bücher und Schriften der GmbH werden von verwahrt.

VI.

Die Kosten dieser Handelsregisteranmeldung und ihres Vollzugs bei Gericht trägt der übernehmende Rechtsträger.

, den

▲

II. Checkliste

35 Siehe Rdn 36 ff.

Eine Schlussbilanz braucht es gerade nicht, weil § 17 UmwG keine Anwendung findet.

III. Ablaufplan

36 Hier, wie überall, gilt: Der konkrete Ablauf richtet sich in der Praxis nach den Umständen des Einzelfalls; vom Notar ist ein gewisses Maß an Flexibilität gefragt. Der Notar sollte sich immer, auch bei der Aufspaltung, einen konkreten Ablaufplan (mit großzügigen Fristen für die Kundschaft und sich selbst) erstellen, um immer die nächsten Schritte im Blick zu haben.

37 **1. Vorbereitungshandlungen**: Entwurfserstellung durch die Beteiligten in möglichst enger Absprache mit dem Notar, Erstellung der Schlussbilanz, Einbindung von Betriebsräten, Inhabern von Sonderrechten etc. Die Beteiligten sollten weitere Rechtsfragen im Blick haben: Anforderungen des Kartellrechts, des Gewerberechts, etc. Die Änderung der Rechtsform kann auch bei Kunden oder Vertragspartnern auf Unverständnis stoßen und sollte geklärt werden. Geprüft werden müssen, ob Barabfindungen zu zahlen sein werden. Zwingend sind:

- Erstellung des Beschlussentwurfs,
- Zuleitung des Entwurfs des Umwandlungsbeschlusses zum zuständigen Betriebsrat, wenn vorhanden (§ 194 Abs. 2 UmwG),
- Umwandlungsbericht (§ 192 Abs. 1 UmwG), oder notariell beurkundeter Verzicht auf Erstellung des Berichts gem. § 192 UmwG und Abfindungsangebot gem. §§ 231, 207 UmwG.

38 **2. Notarielle Beurkundung** des Formwechsel-Beschlusses, Abschluss des neuen Gesellschaftsvertrages, Beachtung von Zustimmungserfordernissen und Beurkundung von Verzichten

- Notariell beurkundeter Verzicht auf die Anfechtung des Umwandlungsbeschlusses, §§ 198 Abs. 3, 16 Abs. 2 Satz 2 UmwG
- Einhaltung der Gründungsvorschriften des neuen Rechtsträgers (§ 197 UmwG) und Kapitalschutz (bei der GbR kein Problem)

- evtl. Folgehandlungen (z.B.: Grundbuchberichtigung, wenn doch Grundbesitz betroffen ist)

3. Anmeldung und Eintragung des Formwechsels. 39

IV. Anmerkungen

Die Ausführungen zum Formwechsel von der GmbH in die GbR unterscheiden 40 sich von denen zum Formwechsel in die GmbH & Co. KG dahingehend, dass die vorliegende Variante in der Praxis regelmäßig zum Umgehen des als langwierig empfundenen Liquidationsverfahren verwendet wird. Die Anwendungsfälle in der Praxis der Autoren waren ausnahmslos solche, in denen anschließend die GbR auf einfache Weise liquidiert werden soll. Was auf den ersten Blick einen schalen Beigeschmack haben mag, ist höchstrichterlich[16] bestätigt und in der Praxis als Gestaltungsvariante anerkannt. Für den Notar dürften die Grenzen bei einem Verstoß gegen die guten Sitten liegen (§ 138 BGB),[17] der nur schwer anzunehmen sein dürfte, da das Verfahren ja gerade als legitimes Verfahren akzeptiert wird.

V. Steuerliche Hinweise

Der Formwechsel der GmbH in eine GbR wird ertragsteuerlich als Rechtsträger- 41 wechsel qualifiziert. Nach § 9 UmwStG wird der **Formwechsel einer Kapitalgesellschaft in eine Personengesellschaft** im Ergebnis wie die Verschmelzung einer Kapitalgesellschaft auf eine Personengesellschaft behandelt. Die Gesellschaften haben daher eine Übertragungs- und eine Eröffnungsbilanz zu erstellen, deren Stichtag maximal acht Monate vor der Anmeldung des Formwechsels zur Eintragung liegen darf.

Im vorliegenden Fall sind die §§ 3–10 UmwStG anzuwenden. Grds. geht das Vermögen der Gesellschaft zum gemeinen Wert über und es ergibt sich ein regulär zu besteuernder „Verschmelzungsgewinn“ für die formwechselnde Körperschaft. Auf Antrag ist auch hier eine Fortführung der Buchwerte möglich, soweit das übergehende Vermögen Betriebsvermögen der entstehenden Personengesellschaft wird, ein deutsches Besteuerungsrecht nicht ausgeschlossen oder beschränkt wird und eine Gegenleistung nicht gewährt wird. Komplett steuerneutral ist der Formwechsel einer Kapitalgesellschaft in eine Personengesellschaft allerdings selbst im Falle der Buchwertfortführung nicht. Denn in diesem Fall gelten die offenen Rücklagen der Kapitalgesellschaft, d.h. die thesaurierten Gewinne, nach § 7 UmwStG als ausgeschüttet und der Anteilseigner hat entsprechende Dividendeneinkünfte zu versteuern. Je nach steuerlicher Situation des Anteilseigners und der Höhe der offenen

16 BGH, Versäumnisurt. v. 18.10.2016 – II ZR 314/15, NZG 2017, 104.

17 *Markworth*, NJW 2017, 559, 561.

Rücklagen kann es sich bei der resultierenden Steuerbelastung um einen nennenswerten Betrag handeln.

42 Für die **Umsatzsteuer** ist der Formwechsel grds. unbeachtlich.

43 Eine **Grunderwerbsteuer** fällt mangels Rechtsträgerwechsels nicht an. Trotzdem wichtig für den Notar: Die Anzeigepflicht an das zuständige Finanzamt gemäß § 18 Abs. 1 Satz 1 Nr. 1 GrEStG besteht dennoch.

VI. Notarkosten

44 Geschäftswert für die notarielle Beurkundung ist das Aktivvermögen der Gesellschaft nach Verkehrswerten ohne Abzug von Verbindlichkeiten (§§ 108 Abs. 3, 38 GNotKG), mit Wertuntergrenze 30.000 EUR und Wertobergrenze 5 Mio. EUR (§ 108 Abs. 5 GNotKG).[18] Es ist zulässig, von der Bilanzsumme auszugehen, jedoch sind Grundbesitz und Beteiligungen anstelle des Buchwertes mit dem Verkehrswert anzusetzen. Hinzuzurechnen ist auch der Wert der Verzichtserklärungen: Teilwert aus dem Anteil des jeweiligen Anteilsinhabers; angemessen sind 10–20 % (§ 36 Abs. 1 GNotKG). Vergleichsberechnung (§ 94 Abs. 1 GNotKG) mit Einzelgebühren für Abtretung/Beschluss einerseits und Verzichtserklärungen (1,0 nach Nr. 21200 KV GNotKG).[19]

18 *Schervier*, Beck'sche Online-Formulare Vertrag 62. Edition 2022, Stand: 1.6.2019, 7.15.1.1., Rn 20.

19 *Diehn* in: Fuhrmann/Wälzholz, Formularbuch Gesellschaftsrecht, 10. Teil, Kap. 36, II., 6. Kosten.

§ 5 Gesetzlich nicht im UmwG geregelte, aber praktisch wichtige Formen der Umwandlung

A. „Einbringung“ eines einzelkaufmännischen Unternehmens in eine GmbH als Sachagio im Rahmen einer Bar-Kapitalerhöhung

I. Muster

1. Kapitalerhöhungsbeschluss mit Unternehmen als Sachagio

▼ 1

Muster 5.1: Kapitalerhöhungsbeschluss mit Unternehmen als Sachagio

– Notarielle Eingangsformel – 5.1

Es erscheint unbedenklich geschäftsfähig:

Herr R,

handelnd sowohl im eigenen Namen u.a. als Inhaber des noch in das Handelsregister als e.K. einzutragenden Betriebs „R e.K.“[1]

als auch als einzelvertretungsberechtigter und von den Beschränkungen des § 181 BGB befreiter Geschäftsführer für die

I GmbH mit dem Sitz in ,

eingetragen im Handelsregister des AG unter HRB ,

Postanschrift:

Es wird erklärt mit der Bitte um notarielle Beurkundung:

Die Frage nach einer Vorbefassung im Sinne des § 3 Abs. 1 Nr. 7 BeurkG wurde allseits verneint.

Über das GeldwäscheG belehrt, erklärt der Beteiligte auf eigene Rechnung oder aufgrund offen gelegter Vertretungsverhältnisse zu handeln.

Ich, der Notar, bescheinige gemäß § 21 Abs. 1 BNotO aufgrund heutiger Einsicht in das elektronische Handelsregister die vorstehenden Vertretungsverhältnisse. Die zuletzt beim Handelsregister eingereichten Gesellschafterlisten wurden vor Beurkundung eingesehen.

1 Um Missverständnisse zu vermeiden: Der Betrieb muss nicht als „e.K.“ im Handelsregister eingetragen sein. Bei der „Einbringung“ des Betriebs als Sachagio kann es sich auch um ein nicht eingetragenes Einzel-Unternehmen handeln.

Die Beteiligten erklären, dass sie rechtzeitig vor der heutigen Beurkundung den beabsichtigten Text des Rechtsgeschäfts erhalten haben und so ausreichend Gelegenheit hatten, sich vorab mit dem Gegenstand der Beurkundung auseinanderzusetzen.

Es wird erklärt mit der Bitte um notarielle Beurkundung:

§ 1 Sachstand

Im Handelsregister des AG ist unter HRB die Gesellschaft unter der Firma

I GmbH mit Sitz in

– in dieser Urkunde auch „Gesellschaft" genannt –

eingetragen.

Nach der letzten im Handelsregister aufgenommenen Gesellschafterliste vom , die der Notar eingesehen hat, ist als Alleingesellschafter an der Gesellschaft beteiligt:

Gesellschafter	Anteil-Nr.	Nennbetrag in EUR
R, geb. am , wohnhaft in	1	25.000

Das Stammkapital ist vollständig in Geld einbezahlt.

Es wird festgestellt, dass das Stammkapital somit heute vollständig vertreten ist.

Herr R ist auch als Einzelunternehmer alleiniger Inhaber des von ihm bisher unter der Bezeichnung

R – -Betrieb

in den Geschäftsräumen betriebenen, nicht im Handelsregister eingetragenen Einzelunternehmens, welches noch als R e.K im Handelsregister eingetragen werden soll – nachstehend „Einzelunternehmen" genannt –.

Die Anmeldung wurde zu heutiger Urkunde des Notars erklärt und beim Handelsregister eingereicht.

Dieses Einzelunternehmen ist bilanzierungspflichtig und wird beim Finanzamt unter der Steuernummer geführt.

§ 2 Gesellschafterversammlung

Der Alleingesellschafter fasst in der unter Verzicht hält unter Verzicht auf alle gesetzlichen und gesellschaftsvertraglichen Formen und Fristen eine Gesellschafterversammlung der Gesellschaft ab und beschließt einstimmig, was folgt:

(1) Das Stammkapital der Gesellschaft wird von 25.000,00 EUR um 1.000,00 EUR (i.W.: eintausend EUR) auf 26.000,00 EUR (i.W.: sechsundzwanzigtausend EUR) erhöht.

(2) Die Kapitalerhöhung wird in der Weise ausgeführt, dass ein neuer Geschäftsanteil ausgegeben wird und zwar ein Geschäftsanteil zum Nennwert von 1.000,00 EUR, welcher mit Nr. 2 nummeriert wird.

(3) Der neue Geschäftsanteil Nr. 2 ist in Höhe seines Nennbetrags von 1.000,00 EUR unverzüglich in voller Höhe in Geld zu leisten.

(4) Auf den neuen Geschäftsanteil Nr. 2 im Nennbetrag von 1.000,00 EUR ist außerdem vom Übernehmer folgende Mehrleistung (Agio), welche den gebundenen Rücklagen der Gesellschaft zuzuführen ist, zu erbringen:

Der Übernehmer des neu gebildeten Geschäftsanteils Nr. 2 im Nennbetrag von 1.000,00 EUR hat sein vorstehend § 2 Ziffer 2 näher bezeichnetes Einzelunternehmen gegen Gewährung von Gesellschafterrechten mit allen Aktiva und Passiva zu Buchwerten nach Maßgabe der Bilanz zum 31. Dezember 20 einschließlich etwaiger vorhandener, nicht bilanzierter Wirtschaftsgüter einzubringen. Der Beteiligte verweist auf diese der gegenwärtigen Urkunde als Bestandteil und Gegenstand der abgegebenen Erklärungen beigefügte Bilanz zum 31. Dezember 20.

Der Beteiligte verzichtet ausdrücklich im Sinne des § 14 BeurkG auf das Vorlesen dieser Bilanz anlässlich gegenwärtiger Beurkundung. Die Bilanz wurde dem Beteiligten zur Durchsicht vorgelegt und von ihm auf jeder Seite unterschrieben.

Der Einbringung, welche rückwirkend zum 1. Januar 20 erfolgt, werden die Werte der Bilanz zum 31. Dezember 20 zugrunde gelegt. Die Einbringung erfolgt zu Buchwerten.

Die Einbringung erfolgt außerdem mit folgenden weiteren Bestimmungen:

Die Übertragung erfolgt zu Buchwerten mit allen Aktiven und Passiven mit allen Rechten am Zubehör und Inventar nach Maßgabe der Bilanz zum 31. Dezember 20.

Mitübertragen sind insbesondere

- alle Gegenstände des Anlage- und Umlaufvermögens, Geräte, Anlagen und Einrichtungen,
- sämtliche Verbindlichkeiten,
- sämtliche Forderungen, welche in der Bilanz ausgewiesen sind.

Von der Übertragung sind keine Gegenstände ausgeschlossen.

Die Gesellschaft tritt in alle mit dem Geschäftsbetrieb zusammenhängenden Rechte und Pflichten ein, insbesondere – jeweils soweit möglich – in

- bestehende Versicherungsverträge,
- bestehende Lieferverträge und Abnahmeverpflichtungen,
- bestehende Arbeitsverträge und Wartungsverträge,
- Mitgliedschaftsrechte bei Berufsverbänden und Berufsgenossenschaften und dergleichen,
- bestehende Miet- und Pachtverträge, Leasingverträge und Verträge mit Versorgungsunternehmen (z.B. Gas, Wasser, Strom, Telekommunikation etc.)
- sämtliche Darlehens-, Kontokorrent- und sonstige Verbindlichkeiten, welche das eingebrachte Einzelunternehmen betreffen, insbesondere die bilanzierten Verbindlichkeiten.

Die Gesellschaft hat den Einzelunternehmer von allen hieraus resultierenden Verpflichtungen freizustellen und diese Verpflichtungen im Wege der befreienden Schuldübernahme zu übernehmen. Die Gesellschaft hat dem Einzelunternehmer unverzüglich durch eine Bestätigung des Gläubigers den Abschluss eines Vertrages gemäß § 414 BGB oder die Genehmigung gemäß § 415 BGB nachzuweisen. Solange die entsprechende Erklärung des Gläubigers nicht abgegeben ist, gilt die Vereinbarung als Erfüllungsübernahme.

Ansprüche wegen Rechts- und Sachmängeln sind ausgeschlossen. Besondere Eigenschaften werden nicht zugesichert; Garantien werden nicht geleistet.

Vom 1. Januar 20 an gehen Nutzen und Lasten und die Gefahr auf den Erwerber über. Ab diesem Zeitpunkt gelten sämtliche Geschäfte als für Rechnung der Gesellschaft geführt, sodass die Gewinne und Verluste ab diesem Stichtag diese betreffen.

Die dingliche Übertragung erfolgt am Tag nach der Eintragung des Einzelunternehmens als „e.K." im Handelsregister, spätestens jedoch zum 31.08.20 .

Die erforderlichen Genehmigungen werden selbst eingeholt; ebenso werden Abtretungen selbst angezeigt.

(5) Der neue Geschäftsanteil Nr. 2 nimmt ab 1. Januar 20 am Ergebnis der Gesellschaft teil.

(6) Zur Übernahme des neuen Geschäftsanteils Nr. 2 im Nennbetrag von 1.000,00 EUR wird der bisherige Alleingesellschafter, Herr R, zugelassen.

(7) Die Geschäftsführung der Gesellschaft wird mit der Durchführung der Kapitalerhöhung beauftragt.

(8) §3 des Gesellschaftsvertrags wird wie folgt neu gefasst:

„§3 Stammkapital

Das Stammkapital der Gesellschaft beträgt

26.000,00 EUR (i.W.: sechsundzwanzigtausend EUR).“

Weitere Beschlüsse werden nicht gefasst. Damit ist die Gesellschafterversammlung beendet.

§4 Übernahmeerklärung

Herr R erklärt, dass er im eigenen Namen den durch vorstehenden Gesellschafterbeschluss neu gebildeten Geschäftsanteil Nr. 2 im Nennbetrag von 1.000,00 EUR zu den im Beschluss enthaltenen Bedingungen übernimmt.

Die Übernahmeerklärung wird von den Gesellschaftern der Gesellschaft und der Gesellschaft angenommen.

§5 Ausführung der Mehreinlageverpflichtung

In Vollzug der vorstehend begründeten Übertragungsverpflichtung besteht über den dinglichen Übergang des zu übertragenden Einzelunternehmens auf die Gesellschaft am Tag nach der Eintragung des Einzelunternehmens als „e.K.“ im Handelsregister, spätestens jedoch zum 31.08.20 Einigkeit. Forderungen und sonstige Rechte werden abgetreten bzw. übertragen. Die Verpflichtungen werden im Wege der Schuldübernahme übernommen.

§6 Grundeigentum

Die Gesellschaft verfügt nicht über Grundbesitz. Zum Vermögen des einzubringenden einzelkaufmännischen Unternehmens gehört ebenfalls kein Grundeigentum.

§7 Schluss

(1) Salvatorische Klausel

Sollte eine Bestimmung oder mehrere Bestimmungen dieses Rechtsgeschäfts oder eine spätere Ergänzung ganz oder teilweise unwirksam oder undurchführbar sein oder werden oder sollte sich eine Lücke herausstellen, wird dadurch die Wirksamkeit der übrigen Bestimmungen nicht berührt.

Die Beteiligten verpflichten sich, anstelle dieser Bestimmung diejenige wirksame und durchführbare Bestimmung zu vereinbaren, die rechtlich und wirtschaftlich dem am nächsten kommt, was die Beteiligten gewollt haben oder nach dem Sinn und Zweck des Rechtsgeschäfts und seiner späteren eventuellen Ergänzung gewollt hätten, wenn sie von der Unwirksamkeit oder Undurchführbarkeit der Bestimmung bei Abschluss des Rechtsgeschäfts oder seiner Ergänzung gewusst

hätten. Das Gleiche gilt sinngemäß, wenn das Rechtsgeschäft eine ergänzungsbedürftige Lücke aufweist.

(2) Kosten

Die Kosten dieser Urkunde und ihres Vollzugs trägt die Gesellschaft

(3) Hinweise des Notars

Der Notar hat auf Folgendes hingewiesen:

- Die Urkundsbeteiligten haften gesamtschuldnerisch für die Kosten des Beurkundungsverfahrens und für die im Zusammenhang mit dem Beurkundungsverfahren anfallenden Kosten.
- Änderungen des Gesellschaftsvertrags werden erst mit ihrer Eintragung in das Handelsregister wirksam.
- Alle Übernehmer haften auch für etwa nicht vollständig eingezahlte Einlageverpflichtungen auf Geschäftsanteile der bisherigen Gesellschafter; alle Gesellschafter haften für die von den Übernehmern übernommenen, aber nicht vollständig eingezahlten Einlageverpflichtungen auf Geschäftsanteile.
- Die übernommenen Einlageverpflichtungen sind in der Weise zu erfüllen, wie im Beschluss vorgesehen: Die Geldbeträge sind der Gesellschaft zur freien Verfügung zu stellen; Rückzahlungen an die Gesellschafter, auch zum Erwerb von anderen Vermögensgegenständen, oder verdeckte Sacheinlagen, z.B. bei Einbringung von Forderungen oder Gegenständen an Stelle der Bareinzahlung sind grundsätzlich unzulässig (Fortbestehen der Bareinlagepflicht, steuer- und strafrechtliche Folgen).
- Zahlungen vor der Fassung des Kapitalerhöhungsbeschlusses haben in der Regel keine Tilgungswirkung.

Der Notar hat steuerlich nicht beraten.

(4) Notar- und Angestelltenvollmacht

Die Unterzeichner erteilen weiter jeder für sich und für die von ihnen vertretenen Gesellschaften und ihre Rechtsnachfolger den Notarangestellten

-
-

je geschäftsansässig in .

sowie allen weiteren Angestellten des amtierenden Notars und seines Nachfolgers im Amt – welche der genannte Notar zu bezeichnen bevollmächtigt wird – je einzeln und befreit von den Beschränkungen des § 181 BGB, Erklärungen, Bewilligungen und Anträge materiell- oder formell rechtlicher Art zur Ergänzung oder Änderung der Beschlüsse und rechtsgeschäftlichen Erklärungen abzugeben, soweit diese zur Behebung behördlicher oder gerichtlicher Beanstandungen zweckdienlich sind. Sie sind auch bevollmächtigt, Gesellschafterversammlungen abzuhalten und Beschlüsse zu treffen und hierbei alle Unterzeichner unbeschränkt zu vertreten (im Innenverhältnis und nicht durch das Registergericht zu prüfen wird dieser Auftrag dahingehend eingegrenzt, dass dies nur möglich sein darf, um eventuelle Beanstandungen des Registergerichts zu vermeiden oder sich hieraus ergebende Eintragungshindernisse zu beseitigen).

Diese Vollmachten erlöschen drei Monate nach vollständigem Vollzug im Handelsregister.

(5) Verteiler

Von dieser Urkunde erhalten

elektronisch beglaubigte Abschriften:
- das Registergericht der Gesellschaft

Beglaubigte Abschriften:
- Gesellschaft
- Gesellschafter
- Finanzamt , Körperschaftsteuerstelle, gemäß § 54 EStDV

Einfache Abschrift:
- Steuerberater

Die Niederschrift wurde dem Beteiligten in Gegenwart des Notars vorgelesen, von ihm genehmigt und eigenhändig unterschrieben:

(Unterschriften)

▲

2. Handelsregisteranmeldung

▼ 2

Muster 5.2: Handelsregisteranmeldung eines Kapitalerhöhungsbeschluss mit Sachagio 5.2

An das Amtsgericht

– Registergericht –

I GmbH mit dem Sitz in ,

eingetragen im Handelsregister des AG unter HRB ,

Als Anlage zu dieser Anmeldung wird überreicht:
- Gesellschafterbeschluss samt Übernahmeerklärung vom heutigen Tag,
- die Liste der Übernehmer
- vollständiger Wortlaut des Gesellschaftsvertrags gemäß § 54 GmbHG.

Zur Eintragung in das Handelsregister wird angemeldet:

- Das Stammkapital der Gesellschaft in Höhe von 25.000,00 EUR wird im Wege der Barkapitalerhöhung um 1.000,00 EUR auf 26.000,00 EUR erhöht.
- Die Kapitalerhöhung erfolgt durch Bildung eines neuen Geschäftsanteils: Geschäftsanteil Nr. 2 im Nennbetrag von 1.000,00 EUR.
- § 3 des Gesellschaftsvertrags wurde entsprechend geändert.

Der Geschäftsführer Herr R versichert:

- Der Gesellschafter Herr R hat seine Leistung auf seinen neu übernommenen Geschäftsanteil Nr. 2 im Nennbetrag von 1.000,00 EUR vollständig, und zwar durch Überweisung auf ein Bankkonto der Gesellschaft in Höhe von 1.000,00 EUR bewirkt.
- Das Erhöhungskapital ist somit zu 100 % eingezahlt.
- Der darauf eingezahlte Betrag befindet sich endgültig in der freien Verfügung der Geschäftsführung. Die Einzahlung erfolgte für Zwecke der Gesellschaft und ist auch nicht an den Gesellschafter zurückgezahlt worden. Die Aktiva des als Agio eingebrachten Einzelunternehmens übersteigen dessen Passiva, das Vermögen des eingebrachten Einzelunternehmens ist größer als dessen Verbindlichkeiten; die Einbringung mindert daher den Wert der Gesellschaft nicht.

Des Weiteren versichert der Geschäftsführer, Herr R, dass das ursprüngliche Stammkapital von 25.000,00 EUR in voller Höhe in Geld geleistet worden ist.

Der Notar wird beauftragt, die Anmeldung erst beim Handelsregister einzureichen,

wenn ihm ein Einzahlungsbeleg in Textform vorliegt.

Die inländische Geschäftsanschrift lautet unverändert: .

Nach Vollzug dieser Anmeldung wird um Übersendung eines beglaubigten Handelsregisterauszuges auf Kosten der Gesellschaft und Zusendung direkt an diese gebeten. Der Notar soll eine Eintragungsbekanntmachung erhalten.

Die Beteiligten bevollmächtigen die Angestellten des amtierenden Notars – welche der amtierende Notar zu bezeichnen bevollmächtigt wird – je einzeln und befreit von § 181 BGB, Erklärungen, Bewilligungen und Anträge materiell- oder formellrechtlicher Art zur Ergänzung oder Änderung der Anmeldung abzugeben, soweit diese zur Behebung behördlicher oder gerichtlicher Beanstandungen zweckdienlich sind.

Der Notar wird beauftragt und allseits bevollmächtigt, den Vollzug dieser Anmeldung im Handelsregister, insbesondere durch Erstellung einer elektronischen Handelsregisteranmeldung und deren Übermittlung an das Registergericht, zu bewirken und alle hierzu erforderlichen oder sinnvollen Erklärungen abzugeben und Maßnahmen zu treffen.

Die Vollmachten erlöschen drei Monate nach vollständigem Vollzug dieser Urkunde.

, den

(Ort, Datum, Unterschrift Geschäftsführer)

(notarieller Beglaubigungsvermerk)

▲

II. Checkliste

▼ 3

Muster 5.3: Checkliste: „Einbringung“ eines einzelkaufmännischen Unternehmens in eine GmbH als Sachagio im Rahmen einer Bar-Kapitalerhöhung 5.3

- ☐ Evtl. Voreintragung des e.K. im Handelsregister (nicht zwingend)
- ☐ Notarielle Urkunde zur Kapitalerhöhung
- ☐ Übernahmeerklärungen (separat oder mitbeurkundet)
- ☐ Handelsregisteranmeldung für e.K. (nicht zwingend)
- ☐ Handelsregisteranmeldung für GmbH
- ☐ Vorbereitet: Evtl. besondere Bestimmungen des Einbringungsvertrages
- ☐ Einbringungsbilanz
- ☐ Liste der Übernehmer
- ☐ Neue Liste der Gesellschafter
- ☐ Neuer Gesellschaftsvertrag mit Bescheinigung gem. §54 GmbHG

▲

III. Ablaufplan

Zur Vermeidung von Wiederholungen wird auf die oben unter §1 Rdn 364 ff. gemachten Ausführungen verwiesen. 4

IV. Anmerkungen

Zur Vermeidung von Wiederholungen wird auf die oben unter §1 Rdn 364 ff. gemachten Ausführungen verwiesen. 5

V. Steuerliche Hinweise

1. Ertragsteuer

Die Einbringung in eine Kapitalgesellschaft unterliegt §20 UmwStG, soweit ein gesamter Betrieb, ein Teilbetrieb oder ein Mitunternehmeranteil eingebracht werden und der übertragende Rechtsträger hierfür Anteile erhält. Ein gesamtes einzel- 6 kaufmännisches Unternehmen dürfte regelmäßig einen gesamten Betrieb darstellen, sodass § 20 UmwStG grds. anwendbar ist.

a) Besteuerung bei der übertragenden Gesellschaft (§ 20 UmwStG)

7 Nach § 20 Abs. 3 UmwStG gilt der Wert, mit dem die übernehmende Gesellschaft das eingebrachte Vermögen ansetzt als **Veräußerungspreis**. Ob bei dem einbringenden Einzelkaufmann ein Einbringungsgewinn entsteht, hängt also vom Wertansatz durch die übernehmende Gesellschaft ab. Außerdem gelten die Anteile, die der Einbringende an der übernehmenden Gesellschaft erhält als Anschaffungskosten der erhaltenden Anteile. Werden neben Anteilen an der übernehmenden Gesellschaft **weitere sonstige Gegenleistungen** gewährt, vermindern sich die Anschaffungskosten entsprechend. Außerdem gilt der gemeine Wert das übertragenen Vermögens auch dann als Anschaffungskosten der Anteile, wenn ein deutsches Besteuerungsrecht an dem übertragenden Vermögen nicht besteht und durch die Einbringung auch nicht begründet wird.

8 Nach § 22 UmwStG unterliegen die erhaltenen Anteile außerdem einer **Sperrfrist** von sieben Jahren. Hintergrund ist, dass durch den Vorgang eine sogenannte Statusverbesserung eintritt. Wäre das Vermögen vor der Umwandlung im Rahmen eines Asset Deals verkauft worden, wäre der Gewinn hieraus regulär besteuert worden. Der Gewinn aus dem Verkauf von Anteilen an Kapitalgesellschaften unterliegt demgegenüber einer günstigeren Besteuerung im Rahmen des Teileinkünfteverfahrens.

9 Werden die **Anteile innerhalb dieser Frist verkauft** oder anderweitig übertragen, entfällt die in Anspruch genommene Begünstigung rückwirken und der ursprünglich vermiedene Übertragungsgewinn (steuerlich „Einbringungsgewinn“) wird steuerpflichtig. Allerdings vermindert sich der rückwirkend zu besteuernde Einbringungsgewinn anteilig um $^{1}/_{7}$ für jedes volle Jahr, das zwischen der Umwandlung und dem Verkauf der Anteile liegt. Steht ein Verkauf nicht unmittelbar bevor, ist aber in den nächsten Jahren gut vorstellbar, kann es sich daher dennoch lohnen, von dieser Regelung Gebrauch zu machen. Außerdem muss dem Finanzamt während der Laufzeit der Frist jährlich bis zum 31. Mai durch Vorlage entsprechender Unterlagen nachgewiesen werden, dass die erhaltenen Anteile noch immer gehalten werden.

b) Besteuerung bei der übernehmenden Gesellschaft (§ 20 UmwStG)

10 Nach § 20 Abs. 2 UmwStG hat die übernehmende Gesellschaft das eingebrachte Vermögen grds. mit dem **gemeinen Wert** anzusetzen. Abweichend hiervon kann die Gesellschaft auch den Ansatz mit dem **Buchwert** oder einem Wert zwischen dem Buchwert und dem gemeinen Wert wählen, soweit die Besteuerung der stillen Reserven in Zukunft sichergestellt ist, das eingebrachte Vermögen insgesamt positiv ist (die eingebrachten Aktivposten die Passivposten also übersteigen und ein po-

sitives Eigenkapital besteht), das deutsche Besteuerungsrecht hinsichtlich einer Veräußerung des eingebrachten Vermögens nicht beschränkt oder ausgeschlossen wird und der Einbringende neben Anteilen an der übernehmenden Gesellschaft keine weiteren Gegenleistungen erhält, deren Wert 25 % des Buchwerts des eingebrachten Vermögens übersteigt (bei sonstigen Gegenleistungen über einer **Bagatellgrenze** von derzeit 500.000 EUR). Liegen diese Voraussetzungen vor, kann die übernehmende Gesellschaft bei dem für sie zuständigen Finanzamt den Ansatz zum Buchwert oder einem Zwischenwert beantragen. Der Antrag ist spätestens bis zur erstmaligen Abgabe der steuerlichen Schlussbilanz der übernehmenden Gesellschaft zu stellen, in der das übertragende Vermögen auszuweisen ist.

Kommt es aufgrund eines **Verstoßes gegen die Sperrfrist** in Bezug auf die erhaltenen Anteile, erhöhen sich die Wertansätze auf Ebene des übernehmenden Rechtsträgers insoweit, als der Sperrfristverstoß eine Versteuerung des Einbringungsgewinns durch den Einbringenden ausgelöst hat und dessen tatsächliche Besteuerung durch das Finanzamt bescheinigt wird. 11

2. Grunderwerbsteuer

Der Übergang von Grundstücken im Rahmen einer Einbringung ist ein Erwerbsvorgang i.S.d. § 1 Abs. 1 Nr. 3 GrEStG. Grunderwerbsteuer kann sich außerdem ergeben, wenn zu dem übergehenden Vermögen Anteile an anderen Gesellschaften gehören, die wiederum Grundvermögen halten. Bemessungsgrundlage ist der Grundbesitzwert nach § 138 Abs. 2–4 BewG. 12

3. Umsatzsteuer

Nach § 1 Abs. 1a UStG unterliegt die Einbringung nach § 20 UmwStG nicht der Umsatzsteuer. 13

VI. Notarkosten

Zum Gesellschafterbeschluss: 2,0-Gebühr (Nr. 21100 KV GNotKG). **Geschäftswert:** Gesamtwert aller Beschlüsse (§ 35 Abs. 1 GNotKG), höchstens 5,00 Mio. EUR (§ 108 Abs. 5 GNotKG). Bei **Beschlüssen mit bestimmtem Geldwert** ist der Nominalbetrag anzusetzen (§ 97 Abs. 1 GNotKG), mind. Je 30.000 EUR (§ 108 Abs. 1 Satz 2, § 105 Abs. 1 Satz 2 GNotKG). Ein **vereinbartes Agio** ist hinzuzurechnen. Der Betrieb ist mit dem Aktivvermögen ohne Schuldenabzug (§ 38 GNotKG) zu bewerten. Es ist von den Aktiva gem. Bilanz auszugehen; Grundstücke, Beteiligungen etc. sind jedoch mit ihrem tatsächlichen Wert zu erfassen. Die Neufassung des Gesellschaftsvertrags ist gegenstandsgleich und daher nicht gesondert anzusetzen (§ 109 Abs. 2 Satz 1 Nr. 4 Buchst. a GNotKG). 14

Zur Übernahmeerklärung/Beurkundung: 1,0-Gebühr (Nr. 21200 KV GNotKG). Der Geschäftswert ist der Nominalbetrag der übernommenen Geschäftsanteile zzgl. 15

Aufgeld. Eine Vergleichsberechnung nach § 94 Abs. 1 GNotKG ist erforderlich (§ 110 Nr. 1 GNotKG).

16 Wird der **Einbringungsvertrag mitbeurkundet**, entstehen gesonderte Gebühren. Der Wert ist dem Beschluss hinzuzurechnen, wobei dann Gegenstandsgleichheit mit der Übernahmeerklärung besteht (§ 109 Abs. 1 Satz 5 GNotKG).[2]

17 Der **Entwurf der Gesellschafterlisten** ist eine Vollzugstätigkeit (Vorbem. 2.2.1.1 Abs. 1 Satz 2 Nr. 3 KV GNotKG). Es entsteht eine 0,5-Gebühr (Nr. 22110 KV GNotKG), höchstens 250 EUR je Liste (Nr. 22113 KV GNotKG). Geschäftswert: Voller Wert des Verfahrens (§ 112 Satz 1 GNotKG). Für die **Übernehmerliste** gilt das Gleiche.

18 Die **Bescheinigung nach § 40 Abs. 2 Satz 2 GmbHG** stellt eine Betreuungstätigkeit zum Kapitalerhöhungsbeschluss dar und löst eine 0,5-Gebühr aus (Nr. 22200 Nr. 6 KV GNotKG). Der Notar muss die korrekte Eintragung der Kapitalerhöhung im Handelsregister und damit einen Umstand außerhalb der Urkunde prüfen.[3]

19 **Handelsregisteranmeldung:** Wenn diese entworfen wird, löst dies jeweils eine 0,5-Gebühr aus (Nr. 24102 KV GNotKG, § 92 Abs. 2 GNotKG); **erste Unterschriftsbeglaubigungen** nach Entwurf sind gebührenfrei, wenn sie „demnächst" erfolgen (Vorbem. 2.4.1 Abs. 2 KV GNotKG). Geschäftswert: Änderungsbetrag des eingetragenen Stammkapitals (§ 119 Abs. 1, § 105 Abs. 1 Satz 1 Nr. 3 GNotKG), mind. 30.000 EUR (§ 119 Abs. 1, § 105 Abs. 1 Satz 2 GNotKG), höchstens aber 1,00 Mio. EUR (§ 106 GNotKG). **XML-Strukturdaten**: 0,2-Gebühr, max. 125 EUR (Nr. 22114 KV GNotKG), aus dem vollen Wert der Anmeldung (§ 112 GNotKG).[4]

B. „Einbringung" einer Personenhandelsgesellschaft in eine GmbH

I. Muster

20 ▼

Muster 5.4: „Einbringung" einer Personenhandelsgesellschaft in eine GmbH

5.4

Urkundeneingang

Frau A,

Herr B,

Herr C,

2 Ein Berechnungsbeispiel findet sich bei *Diehn*, Notarkosten, § 3 Rn 105.

3 Sehr umstritten. So aber zur Recht *Diehn*, Notarkostenberechnungen, Rn 1256.

4 *Diehn* in: Fuhrmann/Wälzholz, Formularbuch Gesellschaftsrecht, Kap. 14, VI, Ziff. 6. Kosten.

Frau D

alle handeln für sich selbst und als von § 181 BGB befreite, jeweils auch einzelvertretungsberechtigte Geschäftsführer der **G Eisdiele GmbH**.

Die Erschienen erklären zu öffentlicher Urkunde:

I. Gesellschafterversammlung

Unter Verzicht auf sämtliche Form- und Fristerfordernisse wird hiermit eine Gesellschafterversammlung der

G Eisdiele GmbH

abgehalten.

Es wird einstimmig beschlossen was folgt:

1. Das Stammkapital der Gesellschaft wird von 25.000,00 EUR um 400,00 EUR (i.W.: vierhundert EUR) auf 25.400,00 EUR (i.W.: fünfundzwanzigtausendvierhundert EUR) durch Ausgabe 400 neuer Geschäftsanteile zu je einem EUR (lfd. Nr. 25.001 bis 25.400) erhöht.
2. Zur Übernahme der neuen Geschäftsanteile werden die Gesellschafter wie folgt zugelassen:
   - Frau A übernimmt die Geschäftsanteile Nr. 25.001 bis 25.100 im Nennbetrag von je 1,00 EUR,
   - Herr B übernimmt die Geschäftsanteile Nr. 25.101 bis 25.200 im Nennbetrag von je1,00 EUR,
   - Herr C übernimmt die Geschäftsanteile Nr. 25.201 bis 25.300 im Nennbetrag von je1,00 EUR,
   - Frau D übernimmt die Geschäftsanteile Nr. 25.301 bis 25.400 im Nennbetrag von je1,00 EUR.

Die Leistung der Geschäftsanteile erfolgt zum Nennbetrag in Geld sowie jeweils mit einem Aufgeld (Agio) in Form der Gesellschafterbeteiligung des jeweiligen Gesellschafters an der Eismanufaktur G OHG (AG X, Registergericht, HRA).

3. § 3 (Stammkapital) der Satzung wird entsprechend geändert und lautet künftig wie folgt:

„*Das Stammkapital beträgt 25.400,00 EUR*“.

Weitere Beschlüsse werden nicht gefasst, damit ist die Gesellschafterversammlung beendet.

II. Übernahmeerklärungen

Gesellschafter A erklärt:

Ich übernehme die neuen Geschäftsanteile in Höhe von je 1,00 EUR (lfd. Nr. 25.001 bis 25.100), insgesamt somit 100,00 EUR und verpflichte mich, diesen Betrag sofort in Geld an die Gesellschaft einzuzahlen. Weiterhin verpflichte ich mich, meine Gesellschafterbeteiligung an der Eismanufaktur G OHG als Agio in die GmbH einzubringen.

Gesellschafter B erklärt:

Ich übernehme die neuen Geschäftsanteile in Höhe von je 1,00 EUR (lfd. Nr. 25.101 bis 25.200), insgesamt somit 100,00 EUR und verpflichte mich, diesen Betrag sofort in Geld an die Gesellschaft einzuzahlen. Weiterhin verpflichte ich mich, meine Gesellschafterbeteiligung an der Eismanufaktur G OHG als Agio in die GmbH einzubringen.

Gesellschafter C erklärt:

Ich übernehme die neuen Geschäftsanteile in Höhe von je 1,00 EUR (lfd. Nr. 25.201 bis 25.300), insgesamt somit 100,00 EUR und verpflichte mich, diesen Betrag sofort in Geld an die Gesellschaft einzuzahlen. Weiterhin verpflichte ich mich, meine Gesellschafterbeteiligung an der Eismanufaktur G OHG als Agio in die GmbH einzubringen.

Gesellschafter D erklärt:

Ich übernehme die neuen Geschäftsanteile in Höhe von je 1,00 EUR (lfd. Nr. 25.301 bis 25.400), insgesamt somit 100,00 EUR und verpflichte mich, diesen Betrag sofort in Geld an die Gesellschaft einzuzahlen. Weiterhin verpflichte ich mich meine Gesellschafterbeteiligung an der Eismanufaktur G OHG als Agio in die GmbH einzubringen.

III. Abtretung („Einbringung")

Weiter erklärt jeder der Beteiligten einzeln für sich:

Ich treten hiermit meinen OHG-Anteil an der Eismanufaktur G OHG an die G Eisdiele GmbH ab, aufschiebend bedingt auf die Eintragung der Kapitalerhöhung in das Register. Für die GmbH wird diese Abtretung hiermit angenommen.

IV. Steuerliche Einordnung

Diese Abtretung ist eine Einbringung des Betriebsvermögens zu Buchwerten mit dem steuerlichen Übertragungsstichtag zum   . Die Beteiligten verpflichten sich für die übernehmende Gesellschaft einheitlich einen Antrag spätestens bis zur erstmaligen Abgabe der steuerlichen Schlussbilanz beim zuständigen Finanzamt zu stellen.

V. Vollmacht

Der beurkundete Notar, sein Stellvertreter und seine Mitarbeiter   , werden einzeln und von den Beschränkungen des § 181 BGB befreit bevollmächtigt, alle zum Vollzug erforderlichen Erklärungen abzugeben und entgegenzunehmen. Dies schließt Anmeldungen zum Handelsregister ausdrücklich ein.

VI. Kosten

Die Kosten dieser Urkunde und ihres Vollzuges einschließlich der Gebühren für behördliche Genehmigungen und Bescheinigungen trägt die Gesellschaft, soweit nachfolgend nicht abweichend geregelt.

VII. Verteiler

Beantragt werden:

- 1 Scanabschrift HRA an Registergericht
- 1 einfache Abschrift an Steuerberater
- 1 beglaubigte Abschrift an jeden Gesellschafter
- 1 beglaubigte Abschrift an Finanzamt – Körperschaftssteuerstelle –
- 1 beglaubigte Abschrift an jede Gesellschaft

Vorgelesen, genehmigt und unterschrieben:

▲

II. Checkliste

▼ 21

Muster 5.5: Checkliste: „Einbringung“ einer Personenhandelsgesellschaft in eine GmbH

- ☐ Evtl. Voreintragung der oHG im Handelsregister (nicht zwingend)
- ☐ Notarielle Urkunde zur Kapitalerhöhung
- ☐ Übernahmeerklärungen (separat oder mitbeurkundet)
- ☐ Handelsregisteranmeldung für oHG (nicht zwingend)
- ☐ Handelsregisteranmeldung für GmbH
- ☐ Einbringungsbilanz
- ☐ Liste der Übernehmer
- ☐ Neue Liste der Gesellschafter
- ☐ Neuer Gesellschaftsvertrag mit Bescheinigung gem. §54 GmbHG

▲

In dieser Variante ist kein separater „Einbringungsvertrag“ notwendig. Das Unternehmen geht durch Vereinigung aller Anteile kraft Gesetzes auf die GmbH als nunmehr einziger Gesellschafter über (Anwachsung). 22

III. Ablaufplan

23 Zur Vermeidung von Wiederholungen wird auf die oben unter § 1 Rdn 351 ff. gemachten Ausführungen verwiesen.

IV. Anmerkungen

24 Zur Vermeidung von Wiederholungen wird auf die oben unter § 1 Rdn 351 ff. gemachten Ausführungen verwiesen.

V. Steuerliche Hinweise

1. Ertragsteuer

25 Die Einbringung in eine Kapitalgesellschaft unterliegt § 20 UmwStG, soweit ein gesamter Betrieb, ein Teilbetrieb oder ein Mitunternehmeranteil eingebracht werden und der übertragende Rechtsträger hierfür Anteile erhält. Der gesamte Anteil an einer Personenhandelsgesellschaft einschließlich steuerlichem Sonderbetriebsvermögen stellt einen solchen Mitunternehmeranteil dar.

a) Besteuerung bei der übertragenden Gesellschaft (§ 20 UmwStG)

26 Nach § 20 Abs. 3 UmwStG gilt der Wert, mit dem die übernehmende Gesellschaft das eingebrachte Vermögen ansetzt als **Veräußerungspreis**. Ob bei dem einbringenden Einzelkaufmann ein Einbringungsgewinn entsteht, hängt also vom Wertansatz durch die übernehmende Gesellschaft ab. Außerdem gelten die Anteile, die der Einbringende an der übernehmenden Gesellschaft erhält als Anschaffungskosten der erhaltenden Anteile. Werden neben Anteilen an der übernehmenden Gesellschaft weitere **sonstige Gegenleistungen** gewährt, vermindern sich die Anschaffungskosten entsprechend. Außerdem gilt der gemeine Wert das übertragenen Vermögens auch dann als Anschaffungskosten der Anteile, wenn ein deutsches Besteuerungsrecht an dem übertragenden Vermögen nicht besteht und durch die Einbringung auch nicht begründet wird.

27 Nach § 22 UmwStG unterliegen die erhaltenen Anteile außerdem einer **Sperrfrist** von sieben Jahren. Hintergrund ist, dass durch den Vorgang eine sogenannte Statusverbesserung eintritt. Wäre das Vermögen vor der Umwandlung im Rahmen eines *asset deals* verkauft worden, wäre der Gewinn hieraus regulär besteuert worden. Der Gewinn aus dem Verkauf von Anteilen an Kapitalgesellschaften unterliegt demgegenüber einer günstigeren Besteuerung im Rahmen des Teileinkünfteverfahrens.

28 Werden die **Anteile innerhalb dieser Frist verkauft** oder anderweitig übertragen, entfällt die in Anspruch genommene Begünstigung rückwirken und der ursprünglich vermiedene Übertragungsgewinn (steuerlich „Einbringungsgewinn") wird steuerpflichtig. Allerdings vermindert sich der rückwirkend zu besteuernde Ein-

bringungsgewinn anteilig um 1/7 für jedes volle Jahr, das zwischen der Umwandlung und dem Verkauf der Anteile liegt. Steht ein Verkauf nicht unmittelbar bevor, ist aber in den nächsten Jahren gut vorstellbar, kann es sich daher dennoch lohnen, von dieser Regelung Gebrauch zu machen. Außerdem muss dem Finanzamt während der Laufzeit der Frist jährlich bis zum 31. Mai durch Vorlage entsprechender Unterlagen nachgewiesen werden, dass die erhaltenen Anteile noch immer gehalten werden.

b) Besteuerung bei der übernehmenden Gesellschaft (§ 20 UmwStG)

Nach § 20 Abs. 2 UmwStG hat die übernehmende Gesellschaft das eingebrachte Vermögen grds. mit dem **gemeinen** Wert anzusetzen. Abweichend hiervon kann die Gesellschaft auch den Ansatz mit dem **Buchwert** oder einem Wert zwischen dem Buchwert und dem gemeinen Wert wählen, soweit die Besteuerung der stillen Reserven in Zukunft sichergestellt ist, das eingebrachte Vermögen insgesamt positiv ist (die eingebrachten Aktivposten die Passivposten also übersteigen und ein positives Eigenkapital besteht), das deutsche Besteuerungsrecht hinsichtlich einer Veräußerung des eingebrachten Vermögens nicht beschränkt oder ausgeschlossen wird und der Einbringende neben Anteilen an der übernehmenden Gesellschaft keine weiteren Gegenleistungen erhält, deren Wert 25 % des Buchwerts des eingebrachten Vermögens übersteigt (bei sonstigen Gegenleistungen über einer **Bagatellgrenze** von derzeit 500.000 EUR). Liegen diese Voraussetzungen vor, kann die übernehmende Gesellschaft bei dem für sie zuständigen Finanzamt den Ansatz zum Buchwert oder einem Zwischenwert beantragen. Der Antrag ist spätestens bis zur erstmaligen Abgabe der steuerlichen Schlussbilanz der übernehmenden Gesellschaft zu stellen, in der das übertragende Vermögen auszuweisen ist. 29

Kommt es aufgrund eines **Verstoßes gegen die Sperrfrist** in Bezug auf die erhaltenen Anteile, erhöhen sich die Wertansätze auf Ebene des übernehmenden Rechtsträgers insoweit, als der Sperrfristverstoß eine Versteuerung des Einbringungsgewinns durch den Einbringenden ausgelöst hat und dessen tatsächliche Besteuerung durch das Finanzamt bescheinigt wird. 30

2. Grunderwerbsteuer

Der Übergang von Grundstücken im Rahmen einer Einbringung ist ein Erwerbsvorgang i.S.d. § 1 Abs. 1 Nr. 3 GrEStG. Grunderwerbsteuer kann sich außerdem ergeben, wenn zu dem übergehenden Vermögen Anteile an anderen Gesellschaften gehören, die wiederum Grundvermögen halten. Bemessungsgrundlage ist der Grundbesitzwert nach § 138 Abs. 2–4 BewG. 31

3. Umsatzsteuer

Nach § 1 Abs. 1a UStG unterliegt die Einbringung nach § 20 UmwStG nicht der Umsatzsteuer. 32

VI. Notarkosten

33 **Zum Gesellschafterbeschluss:** 2,0-Gebühr (Nr. 21100 KV GNotKG). Geschäftswert: Gesamtwert aller Beschlüsse (§ 35 Abs. 1 GNotKG), höchstens 5,00 Mio. EUR (§ 108 Abs. 5 GNotKG). Bei **Beschlüssen mit bestimmtem Geldwert** ist der Nominalbetrag anzusetzen (§ 97 Abs. 1 GNotKG), mind. je 30.000 EUR (§ 108 Abs. 1 Satz 2, § 105 Abs. 1 Satz 2 GNotKG). Ein **vereinbartes Agio** ist hinzuzurechnen. Der Betrieb ist mit dem Aktivvermögen ohne Schuldenabzug (§ 38 GNotKG) zu bewerten. Es ist von den Aktiva gem. Bilanz auszugehen; **Grundstücke**, **Beteiligungen** etc. sind jedoch mit ihrem tatsächlichen Wert zu erfassen. Die **Neufassung des Gesellschaftsvertrags** ist gegenstandsgleich und daher nicht gesondert anzusetzen (§ 109 Abs. 2 Satz 1 Nr. 4 Buchst. a GNotKG).

34 **Zur Übernahmeerklärung:** Beurkundung: 1,0-Gebühr (Nr. 21200 KV GNotKG). Der Geschäftswert ist der Nominalbetrag der übernommenen Geschäftsanteile zzgl. Aufgeld. Eine Vergleichsberechnung nach § 94 Abs. 1 GNotKG ist erforderlich (§ 110 Nr. 1 GNotKG).

35 Wird der **Einbringungsvertrag mitbeurkundet**, entstehen gesonderte Gebühren. Der Wert ist dem Beschluss hinzuzurechnen, wobei dann Gegenstandsgleichheit mit der Übernahmeerklärung besteht (§ 109 Abs. 1 Satz 5 GNotKG).[5]

36 Der **Entwurf der Gesellschafterlisten** ist eine Vollzugstätigkeit (Vorbem. 2.2.1.1 Abs. 1 Satz 2 Nr. 3 KV GNotKG). Es entsteht eine 0,5-Gebühr (Nr. 22110 KV GNotKG), höchstens 250 EUR je Liste (Nr. 22113 KV GNotKG). Geschäftswert: Voller Wert des Verfahrens (§ 112 Satz 1 GNotKG). Für die Übernehmerliste gilt das Gleiche.

37 Die Bescheinigung nach § 40 Abs. 2 Satz 2 GmbHG stellt eine Betreuungstätigkeit zum Kapitalerhöhungsbeschluss dar und löst eine 0,5-Gebühr aus (Nr. 22200 Nr. 6 KV GNotKG). Der Notar muss die korrekte Eintragung der Kapitalerhöhung im Handelsregister und damit einen Umstand außerhalb der Urkunde prüfen.[6]

38 **Handelsregisteranmeldung:** Wenn diese entworfen wird, löst dies jeweils eine 0,5-Gebühr aus (Nr. 24102 KV GNotKG, § 92 Abs. 2 GNotKG); erste **Unterschriftsbeglaubigungen** nach Entwurf sind gebührenfrei, wenn sie „demnächst" erfolgen (Vorbem. 2.4.1 Abs. 2 KV GNotKG). Geschäftswert: Änderungsbetrag des eingetragenen Stammkapitals (§ 119 Abs. 1, § 105 Abs. 1 Satz 1 Nr. 3 GNotKG), mind. 30.000 EUR (§ 119 Abs. 1, § 105 Abs. 1 Satz 2 GNotKG), höchstens aber 1,00 Mio. EUR (§ 106 GNotKG). XML-Strukturdaten: 0,2-Gebühr, max. 125 EUR (Nr. 22114 KV GNotKG), aus dem vollen Wert der Anmeldung (§ 112 GNotKG).[7]

5 Ein Berechnungsbeispiel findet sich bei *Diehn*, Notarkosten, § 3 Rn 105.

6 Sehr umstritten. So aber zur Recht *Diehn*, Notarkostenberechnungen, Rn 1256.

7 *Diehn* in: Fuhrmann/Wälzholz, Formularbuch Gesellschaftsrecht, Kap. 14, VI, Ziff. 6. Kosten.

Stichwortverzeichnis

fette Zahlen = Paragrafen, magere Zahlen = Randnummern

Benutzungshinweise für den Download

Zur Nutzung des PDF-Musterverzeichnisses benötigen Sie einen **lokal installierten PDF-Reader**, da die Funktionalität über das reine Anzeigen einer PDF-Seite hinausgeht.

Den Download-Link (URL) finden Sie auf der Seite 4 (IV) des Werks (Impressum). Über diesen Link stellen wir Ihnen sämtliche im Werk enthaltenen Muster und Formulierungsbeispiele zur Verfügung. Zur Nutzung der Muster/Formulierungsbeispiele gehen Sie auf den Download-Link und laden die dort abgelegte zip-Datei auf Ihr Laufwerk herunter. Um den Ordner zu entpacken, klicken Sie mit der rechten Maustaste auf die Datei, wählen „**Alle extrahieren**" und folgen dann den Anweisungen. Die Nutzung der Muster ist unabhängig vom Betriebssystem Ihres Rechners.

Durch das Extrahieren werden ein **PDF-Musterverzeichnis** sowie die **Worddateien** der jeweiligen Muster auf dem von Ihnen gewählten Laufwerk Ihres Rechners abgelegt.

Zur Nutzung des PDF-Musterverzeichnisses benötigen Sie einen kostenlosen PDF-Reader. Das Musterverzeichnis gibt Ihnen einen Überblick über die enthaltenen Muster und erleichtert Ihnen den Zugang zu den Mustertexten. Beim Anklicken des gewünschten Musters in dem PDF-Musterverzeichnis öffnet sich der Text direkt in Microsoft Word oder in dem bei Ihnen eingesetzten Textverarbeitungsprogramm. Dann können Sie die Word-Datei direkt bearbeiten und unter einem neuen Dateinamen abspeichern. Bei Nutzern von Microsoft Word können Sicherheitshinweise auf dem Bildschirm erscheinen. Dort müssten Sie die Nutzung ggf. zulassen. Dies wird in den verschiedenen Wordversionen und Textverarbeitungsprogrammen unterschiedlich gehandhabt. In den einzelnen Word-Dateien sind keine Makros o.ä. eingebunden. Damit die Navigation über das PDF-Musterverzeichnis funktioniert dürfen der Ordner „Muster-Doks" und die ursprünglich gelieferten Dateien nicht umbenannt werden. Speichern Sie die bearbeiteten Worddateien daher stets unter einem neuen Dateinamen ab.

Die in einigen Word-Mustertexten vorhandenen **Formularfelder** können Sie markieren und überschreiben. Sie können sich die Bearbeitung erleichtern, indem Sie diese Formularfelder mit dem Default-Tastaturkürzel Ihres Textbearbeitungsprogrammes ansteuern. Für Microsoft Word ist dies i.d.R. das Tastaturkürzel F11, um zum nächsten Feld zu springen und „UMSCHALT+F11", um zum vorherigen zu springen. Diese Tastaturkürzel werden von der Arbeitsumgebung Ihres Textverarbeitungsprogramms und nicht durch die bereitgestellten Word-Muster-Dateien definiert. Daher können die Tastaturkürzel in alternativen Betriebssystemen und/ oder Textbearbeitungsprogrammen (z.B. LibreOffice Writer) abweichen.

Bearbeiten der Muster/Formulierungsbeispiele mit einer anderen Textverarbeitung und/oder einem anderen Betriebssystem

Wenn Sie kein Microsoft Word, sondern ein anderes Textverarbeitungsprogramm auf Ihrem Rechner installiert haben, können Sie die Dateien trotzdem aufrufen und bearbeiten. Gehen Sie dazu direkt auf das gewünschte Muster in dem abgelegten Ordner „Muster-Doks". Über diesen Weg können Sie auch auf die Word-Dateien zugreifen, wenn Sie nicht über das mitgelieferte PDF-Musterverzeichnis navigieren möchten. Jedem Mustertext ist eine Nummer zugewiesen, die in dem Download-Symbol neben dem jeweiligen Formular/Mustertext im Buch abgedruckt ist. Über den Dateinamen (p = Paragraf und m = Muster) lässt sich die gewünschte Mustertext-Datei auffinden.

NOTARKOMMENTAR

Neu!

Grundbuchrecht
Kommentar
Hrsg. von Prof. Ulrich Keller
und Notar Dr. Jörg Munzig
9. Auflage 2024
ca. 1.700 Seiten, gebunden,
ca. 185,00 €
ISBN 978-3-95646-285-6
erscheint Dezember 2023

Der neue KEHE – Ihre erste Referenz beim Grundbuchrecht!

Das Grundbuchrecht gehört in Notariatskanzleien zur Routine. Aber gerade bei immer wiederkehrenden Prozessen liegt der **Teufel im Detail** – und für diese Fälle sollten Sie den KEHE, den **bewährten Kommentar zum Grundbuchrecht**, griffbereit im Regal stehen haben.

Der Immobilienmarkt boomt weiterhin. Das bedeutet für Sie zum einen, dass Sie in Zukunft mehr **grundbuchrechtliche Mandate** betreuen werden. Zum anderen bedeutet das aber auch: mehr Immobilienverkäufe, mehr Sonderfälle. Da kommt die 9. **Auflage** des KEHE gerade zur richtigen Zeit!

Hier finden Sie alle relevanten Informationen zu jedem Stadium des Grundbuchverfahrens. Erläutert und kommentiert ist das gesamte materielle und formelle Grundstücks- und Grundbuchverfahrensrecht, einschließlich des Abdrucks von begleitenden Verordnungen und Verwaltungsanweisungen.

Das Werk ist topaktuell. Die Rechtsprechung ist bis **Juni 2023** eingefangen, ebenso die Gesetzgebung zum Grundstücks- und Grundbuchrecht.

Auch wenn die Digitalisierung des Grundbuchwesens noch auf sich warten lässt: Der digitale Umbruch wirft seine Schatten voraus. In einigen Bundesländern wurde der elektronische Rechtsverkehr bereits eingeführt, in anderen ist er noch im Testbetrieb. Probleme im Zusammenhang mit dem Nachweis der Echtheit von Erklärungen oder der Vorlage von Urkunden werden sich aber kaum vermeiden lassen. Und trotzdem muss das Grundbuchverfahren rechtssicher ausgestaltet sein. Selbstverständlich berücksichtigt die Neuauflage des KEHE all diese Neuerungen.

Bestellungen bitte an:
service@notarverlag.de
Tel.: 02 28 - 91 91 185
Fax: 02 28 - 91 91 184

DeutscherNotarVerlag

NOTARFORMULARE

NotarFormulare Nichteheliche Lebensgemeinschaft
Muster – Verträge – Erläuterungen
Von Notar Dr. Maximilian Freiherr von Proff zu Irnich
4. Auflage 2023,
240 Seiten, gebunden,
mit Muster-Download,
€ 79,00
ISBN 978-3-95646-288-7

Profitieren Sie von sicheren Vorlagen in einem nahezu „rechtsfreien" Raum!

Es werden Jahr für Jahr mehr, doch noch immer leben sie in einem Gesetzes-Vakuum: **Paare ohne Trauschein**. Für Sie als Notar sind sie nicht selten eine Herausforderung. **Unzählige Fallkonstellationen** müssen mit allen Eventualitäten und rechtlichen Folgen bedacht werden – ohne dass die Sicherheit eines gesetzlichen Rahmens existiert.

Praxisnahe Unterstützung zu diesem Thema bietet Ihnen die Neuauflage der „NotarFormulare Nichteheliche Lebensgemeinschaft". Mit **fallorientierten Vorlagen sichern sie Ihnen einen echten Nutzen im Arbeitsalltag.**
Wie kann ein Partnerschaftsvertrag zwischen kinderlosen Lebenspartnern aussehen? Wie lässt sich der wirtschaftlich schwächere Partner absichern? Was passiert, wenn ein Partner sein eingesetztes Vermögen zurückwill? Wie lassen sich Erbansprüche sichern?

Das neue Formular- und Musterbuch bietet Ihnen für viele denkbare Fallkonstellationen:
- ✔ Unterschriftsreife Musterverträge mit Erläuterungen
- ✔ Arbeitserleichternde Formulare und Checklisten
- ✔ Beispielfälle mit Lösungen
- ✔ Wichtige Informationen zur aktuellen Rechtsprechung, Haftungsrisiken etc.

Die „NotarFormulare Nichteheliche Lebensgemeinschaft" unterstützen Sie dabei, **eine immer größer werdende Zielgruppe zu erschließen.** Bieten Sie Ihren Mandanten einen echten Mehrwert. Der neue Band stellt Ihnen für viele Fallkonstellationen und (finanzielle) Interessen der Lebenspartner die passende Vereinbarungsgrundlage zur Verfügung.

Bestellungen bitte an:
service@notarverlag.de
Tel.: 0228 - 91 91 185
Fax: 0228 - 91 91 184

DeutscherNotarVerlag

Gebührentabelle für Notare
mit Gebühren- und
Geschäftswert-ABC
Von Wiss.Leiter Prüf. Abt.
Ländernotarkasse Harald Wudy
und Notar Dr. Wolfram Waldner
12. Auflage 2023,
168 Seiten, Spiralbindung,
28,00 €
ISBN 978-3-95646-286-3

Inklusive der kostenrechtlichen Änderungen bei der BGB-Gesellschaft zum 1.1.2024!

Die bewährte „Gebührentabelle für Notare“ ist bereits in der 12. Auflage lieferbar. Die für die Notarpraxis besonders wichtigen **kostenrechtlichen Änderungen** bei der BGB-Gesellschaft zum 1.1.2024 sind in der Neuauflage bereits berücksichtigt, und zwar sowohl die **Anmeldung zum Gesellschaftsregister** als auch die sich anschließende **Berichtigung des Grundbuch**s. Auch ansonsten wurden sämtliche Teile auf den neuesten Stand in Gesetzgebung und Rechtsprechung gebracht, etwa das Muster über eine Notarkostenberechnung. Im Einzelnen wurde das in der Praxis besonders geschätzte **Gebühren- und Geschäftswert-ABC** zu den Notarkosten um aktuelle Stichwörter und Einträge ergänzt und vertieft.

Zu nennen sind außer der Neubearbeitung der BGB-Gesellschaft etwa Änderungen durch das **DiRUG/DiREG** und das **GwG**. Auch materiell-rechtliche Änderungen mit Auswirkungen auf die Kosten sind berücksichtigt, etwa die **Reform des Stiftungsrechts**. Aktuelle Entscheidungen des BGH haben ebenfalls zu Neueintragungen geführt, wie etwa zur Bewertung von Treuhandverträgen. Schließlich sind auch Meinungsumschwünge durch obergerichtliche Entscheidungen berücksichtigt, z.B. die Bewertung der Auflassung nach Ausübungeines Vorkaufsrechts.

Bestellungen bitte an:
info@notarverlag.de
Tel.: 0228 - 91 91 185
Fax: 0228 - 91 91 184

Rochusstr. 2–4
53123 Bonn
www.notarverlag.de

DeutscherNotarVerlag